내가 뽑ㅇ 향에 맞춘 최고의 수험서

KB160586

2024

신용분석사

1부

핵심이론+문제집

이대열 편저

한국직업개발원

머리말 및 학습가이드

금융전문가의 꿈을 위해 도전하는 청춘들에게 이 책을 바칩니다.

 ## 신용분석사가 하는 일

신용분석사(Certified Credit Analyst)는 기업의 회계자료와 비회계자료를 분석하여 종합적인 신용상황을 평가하고 신용등급을 결정하는 금융전문가입니다.

우리나라의 99%는 중소기업으로 자본력이 상장회사에 비하여 상대적으로 취약하기 때문에 금융기관으로부터 경영자금을 적시에 조달하지 않으면 경영상 위기에 직면할 수 있습니다. 금융기관은 기업이 감내할 수 있는 수준의 자금을 융자하여 원활한 경영활동이 가능하도록 하는 것이 그 역할입니다. 기업은 보유하고 있는 자산이나 부채의 규모가 각각 다르고 연간 손익이나 창출하는 현금의 수준도 달라 획일적 기준을 적용하여 자금을 융자할 수는 없습니다. 신용분석사는 이러한 기업의 개별적 상황을 분석하여 신용등급을 매기는 일을 합니다. 중소기업은 경제여건 변화에 따른 신용상태가 매우 빠르게 변화하기 때문에 이들을 평가하는 신용분석사의 역할은 막중하다고 할 수 있습니다.

 ## 신용분석사 출제 동향과 학습방법

신용분석사 시험은 회계학 기반 시험이라 수험생 분들은 계산 문제를 중심으로 학습하는 경향이 강합니다. 그러나 의외로 수험생을 괴롭히는 것은 계산 문제보다 '말 문제'입니다. 따라서 중요 개념을 이해하고 'key word'를 중심으로 학습을 해야 계산 문제는 물론 '말 문제'를 대비할 수 있습니다. 그래서 핵심이론과 문제를 정리한 참고서로 학습을 하되 온라인 강의를 활용한다면 명확한 출제 포인트를 파악할 수 있어 단기간 학습효과가 극대화 될 것입니다.

본서는 한국금융연수원 표준교재의 주요 내용을 완벽하게 반영하였기 때문에 그 어떤 교재보다 탁월한 학습효과를 제공한다고 자부합니다. 추천하는 학습방법은 다음과 같습니다.

1. 학습내용 윤곽 잡기 : 온라인 강의를 1.2배속 또는 1.4배속 빠른 속도로 한 번 듣습니다.
2. 구체적 내용 이해하기 : 강의를 병행하여 핵심이론 정리, 문제풀이 순으로 1회 정독합니다.
3. 반복 학습하기 : 핵심이론 정리, 문제풀이를 반복하여 최소 5회독 이상합니다.
4. 실전감각 익히기 : 모의고사를 통하여 실제 시험을 위한 시간 배분 전략 등을 점검합니다.

본서는 저자의 십여 년 간 강의 노하우를 담아 최적의 학습효과를 제공하여 수험생 여러분들을 초단기 합격으로 이끌 것이라 확신합니다. 수험생 여러분의 합격을 진심으로 기원합니다.

경영학박사
이대열 올림

CONTENTS
이 책의 차례

KFO

PART 01 회계학 I

 제**1**장 기업회계기준

1장 기업회계기준

실전예상문제

KFO

	세부내용	출제문항 수	집중공략 포인트
일반기업회계기준	CHAPTER 01 재무회계와 회계기준	1	
	CHAPTER 02 재무회계 개념체계	1	
	CHAPTER 03 재무제표	2	★
	CHAPTER 04 현금과 매출채권	2	★
	CHAPTER 05 재고자산	4	★★★
	CHAPTER 06 금융자산	2	★
	CHAPTER 07 유형자산	4	★★★
	CHAPTER 08 무형자산	1	
	CHAPTER 09 금융부채	2	★
	CHAPTER 10 사채와 복합금융상품	1	
	CHAPTER 11 채권 · 채무조정	1	
	CHAPTER 12 충당부채 및 보고기간후사건	1	
	CHAPTER 13 종업원 급여	1	
	CHAPTER 14 자본	1	
	CHAPTER 15 수익	2	★
	CHAPTER 16 주당이익	1	
	CHAPTER 17 회계정책, 회계추정의 변경 및 오류	1	
	CHAPTER 18 감사보고서	1	
	소 계(100점)	29	
연결회계	CHAPTER 01 합병	2	★
	CHAPTER 02 연결회계	10	★★★
	CHAPTER 03 지분법회계	3	★
	소 계(50점)	15	
특수회계	CHAPTER 01 재무보고 및 질적특성	2	★
	CHAPTER 02 리스	3	★★
	CHAPTER 03 환율변동효과	4	★★★
	CHAPTER 04 법인세회계	3	★★
	CHAPTER 05 건설계약	3	★★
	소 계(50점)	15	

1장
기업회계기준
Certified Credit Analyst

재무회계와 회계기준

출제 포인트 ■ ■
- 회계의 정의와 용어의 의미, 재무제표의 종류와 특징
- 일반적으로 인정된 회계원칙(GAAP)의 내용, 우리나라 GAAP의 종류
- 회계의 기능과 재무정보의 수요와 공급
- 회계원칙의 제정 방식과 우리나라 회계기준의 체계

1. 자본시장과 재무제표

(1) 회계의 정의

> 회계는 회계정보이용자가 합리적 의사결정을 할 수 있도록 기업실체에 관한 유용한 정보를 식별하고 측정하여 전달하는 과정이다.

① 회계정보이용자
- ㉠ 내부 이용자 : 경영자, 종업원
- ㉡ 외부 이용자 : 주주, 투자자(잠재적 투자자 포함), 채권자, 정부 및 규제기관, 거래처 등

> **Key Point!**
> ※ 회계정보 외부이용자의 범위에 '잠재적 투자자'가 포함된다.

② 합리적 의사결정 : 한정된 자원의 합리적 배분을 위한 의사결정
③ 기업실체 : 이익추구를 목적으로 자원을 활용하여 재화와 용역을 생산 · 판매하는 경제적 실체
④ 유용한 정보 : 재무적 정보로서 화폐적 정보를 의미
⑤ 식별 · 측정
- ㉠ 재무정보 생산을 위하여 회계상 거래를 식별하고 인식 · 측정하는 일련의 활동을 의미
- ㉡ 회계상 '거래' : 기업의 자산 · 부채 · 자본의 변화를 가져오는 모든 경제적 사건을 의미

(2) 정보이용자에 따른 회계의 분류

[그림 1 - 1 자본시장의 구조]

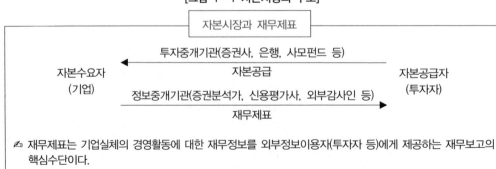

✍ 재무제표는 기업실체의 경영활동에 대한 재무정보를 외부정보이용자(투자자 등)에게 제공하는 재무보고의 핵심수단이다.

구분	재무회계	관리회계	세무회계
목적	외부이용자에게 유용한 정보 제공(일반목적)	경영자의 의사결정에 유용한 정보 제공(특수목적)	세법에 의한 과세소득 결정(세무보고목적)
이용자	외부정보이용자	내부정보이용자	세무서
준거기준	GAAP (일반기업회계기준 등)	일정한 기준이 없음	세법(소득세, 법인세 등)
보고시점	보통 1년(혹은 2회), 정기적	필요에 따라 수시	보통 1년 단위, 정기적
정보특성	과거적 정보, 화폐적 정보	예측정보, 비화폐적 정보	과거적 정보, 화폐적 정보

Key Point!
※ 재무회계는 외부이용자, 관리회계는 내부이용자를 위한 정보전달 수단이다.
※ 재무회계는 과거정보를 전달하고 관리회계는 미래 예측정보를 전달한다.

(3) 재무보고와 재무제표

① 재무보고

　㉠ 기업 외부 이해관계자의 경제적 의사결정을 위하여 경영자가 기업실체의 경제적 자원과 의무, 자본변동, 현금흐름, 경영성과 등 재무정보를 제공하는 것을 말한다.

　㉡ 재무제표 이외 재무보고의 기타 수단(例 사업보고서 등)은 재무제표에 보고하기는 적절하지 않지만 재무정보이용자의 의사결정에 유용한 정보를 모두 포함한다. 따라서 재무보고는 재무제표를 포괄하는 개념이다.

② 재무제표

　㉠ 재무제표는 기업실체의 재무정보를 외부정보이용자에게 전달하는 핵심수단으로 표준화된 양식에 의하여 작성된다.

　㉡ 재무제표의 종류

구분		의의
재무상태표	stock	일정 시점 기업의 경제적 자원과 청구권(부채 · 자본)에 관한 정보를 제공
손익계산서	flow	일정 기간 동안의 순자산 증감에 의하여 발생하는 재무성과에 관한 정보를 제공 (주주와의 자본거래 제외)
현금흐름표	flow	일정 기간 동안 기업의 현금창출능력과 사용 용도에 관한 정보를 제공
자본변동표	flow	일정 시점의 자본잔액과 일정 기간 자본변동에 관한 정보를 제공
주석	–	재무제표 본문에 표시된 정보를 이해하는데 도움이 되는 추가적인 정보 또는 재무제표 본문에 기재 되지 않은 기업의 자원, 의무에 관한 정보를 제공

※ stock(저량)은 특정 시점의 상태를 나타내고 flow(유량)는 특정 기간의 변동을 나타낸다.

Key Point!
※ 재무제표의 5가지 종류와 의의, 저량과 유량을 구분한다.
※ 재무제표 이외 재무보고를 위한 기타 수단도 의사결정에 유용한 도움을 준다.

(4) 회계의 기능

① 회계의 기능

기능	내용
회계의 정보제공기능	회계는 희소한 자원을 효율적으로 이용하는 경제실체를 파악하는데 중요한 역할을 한다. 즉 실질적인 자원의 효율적 배분을 파악한다.
수탁책임의 보고	회계는 위임받은 경영자의 주주와 투자자에 대한 책임(수탁책임)에 관한 보고기능을 수행한다.
사회적 직능 수행을 위한 기초자료 제공	시장의 자율적 기능 이외 정부에 의한 자원의 효율적이고 공평한 분배(세금, 보조금 등)를 위한 정책에 회계는 기초자료를 제공한다.

Key Point!
※ 회계는 개념적 자원의 효율적 배분이 아닌 '실질적' 자원의 효율적 배분기능을 제공한다.
※ 소유와 경영의 분리에 기인하여 회계가 '수탁책임의 보고 기능'을 수행한다.

② 회계정보의 기능

경영자는 외부 주주에 비하여 기업과 관련된 더 많은 정보를 가지고 있어 경영자와 외부 주주 간에는 '정보 비대칭'이 존재한다. 이로 인하여 역선택과 도덕적 해이가 문제된다.

ⓧ 역선택
- 주가 상승 요인이 발생하거나 하락 요인이 발생했을 때 외부 주주보다 먼저 주식을 매수 또는 매도하여 차익을 얻거나 손실위험을 회피하는 것을 '경영자의 기회주의적 행동'이라 한다. 투자자가 경영자의 기회주의적 행동을 의심한다면 경영자는 원하는 가격에 자본을 조달하기 힘들고 자금의 대여자는 자본공급을 회피하려 할 것이다. 이를 '역선택 문제'라 한다.
- 역선택 문제를 해결하기 위해서는 신뢰성 있는 회계정보를 적시에 공급해야 한다.
※ 역선택 문제를 해결하기 위한 재무정보의 질적특성은 신뢰성과 적시성이다.

ⓛ 도덕적 해이
- 도덕적 해이는 주주가 수탁 경영자의 행동을 직접 감시하지 못하기 때문에 발생한다. 경영자가 본인의 이익을 위한 의사결정을 하거나 성과를 높이기 위하여 이익을 조작하는 것 등이 이와 관련된 문제이다.
- 도덕적 해이를 해결하기 위해서 성과에 근거한 보상, 특별 보너스 등을 도입하거나 감시 시스템을 구축할 수도 있다.

2. 재무정보의 수요와 공급

(1) 재무정보의 수요

수요자	내용(재무정보가 필요한 이유)
주주 · 투자자	• 당해 기업 주식의 매입 · 보유 · 매도에 관한 의사결정에 필요 • 투자목적 : 주주는 재무정보를 기초로 미래위험과 수익을 예측하여 투자판단 • 수탁기능목적 : 경영인이 주주에게 수탁책임을 보고하는데 재무정보 필요
채권자	대출실행 및 원리금 회수를 위한 기업의 재무상태와 수익성 검토에 필요
경영자	자산의 보상계약, 차입계약 또는 성과를 재무제표에 기초하여 체결
종업원	회사의 안정성과 수익성 판단, 그리고 임금협상 등에 관한 기초자료
거래처 · 고객	회사의 계속성, 납품대금의 회수가능성 등에 관한 판단의 기초자료
정부 · 감독기관	조세부과, 공공요금의 결정, 독과점 규제 등을 위한 기초자료
기타 수요자	증권분석가, 외부감사인 등에도 재무정보는 유용하게 활용됨

(2) 재무정보의 공급

① 재무정보 공급이 필요한 이유

    ㉠ 경영자는 주주의 이익에 반할 경우 공시를 꺼리게 되어 회계의 기능이 저하될 수 있다.

    ㉡ 따라서 재무정보 공급을 위한 제도적 장치로 정부규제와 자발적 공시가 필요하다.

② 정부규제와 자발적 공시

    ㉠ 재무정보는 공공재(public goods)의 성격이 있어 규제가 필요하다고 본다.

    ㉡ 재무정보 공시 규제 장치 : 상법, 자본시장법, 외감법

    ㉢ 자발적 공시 : 회사 명성과 신뢰성 제고 등의 목적으로 자발적 공시유인이 있다.

> **Key Point!**
> ※ 재무정보의 공급자는 공시를 하는 '기업'이고, 정부와 감독기관은 수요자이다.
> ※ 재무정보는 '공공재 성격을 가지고 있어 규제가 필요하다'는 사실을 기억한다.

3. 회계원칙의 제정방법

(1) 일반적으로 인정된 회계원칙(GAAP)

① GAAP이 필요한 이유

    ㉠ 많은 집단에서 요구하는 재무정보는 매우 다양하여 이를 모두 충족시키기 어렵기 때문에 일반적으로 많이 요구한다고 판단되는 정보를 제공하는 것이 필요하다.

② GAAP의 정의

    ㉠ 재무정보 제공을 위하여 작성되는 재무제표는 기업마다 편의, 부정확, 불명확 등의 오류가 있을 수 있고, 유사한 사건을 다르게 보고할 수 있다.

    ㉡ 따라서 재무보고에 통일성을 부여하고 비교가능성을 높이기 위하여 일반적으로 보편타당하고 합리적이라 인정되는 일련의 기준 또는 원칙이 마련되었는데, 이를 'GAAP'이라 한다.

    ㉢ 우리나라 GAAP은 K-IFRS와 일반기업회계기준, 그리고 중소기업회계기준을 의미한다.

(2) 회계원칙의 제정 주체

① 자유시장접근법

  ㉠ 회계정보를 경제재(economic goods)로 간주하여 회계정보의 수요과 공급에 의하여 제공되는 회계정보가 결정되고, 그러한 회계정보를 산출하기 위하여 회계원칙이 제정되어야 한다는 견해이다. 즉 특별한 규제가 필요하지 않다는 입장이다.

② 규제접근법

  ㉠ 회계정보를 공공재(public goods)로 인식하여 회계원칙을 규제기관에서 제정해야 한다는 견해이다. 오늘날 규제접근법이 더 많은 지지를 받고 있다.

  ㉡ 공공부문이 회계원칙을 제정하는 경우 : 법적 강제성과 공정성은 유지될 수 있으나 전문성과 유연성이 결여될 수 있다.

  ㉢ 민간부문이 회계원칙을 제정하는 경우 : 실무적 수용가능성이 높을 수 있으나 정부의 강력한 지지가 있어야 강제성과 공공성이 유지될 수 있다.

③ 한국의 회계원칙 제정 주체

  ㉠ 1999년까지 금융감독위원회(現 금융위원회)가 회계원칙을 제정하여 왔으나 2000.7.27.부터 한국회계기준원(사단법인)에 위탁하여 민간부문에서 제정하는 방식으로 전환되었다.

4. 우리나라의 회계제도

(1) 우리나라 회계기준 체계

① 1981년 기업회계기준(종전 규정 통합) 공포 → 2009년 일반기업회계기준 제정 → 2011년 K-IFRS 도입 → 2013년 중소기업회계기준 제정

② 비상장기업 중 외부감사대상기업은 원하는 경우 K-IFRS를 선택할 수 있고, 비상장기업이 상장기업의 연결자회사인 경우에는 반드시 K-IFRS에 의하여 재무제표를 작성해야 한다.

③ 비외부감사대상기업은 3개의 회계기준을 선택하여 적용할 수 있다.

④ K-IFRS는 41개(IAS 25개, IFRS 16개)로 기업회계기준서와 기업회계기준해석서로 구성된다.

2011년 이후 우리나라 회계기준 체계		상장기업
비상장기업		
비외부감사대상	외부감사대상	
중소기업회계기준(총 10장)	일반기업회계기준(총 32장)	K=IFRS

(2) 국제회계기준

① 2001년 이전 IASC(International Accounting Standards Committee)가 제정한 IAS와 2001년 이후 IASB(International Accounting Standards Boarda)가 제정한 IFRS 두 종류가 존재한다. 명칭은 다르지만 효력에는 차이가 없다.

(3) 국제회계기준의 장점

① 국제자본시장에의 접근 및 자본자유화가 용이해진다.
② 회계 투명성이 개선되어 기업의 자본비용이 낮아진다.
③ 국가 간 재무제표의 비교가능성이 크게 개선된다.
④ 국내외 자본시장에 중복 상장된 기업의 재무보고 비용이 감소된다.
⑤ 회계문제에 대한 정부 및 압력집단의 간섭이 감소되어 중립성이 유지된다.

01 일반적으로 인정된 회계원칙은 모든 정보이용자에게 제공되는 회계정보에 적용된다.　　　　　　　　　　　　　　　　　□○×

× 내부이용자에게는 GAAP를 준수할 필요가 없다.

02 기업의 외부 회계정보이용자는 주주, 채권자, 투자자 등이 있으나 잠재적 투자자는 현재의 자본공급자가 아니므로 외부정보이용자의 범위에 포함되지 않는다.　　　　　　　　　　　　　　　□○×

× 잠재적 투자자도 외부정보이용자에 포함된다.

03 회계가 전달하는 정보는 재무적 정보로 화폐적 정보만을 의미한다.　　　　　　　　　　　　　　　　　　　　　　□○×

○ 비재무적 정보는 재무제표 이외 기타수단으로 제공한다.

04 재무회계는 재무제표로부터 미래의 예측정보를 전달하고 관리회계는 기업의 성과를 중심으로 과거정보를 전달한다.　　　　□○×

× 재무회계는 과거정보, 관리회계는 예측정보를 전달한다.

05 재무제표 이외 사업보고서와 같은 기타수단으로 제공되는 재무보고서는 재무제표에 보고하기에 적절하지 않으므로 의사결정에 유용한 정보를 포함하지 않는다.　　　　　　　　　　　　□○×

× 의사결정에 유용한 정보를 모두 포함한다.

06 재무제표에는 재무상태표, 손익계산서, 현금흐름표, 자본변동표, 주석으로 구성된다.　　　　　　　　　　　　　　　　　□○×

○

07 재무상태표는 일정 기간 기업의 경제적 자원과 청구권에 관한 정보를 제공하는 재무제표이다.　　　　　　　　　　　　□○×

× 재무상태표는 일정 시점의 재무상태를 나타낸다.

08 회계는 희소한 자원의 효율적 배분은 실질적 배분보다 개념상 배분을 의미한다.　　　　　　　　　　　　　　　　　　　□○×

× 실질적 자원배분을 의미한다.

09 전문경영자와 주주의 관계에서 회계는 수탁책임에 관한 보고기능을 수행하는데 이는 소유와 경영이 분리되어 나타나는 현상이다.　　　　　　　　　　　　　　　　　　　　　　□○×

○ 지분 100%인 주주가 경영자이면 수탁관계는 아니다.

10 정부는 회계기준을 제정하고 관리 감독하는 기관으로 재무정보의 공급자이다. ☐○☐×

×
정부는 재무정보 수요자이다.

11 재무정보는 공공재적 성격이 강해 규제의 대상이 되지는 않는다. ☐○☐×

×
규제가 필요하다.

12 일반적으로 인정된 회계원칙(GAAP)은 재무보고의 통일성을 부여하기 위한 것으로 GAAP에 의하여 기업 간 재무제표의 비교가능성이 높아지지는 않는다. ☐○☐×

×
통일성 확보 및 비교가능성 이 높아진다.

13 한국의 일반적으로 인정된 회계원칙(K-GAAP)은 한국채택국제회계기준(K-IFRS)과 일반기업회계기준을 의미하고 중소기업회계기준은 GAAP에 포함되지 않는다. ☐○☐×

×
중소기업회계기준도 GAAP에 포함된다.

14 시장경제가 강조되는 현대 경제체제에서는 회계원칙 제정에 있어 자유시장접근법이 규제접근법보다 더 많은 지지를 받고 있다. ☐○☐×

×
규제접근법이 더 많은 지지 를 받고 있다.

15 규제접근법으로 회계원칙을 제정할 때 민간이 제정하는 경우에는 정부의 강력한 지지가 있어야 강제성이 유지될 수 있어 우리나라는 공공부문에서 회계원칙을 제정한다. ☐○☐×

×
우리나라는 민간기관인 회 계기준원이 제정된다.

16 비상장 외부감사대상기업은 원하는 경우에 K-IFRS를 선택하여 적용할 수 있다. ☐○☐×

○

17 외부감사대상기업이 아닌 기업은 K-IFRS, 일반기업회계기준, 중소기업회계기준 중 원하는 기준을 선택하여 적용할 수 있다. ☐○☐×

○

18 국제회계기준은 규제중심의 회계기준이기 때문에 해석서 발행을 자제하고 있다. ◯ⓧ

×
국제회계기준은 원칙중심의 회계기준이다.

19 우리나라는 재무정보 공시가 법률에 의하여 규제를 받는다. ◯ⓧ

◯
상법, 자본시장 및 금융투자업에 관한 법률, 주식회사 등의 외부감사에 관한 법률의 적용을 받는다.

20 정부가 제도적으로 재무정보 공시를 규제하는 경우에는 자발적 공시는 필요하지 않다. ◯ⓧ

×
자발적 공시가 있어야 충분한 정보공급이 가능하다.

01 다음 중 회계에 대한 설명 중 바르지 못한 것은?

① 회계는 기업실체의 내·외부정보이용자 모두에게 합리적 의사결정을 할 수 있도록 유용한 정보를 제공한다.

② 재무회계는 외부정보이용자의 의사결정에 유용한 예측정보 전달을 목적으로 한다.

③ 회계는 기업실체의 실질적인 자원의 효율적 배분에 관한 정보를 제공한다.

④ 회계는 소유와 경영의 분리에 의한 수탁책임에 관한 보고기능을 수행한다.

⑤ 회계는 정부에 의한 자원의 공평한 분배를 위한 기초자료를 제공한다.

정답 | ②
해설 | 예측정보의 전달은 관리회계의 특성이다.

02 다음 중 회계원칙에 관한 설명 중 바르지 못한 것은?

① 일반적으로 인정된 회계원칙(GAAP)은 일반적으로 많이 요구되는 정보를 제공하는 일반목적성을 가진다.

② 일반적으로 인정된 회계원칙(GAAP)은 회계기준을 의미한다.

③ 이익잉여금처분계산서는 일반기업회계기준에서 요구하는 재무제표가 아니다.

④ 우리나라의 일반적으로 인정된 회계원칙(GAAP)은 한국채택국제회계기준(K-IFRS), 일반기업회계기준, 중소기업회계기준 삼원체제로 되어 있다.

⑤ 회계정보는 공공재로 인식되어 규제기관에서 회계원칙을 제정해야 한다는 견해가 더 많은 지지를 얻고 있고 우리나라도 공공부문에서 회계원칙을 제정하고 있다.

정답 | ⑤
해설 | 우리나라는 회계기준원에서 회계원칙을 제정하고 있고 이는 민간부문이다.

03 다음 중 재무제표에 관한 설명 중 바르지 못한 것은?

① 재무상태표는 일정 시점 기업의 경제적 자원과 청구권(부채·자본)에 관한 정보를 제공한다.

② 주석은 재무제표의 하나로 재무제표 본문에 표시된 정보를 이해하는데 도움이 되는 추가적인 정보 또는 재무제표 본문에 기재 되지 않은 기업의 자원, 의무에 관한 정보를 제공한다.

③ 손익계산서는 일정 기간 동안의 주주와의 자본거래 및 순자산 증감에 의하여 발생하는 재무성과에 관한 정보를 제공한다.

④ 현금흐름표는 일정 기간 동안 기업의 현금창출능력과 사용 용도에 관한 정보를 제공한다.

⑤ 자본변동표는 일정 시점 자본잔액과 일정 기간 자본변동에 관한 정보를 제공한다.

정답 | ③
해설 | 손익계산서에는 주주와의 거래는 표시하지 않는다.

04 다음 중 우리나라 회계기준에 관한 설명으로 바르지 못한 것은?

① 우리나라의 회계기준은 규제접근법에 의한 방식을 채택하고 있고 공공부분에서 제정하여 오다 현재는 민간부분에서 제정하고 있다.

② 가장 최근에 도입된 회계기준은 중소기업회계기준이다.

③ 비상장기업이 상장기업의 연결자회사인 경우에는 K-IFRS를 선택하여 적용할 수 있다.

④ 국제회계기준은 원칙중심의 회계기준으로 해석서 발행을 자제하지만 한국채택국제회계기준은 해석서가 있는 경우가 많다.

⑤ 한국채택국제회계기준(K-IFRS)은 IAS 25개와 IFRS 16개, 두 종류가 존재하지만 효력에는 차이가 없다.

정답 | ③
해설 | 상장기업 연결자회사의 경우는 K-IFRS를 의무적으로 적용해야 한다.
　　　 ※ 우리나라 회계기준의 역사
　　　　　1981년 (종전 규정 통합)기업회계기준 공포 → 2009년 일반기업회계기준 제정 → 2011년 K-IFRS 도입 → 2013년 중소기업회계기준 제정

05 다음 중 회계기준의 적용이 올바른 것을 모두 고른 것은?

> ㉮ 비상장중소기업 A사는 K-IFRS를 적용하고 있다.
> ㉯ 상장사 甲의 연결자회사인 중소기업 B사는 일반기업회계기준을 적용하고 있다.
> ㉰ 상장 중소기업 C사는 일반기업회계기준을 적용하고 있다.
> ㉱ 비상장외감법인 D사는 K-IFRS를 적용하고 있다.
> ㉲ 비외감법인 E사는 중소기업회계기준을 적용하고 있다.

① ㉮, ㉱
② ㉯, ㉰
③ ㉱, ㉲
④ ㉮, ㉯, ㉱
⑤ ㉮, ㉱, ㉲

정답 | ⑤
해설 | 비외감법인은 3개의 회계기준 중 원하는 것을 선택 적용할 수 있다.

06 다음 회계원칙의 제정 주체에 대한 설명 중 올바른 것은?

① 회계정보를 경제재(economic goods)로 간주하는 것은 규제접근법이다.
② 수요와 공급에 의하여 제공되는 회계정보가 결정된다고 보는 것은 자유시장접근법이다.
③ 회계정보를 공공재(public goods)로 인식하는 경우에는 민간부문에서 회계원칙을 제정하는 것은 적절하지 않다.
④ 공공부분에서 회계원칙을 제정하는 경우에는 전문성과 유연성이 확보된다.
⑤ 민간부분에서 회계원칙을 제정하는 경우 정부의 지지가 없더라도 강제성이 유지될 수 있다.

정답 | ②
해설 | 규제접근법은 공공부분과 민간부분에서 회계원칙을 제정할 수 있는데 공공부문에서 제정할 경우에는 전문성과 유연성이 결여될 수 있다. 또한 민간부분에서 제정할 경우에는 정부의 지지가 있어야 강제성이 유지될 수 있다.

07 다음 중 일반기업회계기준을 적용하는 외감법인 A가 비외감법인 B를 종속기업으로 편입하였을 때 편입이후 B가 적용할 수 있는 회계기준을 모두 고른 것은?

> ㉮ 중소기업회계기준　　㉯ 일반기업회계기준　　㉰ 한국채택국제회계기준(K-IFRS)

① ㉮
② ㉯
③ ㉮, ㉯
④ ㉯, ㉰
⑤ ㉮, ㉯, ㉰

해설 | 종속기업으로 편입된 후 A는 연결재무제표 작성 의무가 있으므로 회계기준과 회계정책을 통일해야 한다. 따라서 B는 일반기업회계기준을 적용하게 된다.

08 다음 중 국제적으로 통일된 하나의 국제회계기준을 적용할 때 이점으로 바르지 못한 것은?

① 회계투명성이 개선되어 자본비용이 감소한다.
② 국가 간 재무제표의 비교가능성이 개선된다.
③ 다른 국가에 중복 상장된 기업의 재무보고 비용이 감소한다.
④ 외국투자자로부터 신뢰성을 확보할 수 있어 국제자본시장 접근이 용이하다.
⑤ 회계문제에 대한 정부 규제를 강화할 수 있어 국가신뢰도를 개선할 수 있다.

정답 | ⑤
해설 | 국제회계기준을 적용할 경우 회계문제에 대한 정부의 간섭을 감소시킬 수 있다.

09 다음 설명에 해당하는 재무회계의 기능은?

> 현대 기업의 소유구조는 기업의 소유주인 주주와 주주가 위탁한 전문경영인으로 분리되어 소위 '소유와 경영의 분리'로 인한 '대리인 문제'가 오랜 기간 논쟁거리가 되어왔다. 대리인(전문경영인)은 주주의 이익에 반하지 않는 의사결정을 하고 이에 대하여 보고 또는 입증하여야 '대리인 문제'에서 오는 비용을 최소화하여 주주이익 극대화라는 궁극적 목표를 달성할 수 있다. 회계는 이러한 '보고 또는 입증'의 중요한 수단으로서의 기능을 한다.

① 사회적 직능수행 기능　　　　② 수탁책임의 보고 기능
③ 관리책임의 입증 기능　　　　④ 경영성과 보고 기능
⑤ 자원의 효율적 배분 기능

정답 | ②
해설 | 회계는 경영자의 주주에 대한 '수탁책임에 관한 보고' 기능을 수행한다.

CHAPTER 02 | 재무회계 개념체계

출제 포인트 ■ ■ ■
- 개념체계의 목적과 기본구조
- 개념체계의 질적특성
- 재무제표의 기본요소와 인식 · 측정방법

1. 개념체계의 의의

개념체계는 상호관련된 목적과 기초개념들을 체계화시켜 일관성 있는 회계기준을 제정하게 하고 재무제표의 본질, 기능 및 한계점 등에 대하여 지침을 제공하는 역할을 한다. 개념체계는 '일반적으로 인정된 회계원칙'이 아니다.

> **Key Point!**
> ※ 개념체계는 회계기준 제정을 위한 이론적 지침으로 '회계기준이 아니다.'
> ※ 개념체계는 회계기준이 아니므로 '어떠한 경우에도 회계기준보다 우선할 수 없다.'

2. 우리나라의 개념체계

(1) 서론

① 개념체계의 목적

> 개념체계는 기업실체의 재무보고의 목적을 명확히 하고 이를 달성하는데 유용한 재무회계의 기초개념을 제공하는 것을 목적으로 한다.

　㉠ 재무보고의 목적
- 기업실체에 대한 현재 및 잠재적 투자자, 채권자가 합리적 투자 의사결정과 신용의사결정을 할 수 있도록 유용한 정보를 제공한다.
- 합리적 의사결정을 위한 미래 현금흐름의 크기, 시기, 불확실성을 평가하는데 유용한 정보를 제공한다.
- 재무상태, 경영성과, 현금흐름 및 자본변동에 관한 정보를 제공한다.
- 재무제표는 경영자의 수탁책임 평가에 관한 유용한 정보를 제공한다.

　㉡ 개념체계의 역할
- 재무회계의 개념과 그 적용에 관한 일관성 있는 지침을 제공한다.
- 재무제표 작성과 해석의 기초가 되는 기본가정과 제 개념을 제시한다.
- 회계기준이 미비된 거래나 사건에 적용할 수 있는 일관된 지침을 제공한다.
- 회계기준이 미비된 거래나 사건의 회계처리의 적정성을 판단할 때 의견형성의 기초가 되는 일관된 지침을 제공한다.

② 개념체계의 적용범위

    ㉠ 일반목적 재무보고에 포괄적으로 적용한다.

    ㉡ 영리기업의 재무제표 작성과 공시에 한정하지는 않지만 개념체계 제정 시 비영리조직의 특수성은 고려되지 않는다.

    ㉢ 특수목적 보고서(사업설명서, 세무보고목적 등)는 개념체계의 적용대상이 아니지만, 관련 규정이 허용하는 범위 내에서 적용할 수는 있다.

    ※ 특수목적 보고서는 개념체계 적용대상이 아니다.

③ 재무제표의 작성책임

    ㉠ 기업실체의 경영자는 외부 이해관계자에게 재무제표를 작성하고 보고할 일차적 책임을 진다.

④ 재무정보 이용자

    ㉠ 투자자와 채권자 : 잠재적 투자자를 포함하며 경우에 따라 공급자, 종업원 고객을 포함한다.

    ㉡ 기타 정보이용자 : 경영자, 재무분석가, 신용평가기관, 감독 · 규제기관 등을 의미한다.

⑤ 환경적 고려

    ㉠ 재무보고의 목적과 작성방법은 경제, 사회, 제도적 환경에 의하여 영향을 받으므로 중대한 변화가 있을 경우 이를 적절히 반영하여야 한다.

    ㉡ 현재 작성 공시되고 있는 재무제표라 하더라도 추후 환경적 변화에 따라 작성이 필요하지 않거나 다른 재무제표로 대체될 수 있다.

[그림 2-1 개념체계 구조]

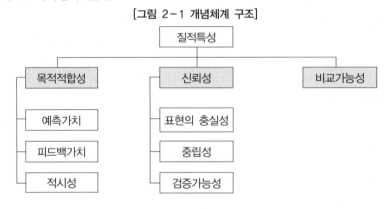

(2) 재무정보의 질적특성

    재무정보의 질적특성이란 재무정보가 유용하기 위하여 갖추어야 할 속성으로 재무정보의 유용성의 판단기준이 된다. 질적특성 중 가장 중요한 것은 '목적적합성(relevance)'과 '신뢰성(reliability)'이다.

> **Key Point!**
> ※ 회계처리방법 선택 시 목적적합성이 유사하면 신뢰성이 높은 방법을 선택하고, 신뢰성이 유사하다면 목적적합성이 높은 방법을 선택한다.
> ※ 목적적합성과 신뢰성 중 어느 하나가 완전히 상실되는 경우에는 유용한 정보가 될 수 없다.

① 목적적합성

    정보이용자가 기업실체의 과거, 현재 또는 미래 사건의 결과에 대한 예측을 하는데 도움이 되거나 정보이용자의 당초 기대치를 확인 · 수정할 수 있게 하는 등 의사결정에 차이를 가져올 수 있는 특성을 말한다.

○ 예측가치와 피드백 가치
- 예측가치 : 정보이용자가 기업실체의 미래 재무상태, 경영성과, 순현금흐름 등을 예측하는데 그 정보가 활용될 수 있는 능력을 의미(예 반기 이익 → 연간 이익 예측)한다.

> **Key Point!**
> ※ 재무정보가 예측가치를 가지기 위하여 그 자체가 예측치일 필요는 없다는 것에 주의한다.

- 피드백 가치 : 정보이용자의 기업실체에 대한 미래 재무상태, 경영성과, 순현금흐름 등에 대한 과거 기대치를 확인·수정하는 등 의사결정에 영향을 미칠 수 있는 능력을 의미한다.

○ 적시성(timeliness)
- 정보이용자에게 유용한 정보가 되기 위해서는 의사결정에 반영될 수 있도록 적시에 제공되어야 한다.
- 적시성 있는 정보라 하여 반드시 목적적합성을 갖는 것은 아니다. 그러나 적시성을 상실한 정보는 목적적합성이 없다.
- 일부 정보는 보고기간 말 이후에도 적시성을 상실하지 않을 수도 있다.

② 신뢰성(reliability)
신뢰성 있는 정보는 오류나 편의(bias)가 없고 객관적으로 검증가능하며 나타내고자 하는 바를 충실하게 표현하고 있다고 이용자가 믿을 수 있는 정보를 말한다.

○ 표현의 충실성
- 기업실체의 경제적 자원과 의무, 그리고 이들의 변동을 초래하는 거래나 사건을 충실하게 표현하는 것을 의미한다.
- 표현의 충실성을 확보하기 위해서는 거래나 사건의 형식보다 '경제적 실질'에 따라 회계처리를 하여야 한다.

> **Key Point!**
> ※ 거래나 사건의 경제적 실질은 법적 형식 또는 외관상 형식과 항상 일치하지는 않는다.
> ※ 표현의 충실성은 신뢰성과 관련된 것이다.

○ 중립성
- 중립성은 재무정보의 선택과 표시에 편의(bias)가 없는 것을 말한다.
- 거래나 사건의 불확실성으로 인한 회계추정을 하는 경우 중립성 확보를 위해서는 '추정의 신중성'이 확보되어야 한다. 보수주의와는 구별된다는 것에 주의한다.

> **Key Point!**
> ※ 추정의 신중성 : 불확실한 상황에서 자산·수익이 과대 계상되지 않고 부채·비용이 과소 계상되지 않는 것을 의미한다.
> ※ 보수주의 : 불확실한 상황에서 자산·수익은 과소 계상하고 부채·비용은 과대 계상하는 것을 말한다.

○ 검증가능성
- 동일한 경제적 사건이나 거래에 대하여 동일한 측정방법을 적용할 경우 다수의 독립적 측정자가 유사한 결론에 도달할 수 있어야 함을 의미한다.
- 검증가능성이 높다는 것이 표현의 충실성을 담보하거나 목적적합성이 높다는 것을 의미하지는 않는다.

③ 비교가능성
  ㉠ 비교가능성은 재무정보 항목 간 유사성과 차이점을 식별하고 이해할 수 있게 하는 질적특성으로 하나의 항목에 관련된 것이 아닌 비교의 대상을 필요로 한다.
  ㉡ 목적적합성과 신뢰성을 갖춘 재무정보가 기업실체 간에 비교가능하거나 기간별 비교가 가능할 경우 재무정보의 유용성은 제고될 수 있다.
  ㉢ 비교가능성이 단순한 통일성을 의미하는 것은 아니다.
  ㉣ 일관성은 한 기업 내에서 기간 간, 또는 동일 기간의 기업 간에 동일 항목에 대하여 동일한 방법을 적용하는 것을 의미하며 비교가능성과 구별된다.

> **Key Point!**
> ※ 목적적합성과 신뢰성을 높일 수 있는 방법이 있다면 비교가능성이 저하되더라도 회계기준을 개정하거나 회계정책을 변경하여야 함에 주의하자.
> ※ 비교가능성은 목표이고 일관성은 비교가능성을 실현하는 수단임을 구별하자.

④ 질적특성의 상충관계
  ㉠ 유형자산을 역사적원가로 평가하면 측정의 신뢰성은 높지만 목적적합성은 저하될 수 있다.
  ㉡ 시장성 없는 유가증권을 역사적원가로 평가하면 자산가액 측정치의 검증가능성은 높지만 유가증권의 실제가치를 나타내지 못해 표현의 충실성과 목적적합성이 저하될 수 있다.
  ㉢ 정보를 적시에 제공하기 위해 거래나 사건의 모든 내용이 확정되기 전에 보고하는 경우, 목적적합성은 향상될 수 있으나 신뢰성은 저하될 수 있다.

> **Key Point!**
> ※ 질적특성의 상충관계 중 유형자산의 역사적원가 평가가 빈출되므로 기억하도록 한다.

⑤ 제약요인
  ㉠ 효익과 비용 간의 균형
    • 원가(비용)는 재무정보 제공에 대한 포괄적 제약요인이다.
    • 특정 정보로부터 기대되는 효익은 그 정보를 제공하기 위하여 소요되는 비용을 초과하여야 경제적 가치를 갖는다.
  ㉡ 중요성
    • 특정 정보가 이용자의 의사결정에 영향을 미치는 경우 그 정보는 중요성을 갖는다.
    • 중요성은 일반적으로 당해 항목의 성격과 금액의 크기에 의하여 결정된다.
    • 재무제표에 표시되는 항목은 중요성이 고려되어야 하므로 목적적합성과 신뢰성을 갖춘 모든 항목이 재무제표에 표시되는 것은 아니다. 즉 중요성은 회계항목이 정보로 제공되기 위한 최소한의 요건이다.

(3) 재무제표

① 기본가정

ㄱ 기업실체의 가정 : 기업을 소유주와는 독립적으로 존재하는 회계단위로 간주하고 그 경제활동에 대한 재무정보를 측정 · 보고하는 것을 말한다.

ㄴ 계속기업(going concern) 가정 : 기업은 그 목적과 의무를 이행하는데 충분한 기간 동안 존속한다고 가정하는 것을 말한다. 즉 기업실체는 그 경영활동을 중대하게 축소시키거나 청산시킬 의도가 없을 뿐만 아니라 청산이 요구되는 상황도 없다고 가정한다. 만일 그 경영활동을 중대하게 축소시키거나 청산시킬 의도가 있다면 계속기업을 가정한 회계처리와 다른 기준을 적용해야 하고 그 적용한 기준은 별도 공시하여야 한다.

ㄷ 기간별 보고의 가정 : 기업실체의 존속기간을 일정한 기간 단위로 분할하여 각 기간별로 재무제표를 작성하는 것을 말한다.

> **Key Point!**
> ※ 재무제표 기본가정은 '계속기업'의 가정이고 '발생주의'가 아니다.
> ※ 계속기업 가정은 자산을 역사적원가로 평가할 수 있는 근거가 된다.
> ※ 기간별 보고의 가정은 발생주의 회계의 근거가 된다.

② 발생주의(accrual basis) 회계

ㄱ 발생주의는 기업실체의 경제적 거래나 사건에 관한 수익과 비용을 현금의 유출입이 있는 기간이 아니라 당해 거래나 사건이 발생한 기간에 인식하는 것을 말한다.

> **Key Point!**
> ※ 발생주의는 현금유출입과 관계없이 자산 · 부채 · 자본에 변동이 발생한 시점에 인식한다.

ㄴ 현금흐름표는 현금의 유출입 시점에 자산 · 부채 · 수익 · 비용을 인식하는 현금기준으로 작성한다.

ㄷ 발생주의는 발생과 이연의 개념을 포함한다.

- 발생(accrual) : 미래 수취할 금액에 대한 자산을 관련 부채나 수익과 함께 인식(미수수익)하거나 또는 미래 지급할 금액에 대한 부채를 관련 자산이나 비용과 함께 인식(미지급비용)하는 것을 의미한다.
- 이연(deferral) : 선수수익과 같이 미래의 수익을 인식하기 위하여 현재의 현금유입액을 부채로 인식하거나, 선급비용과 같이 현재 현금유출액을 자산으로 인식하는 것을 의미한다.

ㄹ 발생기준으로 재무제표를 작성해야 기업의 재무상태와 경영성과를 적절하게 보고할 수 있고 미래 현금흐름을 예측하는데 유용할 수 있다.

(4) 재무제표의 기본요소

① 재무상태표 기본요소

ㄱ) 자산 : 과거 거래나 사건의 결과로 현재 기업실체에 의하여 지배되고 미래 경제적 효익을 창출할 것으로 기대되는 자원을 말한다.

> **Key Point!**
> ※ 물리적 실체가 자산의 본질적 특성은 아니다. 물리적 실체가 없어도 기업에 의하여 지배되고 미래 경제적 효익을 창출할 것으로 기대되면 자산의 정의를 충족한다.
> ※ 경제적 효익에 대한 지배력은 법적 권리(소유권 등)에 의하여 발생하나 법적 권리가 자산성 유무를 결정짓는 절대적 기준은 아니다. 법적 권리가 없어도 자산의 정의를 충족할 수 있다.
> ※ 현금유출과 자산의 취득은 밀접하게 관련되어 있으나 양자가 반드시 일치하는 것은 아니다. 증여받은 재화는 현금유출이 없지만 자산의 정의를 충족할 수 있고, 연구비 지출은 자산을 취득했다는 확정적 증거가 없다.

ㄴ) 부채 : 과거 거래나 사건의 결과로 미래 경제적 효익이 내재된 자원이 기업에서 유출됨으로써 이행될 것으로 기대되는 현재의 의무를 말한다.

> **Key Point!**
> ※ '의무'는 경제적 의무로 법적 강제력이 있는 의무와 상관습·관행 등에 의한 의무를 포함한다.
> ※ 미래 일정 시점에 자산을 취득한다는 결정이나 단순한 약정은 현재의 의무가 아니다. 자산을 취득하겠다는 취소불능계약을 한 경우라면 현재의 의무가 발생한다.
> ※ 과거 거래나 사건으로부터 기인하지 않은 의무는 부채가 아니다(**예** 미래 예상되는 대규모 수선비).

ㄷ) 자본 : 기업실체의 자산총액에서 부채총액을 차감한 잔여액으로 자산에 대한 소유주의 잔여청구권을 나타낸다.

> **Key Point!**
> ※ 재무상태의 자본총액은 주식의 시가총액과 일치하지 않는 것이 일반적이다.
> ※ 자본은 평가의 대상이 아니기 때문에 측정하지 않는다는 것에 주의한다.

② 자본변동표 기본요소

ㄱ) 소유주의 투자 : 기업실체의 순자산 증가를 가져오지 않는 주주 간 지분거래는 소유주 투자에 포함되지 않는다. 소유주 투자는 현물출자 또는 유상증자 등 자산을 납입함으로써 이행되지만 용역의 제공, 부채의 전환(**예** 전환사채 전환권 행사)과 같은 방법으로도 이루어진다.

ㄴ) 소유주에 대한 분배 : 현금배당, 자기주식 취득, 감자 등으로 자산을 소유주에게 이전하거나 용역을 제공, 또는 부채를 부담하는 것을 말한다. 이 경우 순자산은 감소한다.

> **Key Point!**
> ※ 순자산 증가를 가져오는 것은 소유주 투자이고 순자산 감소를 가져오는 것은 분배이다.

③ 손익계산서 기본요소

ㄱ) 포괄이익 : 소유주와의 자본거래를 제외한 모든 거래나 사건에서 인식한 자본의 변동을 말한다. 포괄이익은 수익 합계에서 비용 합계를 차감하여 측정한다. 이를 거래접근법이라 한다.

    ⓒ 수익 : 기업실체의 경영활동과 관련된 재화의 판매 또는 용역의 제공 등에 대한 대가로 발생하는 자산의 유입 또는 부채의 감소를 말한다.

    ⓒ 비용 : 기업실체의 경영활동과 관련된 재화의 판매 또는 용역의 제공 등에 대한 대가로 발생하는 자산의 유출 또는 부채의 증가를 말한다.

    ⓒ 차익(gains)과 차손(losses)의 구분표시 : 차익은 주요 경영활동이 아니면서 소유주 투자가 아닌 부수적 거래나 사건의 결과로 발생하는 순자산의 증가를 말한다. 차손은 주요 경영활동이 아니면서 소유주에 대한 분배가 아닌 부수적 거래나 사건의 결과로 발생하는 순자산의 감소를 말한다.

(5) 재무제표 기본요소의 인식(recognition)

① 인식의 제약요인 : 인식기준은 '비용과 효익', '중요성' 두 제약조건하에서 적용된다.

② 인식기준 : 재무제표에 인식하기 위해서는 당해 항목이 아래 기준을 모두 충족해야 한다.

    ㉠ 재무제표 기본요소의 정의를 충족할 것

    ㉡ 미래 경제적 효익의 유입 또는 유출 가능성이 매우 높을 것

    ㉢ 측정 속성이 있으며, 그 측정 속성을 신뢰성 있게 측정할 수 있을 것

③ 재무제표 항목의 인식(표시)

　　㉠ 자산의 인식 : 당해 항목에 내재된 미래 경제적 효익이 기업실체에 유입될 가능성이 매우 높고 또한 그 측정 속성에 대한 가액이 신뢰성 있게 측정될 수 있을 때 인식한다.

> **Key Point!**
> ※ 어떠한 거래로 지출이 발생한 경우 그에 관련된 미래 경제적 효익의 유입가능성이 낮은 경우에는 당해 지출은 자산으로 인식하지 않고 비용으로 인식하여야 한다.

　　㉡ 부채의 인식 : 기업실체가 현재의 의무를 이행할 때 경제적 효익이 유출될 가능성이 매우 높고 그 금액을 신뢰성 있게 측정할 수 있을 때 인식한다.

> **Key Point!**
> ※ 일반적으로 미이행계약에 따른 의무는 부채로 인식하지 않는다.[1]

　　㉢ 수익의 인식 : 경제적 효익이 유입됨으로써 자산이 증가하거나 부채가 감소하고 그 금액을 신뢰성 있게 측정할 수 있을 때 인식한다.
　　　• 실현기준 : 수익은 실현되었거나 실현가능한 시점에 인식한다.
　　　• 가득기준 : 수익은 가득과정(earning process)이 완료되어야 인식한다.

> **Key Point!**
> ※ 수익창출에 따른 경제적 효익이 이용할 수 있다고 주장하기에 충분한 활동을 했을 때 가득과정이 완료되었다고 본다.

　　㉣ 비용의 인식 : 경제적 효익이 사용 또는 유출됨으로써 자산이 감소하거나 부채가 증가하고 그 금액을 신뢰성 있게 측정할 수 있을 때 인식한다. 비용인식 기준은 다음과 같다.
　　　• 직접대응 : 수익과 직접 관련된 비용은 수익(매출)을 인식할 때 비용(매출원가)으로 인식한다.
　　　• 간접대응 : 수익과 직접 대응할 수 없는 비용(판관비)은 발생하는 기간에 인식한다.
　　　• 체계적 합리적 배분 : 자산으로부터 효익이 여러 회계기간에 걸쳐 기대되는 경우에 그 비용은 체계적이고 합리적으로 배분하여 인식한다(감가상각비 등).

> **Key Point!**
> ※ 비용인식은 자산감소 또는 부채증가와 동시에 일어난다.
> ※ 과거 인식한 자산의 미래 경제적 효익이 감소하거나 소멸된 경우, 또는 경제적 효익의 수반 없이 부채가 발생 또는 증가한 것이 명백한 경우 비용을 인식한다.

---

1) IASB에 의하면 '미이행계약'은 계약당사자가 하나의 경제적 자원을 수령할 권리와 다른 경제적 자원을 이전할 별도의 의무가 아니라 경제적 자원을 교환할 권리와 의무를 함께 포함하고 있다고 본다. 즉 경제적 자원을 수령할 수 있는 권리와 경제적 자원을 이전할 의무는 상호의존적이어서 당사자 일방의 의무가 이행되지 않으면 다른 일방의 권리가 충족되지 않으므로 그 다른 일방의 의무는 부채가 되지 않는다고 보는 것이다.

(6) 재무제표 기본요소의 측정(화폐금액 결정)

① 측정속성

　⊙ 취득원가(역사적원가) : 자산을 취득할 당시 지급하였던 현금, 현금등가액 또는 기타 지급수단의 공정가치를 말한다. 부채의 취득원가는 의무를 부담하는 대가로 수취한 현금 또는 현금등가액으로 역사적 현금수취액이라고 한다.

　⊙ 공정가치(fair value) : 독립된 당사자 간의 현행 거래에서 자산이 매각 또는 구입되거나 부채가 결제 또는 이전될 수 있는 교환가치를 말한다. 즉 당해 자산의 활성시장에서의 시장가치를 의미한다.

　⊙ 기업특유가치(firm specific value) : 기업실체가 자산을 사용함에 따라 당해 기업실체의 입장에서 인식되는 현재가치를 말한다. 이를 '사용가치'라고도 한다.

　⊙ 상각후원가 : 유효이자율을 사용하여 당해 자산 또는 부채를 현재가액으로 측정한 것을 말한다.

> **Key Point!**
> ※ 측정 속성에 관한 개념을 숙지해야 하고, 특히 상각후원가에 사용되는 이자율은 현재 시장이자율이 아닌 역사적 이자율(취득당시 시장이자율)임을 기억한다.

　⊙ 순실현가능가치와 이행가치 : 순실현가능가치는 당해 자산이 현금 등으로 전환될 때 수취할 것으로 예상되는 금액에서 직접 소요되는 비용을 차감한 가액을 말한다. 부채의 이행가치는 미래 의무이행으로 지급될 현금 등에 직접 소요되는 비용을 가산한 가액을 말한다.

② 측정 속성의 선택

일반적으로 취득 시점에서 자산의 취득원가와 공정가치는 동일하다. 그러나 취득 이후에는 양자가 달라질 수 있어 재무정보의 유용성, 즉 목적적합성과 신뢰성 관점에서 측정 속성을 선택해야 한다. 실무적으로 사용되는 측정 속성은 다음과 같은 것들이 있다.

　⊙ 유동자산과 유동부채 : 취득원가, 순실현가능가치, 역사적 현금수취액, 이행가치

　⊙ 선급비용 : 취득원가

　⊙ 매출채권 : 순실현가능가치

　⊙ 선수수익 : 역사적 현금수취액

　⊙ 매입채무, 미지급비용 : 이행가치

　⊙ 유형자산 : 취득원가, 공정가치 또는 사용가치

> **Key Point!**
> ※ 계정과목과 측정 속성을 선택하는 문제가 빈출되므로 반드시 기억한다.

(7) 자본유지 개념

① 화폐자본의 유지(회계기준의 근거)

이익 = 기말 순자산 화폐가액 − 기초 순자산 화폐가액 + 소유주 배분 금액 − 소유주 납입 금액

　⊙ 자산·부채의 가격변동효과 : 보유손익으로 보아 투자이익에 포함

② 실물자본의 유지

이익＝기말 실물생산능력－기초 실물 생산능력±당기 중 소유주와의 거래

㉠ 자산·부채의 가격변동효과 : 자본의 일부로 보아 자본조정항목으로 처리

〈자본유지개념 사례〉

㈜대한은 20X1년 초에 현금 5,000원으로 사업을 개시하여 상품 A(5,000원)를 1개 매입하였다. 동사는 20X1년 중 상품 A를 7,000원에 1개 판매하였고 대금을 수령하였다. 20X1년 말 상품 A의 가격이 6,000원으로 상승하였을 때 화폐자본유지개념과 실물자본유지개념에 의한 이익은 각각 얼마인가?

해설

1 화폐자본유지개념 : 7,000원－5,000원＝2,000원

2 실물자본유지개념 : 7,000원－6,000원＝1,000원, 이 경우 현행원가 증가분(6,000원－5,000원＝1,000원)은 자본유지조정으로 계상된다.

---

01 재무회계의 개념체계는 일반적으로 인정된 회계원칙이다.

○ ×

×

02 개념체계는 재무제표의 본질, 기능 및 한계점 등에 대한 지침을 제공하는 것으로 회계기준과 상충되는 경우에는 개념체계가 우선 적용된다.

○ ×

×
회계기준이 개념체계보다 언제나 우선한다.

03 사업설명서나 세무목적의 보고서 등 특수목적 보고서는 개념체계의 적용대상이 아니지만 관련 규정이 허용하는 범위 내에서는 개념체계를 적용할 수 있다.

○ ×

○

04 재무정보가 유용하기 위해서는 정보이용자의 의사결정에 반영될 수 있도록 적시에 제공되어야 한다. 적시성이 없는 정보는 목적적합성을 상실한다.

○ ×

○
적시성 있는 정보가 항상 목적적합한 것은 아니지만 적시성이 없으면 목적적합성을 상실한다.

05 거래나 사건의 형식보다 경제적 실질에 따라 회계처리를 하는 것은 목적적합성을 확보하기 위함이다.

○ ×

×
표현의 충실성을 확보하기 위함이다.

06 불확실성이 있는 상황에서 자산·수익은 과소 계상하고 부채·비용은 과대 계상하는 것은 추정의 신중성을 확보하기 위함이다.

○ ×

×
보수주의에 대한 설명이다.

07 목적적합성과 신뢰성을 높일 수 있는 방법이 있더라도 비교가능성이 저하된다면 회계기준을 개정하거나 회계정책을 변경하여서 안 된다.

○ ×

○
비교가능성이 저하되어도 개정·변경해야 한다.

08 목적적합성과 신뢰성을 갖춘 모든 항목이 재무제표에 표시되는 것은 아니다.

○ ×

○
중요성이 없으면 표시되지 않는다.

09 우리나라의 회계기준은 재무제표 작성의 기본가정으로 발생주의를 채택하고 있다. ⃝⃠

×

재무제표 작성의 기본가정은 계속기업 가정이다.

10 기업실체가 경영활동을 중대하게 축소할 의도를 가지고 있더라도 기업이 존속하는 한 계속기업을 가정하여 재무제표를 작성해야 한다. ⃝⃠

×

중대하게 축소되는 부분은 청산가정을 적용해야 한다.

11 미래의 수익을 인식하기 위하여 현재의 현금유입액을 부채로 인식하거나 미래에 도래할 비용에 대한 현재 현금유출액을 자산으로 인식하는 것은 발생주의 회계에서 허용되지 않는다. ⃝⃠

×

선수수익과 선급비용은 허용된다.

12 부채는 과거 거래나 사건의 결과로 미래 경제적 효익이 내재된 자원이 기업에서 유출됨으로써 이행될 것으로 기대되는 과거의 의무를 말한다. ⃝⃠

×

부채는 현재의 의무이다.

13 전환사채 보유자가 사채전액에 대하여 전환권을 행사한 경우에는 부채가 감소하고 자본이 증가하므로 자본변동표에 그 내역이 기재가 된다. ⃝⃠

⃝

14 손익계산서에는 주주와의 거래는 나타나지 않는다. ⃝⃠

⃝

15 현행 회계기준은 화폐자본유지개념에 근거하고 있고, 이익의 측정도 명목화폐자본유지개념에 근거한다. ⃝⃠

⃝

01 다음 중 재무회계 개념체계에 대한 설명으로 바르지 못한 것은?

① 개념체계는 일관성 있는 회계기준을 제정할 수 있도록 지침을 제공하다.

② 개념체계는 회계기준이 미비된 거래나 사건에 있어 일관된 지침을 제공하기는 하지만 그 자체가 회계기준은 아니다.

③ 개념체계는 일반목적 재무보고뿐만 아니라 사업설명서 등 특수목적 보고에도 적용된다.

④ 개념체계는 비영리조직의 특수성까지 고려하지 않는다.

⑤ 개념체계는 재무보고의 목적을 명확히 하고 이를 달성하는데 유용한 재무회계의 기초개념을 제공하는 것을 목적으로 한다.

정답 | ③
해설 | 개념체계는 특수목적보고에는 적용되지 않고 관련 규정이 허용하는 경우에 한해 적용가능하다.

02 다음 사례가 나타내는 용어와 이를 해결할 수 있는 재무정보의 질적특성은 무엇인가?

> • ㈜대한의 경영자 甲은 신기술 개발이 완료되자 주가 상승을 예상하고 공시 전 회사의 주식을 매수하여 차익을 얻으려 하고 있다.
> • ㈜서울의 경영자 乙은 회사가 사용 중인 기술의 특허침해 문제로 대규모 손실이 발생할 가능성을 인지하고 공시 전 보유하고 있던 주식을 모두 처분하여 손실위험을 회피하였다.

① 도덕적 해이, 목적적합성, 검증가능성

② 역선택, 신뢰성, 적시성

③ 도덕적 해이, 목적적합성, 비교가능성

④ 역선택, 신뢰성, 목적적합성

⑤ 도덕적 해이, 신뢰성, 목적적합성

정답 | ②
해설 | 경영자의 기회주의적 행동을 설명한 것으로 이는 역선택 문제와 관련되어 있다. 역선택 문제를 해결하기 위해서는 신뢰성 있는 회계정보를 적시에 제공하여야 한다.

03 매출채권의 대손충당금을 과소 계상할 때 훼손되는 재무정보의 질적특성은?

① 목적적합성   ② 신뢰성

③ 비교가능성   ④ 적시성

⑤ 검증가능성

정답 | ②

해설 | 표현의 충실성이 훼손되었으므로 신뢰성이 문제된다.

04 다음 중 재무정보의 질적특성에 관한 설명으로 틀린 것은?

① 목적적합한 재무정보는 정보이용자의 의사결정에 차이가 나도록 할 수 있다.

② 예측가치와 확인가치를 갖는 재무정보는 목적적합하다.

③ 중립적 서술은 재무정보의 선택과 표시에 편의가 없는 것을 말한다.

④ 완전한 서술은 정보이용자가 서술되는 현상을 이해하는데 필요한 모든 정보를 포함한다.

⑤ 검증가능성은 표현의 충실성과 목적적합성이 높다는 것을 의미한다.

정답 | ⑤

해설 | 검증가능성은 표현의 충실성을 담보하거나 목적적합성이 높다는 것을 의미하지는 않는다.

05 거래나 사건의 형식보다 경제적 실질에 따라 회계처리를 하여야 한다는 것은 재무정보의 어떠한 질적특성을 확보하기 위한 것인가?

① 목적적합성   ② 표현의 충실성

③ 비교가능성   ④ 검증가능성

⑤ 이해가능성

정답 | ②

06 재무정보의 선택과 표시에는 편의(bias)가 없어야 한다. 이와 관련하여 거래나 사건의 불확실성으로 인하여 회계추정을 할 때 회계정보가 (a)을/를 갖기 위하여 (b)이/가 확보되어야 한다. 괄호 안에 들어갈 재무정보의 질적특성은?

① (a) 신뢰성, (b) 적시성   ② (a) 중립성, (b) 중요성

③ (a) 신뢰성, (b) 중립성   ④ (a) 중립성, (b) 신중성

⑤ (a) 신뢰성, (b) 중요성

정답 | ④

해설 | 회계추정 시 회계정보가 중립성을 갖기 위해서는 추정의 신중성이 확보되어야 한다.

07 유형자산을 역사적원가와 공정가치로 측정할 때 상충되는 질적특성은?

① 신뢰성 – 목적적합성

② 신뢰성 – 중요성

③ 목적적합성 – 중요성

④ 중요성 – 중립성

⑤ 비교가능성 – 검증가능성

정답 | ①
해설 | 역사적 원가는 신뢰성이 높고 목적적합성이 낮다. 공정가치는 목적적합성이 높고 신뢰성이 낮다.

08 회계정보 제공의 포괄적 제약 요인은 (a)이다. 또한 회계항목이 정보로 제공되기 위한 최소한의 요건으로 (b)을/를 갖추어야 한다. (b)는 해당 항목의 성격과 금액의 크기에 의하여 결정된다. 괄호 안에 들어갈 말은?

① (a) 효익, (b) 중립성

② (a) 원가, (b) 중립성

③ (a) 효익, (b) 중요성

④ (a) 원가, (b) 중요성

⑤ (a) 원가, (b) 적시성

정답 | ④
해설 | 회계정보의 포괄적 제약요인은 원가이고, 회계항목이 정보로 제공되기 위한 최소 요건은 중요성이다.

09 다음 사항이 해당하는 개념체계의 항목과 훼손되는 질적특성은?

> ㈜대한은 20X1.10.15. 상품을 판매하고 받은 1,000,000원을 매출로 인식하였다. 동사는 20X1년 당기손익이 기대에 미치지 못해 기말재고자산 평가방법을 평균법에서 선입선출법으로 변경하여 당기순이익을 증가시켰다.

① 발생주의 – 목적적합성 　　　② 현금주의 – 목적적합성

③ 발생주의 – 신뢰성 　　　　　④ 현금주의 – 신뢰성

⑤ 발생주의 – 일관성

정답 | ⑤
해설 | 동일 항목에 대해 다른 회계처리 방법을 적용하는 것은 회계정책의 변경으로 일관성을 훼손한다.

10 다음 중 전기에 적용한 회계정책을 당기에도 계속 적용하는 일관성을 강조하는 이유로 바르게 묶은 것은?

> ㉮ 계속기업 가정의 충족   ㉯ 이익 조작 억제
> ㉰ 회계정보의 기간별 비교가능성 제고   ㉱ 회계정보의 적시성 확보
> ㉲ 회계정보의 통일성 확보

① ㉮, ㉯, ㉰   ② ㉯, ㉰
③ ㉮, ㉰, ㉲   ④ ㉰, ㉱
⑤ ㉯, ㉰, ㉲

정답 | ②
해설 | 일관성은 회계정책변경에 의한 이익 조작을 억제하고 비교가능성을 제고한다.

11 다음 중 회계정보의 질적특성에 대한 설명으로 바르지 못한 것은?

① 검증가능성은 회계정보가 나타내는 경제적 현상을 충실히 표현하는지 이용자가 확인하는데 도움을 준다.
② 비교가능성은 재무정보 항목 간 유사성과 차이점을 식별하고 이해할 수 있게 한다.
③ 회계정보가 누락되거나 잘못 기재되어 정보이용자의 의사결정에 영향을 미친다면 그 정보는 중요한 정보이다.
④ 적시성은 정보이용자가 의사결정을 할 수 있도록 제때 정보를 제공하는 것이다.
⑤ 회계정보를 명확하고 간결하게 분류하고 표시하면 이해가능한 정보이다.

정답 | ③
해설 | 중요성은 질적특성이 아니라 제약요인이다.

12 다음 중 회계정보의 질적특성에 대한 설명으로 바르지 못한 것은?

① 신뢰성과 목적적합성 중 하나라도 상실되면 유용한 정보가 될 수 없다.
② 정보이용자가 재무정보로부터 미래 기업의 성과를 예측할 수 있다면 그 정보는 예측가치를 갖는다.
③ 정보이용자가 의사결정에 이용하도록 적시에 정보가 제공되지 않더라도 목적적합성이 상실되는 것은 아니다.
④ 재무정보의 서술이 완전하고 중립적이며 오류가 없으면 충실한 표현이 확보된다.
⑤ 비교가능성으로 인하여 재무정보의 목적적합성과 신뢰성 확보에 장애가 되어서는 안 된다.

정답 | ③
해설 | 적시성을 상실한 정보는 목적적합성이 없다.

13 다음 중 개념체계에서 채택하고 있는 재무제표의 기본가정을 모두 고른 것은?

> ㉮ 발생주의 회계   ㉯ 기업실체의 가정
> ㉰ 계속기업의 가정   ㉱ 현금주의 회계
> ㉲ 기간별 보고의 가정

① ㉮, ㉯, ㉰, ㉲   ② ㉮, ㉯, ㉰

③ ㉯, ㉰, ㉱   ④ ㉯, ㉰, ㉲

⑤ ㉰, ㉱, ㉲

정답 | ④
해설 | 재무제표의 기본가정은 계속기업의 가정, 기업실체의 가정, 기간별 보고의 가정 세 가지이다.

14 다음 중 재무제표 기본가정에 대한 설명으로 옳은 것은?

① 기업실체는 하나의 독립된 회계단위로 소유주와 동일한 개념이다.
② 기업실체는 그 목적과 의무를 이행하기 위하여 영구히 존속한다고 보는 계속기업을 가정한다.
③ 기업실체는 경영활동을 중대하게 훼손하거나 청산시킬 의도가 없다고 가정한다.
④ 자산을 공정가치로 평가할 수 있는 것은 계속기업을 가정하기 때문이다.
⑤ 현금주의 회계는 기간별 보고의 가정을 근거로 한다.

정답 | ③
해설 | 기업실체는 법적실체와 동일한 개념이 아니며 계속기업은 영구적 존속을 의미하지 않는다. 또한 계속기업 가정은 자산의 역사적원가 평가의 근거가 되고, 기간별 보고의 가정은 발생주의 회계의 근거가 된다.

15 다음 중 발생주의 회계하에서 회계처리가 잘못된 것은?

① 20X1.3.1에 1년 만기 예금에 가입하고 미수수익을 자산으로 인식하였다.
② 20X1.3.1에 유형자산을 외상처분하고 미수금을 자산으로 인식하였다.
③ 20X1.3.1에 유형자산을 구매하면서 선급금을 지급하고 자산으로 인식하였다.
④ 20X1.3.1에 1년치 임차료를 미리 지급하고 선급비용, 부채로 인식하였다.
⑤ 20X1.3.1에 유형자산을 담보로 제공하고 그 상당액을 비용을 인식하였다.

정답 | ⑤
해설 | 담보제공 행위는 회계상 거래가 아니므로 회계처리의 대상이 아니다.

16 다음 중 회계처리의 보수주의가 적용된 것으로 보기 어려운 것은?

① 매출채권 중 회수가 어려울 것이라 예상되는 금액을 충당금으로 설정하였다.

② 건설공사에서 미래 예상되는 손실액을 당기 손실로 인식하였다.

③ 재고자산의 판매가격이 하락하여 기말재고자산을 순실현가능가치로 측정하였다.

④ 유형자산의 감가상각방법으로 정액법 대신 정률법을 적용하였다.

⑤ 회계이익의 축소를 위하여 유형자산의 내용연수를 단축하였다.

정답 | ⑤
해설 | 유형자산의 내용연수 변경은 정당한 회계추정의 변경으로 보수주의와 관련이 없다. 또한 내용연수를 단축하는 것과 감가상각 방법의 선택은 별개로 구분해야 한다.

17 재무제표에 대한 설명 중 바르지 못한 것은?

① 물리적 실체가 없어도 경제적 효익을 창출할 것으로 기대되면 자산의 정의를 충족한다.

② 자산의 경제적 효익에 대한 지배력은 법적 권리에 의하여 발생해야 한다.

③ 과거 거래나 사건으로부터 기인하지 않은 의무는 부채가 아니다.

④ 부채의 '의무'는 법적 강제력뿐만 아니라 상관습 또는 관행 등에 의한 것을 포함한다.

⑤ 자본총액은 주식의 시가총액과 일치하지 않는 것이 일반적이다.

정답 | ②
해설 | 법적 권리가 없어도 자산의 정의를 충족할 수 있다(예 금융리스).

18 다음 중 재무제표 기본요소의 인식과 관련한 설명으로 바르지 못한 것은?

① 어떠한 항목의 기대되는 효익이 그 정보의 제공과 이용에 소요되는 비용보다 클 때 인식할 수 있다.

② 어떠한 항목의 기대 효익이 비용보다 크더라도 그 항목이 정보이용자의 의사결정에 영향을 미칠 정도로 중요하지 않다면 재무제표에 인식될 필요는 없다.

③ 어떠한 항목의 인식을 위해서는 측정 속성을 신뢰성 있게 측정할 수 있어야 한다.

④ 소송으로부터 예상되는 자원의 유출이 부채와 비용의 정의를 충족시킨다면 그 금액을 합리적으로 추정할 수 없더라도 재무제표에 인식하여야 한다.

⑤ 측정 속성(역사적원가, 공정가치, 기업특유가치 등)을 신뢰성 있게 측정하기 위해서 측정 속성의 금액이 반드시 확정되어 있을 필요는 없다.

정답 | ④
해설 | 이 경우 그 금액을 재무제표에 인식하지 않는다. 다만 그 내용이 중요한 경우 주석으로 공시한다.

19 제조업을 영위하는 ㈜대한의 다음 거래에서 계상될 계정과 계정과목은 무엇인가?

> ㉮ 영업활동을 위하여 기계장치를 매입하고 대금은 3년 후 지급하기로 하였다.
> ㉯ 유형자산을 매각하고 대금은 3년 만기 어음으로 받았다.
> ㉰ 3개월 후 ㈜서울의 신제품을 10,000개 생산해 주기로 하고 대가의 일부를 받았다.

① ㉮ (부채)장기미지급금, ㉯ (자산)장기미수금, ㉰ (부채)선수금
② ㉮ (부채)장기성매입채무, ㉯ (부채)장기성매출채권, ㉰ (자산)선급금
③ ㉮ (부채)장기성매입채무, ㉯ (부채)장기미지급금, ㉰ (부채)선수금
④ ㉮ (부채)장기미지급금, ㉯ (자산)장기미수금, ㉰ (자산)선수금
⑤ ㉮ (자산)장기성매출채권, ㉯ (자산)장기미수금, ㉰ (자산)선수금

정답ㅣ ①
해설ㅣ (부채)장기미지급금, (자산)장기미수금, (부채)선수금의 과목으로 계상된다.

20 제조업을 영위하는 비상장외감기업의 다음 거래에서 나타나지 않는 계정과목은?

> ㉮ 20X1.07.01. 10,000원의 유형자산을 매각하고 대금은 3년 후 수령하기로 하였다.
> ㉯ 20X1.07.01. 은행에서 연10%, 3년 일시 상환 조건으로 10,000원을 차입하였다.
> ㉰ 20X2.07.01. 비품을 10,000원 구매하고 대금은 6개월 후 지급하기로 하였다.

① 장기차입금   ② 미지급금
③ 장기성매출채권   ④ 미지급이자비용
⑤ 감가상각비

정답ㅣ ③
해설ㅣ ㉮ 20X1.07.01. 장기미수금 10,000 ㅣ 유형자산   10,000
　　　㉯ 20X1.07.01. 현　　금 10,000 ㅣ 장기차입금   10,000
　　　　　 20X1.12.31. 이자비용   500 ㅣ 미지급이자비용   500
　　　㉰ 20X2.07.01. 비　　품 10,000 ㅣ 미지급금   10,000
　　　　　 20X2.12.31. 감가상각비   xxx ㅣ 감가상각누계액   xxx

21 ㈜대한은 유형자산의 취득원가를 정액법으로 감가상각하고 있다. 이와 관련된 비용인식 기준은?

① 직접대응   ② 체계적이고 합리적인 배분

③ 간접대응   ④ 수익기준

⑤ 가득기준

정답 | ②
해설 | 감가상각은 취득원가의 체계적이고 합리적인 배분이다.

22 다음 중 자산·부채 항목과 측정 속성이 바르게 연결된 것은?

① 매출채권 – 순실현가능가치

② 선급비용 – 공정가치

③ 선수수익 – 이행가치

④ 미지급비용 – 공정가치

⑤ 만기보유증권 – 역사적 현금수취액

정답 | ①
해설 | 선급비용 – 취득원가, 선수수익 – 역사적 현금수취액, 미지급비용 – 이행가치, 만기보유증권 – 상각후원가

23 사채의 측정 속성으로 상각후원가를 사용할 때 적용되는 유효이자율은?

① 취득당시 시장이자율   ② 현행 시장이자율

③ 사채 표면이자율   ④ 현행 만기수익률

⑤ 가중평균이자율

정답 | ①
해설 | 유효이자율은 사채 취득당시의 시장이자율(역사적 이자율)을 말한다.

24 기업실체가 자산을 사용함에 따라 인식되는 '사용가치'를 나타내는 측정 속성은?

① 순실현가능가치   ② 기업특유가치

③ 공정가치   ④ 취득원가

⑤ 상각후원가

정답 | ②
해설 | 기업특유가치는 사용가치라고도 한다.

25 손익계선서의 포괄이익과 당기순이익이 일치하지 않는 것은 (a) 때문이다. (a)는?

① 기타포괄손익   ② 영업외비용

③ 영업외수익   ④ 법인세비용

⑤ 배당금

정답 | ①
해설 | 기타포괄손익으로 인하여 포괄이익과 당기순이익이 차이가 발생한다.

CHAPTER 03

재무제표

Certified Credit Analyst PART 01

출제 포인트 ■ ■

- 재무제표의 구성과 기본구조
- 재무제표의 상호관계
- 재무제표의 작성과 표시의 일반원칙
- 재무제표의 유용성과 한계
- 재무제표의 정보내용 식별

1. 재무제표의 의의

(1) 재무제표의 구성과 기본구조

① 재무제표의 구성

재무제표는 투자자나 채권자 등이 기업의 가치나 채무이행능력을 평가할 수 있도록 자산, 부채, 자본, 수익, 비용 및 현금흐름에 관한 정보를 제공한다. 일반기업회계기준에서 요구하는 재무제표는 재무상태표, 손익계산서, 현금흐름표, 자본변동표, 그리고 주석 다섯 가지이다.

② 재무제표의 상호관계

[그림 3-1 재무제표 상호관계]

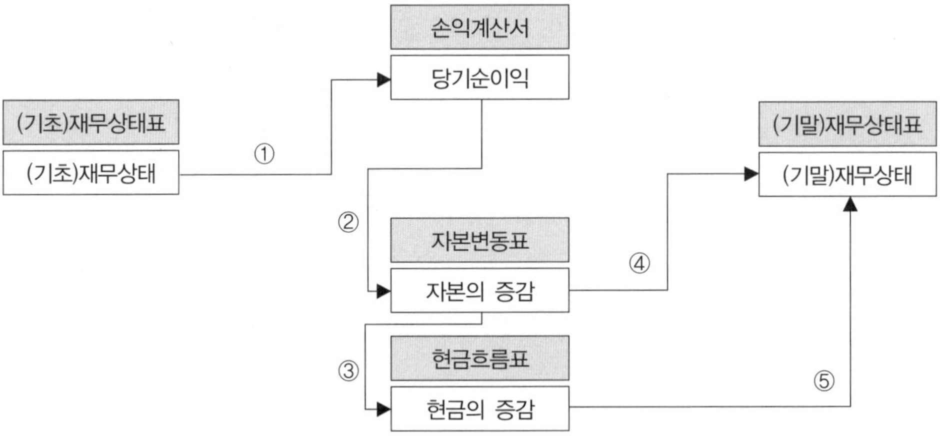

(2) 재무제표 작성과 표시의 일반원칙

① 계속기업

㉠ 경영진은 재무제표를 작성할 때 계속기업으로서 존속가능성을 평가해야 한다.

> **Key Point!**
> ※ '계속'의 의미는 '영구적' 의미가 아니라 경영활동에 필요한 '충분한 기간'을 의미한다.

㉡ 기업의 청산 또는 경영활동을 중단할 의도가 없거나, 청산 또는 중단 이외에 현실적 대안이 없는 경우가 아니면 계속기업을 전제로 재무제표를 작성한다.

> **Key Point!**
> ※ 계속기업에 대한 불확실성이 있는 경우 또는 계속기업이 아닌 다른 기준을 적용한 경우에는 그 사실과 이유를 공시해야 한다.

② 재무제표의 작성책임과 공정한 표시

㉠ 재무제표의 작성과 표시에 대한 책임은 경영진에게 있다.

㉡ 일반기업회계기준에 따라 작성된 재무제표는 공정하게 표시된 재무제표로 본다.

㉢ 재무제표가 일반기업회계기준에 따라 작성된 경우 그 사실을 주석으로 공시해야 한다.

> **Key Point!**
> ※ 재무제표가 일반기업회계기준의 일부라도 충족하지 못할 경우에는 일반기업회계기준을 적용한 사실을 공시해서는 안 된다는 것에 주의한다. 즉 회계기준을 모두 충족한 경우에만 공시한다.

③ 재무제표 항목의 구분과 통합표시

㉠ 중요한 항목은 구분하여 표시하고, 중요하지 않은 항목은 성격이나 기능이 유사한 항목과 통합하여 표시할 수 있다.

> **Key Point!**
> ※ '중요성'에 대한 판단기준은 다를 수 있기 때문에 본문에 통합 표시한 항목을 주석에 구분하여 표시할 수 있다.
> ※ 일반기업회계기준에서 본문과 주석에 구분표시하도록 요구하는 항목일지라도 그 성격이나 금액이 중요하지 않은 경우에는 유사한 항목으로 통합 표시할 수 있다.

④ 비교재무제표의 작성

㉠ 재무제표의 기간별 비교가능성 제고를 위하여 전기 재무제표의 모든 계량정보를 당기와 비교하는 형식으로 표시한다. 비계량정보도 필요한 경우 당기 정보와 비교하여 주석에 기재한다.

⑤ 재무제표 항목의 표시와 분류의 계속성

㉠ 재무제표 항목의 표시와 분류는 다음의 경우를 제외하고 매기 동일해야 한다.
- 일반기업회계기준에서 표시와 분류의 변경을 요구하는 경우
- 사업결합 또는 사업중단 등에 의하여 영업내용에 유의적 변경이 있는 경우
- 재무제표 항목의 표시와 분류의 변경으로 재무정보를 더 적절히 전달할 수 있는 경우

Key Point!

※ 일반원칙 중 기간별 비교가능성을 제고시키기 위한 것은 '비교재무제표의 작성'과 '재무제표 항목의 표시와 분류의 계속성'이다.

⑥ 재무제표의 보고양식

㉠ 재무제표는 이해하기 쉽도록 간단하고 명료하게 표시하여야 한다.

2. 재무상태표(F/P 또는 B/S)

(1) 재무상태표의 의의

자산, 부채 및 자본에 대한 정보를 제공하는 것으로 기업의 유동성, 재무적 탄력성[2], 수익성과 위험 등을 평가하는데 유용한 정보를 제공한다.

① 재무상태표의 유용성

㉠ 유동성에 관한 정보를 제공

㉡ 재무탄력성에 관한 정보를 제공

㉢ 자산 구성에 의한 투자활동과 자본구조에 의한 재무활동 정보를 제공

② 재무상태표의 한계

㉠ 자산과 부채를 역사적원가에 의하여 평가하므로 현행 시장가치를 반영하지 못한다.

㉡ 재무상태표 측정치 중 주관적 추정이 상당부분 개입된다(예 매출채권 회수가능성 등).

㉢ 상당한 가치가 있는 비계량적 정보가 포함되지 않는다(예 인적자원 등).

㉣ 사실상 부채의 성격을 갖는 항목이 재무상태표에 포함되지 않는 부외금융 현상이 나타날 수 있다(예 운용리스 등).

(2) 재무상태표 기본구조

[그림 3－2 재무상태표 기본구조]

자산	부채 및 자본
Ⅰ. 유동자산	부채
당좌자산	Ⅰ. 유동부채
재고자산	Ⅱ. 비유동부채
	자본
Ⅱ. 비유동자산	Ⅰ. 자본금
투자자산	Ⅱ. 자본잉여금
유형자산	Ⅲ. 자본조정
무형자산	Ⅳ. 기타포괄손익누계액
기타비유동자산	Ⅴ. 이익잉여금(결손금)

2) '재무적 탄력성'은 긴급한 자금의 수요나 투자기회에 대응할 수 있는 기업의 능력을 말한다.

① 자산의 유동항목과 비유동항목의 구분

자산은 1년을 기준으로 유동자산과 비유동자산으로 구분한다. 다음에 해당하는 경우 유동자산으로 분류한다.

㉠ 정상 영업주기[3] 내에 실현되거나 판매 또는 소비목적으로 보유하는 경우

㉡ 주로 단기매매목적으로 보유하는 경우

㉢ 보고기간종료일로부터 1년 이내 현금화 또는 실현될 것으로 예상되는 경우

㉣ 현금 및 현금성자산으로 교환이나 부채 상환 목적으로 사용에 대한 제한 기간이 보고기간 후 12개월 이상이 아닌 경우

> **Key Point!**
> ※ 정상 영업주기 이내에 판매되거나 사용되는 재고자산과 회수되는 매출채권은 보고기간종료일로부터 1년 이내에 실현되지 않더라도 유동자산으로 분류하고 주석에 기재한다.
> ※ 장기미수금이나 매도가능증권 또는 만기보유증권 등 비유동자산 중 1년 이내 실현되는 부분도 유동자산으로 분류한다. 이를 '유동성 대체'라고 한다.

② 부채의 유동항목과 비유동항목의 구분

부채는 1년을 기준으로 유동부채와 비유동부채로 구분한다. 다음의 경우 유동부채로 분류하고 그 이외에는 비유동부채로 분류한다.

㉠ 정상 영업주기 내에 결제될 것으로 예상되는 경우

㉡ 주로 단기매매목적으로 보유하는 경우(**예** 공매자의 차입 인도 의무, RP발행)

㉢ 보고기간종료일로부터 1년 이내 결제하기로 되어 있는 경우

㉣ 보고기간 말 현재 보고기간 후 적어도 12개월 이상 부채의 결제를 연기할 수 있는 권리를 가지고 있지 않는 경우

> **Key Point!**
> ※ 매입채무 또는 미지급비용 등은 정상 영업주기 내에 사용되는 운전자본 이므로 12개월 후에 결제일이 도래한다 하더라도 유동부채로 분류한다. 이 경우 1년 이내 결제되지 않을 금액은 주석으로 기재한다.
> ※ 비유동부채 중 보고기간종료일로부터 1년 이내 자원의 유출이 예상되는 부분은 유동부채로 분류한다. 이를 '유동성 대체'라 한다.
> ※ 당좌차월, 단기차입금 및 유동성장기차입금 등은 보고기간종료일로부터 1년 이내 결제되어야 하므로 영업주기와 관계없이 유동부채로 분류한다.
> ※ 단기성채무 중 만기 연장이 가능하고, 그러한 권리를 가지고 있다면 보고기간 후 12개월 이내에 만기가 도래하더라도 비유동부채로 분류한다. 만일 연장에 대한 권리가 없다면 유동부채로 분류한다.

※ 장기차입약정 위반으로 채권자가 즉시 상환을 요구할 수 있는 채무라도 다음 요건을 모두 충족하는 경우 비유동부채로 분류한다.

㉠ 보고기간종료일 이전 차입약정 위반을 해소할 수 있도록 보고기간종료일로부터 1년을 초과하는 유예기간을 제공하기로 합의하였다.

㉡ ㉠의 유예기간 내에 기업이 차입약정 위반을 해소할 수 있다.

㉢ ㉠의 유예기간 동안 채권자가 즉시 상환을 청구할 수 없다.

---

[3] '정상 영업주기'는 제조업의 경우 제조과정에 투입될 재화와 용역을 취득한 시점부터 제품의 판매로 인한 현금의 회수시점까지의 기간을 의미한다. 이 기간은 반드시 1년을 의미하는 것은 아니고 1년을 초과할 수도 있다. 예를 들어 선박을 건조하는 조선업의 경우 정상 영업주기는 2년 또는 3년이 될 수도 있다.

③ 자본

자본에는 자본금, 자본잉여금, 자본조정(자기주식은 반드시 구분하여 표시), 기타포괄손익누계액, 이익잉여금(결손금) 항목이 있다.

3. 손익계산서

(1) 손익계산서 의의

일정 기간 동안 기업의 경영성과에 대한 정보를 제공하는 재무보고서로 발생주의에 의한 이익정보를 제공한다. 이는 일반적으로 현금주의에 의한 이익수치보다 유용하다고 본다.

① 손익계산서의 유용성

㉠ 미래 현금흐름에 대한 정보를 제공한다.

㉡ 기업의 경영성과를 평가하기 위한 정보를 제공한다.

㉢ 과세소득 산정의 기초자료를 제공한다.

② 손익계산서의 한계

㉠ 손익계산서상의 회계이익이 진실한 이익인지 문제된다.(화폐액으로 측정된 이익만 포함)

㉡ 원가배분이나 대손율 추정에 작성자의 주관이 개입될 수 있다.

㉢ 회계이익이 회계처리방법에 의하여 크게 영향을 받는다. 즉 이익의 질(quality of earnings)[4]에 문제가 나타난다.

㉣ 수익은 현행가격, 비용은 역사적원가로 계산되어 이익이 과대 계상되는 경향이 있다.

(2) 손익측정방법

① 자본유지접근법(재산법)

㉠ 순자산 변동액을 기말순자산에서 기초순자산을 차감하여 계산하되 기중 소유주에 의한 투자와 배당을 조정하여 이익을 계산하는 방법이다.

㉡ 순자산 변동의 원천인 수익과 비용을 구체적으로 파악할 수 없는 단점이 있다.

② 거래접근법(손익법)

㉠ 일정 기간 영업활동에서 발생한 수익과 비용을 대응시켜 이익을 계산한다.

㉡ 이 방법은 수익, 비용, 이득, 손실의 기간귀속 문제가 발생한다.

---

4) '이익의 질'이란 손익계산서의 회계이익과 현금흐름표의 현금이익 간의 관계를 나타내며 상관관계가 높을수록 '이익의 질'이 우수하다고 본다. 즉 회계이익과 현금이익의 차이가 적을수록 '이익의 질'이 우수하다. '이익의 질' 측정은 회계이익과 현금이익의 차이인 '발생액'을 사용하는 것이 일반적이다.

(3) 손익계산서 기본구조

① 손익계산서 구조

손익계산서	중단사업 有	주요 내용
① 매출액		매출할인 · 매출에누리 · 매출환입 차감
② 매출원가		매입할인 · 매입에누리 · 매입환출 차감
③ 매출총이익		매출원가 이외 모든 영업비용
④ 판매 및 일반관리비		
⑤ 영업손익		
⑥ 영업외수익		이자수익, 배당금수익, 처분 · 평가이익 등
⑦ 영업외비용		이자비용, 처분 · 평가손실, 기부금 등
⑧ 법인세비용차감전순손익	법인세비용차감전계속사업손익	
⑨ 법인세비용	계속사업손익법인세비용	
	계속사업손익	
	중단사업손익(법인세효과 차감 후)	
⑩ 당기순손익	당기순손익	

> **Key Point!**
> ※ 중단사업손익은 당기순손익 계산 직전에 반영한다는 것을 기억한다.
> ※ 정상적 재고자산감모손실은 매출원가로 처리하고 비정상적 재고자산감모손실은 영업외비용으로 처리한다.

② 포괄손익계산서 구조

포괄손익계산서
Ⅰ. 당기순손익
Ⅱ. 회계정책변경누적효과[5]
Ⅲ. 기타포괄손익
1. 매도가능증권평가손익(법인세효과 XXX) – 구분 표시
2. 해외사업환산손익(법인세효과 XXX) – 구분 표시
3. 현금흐름위험회피 파생상품평가손익(법인세효과 XXX) – 구분 표시
4. 유형자산 재평가잉여금 – 중요할 경우 구분 표시
5. 확정급여제도 재측정요소(보험수리적 손익) – 중요할 경우 구분 표시
Ⅳ. 포괄손익

> **Key Point!**
> ※ 기타포괄손익 항목들은 모두 장기 미실현손익으로 당기손익의 왜곡을 방지하기 위하여 따로 분류한 것이다.
> ※ 일반기업회계기준에서 포괄손익계산서는 주석에 표시한다는 것에 주의한다.

---

5) 회계정책변경누적효과를 기초이익잉여금에 일시 반영하는 경우를 의미한다.

4. 자본변동표

(1) 자본변동표의 의의

자본변동표는 자본금, 자본잉여금, 자본조정, 기타포괄손익누계액, 이익잉여금(결손금) 항목의 변동에 관한 포괄적 정보를 제공한다.

(2) 자본변동표의 유용성

① 자본변동표는 재무제표 간 연계성을 제고시켜 이들 간 관계에 대한 이해를 도와준다.

② 자본변동표는 손익계산서를 거치지 않고 재무상태표 자본에 직접 가감되는 매도가능증권평가손익과 같은 미실현손익에 대한 정보를 제공한다.

(3) 자본변동표의 기본구조

	자본금	자본잉여금	자본조정	기·포·누	이익잉여금	총계
Ⅰ. 기초F/P 보고금액	XXX	XXX	XXX	XXX	XXX*	XXX
1. 회계정책변경누적효과					XXX	
2. 전기오류수정손익					XXX	
Ⅱ. 수정 후 이익잉여금					XXX	
연차배당					XXX	
Ⅲ. 처분 후 이익잉여금					XXX	
1. 중간배당					XXX	
2. 유상증자(감자)						
3. 당기순이익(손실)						
4. 자기주식 취득						
5. 해외사업 환산손익						
Ⅳ. 기말F/P 보고금액	XXX	XXX	XXX	XXX	XXX	XXX

※ 전기말 재무상태표상 법정적립금, 임의적립금 및 미처분이익잉여금의 합계액을 나타냄

① 자본금 변동

  ㉠ 유상증자(감자), 무상증자(감자), 주식배당 등에 의하여 발생한다.

  ㉡ 보통주자본금과 우선주자본금으로 구분하여 표시한다.

② 자본잉여금 변동

  ㉠ 유상증자(감자), 무상증자(감자), 결손금처리 등에 의하여 발생한다.

  ㉡ 주식발행초과금과 기타자본잉여금으로 구분하여 표시한다.

③ 자본조정의 변동

  ㉠ 자기주식은 구분 표시하고 기타자본조정으로 통합하여 표시한다.

④ 기타포괄손익누계액 변동

  ㉠ 매도가능증권평가손익, 해외사업환산손익, 현금흐름위험회피 파생상품평가손익은 구분 표시하고 그 이외 항목은 중요한 경우 구분하여 표시할 수 있다.

⑤ 이익잉여금 변동

  ㉠ 회계정책변경누적효과, 중대한 전기오류수정손익, 연차배당(당기 중 주총에서 승인된 금액으로 현금배당과 주식배당으로 구분기재), 당기순손익, 기타 이익잉여금 변동으로 하되, 그 금액이 중요한 경우 구분하여 표시한다.

5. 주석

(1) 주석의 의의
① 주석은 재무제표 본문에 표시되는 항목에 대한 설명이나 금액의 세부내역을 제시한다.
② 또한 우발상황이나 약정사항과 같이 재무제표에 인식되지 않은 항목에 대한 추가적인 정보를 포함하여야 한다.

(2) 주석의 구조
① 주석의 대상
　㉠ 재무제표 작성기준 및 적용한 회계정책
　㉡ 일반기업회계기준에서 주석공시를 요구하는 사항
　㉢ 재무제표 본문에 표시되지 않은 사항으로서 재무제표를 이해하는 데 필요한 추가정보
② 주석의 순서
　㉠ 일반기업회계기준에 준거하여 재무제표를 작성하였다는 사실
　㉡ 재무제표 작성에 적용된 유의적 회계정책의 요약
　㉢ 재무제표 본문에 표시된 항목에 대한 보충정보(표시된 순서대로 공시)
　㉣ 기타 우발상황, 약정사항 등의 계량적 비계량적 정보
③ 회계정책의 공시
　적용된 유의적 회계정책의 요약에는 다음 사항이 포함되어야 한다.
　㉠ 재무제표를 작성하는 데 사용한 측정 속성
　㉡ 재무제표를 이해하는 데 필요한 기타 회계정책
④ 측정상 유의적 가정
　미래에 관한 유의적 가정과 측정상의 불확실성에 대한 기타 정보를 주석으로 기재한다.
　㉠ 자산과 부채의 성격
　㉡ 보고기간종료일 현재 자산과 부채의 장부금액
　㉢ ㉡의 장부금액이 차기에 중요하게 조정될 수 있다는 사실
⑤ 이익잉여금처분계산서
　㉠ 관련 법규에서 이익잉여금처분계산서(또는 결손금처리계산서)의 작성을 요구하는 경우 이익잉여금에 대한 보충자료로 주석 공시한다.

6. 중소기업 회계처리특례

(1) 적용범위
① 적용 가능한 기업
　㉠ 외감법 적용대상 기업 중 중소기업기본법에 의한 중소기업
　㉡ 외감법 적용대상이 아닌 중소기업
② 적용할 수 없는 기업
　㉠ 상장법인
　㉡ 증권신고서 제출법인
　㉢ 사업보고서 제출대상법인
　㉣ 금융회사 및 연결실체에 중소기업이 아닌 기업이 포함된 경우 지배기업

(2) 회계처리와 재무제표 표시

① 중소기업 회계처리특례

구분	회계처리특례
파생상품	정형화된 시장에서 거래되지 않아 시가가 없는 파생상품은 계약시점 후 평가에 관한 회계처리를 하지 않을 수 있다.
시장성 없는 지분증권	시장성 없는 지분증권은 취득원가로 평가할 수 있다. 다만 손상차손은 일반기업회계기준을 따라 인식한다.
유의적 영향력을 행사할 수 있는 지분증권	관계기업이나 공동지배기업에 대하여 지분법을 적용하지 않을 수 있다. 이 경우 투자자산의 장부금액은 취득원가 또는 금융자산·금융부채를 준용하여 측정한 금액 중 하나로 한다.
장기채권·채무	장기연불조건 매매거래 및 장기금전대차거래에서 발생하는 채권·채무는 현재가치평가를 하지 않고 명목가액으로 평가할 수 있다.
주식기준보상거래	주식결제형 주식기준보상거래의 경우 부여한 지분상품이 실제 행사되거나 발행되기까지 별도 회계처리를 하지 않을 수 있다(행사시점에 회계처리).
용역매출 등 수익인식	1년 내에 완료되는 용역매출 및 건설형 공사계약은 완료된 날 수익으로 인식할 수 있다. 1년 이상의 할부매출은 할부금회수기일이 도래한 날 실현되는 것으로 할 수 있다(토지, 건물 등의 장기할부조건 처분도 동일).**
법인세법의 수용 (감가상각 방법)	유형자산과 무형자산의 내용연수 및 잔존가치의 결정은 법인세법을 따를 수 있다. 그리고 법인세비용을 납부해야 할 금액으로 할 수 있다. 또한 이연법인세를 적용하지 않을 수 있다. **Key Point!** ※ 내용연수와 잔존가치 결정에만 해당하고 '감가상각 회계처리'는 일반기업회계기준에 따라 실시해야 함에 주의한다. 즉 감가상각 회계처리에는 특례가 적용되지 않는다.
주석공시	중단된 사업부문의 정보는 주석 공시를 하지 않을 수 있다. 다만 특례 적용 사실은 공시하여야 한다.

* 일반 할부거래는 거래금액 전체를 현재가치(매출채권과 현재가치할인차금)로 인식한 후 대금이 회수되는 시점에 매출채권을 제거하고 이자수익을 인식한다. 반면 중소기업은 현재가치로 계산하지 않고 명목가액으로 처리할 수 있다.

7. 중간재무제표

(1) 용어의 정의

① 중간기간 : 분기(3개월), 반기(6개월) 등 1회계연도보다 짧은 기간을 말한다.
② 누적중간기간 : 회계연도 개시일부터 당해 중간보고기간말까지의 기간을 말한다.
③ 중간재무제표 : ① 또는 ②를 대상으로 작성하는 재무제표를 말한다.
④ 연차재무제표 : 회계연도를 대상으로 작성하는 재무제표를 말한다.

(2) 중간재무제표

① 중간재무제표는 재무상태표, 손익계산서, 현금흐름표, 자본변동표, 주석을 포함하며 연차재무제표와 동일한 양식으로 작성하는 것을 원칙으로 하되 요약 표시할 수 있다.

※ 중간재무제표는 정보제공의 적시성을 확보하기 위한 것이다. 그리고 재무제표 작성 비용 측면에서 직전 연차재무제표에 보고한 내용을 중복적으로 기재하지 않고 연차보고기간말 이후 새롭게 변동된 정보를 보고한다.
※ 중간재무제표의 주석 또한 직전 연차보고기간말 이후 재무상태와 경영성과의 유의적 변동과 관련된 거래나 사건을 기재한다. 다만, 갱신된 정보라 하더라도 경미한 사항은 주석에 기재하지 않아도 된다.

② 중간재무제표의 대상기간과 비교형식
　㉠ 재무상태표 : 중간보고기간말과 직전 연차보고기간말을 비교
　　　　　　　(당기)20X2. 06. 30. 현재 F/P vs (전기)20X1. 12. 31. 현재 F/P
　㉡ 손익계산서 : 중간기간과 누적중간기간을 직전 회계연도 동일기간과 비교
　　　　　　　(당기)20X2. 04. 01. ~20X2. 06. 30. I/S vs (전기)20X1. 04. 01. ~20X2. 06. 30. I/S
　　　　　　　(당기)20X2. 01. 01. ~20X2. 06. 30. I/S vs (전기)20X1. 01. 01. ~20X2. 06. 30. I/S
　㉢ 현금흐름표 및 자본변동표 : 누적중간기간을 직전 회계연도 동일기간과 비교
　　　　　　　(당기)20X2. 01. 01. ~20X2. 06. 30. vs (전기)20X1. 01. 01. ~20X2. 06. 30.

Key Point!
※ 직전 연차재무제표를 연결기준으로 작성했다면 중간재무제표도 연결기준으로 작성해야 한다.
※ 또한 지배기업의 별도재무제표는 직전 연차연결재무제표와 비교 가능한 재무제표가 아니라는 것에 주의한다.
※ 연차재무보고서에 연결재무제표 이외 지배기업의 별도재무제표가 포함되어 있더라도 중간재무보고서에 지배기업의 별도재무제표를 보고해야 하는 것은 아니다.

(3) 최종 중간기간에 관한 공시
　① 최종 중간기간 재무제표는 별도로 작성하지 않을 수 있다.
　② 다만, 중간재무제표를 정기적으로 작성해야 하는 기업이 최종 중간재무제표를 작성하지 않는 경우에는 연차재무제표에 다음 사항을 주석으로 기재한다.
　　㉠ 당 회계연도 최종 중간기간 매출액, 당기순손익 등 경영성과
　　㉡ 최종 중간기간에 회계추정변경이 있을 경우 그 내용과 영향

(4) 인식과 측정
　① 일반적 원칙
　　㉠ 연차기준과 동일한 회계정책을 적용하고 회계정책이 변경된 경우 변경된 것을 적용한다.
　　㉡ 재무제표 작성을 위한 측정은 누적중간기간을 기준으로 한다. 따라서 연차재무제표의 결과는 중간재무제표 작성 빈도에 따라 달라지지 않는다.
　　㉢ 자산, 부채, 수익과 비용, 재고자산평가, 자산손상 등은 모두 연차재무제표와 동일하게 인식한다.

Key Point!
※ 연차재무제표에 인식하지 못한 자산, 부채 등은 중간재무제표에도 인식할 수 없다.
※ 특히 중간기간 중에 발생한 원가로 중간보고기간말 현재 자산 인식 요건을 충족하지 못했다면, 그 이후 중간기간 중에 요건을 충족할 가능성이 있더라도 자산으로 인식할 수 없다.

　　㉣ 중간기간 법인세비용은 중간보고기간말 현재 예상되는 연간법인세율을 적용하여 인식한다. 이후 중간기간에 연간법인세율의 변경이 있는 경우에는 동일 회계연도 내라면 변경효과를 그 기간에 모두 반영한다.

② 특수한 사항

　　㉠ 회계추정의 변경 : 중간기간 중에 회계추정의 변경이 있는 경우 누적중간기간을 기준으로 계산한 회계변경의 효과를 그 변경이 있었던 중간기간에 모두 반영한다.

> **Key Point!**
> ※ 회계추정의 변경이 있더라도 이전 중간재무제표를 소급하여 재작성하지 않는다. 유의적 추정의 변경은 그 내용과 영향을 주석사항으로 기재한다.

　　㉡ 계절적, 주기적 또는 일시적 수익 : 다른 중간기간 중에 미리 인식하거나 이연하지 않고 전액 발생한 중간기간의 수익으로 인식한다.

　　㉢ 불규칙한 지출 : 연차재무제표를 작성할 때 미리 비용으로 인식하거나 이연하는 것이 타당한 경우에 한하여 중간재무제표에도 동일하게 처리한다.

　　㉣ 평가방법의 조정 : 중간재무정보의 적시성을 위하여 시간과 비용이 많이 소요되는 평가방법은 생략, 준용, 또는 간편한 방법으로 대체할 수 있다. 이 경우 주석 공시한다.

　　㉤ 중요성 판단기준 : 중간재무제표 작성을 위한 인식, 측정, 구분표시, 공시 등에 대한 중요성 판단은 원칙적으로 작성대상기간별로 한다. 그 이유는 중간재무제표가 추정에 의존하는 정도가 연차재무제표에 비하여 크기 때문이다.

(5) 회계정책의 변경과 재무제표의 작성

회계정책이 변경된 경우 회계기준에서 따로 정한 경우를 제외하고는 변경된 회계정책을 적용하여 동일 회계연도의 이전 중간기간 및 직전 회계연도의 비교 대상 중간재무제표를 재작성한다.

8. 중단사업

(1) 중단사업의 의의

중단 사업은 다음 조건을 모두 충족시키는 기업의 일부를 말한다.

① 사업 일부를 처분하거나 해당 사업에 속한 자산, 부채를 처분, 상환, 또는 사업 자체를 포기하거나,

② 주요 사업별, 지역별 단위로 구분할 수 있으며,

③ 경영관리, 재무보고 목적상 별도로 식별할 수 있다.

(2) 중단사업손익의 보고

중단사업손익의 보고는 최초공시사건이 발생하였을 때 이루어진다.

> **Key Point!**
> ※ 최초공시사건이란 특정 사업에 속하는 대부분의 자산에 대한 구속력 있는 매각계약의 체결, 권한을 가진 의사결정기구의 공식적, 구체적 중단계획의 승인 및 발표 중 먼저 발생한 사건을 말한다.

① 중단사업손익
  ㉠ 사업중단직접비용 : 사업중단과 직접적으로 관련하여 발생할 것으로 예상되는 비용을 중단사업손익에 포함하고 충당부채로 인식한다.

  > **Key Point!**
  > ※ 사업중단직접비용은 '사업중단으로 불가피하게 발생'하고, '다른 사업과 관련되지 않는다.'는 두 가지 조건을 모두 충족해야 한다.

  ㉡ 중단사업자산손상차손 : 사업중단계획 발표시점에 자산의 회수가능액을 추정하여 손상차손을 인식하거나 손상 전 장부금액을 한도로 과거에 인식한 손상차손을 환입한다.
② 재무제표상 표시와 공시
  ㉠ 중단사업손익은 손익계산서에 법인세효과를 차감한 금액으로 보고하고 법인세효과는 괄호를 이용하여 표시한다.
  ㉡ 사업중단계획을 철회한 경우 전년도 사업중단직접비용 및 중단사업자산손상차손을 제외한 금액을 중단사업손익을 계속사업으로 재분류한다.

01 이익잉여금처분계산서는 일반기업회계기준에서 요구하는 재무제표가 아니다. ⒪⒲

○

02 경영자는 기업에 대한 청산의 의도를 가지고 있더라도 계속기업을 전제로 재무제표를 작성해야 한다. ⒪⒲

×
청산의 의도가 있다면 청산기준을 적용한다.

03 재무제표 중 일부에 일반기업회계기준을 충족하지 못한 부분이 있다면 일반기업회계기준을 적용한 사실을 공시해서는 안 된다. ⒪⒲

○

04 일반기업회계기준에서 구분표시 하도록 요구하는 항목은 그 성격이나 금액이 중요하지 않더라도 유사한 항목으로 통합 표시할 수 없다. ⒪⒲

×
이 경우에는 통합 표시할 수 있다.

05 정상영업주기 내에 회수되는 매출채권이 1년 이내에 실현되지 않더라도 유동자산으로 분류한다. ⒪⒲

○
이 경우 해당 사실을 주석에 기재한다(재고자산 동일).

06 장기미수금이나 매도가능증권 등의 비유동자산은 1년 이내 실현되는 부분이 있더라도 해당 부분을 유동자산으로 분류할 수 없다. ⒪⒲

×
해당 부분을 유동자산으로 분류한다.

07 만기를 연장할 수 있고, 그러한 권리를 가지고 있는 단기성 채무가 보고기간 후 12개월 이내에 만기가 도래한다면 유동부채로 분류한다. ⒪⒲

×
만기 연장에 대한 권리가 있다면 비유동부채로 분류한다.

08 3년의 정상영업주기를 갖는 조선업의 경우 당좌차월 약정은 비유동부채이다. ⒪⒲

×
당좌차월은 1년 내에 결제되어야 하므로 유동부채이다.

09 중소기업의 경우 회계처리특례를 적용할 경우 관계기업이나 공동지배기업에 대하여 지분법을 적용하지 않을 수 있다. ⓞⓧ

○

10 중소기업 회계처리특례를 적용하면 1년 이내 완료되는 건설형 공사계약은 진행기준이 아닌 공사가 완료된 날 일괄해서 수익을 인식할 수 있다. ⓞⓧ

○

11 직전 연차보고기간말 이후 새롭게 재무상태에 유의적 변동을 가져온 거래나 사건은 경미한 사항이라 하더라도 반드시 중간재무제표의 주석으로 기재하여야 한다. ⓞⓧ

×
경미한 사항은 생략할 수 있다.

12 연차재무보고서에 연결재무제표 이외 지배기업의 별도재무제표가 포함되어 있다면 중간재무보고서에도 지배기업의 별도재무보고서를 보고해야 한다. ⓞⓧ

×
별도재무제표는 연결재무제표와 비교대상이 아니다.

13 중간기간 법인세비용은 직전 연도 연간법인세율을 적용하여 인식한다. ⓞⓧ

×
중간보고기간말 현재 예상 법인세율을 적용한다.

14 중단사업손익은 법인세효과를 차감한 후 금액으로 보고하고 법인세효과는 별도 표시하지 않는다. ⓞⓧ

×
법인세효과는 괄호 안에 표기한다.

15 주요 사업별 또는 지역별로 구분할 수 없는 사업은 중단사업으로 분류할 수 없다. ⓞⓧ

○
이 경우에는 중단사업으로 분류할 수 없다.

01 다음 거래가 발생했을 때 재무제표 상호관계에 대한 설명 중 바르지 못한 것은? 이외 다른 거래는 없고 가정한다.

> 2년의 영업주기를 가진 ㈜서울은 20X1.01.01.에 재고자산을 매입가격보다 20% 비싼 가격에 판매하고 매출채권을 인식하였다. 동 매출채권은 1년 6개월 후 전액 회수 가능하다.

① 20X1년 말 보고하는 손익계산서의 당기순이익이 증가한다.

② 20X1년 말 보고하는 재무상태표 총자산이 증가한다.

③ 20X1년 말 보고하는 재무상태표 자본이 증가한다.

④ 20X1년 말 보고하는 현금흐름표의 현금이 증가한다.

⑤ 20X1년 말 보고하는 자본변동표의 이익잉여금이 증가한다.

정답 | ④
해설 | 매출채권이 20X2.07.01. 이후 실현되므로 20X1년 말 현금은 증가하지 않는다.

02 다음 재무제표 작성의 일반원칙에 대한 설명 중 옳은 것은?

① 경영진은 특별한 사유가 없는 한 영구적 사업 활동을 가정한 계속기업으로서의 존속가능성을 평가해야 한다.

② 재무제표가 일반기업회계기준에 따라 작성된 경우 그 사실을 주석으로 공시할 필요는 없다.

③ 중요한 항목은 구분하여 표시해야 하지만 그 성격이나 금액이 중요하지 않은 경우에는 유사한 항목으로 통합하여 표시할 수 있다.

④ 재무제표는 당기와 전기의 모든 계량정보와 비계량정보를 비교하는 형식으로 표시한다.

⑤ 재무제표 항목의 표시와 분류는 매기 동일할 필요는 없다.

정답 | ③
해설 | '계속'은 '영구적' 의미가 아니다. 그리고 일반기업회계기준에 따라 작성된 사실은 주석으로 공시해야 한다. 또한 재무제표는 모든 계량정보를 비교는 형식으로 표시하고 비계량정보는 필요한 경우에 주석에 비교 표시한다. 재무제표 항목의 표시와 분류는 특별한 사유가 없는 한 매기 동일해야 한다.

03 다음 재무상태표에 대한 설명 중 바르지 못한 것은?

① 자산과 부채는 1년을 기준으로 유동자산과 비유동자산을 구분한다.

② 보고기간종료일로부터 1년을 초과하더라도 정상 영업주기 내에 실현되는 재고자산은 유동자산으로 분류한다.

③ 주로 단기매매목적으로 보유하는 경우에는 투자자산으로 분류한다.

④ 정상 영업주기 내에 사용되는 운전자본은 유동자산으로 분류한다.

⑤ 당좌차월, 단기차입금, 유동성장기부채 등은 영업주기에 관계없이 유동부채로 분류한다.

정답 | ③
해설 | 단기매매목적으로 보유하는 경우에는 유동자산으로 분류한다.

04 다음 중 유동부채로 분류할 수 없는 것은 몇 개인가?

> ㉮ 정상 영업주기 내에 결제되지만 12개월 후 결제일이 도래하는 매입채무
> ㉯ 장기차입금 중 보고기간종료일로부터 1년 이내 결제되는 부분
> ㉰ 만기 연장이 가능하지만 12개월 이내 만기가 도래하는 단기성채무
> ㉱ 장기차입약정 위반으로 채권자가 즉시 상환을 요구할 수 있는 부채
> ㉲ 12개월 이내 환매를 조건으로 발행한 부채

① 1개 　　　　　　　　　　　　　② 2개
③ 3개 　　　　　　　　　　　　　④ 4개
⑤ 5개

정답 | ①
해설 | ㉰ 만기 연장이 가능한 경우에는 12개월 이내 만기가 도래하더라도 비유동부채로 분류한다.

05 다음 중 손익계산서의 영업이익 계산과정에 포함되는 것을 모두 고른 것은?

> ㉮ 급여 　　　　　　　　　㉯ 이자비용
> ㉰ 연구비 　　　　　　　　㉱ 대손상각비
> ㉲ 감가상각비 　　　　　　㉳ 기부금

① ㉮, ㉯, ㉰, ㉲ 　　　　　　② ㉯, ㉱, ㉲, ㉳
③ ㉮, ㉰, ㉱, ㉲ 　　　　　　④ ㉯, ㉰, ㉱, ㉲
⑤ ㉰, ㉱, ㉲, ㉳

정답 | ③
해설 | 급여, 연구비, 대손상각비, 감가상각비는 판관비에 해당하고 이자비용과 기부금은 영업외비용에 해당한다.

06 재무제표 작성과 표시의 일반원칙 중 기간별 비교가능성을 제고시키기 위한 것은?

> ㉮ 계속기업   ㉯ 재무제표의 공정한 표시
> ㉰ 재무제표 항목의 구분과 통합 표시   ㉱ 비교재무제표의 작성
> ㉲ 재무제표 항목의 표시와 분류의 계속성

① ㉮, ㉯, ㉰, ㉱, ㉲   ② ㉯, ㉰, ㉱
③ ㉯, ㉱, ㉲   ④ ㉰, ㉱
⑤ ㉱, ㉲

정답 | ⑤
해설 | 기간별 비교가능성 제고를 위한 원칙은 ㉱와 ㉲이다.

07 다음 중 자산과 부채에 대한 설명 중 잘못된 것은?

① 자산과 부채는 유동성배열법에 따라 유동성이 큰 것부터 표시하는 것이 원칙이다.
② 부채 상환을 위하여 보유하는 현금성자산의 사용 기한이 12개월 이내인 경우에는 유동자산으로 분류한다.
③ 보고기간종료일로부터 1년 이내 상환하여야 할 부채는 보고기간종료일과 재무제표가 사실상 확정된 날 사이에 보고기간종료일로부터 1년을 초과하여 상환하기로 합의하였더라도 유동부채로 분류한다.
④ 장기차입약정을 위반하여 채권자가 즉시 상환을 요구할 수 있는 채무는 보고기간종료일과 재무제표가 사실상 확정된 날 사이에 상환을 요구하지 않기로 합의하였다면 비유동부채로 분류한다.
⑤ 매출채권은 보고기간종료일로부터 1년을 초과하여 회수될 것으로 예상되더라도 정상영업 주기 내라면 유동자산으로 분류한다.

정답 | ④
해설 | 상환하지 않기로 합의하였다는 사실만으로 비유동부채로 분류할 수는 없고, ㉠ 보고기간종료일 이후 1년을 초과하는 유예기간을 제공하고 ㉡ 그 기간에 위반 사유를 해소할 수 있고, ㉢ 또한 그 기간에 채권자가 즉시 상환 청구를 할 수 없어야 한다.

08 ㈜대한의 현금주의에 의한 손익계산서상 매출액은 1,000,000원이다. 매출채권 기초잔액은 400,000원이고, 매출채권 기말잔액은 100,000원이다. 동사의 발생주의에 의한 매출액은 얼마인가?

① 500,000원   ② 600,000원
③ 700,000원   ④ 800,000원
⑤ 900,000원

09 다음을 참고하여 ㈜대한의 영업이익을 계산하면 얼마인가?

매출액	1,000,000원	매출총이익	600,000원
급여	100,000원	감가상각비	50,000원
접대비	30,000원	세금과공과	40,000원
이자비용	20,000원	기부금	10,000원
광고선전비	20,000원		

① 160,000원 ② 360,000원
③ 380,000원 ④ 400,000원
⑤ 420,000원

10 다음 중 손익계산서를 거치지 않고 자본변동표에 계산되는 항목을 모두 고른 것은?

㉮ 매도가능증권평가손실	㉯ 해외사업환산손실
㉰ 유형자산재평가손실	㉱ 회계정책변경 누적효과
㉲ 중대한 전기오류수정손실	

① ㉮, ㉯, ㉰, ㉱, ㉲ ② ㉮, ㉯, ㉰, ㉱
③ ㉮, ㉯, ㉰, ㉲ ④ ㉮, ㉯, ㉱, ㉲
⑤ ㉮, ㉯, ㉱

11 다음 ㈜서울의 재무자료로 계산한 영업손익과 포괄손익은 각각 얼마인가?

매출액	5,000,000	감가상각비	150,000
급여	2,000,000	대손상각비	40,000
퇴직급여	500,000	임차료	30,000
접대비	100,000	이자비용	80,000
사채상환손실	300,000	해외사업환산손실	400,000
배당금수익	50,000	매도가능증권평가이익	20,000

① 영업이익 2,180,000　　　　　　　　포괄이익 1,470,000
② 영업이익 2,180,000　　　　　　　　포괄이익 1,850,000
③ 영업이익 2,250,000　　　　　　　　포괄이익 1,470,000
④ 영업이익 2,250,000　　　　　　　　포괄이익 1,850,000
⑤ 영업이익 2,280,000　　　　　　　　포괄이익 1,470,000

정답 | ①

해설 |

매출액	5,000,000
판관비	2,000,000 + 500,000 + 100,000 + 150,000 + 40,000 + 30,000 = (2,820,000)
영업이익	2,180,000
영업외수익	50,000
영업외비용	80,000 + 300,000 = (380,000)
당기순이익	1,850,000
기타포괄손익	400,000 − 20,000 = (380,000)
포괄이익	1,470,000

12 다음 자본변동표에 표시되는 자본 항목 중 반드시 구분하여 표시하는 것이 아닌 것은?

① 우선주자본금　　　　　　　　② 자기주식
③ 주식발행초과금　　　　　　　④ 감차차익
⑤ 매도가능증권평가손익

정답 | ④
해설 | 자본잉여금 항목은 주식발행초과금과 기타자본잉여금으로 구분하므로 감자차익은 통합표시된다.

13 다음 중 당기순이익이 영업활동현금흐름보다 커지는 경우는?

① 매출채권 증가　　　　　　　　② 감가상각비 증가
③ 미지급비용 증가　　　　　　　④ 미수수익 감소
⑤ 비업무용 토지 취득

정답 | ①

해설 | ②, ③, ④의 경우는 당기순이익은 감소하고 영업활동현금흐름은 증가한다. ⑤는 당기순이익과 영업활동현금흐름에 영향이 없는 거래이다.

14 다음 중 주석의 기재 순서를 바르게 나열한 것은?

> ㉮ 기타 우발상황, 약정사항 등의 계량적, 비계량적 정보
> ㉯ 재무제표에 적용된 유의적인 회계정책의 요약
> ㉰ 재무제표 본문에 표시된 항목에 대한 보충정보
> ㉱ 일반기업회계기준에 준거하여 재무제표를 작성하였다는 사실

① ㉯ - ㉱ - ㉰ - ㉮   ② ㉱ - ㉯ - ㉰ - ㉮
③ ㉮ - ㉯ - ㉰ - ㉱   ④ ㉯ - ㉰ - ㉱ - ㉮
⑤ ㉰ - ㉱ - ㉯ - ㉮

정답 | ②

15 다음 ㈜시흥의 재무자료를 이용하여 영업손익을 계산하면 얼마인가?

매출	5,000,000	기초재고	1,000,000
매출환입	200,000	당기매입	2,500,000
매출에누리	100,000	매입할인	50,000
급여	1,000,000	매입환출	250,000
감가상각비	150,000	매입에누리	30,000
임차료	600,000	기말재고	300,000

① 영업이익 80,000   ② 영업손실 170,000
③ 영업이익 430,000   ④ 영업이익 580,000
⑤ 영업이익 680,000

정답 | ①

해설 | 매출액 5,000 - 200 - 100 = 4,700(천) 매출원가 1,000 + (2,500 - 50 - 250 - 30) - 300 = 2,870(천)
판관비 1,000 + 150 + 600 = 1,750(천)이므로 영업이익은 (4,700 - 2,870 - 1,750)천 = 80,000
※ 매출환입과 매출에누리는 매출액에서, 매입할인, 매입환출, 매입에누리는 당기매입액에서 직접 차감한다.
매출원가 다음과 같이 계산한다. 매출원가 = 기초재고 + 당기매입 - 기말재고

16 다음 중 주석과 관련한 설명으로 바르지 못한 것은?

① 회계정책을 공시할 때는 재무제표를 작성하는 데 사용한 측정속성을 포함해야 한다.

② 미래에 관한 중요한 가정과 측정상 불확실성에 대한 기타 정보를 기재한다.

③ 재무제표 금액에 영향을 미치는 회계정책에 대한 경영자의 판단 근거를 기재한다.

④ 회계처리 금액이 중요하지 않은 경우에는 회계정책이 중요하더라도 기재하지 않는다.

⑤ 관련 법규에서 이익잉여금처분계산서의 작성을 요구하는 경우 주석에 공시한다.

정답 | ④
해설 | 회계정책이 중요한 경우에는 금액이 중요하지 않더라도 주석에 기재한다.

17 다음 중 중소기업 회계처리특례에 해당하지 않는 것은?

① 시장성 없는 지분증권의 손상차손을 인식하지 않을 수 있다.

② 유의적 영향력을 행사할 수 있는 관계기업에 대하여 지분법을 적용하지 않을 수 있다.

③ 장기금전대차거래에서 발생하는 채권·채무를 현재가치로 평가하지 않을 수 있다.

④ 유·무형자산의 내용연수와 잔존가치 결정을 법인세법을 따를 수 있다.

⑤ 1년 이내 완성되는 건설형 공사계약의 수익을 완성기준으로 인식할 수 있다.

정답 | ①
해설 | 시장성 없는 유가증권은 취득원가로 평가할 수 있지만 손상차손은 일반기준에 근거하여 인식해야 한다.
　　　④는 감가상각비 회계처리 시 특례에서 정한 방법으로 결정한 내용연수와 잔존가치를 적용한다는 의미이다.

18 다음 중 중간재무제표에 대한 설명으로 바르지 못한 것은?

① 중간재무제표는 연차재무제표와 동일한 양식으로 작성하되 요약해서 표시할 수 있다.

② 중간재무제표는 직전 연차재무제표에 보고한 내용을 중복적으로 표시하지 않고 연차보고기간말 이후 새로 변동된 정보를 보고한다.

③ 중간재무제표의 주석은 직전 연차보고기간말 이후 재무상태와 경영성과의 유의적 변동과 관련된 거래나 사건을 기재하지만 경미한 사항에 대해서는 기재하지 않아도 된다.

④ 중간재무상태표는 중간보고기간말과 직전 회계연도 동일기간과 비교 표시한다.

⑤ 연차재무보고서에 연결재무제표 이외 지배기업의 별도재무제표가 포함되어 있더라도 중간재무보고서에는 지배기업의 별도재무제표를 보고하지 않아도 된다.

정답 | ④
해설 | 중간재무상태표는 중간보고기간말과 직전 연차보고기간말을 비교하여 표시한다.

19 다음 중 중간재무제표의 인식과 측정에 대한 설명으로 바르지 못한 것은?

① 재무제표 작성을 위한 측정은 누적중간기간을 기준으로 한다.

② 자산평가와 손상 등은 모두 연차재무제표와 동일하게 인식한다.

③ 중간기간에 발생한 원가로 중간보고기간말 현재 자산인식 요건을 충족하지 못했다면 그 이후 중간기간 중에 인식 요건을 충족할 가능성이 있더라도 자산으로 인식할 수 없다.

④ 회계추정 변경이 있는 경우에는 변경 이전 중간재무제표를 소급하여 재작성해야 한다.

⑤ 회계정책의 변경이 있는 경우에는 동일 회계연도의 이전 중간기간과 직전 회계연도의 비교대상 중간재무제표를 재작성한다.

정답 | ④
해설 | 회계추정의 변경은 이전 중간재무제표를 소급하여 재작성하지 않고 변경이 있었던 중간기간에 효과를 반영한다.

20 다음 중 중단사업에 대한 설명으로 옳은 것만 고르면?

> ㉮ 사업중단과 관련된 직접비용은 중단사업손익에 포함하고 충당부채로 인식한다.
> ㉯ 중단사업손익의 보고는 구속력 있는 사업부문의 매각계약 체결 또는 경영의사결정기구의 중단계획 승인 및 발표 중 먼저 발생한 사건을 기준으로 한다.
> ㉰ 사업중단으로 불가피하게 발생된 비용이 다른 사업과 관련이 있다면 직접비용으로 인식할 수 없다.
> ㉱ 중단사업손익은 손익계산서에 법인세효과를 차감한 금액으로 계속사업손익과 분리하여 보고한다.

① ㉮, ㉯, ㉰, ㉱   ② ㉯, ㉰, ㉱

③ ㉮, ㉰, ㉱   ④ ㉮, ㉯, ㉱

⑤ ㉮, ㉱

정답 | ①

현금과 매출채권

출제 포인트 ■ ■ ■
- 현금 및 현금성자산 분류
- 매출채권 인식·측정 및 대손의 회계처리
- 외상매출금의 팩토링 구조
- 받을어음의 할인액 계산

1. 현금 및 현금성자산

(1) 의의와 종류

① 현금

    ㉠ 의의 : 기업 보유하는 자산 중 가장 유동성이 높은 자산으로 교환거래의 수단이 되며 회계상 모든 거래를 측정하는 단위이다.

    ㉡ 현금의 종류
- 보유현금
- 요구불예금 : 당좌예금, 보통예금 등
- 통화(지폐, 주화)
- 통화대용증권 : 은행발행 자기앞수표, 타인발행 당좌수표, 송금수표 등

> **Key Point!**
> ※ 현금 중 당좌예금과 당좌차월은 서로 상계한 순액으로 보고하되, 당좌예금을 초과한 당좌차월은 단기차입금으로 보고한다. 이때 서로 다른 은행의 당좌예금과 당좌차월은 상계할 수 없다.

② 현금성자산

    ㉠ 의의 : ⓐ 큰 거래비용 없이 현금으로 전환이 용이하고 ⓑ 이자율변동에 따른 가치변동의 위험이 경미한 금융상품으로서 ⓒ 취득일로부터 만기(또는 상환일)가 3개월 이내인 것을 말한다.

    ㉡ 현금성자산의 종류
- 취득 당시 만기가 3개월 이내 도래하는 채권
- 취득 당시 상환일까지 기간이 3개월 이내인 상환우선주
- 3개월 이내 환매조건부채권(환매채), 양도성예금증서(CD) 등

> **Key Point!**
> ※ 취득 당시 다른 금융자산 또는 유가증권으로 분류한 자산은 취득 이후 기간 경과로 3개월 이내 만기가 도래하게 되었다고 하더라도 현금성자산으로 재분류하지 못한다.
> ※ 현금성자산과 구분해야 할 자산
>   -당좌개설보증금 : 장기투자자산으로 분류
>   -선일자수표 : 실제 발행한 날 이후의 일자를 수표상 발행일로 하여 수표상 발행일에 지급을 약속하는 증서
>   -수입인지 : 세금과공과 비용으로 처리

2. 매출채권

(1) 수취채권

① 의의 : 기업이 재화나 용역을 제공하고 그 대가를 미래에 수취하기로 한 채권과 다른 방법으로 발행한 채권을 통칭하여 수취채권이라 한다.

② 수취채권의 분류

    ㉠ 매출채권 : 외상매출금, 받을어음

    ㉡ 비매출채권 : 단기대여금, 미수금

(2) 매출채권의 의의

① 외상매출금은 통상 이자가 발생하지 않지만 할부판매의 경우 이자가 포함되는 것이 일반적이다.

② 받을어음은 채무자가 권면상 금액을 지급하기로 한 증권으로 양도 또는 담보로 제공할 수 있어 그 기간의 장·단에 관계없이 높은 유동성을 갖는다.

(3) 매출채권의 측정

① 매출채권의 최초측정

    ㉠ 취득원가는 최초 인식 시 공정가치로 측정(공정가치는 일반적으로 거래가격을 말함)

    ㉡ 최초 인식 이후 공정가치로 측정하고 공정가치 변동을 당기손익으로 인식하는 당기손익인식지정 항목이 아닌 경우 당해 매출채권 취득과 직접 관련된 거래원가는 취득원가에 가산한다.

    ㉢ 매출환입·매출에누리·매출할인

    • 매출환입 : 파손, 결함 등의 사유로 반품되는 것으로 환입이 발생했을 때 매출액에서 직접 차감한다.

> **Key Point!**
>
> ※ ㈜대한은 10/20, n/30 조건(20일 이내 대금 납부 시 10% 할인, 30일 이내 완납 조건)으로 제품을 외상판매하였으나 3일 후 결함으로 2,000원 상당액이 반품되었고, 7일 후에는 제품 하자로 3,000원 상당액을 할인해주었다. 그리고 15일 후에는 외상대금이 모두 회수되어 10% 할인해 주었다. 해당 거래를 순차적으로 분개하면 다음과 같다.
>
>   (제품판매)   외상매출금 20,000원 | 제품매출   20,000원
>   (매출환입) 반품시점   매출환입   2,000원 | 외상매출금 2,000원

    • 매출에누리 : 제품 하자 등의 사유로 판매금액을 깎아 주는 것으로 발생했을 때 매출액에서 직접 차감한다.

        (매출에누리) 발생시점   매출에누리 3,000원 | 외상매출금 3,000원

    • 매출할인 : 판매자가 정한 기간 내에 외상대금을 지불하면 일정 금액을 할인해 주는 것으로 총액법과 순익법이 있다. 통상 총액법으로 인식한다.

        −총액법 : 매출채권을 송장가격으로 기록하고 현금할인을 이용한 경우 이를 인식하고 매출액에서 차감하는 방법

        −순액법 : 현금할인을 이용할 것이라는 가정 하에 매출채권을 현금판매가격으로 기록하고 할인기간 경과 후 할인금액을 이자수익인 할인기간경과이익으로 인식하는 방법

        (대금회수시점)   현   금 14,000원 | 외상매출금 15,000원
                     매출할인 1,000원

② 이자요소

    ㉠ 단기성 매출채권은 명목금액으로 인식하고 장기성 매출채권은 이자요소를 유의한 것으로 보아 공정가치로 측정한다.

③ 매출채권의 후속측정

    ㉠ 매출채권은 당기손익인식 항목으로 지정된 경우를 제외하고는 상각후원가로 측정한다.

(4) 매출채권의 대손

① 회수가 불확실한 매출채권은 매 보고기간말 합리적이고 객관적인 기준에 따라 대손추산액을 산출하여 대손충당금으로 설정한다.

② 대손충당금의 회계처리 방법(보충법)

    • 대손추산액에서 대손충당금 잔액을 차감한 금액을 대손상각비로 계상한다.

[사례 4 – 1]

㈜시흥의 20X1년 말 현재 매출채권 잔액과 회수가능성은 다음과 같고 당해 대손충당금 잔액은 200,000원이라고 가정한다.

경과일수	매출채권	대손율
60일 이내	4,000,000	1%
90일 이내	3,000,000	3%
120일 이내	2,000,000	10%
120일 초과	1,000,000	30%
	10,000,000	

물음 1

매출채권 잔액의 2%가 회수불가능한 것으로 추정될 때 보충법에 의한 기말 회계처리를 제시하시오.

해설 | 매출채권 잔액 10,000,000원의 2%인 2,000,000원이 회수불가능하므로 이 금액에서 기존의 대손충당금 잔액 200,000원을 차감한 금액을 대손상각비로 인식한다.

(20X1년 말)　대손상각비 1,800,000 ｜ 대손충당금 1,800,000

20X1.12.31. 현재 재무상태표에는 매출채권이 다음과 같이 표시된다.

유동자산	
매출채권	10,000,000
대손충당금	(1,800,000)

물음 2

연령분석법에 의할 경우 기말 회계처리를 제시하시오.

해설 | 연령분석법은 각 매출채권의 대손추산액을 더한 금액에서 대손충당금잔액을 차감한 금액을 대손상각비로 인식한다.

4,000,000×1%+3,000,000×3%+2,000,000×10%+1,00,000×30%−200,000=430,000

(20X1년 말)　대손상각비 230,000 ｜ 대손충당금 230,000

[사례 4-2]

㈜서울의 20X1.01.01. 현재 대손충당금 잔액이 500,000원이고, 동사의 20X1년도 대손자료가 아래와 같을 때 각각의 회계처리를 제시하시오.

> (1) 20X1.05.10. ㈜우리에 대한 매출채권 200,000원이 회수불가능한 것으로 추정되었다.
> (2) 20X1.09.10. ㈜나라에 대한 매출채권 350,000원이 회수불가능한 것으로 추정되었다.
> (3) 20X1.11.10. 대손처리하였던 ㈜우리에 대한 매출채권 200,000원을 회수하였다.
> (4) 20X1.12.31. 현재 대손추산액을 150,000원으로 추정하였다.
> (5) (4)와 달리 20X1.12.31. 현재 대손추산액을 300,000원으로 추정하였다.

해설 | (1) 기존의 대손충당금 잔액과 회수불가능한 매출채권 200,000원을 상계 처리한다.

(20X1.05.10.)　대손충당금 200,000 ｜ 매출채권 200,000

(2) (1) 회계처리 후 대손충당금 잔액이 300,000원이므로 이 금액과 회수불가능한 매출채권 350,000원을 상계처리하고 부족한 50,000원은 대손상각비로 인식한다.

(20X1.09.10.)　대손충당금 300,000 ｜ 매출채권 350,000
　　　　　　　대손상각비 50,000

(3) (1)에서 대손처리하였던 200,000원이 회수되었으므로 현금 유입을 인식한다.

(20X1.11.10.)　현　　금 200,000 ｜ 대손충당금 200,000

CHAPTER 04 현금과 매출채권

(20X1.12.31.)　　대손충당금 50,000 ｜ 대손충당금환입 50,000

(5) (3)에서 대손충당금 잔액이 200,000원이고, 20X1.12.31. 추정한 대손추산액이 300,000원 이므로 부족한 금액 100,000원을 대손상각비로 인식한다.

(20X1.12.31.)　　대손상각비 100,000 ｜ 대손충당금　100,000

(5) 매출채권의 양도와 제거

① 의의

매출채권이 결제되는 경우 현금흐름에 대한 권리가 소멸되므로 재무상태표에서 제거한다. 즉 매출채권을 양도했다는 사실만으로는 제거할 수 없고 제거요건을 충족해야 한다.

② 매출채권 양도의 유형

㉠ 외상매출금의 담보차입 : 외상매출금을 담보로 하는 약속어음을 발행하고 자금을 차입

㉡ 외상매출금의 양도 : 매출채권을 제3자인 팩토링회사에 양도

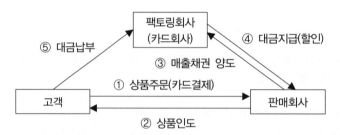

- 팩토링은 기업이 자금수요를 충족시키고 매출채권의 회수비용 또는 대손위험 등의 사유로 매출채권을 팩토링회사에 양도하는 것이다.
- 팩토링회사는 일정한 수수료를 부과하고 판매회사로부터 매출채권을 매입한 후 직접 대금을 회수한다.
- 팩토링 유형
  - 상환청구가능 조건의 양도 : 고객이 대금을 납부하지 않으면 판매회사(양도자)가 대금지급에 대한 책임(담보책임)을 지므로 자금을 단기차입한 것으로 본다.
  - 상환청구불능 조건의 양도 : 매출채권에 관한 모든 권리의무가 이전되므로 판매회사에는 양도이후 아무런 책임을 지지 않는다. 일반적으로 팩토링은 이 유형을 의미한다.

ⓒ 받을어음의 할인

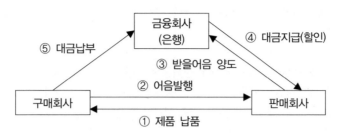

- 받을어음은 만기 이전에 금융회사에 할인하여 현금화하거나 제3자에게 배서양도하여 대금지급수 단으로 이용할 수 있다.
- 금융회사는 이자수입을 목적으로 할인한다. 받을어음을 할인하는 경우 현금 실수령액 및 매출채권 양도손실은 다음과 같이 계산한다.
  - 만기가액＝어음 액면가액＋만기까지의 이자
  - 할인료＝만기가액×할인률× $\dfrac{\text{할인일수}}{365}$
  - 현금실수령액＝만기가액－할인료
  - 매출채권양도손실＝현금실수령액－(어음 액면가액＋할인일까지의 발생이자)
- 받을어음을 할인한 경우 회계처리는 (차변)에 현금실수령액을 인식하고 (대변)에 액면금액과 보유 기간 동안 발생한 이자를 인식한다. 그리고 (차변)금액과 (대변)금액의 차이를 매출채권처분손실로 (차변)에 인식한다.

[사례 4－3]

㈜대한은 상품을 판매하고 대금으로 3개월 만기, 액면 2,000,000원, 연12% 이자율의 어음을 받고 2개월 후 A은 행에 연 24% 이자율로 할인하였다. 할인시점 ㈜대한의 회계처리를 제시하시오.

해설 | □ 만기가액

$$＝액면\ 2{,}000{,}000원＋발생이자\ 2{,}000{,}000원×12\%×\dfrac{3}{12}＝2{,}060{,}000원$$

□ 할인액＝2,060,000원×24%× $\dfrac{1}{12}$ ＝41,200원

□ 현금실수령액＝2,060,000원－41,200원＝2,018,800원

□ 이자수익＝2,000,000원×12%× $\dfrac{2}{12}$ ＝40,000원

□ 매출채권처분손익＝2,018,800원－(2,000,000원＋2,000,000×12%× $\dfrac{2}{12}$)＝(21,200원)

| 현 금 | 2,018,800 | 받을어음 | 2,000,000 |
| 매출채권처분손실 | 21,200 | 이자수익 | 40,000 |

③ 매출채권의 제거

매출채권 양도는 다음의 요건을 모두 충족하는 경우 매각거래로 보고 그 이외에는 매출채권을 담보한 차입거래로 본다.

㉠ 매출채권의 제거 요건
- 양도인은 양도 후 매출채권에 대한 권리를 행사할 수 없어야 한다.
- 양수인은 매출채권을 처분할 자유로운 권리를 가지고 있어야 한다.
- 양도인은 양도 후 효율적인 통제권[6]을 행사할 수 없어야 한다.

㉡ 매출채권을 제거할 수 없는 경우
- 확정가격으로 양도한 매출채권을 만기 전에 재매입하는 약정을 체결한 경우
- 유통시장이 없어 동일한 매출채권을 시장에서 매입하기 어려워 양도한 매출채권을 재매입하는 약정을 체결한 경우
- 유통시장이 있음에도 불구하고 공정가치가 아닌 확정가격으로 재매입하는 약정을 체결한 경우

㉢ 매출채권 매각거래의 회계처리
- 매출채권 이전거래가 매각거래에 해당하면 '처분손익'을 인식하여 한다.
- 매각거래로 신규로 취득하는 자산이나 부채는 공정가치로 평가하여 계상한다.
- 공정가치를 알 수 없는 경우 다음과 같이 평가한다.
  - 자산을 취득하는 경우 '0'으로 보아 처분손익을 계상한다.
  - 부채를 부담하는 경우 처분에 따른 이익을 인식하지 않는 범위 내에서 평가하여 계상한다.

> **Key Point!**
> ※ 상환청구권 유무로 '양도'에 관한 판단을 하는 것은 아니다. 즉 양도인이 부담하는 위험(예 환매위험)은 양도 여부에 영향을 미치지 않는다. 따라서 매출채권의 미래 경제적 효익에 대한 양수인의 통제권에 특정한 제약이 없는 한 '매각거래'로 회계처리한다.

[사례 4-4]

㈜민국은 20X1.01.01.에 회수예정일이 20X1.03.31.인 1,000,000원의 외상매출금을 팩토링하였다. ① 상환청구불능조건의 경우와 ② 상환청구가능조건의 경우 각각 회계처리를 제시하시오. 두 거래 모두 매출채권 가액의 10%를 수수료로 지급하고 현금 900,000원을 수령하는 것을 가정한다.

해설 | (1) 상환청구불능조건

위험과 보상이 이전되는 매각거래로 당해 매출채권을 제거한다.

현 금	900,000	매출채권 1,000,000
매출채권처분손실	100,000	

(2) 상환청구가능조건

위험과 보상이 이전되지 않았으므로 매출채권을 제거할 수 없고 단기차입금으로 인식한다.

현 금	900,000	단기차입금 1,000,000
팩토링수수료	100,000	

> **Key Point!**
> ※ 만일 매출채권이 '받을어음'인 경우에는 수수료를 '이자비용'으로 인식한다.

---

6) '효율적 통제권'은 매출채권을 양도한 이후에도 매출채권에서 발생하는 경제적 효익을 보유하는 것을 말한다.

01 현금성자산은 큰 거래비용 없이 현금으로 전환이 용이하고 이자율변동에 따른 가치변동이 경미한 것으로 보고기간종료일로부터 만기가 3개월 이내인 것을 말한다. ⓞⓧ

×
'보고기간종료일'이 아니라 '취득일로부터' 3개월이다.

02 은행발행 자기앞수표, 타인발행 당좌수표, 선일자수표 등은 현금성자산이다. ⓞⓧ

×
선일자수표는 받을어음(매출채권)에 준하여 회계처리한다.

03 매출채권의 취득원가는 공정가치로 측정한다. ⓞⓧ

ⓞ
이 경우 취득과 직접 관련된 거래원가는 취득원가에 가산한다.

04 단기성 매출채권도 이자요소가 유의하므로 공정가치로 측정한다. ⓞⓧ

×
단기성 매출채권은 명목금액으로 측정한다.

05 보고기간 말에 매출채권의 회수불가능할 것으로 추정되는 부분은 대손충당금을 설정하고 대손상각비로 인식한다. ⓞⓧ

ⓞ

06 대손처리했던 매출채권이 회수된 경우 대손충당금을 증가시키는 회계처리를 한다. ⓞⓧ

ⓞ
현금 XXX | 대손충당금 XXX

07 매출채권 양수인이 양도인에 대하여 상환청구권을 보유한 경우에는 양도인은 매출채권을 제거할 수 없다. ⓞⓧ

ⓞ
이 경우는 자금의 담보차입으로 본다.

08 매출채권을 매각하는 경우에는 처분손익을 인식해야 한다. ⓞⓧ

ⓞ

01 다음 중 현금 및 현금성자산에 대한 설명으로 바르지 못한 것은?

① 상품을 외상으로 판매하고 인식한 매출채권의 만기가 1개월이면 현금성자산이다.

② 우편환증서는 현금성자산이다.

③ 취득일로부터 상환일까지 3개월 이내인 상환우선주는 현금성자산이다.

④ 취득 당시 단기매매증권으로 분류한 자산은 취득 이후 기간 경과로 만기가 3개월 이내에 도래하더라도 현금성자산으로 재분류할 수 없다.

⑤ 현금성자산은 이자율변동에 따른 가치변동의 위험이 경미한 금융상품이다.

정답 | ①

해설 | 매출채권은 재고자산의 매매거래에서 발생하는 것으로 현금성자산과 구분하여 표시한다.

02 다음 자료를 참조하여 현금 및 현금성자산으로 보고될 금액은 얼마인가? (단위 : 원)

항목	금액	항목	금액
당좌예금	1,000,000	선일자수표	400,000
당좌개설보증금	100,000	당좌차월	200,000
타인발행수표	500,000	수입인지	600,000
은행발행 자기앞수표	1,200,000	송금수표	300,000

① 2,700,000

② 2,800,000

③ 2,900,000

④ 3,000,000

⑤ 3,200,000

정답 | ④

해설 | 현금 및 현금성자산 = 당좌예금 + 타인발행수표 + 은행발행 자기앞수표 + 송금수표

1,000,000 + 500,000 + 1,200,000 + 300,000 = 3,000,000. '당좌차월'은 차입금으로 부채이고 '수입인지'는 세금과공과로 비용이다.

03 매출채권에 대한 설명으로 바르지 못한 것은?

① 장기성 매출채권은 이자요소를 인식해야 하므로 공정가치로 측정한다.

② 매출채권은 최초 취득원가로 인식한 이후에는 당기손익인식 항목으로 지정된 경우를 제외하고 상각후원가로 측정한다.

③ 보고기간말 매출채권의 회수불가능한 부분은 대손충당금을 설정하고 부채로 계상한다.

④ 대손추산액과 대손충당금 잔액과의 차액은 대손상각비로 인식한다.

⑤ 대손충당금환입액은 판매 및 일반관리비의 음(−)의 금액으로 표시한다.

정답 | ③
해설 | 대손충당금은 부채가 아니라 자산의 차감 계정이다.

04 전기말 매출채권 잔액은 500,000원이고 대손충당금은 100,000원이다, 당기말 매출채권 잔액은 600,000원이고 대손충당금은 150,000원이다. 당기 발생한 외상매출금은 1,000,000원이고 매출채권 중 850,000원이 회수되었다면 손익계산서에 인식할 대손상각비는?

① 50,000원
② 100,000원
③ 150,000원
④ 200,000원
⑤ 250,000원

정답 | ②
해설 | 당기 손익계산서에 인식할 대손상각비는 100,000원이다.

매출채권			
기초	500,000	회수	850,000
		대손확정	50,000
외상매출	1,000,000	기말	600,000

대손충당금			
대손확정	50,000	기초	100,000
		회수	−
기말	150,000	설정	100,000

05 ㈜시흥의 재무자료이다. 동사의 당기 손익계산서의 대손상각비가 70,000원이고 당기 중 회수한 매출채권 금액은 430,000원이다. 이 경우 당기에 발생한 외상매출금은 얼마인가? (단위 : 원)

과목	당기말	전기말
매출채권	1,500,000	900,000
대손충당금	(300,000)	(250,000)

① 600,000원
② 1,000,000원
③ 1,050,000원
④ 1,150,000원
⑤ 1,200,000원

정답 | ③
해설 |

대손충당금			
대손확정	20,000	기초	250,000
		회수	−
기말	300,000	설정	70,000

매출채권			
기초	900,000	회수	430,000
		대손확정	20,000
외상매출	1,050,000	기말	1,500,000

06 기초 대손충당금잔액이 10,000원, 당기 중 매출채권 대손확정액이 7,000원, 그리고 당기말 대손충당금잔액이 20,000원이면 당기말 대손상각비 회계처리로 옳은 것은?

① 대손상각비　　　　　　　　 7,000　|　대손충당금　　　　　　　　 7,000

② 대손상각비　　　　　　　　 7,000　|　매출채권　　　　　　　　 7,000

③ 대손상각비　　　　　　　 13,000　|　대손충당금　　　　　　　 13,000

④ 대손상각비　　　　　　　 17,000　|　매출채권　　　　　　　 17,000

⑤ 대손상각비　　　　　　　 17,000　|　대손충당금　　　　　　　 17,000

정답 | ⑤

해설 | 대손충당금설정액 = 당기 대손확정액(7,000) + 기말 대손충당금(20,000) − 기초 대손충당금(10,000)
　　　　= 17,000

07 ㈜연성의 당기말 매출채권잔액은 300,000원, 기말매출채권의 순실현가능가치는 260,000원이고 당기 회수한 매출채권은 150,000원이다. 기초 대손충당금잔액은 30,000원, 당기 중 대손처리된 금액은 5,000원이다. 이 경우 당기말 대손상각비 회계처리로 옳은 것은?

① 대손상각비　　　　　　　　 5,000　|　대손충당금　　　　　　　　 5,000

② 대손상각비　　　　　　　 15,000　|　대손충당금　　　　　　　 15,000

③ 대손상각비　　　　　　　 15,000　|　매출채권　　　　　　　 15,000

④ 대손상각비　　　　　　　 25,000　|　대손충당금　　　　　　　 25,000

⑤ 대손상각비　　　　　　　 25,000　|　매출채권　　　　　　　 25,000

정답 | ②

해설 |

매출채권			
기초	−	회수	150,000
		대손확정	5,000
외상매출	−	기말	300,000

대손충당금			
대손확정	5,000	기초	30,000
		회수	−
기말	40,000	설정	15,000

08 ㈜신천이 당기에 인식한 매출액은 1,000,000원이고 전액 외상매출금이다. 기초 매출채권잔액이 200,000원이고 기말 매출채권잔액은 500,000원이다. 당기에 대손확정된 금액이 50,000원일 때 현금주의로 인식할 수 있는 매출액은 얼마인가?

① 0원
② 650,000원
③ 700,000원
④ 800,000원
⑤ 850,000원

정답 | ②
해설 | 매출채권회수액 = 기초 매출채권잔액 + 당기 외상매출액 − 대손확정액 − 기말매출채권잔액
　　　 = 200,000 + 1,000,000 − 50,000 − 500,000 = 650,000원

09 ㈜성영은 재고 판매 대가로 수취한 받을어음 액면 1,000,000원을 거래은행에 10% 비용으로 할인하여 현금 900,000원을 수령하였다. 할인조건은 어음발행인이 대금을 상환하지 않을 경우 어음 매각자인 ㈜성영이 상환하기로 하였다. 동 거래에서 ㈜성영이 받은 현금과 할인비용은 어떠한 과목으로 인식되는가?

	현금 900,000원	할인비용 100,000원
①	매출채권처분이익	팩토링수수료
②	단기차입금	이자비용
③	단기차입금	팩토링수수료
④	매출	매출채권처분손실
⑤	매출	이자비용

정답 | ②
해설 | 동 거래는 매출채권 제거요건을 충족하지 못했으므로 단기차입금과 이자비용으로 인식한다.

10 ㈜영수물산의 20X1년 대손충당금 기초잔액은 250,000원이고, 20X1년 말 매출채권 연령분석표는 다음과 같다. 20X2.01.20.에 거래처 부도로 매출채권 800,000원이 대손 확정되었다. ㈜영수물산이 20X2.01.20.에 인식할 대손상각비는 얼마인가?

경과일수	매출채권	대손율
30일 이내	8,000,000	1%
60일 이내	6,000,000	2%
90일 이내	4,000,000	5%
91일 이상	2,000,000	5%

① 230,000원
② 300,000원
③ 500,000원
④ 750,000원
⑤ 1,050,000원

정답 | ②
해설 | 연령분석표로 계산된 대손추산액은 20X2년의 기초 대손충당금이 된다. 기말은 도래하지 않았으므로 미확정이다. 따라서 대손충당금 설정금액은 300,000원이다.

20X2.01.20. 현재 대손충당금			
대손확정	800,000	기초	500,000
		회수	–
기말	–	설정	300,000

11 ㈜서울은 20X1년 동안 다음의 거래를 하였다. 20X1년 기초 대손충당금이 100,000원일 때 회계처리가 바르지 못한 것은?

〈거래내역〉
(1) 20X1.03.10. ㈜광주에 대한 매출채권 200,000원이 회수불가능한 것으로 추정되었다.
(2) 20X1.05.10. ㈜대전에 대한 매출채권 150,000원이 회수불가능한 것으로 추정되었다.
(3) 20X1.10.10. 대손처리하였던 ㈜광주에 대한 매출채권 200,000원이 전액 회수되었다.
(4) 20X1.11.10. ㈜울산에 대한 매출채권 50,000원이 회수불가능한 것으로 추정되었다.
(5) 20X1.12.31. 현재 대손추산액을 80,000원으로 추정하였다.

① (20X1.03.10.) 대손충당금	100,000	|	매출채권	200,000
			대손상각비	100,000
② (20X1.05.10.) 대손상각비	150,000	|	매출채권	150,000
③ (20X1.10.10.) 현　　금	200,000	|	대손충당금	100,000
			대손상각비	100,000
④ (20X1.11.10.) 대손상각비	50,000	|	대손충당금	50,000
⑤ (20X1.12.31.) 대손상각비	30,000	|	대손충당금	30,000

정답 | ④

해설 | 회계처리는 다음과 같다.

(20X1.03.10.)	대손충당금	100,000		매출채권	200,000	
	대손상각비	100,000				
(20X1.05.10.)	대손상각비	150,000		매출채권	150,000	
(20X1.10.10.)	현 금	200,000		대손충당금	100,000	← 대손충당금 잔액 100,000원 설정
				대손상각비	100,000	
(20X1.11.10.)	대손충당금	50,000		매출채권	50,000	← 대손충당금 잔액 100,000원에서 차감
(20X1.12.31.)	대손상각비	30,000		대손충당금	30,000	← 부족한 금액 대손충당금 추가 설정

12 자동차부품 제조업을 영위하는 ㈜리오의 20X1년 재무자료를 참조하여 당기 손익계산서에 인식할 대손상각비 금액과 그 과목으로 적절한 것은?

구분	당기말	전기말
유형자산 처분으로 인한 미수금	3,000,000	1,000,000
대손충당금	(150,000)	(50,000)

20X1.03.10. ㈜우리에 대한 기계장치 매각에 대한 미수금 30,000원이 회수불가능한 것으로 추정되었다.

	과목	대손상각비
①	판매 및 일반관리비	100,000원
②	영업외비용	100,000원
③	판매 및 일반관리비	130,000원
④	영업외비용	130,000원
⑤	영업외비용	150,000원

정답 | ④

해설 | 영업활동 이외의 거래에서 발생한 미수금에 대한 대손충당금은 영업외비용이다.

대손충당금설정액 = 당기 대손확정액(30,000) + 기말대손충당금(150,000) − 기초 대손충당금(50,000)

= 130,000원

13 ㈜시흥의 당기 현금주의 매출액은 100,000원이고 매출채권 잔액이 다음과 같을 때 당기 발생주의 매출액은 얼마인가? 당기에 확정된 대손금액은 50,000원이다.

구분	당기말	전기말
매출채권	600,000	300,000
대손충당금	(150,000)	(50,000)

① 250,000원　　　　　　　　② 300,000원

③ 350,000원　　　　　　　　④ 400,000원

⑤ 450,000원

정답 | ⑤

해설 |

매출채권			
기초	300,000	회수	100,000
		대손확정	50,000
외상매출	450,000	기말	600,000

14 ㈜대한은 상품을 판매하고 대금으로 3개월 만기, 액면 1,000,000원, 연 6% 이자율의 어음을 받고 2개월 후 A은행에 연 12% 이자율로 할인하였다. ㈜대한이 인식할 매출채권처분손실액은?

① 5,150원　　　　　　　　② 10,150원

③ 10,600원　　　　　　　　④ 31,800원

⑤ 39,400원

정답 | ①

해설 | 만기가액 = 1,000,000원 + 1,000,000원 × 6% × 3/12 = 1,015,000원

할인액 = 1,015,000원 × 12% × 1/12 = 10,150원

현금실수령액 = 1,015,000원 − 10,150원 = 1,004,850원

이자수익 = 1,000,000원 × 6% × 2/12 = 10,000원

처분손실 = 1,004,850원 − (1,000,000원 + 10,000원) = 5,150원

　　　(회계처리)　현　　금　1,004,850　ㅣ　받을어음　1,000,000

　　　　　　　　　처분손실　　　5,150　　　이자수익　　　10,000

15 매출채권 제거에 관한 설명으로 바르지 못한 것은?

① 양도인은 양도 후 매출채권에 대한 권리를 행사할 수 없어야 한다.

② 양수인은 매출채권을 처분할 자유로운 권리를 가지고 있어야 한다.

③ 양수인은 양도인에 대하여 상환청구권을 가져서는 안 된다.

④ 양도인은 양도 후 매출채권에 대하여 효율적 통제권을 행사할 수 있어야 한다.

⑤ 양도는 유의적 위험과 보상이 이전되어야 한다.

정답 | ④

16 ㈜시흥은 매출채권 200,000원을 A은행에 양도하고 180,000원의 현금을 수령하면서 다음과 같이 회계처리 하였다. 동 거래는 매출채권 제거 요건을 충족하지 못하는 거래이다. 이 경우 재무상태와 표와 손익에 미치는 영향으로 옳은 것은?

현 금 180,000		매출채권 200,000
매출채권처분손실 20,000		

	자산	부채	손익
①	과소계상	과소계상	영향없음
②	과소계상	과대계상	과소계상
③	과대계상	과소계상	과소계상
④	과대계상	과소계상	영향없음
⑤	과대계상	과소계상	과대계상

정답 | ①

해설 | 동 거래는 아래와 같이 회계처리 해야 한다. 즉 인식되어야 할 부채가 인식되지 않았으므로 부채가 과소계상 되고, 매출채권 200,000이 제거되고 현금 180,000원을 인식했으므로 자산도 과소계상되었다. 그리고 인식되어야 할 이자비용(영업외비용) 대신 매출채권처분손실(영업외비용)이 인식되어 영업외비용에 미치는 영향은 동일하므로 당기손익에는 영향이 없다.

현 금 180,000 | 단기차입금 200,000
이자비용 20,000

17 ㈜서울은 상품을 판매하고 대금으로 3개월 만기, 액면 5,000,000원, 연 3% 이자율의 어음을 받고 2개월 후 A은행에 연 6% 이자율로 할인하였다. ㈜서울이 인식할 이자수익은 얼마인가?

① 12,500원

② 25,000원

③ 37,500원

④ 50,000원

⑤ 75,000원

정답 | ②

해설 | 이자수익 = 5,000,000원 × 3% × 2/12 = 25,000원

18 ㈜광명의 현금 및 현금성자산 분류 내용 중 옳지 않은 것은?

① 사용제한이 없는 당좌예금을 현금에 포함하였다.

② 당좌차월을 단기차입금으로 분류하였다.

③ 만기가 2개월 남은 양도성예금증서를 현금성자산으로 분류하였다.

④ 토지 취득 자금으로 수령한 정부보조금을 토지 취득 전까지 현금으로 분류하였다.

⑤ 당좌개설보증금을 현금성자산이 아닌 장기투자자산으로 분류하였다.

정답 | ④

해설 | 자산 취득을 위한 정부보조금은 취득 전까지 정부보조금 과목으로 보통예금 차감항목으로 표시한다.

출제 포인트 ■ ■
- ★ 일반기업회계기준 전체에서 가장 중요한 부분으로 유형별 계산 문제 반복 학습
- ★ 서술형 문제는 전제적인 내용 이해 필요
- ■ 재고자산 계정 흐름
- ■ 재고자산 수량결정 방법
- ■ 재고자산 가격결정 방법

1. 재고자산의 의의

(1) 재고자산의 중요성

① 재고자산의 정의

재고자산은 정상적 영업과정에서 판매를 위하여 보유하거나 생산과정에 있는 자산 및 생산 또는 서비스 제공과정에 투입될 원재료나 소모품 형태로 존재하는 자산을 말한다.

② 재고자산의 중요성

㉠ 기말재고 평가 여하에 따라 매출원가, 당기손익, 재무상태가 직접적인 영향을 받는다.

㉡ 재고자산은 경기변동에 민감하여 호경기에는 재고자산회전율이 높아져 판매기회가 상실되면 기회비용이 발생할 가능성이 크고, 불경기에는 재고자산회전율이 낮아져 자금회전상 문제와 금융비용이 증가할 수 있다.

㉢ 과잉재고와 불용재고 누적은 차입원가 등의 부담을 가중시킨다.

(2) 재고자산계정 흐름

① 도소매업 : 구매 → 판매

상품	
매입	매출

② 제조업 : 구매 → 제조 → 판매

원재료(구매)		재공품(제조)		제품(판매)	
매입	투입	기초재공품	당기제품제조원가	기초제품	판매재고**
		당기총제조원가*	기말재공품	당기제품제조원가	기말제고

* 당기총제조원가 = 직접재료비 + 직접노무비 + 제조간접원가
** 판매재고는 손익계산서에 매출원가로 계상

> **Key Point!**
> ※ 재고자산 계정흐름은 계산문제 풀이에 매우 유용하므로 정확히 숙지해야 한다.

(3) 재고자산회계의 기본문제

재고자산	
기초재고금액	매출원가＝①원가×②매출수량
	재고자산감모손실
당기매입(당기제품제조원가)	기말재고액＝①원가×②기말수량

① 매출원가와 기말재고액 계산시 '원가'는 '재고자산 취득원가'와 '원가흐름의 가정' 두 가지 주제와 관련이 있다.

② 매출원가와 기말재고액 계산 시 '수량'은 '재고자산 포함 항목'과 '수량결정 방법' 두 가지 주제와 관련이 있다.

(4) 재고자산과 분식회계

① 기말재고자산 과다 계상 : 유동비율, 운전자본, 당기순이익 모두 증가

② 과다 계상된 기말재고자산의 차기 이월 : 차기 기초재고가 과다 계상되어 당기순이익 감소

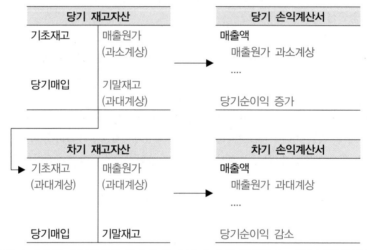

㉠ 위와 같이 과다 계상된 재고자산은 차기에 그 효과가 자동 상쇄된다. 이를 '자동상쇄오류'라 한다.

> **Key Point!**
> ※ 기말재고가 과대 계상되는 경우 당기순이익과 차기 매출원가와 순이익에 미치는 영향을 이해해야 한다.

2. 재고자산 수량결정

(1) 재고자산 포함 항목

① 미착품

㉠ 미착상품은 운송 중에 있어 아직 도착하지 않은 상품을 의미한다.

㉡ 미착상품은 법률적 소유권 유무에 따라 재고자산 포함여부를 결정한다.

• FOB(선적지 인도조건) : 선적시점 소유권이 매입자에게 이전되므로 매입자의 재고자산

• FOB(도착지 인도조건) : 도착 후 매입자에게 인도하는 시점에 소유권이 매입자에게 이전되므로 매도자의 재고자산

② 적송품

    ㉠ 적송품은 위탁 판매를 위하여 위탁자가 수탁자에게 보낸 상품을 말한다.

    ㉡ 적송품은 수탁자가 제3자에게 판매하기 전까지는 위탁자의 재고자산에 포함한다.

③ 재구매조건부 상품

    ㉠ 상품을 판매하고 자금을 조달하면서 추후 당해 상품을 재구매하는 조건의 계약으로 '상품차입계약'이라 한다.

    ㉡ 이 경우는 실질이 자금의 차입이므로 재고자산에서 제외해서는 안 되고 현금차입으로 회계처리한다.

④ 저당상품

    ㉠ 담보로 제공된 상품은 저당권이 실행되기 전까지는 담보제공자의 소유이다.

    ㉡ 따라서 담보권이 실행되기 전까지는 담보 제공자의 재고자산에 속한다.

⑤ 반품조건부 상품

    ㉠ 반품률을 합리적으로 추정할 수 있는 경우에는 상품인도 시 반품률을 적용한 만큼 제외하고 판매(재고자산에서 제외)된 것으로 본다.

    ㉡ 반품률을 합리적으로 추정할 수 없는 경우에는 구매자가 상품의 인수를 수락하거나 반품기간이 종료된 시점에 판매된 것으로 본다. 그 이전까지는 판매자의 재고자산이다.

⑥ 할부판매상품

    ㉠ 할부판매의 경우에는 대금이 모두 회수되지 않았더라도 판매시점에 판매자의 재고자산에서 제외한다.

⑦ 시용판매상품

    ㉠ 매입자가 매입의사표시를 하기 전까지는 판매자의 재고자산에 포함한다.

⑧ 특별주문상품

    ㉠ 특별주문상품은 구매자로부터 미리 예약금을 수령하고 생산이 완료된 시점에 이전하기로 약정한 상품으로 실제 인도와 관계없이 재고자산이 진행기준으로 매출원가로 대체된다. 가장 대표적인 것이 건설형 공사계약이다.

[사례 5 - 1]

㈜대한의 기말재고는 1,000,000원이다. 이 금액에는 아래 내용이 포함되어 있지 않다. 수정된 기말재고는 얼마인가?

(1) 선적지 인도조건으로 매입한 미착상품 100,000원에 대한 기입이 누락되었다.
(2) 도착지 인도조건으로 매입한 미착상품 200,000원을 장부에 기입하고 기말재고에 포함하였다.
(3) 판매를 위탁하기 위한 적송품 50,000원이 기말재고에 포함되지 않았다.
(4) 3개월 분할납부 조건의 할부판매상품 120,000원이 재고자산에 포함되었다.

해설 |

수정 전 기말재고	1,000,000
선적지 인도조건 미착상품	100,000
도착지 인도조건 미착상품	(200,000)
적송품	50,000
할부판매상품	(120,000)
수정 후 기말재고	830,000

(2) 수량결정 방법

① 실지재고조사법(실사법)

ⓐ 기말에 재고조사를 통하여 재고수량을 파악하는 방법으로 상품 등을 매입할 때는 '매입계정'에 기록하고, 판매할 때 매입계정에 대기(貸記)하지 않는다.

ⓑ 기초재고는 변동되지 않고 있다가 기말 실사한 수량으로 재고자산계정이 수정된다.

매출수량과 매출원가는 다음과 같이 계산한다. 즉 기말 재고실사 후 역산하여 계산한다.

매출수량＝기초재고수량＋당기매입수량－기말재고수량

매출원가＝기초재고수량＋당기매입금액－기말재고금액

ⓒ 실사법의 경우 재고자산 감모손실 등은 파악할 수 없고 모두 매출원가에 포함된다. 또한 재고실사에 많은 시간과 비용이 소요되어 영업활동에 지장을 초래할 수 있다.

② 계속기록법

ⓐ 계속기록법은 매입계정을 사용하지 않고 거래가 일어날 때마다 재고자산계정에 직접 입·출고를 기입한다. 따라서 기말 현재의 계정잔액이 기말재고가 된다. 매출원가도 거래가 일어날 때마다 매출원가계정에 지속적으로 기록이 된다.

ⓑ 기말재고는 판매가능 재고(기초재고＋당기매입)에서 계속기록된 판매수량(매출원가)을 차감하여 간접적으로 계산한다.

기말재고수량＝기초재고수량＋당기매입수량－당기판매수량

기말재고금액＝기초재고금액＋당기매입금액－매출원가

재고감모수량＝기말재고장부수량－기말재고실사수량

ⓒ 계속기록법의 경우는 기말 재고실사를 하지 않을 경우 재고감모손실이 기말재고에 포함된다. 하지만 항상 장부상 재고수량이 파악 가능하므로 재고관리가 용이하다. 고가품 등의 관리에 적절하다.

(3) 회계처리의 비교

구분	실지재고조사법				계속기록법			
매입 시	매 입	XXX	매입채무	XXX	재고자산	XXX	매입채무	XXX
매출 시	매출채권	XXX	매 출	XXX	매출채권 매출원가	XXX XXX	매 출 재고자산	XXX XXX
매입에누리 · 환출 및 매입할인	매입채무 XXX		매입에누리 · 환출 매입할인	XXX XXX	매입채무	XXX	재고자산	XXX
기말수정분개	없음				감모손실	XXX	재고자산	XXX
기말결산분개 (매출원가마감)	① 매출원가 XXX | 기초재고 XXX 　　　　　　　　　　　매 입 XXX ② 기말재고 XXX　매출원가 XXX				없음			

> **Key Point!**
> ※ 상기 표의 ① 회계처리는 기초재고와 당기매입재고 전부를 판매된 것으로 보아 매출원가로 인식하는 분개이다.
> ②는 기말재고에 해당하는 부분을 매출원가에서 제거하는 분개이다.

[사례 5-2]

다음 자료를 참조하여 실지재고조사법과 계속기록법에 의한 회계처리를 제시하시오.

> 20X1.01.01. 전기 이월된 재고는 20개이고 취득단가는 100원이다.
> 20X1.07.01. 재고자산 30개를 취득단가 100원에 외상매입하였다.
> 20X1.11.01. 재고자산 40개를 판매단가 200원에 외상매출하였다.

해설 |

구분	실지재고조사법				계속기록법			
20X1.07.01.	매 입	3,000	매입채무	3,000	재고자산	3,000	매입채무	3,000
20X1.11.01.	매출채권	8,000	매 출	8,000	매출채권 매출원가	8,000 4,000	매 출 재고자산	8,000 4,000
기말수정분개	없음				없음			
기말결산분개	매출원가 5,000 | 기초재고 2,000 　　　　　　　　　　매 입 3,000 기말재고 1,000 | 매출원가 1,000							

3. 재고자산 가격결정

(1) 재고자산 취득원가

　① 매입원가

　　㉠ 매입원가＝매입금액＋매입운임＋하역료＋보험료 등－매입할인－매입에누리 등

　　㉡ 성격이 상이한 재고자산을 일괄 구입한 경우 총매입원가를 공정가치비율에 따라 배분하여 각각의 매
　　　입원가를 결정한다.

② 제조원가

㉠ 제조원가＝직접재료원가＋직접노무원가＋제조간접원가

㉡ 변동제조간접원가는 생산설비의 실제사용에 기초하여 각 생산단위에 배부한다.

㉢ 고정제조간접원가는 정상조업도[7]를 기준으로 배부하되 실제조업도가 정상조업도보다 높은 경우에는 실제조업도를 기준으로 배부하여 재고자산이 실제원가를 잘 반영하도록 한다.

> **Key Point!**
> ※ 다음의 경우는 재고자산 원가에 포함할 수 없고 발생기간 비용으로 인식한다.
> • 재료원가, 노무원가, 기타 제조원가 중 비정상적으로 낭비된 부분
> • 추가 생산단계에 투입하기 전 보관이 필요한 경우 이외의 보관원가
> • 재고자산을 현재의 장소에 현재의 상태로 이르게 하는데 기여하지 않은 관리간접원가
> • 판매원가

③ 서비스기업 재고자산 원가

㉠ 서비스기업의 재고자산 원가는 서비스 제공에 직접 종사하는 인력의 노무원가, 기타 직접재료원가, 기타원가를 포함한다.

㉡ 서비스 제공과 관련 없는 인력의 노무원가, 기타원가는 발생기간 비용으로 인식한다.

(2) 원가흐름의 가정

재고자산 원가흐름의 가정이란 매출원가와 기말재고자산의 금액을 결정할 때 어떠한 단가를 적용할 것인가에 대한 문제이다. 재고자산 매입 시기별로 단가가 다를 경우에는 수시로 판매되는 재고의 원가가 얼마인지 일일이 확인하는 것은 불가능하기 때문에 이러한 가정이 필요하다.

① 개별법

㉠ 의의 : 개별 재고자산별로 매입원가를 식별한 후 판매할 때마다 그 취득원가를 매출원가로 하는 방법이다.

㉡ 장점 : 원가흐름과 물량흐름이 일치하고 실제원가가 실제수익에 대응된다.

㉢ 단점 : 공통적으로 발생한 매입부대비용을 재고자산별로 정확하게 배분하기 어렵다.

> **Key Point!**
> ※ 일반기업회계기준에서는 상호 교환될 수 없는 재고항목 또는 특정 프로젝트별로 생산되는 제품이나 서비스원가는 개별법을 사용하고 개별법 적용이 부적합한 경우 선입선출법, 가중평균법, 후입선출법을 사용하도록 규정하고 있다.

---

7) 조업도는 기업의 최대 생산능력에 대한 현재 생산량의 비율을 의미한다. 정상조업도는 과거 평균조업도를 미래 경영상황을 고려하여 수정한 조업도로 고정제조간접비 배부에 활용된다.

② **가중평균법**

　㉠ 의의 : 기초재고항목과 매입하거나 생산한 재고항목의 구분없이 판매 또는 사용된다고 가정하여 가중평균원가를 적용하는 방법이다.

　　• 총평균법 : 실지재고조사법에 총평균원가를 적용하는 방법

$$- \text{총평균단가} = \frac{\text{기초재고액} + \text{당기매입액}}{\text{판매가능수량}}$$

　　　－ 기말재고금액 = 기말재고수량 × 총평균단가
　　　매출원가 = 판매가능원가(기초재고금액 + 당기매입금액) − 기말재고금액

　　• 이동평균법 : 계속기록법에 가중평균단가를 적용하는 방법

$$- \text{가중평균단가} = \frac{\text{기초재고액} + \text{당기매입액}}{\text{판매가능수량}}$$

　　　－ 매출원가 = 판매수량 × 가중평균단가
　　　판매 후 재고금액 = 판매 후 재고수량 × 가중평균단가

　㉡ 특징

　　• 총평균법 : 일정기간 동안 총평균단가가 동일하지만 그 일정기간이 경과하여야 확정될 수 있다는 단점이 있다.

　　• 이동평균법 : 재고자산을 매입 또는 생산할 때마다 새로운 가중평균단가를 산출해야 하고 판매할 때마다 판매수량과 남은 수량에 각각 곱하여 매출원가와 판매시점 재고액을 계산한다. 즉 이익조작 가능성은 적지만 계산이 복잡하다. 그리고 이 방법은 재고자산이 상대적으로 동질적인 경우에 적절한 방법이다.

③ **선입선출법**

　㉠ 의의 : 먼저 매입 또는 생산된 재고가 먼저 판매 또는 사용된다고 가정하는 방법이다. 따라서 기말재고는 가장 최근에 매입 또는 생산한 것이라 본다. 이 방법에 의하면 실지재고조사법과 계속기록법에 의한 결과가 같아지게 된다.

　㉡ 장점 : 기말재고가 가장 최근의 거래가격으로 평가되어 현행원가의 근사치를 반영한다.

　㉢ 단점 : 매출원가가 과거 매입원가로 측정되기 때문에 현행 판매가격으로 측정되는 매출액과 대응이 적절하지 못하다. 특히 물가 상승폭이 클수록 이익이 과다 계상되는 정도가 심화된다.

④ **후입선출법(IFRS에서는 인정 안함)**

　㉠ 의의 : 가장 최근에 매입 또는 생산된 재고가 먼저 판매 또는 사용된다고 가정하는 방법이다. 따라서 기말재고는 가장 먼저 매입 또는 생산한 것이라 본다.

　㉡ 장점 : 매출원가가 현행 판매원가로 측정되어 매출액과 대응이 적절하다. 물가상승 시에는 다른 방법에 비하여 당기순이익이 적게 계상되어 법인세이연효과가 있다.

　㉢ 단점 : 기말재고가 과거 매입원가로 평가되어 현행원가를 반영하지 못한다.

(3) 각 평가방법의 비교

① 물가상승 시 재무항목 간 상대적 크기 비교

기말재고		선입선출법＞이동평균법＞총평균법＞후입선출법(계속)＞후입선출법(실사)
매출원가		후입선출법(실사)＞후입선출법(계속)＞총평균법＞이동평균법＞선입선출법
당기순이익		선입선출법＞이동평균법＞총평균법＞후입선출법(계속)＞후입선출법(실사)
법인세비용		선입선출법＞이동평균법＞총평균법＞후입선출법(계속)＞후입선출법(실사)
현금흐름	법인세 이연효과 O	후입선출법(실사)＞후입선출법(계속)＞총평균법＞이동평균법＞선입선출법
	법인세 이연효과 ×	후입선출법(실사)＝후입선출법(계속)＝총평균법＝이동평균법＝선입선출법

[사례 5 – 3] [8]

㈜서울의 20X1년 재고자산 자료이다. 실지재고조사법과 계속기록법에 의할 때 선입선출법, 평균법, 후입선출법에 의한 기말재고액과 매출원가를 각각 계산하시오(소수점 이하는 절사한다).

구분	수량(개)	단가(원)	금액	판매수량(개)	
기초재고(01.01)	1,000	100	100,000	판매(02.10)	500
당기매입(03.15)	2,000	120	240,000	판매(08.15)	1,500
당기매입(10.15)	2,000	140	280,000	판매(11.20)	1,500
소계	5,000		620,000	판매수량	3,500
				기말재고수량	1,500

해설 l 〈실지재고조사법〉

　① 선입선출법

재고자산	
① 기초재고금액　1,000ea×100원＝100,000원	④ 매출원가＝620,000원－210,000원＝410,000원
② 당기매입　　2,000ea×120원＝240,000원　2,000ea×140원＝280,000원	③ 기말재고액＝1,500ea×140원＝210,000원　※ 기말재고는 10.15. 매입분이다.

---

8) 이용호・심충진, 「일반기업회계기준」, 제12판, 서울 : 한국금융연수원, 2022년, 159~161p

② 총평균법

$$총평균단가 = \frac{620,000원}{5,000개} = 124원$$

재고자산	
① 기초재고금액 1,000ea×100원=100,000원	④ 매출원가=620,000원−186,000원=434,000원
② 당기매입 2,000ea×120원=240,000원 2,000ea×140원=280,000원	③ 기말재고=1,500ea×124원=186,000원

③ 후입선출법

재고자산	
① 기초재고금액 1,000ea×100원=100,000원	④ 매출원가=620,000원−160,000원=460,000원
② 당기매입 2,000ea×120원=240,000원 2,000ea×140원=280,000원	③ 기말재고=1,000ea×100원+500ea×120원 =160,000원

〈계속기록법〉

① 선입선출법

재고자산	
① 기초재고금액 1,000ea×100원=100,000원	③ 매출원가 410,000원 500ea×100원=50,000원 500ea×100원+1,000ea×120원=170,000원 1,000ea×120원+500ea×140원=190,000원
② 당기매입 2,000ea×120원=240,000원 2,000ea×140원=280,000원	④ 기말재고액=620,000원−410,000원=210,000원

② 이동평균법

① 03.15. 이동평균단가 $= \dfrac{50,000원+240,000원}{2,500개} = 116원$

② 10.15. 이동평균단가 $= \dfrac{1,000개×116원+2,000개×140원}{3,000개} = 132원$

※ 03.15 기준으로 기초재고는 500개가 남아 있으므로 50,000원이다.

재고자산	
① 기초재고금액 1,000ea×100원=100,000원	③ 매출원가 422,000원 500ea×100원=50,000원 1,500ea×116원=174,000원 1,500ea×132원=198,000원
② 당기매입 2,000ea×120원=240,000원 2,000ea×140원=280,000원	④ 기말재고 620,000−422,000원=198,000원

③ 후입선출법

재고자산	
① 기초재고금액 1,000ea×100원=100,000원	③ 매출원가 440,000원 500ea×100원=50,000원 1,500ea×120원=180,000원 1,500ea×140원=210,000원
② 당기매입 2,000ea×120원=240,000원 2,000ea×140원=280,000원	④ 기말재고 620,000원−440,000원=180,000원

4. 재고자산의 기타 평가방법

(1) 저가법

① 의의

㉠ 재고자산의 미래 경제적 효익이 취득원가 또는 장부금액에 미치지 못할 때에는 발생기간의 비용 또는 손실로 적절히 반영하여야 한다(보수주의).

㉡ 재고자산의 시가가 원가 이하로 하락했다고 보는 경우

- 손상을 입은 경우
- 보고기간종료일로부터 1년 또는 정상영업주기 내에 판매되지 않거나 생산에 투입할 수 없어 장기 체화된 경우
- 진부화하여 정상적인 판매시장이 사라지거나 기술 및 시장의 여건 변화에 의하여 판매가치가 하락한 경우
- 완성하거나 판매하는데 필요한 원가가 상승한 경우

㉢ 재고자산 저가(시가) 평가방법

- 저가(시가) = min[취득원가, 순실현가능가치]

구분	순실현가능가치(NRV)	저가법 적용(취득원가>NRV)
제 품	NRV = 예상판매가격 - 예상판매비용	O
재공품	NRV = 예상판매가격 - 추가가공원가 - 예상판매비용	O
원재료	NRV = 현행대체원가	X(예외적으로 적용)

- 순실현가능가치가 취득원가보다 작을 때에는 재고자산평가손실을 인식한다. 인식방법은 재고자산 차감계정으로 표시하고 매출원가에 가산한다.

재고자산평가손실　　XXX　|　재고자산평가충당금　　XXX

- 순실현가능가치가 취득원가보다 클 때에는 최초 장부금액을 초과하지 않는 범위 내에서 재고자산 평가손실환입을 인식한다. 이 경우 환입액은 매출원가에서 차감한다.

재고자산평가충당금　　XXX　|　재고자산평가손실환입　XXX

② 저가법의 적용

　㉠ 저가법 적용방법

　　• 종목별기준(원칙) : 가장 보수적인 방법으로 개별 항목에 저가법을 적용한다.

　　• 조별기준 : 재고자산이 유사하거나 서로 관련 있는 경우 그 유사한 집단에 조별기준 적용을 허용한다. 다만 재고자산이 유사한 목적 또는 용도를 갖는 동일 제품군으로 분류되고, 동일 지역에서 생산·판매되며, 그 제품군에 속하는 다른 항목과 구분하여 평가하는 것이 사실상 불가능한 경우에 한하여 인정된다.

　　• 총액기준 : 전체 재고자산에 저가법 적용. 일반기업회계기준에서 인정하지 않는다.

> **Key Point!**
> ※ 각 방법별 재고자산의 크기는 총액기준 평가액≥조별기준 평가액≥종목별기준 평가액 순서가 된다.

[사례 5-4]

㈜한국의 재고자산 취득원가와 순실현가능가치(NRV)가 다음과 같을 때 종목별기준, 조별기준, 총액기준으로 평가한 재고자산평가손실은 각각 얼마인가?

재고항목	취득원가	NRV
□	100	50
■	150	150
○	200	170
●	250	300
소계	700	670

해설 |

구분	취득원가	NRV	종목별기준	조별기준	총액기준
□	100	50	(50)	(50)	(30)
■	150	150	0		
○	200	170	(30)	0	
●	250	300	0		
합계	700	670	(80)	(50)	(30)

③ 재고자산 감모손실의 회계처리

　㉠ 정상적 감모손실 : 매출원가에 가산

　㉡ 비정상적 감모손실 : 영업외비용 처리

재고자산	
기초재고	당기판매(계속법)
	정상감모손실
	비정상감모손실
당기매입	기말재고(실사법)

　• 매출원가＝기초재고액＋당기매입액－기말재고액－비정삼감모손실액

[사례 5 – 5] [9)]

다음은 ㈜서울상사의 재고자산 관련 자료이다. 회사는 총평균법에 의하여 재고자산을 평가하며, 판매 시에는 매출수량만을 기록하고 기말 실사를 통하여 장부수량과 실사수량을 조정하고 있다. 단 재고자산계정은 매출원가계정을 사용하여 마감한다.

구분	장부수량(개)	단가(원)	금액(원)
기초재고	400	120	48,000
당기매입	2,000	150	300,000
매 출	1,850		
기말재고	550		

기말재고 실사수량은 500개이고, 장부수량과 차이 중 20개는 정상적이고 나머지는 비정상적인 것으로 가정한다. 한편 재고자산의 단위당 순실현가능가치는 135원이다. 재고자산감모손실과 재고자산평가손실을 계산하고 분개를 제시하시오.

해설 | 총평균단가 $= \dfrac{48,000원 + 300,000원}{24,000개} = 145원$

① 저가법 적용 전 재고자산 장부금액

재고자산			
기초재고	48,000원	당기판매(계속법) 1,850개×145원 = 268,250원	
		정상감모손실 20개×145원 = 2,900원(매출원가)	
		비정상감모손실 30개×145원 = 4,350원(영업외비용)	
당기매입	300,000원	기말재고(실사법) 500개×145원 = 72,500원	

② 저가법 적용 후 재고자산 장부금액

재고자산			
기초재고	48,000원	당기판매(계속법) 1,850개×145원 = 268,250원	
		정상감모손실 20개×145원 = 2,900원	
		비정상감모손실 30개×145원 = 4,350원	
		기말재고(실사법) 500개×135원 = 67,500원	
당기매입	300,000원	재고자산평가손실 500개×(145 – 135)원 = 5,000원	

③ 분개 및 재무상태표 표시

재고자산감모손실(매출원가)	2,900		재고자산	7,250
재고자산감모손실(영업외비용)	4,350			
재고자산평가손실(매출원가)	5,000		재고자산평가충당금	5,000

재무상태표에 표시되는 재고자산은 67,500원이다. 평가손실 관련 사항은 주석에 보고된다.

(4) 소매재고법

① 의의

ㄱ 판매가 기준으로 평가한 기말재고금액에 구입원가, 판매가 및 판매가변동액에 근거하여 산정한 원가율을 적용하여 기말재고자산의 원가를 결정하는 방법이다.

ㄴ 백화점, 대형소매점 등 다양한 품목을 취급하는 유통업에 주로 적용된다.

---

9) 이용호 · 심충진, 「일반기업회계기준」, 제12판, 서울 : 한국금융연수원, 2022년, 164~165p

② 회계처리 순서

⊙ 평균법원가율 $= \dfrac{\text{판매가능재고(기초재고 + 당기매입) 원가}}{\text{기초재고매가 + 당기매입매가 + 순인상액 − 순인하액}}$

선입선출법원가율 $= \dfrac{\text{당기매입원가}}{\text{당기매입매가 + 순인상액 − 순인하액}}$

ⓒ 기말재고 = 판매가격으로 측정한 판매가능재고 − 매출액

ⓒ 기말재고 원가 = ⓒ × ⊙

[사례 5-6] [10)]

다음 자료를 참조하여 선입선출 소매재고법, 가중평균원가 소매재고법, 저가기준 소매재고법, 후입선출 소매재고법에 의한 기말재고와 매출원가를 계산하시오.

구분	원가(원)	소매가(원)
기초재고	42,000	60,000
당기매입	244,050	400,000
매입운임	10,000	
순인상액		17,500
순인하액		32,000
매 출 액		363,000

해설 | 판매가기준 기말재고 = (60,000 + 400,000) + 17,500 − 32,000 − 363,000 = 82,500원

소매재고법	원가율	기말재고	매출원가
선입선출	$\dfrac{244,050 + 10,000}{400,000 + 17,500 − 32,000} = 65.9\%$	82,500 × 65.9% = 54,367원	296,050 − 54,367 = 241,683
가중평균	$\dfrac{42,000 + 244,050 + 10,000}{460,000 + 17,500 − 32,000} = 66.45\%$	82,500 × 66.45% = 54,821원	296,050 − 54,821 = 241,229
저가기준	$\dfrac{42,000 + 244,050 + 10,000}{460,000 + 17,500} = 62\%$	82,500 × 62% = 51,150원	296,050 − 51,150 = 244,900

후입선출 소매재고법은 기말재고매가(82,500) > 기초재고매가(60,000)이므로 재고증가분 22,500원은 당기매입 재고 매가이다. 따라서 이 금액에 선입선출법 원가율을 적용하여 기말재고원가를 계산한다.

기말재고 = 42,000 + 22,500 × 65.9% = 56,827원

매출원가 = 296,050 − 56,827 = 239,223원

---

10) 이용호·심충진, 「일반기업회계기준」, 제12판, 서울 : 한국금융연수원, 2022년, 167~168p

(5) 매출총이익률법

① 의의

㉠ 재고자산 실사에는 많은 시간과 비용이 소요되므로 편의상 실사를 하지 않고 추정에 의하여 평가하는 경우가 있는데 이 때 사용하는 방법이 매출총이익률법이다. 이 경우 회사의 매출총이익률이 일정하다고 가정한다.

㉡ 재고자산을 추정에 의하여 평가하는 경우
- 분기 또는 반기재무제표를 작성하는 경우
- 천재지변, 화재 등 재해나 도난으로 인한 손실을 추정하는 경우
- 금융회사 등 여신심사자가 재무제표상 재고자산을 추정하는 경우

② 추정방법(순서)

㉠ 실제 자료에 의한 매출총이익률 추정

$$매출총이익률 = \frac{실제매출액 - 실제매출원가}{실제매출액}$$

㉡ 매출원가율 추정

$$매출원가율 = 1 - 매출총이익률$$

㉢ 매출원가 추정

$$매출원가 = 매출액 \times 매출원가율$$

㉣ 기말재고자산 추정

$$기말재고 = 실제기초재고 + 실제당기매입액 - 추정매출원가$$

㉤ 장부상 기말재고와 추정 기말재고의 비교

[사례 5 - 7] [11]

다음은 ㈜금융의 부분손익계산서로 여신담당자는 과거 매출총이익률 20%에 비추어 볼 때 기말재고자산이 과다 계상된 것으로 보고 있다. 과다 계상한 것으로 추정되는 기말재고자산 금액은 얼마인가? (다른 수치는 모두 정확한 것으로 확인되었다.)

(단위 : 원)

Ⅰ. 매출액		1,000,000
Ⅱ. 매출원가		700,000
기초재고	200,000	
당기매입	900,000	
기말재고	(400,000)	
Ⅲ. 매출총이익		300,000

해설 | 추정 매출원가 = 매출액 × 매출원가율 = 1,000,000 × (1 - 20%) = 800,000원
기말재고 추정치 = 판매가능재고 - 추정 매출원가 = (200,000 + 900,000) - 800,000 = 300,000원
과다 계상 금액 = 장부상 기말재고 - 기말재고 추정치 = 400,000 - 300,000 = 100,000원
따라서 장부상 기말재고 400,000원 중 100,000원이 과다 계상된 것으로 추정된다.

---

11) 이용호·심충진, 「일반기업회계기준」, 제12판, 서울 : 한국금융연수원, 2022년, 170p

01 FOB 도착지 인도조건으로 운송 중인 상품은 판매자의 재고자산이다.
◯ ×

○
도착 후 인도시점에 재고자산에서 제거한다.

02 반품률을 합리적으로 추정할 수 있는 경우에는 구매자가 상품 인수를 수락하거나 반품기간 종료시점에 재고자산에서 제외한다.
◯ ×

×
반품률을 적용한 만큼 판매된 것으로 본다.

03 실지재고조사법의 경우 재고자산감모손실이 발생하면 모두 매출원가에 포함된다.
◯ ×

○

04 재고자산을 매입할 경우 실지재고조사법은 매입계정에 기입하고 계속기록법은 재고자산계정에 기입한다.
◯ ×

○

05 완성품 취득원가라는 측면에서 유통업의 상품 매입원가와 제조업의 당기제품제조원가는 동일한 의미이다.
◯ ×

○

06 인플레이션 환경에서 재고자산을 선입선출법과 후입선출법으로 평가한 경우 현금흐름은 동일하다.
◯ ×

×
후입선출법이 법인세이연 효과가 있어 더 유리하다.

07 재고자산은 취득원가와 순실현가능가치 중 큰 금액으로 평가한다.
◯ ×

×
둘 중 작은 금액으로 평가한다.

08 재고자산평가손실을 환입하는 경우에는 재고자산을 직접 증가시킨다.
◯ ×

×
매출원가에서 차감한다.

01 다음 중 재고자산 회계처리에 대한 설명으로 바르지 못한 것은?

① FOB 선적지 인도조건의 경우 미착품은 매입자의 재고자산이다.

② 위탁판매를 위한 적송품은 수탁자가 제3자에게 판매하기 전까지 위탁자의 재고자산이다.

③ 저당상품은 담보권 실행 전까지 담보제공자의 재고자산이다.

④ 반품률을 합리적으로 추정할 수 없는 경우에 구매자가 상품인수를 수락한다면 판매자의 재고자산에서 제외한다.

⑤ 할부판매의 경우에는 대금이 회수되는 시점에 판매한 것으로 보아 재고자산에서 제외한다.

정답 | ⑤
해설 | 대금회수 시점이 아니라 판매시점에 판매자의 재고자산에서 제외한다.

02 ㈜성영은 20X1.01.01.에 재고상품 1,200,000원을 장기할부조건으로 판매하면서 그 시점에 재고자산에서 제외하였다. 그러나 거래처 자금사정 악화로 120,000원을 회수할 수 없을 것으로 추정하였다. 회계처리로 올바른 것은? (중소기업 회계처리특례는 적용하지 않는다.)

① 대손상각비	120,000		대손충당금	120,000
② 매 출	120,000		재 고 자 산	120,000
③ 매 출	120,000		매 출 원 가	120,000
④ 매 출	120,000		매 출 채 권	120,000
⑤ 대손상각비	120,000		매 출 채 권	120,000

정답 | ①
해설 | 할부판매의 경우 대금이 모두 회수되지 않더라도 판매시점에 판매자의 재고자산에서 제외한다. 이 경우 대금 중 회수 불가능한 부분은 이미 인식한 수익을 조정하지 않고 별도 비용으로 인식한다.

대손상각비	120,000	대손충당금	120,000

03 ㈜한국의 20X1년 거래내역을 참조하여 매출총이익을 계산하면 얼마인가?

판매상품의 송장가격	100,000원	매입상품 송장가격	50,000원
매출에누리	3,000원	매입에누리	2,000원
판매상품 운송비	1,000원	매입할인	1,000원
		매입운임	1,000원
기초상품재고액	6,000원	기말상품재고액	10,000원

① 48,000원 ② 49,000원
③ 50,000원 ④ 51,000원
⑤ 52,000원

정답 | ⑤
해설 | 매출(100,000 − 3,000 − 1,000) − 매출원가(6,000 + (50,000 − 2,000 − 1,000 + 1,000) − 10,000)
= 52,000원

04 다음은 ㈜서울의 부분재무제표로 세 가지 오류가 포함되어 있다. 당기의 매출총이익은?

	부분 재무상태표		당기 부분손익계산서	
	당기	전기	매출액	5,000,000원
재고자산	400,000원	200,000원	매출원가	2,500,000원

〈오류사항〉
㉮ 전기 재고자산에는 선적지 인도조건으로 매입한 미착상품 200,000원이 누락되었다.
㉯ 당기 재고자산에는 장기연불조건으로 판매한 상품 100,000원이 포함되어 있다.
㉰ 당기 재고자산에 재구매조건부로 판매한 상품 50,000원이 누락되었다.

① 2,250,000원 ② 2,300,000원
③ 2,500,000원 ④ 2,650,000원
⑤ 2,750,000원

정답 | ①
해설 |

재고자산					
	수정 전	수정 후		수정 전	수정 후
기초재고	200,000	400,000	매출원가	2,500,000	2,750,000
당기매입	2,700,000	2,700,000	기말재고	400,000	350,000

수정 전 당기매입 = 2,500,000 + 400,000 − 200,000 = 2,700,000

$$수정 후 매출원가 = 기초재고(200,000 + 200,000) + 당기매입(2,700,000) - 기말재고(400,000 - 100,000 + 50,000) = 2,750,000원$$

05 상품 매입과 매출에 관한 실지재고조사법과 계속기록법에 대한 설명 중 바르지 못한 것은?

① 실지재고조사법에서 매출원가는 판매가능재고액에서 실사 후 기말재고액을 차감하여 계산한다.

② 실지재고조사법은 매입계정을 이용하므로 장부상 재고수량 파악에 용이하다.

③ 실지재고조사법은 재고자산감모손실을 파악할 수 없다.

④ 계속기록법은 기중에도 재고자산계정 잔액을 쉽게 계산할 수 있다.

⑤ 기말 재고실사를 하지 않는다면 계속기록법의 경우 재고자산감모손실이 기말재고에 포함된다.

정답 | ②
해설 | 실지재고조사법은 장부상 재고수량을 알 수 없다.

06 다음은 20X1년 ㈜시흥의 재무자료이고 아래 내용을 포함하지 않았다. 이를 고려하여 매출원가를 계산하면 얼마인가? (모든 거래는 회계기간 내에 완료된다고 가정한다.)

재고자산	
기초재고	400,000원
당기매입	800,000원
기말재고	440,000원

〈포함되지 않은 사항〉
㉮ FOB 도착지 인도기준으로 매입한 상품 80,000원이 운송 중에 있다.
㉯ 반품조건부로 판매한 상품 160,000원 중 50%가 반품될 것으로 추정되었다.
㉰ 시용판매를 위하여 고객에게 발송한 상품 200,000원 전부 매입의사를 표시하지 않았다.

① 680,000원 　　　　　② 720,000원

③ 760,000원 　　　　　④ 880,000원

⑤ 920,000원

정답 | ①
해설 |

재고자산					
	수정 전	수정 후		수정 전	수정 후
기초재고	400,000	400,000	매출원가	760,000	680,000
당기매입	800,000	800,000	기말재고	440,000	520,000

㉮는 소유권이 넘어오지 않았으므로 재고자산에 포함할 수 없고 ㉰는 판매로 인식할 수 없으므로 재고자산에서 제외할 수 없다. 결국 ㉯에서 반품 예정금액 80,000원을 기말재고에 포함시키면 된다.

07 다음 중 재고자산 취득원가 포함되는 항목을 모두 고른 것은?

> ㉮ 취득과정에서 정상적으로 발생한 매입운임 하역료 및 보험료
> ㉯ 재고자산을 판매하는데 발생한 판매원가
> ㉰ 재료원가, 노무원가, 기타 제조원가 중 비정상적으로 낭비된 부분
> ㉱ 실제조업도가 정상조업도보다 높은 경우에는 실제조업도에 의해 배부한 고정제조간접원가
> ㉲ 추가 생산단계 투입하기 전 보관이 필요한 경우의 보관원가

① ㉮, ㉯, ㉰
② ㉮, ㉯, ㉱
③ ㉮, ㉱, ㉲
④ ㉯, ㉰, ㉱
⑤ ㉯, ㉱, ㉲

정답 | ③
해설 | 추가 생산단계에 투입하기 전 보관이 필요한 경우의 보관원가는 취득원가 포함이 된다.

08 다음 중 물가상승 시 매출원가를 현행원가로 측정할 수 있는 원가흐름의 가정은?

① 총평균법
② 선입선출법
③ 후입선출법
④ 이동평균법
⑤ 개별법

정답 | ③
해설 | 후입선출법의 경우 매출원가가 현행판매원가로 측정된다.

09 다음 중 물가상승 시 당기순이익이 크게 계상되는 재고자산 원가흐름의 가정을 순서대로 나열한 것은?

① 선입선출법 – 이동평균법 – 총평균법 – 후입선출법(계속기록법) – 후입선출법(실사법)
② 후입선출법(계속기록법) – 후입선출법(실사법) – 이동평균법 – 총평균법 – 선입선출법
③ 후입선출법(실사법) – 후입선출법(계속기록법) – 이동평균법 – 총평균법 – 선입선출법
④ 선입선출법 – 후입선출법(계속기록법) – 후입선출법(실사법) – 이동평균법 – 총평균법
⑤ 이동평균법 – 총평균법 – 선입선출법 – 후입선출법(계속기록법) – 후입선출법(실사법)

정답 | ①
해설 | 매출원가가 작게 계산되는 순서와 같다.

10 다음 중 재고자산 원가흐름의 가정에 관한 설명으로 옳은 것을 모두 고르면?

> ㉮ 개별법은 원가흐름과 물량흐름이 일치하여 이익조작이 불가능하다.
> ㉯ 인플레이션 환경에서 선입선출법에 의한 매출원가는 후입선출법에 의한 것보다 크다.
> ㉰ 인플레이션 환경에서 법인세이연효과는 후입선출법이 선입선출법보다 크다.
> ㉱ 인플레이션 환경에서 선입선출법에 의한 법인세비용이 후입선출법보다 크다.
> ㉲ 원가흐름의 가정은 판매가능원가를 매출원가와 기말재고로 배분하는 차이만 있고 실제현금흐름과
>   는 관계가 없다.

① ㉮, ㉯, ㉰, ㉱, ㉲   ② ㉮, ㉯, ㉰, ㉱,
③ ㉮, ㉯, ㉰   ④ ㉯, ㉰, ㉱
⑤ ㉰, ㉱, ㉲

정답 | ⑤
해설 | ㉲의 이유로 인하여, 법인세를 고려하지 않으면 현금흐름은 모두 동일하다.

11 다음은 ㈜서울의 20X1년 상품거래 자료이다. 동사는 재고자산에 대하여 평균법을 적용하고 있다. 실지재고조사법과 계속기록법에 의할 때 매출원가를 계산하면?

거래일자	적요	수량(개)	단가(원)	금액(원)
01.01.	기초재고	200	5	1,000
04.14.	매 입	300	10	3,000
08.25.	매 출	200		
11.15.	매 입	100	20	2,000
12.31.	기말재고	400		

	실지재고조사법	계속기록법
①	2,000원	1,600원
②	1,600원	2,000원
③	4,400원	4,000원
④	4,000원	4,400원
⑤	1,600원	4,000원

정답 | ①
해설 | 실지재고조사법(총평균법) : 총평균단가 = 6,000원 ÷ 600개 = 10원, 기말재고 = 400개 × 10원 = 4,000원
　　　　　　　　　　　　　　매출원가 = 6,000 − 4,000원 = 2,000원 또는 200개 × 10원 = 2,000원
　　　계속기록법(이동평균법) : (04.14.) 이동평균단가 = 4,000원 ÷ 500개 = 8원,
　　　　　　　　　　　　　매출원가 = 200개 × 8원 = 1,600원
　　　　　　　　　　　(11.15.) 이동평균단가 = (300개 × 8원 + 2,000원) ÷ 400개 = 11원
　　　　　　　　　　　기말재고 = 400개 × 11원 = 4,400원 또는 6,000원 − 1,600원 = 4,400원

12 재고자산 회계처리에 관한 설명으로 바르지 못한 것은?

① 성격과 용도가 유사한 재고자산은 동일한 단위원가 결정방법을 사용해야 하고, 성격이나 용도에 차이가 있는 재고자산은 다른 단위원가 결정방법을 사용할 수 있다.

② 동일한 재고자산이라 하더라도 지역별 위치나 과세방식이 다른 경우에는 다른 단위원가 결정방법을 사용해야 한다.

③ 재고자산이 손상을 입은 경우에는 시가가 취득원가보다 낮다고 본다.

④ 재고자산은 취득원가와 순실현가능가치 중 낮은 가격으로 평가한다.

⑤ 원재료의 경우에는 현행대체원가를 순실현가능가치의 측정치로 사용할 수 있다.

정답 | ②
해설 | 이러한 경우에도 동일한 단위원가 결정방법을 사용해야 한다.

13 다음 중 재고자산 저가평가방법에 관한 설명으로 바르지 못한 것은?

① 재고자산을 완성하거나 판매하는데 필요한 원가가 상승한 경우에는 시가가 원가 이하로 하락했다고 본다.

② 재공품의 순실현가능가치는 예상판매가격에서 추가가공원가와 예상판매비용을 차감하여 추정한다.

③ 원재료의 경우 투입하여 완성할 제품의 시가가 원가보다 높을 때는 원재료에 대하여 저가법을 적용하지 않는다.

④ 재고자산평가손실과 재고자산감모손실은 재고자산평가충당금 계정을 설정하고 재고자산 차감계정으로 표시한다.

⑤ 저가법은 종목별기준으로 적용하는 것이 원칙이지만 재고자산이 유사하거나 서로 관련이 있는 경우 그 유사한 집단에 조별기준을 적용하는 것을 허용한다.

정답 | ④
해설 | 재고자산평가손실은 재고자산평가충당금을 설정하여 재고자산 차감계정으로 표시하지만 재고자산감모손실은 재고자산에서 직접 차감한다.

14 ㈜대한의 거래내역이 다음과 같을 때 이에 대한 설명으로 바르지 못한 것은? (단, 단위원가는 소수점 넷 째 자리에서, 매출원가와 기말재고금액은 소수점 첫째 자리에서 반올림한다.)

거래일자	적요	수량(개)	단가(원)	금액(원)
01.01.	기초재고	50	20	1,000
03.01.	매 입	150	30	4,500
06.01.	매 출	100		
09.01.	매 입	50	40	2,000
11.01.	매 출	100		
12.31.	기말재고	50		

① 실지재고조사법에서 선입선출법을 적용할 경우 기말재고금액은 2,000원이다.

② 계속기록법에서 이동평균법을 사용할 경우 매출원가는 5,917원이다.

③ 계속기록법에서 선입선출법을 적용할 경우 매출원가는 5,500원이다.

④ 후입선출법을 적용할 경우에는 기말재고는 2,000원이다.

⑤ 총평균법을 사용할 경우 매출원가는 6,000원이다.

정답 | ④

해설 | 후입선출법에 의한 기말재고금액은 1,000원이다.

15 ㈜경기의 재고자산 관련 자료이다. 손익계산서에 인식될 매출원가는 얼마인가? 기말재고금액은 평가손실과 감모손실을 차감한 후의 금액이다.

항목	금액(원)
기초재고금액	5,000,000
당기매입액	20,000,000
재고자산평가손실	1,500,000
정상적 재고자산감모손실	1,000,000
비정상적 재고자산감모손실	500,000
기말재고금액	2,000,000

① 21,500,000원 ② 22,500,000원

③ 23,000,000원 ④ 24,000,000원

⑤ 24,500,000원

정답 | ②

해설 | 여기서 주의할 점은 재고자산평가손실이 기말재고금액에서 차감되어 있어 매출원가에 포함된다. 즉 별도로 평가손실을 매출원가에 가산하지 않아도 된다. 그러나 정상감모손실은 매출원가에 포함되어 있지 않으므로 매출원가에 가산해 주어야 한다. 따라서 매출원가는 22,500,000원이다.

재고자산			
기초재고	5,000,000	매출원가	21,500,000
		정상감모	1,000,000
		비정상감모	500,000
당기매입	20,000,000	기말재고	2,000,000

16 ㈜한라의 재고관련 자료이다. 각 연도별 회계처리 내용으로 옳은 것은? 20X1년 말의 재고는 계속해서 보유하는 것으로 가정한다.

구분	20X1년 말	20X2년 말	20X3년 말	20X4년 말
원가	4,400원	5,000원	4,800원	4,600원
시가	3,800원	4,800원	4,900원	4,200원

	20X1년 말	20X2년 말	20X3년 말	20X4년 말
①	손실 600원	손실 200원	이익 100원	손실 400원
②	손실 600원	이익 400원	이익 200원	손실 400원
③	손실 600원	손실 400원	이익 200원	손실 400원
④	손실 600원	손실 400원	손실 200원	손실 400원
⑤	손실 600원	이익 200원	이익 100원	손실 400원

정답 | ②

해설 |

20X1년 말	20X2년 말	20X3년 말	20X4년 말
평가손실 600 | 충당금 600	충당금 400 | 환입 400	충당금 200 | 환입 200	평가손실 400 | 충당금 400

17 ㈜전남의 기초재고금액은 200,000원, 당기매입액은 800,000원이다. 기말재고재산 자료가 다음과 같을 때 매출원가를 계산하면 얼마인가? 감모손실은 모두 정상적이다.

항목	내용
기말재고 장부 수량	1,100개
기말재고 실사 수량	1,000개
기말재고 단위당 취득원가	200원
기말재고 단위당 순실현가능가치	150원

① 730,000원 ② 780,000원

③ 800,000원 ④ 830,000원

⑤ 850,000원

정답 | ⑤

해설 | 아래와 같이 T 계정을 활용해서 풀어도 되지만 평가손실과 감모손실이 모두 매출원가에 포함되는 상황이므로 기말재고금액만 계산하여 판매가능재고금액에서 차감하면 매출원가가 계산된다. 기말재고금액은 순실현가능가치가 취득원가보다 낮으므로 순실현가능가치로 평가한다. 따라서 기말재고금액 = 1,000 × 150원 = 150,000원, 매출원가 = (200,000 + 800,000) − 150,000 = 850,000원

재고자산			
기초재고	200,000	매출원가	780,000
		평가손실	50,000
		정상감모	20,000
당기매입	800,000	기말재고	150,000

※ 주의 : 만일 순실현가능가치가 취득원가보다 높게 주어진다면 취득원가로 계산한다.

18 ㈜경북은 20X1.06.30. 화재가 발생하여 재고상품 100,000원과 아래의 자료를 제외한 모든 장부와 증빙자료가 소실되었다. 동사의 매출총이익률이 30%라 가정할 때 재고자산의 재해손실은 얼마인가?

항목	금액	항목	금액
기초상품	500,000원	당기 매출액	9,000,000원
당기매입	7,500,000원	매출에누리 · 환입	250,000원
매입할인	600,000원	매출채권회수액	2,500,000원

① 1,000,000원

② 1,105,000원

③ 1,175,000원

④ 2,100,000원

⑤ 2,715,000원

정답 | ③

해설 | 추정기말재고 = (500,000 + 7,500,000 − 600,000) − [(9,000,000 − 250,000) × (1 − 0.3)] = 1,275,000원
화재 후 재고상품이 100,000원 남았으므로 추정되는 재해손실은 1,175,000원이다.

19 다음 자료를 참조하여 ㈜백두의 재고자산평가손실을 계산하면 얼마인가? 원재료의 경우에는 투입 후 완성품의 시가가 원가보다 낮다고 가정한다.

항목	장부금액	순실현가능가치	현행대체원가
기말상품	1,000,000원	900,000원	1,100,000원
기말재공품	500,000원	550,000원	460,000원
기말원재료	300,000원	240,000원	270,000원

① 100,000원

② 130,000원

③ 160,000원

④ 170,000원

⑤ 200,000원

정답 | ②

해설 | 상품과 재공품은 순실현가능가치로 평가하므로 기말상품만 평가손실을 인식한다. 원재료의 경우는 원칙적으로 저가법을 적용하지 않지만 완성할 제품의 시가가 원가보다 낮을 때에는 저가법을 적용한다. 이 경우 현행대체원가를 적용하여 평가한다.

20 ㈜시흥의 20X1년과 20X2년 재고자산 관련 자료이다. 동사가 선입선출법을 적용하여 재고자산을 평가할 때 20X2년에 인식할 당기손익은 얼마인가? 20X1년 기말재고의 단위당 취득원가는 1,000원이고 20X2년 당기매입재고의 단위당 취득원가는 1,500원이다.

항목	금액(원, 개)	항목	금액(원)
20X1년 기말재고금액	5,000,000원	20X2년 매출액	12,000,000원
20X2년 당기매입재고	12,000,000원		
20X2년 기말재고 장부수량	5,000개	단위당 예상판매가격	1,500원
20X2년 기말재고 실사수량	4,500개	단위당 예상판매비용	200원

① 당기순이익 2,500,000원

② 당기순이익 1,600,000원

③ 당기순이익 850,000원

④ 당기순손실 450,000원

⑤ 당기순손실 740,000원

정답 | ④

해설 | 기말재고 저가＝min[1,500원, (1,500원－200원)]＝1,300원, 즉 순실현가능가치가 취득원가보다 작으므로 평가손실을 인식해야 하고, 기말재고도 순실현가능가치로 평가한다(여기서 감모는 비정상으로 봄).

재고자산			
기초재고	5,000개×1,000원＝5,000,000원	매출원가	5,000개×1,000원＝5,000,000원
			3,000개×1,500원＝4,500,000원
		평가손실	4,500개×200원＝900,000원
		감모손실	500개×1,500원＝750,000원
당기매입	8,000개×1,500원＝12,000,000원	기말재고	4,500개×1,300원＝5,850,000원

당기순이익＝매출액－매출원가－영업외비용＝12,000,000원－10,400,000원－750,000원＝850,000원

※ 당기순이익＝매출액－(판매가능재고－기말재고)＝12,000,000원－(17,000,000원－5,850,000원)
＝850,000원

출제 포인트 ■ ■ ■
- 유가증권의 평가방법과 평가손익의 계산
- 채무증권의 이자수익 인식 · 계산
- 지분증권 처분손익 인식 · 계산

1. 금융자산의 의의

(1) 금융상품과 금융자산의 의의

① 금융상품의 의의

㉠ 거래 당사자 일방에는 금융자산(자산)을 발생시키면서 다른 일방에게는 금융부채(부채) 또는 지분상품(자본)을 발생시키는 모든 계약을 말한다.

> **Key Point!**
> ※ '금융부채'는 거래 상대방에게 현금 등 금융자산을 인도하기로 한 계약상 의무 또는 잠재적으로 불리한 조건으로 거래 상대방과 금융자산 또는 금융부채를 교환하기로 한 계약상 의무를 말한다.

② 금융자산의 의의

㉠ 현금, 소유지분에 대한 증서[12] 및 다른 금융자산[13]을 수취하거나 유리한 조건으로 금융자산을 교환할 수 있는 계약상의 권리를 말한다.

> **Key Point!**
> ※ 일반기업회계기준에서는 「금융자산 · 금융부채」 중에서 별도로 유가증권을 구분하여 회계처리 및 공시를 하도록 규정하고 있다.

(2) 유가증권의 의의

① 상법상 유가증권

지분증권과 채무증권 이외 어음 · 수표, 선하증권, 화물상환증, 보험증권 등을 포함한다.

② 회계상 유가증권

회계상 유가증권은 '자본시장 및 금융투자업에 관한 법률'상의 유가증권으로 자본시장에서 거래되는 지분증권과 채무증권을 말한다.

---

12) 투자주식, 출자금 등의 유가증권
13) 선급비용과 선급금은 금융자산의 수취가 아닌 재화 또는 용역의 수취를 가져오므로 금융자산이 아니다.

2. 유가증권의 취득

(1) 유가증권의 분류

① 채무증권 : 단기매매증권, 매도가능증권, 만기보유증권
② 지분증권 : 단기매매증권, 매도가능증권, 지분법적용 투자주식

※ 유가증권은 취득 후 ①, ② 중 하나로 분류하고 분류적정성은 보고기간종료일마다 재검토한다.

분류항목	의의 및 내용
① 단기매매증권	• 주로 단기간 내에 매매차익을 목적으로 취득한 유가증권으로 매수·매도가 적극적이고 빈번하게 이루어지는 것을 말한다. • 단기매매증권은 유동자산으로 분류하며, 단기투자자산 등의 과목으로 통합하여 표시할 수 있다.
② 만기보유증권	• 약정에 의하여 만기가 확정되고, 상환금액이 확정되었거나 확정 가능하며, 만기까지 보유할 적극적 의도와 능력이 있는 경우 만기보유증권으로 분류한다. • 변동이자율 조건부로 발행된 채무증권도 만기보유증권으로 분류할 수 있다. • 만기보유증권은 투자자산으로 분류한다.
③ 매도가능증권	• 단기매매증권과 만기보유증권으로 분류되지 않는 유가증권은 매도가능증권으로 분류한다. • 매도가능증권은 투자자산으로 분류한다. • 보고기간종료일로부터 1년 이내 만기가 도래하거나 처분할 것이 확실한 매도가능증권은 유동자산으로 분류한다.
④ 지분법적용 투자주식	• 피투자회사의 의사결정에 유의적 영향력을 행사할 수 있는 주식은 지분법을 적용하여야 한다. • 피투자회사의 의결권 있는 주식 20% 이상을 보유한 경우에는 명백한 반증이 있는 경우 이외에는 유의적 영향력이 있는 것으로 본다. • 지분법평가가액은 영업외손익에 반영하여 당기손익으로 인식한다.

[그림 6-1 유가증권 분류도]

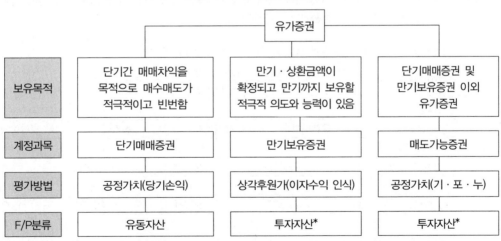

※ 만기보유증권과 매도가능증권의 경우 1년 이내 만기가 도래하거나 처분이 확실한 경우 유동자산으로 분류

〈이용호·심충진, 「일반기업회계기준」, 제12판, 서울 : 한국금융연수원, 2022년, 192p〉

(2) 유가증권의 취득

① 유가증권의 최초인식은 공정가치(제공하거나 수취한 대가의 공정가치)로 측정한다.
② 최초인식 이후 공정가치로 측정하고 공정가치 변동을 당기손익으로 인식하는 유가증권(예 단기매매증권)이 아닌 경우 당해 유가증권의 취득과 직접 관련된 거래원가는 최초 인식하는 공정가치(취득원가)에 가산한다.

(3) 채무증권의 취득

① 발행시점에 취득한 경우

채무증권은 취득시점 매입가격에 취득부대비용을 가산한 금액을 취득원가로 한다. 채무증권은 액면이자율과 시장이자율의 상대적 크기에 따라 발행가격에 차이가 있다.

구분	발행유형
액면이자율 = 시장이자율	액면발행
액면이자율 < 시장이자율	할인발행
액면이자율 > 시장이자율	할증발행

통상 채무증권 발행시 발생하는 취득부대비용으로 인하여 투자수익률이 시장이자율보다 적어진다.
㉠ 유효이자율 : 채무증권 투자에 따른 실질수익률을 말하고, 채무증권의 만기까지 기대되는 현금유입액과 취득원가(최초장부금액)를 일치시키는 할인율을 의미한다.
㉡ 이자수익 : 매 기간 채무증권 장부금액에 유효이자율을 곱한 금액이 이자수익이 된다(이자수익 = 기초장부금액 × 유효이자율).

[사례 6-1]

㈜대한은 20X1.01.01.에 만기 3년, 표면이율 5%, 액면 1,000,000원의 사채를 922,687원(취득부대비용은 없음)에 취득하였다. 이자는 매년 말 후급이다. 당해 사채의 취득 시 회계처리와 유효이자율을 계산하고 상각표를 작성하시오. (당해 사채는 매도가능증권이라 가정한다.)

해설 | (취득 시 회계처리) 매도가능증권 922,687원 | 현   금 922,687원

(유효이자율) $922,687 = \dfrac{50,000}{(1+r)^1} + \dfrac{50,000}{(1+r)^2} + \dfrac{50,000 + 1,000,000}{(1+r)^3}$ 따라서 r = 8%

(상각표)

구분	유효이자	표시이자	상각액	장부금액
20X1.01.01.				922,687
20X1.12.31.	73,815	50,000	23,815	946,502
20X2.12.31.	75,720	50,000	25,720	972,222
20X3.12.31.	77,778	50,000	27,778	1,000,000

Key Point!
※ 만일 취득부대비용이 주어진다면 취득원가에 가산하여 유효이자율로 할인하면 된다.

② 이자지급일 사이에 취득한 경우

이자지급일 사이에 취득한 경우 매입자는 매도자에게 채권가격뿐만 아니라 직전 이자지급일부터 매도일까지 발생한 이자를 지급하여야 한다. 그 이유는 매입자는 채권보유기간에 관계없이 발생하는 이자 전체

를 수령하기 때문이다. 이 경우 취득원가와 발생이자(미수이자)는 구분하여 회계처리한다. 취득 시 시장이자율과 채무증권 발행시 시장이자율이 동일할 경우 매매가격은 다음과 같다.

취득 시 매매가액 = 직전 이자지급일 현재가치 + 직전 이자지급일부터 취득일까지 가치증가분*

*취득일까지 가치증가분 = 취득일까지 발생한 유효이자 − 취득일까지 발생한 표시이자

현금지급액 = 취득 시 매매가액 + 전 이자지급일부터 취득일까지 발생이자**

**발생이자 = 액면금액 × 액면이자율 × 경과일수/365

[사례 6-2]

[사례 6-1]에서 사채 취득일이 20X1.03.31.인 경우 사채의 취득시 회계처리를 제시하시오.

해설 | 사채 매매가액 = 922,687 + 5,954 = 928,641원

※ 가치증가분은 해당 기간 상각액 증가분과 동일하다. 즉 18,454 − 12,500 = 5,954원

발생이자(미수이자) = 1,000,000 × 5% × 3/12 = 12,500원

(매입자 회계처리)　　매도가능증권　928,641원　|　현　　　금　941,141원
　　　　　　　　　　　　미수이자　　　　12,500원

사채 매매가액은 직전 이자지급일 장부금액에 해당 기간 발생한 상각액을 더한 것과 같다.

구분	유효이자	표시이자	상각액	장부금액
20X1.01.01.				922,687
20X1.03.31.	18,454	12,500	5,954	928,641
20X1.12.31.	73,815	50,000	23,815	946,502

이 경우 매도자의 회계처리는 다음과 같다.

(매도자 회계처리)　　현　　　금　　　941,141원　|　사　　　채　1,000,000원
　　　　　　　　　　　현재가치할인차금　71,359원　　　미지급이자　　12,500원

※ 현재가치할인차금 = 1,000,000원 − 928,641원 = 71,350원, 즉 액면금액과 장부금액의 차이이다.

3. 유가증권의 보유

(1) 채무증권의 보유

채무증권을 보유하면 할인차금 또는 할증차금의 상각액을 가감하여 이자수익을 인식한다. 이때 적용하는 유효이자율법에 의하여 상각액은 매 기간 체증하고 채무증권의 투자수익률은 매 기간 일정해진다.

(할인 취득) 이자수익 = 기초장부금액 × 유효이자율 = 액면이자 + 상각액

(할증 취득) 이자수익 = 기초장부금액 × 유효이자율 = 액면이자 − 상각액

(2) 지분증권의 보유

① 지분증권을 보유하면 배당금(현금 또는 주식)을 수취하게 된다. 배당금은 영업외수익으로 처리한다. 그러나 자본잉여금과 이익잉여금의 자본전입(무상증자)이나 주식배당에 의한 주식의 취득은 수익으로 인식하지 않는다. 주식분할의 경우도 마찬가지이다.

② 지분증권의 회계처리 방법

　㉠ 원가법

　　• 원가법은 지분증권을 취득원가로 기록하는 방법으로 현금배당을 배당금수익으로 인식한다.

　　• 시장성 있는 지분증권은 보고기간말 공정가치로 평가한 금액으로 보고한다.

ⓛ 지분법
- 지분법은 피투자기업에 대한 투자를 취득원가로 계상하고, 그 이후 발생하는 피투자기업의 순자산 가액의 변동을 지분율만큼 지분법손익으로 지분법적용 투자주식에 가감하여 인식하는 방법이다.
- 피투자기업이 지급한 현금배당금은 배당금수익으로 보지 않고 배당결의 시점에 투자주식에서 직접 차감한다.
- 또한 피투자기업의 주식배당은 피투자기업의 자본총액에 영향을 미치지 않으므로 투자회사의 지분 액 계산 시 고려하지 않는다.

[사례 6-3]

㈜서울은 20X1.01.01.에 ㈜백두의 주식 300주(30%)를 300,000원에 취득하였다. 취득당시 ㈜백두의 순자산가 액은 1,000,000원이다. ㈜백두는 20X1년 당기순이익을 100,000원을 보고하였고, 배당금으로 30,000원을 선 언·지급하였다. 원가법과 지분법에 따른 회계처리를 제시하시오.

해설 | ① 원가법

(취득 시)	매도가능증권 300,000원	|	현	금	300,000원
(순이익 보고 시)	없음				
(배당금 수취 시)	현 금 30,000원	|	배당금수익		30,000원

② 지분법

(취득 시)	지분법적용투자주식 300,000원	|	현	금	300,000원
(순이익 보고 시)	지분법적용투자주식 30,000원	|	지분법이익		30,000원
(배당결의 시)	미수배당금 30,000원	|	지분법적용투자주식		30,000원

4. 유가증권의 평가

(1) 평가원칙

① 매도가능증권과 단기매매증권은 공정가치[14]로 평가한다.
② 만기보유증권은 상각후원가로 평가한다. 그 이유는 다음과 같다.
   ㉠ 시간 경과에 따라 실현가능한 이익, 그리고 만기에 회수가능한 금액에 관한 정보가 더 중요하므로 역 사적원가가 공정가치보다 더 목적적합하다.
③ 시장성 없는 지분증권은 취득원가로 평가한다.
   ㉠ 시장성 없는 지분증권은 일반적으로 미래현금흐름을 추정하기 어렵거나 기업의 고유특성에 따른 성 장에 차이가 있기 때문에 유사기업과 비교하여 공정가치를 측정하기 어렵다.

(2) 공정가치의 측정

① 공정가치의 최선의 추정치는 활성시장에서 공시되는 가격이다.
② 활성시장이 없는 경우 공정가치 평가방법은 다음과 같다.
   ㉠ 합리적 판단력과 거래의사가 있는 독립된 당사자 사이의 최근 거래를 이용하는 방법
   ㉡ 실질적으로 동일한 다른 유가증권의 현행 공정가치를 이용하는 방법
   ㉢ 현금흐름할인방법과 옵션가격결정모형을 이용하는 방법

---

14) 공정가치는 현재 이자율과 미래 위험에 대한 시장측정치를 반영한 미래 현금흐름의 현재가치를 나타낸다. 특별한 경우를 제외하고 유가증권의 공정가치는 합리적으로 추정할 수 있다.

(3) 평가방법

① 단기매매증권(채무증권, 지분증권 동일)

　　㉠ 평가기준 : 공정가치

　　㉡ 평가손익 : 당기손익(영업외손익)

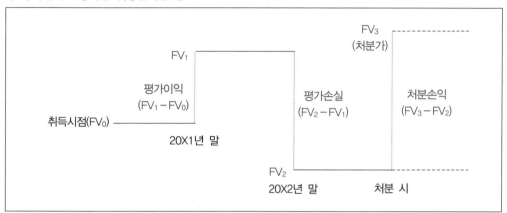

② 매도가능증권(채무증권, 지분증권 동일)

　　㉠ 평가기준 : 공정가치(단, 시장성 없는 지분증권은 취득원가)

　　㉡ 평가손익 : 기타포괄손익(단, 시장성 없는 지분증권은 평가손익 없음)

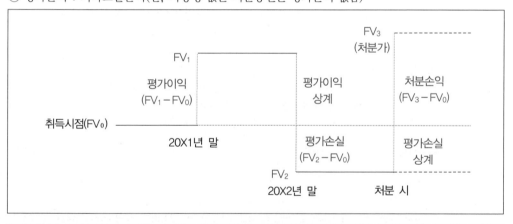

> **Key Point!**
> ※ 매도가능증권의 경우 평가손실은 기 인식한 평가이익과 상계하고 나머지 부분을 평가손실로 인식한다. 또한 처분이익도 기 인식한 처분손실과 상계한 후 나머지 부분을 처분이익으로 인식한다.
> ※ 매도가능증권의 평가손익은 미실현손익으로 당기손익의 왜곡을 방지하기 위하여 기타포괄손익으로 인식하고 자본항목의 기타포괄손익누계액에 기록한다.

③ 만기보유증권(채무증권)

　　㉠ 평가기준 : 상각후원가

　　㉡ 평가손익 : 없음

④ 지분법적용투자주식

　　㉠ 평가기준 : 지분법

　　㉡ 평가손익 : 당기손익(영업외손익)

[사례 6-4] [15)]

㈜서울이 20X1년 말 현재 보유한 유가증권 자료는 다음과 같다.

(단위 : 원)

구분	취득원가	공정가치	평가손익
㈜백두 주식	9,600	9,500	△100
㈜시흥 주식	20,000	21,000	1,000
합계	29,600	30,500	900

상기 증권을 단기매매증권과 매도가능증권으로 분류한 경우를 가정하여 취득시점과 20X1년 말 현재 평가 관련 회계처리를 제시하시오. 또한 20X2년 초에 ㈜백두의 주식을 9,300원에 처분한 경우의 회계처리를 제시하시오.

해설 | ① 단기매매증권으로 분류한 경우

(취득시점)	단기매매증권(백두)	9,600	현　　　금	29,600
	단기매매증권(시흥)	20,000		
(X1년 말 평가)	단기매매증권평가손실(백두)	100	단기매매증권(백두)	100
	단기매매증권(시흥)	1,000	단기매매증권평가이익(시흥)	1,000
(처분시점)	현　　　금	9,300	단기매매증권(백두)	9,500
	단기매매증권처분손실(백두)	200		

> **Key Point!**
> ※ 단기매매증권의 평가손익과 처분손익은 모두 당기손익(영업외손익)으로 인식함에 주의한다.

② 매도가능증권으로 분류한 경우

(취득시점)	매도가능증권(백두)	9,600	현　　　금	29,600
	매도가능증권(시흥)	20,000		
(X1년 말 평가)	매도가능증권평가손실(백두)	100	매도가능증권(백두)	100
	매도가능증권(시흥)	1,000	매도가능증권평가이익(시흥)	1,000
(처분시점)	현　　　금	9,300	매도가능증권(백두)	9,500
	매도가능증권처분손실(백두)	300	매도가능증권평가손실(백두)	100

> **Key Point!**
> ※ 매도가능증권의 기 인식한 평가손실은 처분시 처분손실에 반영한다. 또한 매도가능증권 평가손익은 기타 포괄손익으로 인식하지만 처분손익은 당기손익(영업외손익)으로 인식한다.

---

15) 이용호 · 심충진, 「일반기업회계기준」, 제12판, 서울 : 한국금융연수원, 2022년, 201~202p

(4) 배당의 회계처리

① 현금배당

(배당선언일)	미수배당금 XXX	배당금수익 XXX
(배당수령일)	현　　금 XXX	미수배당금 XXX

② 주식배당, 무상증자

지분상품 발행회사(또는 피투자회사)가 주식배당이나 무상증자로 신주를 취득하는 경우 투자회사는 자산의 증가로 보지 않는다. 이때 신주의 취득금액은 권리락 시점에 주식배당이나 무상증자로 취득한 주식을 포함한 총주식 수를 구주 장부금액에 안분하여 계산한다.

$$취득원가 = \frac{구주 \ 장부금액}{구주 \ 수 + 신주 \ 수}$$

예를 들어, 보유하고 있는 A사 주식 10,000주(취득원가 1,100원)에 대하여 주식배당으로 신주를 1,000주 받은 경우 주식의 취득원가는 (10,000주 × 1,100원) / (10,000주 + 1,000주) = 1,000원이다. 즉 장부금액의 변동이 없고 주식의 평균 취득단가가 변동한다.

주식배당이나 무상증자는 피투자회사의 미처분이익잉여금을 자본금으로 전입하는 것이어서 자본(순자산)에 변동이 없다.

(주식배당 결의일)	미처분이익잉여금 XXX	미교부주식배당금 XXX
(실제 배당일)	미교부주식배당금 XXX	자본금　　　　　 XXX

5. 유가증권의 제거

(1) 제거시기

① 유가증권의 양도로 유가증권의 통제를 상실한 때에는 재무제표에서 제거한다.
② '통제를 상실'한 경우란 유가증권의 경제적 효익을 획득할 수 있는 원리를 ㉠ 전부 실현한 경우 ㉡ 만료된 경우 ㉢ 처분한 경우를 말한다.
③ 통제를 상실하지 않고 유가증권을 양도한 경우에는 '담보차입거래'로 본다.

(2) 처분손익의 계산

$$유가증권처분손익 = 수취한 \ 대가 - 장부금액 - 평가손실 + 평가이익$$

[사례 6-5]

㈜서울은 20X1년 초에 취득원가 1,000,000원인 매도가능증권(㈜백두)을 1,500,000원에 처분하였다. 20X0년 말에 ㈜백두의 주식은 공정가치조정계정과 매도가능증권평가이익 계정에 각각 300,000원이 계상되어 있다. 처분시 회계처리를 제시하시오.

해설 | ① 직접법

현　　금	1,500,000	매도가능증권	1,300,000
매도가능증권평가이익	300,000	매도가능증권처분이익	500,000

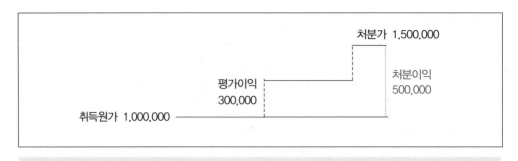

② 간접법

현 금	1,500,000	매도가능증권		1,000,000
매도가능증권평가이익	300,000	공정가치조정		300,000
		매도가능증권처분이익		500,000

6. 기타 투자자산

(1) 장기금융자산

유동자산에 속하지 않는 금융자산으로 사용이 제한되어 있는 예금에 대해서는 주석으로 공시한다.

(2) 장기대여금

일반적으로 기업의 특수 관계자인 임직원, 주주, 관계회사 등에 장기간 대여된 자금을 말하고 주석으로 공시한다.

(3) 투자부동산

투자 목적 또는 비영업용으로 소유하는 토지·건물 및 기타의 부동산을 말하고 주석으로 공시한다.

7. K-IFRS와 일반기업회계기준 간 금융자산 회계처리 비교

K-IFRS	일반기업회계기준	회계처리	비고
FVPL금융자산	단기매매증권	동일	
FVOCI금융자산	매도가능증권	동일	주식 제외[16]
AC금융자산	만기보유증권	동일	
관계기업투자주식	지분법적용투자주식	동일	

※ FVPL금융자산 : 공정가치 측정 당기손익 인식 금융자산

FVOCI금융자산 : 공정가치 측정 기타포괄손익 인식 금융자산

AC금융자산 : 상각후원가 측정 금융자산

---

16) K-IFRS에서는 지분상품이 단기매매목적이 아닌 장기투자목적인 경우 최초 인식시점에 FVOCI금융자산으로 분류할 수 있는 선택권이 있다. FVOCI금융자산으로 분류할 경우 FVPL금융자산으로 재분류하는 것은 금지된다. 일반기업회계기준에서는 장기투자목적인 경우 매도가능증권으로 분류하고 이러한 선택권은 없다.

8. 유가증권의 분류변경

(1) 일반기업회계기준의 유가증권 분류변경

① 단기매매증권은 다른 유가증권과목으로 분류변경할 수 없고, 다른 유가증권과목도 단기매매증권으로 분류변경할 수 없다. 다만, 단기매매증권이 시장성을 상실한 경우에는 매도가능증권으로 분류하여야 한다.

② 매도가능증권은 만기보유증권으로 분류변경할 수 있으며 만기보유증권은 매도가능증권으로 분류변경할 수 있다.

(2) 유가증권 분류변경의 방법

유가증권과목의 분류변경은 변경일 현재 공정가치로 평가한 후에 변경한다. 분류변경에 따른 평가 후의 미실현보유손익은 다음과 같이 처리한다.

분류변경	회계처리
단기매매증권 ▷ 매도가능증권	① 단기매매증권은 원칙적으로 분류변경이 금지된다. 다만 더 이상 단기간 내에 매각할 목적으로 보유하지 않는다면 매도가능증권 또는 만기보유증권으로 재분류할 수 있다. ② 재분류 후 평가에서 발생하는 공정가치와 장부금액의 차이는 당기손익으로 인식한다.
만기보유증권 ▷ 매도가능증권	재분류 후 평가에서 발생하는 공정가치와 장부금액의 차이는 기타포괄손익누계액(매도가능증권평가손익)으로 처리한다.
매도가능증권 ▷ 만기보유증권	① 평가시점까지 발생한 매도가능증권 미실현보유손익 잔액은 만기까지 잔여기간에 걸쳐 유효이자율법으로 상각하고 각 기간 이자수익에 가감한다. ② 만기보유증권으로 분류변경된 매도가능증권의 만기액면가액과 분류변경일 현재 공정가치와의 차이는 만기까지 잔여기간에 걸쳐 유효이자율법으로 상각하고 각 기간 이자수익에 가감한다.
시장성 상실한 단기 매매증권 ▷ 매도가능증권	① 분류변경일 현재 공정가치를 새로운 취득원가로 본다. 이 경우 분류변경일까지의 미실현보유손익은 당기손익으로 인식한다. ② 공정가치를 측정할 수 없게 된 매도가능증권의 미실현보유손익은 계속 자본항목(기·포·누)으로 처리하고 처분 등에 따라 실현될 때 당기손익으로 인식한다.
매도가능증권 ▷ 매도가능증권	① 공정가치로 평가된 매도가능증권이 시장성을 상실하여 공정가치를 신뢰성 있게 측정할 수 없게 된 경우 분류변경일 현재 공정가치를 새로운 취득원가로 본다. 발생한 차액은 매도가능금융자산평가손익으로 계상하고 처분시점에 당기손익으로 인식한다. ② 시장성이 없어 취득원가로 평가된 매도가능증권이 시장성을 회복하여 공정가치를 신뢰성 있게 측정할 수 있게 된 경우 공정가치와 장부금액의 차액을 기타포괄손익으로 인식한다.

Key Point!

※ 금융자산 재분류표

구분		변경후		
		단기매매증권	매도가능증권	만기보유증권
변경전	단기매매증권	–	○	○
	매도가능증권	X	○	○
	만기보유증권	X	○	–

(3) 유가증권 손상차손

유가증권으로부터 회수할 수 있을 것으로 추정되는 금액이 상각후원가 또는 지분증권의 취득원가보다 작은 경우에는 손상차손을 인식할 것을 고려하여야 한다. 손상에 대한 객관적 증거의 유무는 매 보고기간말마다 평가해야 하고, 손상의 증거가 있는 경우에는 명백한 반증이 없는 한 회수가능액을 추정하여 손상차손(당기손익)을 인식해야 한다. 손상차손은 개별유가증권별로 측정하고 인식하는 것이 원칙이다. 다만 개별유가증권별로 측정하는 것이 어려운 경우에는 유사한 유가증권의 포트폴리오를 기준으로 손상차손을 측정하여 인식할 수 있다.

① **만기보유증권(상각후원가)의 손상차손**
　ⓐ 계약상 조건대로 원리금을 회수하지 못할 가능성이 매우 높다는 객관적 증거가 있다면 손상이 발생한 것이다.
　ⓑ 손상차손은 만기보유증권 취득 당시 유효이자율을 사용하여 측정한다. 단 변동금리 조건 계약에서 발생한 손상차손은 손상차손 측정 시점의 시장이자율을 사용한다.

$$손상차손 = 장부금액 - 회수가능액$$

　ⓒ 손상차손 인식 후 이자수익은 회수가능액 측정 시 미래현금흐름의 할인율로 사용한 이자율을 사용하여 산출한다.
　ⓓ 손상이 회복된 경우에는 손상을 인식하지 않았을 경우의 장부금액을 초과하지 않는 범위 내에서 손상차손환입(당기이익)을 인식한다.

② **시장성 없는 지분증권(취득원가)의 손상차손**
　ⓐ 시장성 없는 지분증권의 회수가능액은 유가증권발행자의 순자산을 자산별로 시장가격, 공시지가, 또는 감정가액 등을 적용하여 평가한 공정가치를 말한다.

$$손상차손 = 장부금액 - 회수가능액$$

　ⓑ 손상이 회복된 경우에는 손상을 인식하지 않았을 경우의 장부금액을 초과하지 않는 범위 내에서 손상차손환입(당기이익)을 인식한다.

③ **매도가능증권(공정가치)의 손상차손**
　ⓐ 채무증권의 손상차손

$$채무증권손상차손 = 상각후원가 - 기인식손상차손 - 회수가능액$$

　　• 회수가능액은 미래 기대현금흐름을 유사한 유가증권의 현행시장이자율로 할인한 현재가치이다.
　ⓑ 지분증권의 손상차손

$$지분증권손상차손 = 취득원가 - 기인식손상차손 - 공정가치$$

　　• 매도가능증권(지분증권)의 손상차손을 인식할 때 매도가능증권평가손익이 자본항목에 남아 있는 경우 다음과 같이 처리한다.
　　　－매도가능증권평가손실 > 손상차손 : 손상차손으로 인식해야 할 금액만큼 매도가능증권평가손실을 제거하고 손상차손을 인식한다.

　　　　　매도가능증권손상차손 XXX　｜　매도가능증권평가손실 XXX

　　　－매도가능증권평가손실 < 손상차손 : 매도가능증권평가손실을 제거하고 손상차손에 반영한 후 미달하는 금액은 매도가능증권 장부금액에서 직접 차감한다.

　　　　　매도가능증권손상차손 XXX　｜　매도가능증권평가손실 XXX
　　　　　　　　　　　　　　　　　　　　매도가능증권　　　　 XXX

－ 매도가능증권평가이익이 있는 경우 : 매도가능증권평가이익을 제거하고 매도가능증권 장부금액에서 차감하고 미달하는 금액이 있다면 추가로 매도가능증권 장부금액에서 차감한다.

매도가능증권평가이익 XXX ｜ 매도가능증권 XXX
매도가능증권손상차손 XXX   매도가능증권 XXX

ⓒ 매도가능증권 손상차손의 환입 : 매도가능증권손상차손을 환입할 때에는 기 인식한 손상차손금액을 한도로 환입한다. 또한 손상의 회복이 기 인식한 손상 사건과 객관적으로 관련되어야 한다. 관련이 없는 경우에는 기타포괄손익(자본)으로 처리(평가이익)한다.

[사례 6 − 6] [17]

㈜한라는 20X1.01.01.에 ㈜백두의 회사채(액면 10,000원 만기 5년, 액면이자율 10%)를 9,280원에 매입하였다. 매입당시 시장이자율은 12%이고 20X1년 말 현재 시장가격은 8,900원이다. 20X2년 말 ㈜백두의 채무불이행 위험 증가로 만기에 5,000원의 원금과 20X3년 말, 20X4년 말, 20X5년 말 각각 500원의 이자가 회수될 것으로 예상된다. 20X3년 말에는 예상대로 500원의 이자를 회수하였다. 그러나 20X3년 말 ㈜백두의 신용위험 감소로 만기에 8,000원의 원금과 20X4년 말, 20X5년 말 각각 700원의 이자가 회수될 것으로 예상된다. 20X2년 말과 20X3년 말 시장이자율은 14%이다. 동 회사채가 만기보유증권과 매도가능증권으로 분류될 경우 회계처리를 제시하시오.

해설 ｜   (단위 : 원)

구분	유효이자	표시이자	상각액	장부금액
20X1.01.01.				9,280
20X1.12.31.	1,114	1,000	114	9,394
20X2.12.31.	1,127	1,000	127	9,521
20X3.12.31.	1,143	1,000	143	9,664
20X4.12.31.	1,160	1,000	160	9,824
20X5.12.31.	1,176	1,000	176	10,000

※ 20X5년 말 유효이자는 단수 조정하여 179원을 176원으로 처리하였다.

Key Point!
※ 만기보유증권은 이자수익 및 손상차손 인식을 위하여 취득당시 시장이자율(12%)을 사용한다.

① 만기보유증권으로 분류한 경우

(취득 시)   만기보유증권 9,280 ｜ 현   금 9,280

(20X1.12.31.) 현   금 1,000 ｜ 이 자 수 익 1,114
             만기보유증권   114   BV = 9,394

(20X2.12.31.) 현   금 1,000 ｜ 이 자 수 익 1,127
             만기보유증권   127
             손 상 차 손 4,761 ｜ 만기보유증권 4,761 BV = 4,760

---

17) 이용호 · 심충진, 「일반기업회계기준」, 제12판, 서울 : 한국금융연수원, 2022년, 215~216p

(20X3.12.31.)   현   금   500 | 이 자 수 익   571
               만기보유증권   71   BV = 4,831
               만기보유증권   2,730 | 손상차손환입   2,730   BV = 7,561

$$회수가능액 = \frac{700}{1.12} + \frac{700}{1.12^2} + \frac{8,000}{1.12^2} = 7,561원,$$ 회수가능액이 손상 전 장부금액 9,664원을 초과하지 않

으므로 손상 후 장부금액과의 차액을 전액 환입한다.

손상차손환입액 = 회수가능액 - 장부금액 = 7,561원 - 4,831원 = 2,730원

(20X4.12.31.)   현   금   700 | 이자수익 907
               만기보유증권   207   BV = 7,768

(20X5.12.31.)   현   금   700 | 이자수익 907
               만기보유증권   232   BV = 8,000

② 매도가능증권으로 분류한 경우

(취득 시)   매도가능증권 9,280 | 현   금 9,280

(20X1.12.31.)   현   금 1,000 | 이 자 수 익 1,114   BV = 9,394
             매도가능증권   114
             평 가 손 실   494 | 매도가능증권   494

(20X2.12.31.)   현   금 1,000 | 이 자 수 익 1,127   BV = 9,521
             매도가능증권   127
             손 상 차 손 4,985 | 매도가능증권 4,491
                                 평 가 손 실   494   BV = 4,536

$$회수가능액 = \frac{500}{1.14} + \frac{500}{1.14^2} + \frac{500}{1.14^3} + \frac{5,000}{1.14^3} = 4,536원,$$ 손상차손 = 4,536원 - 9,521원 = (4,985원)

★ 주의 : 회수가능액 계산 및 이자수익 인식을 위한 유효이자율로 현행시장이자율 사용 ★

(20X3.12.31.)   현   금   500 | 이 자 수 익   635
             매도가능증권   135   BV = 4,671
             매도가능증권 2,637 | 손상차손환입 2,637   BV = 7,308

$$회수가능액 = \frac{700}{1.14} + \frac{700}{1.14^2} + \frac{8,000}{1.14^2} = 7,308원,$$ 손상차손환입 = 7,308원 - 4,671원 = 2,637원

(20X4.12.31.)   현   금   700 | 이 자 수 익 1,023
             매도가능증권   323   BV = 7,631

(20X5.12.31.)   현   금   700 | 이 자 수 익 1,069
             매도가능증권   369*   BV = 8,000
             *단수 조정

※ 계산기 활용법

일반 계산기로 현재가치 계산 시 K기능을 활용할 수 있다. 다음 순서로 누른다. 1.12를 누른 다음 ÷ 버튼을 두 번(÷÷) 누른다(K 표시 됨). 그 다음 =을 한 번 누른다(1년 할인금액). =을 한 번 더 누른다(2년 할인금액). =을 한 번 더 누른다(3년 할인금액). GT를 누르면 1년 할인금액＋2년 할인금액＋3년 할인금액의 총합계 1200.9가 표시된다. 이를 메모리에 저장하기 위하여 ＋를 누른 후 M＋를 한 번 누른다. 이를 차례로 표시하면 1.12 ▷ ÷÷ ▷ 500 ▷ ＝＝＝ ▷ 1200.9 ▷ GT ▷ ＋ ▷ M＋이다. 그리고 원금의 경우도 동일하다. 1.12 ▷ ÷÷ ▷ 5000 ▷ ＝＝＝ ▷ 3,558.9 ▷ ＋ ▷ M＋ ▷ MR ▷4,759.8 단, 원금의 경우에는 GT버튼을 누르지 않는다. GT버튼은 Grand Total로 ＝을 한 번씩 누르면서 계산한 금액을 모두 더한다는 의미이다. 원금은 3년 할인한 현재가치 정보만 있으면 되므로 GT버튼을 누를 필요가 없다.

|참고| 단기매매증권은 공정가치 변동을 당기손익으로 인식하므로 별도로 손상차손을 인식할 필요가 없다.

01 일반기업회계기준에 따르면 금융자산 또는 금융부채 중 유가증권은 별도로 구분하여 표시하여야 한다. O X

○

02 단기매매증권은 공정가치로 평가하고 평가손익은 당기손익으로 인식한다. O X

○

03 만기보유증권은 1년 이내 처분이 확실한 경우라도 유동자산으로 분류할 수 없다. O X

×
1년 이내 만기가 도래하거나 처분이 확실한 경우 유동자산으로 분류한다.

04 채무증권 취득 시 발생한 부대비용은 취득원가에 가산하지 않고 즉시 비용으로 처리한다. O X

×
채무증권 취득부대비용은 취득원가에 가산한다.

05 유효이자율은 채무증권의 만기까지 기대되는 현금유입액과 취득원가를 일치시키는 할인율로 채무증권 투자에 따른 실질수익률을 의미한다. O X

○

06 지분증권 보유에 따른 무상증자나 주식배당에 의한 신주의 취득은 배당금수익의 과목으로 영업외수익으로 인식한다. O X

×
이러한 경우는 별도의 수익으로 인식하지 않는다.

07 20% 지분을 보유한 피투자회사로부터 현금배당을 수령하면 배당금수익으로 인식한다. O X

×
지분법적용투자주식에서 차감한다.

08 유가증권을 통제할 수 있는 권리가 있다면 양도하더라도 재무제표에서 제거할 수 없다. O X

○
통제권을 상실한 때에 제거한다.

01 다음 중 금융자산(회계상 유가증권 포함)이 아닌 것은?

① 현금   ② 투자주식

③ 출자금   ④ 받을어음

⑤ 선급비용

정답 | ⑤

해설 | 선급비용은 용역이나 재화를 제공받을 권리로 금융자산이 아니다.

02 유가증권의 평가방법과 재무재표상 분류가 옳은 것을 모두 고르면?

구분	계정과목	평가기준	평가손익의 처리	재무상태표 분류
㉮	단기매매증권	공정가치	영업외손익	유동자산
㉯	매도가능증권(채무증권)	공정가치	영업외손익	투자자산
㉰	매도가능증권(시장성 없는 주식)	취득원가	해당없음	투자자산
㉱	매도가능증권(시장성 있는 주식)	취득원가	해당없음	투자자산
㉲	지분법적용투자주식	지분법	기타포괄손익	투자자산
㉳	만기보유증권	상각후원가	해당없음	투자자산

① ㉮, ㉯, ㉰   ② ㉮, ㉰, ㉳

③ ㉯, ㉰, ㉲   ④ ㉯, ㉲, ㉳

⑤ ㉰, ㉲, ㉳

정답 | ②

해설 |

구분	계정과목	평가기준	평가손익의 처리	재무상태표 분류
㉮	단기매매증권	공정가치	영업외손익	유동자산
㉯	매도가능증권(채무증권)	공정가치	기타포괄손익	투자자산
㉰	매도가능증권(시장성 없는 주식)	취득원가	해당없음	투자자산
㉱	매도가능증권(시장성 있는 주식)	공정가치	해당없음	투자자산
㉲	지분법적용투자주식	지분법	영업외손익	투자자산
㉳	만기보유증권	상각후원가	해당없음	투자자산

03 다음 중 일반기업회계기준상 유가증권의 회계처리에 대한 설명으로 바르지 못한 것은?

① 매도가능증권 또는 만기보유증권의 최초인식은 공정가치로 측정하되 취득과 직접 관련된 거래원가는 취득원가에 가산한다.

② 단기매매증권의 경우는 취득과 직접 관련된 거래원가를 당기 비용으로 인식한다.

③ 시장이자율이 액면이자율보다 큰 경우에는 채무증권을 할인 취득하게 된다.

④ 할인 취득한 만기보유증권은 최초취득 이후 유효이자율을 적용하여 이자수익을 인식하고 유효이자와 액면이자의 차액은 장부금액에 가산한다.

⑤ 변동이자율 조건부로 발행된 채무증권은 상환금액을 확정할 수 없어 만기보유증권으로 분류할 수 없고 매도가능증권으로 분류하여야 한다.

정답 | ⑤
해설 | 변동이자율 조건부 채무증권도 만기보유증권으로 분류할 수 있다.

04 다음 중 일반기업회계기준상 유가증권의 회계처리에 대한 설명으로 바르지 못한 것은?

① 지분법적용투자주식을 보유하는 경우 수령한 현금배당금은 배당금수익으로 인식하지 않고 지분법적용투자주식을 차감한다.

② 할인 취득한 만기보유증권의 유효이자와 액면이자와의 차이인 상각액은 매 기간 증가한다.

③ 매도가능증권평가손실이 발생한 경우 기 인식한 매도가능평가이익과 우선상계하고 잔여부분을 매도가능증권평가손실로 인식한다.

④ 투자회사가 피투자회사의 주식배당이나 무상증자로 신주를 취득할 경우 영업외수익으로 인식한다.

⑤ 매도가능증권평가손익은 매도가능증권 처분시 매도가능증권처분손익에 반영된다.

정답 | ④
해설 | 이 경우 피투자회사의 자본총액에 변화가 없으므로 자산의 증가로 보지 않는다.

05 ㈜성영은 20X1년 초 ㈜한라의 주식 10,000주를 주당 5,000원에 취득하여 보유 중이다. ㈜한라는 20X1년 중 구주 4주에 신주 1주를 배당하는 주식배당을 결의하고 지급하였다. ㈜성영이 보유하는 지분상품의 주당 취득원가는 얼마인가?

① 4,000원　　　　　　　　　　② 4,200원
③ 4,500원　　　　　　　　　　④ 4,800원
⑤ 5,000원

정답 | ①
해설 | 주식배당은 수익으로 인식하지 않으므로 장부금액에 변동이 없다. 즉 주당 취득원가가 변동하게 된다.
　　　주당 취득원가 = (10,000주 × 5,000원) / (10,000주 + 2,500주) = 4,000원

06 ㈜백두는 20X2년 초에 보유 중인 ㈜성영의 주식을 1,300,000원(취득원가 1,000,000원)에 처분하였다. ㈜백두의 20X1년 초 재무제표에는 ㈜성영의 주식에 대하여 매도가능증권평가손실 200,000원이 계상되어 있고 장부금액은 800,000원이다. 처분손익은 얼마인가?

① 이익 100,000원   ② 손실 100,000원

③ 이익 200,000원   ④ 손실 200,000원

⑤ 이익 300,000원

정답 | ⑤

해설 | (평가시점) 매도가능증권평가손실 200,000 | 매도가능증권   200,000
(처분시점) 현   금   1,300,000 | 매도가능증권   800,000
                                              매도가능증권평가손실 200,000
                                              매도가능증권처분이익 300,000

07 ㈜대한이 일반기업회계기준에 의하여 회계처리한 재무상태표상 유가증권 보유 내역이다. 당기 중 보유 내용에 변동은 없다. 당기의 손익에 미치는 영향으로 옳은 것은?

구분	당기	전기
단기매매증권	100,000원	200,000원
매도가능증권	200,000원	80,000원

	당기순이익	기타포괄이익
①	100,000원 감소	120,000원 증가
②	100,000원 감소	변동 없음
③	변동 없음	120,000원 증가
④	100,000원 증가	120,000원 감소
⑤	120,000원 감소	변동 없음

정답 | ①

해설 | 단기매매증권은 공정가치로 평가하고 평가손익은 당기손익으로 처리한다. 매도가능증권은 공정가치로 평가하고 평가손익은 기타포괄손익으로 처리한다.

08 ㈜한라의 유가증권 보유내역을 참조하여 공정가치 변동에 따른 20X1년 당기순이익에 미치는 영향을 계산하면 얼마인가?

구분	20X1년 말		20X1년 초	
	취득(상각후)원가	공정가치	취득(상각후)원가	공정가치
단기매매증권	100,000원	125,000원	100,000원	90,000원
매도가능증권	50,000원	35,000원	50,000원	75,000원
만기보유증권	65,000원	95,000원	55,000원	80,000원

① 5,000원 감소　　　　　　　　　② 20,000원 감소
③ 35,000원 증가　　　　　　　　　④ 45,000원 증가
⑤ 50,000원 증가

정답 | ③
해설 | 단기매매증권 공정가치 변동만 당기순이익에 영향을 미친다.

09 ㈜한라는 20X1년 초에 아래의 주식을 취득하였다. 20X3년 중 B주식을 60,000원에 처분한 경우 당기손익에 미치는 영향은? 단, 주식보유에 따른 유의적 영향력은 없다.

구분	20X1년 초	20X1년 말	20X2년 말	20X3년 말
	취득원가	공정가치	공정가치	공정가치
A주식(단기매매증권)	100,000원	90,000원	125,000원	150,000원
B주식(매도가능증권)	50,000원	40,000원	55,000원	–
C주식(매도가능증권)	65,000원	80,000원	95,000원	100,000원

① 25,000원 증가　　　　　　　　　② 30,000원 증가
③ 35,000원 증가　　　　　　　　　④ 40,000원 증가
⑤ 45,000원 증가

정답 | ③
해설 | 20X3년 당기손익 영향＝A평가이익 25,000원＋B처분이익 10,000원＝35,000원

20X1년 말	20X2년 말	20X3년 말
A 평가손실 10,000	A 10,000	A 35,000	A 평가이익 35,000	A　　　　25,000	A 평가이익 25,000
B 평가손실　10,000	B 10,000	B 15,000	B 평가손실　10,000	B 현금 60,000	B　　　　　55,000
			B 평가이익　　5,000	B 평가이익 5,000	B 처분이익 10,000
C 1 5,000	C 평가이익　15,000	C 15,000	C 평가이익　15,000	C　　　　5,000	C 평가이익　5,000

Key Point!
※ 매도가능증권처분손익은 기간별 공정가치 변동을 고려할 필요 없이 간단히 처분가액에서 취득원가를 차
　감해서 계산하면 된다. 그 이유는 평가손실과 평가이익이 서로 상쇄되고 잔여분이 처분손익에 반영되기
　때문이다. 상기 사례에서 B 처분손익＝60,000원－취득원가 50,000원＝10,000원과 같이 쉽게 계산할
　수 있다.

10 ㈜나라는 20X1년 초에 발행한 만기 3년, 표면이율 4%, 액면 100,000원의 사채를 만기보유 목적으로 발행일에 취득하였다. 취득당시 당해 사채에 대한 유효이자율은 8%이다. 사채의 취득원가는 얼마인가? (소수점 첫째 자리에서 반올림한다.)

① 89,692원   ② 92,867원

③ 96,296원   ④ 98,236원

⑤ 100,000원

정답 | ①
해설 | 취득원가

$$= \frac{4,000}{(1+0.08)^1} + \frac{4,000}{(1+0.08)^2} + \frac{4,000+100,000}{(1+0.08)^3} = 89,692원$$

11 ㈜나라는 ㈜백두가 20X1년 초에 발행한 만기 3년, 표면이율 4%, 액면 100,000원의 사채를 만기보유 목적으로 20X1.04.01.에 취득하였다. 취득당시 당해 사채에 대한 유효이자율은 6%이다. 사채의 취득원가와 20X1년 말 인식할 이자수익은 얼마인가? (소수점 첫째 자리에서 반올림 한다.)

	취득원가	20X1년 말 이자수익
①	94,654원	1,420원
②	94,654원	5,679원
③	95,074원	1,420원
④	95,074원	5,679원
⑤	96,074원	5,679원

정답 | ④
해설 | 이자지급일 사이에 취득하였으므로 발행가격에 3개월 간 가치증가분을 더해서 취득원가를 결정한다. 또한 기말 이자수익은 직전 이자지급일 현재가치에 유효이자율을 곱하여 계산하면 된다. 기간경과이자는 별도 비용으로 지급했기 때문에 액면이자는 그대로 수령한다.
취득원가 = 직전 이자지급일 현재가치 + 가치증가분 = 94,654 + 420 = 95,074원
※ 420 = (94,654 × 0.06 × 3/12) − (4,000 × 3/12)

구분	유효이자	표시이자	상각액	장부금액
20X1.01.01.				94,654
20X1.04.01.	1,420	1,000	420	95,074
20X1.12.31.	5,679	4,000	1,679	96,333
20X2.12.31.	5,780	4,000	1,780	98,113
20X3.12.31.	5,887	4,000	1,887	100,000

12 ㈜나라는 ㈜백두가 20X1.07.01.에 발행한 만기 3년, 표면이율 10%, 액면 100,000원의 사채를 만기보유 목적으로 20X2.01.01.에 취득하였다. 이자는 6월 말 후급이다. 취득당시 당해 사채에 대한 유효이자율은 12%이다. 만기보유증권 취득을 위하여 지급한 현금은 얼마인가? (소수점 첫째 자리에서 반올림한다.)

① 95,196원

② 95,908원

③ 100,000원

④ 100,908원

⑤ 105,908원

정답 | ④

해설 | 발행일 사채의 현재가치

$$= \frac{10,000}{(1+0.12)^1} + \frac{10,000}{(1+0.12)^2} + \frac{10,000+100,000}{(1+0.12)^3} = 95,196원$$

현금 지급액 = 직전이자지급일 현재가치 + 발생이자 = 95,196 + 712
= 95,908원

구분	유효이자	표시이자	상각액	장부금액
20X1.07.01.				95,196
20X1.12.31.	5,712	5,000	712	95,908
20X2.06.30.	11,424	10,000	1,424	96,620
20X3.06.30.	11,594	10,000	1,594	98,214
20X4.06.30.	11,786	10,000	1,786	100,000

13 ㈜성영은 20X1.01.01.에 ㈜대한의 보통주 지분 30%를 600,000원에 취득하고 유의적 영향력을 행사하고 있다. 취득당시 ㈜대한의 순자산가액은 1,800,000원이다. 20X1년 말 ㈜대한은 당기순이익 400,000원을 보고하였고, 현금배당 100,000원, 주식배당 100,000원을 선언·지급하였다. 20X1년 말 ㈜성영의 지분법적용투자주식은 얼마인가? (투자차액 내용연수는 5년 이라 가정한다.)

① 600,000원

② 608,000원

③ 678,000원

④ 738,000원

⑤ 750,000원

정답 | ③

해설 | 피투자회사 당기순이익은 지분율만큼 지분법이익으로 지분법투자주식을 증가시키고, 현금배당은 지분법투자주식을 차감한다. 그리고 피투자회사 순자산가액의 30%가 540,000원인데 600,000원을 지급하고 지분을 인수하였으므로 투자차액(연결회계에서는 영업권)이 발생하였다. 투자차액은 5년 동안 상각하여 지분법투자주식을 차감한다. 600,000 + 120,000 - 100,000 × 30% - 12,000 = 678,000원

(20X1년 초)	지분법투자주식	600,000	현 금	600,000
(20X1년 말)	지분법투자주식	120,000	지분법이익	120,000
	현금배당	30,000	지분법투자주식	30,000
	(투자차액)지분법손실	12,000	지분법투자주식	12,000

14 ㈜서울은 20X1.10.01.에 주식시장에서 ㈜시흥의 주식 10,000주를 주당 10,000원(액면 5,000원)에 매입하였다. 20X2.03.25. 동 주식으로 인하여 주당 20%를 현금 배당금으로 수령하였다. 20X2.04.25.에는 25% 주식배당을 통하여 신주를 취득하였다. ㈜서울은 보유 중인 주식 5,000주를 주당 7,000원에 현금 매각하였다. 손익계산서에 미치는 영향은 얼마인가?

① 이익 5,000,000원 　　　　　　　　② 손실 5,000,000원

③ 이익 35,000,000원 　　　　　　　　④ 손실 35,000,000원

⑤ 이익 40,000,000원

정답 | ①
해설 | 현금배당금 수익 10,000주 × 20% × 5,000원 = 10,000,000원
　　　주식배당 후 주식 평균단가 = 100,000,000원 / (10,000주 + 2,500주) = 8,000원
　　　투자주식처분손실 = 5,000주 × (7,000 − 8,000) = (5,000,000원)
　　　따라서, 당기손익에 미치는 영향은 10,000,000원 − 5,000,000원 = 5,000,000원(이익)이다.

15 ㈜백두는 20X1년 초에 취득원가 1,000,000원인 매도가능증권을 1,300,000원에 처분하였다. 20X0년 말에 ㈜백두의 주식은 매도가능증권평가이익 200,000원이 계상되어 있다. 손익계산서에 인식할 매도가능증권처분이익은 얼마인가?

① 100,000원 　　　　　　　　② 200,000원

③ 300,000원 　　　　　　　　④ 400,000원

⑤ 500,000원

정답 | ③
해설 | 매도가능증권처분이익은 처분가액에서 취득원가를 차감하여 간단히 계산할 수 있다(9번 참조).

　　　현　　금　　　　　1,300,000　|　매도가능증권　　　　　1,200,000
　　　매도가능증권평가이익　200,000　　매도가능증권처분이익　　300,000

16 ㈜한라는 단기매매증권으로 분류한 ㈜백두의 주식을 아래와 같이 거래하였다. 20X2년 당기손익에 미치는 영향은 얼마인가?

- 20X1년 ㈜백두의 주식 2,000주를 주당 5,000원(액면)에 취득하였고, 20X1년 말 공정가치는 12,000,000원이다.
- 20X2년 3월 ㈜백두는 현금배당 20%와 주식배당 25%를 실시하였고, 동사는 모두 수취하였다.
- 20X2년 7월 ㈜백두의 주식 중 1,000주를 주당 7,000원에 처분하였다.
- 20X2년 말 ㈜백두의 주식의 공정가치는 8,000원이다.

① 7,200,000원 이익 　　　　　　　　② 8,800,000원 이익

③ 9,000,000원 이익 　　　　　　　　④ 19,000,000원 이익

⑤ 21,000,000원 이익

정답 | ①
해설 | 20X1년 평가이익은 20X2년 당기손익에 영향을 미치지 않는다(주당 공정가치 6,000원).
　　　현금배당금수익 2,000,000
　　　주식배당으로 인한 평균 취득단가 변경(12,000,000원/(2,000주＋500주)＝4,800원)
　　　따라서 처분이익＝1,000주×(7,000원−4,800원)＝2,200,000원
　　　20X2년 말 평가이익＝1,500주×(8,000원−6,000원)＝3,000,000원

17 일반기업회계기준에 의한 유가증권 분류변경에 대한 설명으로 바르지 못한 것은?

① 단기매매증권은 다른 유가증권과목으로 분류변경할 수 없는 것이 원칙이지만 단기간 내에 매각할 목적이 없다면 매도가능증권 또는 만기보유증권으로 분류할 수 있다.

② 매도가능증권을 만기보유증권으로 재분류할 경우에는 매도가능증권의 미실현손익(평가손익)은 만기까지 잔여기간 동안 상각하여 각 기간의 이자수익에서 차감한다.

③ 만기보유증권을 매도가능증권으로 분류변경한 경우에는 재분류 후 평가에서 발생하는 공정가치와 장부금액의 차이는 당기손익(영업외손익)으로 처리한다.

④ 시장성 없는 단기매매증권을 매도가능증권으로 분류변경할 경우 분류변경일 현재의 공정가치를 새로운 취득원가로 본다. 이 경우 분류변경일까지 미실현보유손익은 기타포괄손익으로 인식한다.

⑤ 시장성이 없어 취득원가로 평가된 매도가능증권이 시장성을 회복하여 공정가치를 신뢰성 있게 측정할 수 있게 된 경우 공정가치와 장부금액의 차액을 기타포괄손익으로 인식한다.

정답 | ④
해설 | 이 경우 분류변경일까지 미실현보유손익은 당기손익으로 인식한다.

18 다음 중 유가증권의 손상차손에 관한 설명으로 바르지 못한 것은?

① 손상에 관한 객관적 증거의 유무는 손상이 있을 것으로 추정되는 사건이 발생한 때 실시한다.

② 손상차손은 개별유가증권별로 측정하고 인식하는 것이 원칙이다.

③ 만기보유증권의 손상차손은 취득당시 유효이자율을 사용하여 측정한다.

④ 만기보유증권이 변동금리 조건부인 경우에는 측정시점 시장이자율은 사용하여 손상차손을 측정한다.

⑤ 매도가능증권(채무증권)의 경우 손상검사를 위한 회수가능액 추정은 유사한 유가증권의 현행시장이자율을 사용하여 측정한다.

정답 | ①
해설 | 손상에 대한 객관적 증거의 유무는 매 보고기간말마다 평가해야 한다.

19 ㈜골드는 20X1.01.01.에 회사채(액면 1,000,000원, 만기 5년, 액면이자율 4%)를 840,292원에 취득하고 매도가능증권으로 분류하였다. 취득당시 시장이자율은 8%이고, 20X1년 말 현재 사채의 시장가격은 820,000원이다. 20X2년 말 당해 사채는 만기에 500,000원의 원금과 20X3년 말부터 20X5년 말까지 각각 20,000원의 이자가 회수될 것으로 예상된다. 20X3년은 예상한 것과 같이 20,000원 이자가 회수되었다. 그러나 다행히 20X3년 말에는 신용위험 감소로 만기에 800,000원의 원금과 20X4년 말, 20X5년 말 각각 30,000원의 이자가 회수 될 것으로 예상된다. 20X2년 말부터 20X5년 말까지 시장이자율은 12%이다. ㈜골드의 회계처리 중 옳지 않은 것은? (소수점 첫째 자리에서 반올림한다.)

① (20X1.01.01) 매도가능증권   840,292원 │ 현   금   840,292원
② (20X1.12.31) 현   금   40,000원 │ 이 자 수 익   67,223원
                                                  매도가능증권   27,223원
③ (20X1.12.31) 평 가 손 실   47,515원 │ 매도가능증권   47,515원
④ (20X2.12.31) 현   금   40,000원 │ 이 자 수 익   65,600원
                매도가능증권   25,600원
⑤ (20X2.12.31) 손 상 차 손   492,989원 │ 매도가능증권   445,474원
                                                  평 가 손 실   47,515원

정답 │ ④
해설 │ 다음은 정상적 상황에서 상각표이다.

구분	유효이자	표시이자	상각액	장부금액
20X1.01.01.				840,292
20X1.12.31.	67,223	40,000	27,223	867,515
20X2.12.31.	69,401	40,000	29,401	896,916
20X3.12.31.	71,753	40,000	31,753	928,669
20X4.12.31.	74,294	40,000	34,294	962,963
20X5.12.31.	77,037	40,000	37,073	1,000,000

(20X2.12.31) 이자수익은 69,401원이다. 평가는 공정가치로 하되 이자수익은 장부금액 그대로 인식한다. 그리고 회수가능액은 $\frac{20,000}{(1+0.12)^1} + \frac{20,000}{(1+0.12)^2} + \frac{20,000+500,000}{(1+0.12)^3} = 403,927$원이고, 손상차손은 장부금액 896,916원과의 차액인 492,989원이다. 손상차손 인식 시에 기 인식한 평가손실은 제거한다.

20 상기 19번에서 20X3년 말 ㈜골드가 인식할 손상차손환입액은 얼마인가?

① 208,544원 ② 240,212원

③ 256,059원 ④ 403,927원

⑤ 432,398원

정답 | ③

해설 |

(20X1.01.01)	매도가능증권 840,292원	현　　　　금 840,292원	
(20X1.12.31)	현　　　　금 40,000원	이 자 수 익 67,223원	
	매도가능증권 27,223원		BV = 867,515원
(20X1.12.31)	평 가 손 실 47,515원	매도가능증권 47,515원	
(20X2.12.31)	현　　　　금 40,000원	이 자 수 익 69,401원	
	매도가능증권 29,401원		BV = 896,916원
(20X2.12.31)	손 상 차 손 492,989원	매도가능증권 445,474원	
		평 가 손 실 47,515원	BV = 403,927원
(20X3.12.31)	현　　　　금 20,000원	이 자 수 익 48,471원	
	매도가능증권 28,471원		BV = 432,398원
	매도가능증권 256,059원	손상차손환입 256,059원	BV = 688,457원

20X3년 말 회수가능액은 $\dfrac{30,000}{(1+0.12)^1} + \dfrac{30,000}{(1+0.12)^2} + \dfrac{800,000}{(1+0.12)^2} = 688,457$원이다. 기 인식한 손상차손금

액이 492,989원이므로 이를 한도로 환입한다. 환입액이 688,457 − 432,398 = 256,059원으로 한도 내에 있

으므로 전액 환입한다.

(20X4.12.31)	현　　　　금 30,000원	이 자 수 익 82,615원	
	매도가능증권 52,615원		BV = 741,072원
(20X5.12.31)	현　　　　금 30,000원	이 자 수 익 88,928원	
	매도가능증권 58,928원*		BV = 800,000원
	(* 단수 조정)		

CHAPTER 07

유형자산

C e r t i f i e d   C r e d i t   A n a l y s t **PART** 01

출제 포인트 ■ ■
- ■ 유형자산 정의의 이해
- ■ 유형자산 취득원가, 처분손익, 손상차손의 계산
- ■ 유형자산의 재평가손익의 회계처리

1. 유형자산의 의의

(1) 유형자산의 정의

유형자산은 재화의 생산, 용역의 제공, 타인에 대한 임대 또는 자체적으로 사용할 목적으로 보유하는 물리적 실체가 있는 자산으로 1년을 초과하여 사용할 것이 예상되는 자산이다.

① 유형자산과 구분해야 할 것
  ㉠ 투자자산 : 시세차익 또는 이자 · 배당수익 등을 목적으로 소유하는 건물이나 부동산
  ㉡ 재고자산 : 판매를 목적으로 보유하는 자산
  ㉢ 무형자산 : 산업재산권, 영업권 등

(2) 일반기업회계기준에서 유형자산의 분류

① 토지
② 건물 : 건물, 냉난방, 전기, 통신 및 기타의 건물부속설비 등
③ 구축물 : 교량, 궤도, 갱도, 정원설비 및 기타 토목설비 또는 공작물 등
④ 기계장치 : 기계장치, 운송설비(콘베어, 호이스트, 기중기 등)와 기타 부속설비 등
⑤ 건설중인자산 : 유형자산의 건설을 위한 재료비, 노무비 및 경비로 하되, 건설을 위하여 지출한 도급금액을 포함한다.
⑥ 기타자산 : 차량운반구, 선박, 비품, 공기구 등 기타자산

(3) 유형자산의 회계처리와 관련된 주제

① **취득** : 취득원가 결정 문제
② **후속측정** : 원가모형과 재평가모형의 차이점, 감가상각 문제
③ **제거** : 처분손익 인식

2. 유형자산의 취득

(1) 유형자산별 취득원가

① 취득원가 : 유형자산을 취득하기 위하여 취득시점 또는 건설시점에 지급한 현금 및 현금성자산 또는 제공하거나 부담할 기타 대가의 공정가치를 말한다. 취득원가는 당해 자산을 본래의 목적에 맞게 사용할 수 있도록 하는데 직접 관련된 지출을 가산한다.

> **Key Point!**
> ※ 유형자산 취득과 직접 관련된 지출로 취득원가에 가산하는 항목은 다음과 같다.
> - 외부 운송비, 취급비, 설치장소 준비, 설치를 위한 지출
> - 설계관련 전문가 수수료
> - 유형자산 취득과 관련하여 불가피하게 매입한 국공채의 매입가액과 현재가치와의 차액[18]
> - 자본화대상 차입원가
> - 취득세 등 유형자산의 취득과 직접 관련된 제세공과금
> - 해당 유형자산의 경제적 사용이 종료된 후에 원상회복을 위하여 그 자산을 제거, 해체하거나 또는 부지를 복원하는데 소요될 것으로 추정되는 원가가 충당부채의 인식 요건을 충족하는 경우 그 지출의 현재가치(복구원가)
> - 유형자산이 정상적으로 작동되는지 시험하는 과정에서 발생하는 원가. 단, 시험과정에서 생산된 재화의 순매각금액은 당해 원가에서 차감[19]
>
> ※ 유형자산 취득원가에 포함되지 않아 즉시 비용으로 처리하는 항목은 다음과 같다.
> - 새로운 시설을 개설하는데 소요되는 원가
> - 새로운 상품과 서비스를 소개하는데 소요되는 원가(예 광고 또는 판촉활동 비용)
> - 새로운 지역 또는 고객을 대상으로 영업을 하는데 소요되는 원가(예 직원 교육훈련비)
> - 관리 기타 일반간접원가
>
> ※ 경영진이 의도하는 방식으로 유형자산을 사용가능한 장소와 상태에 이르게 한 후 발생하는 원가는 즉시 비용으로 처리하고 취득원가에 포함하지 않는다. 주요항목은 다음과 같다.
> - 실제 사용되지 않고 있거나 가동수준이 완전조업도 수준에 미치지 못하여 발생하는 원가
> - 유형자산과 관련된 산출물의 수요가 형성되는 과정에서 발생하는 초기 가동손실
> - 기업의 영업 전부 또는 일부를 재배치하거나 재편성하는 과정에서 발생하는 원가

㉠ 토지의 취득원가
- 토지를 사용할 수 있는 상태에 이르게 하는데 소요되는 모든 지출을 취득원가에 포함한다(예 진입로 공사, 상하수도공사, 조경공사 등).[20]
- 울타리공사, 주차장, 도로포장공사 등은 영구적인 것으로 볼 수 없어 '구축물' 계정으로 처리하고 감가상각을 적용한다.
- 새 건물을 신축하기 위하여 기존 건물이 있는 토지를 취득한 후 그 건물을 철거하는데 발생한 순철거비용[21]은 취득원가에 가산한다.

> **Key Point!**
> ※ 토지는 영구적으로 사용할 수 있으므로 감가상각을 적용하지 않는다.

---

18) 국공채의 현재가치보다 더 비싸게 주고 매입하게 되므로 그 차액은 직접 관련 지출로 보아 취득원가에 가산한다.
19) 순매각금액과 그 재화의 원가는 당기손익으로 인식한다. 그리고 원가는 재고자산 기준을 적용하여 측정한다.
20) 이러한 공사의 내용연수는 영구적인 것으로 볼 수 있어 토지의 원가로 취급한다.
21) 순철거비용＝철거비용－부산물 매각금액

ⓛ 건물의 취득원가
- 건물의 취득금액과 건물을 본래 사용목적에 맞게 사용할 수 있는 상태에 이르게 하는데 직접 관련된 원가를 가산한 금액을 취득원가로 한다.
- '판매목적으로 자가건설한 건물'의 취득원가는 원칙적으로 판매목적 건물의 제조원가와 동일해야 하므로 자가건설에 따른 내부이익과 원재료, 인력 및 기타 자원의 낭비로 인한 비정상적 원가는 취득원가에 포함하지 않는다.
- 건물을 신축하기 위하여 기존 건물을 철거하는 경우, 기존 건물의 장부금액은 제거하여 처분손실로 반영하고 철거비용은 전액 당기비용으로 처리한다.

ⓒ 기계장치의 취득원가
- 기계장치의 취득원가는 구입가격에 운임, 설치비, 시운전비 등 본래 사용목적에 맞게 사용할 수 있는 상태에 이르게 하는데 직접 관련된 비용을 포함한다.
- 직접 관련되지 않은 일반관리비나 경비는 취득원가에 포함되지 않는다.
- 시운전 또는 가동준비를 위한 지출이라 하더라도 기계장치를 사용가능한 상태에 이르게 하는데 직접 관련된 것이 아니라면 취득원가에 포함하지 않는다.
- 또한 기대된 성능을 발휘하기 전에 발생한 기계장치의 조업손실은 당기비용으로 인식한다.

(2) 취득유형별 유형자산의 취득원가

① 현금할인조건부 구입 : 현금할인을 실제로 이용한 경우에 매입할인 등의 과목으로 취득원가에서 차감(총액법)한다.

예 기계장치(1,000,000원)를 구입하면서 100,000원 현금할인을 받은 경우

기계장치 1,000,000 | 현   금 900,000
매입할인 100,000

② 할부구입

㉠ 취득원가는 취득시점 현금가격상당액으로 한다. 현금가격상당액과 실제 총지급액과의 차액(현재가치할인차액)은 자본화하지 않는 한 신용기간 동안 이자비용으로 인식한다.

예 20X1.01.01에 기계장치(1,200,000원)를 이자율 4%, 1,066,796원에 3년 장기연불로 구입한 경우. 내용연수는 5년, 정액법으로 상각하고 잔존가치는 66,796원이다.

(취득시점) 기계장치 1,066,796 | 장기미지급금 1,200,000
할인차금   133,204

〈상각표〉

구분	현·할·차	상각후잔액	현금지급	미지급잔액
20X1.01.01.				
20X1.12.31.	42,672	1,109,468	(400,000)	709,468
20X2.12.31.	44,379	753,847	(400,000)	353,847
20X3.12.31.	46,153	400,000	(400,000)	0
	133,204			

※ 현재가치할인차금은 1,066,796원을 기준으로 사채와 동일하게 상각한다.

※ 현재가치할인차금은 이자비용으로 인식한다. 각 기간 원금은 현금지급액에서 이자비용(현할차)을 차감하면 된다.

(1차년 말)	감가상각비	200,000	감가상각누계액		200,000
	미지급금	400,000	현　금		400,000
	이자비용	42,672	현재가치할인차금		42,672
(2차년 말)	감가상각비	200,000	감가상각누계액		200,000
	미지급금	400,000	현　금		400,000
	이자비용	44,379	현재가치할인차금		44,379
(3차년 말)	감가상각비	200,000	감가상각누계액		200,000
	미지급금	400,000	현　금		400,000
	이자비용	46,153	현재가치할인차금		46,153

③ 일괄구입

㉠ 2 이상의 유형자산을 일괄구입하는 경우 상대적 공정가치비율에 따라 안분한다.

[예] 건물이 있는 토지를 2,000,000원에 현금 매입하였다. 토지의 공정가치는 900,000원이고 건물의 공정가치는 600,000원이다.

이 경우 두 자산의 상대적 공정가치비율이 3:2이므로 2,000,000원을 이 비율대로 안분하여 취득원가를 결정한다.

(취득시점)　토　지 1,200,000 | 현　금 2,000,000
　　　　　　 건　물　 800,000

만일 토지만 사용할 목적으로 일괄구입하였다면 건물 철거비용은 토지 취득원가에 가산한다. 즉 안분할 필요 없이 철거비용을 포함하여 모두 토지 취득원가로 한다.

④ 현물출자 · 증여 · 무상취득

㉠ 취득원가 : 취득한 자산의 공정가치를 취득원가로 한다. 다만, 현물출자의 경우 발행하는 주식과 유형자산의 공정가치 중 보다 분명한 것을 취득원가로 한다.

[예] 건물(공정가치 1,000,000원)을 현물출자 받고 신주 150주(액면가 5,000원)를 교부한 경우

건　물 1,000,000 | 자본금　 750,000
　　　　　　　　　　 주발초　 250,000 [22]

[예] 건물(공정가치 1,000,000원)을 증여받은 경우

건　물　1,000,000 | 자산수증이익　1,000,000

⑤ 교환에 의한 취득

㉠ 이종자산 간 교환

• 취득원가 : 교환을 위하여 제공한 자산의 공정가치를 취득원가로 한다. 다만 제공한 자산의 공정가치가 불확실한 경우에는 취득한 자산의 공정가치를 취득원가로 할 수 있다. 현금수수액이 있는 경우에는 그 가액을 취득원가에 반영한다.

• 유형자산의 공정가치는 시장가치로 한다. 다만 시장가치를 알 수 없는 경우에는 동일 · 유사 자산의 현금거래로부터 추정할 수 있는 실현가능가액이나 전문평가인의 감정가액을 사용할 수 있다.

---

22) 주발초 : 주식발행초과금

ⓒ 동종자산 간 교환
- 취득원가 : 교환으로 받은 유형자산의 취득원가는 제공한 자산의 장부금액으로 한다. 다만 제공한 자산에 손상이 있는 경우에는 손상차손 인식 후 장부금액을 취득원가로 한다.
- 동종자산 간 교환은 제공된 유형자산의 수익창출과정이 아직 종료되지 않았으므로 교환에 따른 거래손익을 인식하지 않는다.
- 동종자산의 공정가치가 유사하지 않아 현금 등 다른 자산이 거래에 포함된 경우 그 포함된 다른 자산이 유의적이라면 동종자산간 교환으로 보지 않는다. 유의적인가 여부는 공정가치 차이가 25%를 초과하면 유의적인 것으로 보아 교환거래에 따른 손익을 인식한다.

[사례 7 - 1]

㈜성영은 유형자산 A를 ㈜시흥의 유형자산 B와 교환하였다. A와 B의 장부금액과 공정가치가 다음과 같을 때 ㈜성영의 입장에서 물음에 답하시오.

구분	유형자산 A	유형자산 B
취득원가	400,000원	300,000원
감가상각누계액	100,000원	120,000원
공정가치	260,000원	200,000원

물음 1 두 자산이 이종자산이고 공정가치 차액을 현금 수수한 경우 회계처리

물음 2 두 자산이 동종자산이고 공정가치 차이가 유의적이고 현금 수수한 경우 회계처리

물음 3 두 자산이 동종자산이고 공정가치 차이가 유의적이지 않고 현금 수수한 경우 회계처리

해설 | ① 이종자산인 경우

유형자산B   200,000 | 유형자산A 400,000
현 금   60,000
감 · 누(A)   100,000
처분손실(A)   40,000

> **Key Point!**
> ※ 취득원가는 제공한 유형자산의 공정가치이므로 260,000원이다. 다만 유형자산 B의 공정가치가 200,000원이므로 그 차액 60,000원을 현금으로 수수한 것으로 인식한 것이다.
> ※ 유형자산 A의 장부금액은 300,000원이고 공정가치가 260,000원이므로 그 차액 40,000원은 처분손실로 인식한다.

② 동종자산인 경우(현금이 유의적인 경우)
이 경우는 동종자산 간 교환거래로 보지 않으므로 이종자산 교환거래와 동일한 회계처리를 한다.

유형자산B   200,000 | 유형자산A 400,000
현 금   60,000
감 · 누(A)   100,000
처분손실(A)   40,000

③ 동종자산인 경우(현금이 유의적이지 않은 경우)

이 경우 취득원가는 제공한 자산의 장부금액으로 한다. 이때 유형자산 B의 장부금액은 대차차액으로 역산 (400,000원 – 100,000원 – 60,000원)하여 계산한다. 그러면 처분손실에 해당하는 금액이 B의 장부금액에 포함되게 된다.

유형자산B 240,000 | 유형자산A 400,000
현　　금　　60,000
감·누(A)　100,000

⑥ 국공채 등의 강제 취득

㉠ 유형자산 취득시 불가피하게 국공채를 할인매입하는 경우 당해 채권의 매입가액과 현재가치와의 차액(현재가치할인차금)은 취득원가에 포함한다.

예 20X1.01.01에 기계장치(1,200,000원)를 매입하면서 공채(만기 3년, 표면이율 5%, 액면 100,000원)를 시장이자율 8%에서 100,000원에 현금 취득하고 단기매매증권으로 분류하였다. 기계장치의 취득 시 회계처리를 제시는 다음과 같다.

(취득시점)　기계장치　　1,207,731 | 현　　금 1,300,000
　　　　　　단기매매증권　　92,269

공채의 현재가치가 $\dfrac{5,000}{1.08} + \dfrac{5,000}{1.08^2} + \dfrac{105,000}{1.08^3}$ = 92.269이므로 매입가액 100,000원과의 차액 7,731원은 취득원가에 가산한다.

⑦ 정부보조금 등 지원에 의한 취득(자산차감법)

㉠ 국고보조금은 관련 자산을 취득하는 시점에 관련 자산의 차감계정으로 표시한다.

㉡ 정부 보조에 의하여 유형자산을 무상 또는 공정가치보다 낮은 대가로 취득한 경우 그 취득원가는 취득일 공정가치로 한다.

예 20X1.01.01에 국고보조금 1,000,000원으로 기계장치(1,200,000원)를 매입한 경우 회계처리

(보조금 수령 시)　현　　금　　　1,000,000 | (현금)국고보조금　1,000,000
(자산 취득 시)　기계장치　　　1,200,000 | 현　　　금　　　1,200,000
　　　　　　　(현금)국고보조금 1,000,000　　(자산)국고보조금 1,000,000

Key Point!

※ 보조금 수령 시 인식한 (현금)국고보조금은 자산취득시 차변으로 이동하여 삭제하고 자산의 차감계정이라는 의미로 대변에 (자산)국고보조금 과목을 표시한다. 그러면 재무상태표에 다음과 같이 표시된다.

(보조금 수령 시)　　　　　　　　　　　　　(자산취득 시)

자산	
현　　금	1,000,000원
국고보조금	(1,000,000원)

자산	
유형자산	1,200,000원
국고보조금	(1,000,000원)

---

⑧ 안전·환경 규제로 인한 취득

㉠ 안전 또는 환경 규제로 인하여 취득해야 하는 유형자산은 그 자체로 미래경제적 효용을 기대할 수 없어 비용으로 처리하는 것이 원칙이다.

㉡ 하지만 다른 자산으로부터 경제적 효익을 얻기 위하여 필요한 자산은 전체 자산의 미래 경제적 효익을 증가시키므로 자산으로 인식할 수 있다.

㉢ 다만 이러한 자산을 포함한 관련자산의 장부금액은 회수가능액을 초과할 수 없다.

⑨ 복구원가가 발생하는 취득

　　㉠ 유형자산의 취득, 건설, 개발에 따른 복구원가에 대한 충당부채는 유형자산을 취득하는 시점에 취득 원가에 가산한다.

　　㉡ 단 계약 등에 의하여 자산을 사용하는 도중에 책임을 부담하는 경우에는 당해 복구원가에 대한 충당 부채를 인식하는 시점에 해당 유형자산의 장부금액에 반영한다. 다만 복구원가가 자산의 내용연수에 걸쳐 발생하는 경우에는 해당 기간의 비용 또는 제조원가로 처리한다.

　　㉢ 복구원가의 회계처리

　　　• 취득원가에 가산할 복구원가를 추정하고 이를 현재가치로 할인하여 복구충당부채로 계상한다.

　　　• 취득원가에 포함된 복구원가는 감가상각과 복구충당부채에 대해 유효이자율법을 적용하여 복구충 당부채전입액을 산출한다.

[사례 7 – 2] [23)]

㈜금융은 20X1.01.01.에 내용연수 종료시점에 원상복구를 해야 하는 해양구조물을 취득하였다. 해양구조물 취 득 및 복구원가에 관련된 정보는 다음과 같다.

① 복구원가와 관련된 예상현금흐름에 대한 정보 및 계산

항목	예상현금흐름
① 노무비	262,500원
② 장비사용 및 간접비 배분(노무비의 80%로 가정)	210,000원
③ 계약자 정상이윤[(①＋②)×20%]	94,500원
인플레이션을 고려하기 전 예상현금흐름	567,000원
④ 향후 5년간 인플레이션율 4%를 고려한 승수(1.04)⁵	×1.2167
인플레이션을 고려한 예상현금흐름	689,840원
⑤ 시장위험프리미엄(노무비, 원재료 수급 변동 등) 5%	34,492원
시장위험프리미엄 조정 후 예상현금흐름	724,332원
⑥ 현재가치계산(이자율 8%, 5년 가정)	×0.6806
⑦ 예상현금흐름	492,980원

② 취득자산에 관한 정보

① 취득원가 600,000원	② 잔존가치 10,000원	③ 내용연수 5년	④ 정액감가상각

상기 자료를 이용하여 ㈜금융의 자산취득시점, 20X1년 말, 복구공사시점(20X6.01.01.)에 필요한 회계처리를 제 시하시오. 실제복구에 소요된 현금은 800,000원이다.

해설 | (자산 취득시점)　구 축 물 1,092,980 | 현　　　　금 600,000
　　　　　　　　　　　　　　　　　　　　　복구충당부채 492,980

---

23) 이용호 · 심충진, 「일반기업회계기준」, 제12판, 서울 : 한국금융연수원, 2022년, 241~242p

(20X1년 말) 감가상각비　　216,596*　|　감가상각누계액　216,596
　　　　　　복구충당부채전입액　39,438**　복구충당부채　39,438

* 감가상각비 = (1,092,980 − 10,000) ÷ 5년 = 216,596원

** 복구충당부채전입액 = 492,980 × 8% = 39,438원

(복구시점)　복구충당부채 724,332　|　현　　금 800,000
　　　　　　복구공사손실　75,668

> **Key Point!**
> ※ 복구충당부채전입액은 복구원가 예상현금흐름의 현재가치 장부금액(복구충당부채)을 매년 증가시켜 5년 후 시장위험프리미엄 조정 후 예상현금흐름과 같게 만든다. 즉 할인차금을 매년 복구충당부채 장부금액에 더하여 증가시켜 나가는 과정이다. 상각표는 다음과 같다.
>
> | 구분 | 복구충당부채전입액 | 복구충당부채 장부금액 |
> |---|---|---|
> | 20X1.01.01 | | 492,980 |
> | 20X1.12.31. | 39,438 | 532,418 |
> | 20X2.12.31. | 42,593 | 575,011 |
> | 20X3.12.31. | 46,001 | 621,012 |
> | 20X4.12.31. | 49,681 | 670,693 |
> | 20X5.12.31. | 53,639 | 724,332 |
>
> ※ 2015년도 말 복구충당부채전입액은 적용된 현가요소 오차로 인하여 단수 조정함

(3) 유형자산 취득후의 원가

① 자본적 지출

　㉠ 후속적으로 발생한 지출이 유형자산 인식기준을 충족하는 경우(**예** 생산력 증대, 내용연수 연장, 상당한 원가절감 또는 품질향상 등) 자본적 지출로 그 금액을 취득원가에 가산한다.

　㉡ 유형자산의 사용가능기간 중 정기적으로 이루어지는 종합검사 또는 분해수리와 관련된 지출로 다음 요건을 모두 충족하는 경우 자본적 지출로 처리한다.

　　• 종합검사 또는 분해수리와 관련된 지출을 별개의 감가상각 대상자산으로 인식할 수 있다.

　　• 유형자산의 인식기준을 충족한다.

> **Key Point!**
> ※ 유형자산 인식기준
> 　• 유형자산으로부터 발생하는 미래경제적효익이 기업에 유입될 가능성이 높다.
> 　• 유형자산의 원가를 신뢰성 있게 측정할 수 있다.

② 일반수선과 정기수선

　㉠ 일반수선은 유형자산을 정상적으로 사용가능한 상태를 유지하기 위한 지출이므로 비용 또는 제조원가로 처리한다.

　㉡ 그러나 유형자산의 주요부품이나 구성요소의 내용연수가 당해 유형자산의 내용연수와 다른 경우에는 별도 자산으로 처리한다. **예** 정기적으로 교체하는 용광로 내화벽돌 또는 항공기 좌석 등

　　• 이 경우 교체를 위한 지출이 자산인식 기준을 충족하는 경우에는 그 '별도 자산'의 취득원가로 처리하고 교체된 자산은 재무상태표에서 제거한다.

3. 인식시점 이후의 측정

(1) 원가모형

원가모형은 전통적 회계처리방법으로 최초 취득시 취득원가로 인식한 후 감가상각누계액과 손상차손누계액을 차감한 금액을 장부금액으로 하는 방법이다. 재평가는 허용하지 않는다.

(2) 재평가모형

재평가모형은 최초 인식 후 공정가치를 신뢰성 있게 측정할 수 있는 유형자산의 경우 재평가일 공정가치에서 감가상각누계액과 손상차손누계액을 차감한 재평가금액을 장부금액으로 하는 방법이다.

① 공정가치 측정
　　㉠ 공정가치는 합리적 판단력과 거래의사가 있는 독립된 당사자 간 거래될 수 있는 교환가격을 의미한다.
　　㉡ 전문자격이 있는 평가인의 감정액, 공개별시지가, 지방세 시가표준액 등 정부 고시금액, 시장의 객관적 시세표 등도 재평가액으로 사용할 수 있다.

② 재평가 빈도
　　㉠ 재평가 빈도는 재평가되는 유형자산의 공정가치 변동에 따라 달라진다.
　　㉡ 즉 유의적이고 급격한 공정가치 변동 때문에 매년 재평가가 필요한 경우가 있고, 3년 또는 5년마다 하는 재평가로 충분한 경우가 있다.

③ 재평가 회계처리
　　㉠ 장부금액이 재평가로 증가된 경우(재평가잉여금) : 이전에 인식한 재평가손실(당기손실)을 한도로 재평가이익(당기이익)으로 인식하고 잔액을 기타포괄이익으로 인식한다.
　　㉡ 장부금액이 재평가로 감소된 경우(재평가손실) : 이전에 인식한 재평가잉여금(기포손)을 한도로 감소시키고 잔액이 있다면 당기손실로 인식한다.
　　㉢ 재평가로 증감되는 금액의 조정은 '총장부금액조정법'에 의한다.
　　예 건물 취득원가 20,000원, 감가상각누계액 8,000원, 공정가치 14,000원인 경우

　　　　　　감가상각누계액 8,000　|　건　　　　물 6,000
　　　　　　　　　　　　　　　　　 재평가잉여금 2,000

> **Key Point!**
> ※ 상기 분개는 감가상각누계액 전체를 제거하여 건물의 장부금액을 취득원가인 20,000원으로 만든 후 공정가치의 차이만큼 건물을 제거하고 감가상각누계액과 제거한 건물과의 차액을 재평가잉여금으로 인식한 것이다.

④ 주석 공시
　　㉠ 재평가기준일과 독립적 평가인이 평가에 참여했는지 여부
　　㉡ 해당 자산의 공정가치 추정에 사용한 방법과 유의적 가정
　　㉢ 해당 유형자산의 공정가치가 시장에서 관측가능하거나 독립적인 제3자와의 최근시장거래가격에 직접 기초하여 결정된 정도 도는 다른 가치평가기법을 사용하여 추정된 정도
　　㉣ 재평가된 유형자산의 분류별로 원가모형으로 평가되었을 경우 장부금액
　　㉤ 재평가 관련 기타포괄손익의 변동

[사례 7 - 3]

㈜한라는 20X1.01.01에 토지를 50,000원에 취득한 후 재평가모형을 적용하였다. 상황에 따른 연도별 공정가치는 다음과 같다.

상황	20X1.12.31	20X2.12.31
A	45,000원	60,000원
B	60,000원	45,000원

물음 1 20X1년 말과 20X2년 말 회계처리를 제시하시오.

물음 2 재평가가 손익계산서와 주석에 미치는 영향을 설명하시오.

물음 3 연도별 재무상태표상 토지, 이익잉여금, 재평가잉여금을 표시하시오.

해설 | ① 회계처리

〈상황 A〉 (20X1년 초)   토　　지 50,000 | 현　　금 50,000
　　　　 (20X1년 말)   재평가손실 5,000 | 토　　지 5,000
　　　　 (20X2년 말)   토　　지 15,000 | 재평가이익 5,000
　　　　　　　　　　　　　　　　　　　　　 | 재평가잉여금 10,000

〈상황 B〉 (20X1년 초)   토　　지 50,000 | 현　　금 50,000
　　　　 (20X1년 말)   토　　지 10,000 | 재평가잉여금 10,000
　　　　 (20X2년 말)   재평가잉여금 10,000 | 토　　지 15,000
　　　　　　　　　　　 재평가손실 5,000

② 손익계산서와 주석에 미치는 영향

〈상황 A〉

구분	20X1.12.31	20X2.12.31	비고
당기손익	△5,000	5,000	손익계산서 표시
기타포괄손익		10,000	주석 표시
총포괄손익	△5,000	15,000	

〈상황 B〉

구분	20X1.12.31	20X2.12.31	비고
당기손익		△5,000	손익계산서 표시
기타포괄손익	10,000	△10,000	주석 표시
총포괄손익	10,000	△15,000	

③ 재무상태표

〈상황 A〉

재무상태표(20X1년 말)

자산		자본	
토지	45,000	이익잉여금	△5,000

재무상태표(20X2년 말)

자산		자본	
토지	60,000	이익잉여금	0
		기타포괄손익누계액	10,000

〈상황 B〉

재무상태표(20X1년 말)

자산		자본	
토지	60,000	기타포괄손익누계액	10,000

재무상태표(20X2년 말)

자산		자본	
토지	45,000	이익잉여금	△5,000
		기타포괄손익누계액	0

4. 유형자산의 감가상각과 손상

(1) 감가상각의 의의

① 정의 : 자산의 경제적 내용연수 동안 자산의 감가상각대상금액(= 취득원가 − 잔존가치)을 합리적이고 체계적인 방법에 따라 배분하여 당기비용으로 인식하는 것을 말한다.

② 특징

㉠ 감가상각의 목적은 취득원가의 합리적 배분이며 재평가가 아니다.

㉡ 감가상각액은 유형자산의 장부금액이 공정가치에 미달하더라도 계속 인식하여야 한다.

㉢ 감가상각은 유형자산이 사용가능한 때부터 시작한다.

(2) 감가상각의 기본요소

① 감가상각대상금액

$$감가상각대상금액 = 취득원가 − 잔존가치$$

㉠ 잔존가치가 유의미한 경우 매 보고기간말에 재검토하여 종전의 추정치와 다르다면 그 차이는 회계추정의 변경으로 회계처리한다.

② 내용연수

㉠ 경제적 내용연수 : 유형자산이 제공하는 효익이 사용에 따른 비용보다 큰 경우의 기간을 말한다.

㉡ 물리적 내용연수 : 경제성은 불문하고 물리적으로 사용 가능한 기간을 말한다.

㉢ 기업특유 내용연수 : 기업이 사용하고자 하는 내용연수를 말한다. 회계에서 내용연수는 기업특유의 내용연수를 말한다.

㉣ 내용연수 결정시 고려사항

• 생산량을 토대로 한 예상 사용수준

• 자산의 물리적 마모나 손상

• 시장수요 변화로 인한 기술적 진부화

• 자산 사용에 대한 법적 또는 계약상 제한

> **Key Point!**
>
> ※ 유형자산의 내용연수는 자산으로부터 기대되는 효용에 따라 결정되므로 기업의 관리정책에 따라 일정기간이 경과되거나 경제적 효익의 일정부분이 소멸되면 처분될 수 있다. 이 경우 (기업특유)내용연수는 일반적 경제적 내용연수보다 짧을 수 있다.
>
> ※ 토지와 건물을 동시에 취득하더라도 이들은 분리된 자산으로 별개의 자산으로 취급한다. 즉 건물은 감가상각을 하고 토지는 내용연수가 무한하므로 감가상각하지 않는다. 따라서 건물이 위치한 토지의 가치가 증가하더라도 건물의 내용연수에는 영향을 미치지 않는다.

(3) 감가상각의 회계처리

① **직접법** : 감가상각액을 유형자산에서 직접 차감하는 방법을 말한다.

② **간접법** : 감가상각액을 감가상각누계액이라는 평가계정을 설정하여 회계처리하는 방법을 말한다.

③ **회계처리방법**

 ㉠ 감가상각액은 다른 자산의 장부금액에 포함된 경우가 아니라면 당기손익으로 인식한다.

 ㉡ 제조공정에 사용된 유형자산의 감가상각액은 재고자산의 원가를 구성한다. 그 이외에는 판관비로 계상한다.

 ㉢ 유형자산에 내재된 경제적 효익이 비용화 되지 않고 다른 자산을 생산하는데 사용된 경우에는 해당 자산의 원가를 구성한다(예 제조설비 감가상각비 → 재고자산 가공비).

 ㉣ 연구개발 활동에 사용된 유형자산의 감가상각액은 무형자산 인식조건을 충족하는 자산이 창출된 경우 무형자산 원가에 포함된다.

(4) 감가상각방법

① **균등상각법**

 ㉠ 생산량비례법(=활동법=비례법)

  • 유형자산을 사용하여 얻은 효익에 비례하여 가치감소가 발생한다고 가정하는 방법이다.

  • 단위당 감가상각비를 실제 생산량에 곱하여 감가상각비를 계산한다.

$$단위당감가상각비 = \frac{취득원가 - 잔존가치}{총\ 생산추정량}$$

[사례 7-4]

㈜백두는 20X1.01.01.에 내용연수 3년, 잔존가치 50,000원인 기계장치를 1,550,000원에 취득하였다. 동사는 총 1,000,000개 제품을 생산할 수 있을 것으로 추정하였다. 실제 생산량은 20X1년에 500,000개, 20X2년에 400,000개, 20X3년에 200,000개였다. 각 기간 말에 인식할 감가상각비는 얼마인가?

해설 | 단위당감가상각비 $= \dfrac{1,500,000원}{1,000,000개} = 1.5원$

구분	감가상각비	감가상각누계액	장부금액
20X1.12.31.	500,000개×1.5원=750,000원	750,000원	800,000원
20X2.12.31.	400,000개×1.5원=600,000원	1,350,000원	200,000원
20X3.12.31.	200,000원-50,000원	1,500,000원	50,000원

© 정액법
- 정액법은 유형자산의 경제적 가치감소, 유형자산이 제공하는 서비스에서 발생하는 수익, 가동률 및 수선유지비 등이 내용연수 동안 항상 일정하다고 가정한다.

[사례 7-5]

㈜백두는 20X1.01.01.에 내용연수 3년, 잔존가치 50,000원인 기계장치를 1,550,000원에 취득하였다. 각 기간 말 정액법에 의한 감가상각비는 얼마인가?

해설 ㅣ 감가상각비 $= \dfrac{1,500,000원}{3년} = 500,000원$

매기간 말 인식할 감가상각비는 500,000원으로 동일하다.

② 체감상각법
  ㉠ 정률법
- 감가상각비 = 기초장부금액 × 상각률
- 이 방법은 상각률은 일정하지만 장부금액이 체감하기 때문에 감가상각액이 후기로 갈수록 적어진다. 절세효과가 가장 큰 방법이다.
- 또한 상각률에 잔존가치가 이미 고려되어 있기 때문에 감가상각비 계산시 잔존가치를 고려하지 않는다.

[사례 7-6]

㈜백두는 20X1.01.01.에 내용연수 4년, 잔존가치 50,000원인 기계장치를 1,550,000원에 취득하였다. 상각률이 0.625일 때 각 기간 말 정률법에 의한 감가상각비는 얼마인가?

해설 ㅣ

구분	감가상각비	감가상각누계액	장부금액
20X1.12.31.	1,550,000원×0.625=968,750원	968,750원	581,250원
20X2.12.31.	581,250원×0.625=363,281원	1,332,031원	217,969원
20X3.12.31.	217,969원×0.625=136,231원	1,468,262원	81,738원
20X4.12.31.	81,738원-50,000원	31,738원	50,000원

※ 마지막 연도에는 잔존가치가 50,000원이 되도록 감가상각비를 계산한다.

  ㉡ 연수합계법
- 연수합계법은 유형자산 사용초기에 높은 상각률을 적용하고 후기에는 낮은 상각률을 적용하는 방법이다.

$$감가상각비 = (취득원가 - 잔존가치) \times \dfrac{내용연수역순}{내용연수합계}$$

> **Key Point!**
> ※ 정률법은 상각률이 일정하고 연수합계법은 각 기간별 상각률이 다르다는 것에 유의한다.

[사례 7-7]

㈜백두는 20X1.01.01.에 내용연수 4년, 잔존가치 50,000원인 기계장치를 1,550,000원에 취득하였다. 각 기간 말 연수합계법에 의한 감가상각비는 얼마인가?

해설 |

구분	감가상각비	감가상각누계액	장부금액
20X1.12.31.	$1,500,000원 \times \dfrac{4}{10} = 600,000원$	600,000원	950,000원
20X2.12.31.	$1,500,000원 \times \dfrac{3}{10} = 450,000원$	1,050,000원	500,000원
20X3.12.31.	$1,500,000원 \times \dfrac{2}{10} = 300,000원$	1,350,000원	200,000원
20X4.12.31.	$1,500,000원 \times \dfrac{1}{10} = 150,000원$	1,500,000원	50,000원

ⓒ 이중체감잔액법 : 상각률을 정액법의 2배로 하여 감가상각액을 계산하는 방법으로 정률법과 같다.

[사례 7-8]

㈜백두는 20X1.01.01.에 내용연수 3년, 잔존가치 100,000원인 기계장치를 1,500,000원에 취득하였다. 각 기간 말 이중체감잔액법에 의한 감가상각비는 얼마인가?

해설 |

구분	감가상각비	감가상각누계액	장부금액
20X1.12.31.	$1,500,000원 \times \dfrac{2}{3} = 1,000,000원$	1,000,000원원	500,000원
20X2.12.31.	$500,000원 \times \dfrac{2}{3} = 333,333원$	1,333,333원	166,667원
20X3.12.31.	166,667원 - 100,000원	66,667원	100,000원

③ 체증상각법
- 체증상각법은 유형자산의 내용연수 초기에는 감가상각액을 적게 계상하고 후기로 갈수록 많이 계상하는 방법이다.
- 유형자산의 투자로 인한 순이익이 매기 거의 일정하다고 가정하면 균등상각법이나 체감상각법은 감가상각으로 인하여 장부금액이 점차 감소해가기 때문에 투자수익률이 점차 증가하는 문제가 발생한다. 체증상각법은 이러한 문제를 해소하기 위한 방법으로 맥 일정한 투자수익률을 확보하게 된다.
  - 체증상각법의 기초장부금액은 감가상각액의 현재가치로 본다. 즉 감가상각액은 유형자산이 창출하는 현금흐름으로 간주한다.
  - 이 방법은 이자율 추정문제와 장부금액 감소폭이 시간이 지날수록 커진다는 문제점이 있어 실무에서 수용하기 어렵다.

(5) 유형자산의 손상차손

① 유형자산의 손상이 발생할 가능성이 있는 경우

  ㉠ 시장가치의 현저한 하락

  ㉡ 사용강도나 사용방법에 현저한 변화가 있거나, 심각한 물리적 변형이 초래된 경우

  ㉢ 환경변화 또는 규제 등으로 해당 유형자산의 효용이 현저히 감소된 경우

  ㉣ 해당 유형자산으로부터 영업손실이나 순금유출이 발생하고, 미래에도 지속될 것으로 판단되는 경우

② 손상차손

  ㉠ 유형자산으로부터 기대되는 미래 현금흐름총액의 추정액이 장부금액에 미달하는 경우 장부금액을 회수가능액으로 조정하고 그 차액을 손상차손으로 인식한다.

$$회수가능액 = Max[순공정가치, 사용가치]$$
$$손상차손 = 장부금액 - 회수가능액$$

  ㉡ 유형자산 손상차손을 인식할 때에는 당기분 감가상각액을 먼저 인식한 후에 손상차손을 인식한다.

② 손상차손환입

  ㉠ 차기 이후 손상된 유형자산의 회수가능액이 장부금액을 초과하는 경우에는 그 자산이 손상되기 전 장부금액의 감가상각 후 잔액을 한도로 그 차액을 손상차손환입으로 처리한다.

[사례 7 – 9] [24)]

다음 자료를 참조하여 감가상각액과 손상차손을 인식하는 분개를 제시하시오.

취득일	취득원가	내용연수	잔존가치
20X1.01.01.	10,000원	10년	0원

감가상각방법은 정액법을 사용하고 사업연도는 1년이다.

물음 1 연간 감가상각액을 계산하시오.

물음 2 2차년도말 유형자산의 회수가능액이 6,400원인 경우 회계처리를 제시하시오.

물음 3 3차년도말 감가상각액 인식 회계처리를 제시하시오.

물음 4 4차년도말 유형자산의 회수가능액이 7,000원으로 회복된 경우 회계처리를 제시하시오.

해설 | ① 연간 감가상각액

$$10,000원 \div 10년 = 1,000원$$

② 2차년도말 회계처리

감가상각비 1,000 | 감가상각누계액 1,000
손상차손   1,600 | 손상차손누계액   1,600 BV = 6,400원

③ 3차년도말 회계처리

감가상각비 800 | 감가상각누계액 800 BV = 5,600원

---

24) 이용호 · 심충진, 「일반기업회계기준」, 제12판, 서울 : 한국금융연수원, 2022년, 258~260p

④ 4차년도말 회계처리

| 감가상각비 | 800 | 감가상각누계액 | 800 | BV = 4,800원 |
| 손상차손누계액 | 1,200 | 손상차손환입 | 1,200 | |

> **Key Point!**
> ※ 손상되기 전 감가상각 후 장부금액이 6,000원이므로 이를 한도로 환입한다. 따라서 환입액은 6,000원 − 4,800원 = 1,200원이다.

※ 참고

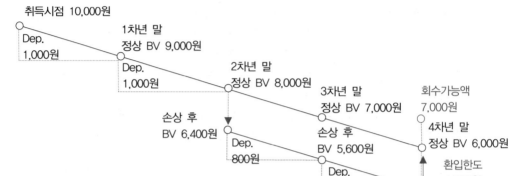

5. 유형자산의 제거

유형자산 처분손익은 처분금액과 장부금액의 차액으로 결정하고 당기손익으로 인식한다. 또한 처분시점 재평가와 관련하여 기타포괄손익 잔액이 있다면 당기손익으로 인식한다.

[사례 7 – 10]

㈜한라는 20X1.01.01.에 취득원가 500,000원, 내용연수 10년, 잔존가치 0원인 기계장치를 취득하였다. 20X2.12.31. 동 기계장치를 480,000원으로 재평가하고, 20X3.01.01.에 현금 480,000원에 처분하였다. 처분 전 기계장치는 정액법으로 상각하였다. 처분시점까지 회계처리를 제시하시오.

해설 |

(20X1.01.01.)	기계장치	500,000	현 금	500,000
(20X1.12.31.)	감가상각비	50,000	감가상각누계액	50,000
(20X2.12.31.)	감가상각비	50,000	감가상각누계액	50,000
	감가상각누계액	100,000	기계장치	20,000
			재평가잉여금	80,000
(20X3.01.01.)	현 금	480,000	기계장치	480,000
	재평가잉여금	80,000[25]	기계장치처분이익	80,000

---

25) K-IFRS의 경우는 재평가잉여금을 해당 자산 처분시 이익잉여금에 대체할 수 있다. 이 경우 대체하는 금액은 당기손익으로 인식하지 않는다.

6. 차입원가 자본화

(1) 의의

① 차입원가는 기간비용으로 처리하는 것이 원칙이다. 단, 자본화대상자산의 취득을 위한 자금에 차입금이 포함된다면 이러한 차입금에 대한 차입원가는 취득에 소요되는 비용으로 볼 수 있으므로 해당 자산의 취득원가에 포함할 수 있다.

② 차입원가 회계처리방법은 모든 적격자산에 대하여 매기 계속하여 적용하고, 정당한 사유없이 변경하지 못한다.

(2) 차입원가 자본화 관련 용어의 정의

① **적격자산**

㉠ 제조, 매입, 건설, 개발이 개시된 날부터 의도된 용도로 사용, 판매할 수 있는 상태가 될 때까지 1년 이상 소요되는 재고자산, 유형·무형자산 및 투자부동산을 말한다.

② **자본화대상 차입원가**

㉠ 적격자산 취득과 관련하여 차입한 자금에 대한 이자

㉡ 금융리스 관련 원가

㉢ 외화차입금 관련 외환차이 중 차입원가 조정으로 볼 수 있는 부분

③ **자본화기간**

㉠ 개시시점

- 적격자산에 대한 지출이 발생한 때
- 차입원가가 발생한 때
- 적격자산을 의도된 용도로 사용, 판매하기 위한 취득활동을 진행한 때

㉡ 중단기간

- 적격자산을 의도된 용도로 사용, 판매하기 위하여 취득활동을 중단한 기간

㉢ 종료시점

- 자산 취득활동이 완료되어 해당 자산을 의도된 용도로 사용, 판매가 가능한 때

(3) 차입원가 자본화 방법

① **특정차입금 차입원가 자본화**

㉠ 특정차입금 : 해당 적격자산을 취득할 목적으로 차입한 자금을 말한다.

㉡ 자본화 대상 금액

- 자본화기간 동안 특정차입금으로부터 발생한 차입원가에서 동 기간 일시 운용수익을 차감한 금액

$$자본화\ 대상\ 금액 = 특정차입금 \times 이자율 \times 자본화기간 - 일시운용수익$$

② **일반차입금 차입원가 자본화**

㉠ 일반차입금 : 일반적 경영활동을 위하여 차입한 자금을 말한다.

㉡ 자본화 대상 금액

$$자본화\ 대상\ 금액 = (자본화기간평균지출액 - 특정차입금평균지출액) \times 자본화이자율$$

- 평균지출액 : 차입원가가 발생하는 평균지출액
- 자본화이자율 : 당기 발생하는 차입원가를 가중평균하여 산출

[사례 7 - 11]

12월 결산법인 ㈜백두는 20X1.01.01. 사옥을 건설(완공예정일 20X2.06.30.)을 착공하였다. 당해 공사와 관련하여 지출된 공사비와 차입금 현황은 아래와 같다. 20X1년에 자본화할 차입원가는 얼마인가?

① 20X1년 중 공사비 지출액

구분	20X1.01.01.	20X1.07.01.	20X1.10.01.
공사비 지출액	160,000원	320,000원	240,000원

② 20X1년 중 차입금 현황

구분	차입일	차입금액	상환일	이자율	이자지급조건
A	20X1.01.01.	200,000원	20X3.12.31.	12%	분기 복리 / 만기지급
B	20X0.01.01.	240,000원	20X2.12.31.	10%	단리 / 매년 말 지급
C	20X0.01.01.	280,000원	20X3.12.31.	12%	단리 / 매년 말 지급

차입금 A는 사옥건설을 위하여 차입한 특정차입금이고, 이 중 40,000원은 20X1.01.01~06.30. 기간 중 연 9% 이자지급조건의 정기예금에 예치하였다. 차입금 B와 C는 일반차입금이다.

해설 | ① 특정차입금 자본화 차입원가

① 20X1년 발생한 차입원가 : $(200,000) \times (1 + \frac{0.12}{4})^4 - 200,000) = 25,102$원

② 일시운용수익 : $40,000 \times 0.09 \times \frac{6}{12} = 1,800$원

③ 자본화 대상 차입원가 : 25,102원 - 1,800원 = 23,302원

② 일반차입금 자본화 차입원가
① 적격자산에 대한 평균지출액

지출일	지출액	자본화대상기간	평균지출액
20X1.01.01.	160,000원	12/12	160,000원
20X1.07.01.	320,000원	6/12	160,000원
20X1.10.01.	240,000원	3/12	60,000원
합계	720,000원		380,000원

② 자본화이자율

차입금	연평균차입금	이자율	차입원가
B	240,000원	10%	24,000원
C	280,000원	12%	33,600원
합계	520,000원		57,600원

자본화 이자율 $= \frac{57,600원}{520,000원} \times 100 = 11.08\%$

③ 자본화 대상 차입원가

$$[380{,}000 - (160{,}000 \times \frac{12}{12} + 40{,}000 \times \frac{6}{12})] \times 11.08\% = 22{,}160원$$

※ 특정차입금 200,000원 중 160,000원은 20X1.01.01.에, 40,000원은 20X1.07.01.에 지출된 것으로 가정

④ 일반차입금 중 자본화할 차입원가
   = Min[57,600원, 22,160원] = 22,160원

※ 일반차입금 중 자본화할 차입금은 일반차입금의 연평균차입원가와 자본화 대상 차입원가 중 작은 금액을 자본화한다.

③ 20X1년 자본화할 총차입원가
   = 특정차입금 차입원가 + 일반차입금 차입원가
   = 23,302원 + 22,160원 = 45,462원

01 ㈜성영이 사옥을 건설하기 위하여 건축사에 지급한 설계비는 취득원가에 포함된다. ☐O☐X

○
설계관련 전문가수수료는 취득원가에 가산한다.

02 토지를 취득하면서 울타리공사를 한 경우 그 공사비용은 토지의 취득원가에 포함된다. ☐O☐X

×
울타리공사는 별도 구축물로 처리한다.

03 안전상 규제로 취득한 유형자산이 그 자체로는 미래 경제적 효익을 기대할 수 없더라도 다른 자산의 경제적 효익을 증가시킨다면 자산으로 인식할 수 있다. ☐O☐X

○

04 유형자산 취득, 건설, 개발에 따른 복구원가에 대한 충당부채는 취득원가에 가산할 수 없고 별도 비용으로 인식한다. ☐O☐X

×
유현자산 관련 복구원가는 취득원가에 가산한다.

05 유형자산의 내용연수와 그 구성부품의 내용연수가 다르다면 정기적으로 지출되는 구성부품의 교체비용은 구성부품의 취득원가로 처리한다. ☐O☐X

○
즉 별도 자산으로 처리한다는 의미이다.

06 유형자산을 최초 인식한 이후 재평가모형을 선택하여 회계처리 한다면 재평가 빈도는 유형자산의 공정가치 변동에 따라 다르다. ☐O☐X

○

07 유형자산의 재평가로 인한 기타포괄손익의 변동은 주석 공시사항이 아니다. ☐O☐X

×
주석 공시사항이다.

08 제조공정에 사용된 유형자산의 감가상각비는 판매 및 일반관리비로 계상한다. ☐O☐X

×
이 경우 재고자산의 제조원가에 포함된다.

01 다음 중 유형자산에 대한 설명으로 바르지 못한 것은?

① 물리적 실체가 있는 자산으로 1년을 초과하여 사용할 것으로 예상되는 자산이다.

② 타인에 대한 임대 또는 판매를 목적으로 하는 자산이다.

③ 유형자산이 건물인 경우 냉난방, 전기, 통신 등 부속설비도 건물에 포함된다.

④ 유형자산이 토지인 경우 주차장과 도로포장공사 등은 토지에 포함되지 않는다.

⑤ 건설 중인 자산의 경우 건설을 위하여 지출한 도급금액도 건설 중인 자산에 포함된다.

정답 | ②
해설 | 판매를 목적으로 하는 자산은 재고자산이다.

02 다음 중 유형자산의 취득원가에 포함될 수 있는 항목을 모두 고른 것은?

> ㉮ 유형자산 취득 시 지출한 취득세 등 제세공과금
> ㉯ 유형자산 취득을 위하여 지출한 화물차 운송비
> ㉰ 유형자산으로 생산한 제품의 판촉활동비
> ㉱ 유형자산 관련 산출물의 수요 형성 과정에서 발생하는 초기 가동손실
> ㉲ 유형자산의 설계와 관련된 전문가 수수료
> ㉳ 유형자산을 관리하기 위한 직원 교육훈련비

① ㉮, ㉯, ㉱　　　　　　　　　② ㉮, ㉱, ㉳

③ ㉯, ㉰, ㉱　　　　　　　　　④ ㉮, ㉯, ㉲

⑤ ㉯, ㉱, ㉲

정답 | ④
해설 | 판촉활동비, 초기가동손실, 직원교육훈련비는 유형자산 취득원가에 포함되지 않는다.

03 유형자산의 취득과 관련하여 회계처리를 잘못한 것은? (기타 요건은 충족된다고 가정한다.)

① 유형자산 취득 시 불가피하게 매입한 국공채의 매입가액과 현재가치와의 차액을 취득원가에 가산하였다.

② 유형자산이 정상적으로 작동하는지 시험하는 과정에서 발생하는 원가를 초기가동손실로 비용 처리하였다.

③ 유형자산 사용이 종료된 후 원상회복에 필요할 것으로 추정되는 복구원가의 현재가치 상당액을 취득원가에 가산하였다.

④ 유형자산 취득 후 새로운 시설을 개설하는데 소요된 원가를 별도 비용으로 처리하였다.

⑤ 유형자산의 가동수준이 완전조업도에 미치지 못하여 발생하는 원가를 비용으로 처리하였다.

정답 | ②
해설 | 유형자산의 정상적 작동 여부를 시험하는 과정에서 발생하는 원가는 취득원가에 가산한다.

04 다음 중 유형자산의 취득과 관련한 설명 중 바르지 못한 것은?

① 토지를 취득하면서 토지를 사용할 수 있는 상태에 이르게 하는데 필요한 진입로 공사, 상하수도 공사, 조경공사비 등을 취득원가에 포함한다.

② 토지를 취득하면서 구획 구분을 위한 울타리공사비는 별도 '구축물'로 분류한다.

③ 새 건물을 신축하기 위하여 토지를 취득한 후 그 건물을 철거하는데 발생한 순철거비용은 당기비용으로 인식한다.

④ 건물을 신축하기 위하여 기존 건물을 철거하는 경우, 기존 건물의 장부금액과 철거비용은 전액 당기비용으로 인식한다.

⑤ 기계장치를 취득한 후 기대된 성능을 발휘하기 전에 발생한 조업손실은 당기비용으로 인식한다.

정답 | ③
해설 | 토지의 취득원가에 가산한다.

> **Key Point!**
> ※ 보기 ③과 ④의 회계처리 차이에 유의한다.

05 ㈜시흥은 20X1.01.01에 기계장치(가격 3,000,000원, 내용연수 5년, 잔존가치 91,513원, 정액상각)를 2,591,513원, 이자율 5%에 3년 장기연불로 구입하였다. 20X2.12.31.에 인식할 이자비용은 얼마인가?

① 83,333원
② 129,576원
③ 136,054원
④ 142,854원
⑤ 166,667원

정답 | ③
해설 |

구분	현·할·차	상각후잔액	현금지급	미지급잔액
20X1.12.31.	129,576	2,721,089	(1,000,000)	1,721,089
20X2.12.31.	136,054	1,857,143	(1,000,000)	857,143
20X3.12.31.	142,857	1,000,000	(1,000,000)	0
	408,487			

06 ㈜성영은 공장신축을 위하여 토지를 취득하고 기존 건물을 철거하였다. 다음 사항을 고려하여 토지의 취득원가를 계산하면 얼마인가?

(단위 : 원)

㉮ 토지 취득가격   1,000,000
㉯ 토지 취득세 및 제세공과금   50,000
㉰ 중개수수료   10,000
㉱ 건물 철거비용   200,000
㉲ 철거 시 발생한 폐자재 처분 수익   50,000
㉳ 공장신축 전 임시 주차장으로 운영하여 발생한 수익   100,000
㉴ 토지 사용을 위한 하수도 공사비용   150,000

① 1,250,000원   ② 1,260,000원
③ 1,360,000원   ④ 1,400,000원
⑤ 1,410,000원

정답 | ③
해설 | ㉮+㉯+㉰+㉱−㉲+㉴=1,360,000원

07 ㈜경기는 보유하고 있는 유형자산 A를 ㈜서울이 보유하고 있는 유형자산 B와 이종자산 교환거래를 하였다. 이 과정에서 ㈜경기는 공정가치 차액인 현금 100,000원을 ㈜서울에 지급하였다. ㈜경기가 취득한 유형자산 B의 취득원가는 얼마인가?

구분	유형자산 A	유형자산 B
취득원가	1,000,000원	1,300,000원
감가상각누계액	200,000원	400,000원
장부금액	800,000원	900,000원
공정가치	860,000원	960,000원

① 800,000원   ② 900,000원
③ 960,000원   ④ 1,060,000원
⑤ 1,300,000원

정답 | ③

해설 | 취득원가는 제공한 자산의 공정가치에 현금 지급액을 가산한 860,000 + 100,000 = 960,000원이다.

(회계처리)	유형자산 B	960,000	유형자산 A	1,000,000
	감가상각누계액	200,000	현 금	100,000
			처분이익	60,000

> **Key Point!**
> ※ 유형자산처분이익 = 수취한 자산 FV − (제공한 자산 BV + 현금지급액) = 960,000 − (800,000 + 100,000)
> = 60,000

08 ㈜백두는 업무용 차량 A를 ㈜한라의 업무용 차량 B와 교환하고 현금 3,000,000원을 추가로 지급하였다. 동 거래는 동종자산의 교환으로 수반된 현금은 유의적이지 않다. 거래 당시 차량 A의 장부금액은 15,000,000원, 공정가치는 16,000,000원이고, 차량 B의 장부금액은 19,000,000원이고 공정가치는 21,000,000원이다. ㈜백두가 취득한 차량 B의 취득원가는 얼마인가?

① 13,000,000원
② 16,000,000원
③ 18,000,000원
④ 19,000,000원
⑤ 21,000,000원

정답 | ③

해설 | 동종자산 교환에서 수반된 현금이 유의적이지 않으므로 전체 거래를 동종자산의 교환으로 보아 제공한 자산의 장부금액과 지급한 현금을 포함한 금액을 취득원가로 한다.

09 ㈜경북은 20X1.01.01.에 건물이 있는 토지를 50,000,000원에 취득하였다. 취득당시 토지와 건물의 공정가치 비율은 4:1이었다. 건물의 내용연수는 5년이고 잔존가치는 없는 것으로 추정하였다. ㈜경북은 토지 취득 후 건물 신축을 위하여 기존 건물을 철거하였다. 철거비용은 3,000,000원이고 폐자재 판매수익은 1,000,000원이다. 신축 건물은 20X1.10.31.에 완공되었고 소요된 공사비는 36,000,000원이다. 내용연수는 20년이고 잔존가치는 없으며 정액법으로 감가상각한다. 20X1.12.31. 토지와 신축건물의 장부금액은 얼마인가?

	토지 장부금액	신축건물 장부금액
①	40,000,000원	36,200,000원
②	40,000,000원	37,683,333원
③	42,000,000원	44,200,000원
④	52,000,000원	34,200,000원
⑤	52,000,000원	35,700,000원

정답 | ⑤

해설 | 건물 신축을 위하여 토지를 취득한 경우 순철거비용은 토지 취득원가에 가산한다. 즉 토지와 기존 건물의 공정 가치대로 취득원가를 안분할 필요가 없다. 따라서 토지 취득원가는 50,000,000원에 순철거비용 2,000,000원 (3,000,000원 − 1,000,000원)을 더한 52,000,000원이고, 신축 건물의 장부금액은 감가상각비 300,000원 (36,000,000원÷20년×2/12)을 차감한 35,700,000원이다.

10 ㈜전남은 국고보조금 1,000,000원으로 시가 1,500,000원의 기계장치를 현금 취득하였다. 회계처리로 올바른 것은?

① (보조금 수령시점) 국고보조금   1,000,000 | 현   금   1,000,000

② (보조금 수령시점) 국고보조금   1,000,000 | 국고보조금   1,000,000

③ (자산 취득시점)   기 계 장 치   1,500,000 | 현   금   1,000,000

                국고보조금   500,000

④ (자산 취득시점)   기 계 장 치   1,500,000 | 현   금   500,000

                국고보조금   1,000,000

⑤ (자산 취득시점)   기 계 장 치   1,500,000 | 현   금   1,500,000

                국고보조금   1,000,000   국고보조금   1,000,000

정답 | ⑤

해설 | 국고보조금은 자산 취득 시 재무상태표상 자산의 차감계정으로 표시된다.

(보조금 수령 시)   현   금   1,000,000 | 국고보조금   1,000,000

(자산 취득 시)   기계장치   1,500,000 | 현   금   1,500,000

                (현금)국고보조금   1,000,000   (자산)국고보조금   1,000,000

차변의 (현금)국고보조금 계정은 보조금 수령 시 인식한 국고보조금을 제거하는 분개이고, 대변의 (자산)국고보조금 계정은 자산의 차감계정으로 인식하는 분개이다.

11 ㈜전북은 20X1.01.01.에 사용 종료 후 원상복구 의무가 있는 해양구조물을 1,000,000원에 취득하였다. 해양구조물의 내용연수는 5년, 잔존가치는 200,000원, 정액법으로 감가상각한다. 내용연수 종료 후 복구원가는 100,000원으로 예상되고, 복구원가에 대한 유효이자율은 8%이다. 20X1.12.31. 해양구조물 장부금액은 얼마인가? (5년, 8% 현가계수는 0.68이고, 종가계수는 1.47이다.)

① 854,400원   ② 894,400원

③ 1,000,000원   ④ 1,068,000원

⑤ 1,100,000원

정답 | ②

해설 | 복구원가의 현재가치를 고려하면 취득원가는 1,000,000원 + 100,000원 × 0.68 = 1,068,000원이다.
감가상각비는 (1,068,000원 - 200,000원)/5년 = 173,600원이므로 20X1년 말 장부금액은 894,400원이다.

12 ㈜경남은 20X1.01.01.에 기계장치를 1,000,000원에 취득하였다. 내용연수는 5년이고, 잔존가치는 없는 것으로 추정하였다. 20X2.12.31. 기계장치는 진부화로 인하여 공정가치가 480,000원으로 하락했으며, 사용가치는 500,000원으로 추정되었다. 20X2.12.31.에 인식할 손상차손은 얼마인가?

① 100,000원   ② 120,000원

③ 260,000원   ④ 300,000원

⑤ 320,000원

정답 | ①

해설 | 감가상각비 = 1,000,000원/5년 = 200,000원, 20X2.12.31. 회수가능액 = Max[480,000원, 500,000원]
손상차손 = 장부금액 - 회수가능액 = (1,000,000원 - 400,000원) - 500,000원 = 100,000원

13 ㈜충북은 20X1.01.01.에 사용 종료 후 원상복구할 의무가 있는 해양구조물을 2,000,000원에 취득하였다. 해양구조물의 내용연수는 5년, 잔존가치는 500,000원, 정액법으로 감가상각한다. 내용연수 종료 후 복구원가는 300,000원으로 예상되고, 복구원가에 대한 유효이자율은 5%이다. 바르지 못한 설명은? (소수점은 첫째 자리에서 반올림한다.)

① 20X1.01.01. 인식할 취득원가는 2,235,058원이다.

② 20X1.01.01. 인식할 복구충당부채는 235,058원이다.

③ 20X1.12.31. 인식할 복구충당부채전입액은 11,753원이다.

④ 20X1.12.31. 복구충당부채는 246,811원이다.

⑤ 20X1.12.31. 해양구조물 장부금액은 1,788,046원이다.

정답 | ⑤

해설 | 복구원가 현재가치 = 300,000원 × 1/(1.05)^5 = 235,058원,

취득원가 = 2,000,000원 + 235,058원 = 2,235,058원

20X1년 말 복구충당부채전입액 = 235,058원 × 0.05 = 11,753원

20X1년 말 복구충당부채 = 235,058원 + 11,753원 = 246,811원

감가상각비 = (2,235,058원 − 500,000원)/5년 = 347,012원

20X1년 말 BV = 2,235,058원 − 347,012원 = 1,888,046원

14 ㈜대구는 20X1.01.01.에 정부보조금 800,000원을 수령하여 건물을 2,000,000원에 취득하였다. 내용연수는 10년이고 정액법으로 감가상각한다. 20X1.12.31. 건물의 감가상각비와 장부금액은 얼마인가?

	감가상각비	장부금액
①	120,000원	1,080,000원
②	160,000원	1,080,000원
③	200,000원	1,080,000원
④	120,000원	1,120,000원
⑤	200,000원	1,120,000원

정답 | ①

해설 | 정부보조금은 자산차감법을 사용하므로 기초장부금액은 2,000,000원 − 800,000원 = 1,200,000원이다.

따라서 감가상각비 = 1,200,000원/10년 = 120,000원이므로 기말장부금액은 1,080,000원이다.

15 ㈜제주는 20X0.01.01.에 정부보조금 1,000,000원을 수령하고 제품생산을 위한 기계장치 3,000,000원을 취득하였다. 다음 자료를 참조할 때 올바른 설명은?

재무상태표				
	20X1.12.31.		20X0.12.31.	
기계장치	3,000,000원		3,000,000원	
정부보조금	(600,000원)		(800,000원)	
감가상각누계액	(1,200,000원)	1,200,000원	(600,000원)	1,600,000원

① 감가상각비 400,000원은 제조원가로 반영한다.

② 감가상각비 400,000원은 판매 및 일반관리비로 반영한다.

③ 감가상각비 600,000원은 제조원가로 반영한다.

④ 감가상각비 600,000원은 판매 및 일반관리비로 반영한다.

⑤ 감가상각비 600,000원은 영업외비용으로 반영한다.

16 ㈜경주는 20X1년 중 유형자산을 90,000원 신규로 취득하였다. 당기 손익계산서에 계상된 감가상 각비 20,000원이다. 동사는 당기 중 유형자산을 40,000원에 매각하였다. 다음 부분재무상태표를 참고하여 유형자산처분손익을 계산하면 얼마인가?

부분재무상태표				
	20X1년 말		20X0년 말	
유형자산	150,000원		80,000원	
감가상각누계액	(50,000원)	100,000원	(30,000원)	50,000원

① 처분손실 10,000원

② 처분이익 10,000원

③ 처분손실 15,000원

④ 처분이익 15,000원

⑤ 처분이익 20,000원

17 다음 중 유형자산의 재평가와 관련한 설명 중 바르지 못한 것은?

① 모든 유형자산에 대해 동일하게 재평가 모형을 적용할 수 있다.

② 토지와 건물에 대해 각각 원가모형과 재평가모형을 선택하여 적용할 수 있다.

③ 공정가치가 증가한 토지와 공정가치가 감소한 토지가 있더라도 원가모형과 재평가모형을 선택해 서 적용할 수는 없다.

④ 기 인식한 유형자산 재평가손실이 있는 경우, 재평가잉여금은 그에 상당하는 금액을 한도로 재평 가이익의 계정으로 당기손익으로 인식한다.

⑤ 기 인식한 유형자산 재평가잉여금이 있는 경우, 재평가손실은 그에 상당하는 금액을 한도로 재평 가잉여금을 제거하는 형태로 당기손익으로 인식한다.

18 ㈜충북은 20X1년에 기계장치를 100,000원에 취득한 후 재평가모형을 적용하기로 하였다. 기계장치의 공정가치가 20X1년 말 60,000원이고 20X2년 말 90,000원인 경우 다음 설명 중 바르지 못한 것은? (기계장치의 내용연수는 5년, 정액법으로 감가상각한다.)

① 20X1년 말 재평가로 인하여 당기순이익은 20,000원 감소한다.

② 20X2년 말 재평가로 인하여 당기순이익은 20,000원 증가한다.

③ 20X2년 말 재평가로 인하여 총포괄이익은 25,000원 증가한다.

④ 20X1년 말 기계장치 장부금액은 60,000원으로 표시된다.

⑤ 20X2년 말 기타포괄손익으로 인식할 재평가잉여금은 25,000원이다.

정답 | ③

해설 | 20X2년 말 총포괄이익은 당기순이익과 기타포괄이익의 합계이므로 45,000원이 증가한다.

(취득 시)	기계장치	100,000	현 금	100,000	
(20X1년 말)	감가상각비	20,000	감가상각누계액	20,000	
	재평가손실	20,000	기계장치	20,000	→ 당기순이익 감소
(20X2년 말)	감가상각비	15,000	감가상각누계액	15,000	
	기계장치	45,000	재평가이익	20,000	→ 당기순이익 증가
			재평가잉여금	25,000	→ 기타포괄이익 증가

19 ㈜제주는 20X1년 초에 기계장치를 1,000,000원에 구입하였는데 내용연수는 5년이고 잔존가치는 없는 것으로 추정하였다. 기계를 3년간 사용한 후 20X4년 초에 400,000원을 들여 대폭 수선하여 내용연수가 3년 연장되었다. 정액법으로 감가상각할 경우 20X4년 말에 인식할 감가상각비는 얼마인가?

① 80,000원   ② 160,000원

③ 200,000원   ④ 233,333원

⑤ 280,000원

정답 | ②

해설 | 20X4년 초 대규모 수선이 내용연수를 증가 시켰으므로 기계장치 장부금액에 가산한다. 20X3년 말 장부금액이 400,000원이므로 감가상각비는 (400,000원 + 400,000원)/(2년 + 3년) = 160,000원

20 ㈜델리는 만쥬를 제조판매하는 회사이다. 회사는 20X1년 초에 기계장치를 1,000,000원에 구입하였는데 내용연수 5년, 잔존가치는 없으며 정액법으로 감가상각한다. 회사는 20X1년도에 만쥬를 10,000개 생산하여 7,000개를 판매하였다. 기초 및 기말 재공품은 없다. 만쥬의 제조원가의 구성요소는 감가상각비만 있다고 가정할 때 20X1년도 만쥬 판매와 관련하여 인식되는 비용은 얼마인가?

① 0원   ② 70,000원

③ 120,000원   ④ 140,000원

⑤ 200,000원

정답 | ④

해설 | 20X1년 감가상각비 200,000원이므로 1개당 감가상각비는 20원이다. 즉 1개의 제조원가가 20원이므로 7,000개에 대한 제조원가는 140,000원이다. 즉 매출원가(비용)는 140,000원이다.

21 ㈜백두는 20X5년도 당기순이익이 5,000,000원이었다. 동사는 20X1년 초에 1,000,000원에 구입한 기계장치(감가상각누계액 500,000)를 20X5년 중 300,000원에 처분하였다. 20X5년 법인세가 20%일 때 기계장치 처분으로 인한 실질현금유입액은 얼마인가?

① 300,000원

② 340,000원

③ 420,000원

④ 560,000원

⑤ 700,000원

정답 | ②

해설 | 실질현금유입액 = 기계장치 처분가액 + 처분손실 법인세 혜택 = 300,000원 + 200,000원 × 0.2 = 340,000원

22 유형자산의 감가상각과 관련한 설명 중 옳은 것을 모두 고르면?

> ㉮ 정률법은 초기에 감가상각 금액이 크고 후기로 갈수록 적어진다.
> ㉯ 당기 제품생산수량보다 판매수량이 적은 경우 제조설비의 감가상각비를 인식하면 그 금액만큼 이익이 감소한다.
> ㉰ 감가상각방법의 변경은 회계추정의 변경으로 처리한다.
> ㉱ 감가상각방법은 회계정책목표에 따라 회사가 임의적으로 선택할 수 있다.
> ㉲ 건물이 있는 토지의 가치가 상승할 경우 건물의 내용연수가 연장된다.

① ㉮, ㉯, ㉰

② ㉮, ㉰, ㉱

③ ㉯, ㉰, ㉱

④ ㉯, ㉱, ㉲

⑤ ㉰, ㉱, ㉲

정답 | ②

해설 | ㉯ 생산수량보다 판매수량이 적을 경우 제조설비의 감가상각비 일부는 기말재고에 포함되므로 매출원가에는 인식한 감가상각비보다 더 적은 금액이 매출원가에 포함된다. 결국 매출원가에 포함된 감가상각비만큼 이익이 감소하게 된다.

23 ㈜서울은 20X1.01.01.에 기계장치를 1,000,000원에 취득하였다. 내용연수는 5년이고, 잔존가치는 없는 것으로 추정하였으며 정액법으로 감가상각한다. 20X2.12.31. 기계장치는 진부화로 인하여 공정가치가 420,000원으로 하락했으며, 사용가치는 450,000원으로 추정되었다. 20X4.12.31. 기계장치의 회수가능액이 250,000원으로 회복되었을 경우 인식할 손상차손환입액은 얼마인가?

① 50,000원

② 60,000원

③ 80,000원

④ 100,000원

⑤ 150,000원

정답 | ①

해설 | 손상되지 않았을 경우 20X4년 말 장부금액은 200,000원이고 손상 후 20X4년 말 장부금액은 150,000원이므로 회수가능액이 250,000원으로 회복되었다고 하더라도 200,000원을 한도로 손상차손을 환입한다. 따라서 50,000원을 환입한다.

24 ㈜탐라의 20X1년 말 유형자산 내역이다. 20X1년 말부터 토지와 기계장치에 대하여 재평가모형을 적용하는 경우 재평가가 손익계산서에 미치는 영향은 얼마인가?

구분	취득원가	20X1년 공정가치
기계장치	2,500,000원	1,000,000원
토 지	5,000,000원	6,000,000원

	당기순이익	기타포괄이익
①	500,000원 감소	변화없음
②	1,500,000원 감소	1,000,000원 증가
③	변화없음	500,000원 감소
④	1,000,000원 증가	1,500,000원 감소
⑤	변화없음	변화없음

정답 | ②

해설 | 기계장치의 재평가손실은 당기손익에 반영되고, 토지의 재평가잉여금은 기타포괄손익에 반영된다.

25 ㈜성영은 20X0.01.01.에 2,000,000원에 취득한 기계장치를 20X2.06.30.에 처분하였다. 동사의 회계기간은 1.1부터 12.31일까지이다. 기중 취득한 유형자산은 없으며 기계장치 관련 재무정보는 다음과 같다. 기계장치 처분으로 유입된 현금은 얼마인가?

부분재무상태표					
	20X1년 말			20X0년 말	
기계장치	0원			2,000,000원	
감가상각누계액	(0원)	0원		(800,000원)	1,200,000원

부분손익계산서	
감가상각비	100,000원
처분이익	300,000원

① 900,000원
② 1,100,000원
③ 1,200,000원
④ 1,300,000원
⑤ 1,400,000원

정답 | ⑤

해설 | 현금유입액 = 처분장부가액 1,100,000원 + 처분이익 300,000원 = 1,400,000원

유형자산			
기초	1,200,000원	처분 장부가	1,100,000원
		감가상각비	100,000원
취득	0원	기말	0원

C e r t i f i e d   C r e d i t   A n a l y s t **PART 01**

출제 포인트 ■ ■ ■
- 무형자산의 종류
- 무형자산의 인식요건
- 무형자산의 상각방법

1. 무형자산의 의의

(1) 무형자산의 정의

① 물리적 형체가 없지만 식별가능하고, 기업이 통제하고 있으며, 미래 경제적 효익을 제공하는 비화폐성자산[26]을 말한다.

(2) 무형자산의 특징

① 영업상 목적으로 획득 또는 보유하고 있으며, 물리적 형체가 없다.
② 미래 경제적 효익과 내용연수가 있지만 그 금액과 기간을 객관적으로 측정하기 어렵고 불확실하다.
③ 특정기업에만 가치가 있는 경우가 대부분이며, 그 가치가 상대적 경쟁력에 의하여 좌우된다.

(3) 무형자산의 분류

무형자산은 특정기준에 따라 분류하기 어렵기 때문에 식별가능성과 취득방법(외부구입, 내부창출)에 따라 분류한다. 분류별 회계처리방법은 다음과 같다.

구분		식별가능성	
		식별가능 무형자산	식별불가능 무형자산
취득방법	외부구입	Ⅰ	Ⅱ
	내부창출	Ⅲ	Ⅳ

Ⅰ(외식). 자산으로 처리하고 내용연수에 따라 상각한다(산업재산권 등).
Ⅱ(외식불). 자산으로 처리하고 내용연수에 따라 상각한다(사업결합으로 취득한 영업권).
Ⅲ(내식). 자산인식요건을 갖춘 경우 자산으로 처리하고 내용연수에 따라 상각한다(개발비). 그 외 발생 즉시 비용으로 처리한다(연구비, 경상개발비, 광고비 등).
Ⅳ(내식불). 발생 즉시 비용으로 처리한다(내부창출 무형자산 : 고정고객, 고객충성도, 시장점유률 등).

> **Key Point!**
> ※ 연구비, 경상개발비, 광고비, 교육훈련비, 고정고객, 고객충성도, 시장점유률, 내부창출 영업권 등은 비용으로 처리는 지출 항목임에 유의한다.

---

[26] 화폐성자산은 현금 및 확정되었거나 확정 가능한 화폐금액으로 받을 자산을 말하는 것으로 그 이외 자산은 모두 비화폐성자산 이다.

(4) 일반기업회계기준상 무형자산의 종류

① 산업재산권(특허권, 실용신안권, 의장권, 상표권, 상호권 및 상품명 포함)

② 라이선스와 프랜차이즈

③ 저작권

④ 컴퓨터소프트웨어

⑤ 개발비

⑥ 임차권리금

⑦ 광업권(K-IFRS에서는 무형자산으로 보지 않고 '광물자원의 탐사와 평가'로 별도 규정) 및 어업권

2. 무형자산의 취득

(1) 무형자산의 인식요건

무형자산은 ① 무형자산의 정의에 부합하고 ② 미래 경제적 효익이 기업에 유입될 가능성이 매우 높으며 ③ 자산의 취득원가를 신뢰성 있게 측정할 수 있을 때 인식한다.

> **Key Point!**
> ※ 미래 경제적 효익이 기업에 유입될 가능성에 대한 평가는 무형자산의 내용연수 동안 존재할 경제적 상황에 대한 합리적이고 객관적인 가정에 근거하여야 하여야 한다.
> ※ 미래 경제적 효익의 확실성('매우'의 정도)에 대한 평가는 기업이 무형자산을 최초로 인식하는 시점에서 입수 가능한 증거에 의하며, 외부 증거에 더 큰 비중을 둔다.

(2) 무형자산 정의의 세 가지 조건

① 식별가능성	• 자산이 분리가능하다. 기업의도와는 무관하게 기업에서 분리하거나 분할할 수 있고,개별적으로 또는 관련된 계약, 식별가능한 자산이나 부채와 함께 매각, 라이선스, 임대, 교환할 수 있다. • 자산이 계약상 권리 또는 기타 법적 권리로부터 발생한다. **Key Point!** ※ 이 경우 그러한 권리가 이전 가능한지 여부 또는 기업이나 기타 권리와 의무에서 분리 가능한지 여부는 고려하지 않는다.
② 통제	미래 경제적 효익에 대한 통제는 일반적으로 법적 권리로부터 나온다. 법적 권리가 없는 경우에는 통제를 입증하기 어렵다. **Key Point!** ※ 그러나 권리의 법적 집행가능성이 통제의 필요조건은 아니다.
③ 미래 경제적 효익	미래 경제적 효익은 재화의 매출이나 용역수익, 원가절감, 또는 자산의 사용에 따른 기타 효익의 형태로 발생한다.

(3) 무형자산의 원가

무형자산을 최초로 인식할 때에는 원가로 측정한다. 원가는 자산을 취득하기 위하여 제공한 대가의 공정가치를 말한다.

① 개별 취득 무형자산의 원가

　※ 구입가격(매입할인과 리베이트는 차감, 수입관세·환급받을 수 없는 제세금은 가산)

　※ 자산을 의도한 목적에 사용할 수 있도록 준비하는데 직접 관련된 원가

　㉠ 정부보조 등에 의한 취득

　　• 정부보조 등에 의해 무형자산을 무상 또는 공정가치보다 낮은 대가로 취득한 경우 취득원가는 취득일 공정가치로 한다.

　　• 무형자산의 공정가치를 알 수 없는 경우에는 구입원가와 자산을 사용할 수 있도록 준비하는데 직접 관련된 지출을 합한 금액으로 한다.

　㉡ 자산교환에 의한 취득

　　• 교환에 의한 취득원가는 제공한 자산의 공정가치로 한다.

　　• 제공한 자산의 공정가치가 불확실한 경우 취득한 자산의 공정가치를 취득원가로 할 수 있다.

② 사업결합에 의한 취득

　㉠ 사업결합으로 취득하는 무형자산의 원가는 취득일 공정가치로 한다.

　㉡ 사업결합으로 취득하는 무형자산은 「자산으로부터 발생하는 미래 경제적 효익이 실체에 유입될 가능성이 매우 높다.」는 인식조건을 항상 충족하는 것으로 본다.

　㉢ 사업결합으로 취득하는 무형자산의 공정가치는 일반적으로 영업권과 분리하여 인식될 수 있을 정도로 신뢰성 있게 측정할 수 있다.

　㉣ 사업결합으로 취득하는 무형자산이 유한한 내용연수를 가지고 있다면, 명백한 증거가 없는 한 그 자산의 공정가치를 신뢰성 있게 측정할 수 있다.

　㉤ 사업결합으로 취득하는 무형자산의 공정가치를 신뢰성 있게 측정할 수 없는 유일한 상황

　　• 당해 무형자산이 계약상 또는 기타 법적 권리로부터 발생하면서

　　• 분리가능하지 않거나

　　• 분리가능하더라도 동일하거나 유사한 자산의 교환거래의 경험 또는 증거가 없으며,

　　• 그러한 경험 또는 증거가 있다고 하더라도 공정가치 추정이 측정할 수 없는 변수에 의존하는 경우이다.

> **Key Point!**
> ※ 무형자산 공정가치를 측정하는데 추정치에 불확실성이 존재한다면, 그것은 공정가치를 신뢰성 있게 측정할 수 없다는 것이 아니라 그 사실이 공정가치 측정에 반영된다.

③ 내부적으로 창출한 영업권

　㉠ 내부적으로 창출한 영업권은 원가를 신뢰성 있게 측정할 수 없을 뿐만 아니라 기업이 통제하고 있는 식별가능한 자원도 아니기 때문에 자산으로 인식하지 않는다.

④ 내부적으로 창출한 무형자산

　㉠ 내부적으로 창출된 무형자산이 인식기준을 충족하는지를 평가하기 위하여 창출과정을 연구단계와 개발단계로 구분한다.

　㉡ 구분할 수 없는 경우에는 그 프로젝트에서 발생한 지출은 모두 연구단계에서 발생한 것으로 보아 발생한 기간의 비용으로 처리한다.

ⓒ 연구단계에 속하는 일반적인 활동
- 새로운 지식을 얻고자 하는 활동
- 연구결과 또는 기타 지식을 탐색, 평가, 최종선택 및 응용하는 활동
- 재료, 장치, 제품, 공정 등에 대한 여러 가지 대체안을 탐색하는 활동
- 새롭거나 개선된 재료, 장치, 제품, 공정 등에 대한 여러 가지 대체안을 제안, 설계 평가 및 최종 선택하는 활동
ⓔ 개발단계에서 발생한 지출이 다음을 모두 충족하는 경우에만 무형자산으로 인식하고, 그 외에는 발생한 기간 비용으로 처리한다.
- 무형자산의 사용·판매를 위해 그 자산을 완성시킬 수 있는 기술적 실현가능성 제시
- 무형자산을 사용·판매하려는 기업의 의도
- 완성된 무형자산을 사용·판매할 수 있는 기업의 능력 제시
- 무형자산의 미래 경제적 효익의 창출 방법(유용성)을 제시
- 무형자산의 개발, 사용·판매에 필요한 기술적, 금전적 자원을 충분히 확보하고 있다는 사실을 제시
- 개발단계에서 발생한 무형자산 관련 지출을 신뢰성 있게 구분하여 측정 가능할 것

> **Key Point!**
> ※ 개발단계의 일반적 활동
> - 생산 전 시작품과 모형의 설계, 제작, 시험, 금형·주형 등의 설계 활동
> - 사업적 생산이 아닌 소규모 시험공장 설계 건설 및 가동하는 활동
> - 개선된 재료, 장치, 제품, 공정 등에 대한 최종 선정안을 설계, 제작 및 시험하는 활동

ⓜ 내부적으로 창출한 무형자산의 원가
내부창출무형자산 원가는 인식기준을 최초로 충족한 이후에 발생하는 지출금액으로 한다.

[그림 8-1] 내부창출무형자산의 인식과정

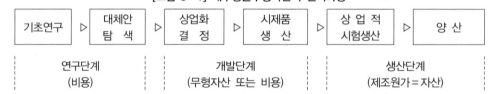

3. 무형자산 취득 또는 완성 후의 지출

다음 요건을 모두 충족하는 경우 자본적 지출(취득원가 가산)로 처리하고, 그렇지 않은 경우 발생한 기간 비용으로 처리한다.
① 관련 지출이 무형자산의 미래 경제적 효익을 실질적으로 증가시킬 가능성이 매우 높다.
② 무형자산과 직접 관련된 지출을 신뢰성 있게 측정할 수 있다.

4. 무형자산의 상각 및 손상

(1) 무형자산의 상각

① 상각기간
- ㉠ 독점적·배타적 권리를 부여하고 있는 관계 법령이나 계약에 정해진 경우를 제외하고는 20년을 초과할 수 없다.
- ㉡ 상각은 자산이 사용가능한 때부터 시작한다.
- ㉢ 무형자산의 공정가치 또는 회수가능액이 증가하더라도 상각은 원가에 기초한다.

② 상각방법
- ㉠ 자산의 경제적 효익이 소비되는 형태를 반영한 합리적인 방법(정액법, 정률법, 연수합계법, 생산량비례법 등)으로 상각한다.
- ㉡ 합리적인 방법을 정할 수 없을 때에는 정액법을 사용한다.

③ 잔존가치
- ㉠ 무형자산의 잔존가치는 없는 것을 원칙으로 한다.
- ㉡ 단, 경제적 내용연수보다 짧은 상각기간을 정한 경우 상각기간 종료시점 제3자의 자산 구입 약정 또는 거래시장에서 자산가치 결정 가능성이 매우 높은 경우 잔존가치를 인식할 수 있다.
- ㉢ 무형자산의 잔존가치는 유사환경에서 사용하다가 매각된 동종 무형자산의 매각가격을 이용하여 추정할 수 있다. 잔존가치를 결정한 이후에는 가격이나 가치변동에 따라 증감시키지 않는다.

④ 잔존가치·상각기간·상각방법의 변경
- ㉠ 최근 보고기간 이후, 자산의 사용방법, 기술적 진보, 시장가격 변동과 같은 요소는 무형자산의 잔존가치 또는 내용연수가 달라졌다는 지표가 될 수 있다. 이러한 지표가 존재한다면 기업은 종전의 추정치를 재검토하고, 기존과 달라졌다면 잔존가치·상각기간·상각방법을 변경한다.
- ㉡ 잔존가치·상각기간·상각방법의 변경은 회계추정의 변경이다.

(2) 무형자산의 손상

① 유형자산과 마찬가지로 무형자산도 손상이 발생하면 발생연도에 즉시 손실을 인식한다.
- ㉠ 손상징후가 발생하면 회수가능액을 추정한다. 회수가능액이 장부금액에 미달하면 장부금액을 회수가능액으로 조정하고 그 차액을 손상차손으로 인식한다.
- ㉡ 다만 매 보고일에 영업권을 제외한 무형자산에 대해 손상이 회복된 징후가 있는지 검토하고, 징후가 있다면 회수가능액을 추정하여 손상 전 장부금액을 한도로 손상차손을 환입한다.

(3) 무형자산의 사용중단

① 사용을 중지하고 처분을 위해 보유하는 무형자산은 사용을 중지한 시점 장부금액으로 표시한다.
② 이러한 자산은 투자자산으로 재분류하고 상각하지 않으며 매 회계연도말에 회수가능액을 평가하여 손상차손을 인식한다.

5. 영업권

(1) 영업권의 의의

① 개별적으로 식별하여 별도로 인식할 수 없으나 사업결합에 의하여 획득한 그 밖의 자산에서 발생하는 미래 경제적 효익을 나타내는 자산을 말한다.

② 일반기업회계기준에서는 사업결합으로 취득한 영업권에 한하여 무형자산으로 인정한다.

(2) 영업권의 상각

① 영업권은 무상각법, 즉시상각법, 내용연수상각법 등 3가지가 있다.

② 일반기업회계기준에서는 영업권을 그 내용연수에 걸쳐 정액법으로 상각하되, 내용연수는 미래 경제적 효익이 유입되는 기간으로 하며, 20년을 초과할 수 없다(K-IFRS에서는 영업권과 염가매수차익을 비한정내용연수의 무형자산으로 보아 무상각법을 채택하고, 매년 손상검사를 하도록 규정함).

③ 무형자산으로 인식된 영업권은 매 결산기에 회수가능액으로 평가하고, 손상이 발생한 경우 손상차손(당기비용)을 인식한다.

> **Key Point!**
> ※ 영업권은 손상차손환입을 인식할 수 없다. 그 이유는 후속적으로 증가한 회수가능액의 얼마만큼이 내부창출영업권이 아닌 영업권에 귀속되는지 밝힐 수 없기 때문이다.

6. 무형자산의 재평가

일반기업회계기준에서는 무형자산에 대해서 원가모형만 인정한다.

01 무형자산은 미래 경제적 효익과 내용연수가 있지만 그 금액과 기간을 객관적으로 측정하기 어렵고 불확실하다. ☐○☐×

○

02 고정고객, 고객충성도, 시장점유율 등은 내부창출된 것으로 무형자산에 포함된다. ☐○☐×

×
내부창출무형자산은 발생 즉시 비용으로 처리한다.

03 일반기업회계기준에 의하면 상호권, 임차권리금, 광업권은 무형자산에 포함된다. ☐○☐×

○

04 무형자산은 계약상 권리나 기타 법적 권리로부터 발생하므로 그 권리로부터 분리 가능해야 한다. ☐○☐×

×
권리와 분리 가능 여부는 고려하지 않는다.

05 정부보조금으로 무형자산을 공정가치보다 낮은 대가로 취득한 경우 취득원가는 취득일 실제 지급한 금액으로 한다. ☐○☐×

×
이 경우 취득일 공정가치를 취득원가로 한다.

06 무형자산의 공정가치를 측정하는데 추정치에 불확실성이 존재한다면 공정가치를 신뢰성 있게 측정할 수 없다. ☐○☐×

×
그러한 불확실성이 공정가치 측정에 반영이 된다.

07 무형자산의 상각은 사용가능한 때부터 시작하되 20년을 초과할 수 없다. ☐○☐×

○

08 영업권은 내용연구가 비한정이므로 상각하지 않는다. ☐○☐×

×
K-IFRS의 내용이다. 20년 이내에서 상각한다.

01 다음 중 무형자산은 모두 얼마인가?

㉮ 사업결합으로 취득한 영업권	50,000원
㉯ 연구결과 탐색을 위한 연구비	70,000원
㉰ 시제품 제작 금형·주형 설계비	100,000원
㉱ 상업생산 중에 발생한 품질원가	30,000원
㉲ 시제품 제작비	40,000원
㉳ 연구실 임차권리금	20,000원

① 50,000원 ② 90,000원
③ 110,000원 ④ 140,000원
⑤ 210,000원

정답 | ⑤
해설 | 무형자산 = 50,000원 + 100,000원 + 40,000원 + 20,000원 = 210,000원

02 무형자산에 대한 설명 중 옳은 것을 모두 고르면?

Ⅰ. 상품화된 소프트웨어 개발비는 무형자산으로 처리한다.
Ⅱ. 연구비는 항상 비용으로 처리한다.
Ⅲ. 전기에 비용으로 처리한 개발비라도 이후 자산성을 충족한 경우에는 전액 무형자산으로 처리할 수 있다.
Ⅳ. 사업결합으로 취득한 무형자산의 공정가치를 신뢰성 있게 측정할 수 있다면 영업권과 분리하여 별도 인식한다.
Ⅴ. 무형자산의 사용이 중단된 경우에는 투자자산으로 재분류하여 상각한다.

① Ⅰ, Ⅱ, Ⅲ ② Ⅰ, Ⅱ, Ⅳ
③ Ⅰ, Ⅱ, Ⅴ ④ Ⅱ, Ⅲ, Ⅳ
⑤ Ⅰ, Ⅳ,

정답 | ②
해설 | Ⅲ. 전기에 이미 비용으로 인식한 지출은 이후 기간에 자산으로 인식할 수 없다.
     Ⅴ. 사용이 중단된 무형자산은 투자자산으로 재분류하고 상각하지 않는다.

03 무형자산의 회계처리에 관한 설명 중 옳은 것을 모두 고르면?

> Ⅰ. 재료, 장치, 제품 등 여러 가지 대체안을 탐색하는 활동에서 발생한 지출은 비용으로 인식한다.
> Ⅱ. 사업적 생산이 아닌 소규모 시험공장을 건설하는데 발생한 지출은 무형자산으로 인식한다.
> Ⅲ. 내부창출영업권은 무형자산으로 인식하되, 상각하지 않는다.
> Ⅳ. 무형자산의 상각기간 · 상각방법의 변경은 회계정책의 변경이다.

① Ⅰ
② Ⅰ, Ⅱ
③ Ⅰ, Ⅱ, Ⅲ
④ Ⅰ, Ⅱ, Ⅳ
⑤ Ⅰ, Ⅱ, Ⅲ Ⅳ

정답 | ②
해설 | Ⅲ. 내부창출영업권은 무형자산으로 인식할 수 없다.
　　　 Ⅳ. 회계추정의 변경이다.

04 무형자산의 회계처리에 관한 설명으로 바르지 못한 것은?

① 무형자산의 식별가능성은 분리가능성 여부와 계약상 또는 법적 권리 여부에 따라 판단한다.
② 영업권의 회수가능액이 장부금액에 미달하고 그 미달 금액이 중요한 경우에는 손상차손을 인식하되, 추후 회복할 수 없다.
③ 연구결과 또는 지식을 탐색, 평가, 최종선택 및 응용하는 활동에서 발생한 지출은 전액비용으로 처리한다.
④ 무형자산의 공정가치 또는 회수가능액이 증가한 경우에는 그 증가한 금액에 기초하여 상각한다.
⑤ 무형자산의 합리적 상각방법을 정할 수 없는 경우에는 정액법으로 상각한다.

정답 | ④
해설 | 무형자산의 공정가 도는 회수가능액이 증가하더라도 상각은 원가에 기초한다.

05 일반기업회계기준상 무형자산에 대한 설명으로 옳은 것은?

① 고정고객, 고객충성도, 시장점유율 등은 내부창출무형자산으로 무형자산으로 인식한다.
② 대체안의 응용가능성을 탐색하는 활동은 내부창출무형자산의 인식과정 중 개발단계로 본다.
③ 구체적 용도가 정해지지 않은 연구시설물 건설비는 개발비로 인식한다.
④ 무형자산을 창출하기 위한 내부 프로세스를 연구단계와 개발단계로 구분할 수 없는 경우에는 모두 개발단계에서 발생한 것으로 본다.
⑤ 영업권은 20년을 초과하지 않는 범위에서 내용연수에 걸쳐 정액법으로 상각한다.

정답 | ⑤

해설 | ① 무형자산으로 인식할 수 없다.

② 연구단계로 본다.

③ 당기비용으로 처리한다.

④ 연구단계에서 발생한 것으로 본다.

06 ㈜한라의 순자산 장부금액은 160,000원(공정가치 240,000원), 연평균순이익은 40,000원, 동종 산업의 평균이익률은 연10%이다. 영업권을 초과이익환원법에 의하여 평가하는 경우 ㈜한라의 영 업권평가액은 얼마인가? (초과이익 지속기간 5년, 할인율 8%. 연금현가계수(5년, 8%) = 3.99, 연 금현가계수(5년, 10%) = 3.79라 가정한다.)

① 60,640원

② 63,840원

③ 95,760원

④ 151,600원

⑤ 159,600원

정답 | ②

해설 | 초과이익 = 40,000원 − 240,000원 × 10% = 16,000원, 영업권 = 16,000원 × 3.99 = 63,840원

07 무형자산의 회계처리에 관한 설명 중 잘못된 것은?

① 영업권은 사업결합으로 취득한 경우에만 무형자산으로 인식할 수 있다.

② 무형자산의 잔존가치는 없는 것이 원칙이다.

③ 사업결합으로 취득하는 무형자산은 「자산으로부터 발생하는 미래 경제적 효익이 기업실체에 유 입될 가능성이 매우 높다.」는 인식조건을 항상 충족하는 것으로 본다.

④ 외부구입한 무형자산은 식별이 불가능한 경우라도 자산으로 처리하고 상각한다.

⑤ 종업원의 숙련된 기술이 계속하여 미래 경제적 효익을 발생시키는 경우 무형자산으로 인식할 수 있다.

정답 | ⑤

해설 | 이 경우는 통제 가능성이 없기 때문에 무형자산으로 인식할 수 없다.

08 ㈜성영은 정부보조에 의하여 취득일 공정가치가 1,500,000원인 무형자산을 1,200,000원에 취득하였다. 틀린 설명은?

① 당해 무형자산의 취득원가는 1,200,000원이다.
② 정부보조금은 당해 무형자산의 내용연수 동안 상각한 금액과 상계한다.
③ 정부보조금은 취득원가의 차감계정으로 표시된다.
④ 정부보조금은 당해 무형자산이 처분될 경우 그 잔액을 처분손익에 반영한다.
⑤ 취득일 공정가치와 취득가액과의 차액은 별도로 인식하지 않는다.

정답 | ①
해설 | 정부보조 등에 의한 저가 취득은 취득일 공정가치를 취득원가로 한다. 즉 취득원가는 1,500,000원이다.

09 무형자산의 정의에 관한 설명으로 바르지 못한 것은?

① 자산의 식별가능성은 계약상의 권리 또는 기타 법적 권리로부터 발생한다.
② 자산의 식별가능성은 계약상의 권리 또는 기타 법적 권리의 이전 가능 여부와는 관련이 없다.
③ 미래 경제적 효익에 대한 통제는 법적 권리로부터 나온다.
④ 미래 경제적 효익에 대한 통제는 법적 권리의 집행가능성이 있어야 한다.
⑤ 미래 경제적 효익에 대한 법적 권리가 없다면 통제를 입증하기 어렵다.

정답 | ④
해설 | 법적 권리에 대한 집행가능성이 통제의 필요조건이 아니다. 즉 법적 권리만 있으면 통제하고 있다고 본다.

10 다음 중 내부창출무형자산의 인식과정 중 연구단계가 아닌 것은?

① 연구결과 또는 기타 지식을 탐색, 평가, 최종선택 및 응용하는 활동
② 새로운 지식을 얻고자 하는 활동
③ 재료, 장치, 재품, 공정 등에 대한 여러 가지 대체안을 탐색하는 활동
④ 개선된 재료, 장치, 제품, 공정 등에 대한 최종 선정안을 설계, 제작 및 시험하는 활동
⑤ 개선된 재료, 장치, 제품, 공정 등에 대한 여러 가지 대체안을 제안, 설계 평가 및 최종 선택하는 활동

정답 | ④
해설 | 최종 선정안에 대한 설계, 제작 및 시험 활동은 개발단계이다.

출제 포인트 ■ ■ ■ ■ 금융부채의 정의
■ 금융부채의 구분

1. 금융부채의 의의

(1) 금융부채의 정의

① 금융부채는 현금 또는 다른 금융자산을 지급하거나 불리한 조건으로 금융자산을 교환해야 하는 계약상의 의무를 말한다.

(2) 금융부채와 비금융부채의 구분

구분		계정과목
금융부채		매입채무, 미지급금, 미지급비용, 사채, 차입금 등
비금융부채	선수금	미래에 용역 또는 재화를 제공해야 하는 의무를 부담
	선수수익	미래에 용역을 제공해야 하는 의무를 부담
	제품보증충당부채	미래에 용역 또는 재화를 제공해야 하는 의무를 부담
	미지급법인세 등	법인세는 계약이 아니라 법률에 의하여 발생

> **Key Point!**
> ※ 구분하는 기준은 ① 현금 또는 기타 금융자산으로 결제하는지 ② 계약상의 의무인지로 판단한다.
> ※ 미지급금은 '주요 영업활동 이외 거래에 대한 지출로서 아직 대금이 지급되지 못한 확정된 채무'를 말하고, 미지급비용은 '계속 제공받는 용역에 대한 대가로 발생주의에 근거하여 비용으로 발생하였으나 지급기일이 도래하지 않아 확정되지 않은 채무'를 말한다.

(3) 금융부채의 인식

① 최초인식 시점

㉠ 금융부채는 금융상품의 계약당사자가 되는 때에만 재무상태표에 인식된다.

㉡ 금융부채를 인식하면 상대방은 금융자산을 인식하게 된다.

② 최초측정

㉠ 금융부채는 최초인식 시 공정가치로 측정한다.

㉡ 최초인식 이후 공정가치 변동을 당기손익으로 인식하는 금융부채[27]가 아닌 경우 당해 금융부채의 발행과 직접 관련된 거래원가는 공정가치에서 차감한다.[28]

---

27) 단기매매증권과 파생상품을 말한다. 그러나 파생상품 중 현금흐름위험회피 수단으로 지정되는 경우는 제외한다.
28) 일반적으로 상각후원가로 측정하는 금융부채가 해당한다.

③ 후속측정
　　㉠ 당기손익인식금융부채는 공정가치로 평가하여 그 변동을 당기손익으로 인식한다.
　　㉡ 상각후원가측정 금융부채는 유효이자율법을 이용하여 상각후원가와 이자비용을 배분한다.
　　㉢ 기타 금융부채는 해당 규정에 정한 방법으로 별도로 측정한다.

01 금융부채는 현금 또는 기타 금융자산으로 지급하거나 불리한 조건으로 금융자산을 교환해야 하는 계약상의 의무이다. ☐☒

02 정상적 영업화동과정에서 미래에 재화나 용역을 제공하기로 하고 대금의 전부 또는 일부를 미리 수령한 금액을 선수금이라 한다. ☐☒

03 자동차부품을 제조·판매하는 회사가 당기 중 기계장치를 구입하고 대금은 1년 후 지급하기로 한 경우 금융부채를 인식한다. ☐☒

04 장기차입금은 유동성장기부채로 재분류되는지와 관계없이 금융부채이다. ☐☒

05 선수수익은 금융부채이다. ☐☒

○

○

○
영업 외적 활동으로 매입채무가 아닌 미지급금으로 금융부채에 해당한다.

○

×

01 다음 중 금융부채로 분류되는 것을 모두 얼마인가?

Ⅰ. 장기차입금	5억	Ⅵ. 매입채무	10억
Ⅱ. 선수금	4억	Ⅶ. 미지급법인세	9억
Ⅲ. 선급금	3억	Ⅷ. 미지급비용	8억
Ⅳ. 선수수익	2억	Ⅸ. 장기수선충당금	7억
Ⅴ. 선급비용	1억	Ⅹ. 제품보증충당부채	6억

① 15억원   ② 16억원

③ 23억원   ④ 24억원

⑤ 25억원

정답 | ③

해설 | 금융부채 = 장기차입금 5억 + 매입채무 10억 + 미지급비용 8억 = 23억원

02 ㈜경북은 20X1.07.01. 광주은행으로부터 이자율 10%에 1,200,000원을 차입하였다. 원리금은 1년 후 일시에 상환하기로 약정하였다. 이 거래가 20X1년 말 ㈜광주의 재무제표에 미치는 영향을 설명한 것 중 바르지 못한 것은? (㈜광주의 결산일은 12.31.이다.)

① 부채가 1,260,000원 증가한다.

② 자산이 1,200,000원 증가한다.

③ 비용 발생액은 60,000원이다.

④ 부채와 자본의 증가금액의 합계는 1,260,000원이다.

⑤ 자산과 자본의 증가금액의 합계는 1,140,000원이다.

정답 | ④

해설 | 부채 = 차입금 1,200,000원 + 이자비용 60,000원 = 1,260,000원이고, 자산은 차입으로 현금이 1,200,000원 증가한다. 따라서 자본 = 자산 1,200,000원 - 부채 1,260,000원 = (60,000원)이다. 결국 부채와 자본의 증가금액의 합계는 자산 증가금액과 동일한 1,200,000원이다.

03 다음은 전자부품 제조사 ㈜서울의 거래 내역이다. 관련 회계처리로 바르지 못한 것은?

20X1.07.01.	A은행으로부터 이자율 연10%에 1,000,000원을 차입하였다. 이자는 6개월 후급이지만 20X2.01.01. 현재 발생 이자를 지급하지 못하고 있다. 만기는 20X2.12.31.이다.
20X1.10.01.	기계장치(200,000원)를 6개월 후 대금지급조건으로 외상구입하였다.
20X1.11.01.	20X2년 2월말까지 제품을 인도하기로 하고 계약금 300,000원을 수령하였다.

① (20X1.07.01.) 현　　　금　　　1,000,000 ｜ 단기차입금　　　　　1,000,000
② (20X1.12.31.) 이자비용　　　　　50,000 ｜ 미지급비용　　　　　　50,000
③ (20X2.01.01.) 미지급비용　　　　50,000 ｜ 미지급금　　　　　　　50,000
④ (20X1.10.01.) 기계장치　　　　 200,000 ｜ 매입채무　　　　　　 200,000
⑤ (20X1.11.01.) 현　　　금　　　 300,000 ｜ 선수금　　　　　　　 300,000

정답 ｜ ④
해설 ｜ 영업 외적 활동에 의한 확정된 채무이므로 미지급금으로 처리한다. ③에서 기말에 인식한 이자비용은 미지급비용이지만 이를 지급하지 못하면 확정된 채무로서 미지급금으로 처리한다.

04 ㈜서울은 단기 자금을 조달하여 신규 사업에 투자하고자 한다. 이에 거래은행인 A은행은 ㈜서울의 여신한도 확대를 검토 중이다. A은행은 20X1년 말 재무구조상 단기상환능력이 양호하면 추가적인 여신한도를 확대하려고 한다. 다음 중 여신한도 확대에 영향을 미치지 않는 것은?

① 매입채무　　　　　　　　　　　② 단기차입금
③ 미지급비용　　　　　　　　　　④ 장기투자자산
⑤ 선수수익

정답 ｜ ④
해설 ｜ 단기상환능력은 유동비율(＝유동자산÷유동부채)로 판단하므로 장기투자자산은 관련이 없다.

05 ㈜성영은 20X1.10.01.에 서울은행으로부터 1,000,000원을 차입하였다. 이자율은 연6%이고 3개월 후급, 만기는 20X2.09.30.이다. ㈜성영은 20X1년 말 현재 1회차 이자를 납입하지 못하고 있다. 20X2.01.01. 재무상태표에 미치는 영향으로 옳은 것은? (㈜성영의 회계기간은 1.1~12.31.이다.)

① 미지급비용 15,000원 증가　　　　　　② 미지급금 15,000원 증가

③ 미지급비용 30,000원 증가　　　　　　④ 미지급금 30,000원 증가

⑤ 미지급비용 60,000원 증가

정답 | ②

해설 | 이자비용을 지급하지 못했으므로 확정된 채무로서 이자비용은 미지급금으로 대체된다.

　　(20X1.12.31)　이자비용　　15,000　|　미지급비용　15,000
　　(20X2.01.01)　미지급비용　15,000　|　미지급금　　15,000

　　만일, 정상적으로 이자비용을 지급했다면 다음과 같이 처리된다.

　　(20X1.12.31)　이자비용　15,000　|　보통예금　15,000

출제 포인트 ■ ■ ■ 유효이자율법을 활용한 사채의 이자비용과 장부금액 계산
- 전환사채의 자본요소의 측정
- 전환사채와 신주인수권부사채의 구분

1. 사채

(1) 사채의 의의

① 사채의 개념
  ㉠ 기업이 유가증권(채권)을 발행하여 불특정 다수로부터 자금을 차입(조달)하는 정형화된 부채를 말한다.
  ㉡ 사채는 발행회사가 상각후원가로 측정하는 대표적인 금융부채이자 비유동부채이다.

(2) 사채발행금액의 결정

① 사채발행형태

발행형태	이자율 관계	사채이자 계산
액면발행	표시이자율 = 시장이자율	현금지급액
할인발행	표시이자율 < 시장이자율	현금지급액 + 차금상각액
할증발행	표시이자율 > 시장이자율	현금지급액 − 차금환입액

> **Key Point!**
> ※ 사채발행 이후 이자율 관계에 변동이 있더라도 사채발행금액과는 무관하다. 발행 이후 시장이자율 변동은 투자자들의 자본이득 또는 자본손실로 귀속된다.

② 사채발행금액

$$사채발행금액 = 사채발행대가 − 사채발행비$$

  ㉠ 사채발행대가 : 사채발행가격으로 사채 미래현금흐름의 현재가치이다.
  ㉡ 사채발행비 : 사채발행 시 인수수수료나 사채권인쇄비 등 직접 관련 비용을 말한다.

> **Key Point!**
> ※ 사채발행가격 계산 시 사용하는 할인율은 사채발행 당시 현재의 시장이자율을 사용한다.
> ※ 시장이자율이 높아지면 현재가치가 감소하므로 사채발행가격은 작아진다.
> $$시장이자율 = 기준금리 + 기업신용위험프리미엄$$
> ※ 기준금리는 모든 기업에 동일하게 적용되지만 기업마다 신용위험이 달라 사채를 발행하는 기업별로 시장이자율은 달라진다. 따라서 동일한 조건(만기, 표면이율, 발행일자 등)으로 사채를 발행하더라도 기업신용위험에 따라 사채의 발행금액은 다르게 결정된다.

③ 사채발행 시 회계처리

발행형태	회계처리
액면발행	현　금　XXX　｜　사　채　XXX
할인발행	현　금　XXX　｜　사　채　XXX 사채할인발행차금 XXX
할증발행	현　금　XXX　｜　사　채　　　XXX 사채할증발행차금 XXX

(3) 사채의 인식

① 최초인식

　㉠ 사채(금융부채)는 최초인식시 공정가치로 인식한다. 여기서 '공정가치'는 최초인식시점 미래현금유출액(이자＋원금)을 발행일 시장이자율로 할인한 현재가치를 말한다.

② 사채이자의 인식

　㉠ 결산기말 이자지급기간이 경과한 만큼 미지급사채이자를 인식하면 된다.

　㉡ 이자는 유효이자율법을 사용하여 유효이자를 이자비용으로 인식하고 지급이자(액면이자)와의 차액을 상각 또는 환입하여 장부금액에 반영한다.

(4) 사채의 상환

① 사채는 만기에 액면을 상환하게 된다.

② 사채를 조기상환하는 경우에는 상환시점 장부금액과 상환금액과의 차액을 사채상환손익으로 인식한다.

(5) 사채 발행유형별 회계처리 사례

① 액면발행

[사례 10-1]

㈜한라는 액면 10,000원, 액면이자 5%, 만기 3년인 사채를 시장이자율 5%에 20X1.01.01. 발행하였다. 만기 상환시점까지 회계처리를 제시하시오. (이자는 각 기말에 지급한다.)

해설 | 액면이자율과 시장이자율이 같으므로 액면발행이다.

일자	유효이자(5%)	액면이자(5%)	차금상각	장부금액
20X1.01.01.				10,000
20X1.12.31.	500	500	0	10,000
20X2.12.31.	500	500	0	10,000
20X3.12.31.	500	500	0	10,000

(회계처리)

일자	회계처리
20X1.01.01.	현　금 10,000　｜　사　채 10,000
20X1.12.31.	사채이자　500　｜　현　금　500
20X2.12.31.	사채이자　500　｜　현　금　500
20X3.12.31.	사채이자　500　｜　현　금　500 사　채 10,000　｜　현　금 10,000

② 할인발행

[사례 10-2]

㈜한라는 액면 10,000원, 액면이자 5%, 만기 3년인 사채를 시장이자율 8%에 20X1.01.01. 발행하였다. 만기 상환시점까지 회계처리를 제시하시오. (이자는 각 기말에 지급한다.)

해설 | 시장이자율이 액면이자율보다 크므로 할인발행이다. 따라서 발행가격은 다음과 같다.

$$발행가격 = \frac{500}{1.08} + \frac{500}{1.08^2} + \frac{500}{1.08^3} + \frac{10,000}{1.08^3} = 9,227원$$

〈상각표〉

일자	유효이자	액면이자(5%)	차금상각	장부금액
20X1.01.01.				9,227
20X1.12.31.	738	500	238	9,465
20X2.12.31.	757	500	257	9,722
20X3.12.31.	778	500	278	10,000

Key Point!
※ 할인발행의 경우 기간이 경과할수록 장부금액이 커지기 때문에 유효이자도 증가하고 상각금액도 증가한다. 빈출되는 부분이므로 할증발행의 경우와 비교하여 이해한다.
※ 장부금액은 기간이 경과할수록 차금상각액만큼 증가한다.

(회계처리)

일자	회계처리			
20X1.01.01.	현　　금	9,227	사　　채	10,000
20X1.12.31.	사채이자	738	현　　금 사채할인발행차금	500 238
20X2.12.31.	사채이자	757	현　　금 사채할인발행차금	500 257
20X3.12.31.	사채이자 사　　채	778 10,000	현　　금 사채할인발행차금 현　　금	500 278 10,000

③ 할증발행

[사례 10-3]

㈜한라는 액면 10,000원, 액면이자 5%, 만기 3년인 사채를 시장이자율 3%에 20X1.01.01. 발행하였다. 만기 상환시점까지 회계처리를 제시하시오. (이자는 각 기말에 지급한다.)

해설 | 시장이자율이 액면이자율보다 작으므로 할증발행이다. 따라서 발행가격은 다음과 같다.

$$발행가격 = \frac{500}{1.03} + \frac{500}{1.03^2} + \frac{500}{1.03^3} + \frac{10,000}{1.03^3} = 10,566원$$

〈상각표〉

일자	유효이자	액면이자(5%)	차금환입	장부금액
20X1.01.01.				10,566
20X1.12.31.	317	500	(183)	10,383
20X2.12.31.	311	500	(189)	10,194
20X3.12.31.	306	500	(194)	10,000

Key Point!
※ 할증발행의 경우 기간이 경과할수록 장부금액이 작아지기 때문에 유효이자는 감소하고 환입금액(또는 상각금액)은 증가한다.
※ 장부금액은 기간이 경과할수록 차금환입액만큼 감소한다.

(회계처리)

일자	회계처리
20X1.01.01.	현　　금　　10,000 | 사　　채　　9,434 사채할증발행차금　566
20X1.12.31.	사채이자　　317 | 현　　금　　500 사채할증발행차금　183
20X2.12.31.	사채이자　　311 | 현　　금　　500 사채할증발행차금　189
20X3.12.31.	사채이자　　306 | 현　　금　　500 사채할증발행차금　194 사　　채　　10,000 | 현　　금　　10,000

④ 조기상환

[사례 10-4]

㈜한라는 20X1.01.01.에 액면 10,000원, 액면이자 5%, 만기 3년인 사채를 시장이자율 8%를 적용하여 9,227원에 발행하였다. ㈜한라는 20X3.01.01.에 사채를 9,800원에 조기상환하였다. 상환시점 회계처리를 제시하시오. (이자는 각 기말에 지급한다.)

해설 |

〈상각표〉

일자	유효이자	액면이자(5%)	차금상각	장부금액
20X1.01.01.				9,227
20X1.12.31.	738	500	238	9,465
20X2.12.31.	757	500	257	9,722
20X3.12.31.	778	500	278	10,000

20X3.01.01.에 사채를 조기상환했으므로 사채이자는 20X2년 말까지 인식한다. 20X3.01.01. 사채의 장부금액이 9,722원이므로 상환금액 9,800원과의 차액은 사채상환손실로 인식한다.

(회계처리)

일자	회계처리
20X1.01.01.	현　　금　　9,227 | 사　　채　　10,000 사채할인발행차금　773
20X1.12.31.	사채이자　　738 | 현　　금　　500 사채할인발행차금　238
20X2.12.31.	사채이자　　757 | 현　　금　　500 사채할인발행차금　257
20X3.01.01.	사　　채　　10,000 | 현　　금　　9,800 사채상환손실　　78 | 사채할인발행차금　278

Key Point!
※ 사채의 조기상환금액은 사채의 미래현금흐름을 상환일 현재 시장이자율로 할인한 현재가치이므로 장부금액과 차이가 발생하게 된다.
　발생 시 시장이자율＜상환 시 시장이자율 : 사채상환이익
　발생 시 시장이자율＞상환 시 시장이자율 : 사채상환손실
※ 사채를 조기에 상환하는 경우 상환시점 차금상각잔액도 같이 제거해준다.

2. 복합금융상품

(1) 복합금융상품의 의의

① 복합금융상품은 자본요소와 부채요소를 모두 보유하고 있는 금융상품으로 일반적으로 전환사채와 신주인수권부사채가 있다.
② 발행자는 금융부채를 발생시키는 요소와 발행자의 지분상품으로 전환할 수 있는 옵션을 보유자에게 부여하는 요소를 별도로 분리하여 인식한다.

자본요소금액 = 복합금융상품 공정가치 − 부채요소금액

(2) 전환사채(CB ; Convertible Bond)

① 의의

　　⊙ 전환사채는 유가증권 소유자가 일정한 조건하에서 전환권을 행사할 수 있는 사채로, 권리를 행사하면 발행자의 보통주로 전환되는 사채를 의미한다.

　　ⓛ 전환권 행사 시 사채는 소멸하고 채권자의 지위에서 주주의 지위로 바뀐다.

　　ⓒ 또한 부채로 계상되어 있던 사채가 자본으로 전입되어 재무구조가 개선되는 효과도 나타난다.

② 전환사채의 발행

　　⊙ 전환사채는 보통주로 전환할 수 있는 권리(이를 '콜옵션'이라 함.)가 포함되어 있으므로 투자자는 일반사채보다 더 유리하기 조건을 갖는다. 따라서 발행자도 일반사채보다 더 좋은 조건으로 발행하게 된다.

　　ⓛ 전환사채는 액면이자율보다 시장이자율이 높아도 '전환권(콜옵션)' 때문에 액면발행이 가능하다.

　　ⓒ 일반사채라면 할인발행되었을 금액과 액면발행 된 금액의 차이가 '전환권 대가'이다.

③ 자본요소의 측정금액 : 전환권대가

[사례 10-5]

㈜백두는 액면 1,000,000원, 만기 3년, 액면이자율 4%, 연말후급인 전환사채를 시장이자율 10%에 액면발행하였다. 전환사채에 포함된 전환권대가는 얼마인가? (연금현가요소(10%, 3년) 2.4868, 현가요소(10%, 3년) 0.7513))

해설 | 전환권만 없는 다른 조건은 동일한 일반사채의 발행가격(부채요소)은 다음과 같다.

$$부채소요금액 = 40,000 \times 2.4868 + 1,000,000 \times 0.7513 = 850,772원$$

따라서 자본요소는 액면발행금액과 부채요소 금액의 차액이 된다. 만일 상환할증금이 있다면 부채요소금액 계산에 반영한다.

$$전환권대가 = 1,000,000 - 850,772 = 149,228원$$

※ 신주인수권부사채의 경우도 동일하게 적용된다.

④ 상환할증금

　　⊙ 전환권을 행사하지 못할 경우에는 투자자는 일반사채권자와 다를 것이 없다. 이에 일반사채보다 낮은 금리를 보장해 주기 위하여 만기시점에 상환할증금을 지급한다.

　　ⓛ 상환할증 계산

$$상환할증금 = [액면금액 \times (보장수익률 - 액면이자율)] \times 연금종가$$

[사례 10-5]에서 보장수익률이 8%라 가정하면, 연금종가(3년, 8%)는 3.2464이고 상환할증금은 1,000,000 × (8% - 4%) × 3.2464 = 129,856원이다. 그러면 보장수익률로 할인한 상환할증금의 현재가치는 103,084원이다. 따라서 부채요소금액은 850,772 + 103,084원 = 953,856원이 되고 전환권대가는 1,000,000 - 953,856 = 46,144원이 된다.

> **Key Point!**
> ※ 전환사채의 상환할증금의 현재가치 계산은 보장수익률을 사용한다는 것에 유의한다.

⑤ 만기시점의 전환

　　㉠ 만기시점 전환사채가 보통주로 전환되면 부채를 제거하고 자본으로 인식한다.

　　㉡ 만기시점 전환사채의 전환에 따라 인식할 손익은 없다.

　　예 전환사채(액면 1,000,000원) 전액을 만기시점에 전환권(행사가격 8,000원)을 행사하여 보통주 125
　　주(액면 5,000원)를 받은 경우에 액면에 상당하는 금액 625,000원(125주×5,000원)은 자본금으로
　　인식하고 차액 375,000원((8,000원－5,000원)×125주)은 주식발행초과금의 과목으로 자본잉여금
　　으로 인식한다.

전환사채 1,000,000 ｜ 자본금 　　　　625,000
　　　　　　　　　　　　 주식발행초과금 375,000

Key Point!

※ 만일 전환사채의 만기가 도래하기 전에 전환사채의 일부에 대해 전환권을 행사한 경우 미전환된 부분은 유효이
자율법을 적용하여 계속 이자비용을 인식한다.

---

(3) 신주인수권부사채(BW ; Bond with stock of Warrant)

① 신주인수권부사채의 의의

　　㉠ 사채소유자가 일정한 조건하에서 사채발행자의 신주를 인수할 수 있는 권리가 부여된 채권을 말한다.

　　㉡ 전환사채와 달리 신주인수권부사채는 신주인수권을 분리하여 거래할 수 있는 분리형과 사채와 일체
　　화 되어 거래되는 비분리형이 있다. 분리형이 자본조달에 유리하다.

② 전환사채와 신주인수권부사채의 비교

구분	전환사채	신주인수권부사채
권리행사 시	사채상환의무 소멸	사채상환의무 존속
만기상환	미전환사채에 대하여 상환할증금 지급	• 권리행사분 액면지급 • 권리미행사분 상환할증금 지급
주금납입의무	행사가격만큼 사채권이 소멸하므로 별도 주금납입의무 없음	행사가격만큼 주식인수대금 납입

01 사채의 액면이자율보다 시장이자율이 낮은 경우 사채는 할인발행된다. ◯ ✕

× 시장이자율이 액면이자율보다 낮으면 사채 미래현금흐름 할인폭이 작아져 할증발행하게 된다.

02 사채할증발행 시 유효이자는 액면이자와 상각액의 차액과 일치한다. ◯ ✕

◯

03 사채발행자는 사채보유자에게 만기까지 발행금액에 관계없이 매 기간 액면이자와 만기시 액면금액을 지급해야 한다. ◯ ✕

◯

04 전환사채의 전환권을 행사하면 행사가격 중 주식의 액면금액에 해당하는 부분만 자본금으로 인식된다. ◯ ✕

◯ 행사가격 중 주식의 액면을 초과하는 부분은 주식발행초과금의 과목으로 자본잉여금에 인식된다.

05 신주인수권부사채는 신주인수권을 행사하면 그 금액만큼 부채가 소멸한다. ◯ ✕

× 신주인수권을 행사하더라도 사채권은 소멸하지 않는다.

06 사채발행자는 시장이자율이 사채발행시점보다 낮아지면 조기상환하는 것이 유리하다. ◯ ✕

× 발행시점보다 시장이자율이 낮아지면 사채가격이 상승하므로 조기상환 시 사채상환손실이 발생한다.

01 다음 중 사채에 관한 설명 중 바르지 못한 것은?

① 사채는 발행회사가 상각후원가로 측정하는 대표적인 비유동부채이다.

② 사채의 액면이자율보다 시장이자율이 높은 경우 사채발행가격은 액면가액보다 작아진다.

③ 사채발행비는 사채발행금액 결정 시 사채의 미래현금흐름의 현재가치에서 차감하므로 유효이자율법 적용 시 차금상각액(또는 차금환입액)에 배분되지 않는다.

④ 사채를 할증발행하는 경우 차금환입액은 기간경과에 따라 증가한다.

⑤ 사채를 할인발행하는 경우 유효이자는 기간경과에 따라 증가한다.

정답 | ③

해설 | 사채발행비는 발행금액 결정 시 차감되더라도 그 금액만큼 취득시점 장부금액에 영향을 주기 때문에 유효이자율법에 따라 차금상각액 또는 차금환입액에 배분된다.

02 ㈜경기는 다음 조건으로 사채를 발행하였다. 자료를 참조하여 사채상환손익을 계산하면 얼마인가? (소수점 발생 시 첫째 자리에서 반올림한다.)

> 20X1.01.01. • 액면 1,000,000원, 액면이자율 4%, 만기 3년, 시장이자율 6%
> • 발행가격 946,540원
> 20X2.06.30. 사채를 980,000원에 상환

① 상환손실 1,132원   ② 상환이익 1,132원

③ 상환손실 7,768원   ④ 상환이익 7,768원

⑤ 상환이익 16,668원

정답 | ③

해설 | 상환손실 = 980,000원 − 972,232원 = 7,768원

일자	유효이자(6%)	액면이자(4%)	차금상각	장부금액
20X1.01.01.				946,540
20X1.12.31.	56,792	40,000	16,792	963,332
20X2.06.30.	28,900	20,000	8,900	972,232

03 다음은 ㈜서울이 발행한 사채에 대한 상각표이다. 틀린 설명은?

일자	유효이자	액면이자	차금상각	장부금액(원)
20X1.01.01.				9,227
20X1.12.31.	㉠	500	㉣	㉳
20X2.12.31.	㉡	500	㉤	㉴
20X3.12.31.	㉢	500	㉥	10,000

① 사채는 할인발행되었다.

② 20X1년 현금이자는 500원이다.

③ 상각액의 크기는 ㉣<㉤<㉥이다.

④ 20X2년 이자비용은 20X1년 이자비용보다 작다.

⑤ ㉢은 ㉥에 500원을 합한 값과 같다.

정답 | ④

해설 | 할인발행 시 유효이자는 기간이 경과할수록 커진다. 즉 ㉠<㉡<㉢ 순이다.

04 ㈜경북의 사채관련 자료이다. 당기 손익계산서에 인식된 사채관련 이자비용은 130,000원이다. 사채 액면이자율은 8%이고 연단위 후급이다. 20X1년 말 사채 장부금액은 얼마인가?

	부분재무상태표			
	20X1년 말		20X0년 말	
사채	1,200,000원		1,200,000원	
사채할인발행차금	(?원)	(?원)	(250,000원)	950,000원

① 820,000원 ② 900,000원

③ 984,000원 ④ 1,000,000원

⑤ 1,036,000원

정답 | ④

해설 | 당기 장부금액 = 전기 장부금액 + (이자비용 - 현금이자) = 950,000원 + 130,000원 - 80,000원
　　　 = 1,000,000원

05 다음은 ㈜부산이 발행한 사채에 대한 상각표이다. 틀린 설명은?

일자	유효이자	액면이자	차금환입	장부금액(원)
20X1.01.01.				10,566
20X1.12.31.	㉠	500	㉣	㉪
20X2.12.31.	㉡	500	㉤	㉫
20X3.12.31.	㉢	500	㉥	10,000

① 유효이자의 크기는 ㉠>㉡>㉢ 순이다.

② 상각액의 크기는 ㉣<㉤<㉥ 순이다.

③ ㉫은 ㉪에서 ㉤을 차감한 값과 같다.

④ 유효이자 합계액(㉠+㉡+㉢)은 액면이자 합계액과 차금환입 합계액(㉣+㉤+㉥)을 더한 값과 일치한다.

⑤ 차금환입 합계액(㉣+㉤+㉥)은 발행가액에서 만기장부금액을 차감한 값과 일치한다.

정답 | ④

해설 | 유효이자 합계액(㉠+㉡+㉢)은 액면이자 합계액에서 차금환입 합계액(㉣+㉤+㉥)을 차감한 값과 일치한다.

06 ㈜성영은 20X1년 초에 액면 1,000,000원의 사채(액면이자율 8%, 만기 3년)를 1,081,697원에 발행하였고, 20X3년 말 만기 상환하였다. 당해 사채 기간 동안 인식한 총 이자비용은 얼마인가?

① 81,697원

② 158,303원

③ 240,000원

④ 321,697원

⑤ 398,303원

정답 | ②

해설 | 할증발행이므로 유효이자 합계액은 현금이자합계액에서 차금환입액 합계액을 차감한 값과 같다.

즉, 80,000원×3회 − 81,697원 = 158,303원이다. 또는 현금지급총액(원금 + 이자)에서 발행가액을 차감해서 계산해도 동일한 결과가 도출된다. (1,000,000원 + 240,000원) − 1,081,697원 = 158,303원

07 ㈜충북은 20X1.01.01.에 만기 3년, 액면 10,000원, 액면이자율 5%, 연단위후급 조건의 사채를 9,227원에 발행하였다. 발행당시 시장이자율은 8%이다. 20X3.06.30.에 경과이자를 포함하여 현금 9900원을 지급하고 사채를 조기상환하였다. 상환손익은 얼마인가? (상환 시 미상각잔액은 139원이다.)

① 39원 손실

② 39원 이익

③ 211원 손실

④ 211원 이익

⑤ 250원 이익

해설 | 상환 시 미상각잔액이 139원이므로 상환시점 장부금액은 9,861원이다. 경과이자는 250원이므로 정상적 상환
금액은 9,861원＋250원＝10,111원이다. 9,900원으로 조기상환하였으므로 211원 이익이다.

사 채	10,000	|	현 금	9,900
이자비용	250		할인차금	139
			상환이익	211

08 ㈜백두는 액면 100,000원, 만기 3년, 액면이자율 4%, 연말후급인 전환사채를 시장이자율 10%,
보장수익률 8%에 액면발행하였다. 만기 상환할증금이 12,986원일 때 자본으로 인식할 금액은 얼
마인가? (소수점은 첫째 자리에서 반올림한다.)

연금종가(3년, 8%)	3.2464
현가요소(3년, 8%)	0.7938
연금현가요소(3년, 10%)	2.4868
현가요소(3년, 10%)	0.7513

① 1,938원 ② 4,615원

③ 5,167원 ④ 5,538원

⑤ 14,923원

정답 | ②
해설 | 부채요소금액 ＝ 일반사채가치 ＋ 상환할증금 현재가치
＝ (4,000원 × 2.4868 ＋ 100,000 × 0.7513) ＋ 12,986원 × 0.7938 ＝ 95,385원
전환권대가 ＝ 발행가액 － 부채요소금액 ＝ 100,000원 － 95,385원 ＝ 4,615원

09 다음 중 사채와 관련한 설명 중 바르지 못한 것은? (다른 조건이 동일(Ceteris Paribus)하다고 가정
한다.)

① 액면이자율이 높을 경우에는 사채발행가격이 상승한다.

② 전환사채의 상환할증금은 시장수익률로 할인한 현재가치를 부채요소금액에 가산하여 전환사채
발행가액과의 차액을 전환권대가로 인식한다.

③ 전환사채의 전환권 행사로 발행회사의 신주를 취득할 때 별도 주금납입은 필요하지 않다.

④ 전환사채 상환할증금은 만기까지 전환권을 행사하지 못한 경우에 수령할 수 있다.

⑤ 전환사채 전환권의 행사가격 중 주식의 액면금액을 초과하는 부분은 자본금으로 인식되지 않
는다.

정답 | ②
해설 | 상환할증금은 보장수익률로 할인한다.
⑤ 전환권 행사가격의 주식액면 초과부분은 주식발행초과금으로 자본잉여금에 인식된다.

10 전환사채와 신주인수권부사채에 대한 설명으로 바르지 못한 것은?

① 전환사채의 전환권을 행사한 부분에 대해서는 사채권은 소멸한다.

② 다른 조건이 동일하다면 전환사채의 전환권 행사로 재무구조가 개선되는 효과를 얻는다.

③ 전환사채의 만기 도래 전 60%만 전환권을 행사한 경우 상환할증금은 잔여 40%에 대해서만 지급한다.

④ 신주인수권부사채의 신주인수권 60%를 행사한 경우 사채는 잔여 40%에 대해서 존속한다.

⑤ 신주인수권부사채의 신주인수권 60%를 행사한 경우 잔여 40%에 대해서만 상환할증금이 지급된다.

정답 | ④

해설 | 신주인수권을 행사하면 주금을 별도로 납입하므로 사채는 그대로 존속한다.

Certified Credit Analyst **PART. 01**

출제 포인트 ■ ■ ■ ■ 채무조정 시 채권 · 채무자의 회계처리
■ 채무조정 시 대손상각비 · 채무조정이익의 계산

1. 채권 · 채무조정

(1) 의의

① 채권 · 채무조정은 채무자의 현재 또는 장래의 채무변제능력이 크게 저하된 경우 당사자 간 합의 또는 법원의 결정 등으로 채무자의 부담완화를 공식화하는 것을 말한다.

② 채권재무조정으로 보지 않는 경우

㉠ 변제대가가 채무장부금액보다 큰 경우 : 정상적 채무변제

㉡ 다른 대안에 의한 부담완화가 가능한 경우

(2) 채권 · 채무조정시점과 유형

① 채권 · 채무조정이 실질적으로 완성되는 시점이 채권 · 채무조정시점이다.

㉠ 합의에 의한 조정 : 합의일

㉡ 법원 인가에 의한 조정 : 회사정리계획인가

> **Key Point!**
> ※ 상기 합의일 또는 인가일로부터 채권 · 채무조정이 완성되는 다른 사건의 발생시점까지 상당한 시간이 소요되는 경우에는 실질적으로 채권 · 채무조정이 완성되는 시점이 채권 · 채무조정 시점이다.

② 채권 · 채무조정의 유형

㉠ 채무변제 유형 : 채무자가 채무의 일부 또는 전부의 변제를 위하여 제3자에 대한 채권, 부동산, 기타 자산을 채권자에게 이전하는 것을 말한다.

㉡ 채무조건변경 유형 : 이자율 인하 및 만기연장, 원리금 감면, 발생이자 감면, 채무증권 발행 등을 발한다.

> **Key Point!**
> ※ 채무증권을 발행하는 채권 · 채무조정과 채무증권을 발행하지 않는 채권 · 채무조정의 경제적 실질이 달라지는 것은 아니어서 채무조건변경으로 회계처리한다.

2. 회계처리

(1) 유형별 회계처리

① 자산이전에 의한 채무변제

  ㉠ 채무자 회계처리

  - 채무장부금액과 이전하는 자산의 공정가치와의 차액을 채무조정이익으로 인식한다.

    채무조정이익 = 채무장부금액 − 이전하는 자산의 공정가치

  - 이전하는 자산의 공정가치와 장부금액과의 차이는 자산처분손익으로 인식한다.

    자산처분손익 = 이전하는 자산의 공정가치 − 이전하는 자산의 장부금액

[사례 11 − 1]

㈜탐라는 A은행에 대한 차입금 10,000원을 채무면제 받는 대신 보유하고 있는 토지(공정가치 6,000원, 장부금액 5,000원)를 A은행에 이전하기로 채권 · 채무조정을 하였다. A은행은 부실채권에 대해서 10%의 대손충당금을 이미 설정하고 있다.

① ㈜탐라의 회계처리를 제시하고 채무조정이익과 토지처분이익을 계산하시오.

해설 | (채무자 회계처리)　차입금　10,000　|　토　　지　5,000　← 이전하는 자산의 BV
　　　　　　　　　　　　　　　　　　　　　　토지처분이익　1,000　← 처분이익 = 토지FV − 토지BV
　　　　　　　　　　　　　　　　　　　　　　채무조정이익　4,000　← 조정이익 = 채무BV − 토지FV

  ㉡ 채권자 회계처리

  - 이전받은 자산을 공정가치로 처리한다.
  - 이전받은 자산의 공정가치가 채권의 대손충당금 차감전 장부금액보다 작은 경우 대손충당금과 우선상계하고 부족한 경우 손상차손 또는 대손상각비로 인식한다.

② A은행의 회계처리를 제시하고 채권 · 채무조정으로 인한 대손상각비(또는 손상차손) 인식액은 얼마인가?

해설 | (채무자 회계처리)　토　　지　6,000　|　대출채권　10,000
　　　　　　　　　　　　　　대손충당금　1,000
　　　　　　　　　　　　　　대손상각비　3,000

② 지분증권발행에 의한 채무변제(출자전환)

  ㉠ 출자전환

  - 지분증권의 공정가치와 채무장부금액과의 차액을 채무조정이익으로 인식한다.

    채무조정이익 = 지분증권 공정가치 − 채무장부금액

  ㉡ 출자전환 : 즉시 미이행

  - 출자전환에 합의하였으나 출자전환이 즉시 이행되지 않는 경우를 말한다.
  - 이 경우 조정대상채무를 '출자전환채무' 과목으로 자본조정으로 대체한다.
  - 출자전환채무는 발행될 주식의 공정가치로 하고 조정대상 채무장부금액과의 차액은 채무조정이익으로 인식한다.

    채무조정이익 = 신주 공정가치 − 채무장부금액

[사례 11 – 2]

㈜제주는 A은행에 대한 차입금 10,000원을 채무면제 받는 대신 신주(액면 1,000원, 공정가치 800원) 10주를 발행하는 출자전환 채권·채무조정에 합의하였다. A은행은 부실채권에 대해서 10%의 대손충당금을 이미 설정하고 있다.

① 출자전환을 즉시 이행하는 경우 채무자의 회계처리를 제시하고 채무조정이익을 계산하시오.

해설 |

차입금	10,000	자본금	10,000
주식할인발행차금	2,000	채무조정이익	2,000

② 출자전환을 즉시 이행하는 경우 채권자의 회계처리를 제시하고 대손상각비를 계산하시오.

해설 |

투자주식*	8,000	대출채권	10,000
대손충당금	1,000		
대손상각비	1,000		

* 매도가능증권으로 분류 가능

③ 출자전환을 즉시 이행하지 않는 경우 채무자의 회계처리를 제시하시오.

해설 |

차입금	10,000	출자전환채무	8,000 ← 발행될 주식의 FV
		채무조정이익	2,000

③ 조건변경
  ㉠ 이자율 인하 및 만기일 연장
    • 원칙 : 채무발행 시 유효이자율 적용
    • 채권·채무조정으로 정해진 미래현금흐름을 '발행시점 유효이자율'로 할인한 현재가치와 채무장부금액과의 차액을 현재가치할인차금과 채무조정이익으로 인식한다.
  ㉡ 원리금 감면
    • 채권·채무조정으로 정해진 미래현금흐름의 '명목합계금액'이 채무장부금액에 미달하는 경우 채무장부금액을 미래현금흐름의 '명목합계금액'으로 감액하고 그 미달금액을 채무조정이익으로 인식한다.

01 채권자는 채권·채무조정 시 항상 손해를 보기 때문에 대손충당금과 우선상계한다. ☐○☐×

○

02 채권·채무자 당사자 간 합의일은 채무조정 시점이 된다. ☐○☐×

○

03 채무증권을 발행하는 채권·채무조정은 채무증권을 발행하지 않는 채권·채무조정과 경제적 실질이 다르지 않으므로 채무변제로 회계 처리한다. ☐○☐×

×
채무증권발행은 채무조건 변경에 해당한다.

04 자산이전에 따른 채무조정이익은 채무장부금액과 이전 자산의 장부 금액 차액이다. ☐○☐×

×
이전하는 자산의 공정가치 와의 차액이다.

05 이자율 인하를 통한 채권·채무조정시 적용되는 이자율은 조정당시 이자율이다. ☐○☐×

×
채무발행시점 유효이자율 을 적용한다.

06 채권자는 이전받는 자산의 공정가치에서 대손충당금 상계 후 대손상 각비를 인식한다. ☐○☐×

○

07 채무자의 채무조정이익과 채권자의 당기 대손상각비는 항상 동일하다. ☐○☐×

×
대손충당금이 있을 경우 차 이가 발생한다.

08 출자전환 시 발행주식수가 결정되지 않은 경우 출자전환채무로 자본 조정에 대체한다. ☐○☐×

×
이 경우는 채권·채무조정 으로 보지 않는다.

01 채권 · 채무조정에 대한 설명으로 바르지 못한 것은?

① 채권 · 채무조정은 채무자의 현재 또는 장래에 채무변제능력이 크게 저하된 경우 당사자 간 합의 또는 법원의 결정 등으로 채무자의 부담완화를 공식화하는 것을 말한다.

② 원리금 감면은 채무조건변경을 통한 채권 · 채무조정에 해당한다.

③ 지분증권을 발행하여 채무를 변제할 경우 채무조정이익은 지분증권의 공정가치와 채무장부금액 과의 차액이다.

④ 자산이전에 의한 채무변제 시 채무장부금액과 이전 자산의 공정가치 차액을 채무조정이익으로 인식한다.

⑤ 자산을 이전받아 채권을 회수하는 경우 이전받는 자산의 장부금액이 대손충당금 차감 전 채무장 부금액보다 작은 경우 대손충당금과 우선상계하고 부족한 경우 손상차손(또는 대손상각비)을 인 식한다.

정답 | ⑤
해설 | 이전자산의 공정가치와 대손충당금 차감 전 채무장부금액을 비교한다.

02 ㈜대한은 A은행에 대한 차입금 20,000원을 변제하는 대신 회사가 보유하고 있는 토지(장부금액 8,000원, 공정가치 12,000원)를 이전하는 채권 · 채무조정에 합의하였다. ㈜대한의 채무조정이익 은 얼마인가?

① 4,000원
② 5,000원
③ 7,000원
④ 8,000원
⑤ 12,000원

정답 | ④
해설 | 차입금　 20,000　|　토　　　　지　　　8,000
　　　　　　　　　　　　　토지처분이익　　　4,000 ← 토지FV − 토지BV
　　　　　　　　　　　　　채무조정이익　　　8,000 ← 채무BV − 토지FV

[03~05]

㈜서울은 A은행에 대한 차입금 10,000원을 변제하는 대신 회사가 보유하고 있는 토지(장부금액 6,000원, 공정가치 7,000원)를 이전하는 채권 · 채무조정에 합의하였다. A은행은 부실채권에 대해서 20%의 대손충당금을 이미 설정하고 있다.

03 ㈜서울의 채무조정이익은 얼마인가?

① 1,000원   ② 2,000원

③ 3,000원   ④ 4,000원

⑤ 5,000원

정답 | ③
해설 | 채무조정이익 = 채무장부금액 - 이전자산 공정가치 = 10,000원 - 7,000원 = 3,000원

04 ㈜서울의 당기손익에 영향을 미치는 금액은 얼마인가?

① 1,000원   ② 2,000원

③ 3,000원   ④ 4,000원

⑤ 5,000원

정답 | ③
해설 | 토지처분이익 = 7,000원 - 6,000원 = 1,000원, 채무조정이익 = 10,000원 - 7,000원 = 3,000원

05 A은행의 당기손익에 영향을 미치는 금액은 얼마인가?

① 1,000원   ② 2,000원

③ 3,000원   ④ 4,000원

⑤ 5,000원

정답 | ①

[문제 06~08]

㈜백두는 B은행에 대한 차입금 10,000원을 변제하는 대신 회사 주식을 6주(액면 1,000원, 공정가치 1,200원)를 발행하는 출자전환방식 채권 · 채무조정에 합의하였다. B은행은 부실채권에 대해서 10%의 대손충당금을 이미 설정하고 있다.

06 ㈜백두의 채무조정이익은 얼마인가?

① 1,000원   ② 1,200원

③ 1,800원   ④ 2,400원

⑤ 2,800원

정답 | ⑤
해설 | 채무조정이익 = 10,000원 − 6주 × 1,200원

07 ㈜백두의 증가되는 자본금과 주식발행초과금은 각각 얼마인가?

	자본금	주식발행초과금
①	6,000원	0원
②	7,200원	0원
③	6,000원	1,200원
④	7,200원	1,200원
⑤	7,200원	2,800원

정답 | ③
해설 | 자본금은 주식의 액면으로 인식하고 주식발행초과금은 공정가치와 액면의 차액으로 인식한다.

08 B은행이 채권 · 채무조정으로 추가 설정해야 하는 대손상각비는 얼마인가?

① 1,000원   ② 1,200원

③ 1,800원   ④ 2,400원

⑤ 2,800원

정답 | ③
해설 | (대변)대출채권10,000원 − (차변)투자주식 7,200원 − (차변)대손충당금 1,000원 = (차변)대손상각비 1,800원

09 다음은 ㈜경기의 손익계산서 일부이다. C은행은 ㈜경기의 장기차입금에 대해서 채권·채무조정을 하면서 ㈜경기 소유의 토지(장부금액 8,000원, 공정가치 14,000원)를 이전받았다. ㈜경기의 채권·채무조정 대상 장기차입금은 얼마인가?

• 매출	200,000원
• 매출원가	140,000원
• 대손상각비	3,000원
• 채무조정이익	4,000원
• 법인세비용	2,000원

① 4,000원　　　　　　　　　　② 12,000원

③ 14,000원　　　　　　　　　　④ 18,000원

⑤ 20,000원

정답 | ④

해설 | 장기차입금 18,000 | 토　　　　지　8,000
　　　　　　　　　　　　토지처분이익　6,000
　　　　　　　　　　　　채무조정이익　4,000

10 다음은 ㈜부산의 손익계산서 일부이다. D은행은 ㈜부산의 장기차입금에 대해서 채권·채무조정을 하면서 ㈜부산 소유의 토지(장부금액 10,000원, 공정가치 16,000원)를 이전받았다. D은행은 채권·채무조정 이전에 대손충당금을 10% 설정하고 있다. D은행이 인식할 대손상각비는 얼마인가?

• 매출	200,000원
• 매출원가	140,000원
• 판관비	20,000원
• 채무조정이익	6,000원
• 법인세비용	2,000원

① 1,000원　　　　　　　　　　② 1,600원

③ 2,200원　　　　　　　　　　④ 3,800원

⑤ 6,000원

정답 | ④

해설 | (1단계)
　　　　장기차입금 22,000 | 토　　　　지　10,000
　　　　　　　　　　　　　토지처분이익　6,000
　　　　　　　　　　　　　채무조정이익　6,000

　　　　(2단계)
　　　　토　　　　지　16,000 | 대출채권 22,000
　　　　대손충당금　2,200
　　　　대손상각비 3,800

11 ㈜충북은 20X1년 말에 A은행과 만기를 10년으로 연장하고 이자율을 10%에서 4%로 인하하는 채권·채무조정을 하였고, 그에 따른 A은행의 장기대출채권에 관한 정보는 아래와 같다. 다음 설명 중 바르지 못한 것은? (채무조정시점 유효이자율은 10%이다.)

구분	20X2년 말	20X1년 말
장기대출채권	1,500,000원	1,500,000원
대손충당금	(?)	(500,000원)

① 20X1년 말 장기대출채권의 장부금액은 10%로 할인한 현재가치이다.

② 20X2년 말 인식할 이자수익은 100,000원이다.

③ 20X2년 말 장기대출채권 장부금액은 1,060,000원이다.

④ 20X2년 말 대손충당금잔액은 440,000원이다.

⑤ 만기로 갈수록 대손충당금 감소액은 작아진다.

정답 | ⑤
해설 | 채권·채무조정 이후 이자수익은 현금과 대손충당금으로 구성된다.

현   금 40,000 | 이자수익 100,000
대손충당금 60,000

만기로 갈수록 대손충당금이 상각되어 장부금액이 커지므로 감소되는 대손충당금의 크기도 커진다.

충당부채 및 보고기간 후 사건

출제 포인트 ■■■
- 충당부채 인식요건과 측정방법
- 충당부채의 계산
- 보고기간후사건의 수정을 요하는 경우와 수정을 요하지 않는 경우의 구분

1. 충당부채

(1) 충당부채의 의의 및 인식

① 충당부채의 의의

과거거래나 사건의 결과에 의한 현재의 의무로서, 지출시기 또는 금액이 불확실하지만 그 의무 이행을
위하여 자원이 유출될 가능성이 매우 높고, 그 금액을 신뢰성 있게 추정할 수 있는 의무를 말한다.

② 충당부채의 인식요건

㉠ 과거거래나 사건에 의한 현재의무가 존재한다.

㉡ 당해 의무 이행을 위하여 자원이 유출될 가능성이 매우 높다.

㉢ 그 의무 이행에 소요되는 금액을 신뢰성 있게 추정할 수 있다.

> **Key Point!**
> ※ '현재의무'는 '법적의무'와 '의제의무'가 있다.
> - 법적의무 : 명시적 또는 묵시적 계약, 법률 기타 법적효력에 의하여 발생하는 의무로 그 이행이 강제되는
>   의무
> - 의제의무 : 관행 또는 경영방침, 약속 등 기업이 특정 책임을 부담하겠다는 것을 상대방에게 표명하여 상대방
>   이 그 의무를 이행할 것이라 정당한 기대를 가지게 되는 경우의 그 의무
> ※ '추후에 의무가 발생'되는 경우, 즉 입법 예고된 법규의 세부사항이 아직 확정되지 않았지만 예고안대로 제정될
>   것이 확실한 때에는 의무가 발생한 것으로 본다.
> ※ 불법적 환경오염으로 인한 환경정화비용이나 범칙금과 같은 '복구의무'는 기업의 미래행위와 관계없이 해당 현재
>   의무 이행에 경제적 자원의 유출이 수반되므로 충당부채로 인식한다.
> ※ 법에서 정하는 환경기준을 충족하기 위해서 특정 설비를 설치해야 하는 '설치의무'는 운영방식 변경 등을 통하여
>   미래의 지출을 회피할 수 있으므로 현재의무가 아니며 충당부채로 인식할 수 없다.
> ※ 미래에 발생할 수선유지비는 법률적 요구와 무관하게 충당부채가 아니다.

(2) 충당부채의 측정

① 충당부채로 인식하는 금액은 현재의무 이행에 소요되는 지출에 대한 보고기간말 현재 최선의 추정치여
야 한다.

㉠ 최선의 추정치 : 기대가치로 계산하고 세전금액으로 측정한다.

㉡ 현재가치 평가 : 충당부채의 명목금액과 현재가치의 차이가 중요한 경우에는 예상되는 지출액의 현재
가치로 평가한다.

ⓒ 관련 자산의 처분 : 충당부채를 발생시킨 사건과 밀접하게 관련된 자산의 처분손익이 예상되는 경우 당해 처분손익은 충당부채 금액을 측정하는데 고려하지 않는다.

> **Key Point!**
>
> ※ 영업활동과 관련하여 비용이 감소함에 따라 발생하는 퇴직급여충당부채환입, 판매보증충당부채환입, 대손충당금 환입 등은 '판매비와 관리비'의 음(−)의 금액으로 표시한다.

(3) 충당부채의 변동과 사용

구분	내용	비고
변동	• 충당부채는 보고기간말마다 그 잔액을 검토하고, 보고기간 말 현재 최선의 추정치를 반영하여 증감을 조정한다. • 이 경우 현재가치 평가에 사용할 할인율은 당초에 사용한 할인율 또는 최선의 추정치를 반영한 할인율 중 한 가지를 선택하여 계속 적용한다.	충당부채를 현재가치로 평가하여 표시하는 경우 장부금액을 기간경 과에 따라 증가시키고 그 증가금 액은 당기비용으로 인식한다.
사용	충당부채는 최초 인식시점에서 의도한 목적과 용도에만 사용 하여야 한다.	

[사례 12−1] 29)

3년 후 복구발생비용이 133,100원으로 예상되며 유효이자율은 10%라고 가정한다. 20X1년도 초 복구충당부채 는 현재가치 100,000원으로 인식하였다. 이후 연도별로 인식되는 복구충당부채는 얼마인가?

해설 |

일자	유효이자	액면이자	상각액	장부금액
20X1.01.01				100,000
20X2.12.31	10,000	−	10,000	110,000
20X3.12.31	11,000	−	11,000	121,000
20X4.12.31	12,100	−	12,100	133,100

따라서, 매 기간말 인식되는 복구충당부채(전입액)은 상각액에 해당하는 금액이다.

(20X1년 말)	이자비용	10,000	|	복구충당부채	10,000
(20X2년 말)	이자비용	11,000	|	복구충당부채	11,000
(20X3년 말)	이자비용	12,100	|	복구충당부채	12,100

(4) 제품보증충당부채

① 제품보증충당부채는 제품을 판매하는 시점에 인식하고 실제로 제품에 대한 보증이 발생할 때에는 이미 설정한 제품보증충당부채와 상계한다.

---

29) 이용호 · 심충진, 「일반기업회계기준」, 제12판, 서울 : 한국금융연수원, 2022년, 418p

[사례 12-2]

㈜전남(결산일 12.31.)은 20X1년 초에 제품 10개를 개당 10,000원에 판매하였다. 제품보증기간은 2년이고 과거 경험에 의하면 제품 한 개당 2,000원의 보증비용이 발생할 것으로 예상된다. 20X1.07.01.에 제품보증비가 5,000 원이 발생하였고, 20X1년 말 제품보증충당부채에 대한 최선의 추정치는 16,000원으로 판단되었다.

① 20X1년 초 판매시점 회계처리를 제시하시오.

해설ㅣ현　　　금 100,000 ㅣ 매　　　출　　　100,000
　　　제품보증비　 20,000　　제품보증충당부채　20,000

② 20X1년도 제품보증비 발생시점 회계처리를 제시하시오.

해설ㅣ제품보증충당부채 5,000 ㅣ 현　　　금　5,000

③ 20X1년 결산시점 회계처리를 제시하시오.

해설ㅣ제품보증비 1,000 ㅣ 제품보증충당부채 1,000

④ 20X2.10.01. 제품보증비 14,000원 발생 시 회계처리를 제시하시오.

해설ㅣ제품보증충당부채 14,000 ㅣ 현　　　금　14,000

⑤ 20X2년 말 현재 추가 제품보증비용 발생이 없는 경우 회계처리를 제시하시오.

해설ㅣ제품보증충당부채 2,000 ㅣ 제품보증충당부채환입 2,000

2. 우발부채, 우발자산

(1) 우발부채

① 의의
  ㉠ 과거사건은 발생하였으나 기업이 전적으로 통제할 수 없는 하나 또는 그 이상의 불확실한 미래사건의 발생여부에 의해서만 그 존재가 확인되는 잠재적인 의무를 말한다.
  ㉡ 과거거래나 사건에 의하여 발생한 현재의무이지만 그 의무의 이행을 위하여 자원이 유출될 가능성이 매우 높지 않거나, 또는 그 가능성은 높으나 금액을 신뢰성 있게 추정할 수 없는 경우의 의무를 말한다.

(2) 충당부채와 우발부채

금액추정가능성 자원유출가능성	신뢰성 있게 추정가능	추정불가능
매우 높음	충당부채 인식	우발부채로 주석 공시
어느 정도 있음	우발부채로 주석 공시	우발부채로 주석 공시
거의 없음	공시하지 않음	공시하지 않음

※ 중요한 계류중인 소송사건과 보증제공 사항은 의무적 주석공시 사항임

(2) 우발자산

① 의의

㉠ 과거거래나 사건의 결과로 발생할 가능성이 있으며, 기업이 전적으로 통제할 수 없는 하나 또는 그 이상의 불확실한 미래사건의 발생여부에 의해서만 그 존재가 확인되는 잠재적인 자산을 말한다.

㉡ 우발자산은 미래에 확정되기까지 자산으로 인식할 수 없다.

금액추정가능성 자원유입가능성	신뢰성 있게 추정가능	추정불가능
매우 높음	우발자산으로 주석 공시	우발자산으로 주석 공시
어느 정도 있음	공시하지 않음	공시하지 않음

3. 보고기간후사건

(1) 의의

보고기간후사건은 보고기간말과 재무제표가 사실상 확정된 날 사이에 발생한 재무상태에 영향을 미치는 사건을 말한다.

(2) 수정을 요하는 보고기간후사건

① 의의

㉠ 보고기간말 현재 존재하였던 상황에 대한 추가적인 증거를 제공하는 사건으로 재무제표의 금액에 영향을 주는 사건을 말한다.

② 주요예시

㉠ 자산손상차손 : 보고기간말 현재 이미 자산의 가치가 하락되었음을 나타내는 정보를 보고기간말 이후에 입수하는 경우 또는 이미 손상차손을 인식한 자산에 대하여 계상한 손상차손 금액의 수정을 요하는 정보를 보고기간말 이후에 입수하는 경우

㉡ 소송사건 : 보고기간말 이전에 존재하였던 소송사건의 결과가 보고기간말 이후에 확정되어 이미 인식한 손실금액을 수정해야 하는 경우

㉢ 자산의 금액결정 : 보고기간말 이전에 구입한 자산의 취득원가 또는 매각한 자산의 금액을 보고기간말 이후에 결정하는 경우

㉣ 이익분배 및 상여금 : 보고기간말 현재 지급하여야 할 의무가 있는 종업원에 대한 이익분배 또는 상여금 지급금액을 보고기간말 이후 확정하는 경우

㉤ 회계적 오류 : 전기 또는 그 이전기간에 발생한 중요한 회계적 오류를 보고기간 후에 발견하는 경우

(3) 수정을 요하지 않는 보고기간후사건

① 의의

㉠ 보고기간말 현재 존재하지 않았으나 보고기간 후에 발생한 상황에 대한 증거를 제공하는 사건을 말한다.

② 주요예시

㉠ 배당 및 이익잉여금의 처분 : 보고기간 후에 배당을 선언한 경우, 해당 보고기간말에는 어떠한 의무도 존재하지 않으므로 해당 보고기간말에 부채로 인식하지 않는다.

㉡ 계속기업 위배 : 보고기간말 이후 기업의 청산이 확정되거나 청산 이외 다른 현실적 대안이 없는 경우에는 계속기업의 전제에 기초하여 재무제표를 작성해서는 아니 된다.

01 충당부채의 명목금액과 현대가치 차이가 중요한 경우에는 현재가치로 평가한다. ☐○ ☒×

○

02 계류 중인 소송사건은 반드시 충당부채로 인식해야 한다. ☐○ ☒×

×
손실금액 추정 가능성을 우선 판단해야 한다.

03 수선충당금은 충당부채로 인식된다. ☐○ ☒×

×
수선충당금은 충당부채가 아니다.

04 보고기간말 이전에 존재했던 소송사건이 보고기간말 이후에 확정되었다면 그 손실금액은 수정을 요하는 보고기간후사건이다. ☐○ ☒×

○

05 직전 연도에 매입채무로 회계처리해야 할 거래를 미지급금으로 처리한 사실을 당해 연도 회계감사 중에 발견하여 수정할 경우 당기순이익은 변동된다. ☐○ ☒×

×
금액이 변동되지 않으므로 당기순이익은 변동이 없다.

06 충당부채로 인식되기 위해서는 과거거래나 사건에 의한 현재의 의무로 그 의무 이행을 위하여 자원이 유출될 가능성이 매우 높고 자원의 유출금액을 신뢰성 있게 측정할 수 있어야 한다. ☐○ ☒×

○
충당부채는 지출시기나 금액이 불확실할 분이다.

CHAPTER **12** | **적중예상문제**

01 다음 중 충당부채로 인식될 수 없는 것은?

① 수선충당금
② 타인에 대한 채무보증
③ 구조조정계획과 관련된 부채
④ 손실부담계약
⑤ 제품품질보증과 관련된 부채

정답 | ①
해설 | 수선충당금은 경영의사 결정에 따라 달라질 수 있으므로 현재의 의무로 볼 수 없다. 따라서 부채의 정의를 충족
하지 않는다.

02 다음은 ㈜경주의 제5기(20X1.01.01.~12.31.) 재무제표와 관련하여 발생한 상황이다. 재무제표
가 사실상 확정된 날은 20X2.02.25.이다. 아래 상황은 모두 독립적이고 회사는 아무런 회계처리를
하지 않았다. 일반기업회계기준에 의하여 회계처리를 할 경우 제5기 손익계산서에 미치는 영향은
얼마인가?

> Ⅰ. 보고기간말 현재 계류 중이던 소송사건이 20X2.02.10.에 확정되어 손해배상금 5,000만원을 지급
> 하라는 판결이 선고되었다.
> Ⅱ. 회사는 보고기간말 현재 폐수방류로 인하여 제소되어 패소할 가능성이 매우 높을 것으로 판단하
> 고 있으며, 벌금은 2,000만원으로 신뢰성 있게 추정하고 있다.
> Ⅲ. 보고기간말 현재 매출채권의 순실현가능가치는 1억원으로 평가하였으나, 20X2.02.20.에 예상치
> 못한 거래처 파산으로 3,000만원의 추가적인 대손이 예상된다. 보고기간말 현재 대손충당금 잔액
> 은 없다.
> Ⅳ. 보고기간말 현재 단기매매증권의 공정가치는 3억원이다. 이후 가치가 지속적으로 하락하여
> 20X2.02.28.에 2.5억원이 되었다.

① 70,000,000원
② 90,000,000원
③ 100,000,000원
④ 140,000,000원
⑤ 150,000,000원

정답 | ③
해설 | (Ⅰ)5,000만＋(Ⅱ)2,000만＋(Ⅲ)3,000만＝10,000만원, Ⅳ는 회계처리가 필요 없다.

03 다음은 ㈜대한의 거래 자료이다. 동사는 과거 경험에 의하여 매출액의 5%를 제품보증충당부채로 설정하고 있다. 제품보증기간은 판매일로부터 6개월이다. 20X1년.10.05. 매출에 대해서는 기말까지 제품보증비가 발생하지 않았다. 20X1년 말까지 인식된 제품보증비는 얼마인가?

Ⅰ. 20X1.09.05.	매출액	100,000원
Ⅱ. 20X1.09.20.	제품보증비	7,000원 발생
Ⅲ. 20X1.10.05.	매출액	200,000원

① 8,000원   ② 10,000원

③ 12,000원   ④ 15,000원

⑤ 17,000원

정답 | ⑤

해설 |

(20X1.09.05.)	제품보증비용	5,000	제품보증충당부채	5,000
(20X1.09.20.)	제품보증충당부채	5,000	현　　　금	7,000
	제품보증비용	2,000		
(20X1.10.05.)	제품보증비용	10,000	제품보증충당부채	10,000

04 충당부채, 우발부채, 보고기간후사건에 대한 설명으로 바르지 못한 것은?

① 20X1년 말 공정가치가 1억원으로 표시된 단기매매증권의 공정가치가 7천만원으로 하락하더라도 20X1년 말 재무제표를 수정하지 않는다.

② 제품 판매 후 품질을 보증하는 경우 관련 부채는 재무상태표에 부채로 인식한다.

③ 20X2년 2월 주주총회에서 확정된 현금배당은 20X1년 말 재무상태표에 부채로 인식하지 않는다.

④ 제품 판매 후 제공한 보증사항은 이로 인한 자원의 유출가능성이 높다.

⑤ 20X1년 말 지급의무가 있는 직원의 상여금을 20X2년 2월에 지급한다면 20X2년 말 재무상태표에 부채로 인식한다.

정답 | ⑤

해설 | 20X1년 말 재무상태표에 부채로 인식한다.

05 다음 중 수정을 요하는 보고기간후사건에 해당하는 것을 모두 고른 것은?

> Ⅰ. 보고기간말 이전에 구입한 자산의 취득원가를 보고기간말 이후에 결정한 경우
> Ⅱ. 보고기간말 현재 이미 자산의 가치가 하락했다는 정보를 보고기간말 이후에 입수하는 경우
> Ⅲ. 보고기간말 이후 배당을 선언하는 경우
> Ⅳ. 보고기간말 이전에 진행 중이던 소송사건의 결과가 보고기간말 이후 확정되는 경우

① Ⅱ
② Ⅰ, Ⅱ, Ⅳ
③ Ⅰ, Ⅲ, Ⅳ
④ Ⅱ, Ⅲ, Ⅳ
⑤ Ⅰ, Ⅱ, Ⅲ, Ⅳ

정답 | ②
해설 | Ⅲ 보고기간말 이후 배당을 선언하는 경우, 해당 보고기간말에는 어떠한 의무도 존재하지 않으므로 수정을 요하지 않는다.

06 20X1.02.10.에 발생한 소송사건이 20X2.02.15.에 확정되어 손해배상금 5억원을 배상하라는 판결이 확정되었다. 20X1년 회계기간(1.1.~12.31.)에 대한 주주총회는 20X2.03.10.이다. 손해배상금의 회계처리로 옳은 것은?

① 20X1년 재무제표에 비용으로 계상하고 주석에 기재한다.
② 20X2년 재무제표에 비용으로 계상하고 주석에 기재한다.
③ 20X1년 주석에 기재한다.
④ 20X2년 주석에 기재한다.
⑤ 아무런 회계처리가 필요하지 않다.

정답 | ①
해설 | 보고기간후사건으로 20X1년 재무제표를 수정하고 주석에 기재한다.

07 ㈜서울은 제품을 판매하고 1년 간 품질보증을 제공하고 있다. 회사는 매출액의 5%를 보증비용으로 추정하였다. 20X1년과 20X2년에 발생한 매출액은 각각 600,000원과 1,200,000원이고 실제발생한 보증비용은 다음과 같다. 20X2년 당기손익에 미치는 영향은 얼마인가? (20X1년 기초 충당부채 잔액은 없다.)

회계연도	20X1년분	20X2년분
20X1년	10,000원	
20X2년	20,000원	30,000원

① 30,000원
② 40,000원
③ 50,000원
④ 60,000원
⑤ 70,000원

정답 | ④

해설 | (20X1년) 제품보증충당부채 30,000 | 제품보증충당부채 30,000

제품보증충당부채 10,000 | 현   금 10,000 기말충당부채 : 20,000원

(20X2년) 제품보증충당부채 20,000 | 현   금 20,000 '21년 충당부채BV :   0원

제품보증비용   60,000 | 제품보증충당부채 60,000 충당부채설정 : 60,000원

제품보증충당부채 30,000 | 현   금 30,000 기말충당부채 : 30,000원

20X2년 당기손익 영향 = 기말충당부채증가액 10,000원 + 현금지출액 50,000원 = 60,000원(감소)

당기에 손익계산서에 인식할 비용은 매출액으로 추정한 충당부채금액(120만원×5%)과 같다. 만일 충당부채 환입액이 있다면 추정한 충당부채금액에서 차감하여 당기손익으로 인식한다.

---

08 다음 자료를 참고할 때 당기(X1.1.1.~12.31.)에 제품보증비로 인식한 금액은 얼마인가?

> Ⅰ. 기초 제품보증충당부채 100,000원
>
> Ⅱ. 기말 현재 제품보증충당부채 150,000원
>
> Ⅲ. 당기 중 5월에 전년도 판매된 제품에 대한 제품보증비 10,000원 지출
>
> Ⅳ. 제품보증기간은 5년(X1.1.1.~X5.12.31.)이다.

① 30,000원   ② 40,000원

③ 50,000원   ④ 60,000원

⑤ 240,000원

정답 | ④

해설 |

제품보증충당부채			
지출비용(현금)	10,000원	기초	100,000원
기말	150,000원	제품보증비용	60,000원

---

09 ㈜한라는 20X1.05.10.에 ㈜백두의 장기차입금 30억원에 대하여 25억원 지급보증을 하였다. ㈜백 두는 20X5.10.20.에 부도가 발생하여 ㈜한라는 지급보증에 대한 책임을 부담할 것으로 예상되었 다. 20X5.12.31. 현재 지급보증으로 인한 부담액은 알 수 없는 상황이었으나 20X6.02.10.에 지급 보증액이 20억원으로 확정되었다. 회계기간은 1.1.~12.31.까지이고 주주총회는 20X6.3.20.이 다. ㈜한라의 지급보증액에 대한 회계처리로 옳은 것은?

① 20X1.12.31. 25억원을 비용으로 인식한다.

② 20X5.12.31. 20억원을 비용으로 인식한다.

③ 20X5.12.31. 30억원을 비용으로 인식한다.

④ 20X6.02.10. 25억원을 지급보증충당부채로 인식한다.

⑤ 20X6년 비용은 인식하지 않고 주석사항으로 기재한다.

정답 | ②

해설 | 지급보증액이 확정되는 시점에 인식한다. 다만 보고기간후사건으로 수정을 요하는 경우에 해당되어 20X5.12.31.
에 확정된 지급보증액 20억원을 비용으로 인식한다.

10 충당부채와 우발자산에 대한 설명으로 바르지 못한 것은?

① 부채 인식요건을 충족하는 포인트 적립 마일리지 제도는 충당부채에 해당한다.

② 충당부채는 과거거래나 사건에 의한 현재의무 존재가능성이 매우 높아 부채로 계상한다.

③ 우발자산은 미래 확정되기 이전에는 자산으로 인식할 수 없다.

④ 충당부채 인식 요건 중 '현재의무'에는 의제의무는 포함되지 않는다.

⑤ 수선충당금은 자원 유출 가능성이 높고 그 금액을 신뢰성 있게 추정할 수 있어도 충당부채로 인식
하지 않는다.

정답 | ④

해설 | 충당부채 인식교건 중 '현재의무'는 법적의무와 의제의무를 모두 포함한다.

출제 포인트 ■ ■ ■ ■ 퇴직급여의 확정급여형과 확정기여형의 비교
■ 확정급여형의 회계처리와 계산

1. 종업원급여의 범위

① 기업과 종업원 사이에 합의된 공식적 제도나 그 밖의 공식적 협약에 따라 제공하는 급여
② 기업이 공공제도, 산업별제도 등에 기여금을 납부하도록 강제하는 법률이나 산업별 협약에 따라 제공되는 급여
③ 의제의무를 발생시키는 비공식적 관행에 따라 제공하는 급여

> **Key Point!**
> ※ 퇴직급여 외의 종업원급여
>   임금, 사회보장분담금(예 국민연금), 이익분배금, 상여금, 현직종업원을 위한 비화폐성급여, 명예퇴직금 등

2. 퇴직급여

(1) 퇴직급여 기본 구조

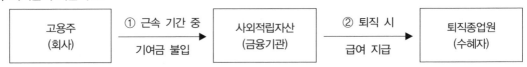

> **Key Point!**
> ※ 고용주가 사외적립자산에 불입하는 금액(①)이 확정되어 있으면 확정기여형(DC ; Defined Contribution)이라 한다.
>   반면 퇴직 시 종업원이 받는 급여(②)가 확정되어 있으면 확정급여형(DB ; Defined Benefit)이라 한다.

(2) 퇴직급여제도의 분류와 회계처리

구분	기업 불입액	지급액	위험부담	회계처리
확정기여형	확정	변동	종업원	(불입) 퇴직급여 XXX | 현금 XXX
	• 운용책임은 종업원에게 있기 때문에 운용손익은 종업원에 귀속함			(결산) 회계처리 없음 (지급) 회계처리 없음
확정급여형	변동	확정	회사	(불입) 퇴직연금자산 XXX | 현금 XXX
	• 운용책임은 기업에게 있기 때문에 운용손익에 따라 불입액이 변동함			(결산) 퇴직급여 XXX | 퇴직급여충당부채 XXX (지급) 퇴직급여충당부채 XXX | 퇴직연금자산 XXX

※ 확정기여제도에서 기업은 기여금만 불입하면 모든 의무는 종료되고 퇴직금을 지급해야 할 의무는 발생하지 않는다. 기여금을 퇴직급여로 비용으로 인식하고, 퇴직연금자산, 퇴직급여충당부채, 퇴직급여미지급금 등은 인식하지 않는다.

※ 확정급여제도에서 종업원은 퇴직 후 수령할 급액이 확정되어 있다. 따라서 기업이 운용에 대한 책임을 진다. 즉 임금인상률, 퇴직률, 운용수익률 등 연금액 산정의 기초가 되는 요인에 변화가 발생하면 그 위험을 사용자가 부담하게 된다.

 − 종업원이 퇴직하기 전에는 보고기간말 현재 종업원이 퇴직할 경우 지급해야 할 퇴직일시금에 상당하는 금액을 측정하여 충당부채로 인식한다. 퇴직급여충당부채에는 보험수리적 가정을 적용하지 않는다.

 − 종업원이 퇴직연금에 대한 수급요건 중 가입기간 요건을 갖추고 퇴사하였으며 퇴직연금의 수령을 선택한 경우, 보고기간 이후 퇴직종업원에게 지급하여야 할 예상퇴직연금합계액은 보험수리적 가정을 사용하여 추정하되 보고기간말 현재 우량회사채 시장수익률에 기초하여 할인한 현재가치로 측정하고 퇴직연금미지급금을 인식한다.

(3) 확정급여제도에서 재무상태표 표시

① 확정급여제도에서 운용되는 자산은 기업이 직접 보유하고 있는 것으로 보아 회계처리한다.

② 재무상태표에는 운용되는 자산을 하나로 통합화여 '퇴직연금운용자산'으로 표시하고, 그 구성내역을 주석으로 공시한다.

③ 재무상태표에는 퇴직급여충당부채와 퇴직연금미지급금을 부채로 하여 퇴직연금운용자산을 차감하는 형식으로 표시한다. 퇴직연금운용자산이 퇴직급여충당부채와 퇴직연금미지급금의 합계액을 초과하는 경우에는 그 초과액을 투자자산의 과목으로 표시한다.

㉠ 재무상태표 표시

재무상태표

	퇴직급여충당부채	XXX
	퇴직연금미지급금	XXX
	(퇴직연금운용자산)	(XXX)
		XXX

㉡ 퇴직급여충당부채 T 계정

지급액	XXX	기초	기초 퇴직금 일시지급 추계액
기말	기말 퇴직금 일시지급 추계액	당기설정액	퇴직급여(대차차액)

[사례 13−1]

㈜광명은 확정기여형 퇴직연금제도를 채택하고 있으며 매년 총임금의 1/12을 기여금으로 부담하는 약정을 근로자와 체결하였다. 전년도 총 임금은 200,000원이며, 해당 연도 총 임금은 240,000원이다. 당기 기여금과 관련된 회계처리를 제시하시오.

해설 | 당기 기여금은 당기 총 임금의 1/12이다.

퇴직급여 20,000 | 현   금 20,000

[사례 13-2]

㈜시흥은 확정급여형 퇴직연금제도를 채택하고 있다. 20X1.12.31. 현재 종업원이 퇴직할 경우 퇴직일시금은 200,000원이다. 20X1.01.01. 현재 퇴직일시금은 160,000원이고 기중 퇴직자에게 지급한 퇴직금은 20,000원이다. 20X1.12.31. 결산시점 추가로 인식해야 할 퇴직급여충당부채는 얼마인가?

해설 | T 계정을 이용하면 다음과 같다.

지급액	20,000원	기초	160,000원
기말	200,000원	당기설정액	(대차차액)60,000원

(퇴직금 지급 시)	퇴직급여충당부채	20,000	현　　금	20,000
(결산시점)	퇴직급여	60,000	퇴직급여충당부채	60,000

01 퇴직연금운용자산은 퇴직급여충당부채의 차감계정으로만 표시해야 한다. ○ ⊠

×
퇴직연금운용자산이 퇴직급여충당부채와 퇴직연금미지급금의 합계액을 초과하는 경우에는 그 초과액을 투자자산의 과목으로 표시한다.

02 확정기여형 퇴직연금제도를 채택할 경우 회사는 기말에 퇴직급여충당부채를 설정하지 않는다. ○ ⊠

○

03 생산라인에 근무하는 종업원의 급여는 즉시 비용으로 인식한다. ○ ⊠

×
재고자산으로 인식 후 판매시점 매출원가로 전환된다.

04 퇴직급여충당부채를 설정할 때에는 보험수리적 가정을 사용하지 않는다. ○ ⊠

○
보험수리적 가정을 사용하여 퇴직급여충당부채를 설정하는 것은 K-IFRS이다.

05 퇴직자가 퇴직금을 퇴직연금으로 수령하는 것으로 선택할 경우 예상 퇴직연금합계액의 현재가치를 퇴직연금미지급금으로 인식한다. ○ ⊠

○

06 관리직 종업원에 대한 급여와 퇴직급여는 판매 및 일반관리비(간접비용)로 계상된다. ○ ⊠

○

01 다음 중 종업원 급여에 포함되지 않는 것은?

① 임금, 상여금

② 확정기여금의 운용수익

③ 명예퇴직금, 현직 종업원에 제공하는 무상 주택

④ 퇴직급여

⑤ 조기퇴직자에 대한 인센티브

정답 | ②
해설 | 확정기여제도의 운용책임은 종업원에게 있으므로 운용수익은 회사와 관련 없다.

02 다음 자료를 이용하여 확정급여형 퇴직연금제도를 채택하고 있는 ㈜경북이 기중에 계상한 퇴직급여는 얼마인가?

> Ⅰ. 기초 퇴직급여충당부채 잔액은 9,000,000원이다.
> Ⅱ. 기말 퇴직급여충당부채 잔액은 20,000,000원이다.
> Ⅲ. 당기 중 퇴직자에게 지급한 퇴직금을 퇴직급여충당부채와 상계한 금액은 7,000,000원이다.
> Ⅳ. 당기 설정한 퇴직급여 추계액 중 60%는 제조원가에 포함되고 40%는 판매 및 일반관리비에 포함된다.

① 4,000,000원　　　　　　　② 10,000,000원

③ 13,000,000원　　　　　　　④ 18,000,000원

⑤ 22,000,000원

정답 | ④
해설 |

퇴직급여충당부채			
지급	7,000,000원	기초	9,000,000원
기말	20,000,000원	당기설정액	18,000,000원

03 ㈜충북은 확정급여형 퇴직연금제도를 채택하고 있다. 회사의 20X1.12.31. 현재 종업원 100명이 퇴직할 경우 지급할 퇴직일시금은 1,000,000,000원이다. 20X1.01.01. 현재 퇴직급여충당부채는 600,000,000원이다. 20X1년 중 퇴직한 종업원에 지급한 퇴직금이 400,000,000원일 때 제조원가에 반영될 퇴직급여는 얼마인가? (종업원 중 생산직은 60%, 관리직은 40%이다.)

① 200,000,000원

② 480,000,000원

③ 560,000,000원

④ 720,000,000원

⑤ 800,000,000원

정답 | ②

해설 | 8억×60% = 4.8억원

퇴직급여충당부채			
지급	40,000,000원	기초	600,000,000원
기말	100,000,000원	당기설정액	800,000,000원

04 다음은 ㈜대구의 퇴직급여충당부채에 대한 내용이다. 20X2년 중 퇴직급여로 지급한 금액은 얼마인가? (당기제품제조원가에는 생산직 근로자 퇴직급여가 200,000원이 포함되어 있다.)

〈부분 재무상태표〉

구분	20X2년 말	20X1년 말
퇴직급여충당부채	400,000원	200,000원

〈부분 손익계산서〉

매출원가	300,000원
퇴직급여	100,000원

① 20,000원

② 40,000원

③ 60,000원

④ 80,000원

⑤ 100,000원

정답 | ⑤

해설 |

퇴직급여충당부채			
지급	100,000원	기초	200,000원
기말	400,000원	당기설정액	200,000원 + 100,000원

05 퇴직급여에 대한 설명으로 바르지 못한 것은?

① 확정기여형은 퇴직연금운용자산, 퇴직연금미지급금을 퇴직급여로 인식한다.

② 퇴직연금운용자산이 퇴직급여충당부채와 퇴직연금미지급금의 합계액을 초과하는 경우에는 그 초과액을 투자자산의 과목으로 표시한다.

③ 퇴직급여충당부채를 설정할 경우 보험수리적 가정을 사용하지는 않는다.

④ 확정급여형은 임금인상률, 퇴직률 등 연금액 산정의 기초가 되는 가정에 변화가 있을 경우 그 위험은 회사가 부담한다.

⑤ 확정기여형은 회사가 퇴직급여충당부채를 설정하지 않고 기여금을 비용으로 처리한다.

정답 | ①
해설 | 확정기여형은 퇴직연금운용자산, 퇴직연금미지급금을 퇴직급여로 인식하지 않는다.

CHAPTER 14 자본

출제 포인트 ■ ■
- 자본구성요소의 구분
- 자기주식의 회계처리
- 유·무상증자 및 감자의 회계처리
- 이익잉여금처분의 회계처리

1. 자본의 개념과 분류

(1) 자본의 의의

자본은 자산총계에서 부채총계를 차감한 후 남는 잔여지분으로 주주에 귀속되는 지분을 말한다.

자산 - 부채 = 자본

(2) 자본의 분류

거래 구분	K-IFRS	일반기업회계기준
자본거래	납입자본	자본금
		자본잉여금
손익거래	기타자본요소	자본조정
		기타포괄손익누계액
	이익잉여금	이익잉여금

Key Point!

※ 자본거래의 결과는 당기손익에 반영되지 않고, 자본거래의 결과로 발생한 이익과 손실은 상계한 후 잔액만을 표시한다. 잔액이 대변잔액이면 자본에 가산하고 차변잔액이면 자본에 차감하여 표시한다.

※ 자본거래의 결과로 증가하는 자본은 주주에게 배당할 수 없고 자본전입이나 결손보전 이외의 목적으로 사용할 수도 없다.

2. 자본금과 자본잉여금

(1) 자본금

① 자본금은 주주들이 납입한 법정자본금을 의미하고 보통주 자본금과 우선주 자본금으로 구분하여 표시한다.

자본금 = 액면금액 × 발행주식수

② 유상증자 등에 참여 시 신주청약증거금은 신주납입액으로 충당될 금액을 자본조정으로 회계처리하고, 주식을 발행하는 시점에 할증발행될 경우 자본금과 자본잉여금으로 구분하여 회계처리한다.

(2) 자본잉여금

자본잉여금은 「상법」상 준비금으로 그 적립이 강제되고 사용도 제한되는 주식발행초과금, 감자차익, 자기주식처분이익 등이 있다.

> **Key Point!**
> ※ 자본잉여금을 재원으로 무상증자를 하게 되면 무상증자한 만큼 자본잉여금은 감소한다. 즉 자본잉여금이 자본금으로 전입되는 것이어서 자본총계에는 변화가 없다.

① 주식발행초과금

$$주식발행초과금 = 주식발행금액 - 액면금액$$

> **Key Point!**
> ※ 주식발행금액은 신주발행금액을 차감한 후의 금액을 말한다.

[사례 14 - 1]

㈜대한은 20X1.07.01.에 유상증자로 자본금이 200,000원이 증가하였다. 신주발행비는 40,000원이고, 신주발행비 차감전 주식의 발행금액이 600,000원인 경우, 200,000원인 경우, 100,000원인 경우로 구분하여 회계처리를 제시하시오.

해설 | ① 할증발행

현 금	560,000	자본금	200,000
주식발행초과금	360,000		

② 액면발행

현 금	160,000	자본금	200,000
주식할인발행차금	40,000		

③ 할인발행

현 금	60,000	자본금	200,000
주식할인발행차금	140,000		

> **Key Point!**
> ※ 액면발행과 할인발행의 경우 신주발행비는 주식할인발행차금에 포함되게 된다.

② 감자차익

㉠ 감자차익은 자본을 감소한 경우 그 감소액이 주식의 소각이나 주금의 반환으로 수령한 금액과 결손의 보전에 충당한 금액을 초과한 경우 그 초과액을 말한다.

[사례 14-2]

㈜민국은 결손금을 보전하기 위하여 기존주식 2주를 1주로 감자하여 자본금이 20,000원 감소하였다. 현금 2,000원을 지급하는 유상감자와 현금지급이 없는 무상감자 시 회계처리를 제시하시오.

해설 | ① 유상감자

자본금 20,000 | 현　금　 2,000
　　　　　　　　감자차익　18,000

> **Key Point!**
> ※ 유상감자는 지출된 현금이 주주에게 지분비율대로 배분되는 거래이다. 주식을 소각하는 경우 자본총계가 감소한다.

② 무상감자

자본금　20,000 | 감자차익　20,000

> **Key Point!**
> ※ 무상감자는 자본금이 감소하기는 하지만 현금유출도 없고 감소된 자본금만큼 감자차익이 인식되어 자본총계에 변동이 없다. 그래서 형식적 감자라고 한다.

③ 자기주식처분이익
　㉠ 자기주식은 회사가 자기회사의 주식을 취득하여 금고 속에 넣어두고 있어서 금고주(treasury stock)라고도 한다.
　㉡ 주식가격의 조정을 위하여 자기주식을 취득할 수 없고 투자자 보호를 위하여 상법에서 엄격히 규정하고 있다.

[사례 14-3]

㈜충북은 20X1.07.01.에 자기주식을 1,000원(액면)에 50주 취득하였고, 20X1.07.15.에는 30주를 동일한 가격에 추가 취득하였다. 또한 20X1.07.31.에는 자기주식을 1,500원에 20주를 추가 취득하였다. 그 이후 20X1.09.01.에 1,200원에 50주(7.1. 취득분)를 처분하였고, 20X1.10.01.에 30주(7.15. 취득분)를 300원에 처분하였다. 나머지 20주는 20X1.11.01.소각하였다. 주식 1주당 주식발행초과금은 100원이다. 각각의 회계처리를 제시하시오.

해설 |
일자	차변	금액	대변	금액
(20X1.07.01.)	자기주식	50,000	현　금	50,000
(20X1.07.15.)	자기주식	30,000	현　금	30,000
(20X1.07.15.)	자기주식	30,000	현　금	30,000
(20X1.09.01.)	현　금	60,000	자 본 금	50,000
			자기주식처분이익	10,000
(20X1.10.01.)	현　금	9,000	자 본 금	30,000
	자기주식처분이익	10,000		
	자기주식처분손실	11,000		
(20X1.11.01.)	자 본 금	20,000	자기주식	30,000
	감자차손	10,000		

3. 자본조정과 기타포괄손익누계액

(1) 자본조정

① 자본조정은 자산이나 부채로 확정되지 아니한 항목과 자본거래에서 발생한 손실임에도 당기손익으로 처리하지 않는 항목들로 구성된다.

② 자본조정항목
  ㉠ 주식할인발행차금
  ㉡ 자기주식(취득원가)과 자기주식처분손실
  ㉢ 주식매수선택권
  ㉣ 출자전환채무
  ㉤ 감자차손
  ㉥ 신주청약증거금(주식을 발행하는 시점에 자본금으로 대체)
  ㉦ 미교부주식배당금(발행될 주식의 액면금액)
  ㉧ 전환권대가, 신주인수권대가

(2) 기타포괄손익누계액

① 기타포괄손익누계액은 손익거래임에도 당기손익에 반영되지 아니하고 자본을 구성하는 항목을 말한다. 즉 당기손익에는 포함되지 않고 포괄손익에 포함되는 항목들이다.

② 기타포괄손익구성 항목
  ㉠ 매도가능증권평가손익
  ㉡ 해외사업환산손익
  ㉢ 현금흐름 위험회피 파생상품평가손익
  ㉣ 기타 : ㉠~㉢ 외의 원인으로 당기에 발생한 기타포괄손익누계액의 변동으로 하되, 그 금액이 중요한 경우에는 적절히 구분하여 표시한다.

4. 이익잉여금과 이익잉여금처분계산서

(1) 이익잉여금

① 이익잉여금은 기업이 경영활동에서 창출한 이익을 배당하지 않고 유보시켜 놓은 것을 말한다. 당기말 재무상태표에는 당기의 이익처분계획에 의한 처분액이 반영되지 않은 금액, 즉 미처분이익잉여금이 표시된다.

② 이익잉여금의 분류

	법정적립금(이익준비금)	영구적으로 현금배당 불가능
이익잉여금	임의적립금	일시적으로 현금배당 불가능
	미처분이익잉여금	즉시 현금배당 가능

(2) 이익잉여금처분계산서

① 미처분이익잉여금

$$미처분이익잉여금 = 전기이월미처분이익잉여금 \pm 회계정책변경누적효과$$
$$\pm 전기오류수정손익 - 중간배당액 + 당기순이익$$

> **Key Point!**
> ※ 중간배당액이 전기이월미처분이익잉여금에서 차감되는 이유는 중간배당 시점까지 발생한 당기의 순이익은 아직 주주총회에서 확정된 금액이 아니므로 중간배당의 재원은 당기 초에 주총에서 확정된 전기의 순이익이기 때문이다.

② 임의적립금 등 이입액

㉠ 임의적립금은 이익을 내부유보하기 위하여 연구및인력개발준비금 등 기업이 임의로 적립한 금액으로, 목적이 달성되거나 또는 다른 용도에 사용하기 위하여 이입할 수 있다. 이입액은 미처분이익잉여금에 가산하는 형식으로 기재한다.

③ 이익잉여금 처분액

㉠ 이익준비금	• 상법에 의해 매결산기 이익배당액의 1/10 이상을 적립해야 한다. • 이익배당은 현금배당이므로 주식배당은 적립이 강제되지 않는다. • 자본금의 1/2에 달하는 경우 그 이상 적립할 수 없다. 만일 초과적립한다면 초과적립된 부분은 임의적립금으로 본다.
㉡ 이익잉여금처분에 의한 상각	주식할인발행차금상각, 자기주식처분이익과 상계한 자기주식처분손실잔액, 상환주식 상환액 등을 기재한다. 이러한 항목은 당기손익 사항이 아닌 이익잉여금 수정 항목이다.
㉢ 배당금	• 당기에 처분할 배당액을 현금배당과 주식배당으로 구분하여 기재한다. • 배당결의는 정기주총에서 하지만 배당가능이익이 있는 경우에는 임시주총에서도 가능하다고 해석된다. • 중간배당도 허용이 되는데 현금배당과 현물배당만 가능하다.
㉣ 임의적립금	• 임의적립금은 회사가 임의로 적립한 금액으로 적립한도에 제한이 없으며 이를 이입하여 사용하는 데에도 제한이 없다. • 임의적립금 이입은 정기주주총회에서 한다. • 배당평균적립금, 사업확장적립금, 결손보전적립금 등이 있다. • 명칭은 회사가 임의로 창설하여 계상할 수 있다.
㉤ 차기이월미처분이익잉여금	• 차기이월미처분이익잉여금 = 미처분이익잉여금 + 임의적립금이입액 - 이익잉여금처분액 • 따라서 당기에 결손이 발생하더라도 전기이월미처분이익잉여금 또는 임의적립금 등의 이입액이 있으면 처분가능이익이 있기 때문에 배당을 할 수 있다.

※ 배당은 정기주주총회에서 회계연도말(통상 12.31.)을 배당기준일로 하여 배당가능이익에서 얼마를, 언제 배당할지 결정한다. 그래서 정기주주총회일이 배당결의일이 되고, 실제 배당을 지급하는 날이 배당지급일이 된다. 각각의 회계처리는 다음과 같다.

(배당결의일)	이익잉여금	XXX	미지급배당금	XXX
			이익준비금	XXX[30]
(배당지급일)	미지급배당금	XXX	현 금	XXX

※ 주식배당은 회사가 신주를 발행하여 주주에게 배당하는 것으로 현금배당과 같이 미처분이익잉여금이 감소하고 그만큼 자본금이 증가하기 때문에 자본총계는 변화가 없다.

(배당결의일)	이익잉여금	XXX	미교부주식배당금	XXX
			이익준비금	XXX
(배당지급일)	미교부주식배당금	XXX	자본금	XXX

※ 주식분할은 주식의 액면가가 감소하고 주식수가 늘어나는 것이어서 자본금과 자본총계에 영향을 미치지 않는다.

(3) 이익잉여금의 처분시기와 회계처리

① 이익잉여금의 처분에 따른 회계처리는 주주총회 결의일이다.

※ 기업의 결산일이 20X1.12.31.인 경우 20X1년도 주주총회는 20X2년 2월에 개최되어 이익잉여금처분 등 여러 가지 사항을 결정한다. 즉 20X2년 2월에 승인된 이익잉여금 처분과 관련한 사항은 동 일자에 회계장부에 반영된다. 따라서 20X1.12.31. 현재 재무상태표에 표시된 이익잉여금은 처분 전 이익잉여금이다.

② 이익잉여금의 처분에 따른 회계처리

㉠ 주주총회 결의일(20X1.02.XX.)부터 결산일(20X1.12.31.)까지 미처분이익잉여금 변동의 회계처리는 다음과 같다.

기말미처분이익잉여금＝전기이월미처분이익잉여금＋재평가잉여금대체액－중간배당액＋당기순이익

이월이익잉여금	XXX		중간배당지급액	XXX
집합손익	XXX		미처분이익잉여금	XXX
재평가잉여금	XXX			

※ 재평가잉여금 중 이익잉여금으로 대체한 금액이 있으면 그 금액도 미처분이익잉여금에 가산한다.
※ 미처분이익잉여금은 재무상태표상 미처분이익잉여금과 일치해야 한다.

㉡ 결산일(20X1.12.31.)부터 차기 주주총회 결의일(20X2.02.XX.) 직후까지 미처분이익잉여금 변동의 회계처리

---

30) 처분 전 이익준비금이 자본금의 1/2에 미치지 못할 경우 현금배당금의 1/10 이상을 이익준비금으로 추가 설정해야 한다. 중간배당의 경우도 동일하게 적립해야 한다. 즉 정기주총에서 적립할 이익준비금은 중간배당액과 정기추총에서 결의될 연차배당액의 합계액을 기준으로 한다.

- 미처분이익잉여금은 다음 순서로 처분한다.
  - 이익준비금 적립액
  - 이익잉여금처분에 의한 상각액[31]
  - 배당금 : 현금배당, 주식배당
  - 임의적립금 적립액

미처분이익잉여금 XXX	이익준비금 XXX
	주식할인발행차금 XXX
	미지급배당금 XXX
	미교부주식배당금 XXX
	사업확장적립금 XXX
	이월이익잉여금 XXX

Key Point!

※ 차기이월이익잉여금 = 미처분이익잉여금 + 임의적립금이입액 − 현금배당 − 주식배당 − 이익준비금적립액 − 임의적립금적립액 − 자본거래손실상각

[사례 14 − 3] [32]

다음 자료를 보고 ㈜백두의 제10기(X1.1.1.~12.31.) 이익잉여금처분계산서를 작성하시오.

① X1.12.31. 재무상태표 중 자본 내역

(단위 : 원)

자본	
① 자본금	100,000,000
② 자본잉여금	10,000,000
③ 이익잉여금	203,000,000
가. 이익준비금	5,000,000
나. 연구ㆍ인력개발준비금	40,000,000
다. 사업확장적립금	30,000,000
라. 배당평균적립금	7,000,000
마. 미처분이익잉여금	121,000,000

② 제10기 주주총회(X2.02.01.) 결의내역

가. 현금배당금 10,000,000원과 주식배당금 5,000,000원 실시
나. 기 설정된 사업확장적립금 중 10,000,000원 당기 환입
다. 당기에 추가로 사업확장 적립금 40,000,000원 설정
라. 당기에 배당평균적립금 10,000,000원 설정

---

31) 주식할인발행차금 상각액, 자기주식처분손실, 감자차손
32) 이용호ㆍ심충진, 「일반기업회계기준」, 제12판, 서울 : 한국금융연수원, 2022년, 476~477p

③ 당기순이익 : 100,000,000원

④ 기중 회계변경의 누적효과와 관련하여 다음과 같이 회계처리 하였다.

| 재고자산 | 1,000,000 | 회계정책변경누적효과 | 1,000,000 |

해설 |

이익잉여금처분계산서
제10기(X1.1.1.~12.31.) 처분확정일 : X2.2.1.

㈜백두 (단위 : 원)

Ⅰ. 미처분이익잉여금		121,000,000	당기말 B/S상 미처분이익잉여금으로
1. 전기이월 미처분이익잉여금	20,000,000		(−)중간배당액
2. 회계정책변경누적효과	1,000,000		(+)재평가잉여금 이익잉여금
3. 당기순이익	100,000,000		대체액을 포함한다.
Ⅱ. 임의적립금 등 이입액		10,000,000	
1. 사업확장적립금	10,000,000		
Ⅲ. 이익잉여금처분액		66,000,000	
1. 사업확장적립금	40,000,000		
2. 배당평균적립금	10,000,000		다음 회계연도
3. 배당금			정기주주총회일(X2.2.1.)에 회계처리
① 현금	10,000,000		
② 주식	5,000,000		
4. 이익준비금	1,000,000		
Ⅳ. 차기이월 미처분이익잉여금		65,000,000	다음 기로의 이월액

01 자본금은 자산총계에서 부채총계를 차감한 후의 잔여지분으로 주주 귀속분이다. ⓞⓧ

×
자본금이 아니라 자본이다.

02 자본금은 주식의 시장가격에 발행주식총수를 곱한 금액과 같다. ⓞⓧ

×
자본금 = 액면금액 × 발행주식총수

03 우선주는 이익배당과 잔여재산분배에 대하여 보통주보다 우선한다. ⓞⓧ

○

04 무상감자를 실시할 경우 기업의 자본은 감자금액만큼 감소한다. ⓞⓧ

×
감자금액만큼 감자차익을 인식하므로 자본변화는 없다.

05 감자차익은 자본잉여금에, 감자차손은 자본조정에 인식한다. ⓞⓧ

○

06 자기주식을 취득하면 그 금액만큼 자본금이 감소한다. ⓞⓧ

×
자본은 감소하지만 자본금은 변화가 없다.

07 자본잉여금은 결손금 보전과 무상증자의 경우에만 사용할 수 있다. ⓞⓧ

○

08 주식할인발행차금은 장부상 주식발행초과금 잔액과 우선 상계한다. ⓞⓧ

○

09 자기주식처분손실이 발생하면 장부상 남아있는 자기주식처분이익과 우선 상계한다. ⓞⓧ

○

10 자기주식 취득 이후 재발행하여 처분이익이 발생하면 영업외손익으로 인식한다. ⓞⓧ

×
자기주식처분이익은 자본잉여금으로 인식한다.

11 당기순이익이 크다면 중간배당가능액도 증가한다. ☐○☐✕

×
중간배당과 당기순이익은
관계가 없다.

12 액면을 초과하는 금액으로 유상감자를 실시한 경우 자본잉여금이 증가한다. ☐○☐✕

×
감자대가와 액면차이만큼
감자차손(자본조정)이 발생
한다.

13 정기주총에서 결의한 현금배당금은 배당지급시점에 인식한다. ☐○☐✕

×
배당결의일(정기주총일)에
인식한다.

14 자기주식은 그 금액이 중요하지 않을 경우 기타자본조정으로 통합 표시할 수 있다. ☐○☐✕

×
자기주식은 반드시 구분 표
시해야 한다.

15 중간배당을 기중에 지급하면 이익잉여금처분계산서의 미처분이익잉여금이 감소한다. ☐○☐✕

○

16 신주청약증거금은 자본조정으로 계상했다가 주식을 발행하는 시점에 자본금으로 대체한다. ☐○☐✕

○

01 다음 중 자본금과 자본이 동시에 증가하는 것을 모두 고르면?

가. 무상증자	나. 유상증자
다. 당기순이익	라. 전환사채의 전환권 행사

① 가, 나   ② 나, 다

③ 다, 라   ④ 가, 다

⑤ 나, 라

정답 | ⑤

해설 | 무상증자는 자본잉여금이 감소한 만큼 자본금이 증가하고, 당기순이익은 자본금에 영향이 없다. 유상증자는 납입된 주금이 자본금과 주식발행초과금(자본잉여금) 또는 주식할인발행차금(자본조정)이 인식되므로 자본금과 자본이 모두 증가한다. 전환권을 행사하면 부채가 감소하고 신주가 발행되므로 자본금과 주식발행초과금(자본잉여금)이 인식되므로 자본금과 자본이 모두 증가한다.

02 다음 중 자본조정항목에 해당하는 것을 모두 고르면?

가. 해외사업환산손실	나. 주식할인발행차금
다. 신주청약증거금	라. 매도가능증권평가손실
마. 감자차손	바. 자기주식 취득

① 가, 나, 다, 라   ② 가, 나, 마, 바

③ 나, 라, 마, 바   ④ 나, 다, 라, 마

⑤ 나, 다, 마, 바

정답 | ⑤

해설 | 가, 라는 기타포괄손익누계액에 해당하는 항목이다.

03 다음 중 자본잉여금에 해당하는 것을 모두 고르면?

가. 주식발행초과금	나. 출자전환채무
다. 자기주식처분이익	라. 감자차익
마. 매도가능증권평가이익	바. 주식매수선택권

① 가, 나, 다 ② 가, 다, 라
③ 나, 다, 라 ④ 나, 다, 마
⑤ 다, 라, 바

정답 | ②

04 다음 중 자본거래에 대한 설명 중 바르지 못한 것은?

① 주식분할과 주식배당은 자본총계에 영향을 미치지 않는다.
② 무상증자를 실시할 경우 자본금은 증가한다.
③ 유상증자를 실시할 경우 자본금과 자본이 동시에 증가한다.
④ 무상감자를 실시할 경우 자본금이 감소한 만큼 자본잉여금이 증가한다.
⑤ 감자차익은 자본잉여금에 계상하고 결손금과 상계해서는 안 된다.

정답 | ⑤
해설 | 감자차익은 결손금과 상계가 가능하다. 감자는 자본금을 줄여서 결손금을 보전하는 것이 목적이므로 감자차익은 당연히 결손금과 상계가 가능해야 할 것이다.

05 ㈜한라는 임의적립금, 이익준비금, 자본잉여금 순으로 결손금을 보전하려고 한다. 이에 대한 설명으로 바르지 못한 것은?

① 기초 재무상태표상 미처분이익잉여금보다 당기순손실이 작게 발생하면 결손금처리계산서를 작성해야 한다.
② 주식발행초과금을 결손금 보전의 재원으로 할 수 있다.
③ 결손금 보전의 순서는 상법의 범위 내에서 자유롭게 할 수 있다.
④ 감자를 통한 자본금으로 결손금 보전이 가능하다.
⑤ 결손금이 이익준비금으로 보전될 경우 결손금 보전 후 이익준비금을 기준으로 향후 현금배당 지급 시 추가 설정해야 할 이익준비금을 판단한다.

정답 | ①
해설 | 이 경우는 이익잉여금처분계산서를 작성한다. 결손금처리계산서는 당기말 미처리결손금을 이익잉여금으로 전부 보전할 수 없거나, 전부 보전하여도 이익잉여금 처분사항이 없는 경우에 사용한다.

06 다음 중 자본의 회계처리에 대한 설명으로 바르지 못한 것은?

① 자기주식을 취득하더라도 자본금에는 영향이 없다.

② 정기주주총회에서 현금배당을 결의한 경우 그 결의일에 미지급배당금으로 부채를 인식한다.

③ 오류의 크기가 중요하지 않은 전기오류수정손익은 손익계산서상 영업외손익으로 처리한다.

④ 이익준비금은 자본금의 1/2에 달할 때까지 현금배당액의 1/10 이상을 적립한다.

⑤ 자기주식은 반드시 취득 목적에 따라 자본조정과 자본잉여금에 구분하여 표시한다.

정답 | ⑤
해설 | 자기주식은 취득 목적에 관계없이 자본조정으로 계상한다.

07 자기주식의 회계처리에 대한 설명으로 바르지 못한 것은?

① 자기주식 취득 시 자본금과 자본잉여금 총액은 변화가 없다.

② 자기주식은 자본의 차감항목이다.

③ 자기주식처분으로 손실이 발생하면 기인식한 자기주식처분이익과 우선 상계하고 잔액을 자기주식처분손실로 인식한다.

④ 자기주식을 소각할 경우 취득원가와 발행가액의 차이를 감자차익 또는 감자차손으로 인식한다.

⑤ 감자차손은 결손금처리순서에 따라 처리하고, 잔액이 남을 경우 자본조정항목에 남아 차기로 이연된다.

정답 | ④
해설 | 취득원가와 액면가액의 차이를 감자차손 또는 감자차익으로 인식한다.

08 다음 자료를 참고할 때 당기 제5기(X1.1.1~12.31.) 이익잉여금처분계산서상 미처분이익잉여금은 얼마인가?

Ⅰ. 전기이월미처분이익잉여금	20,000,000원
Ⅱ. 재고자산 평가방법 변경에 의한 회계정책변경의 누적효과	
회계정책변경누적효과 600,000원 | 재고자산 600,000원	
Ⅲ. 중간배당금	400,000원
Ⅳ. 당기순손실	4,000,000원
Ⅴ. 중요하지 않은 전기오류수정이익	2,000,000원
Ⅵ. 중요한 전기오류수정손실	3,000,000원
Ⅶ. 연구및인력개발준비금 이입액	80,000원

① 11,600,000원 　　② 12,000,000원

③ 12,800,000원 　　④ 13,200,000원

⑤ 14,000,000원

정답 | ②

해설 | 미처분이익잉여금 = 전기이월미처분이익잉여금 20,000,000원 − 회계정책변경누적효과 600,000원 − 중간배
당금 400,000원 − 당기순손실 4,000,000원 − 전기오류수정손실 3,000,000원
= 12,000,000원

Ⅳ. 중요하지 않은 전기오류수정이익은 손익계산서상 영업외이익으로 처리한다.

09 주식배당, 무상증자, 주식분할, 주식병합에 대한 설명으로 바르지 못한 것은?

① 주식배당과 무상증자는 자본금이 증가하지만 자본총계에는 변화가 없다.

② 주식배당과 무상증자는 발행주식수가 증가한다.

③ 무상증자와 주식분할은 주식수가 증가하고 자본금이 증가한다.

④ 주식병합을 하더라도 자본금과 자본총계에는 변화가 없다.

⑤ 주식분할과 주식병합은 주식의 액면가액이 변화한다.

정답 | ③

해설 | 주식분할, 주식병합은 자본금 변동이 없다.

10 다음은 ㈜성영의 자기주식거래 내역이다. 재무제표에 미치는 영향으로 옳은 것은? (주식의 액면가
는 주당 5,000원이고, 취득당시 시장가격은 10,000원이다.)

> Ⅰ. 20X1.03.01. 자기주식을 100주 취득하였다.
> Ⅱ. 20X1.06.01. 자기주식 50주를 주당 13,000원에 처분하였다.
> Ⅲ. 20X1.07.01. 자기주식 50주를 주당 8,000원에 처분하였다.

① 자본조정 50,000원 감소 　　　　　　 ② 자본조정 50,000원 증가

③ 자본잉여금 50,000원 감소 　　　　　 ④ 자본잉여금 50,000원 증가

⑤ 자본에 영향없음

정답 | ④

해설 | 자기주식　　　1,000,000 | 현　금　　　　1,000,000
　　　현　금　　　　650,000 | 자기주식　　　　500,000
　　　　　　　　　　　　　　　　자기주식처분이익　150,000

　　　현　금　　　　400,000 | 자기주식　　　　500,000
　　　자기주식처분이익　100,000 ← 자기주식처분손실은 기 인식한 자기주식처분이익과 우선 상계한다.

11 다음은 ㈜홍성의 자기주식거래 내역이다. 재무제표에 미치는 영향으로 옳은 것은? (주식의 액면가는 주당 5,000원이고, 취득당시 시장가격은 10,000원이다.)

> Ⅰ. 20X1.03.01. 자기주식을 100주 취득하였다.
> Ⅱ. 20X1.06.01. 자기주식 50주를 주당 11,000원에 처분하였다.
> Ⅲ. 20X1.07.01. 자기주식 50주를 주당 7,000원에 처분하였다.

① 자본조정 100,000원 감소   ② 자본조정 100,000원 증가

③ 자본잉여금 150,000원 감소   ④ 자본잉여금 50,000원 감소

⑤ 자본잉여금 50,000원 증가

정답 | ②

해설 |

자기주식	1,000,000	현 금	1,000,000
현 금	550,000	자기주식	500,000
		자기주식처분이익	50,000
현 금	350,000	자기주식	500,000
자기주식처분이익	50,000		
자기주식처분손실	100,000		

12 다음 각 항목이 이익잉여금, 자본금 및 자본총계에 미치는 영향으로 바르지 못한 것은?

	항목	이익잉여금	자본금	자본총계
①	유상감자	변화없음	감소	감소
②	무상감자	변화없음	감소	감소
③	주식분할	변화없음	변화없음	변화없음
④	주식병합	변화없음	변화없음	변화없음
⑤	주식배당	감소	증가	변화없음

정답 | ②

해설 | 무상감자는 자본금이 감소하지만 그 금액만큼 감자차익을 인식하므로 자본총계에 영향이 없다.

13 다음은 ㈜경북의 재무제표 중 일부와 주주총회 결의 내용이다. 주주총회결의 후 이익준비금과 배당 평균적립금 잔액은 얼마인가?

Ⅰ. 20X0.12.31. 현재 재무상태 중 일부
   (1) 자본금   200,000원
   (2) 이익잉여금   12,000원
     가. 이익준비금   2,000원
     나. 배당평균적립금   4,000원
     다. 미처분이익잉여금   6,000원
Ⅱ. 20X1.02.05. 주주총회 결의내용
   (1) 현금배당   10,000원
   (2) 이익준비금 설정   1,000원
   (3) 배당평균적립금 환입   1,200원
   (4) 배당평균적립금 설정   2,800원

	이익준비금	배당평균적립금
①	2,000원	1,000원
②	3,000원	2,800원
③	1,000원	5,600원
④	3,000원	5,200원
⑤	3,000원	5,600원

정답 | ⑤
해설 | 이익준비금 = 2,000원 + 1,000원 = 3,000원
       배당평균적립금 = 4,000원 − 1,200원 + 2,800원 = 5,600원

14 다음 자료를 참조하여 기말자본을 계산하면 얼마인가?

총수익	4,000,000원
총비용	2,000,000원
자본금	2,000,000원
주식발행초과금	1,000,000원
이익잉여금	1,000,000원
자기주식	200,000원
감자차익	200,000원
재평가잉여금	400,000원

---

① 5,600,000원   ② 6,000,000원

③ 6,400,000원   ④ 6,600,000원

⑤ 7,000,000원

정답 | ③

해설 | 기말자본

= 기초자본금 + 손익거래금액(이익잉여금 + 재평가잉여금) + 자본거래금액(당기순이익 + 감자차익 + 주식발행초과금 − 자기주식)

= 2,000,000원 + (1,000,000원 + 400,000원) + (4,000,000원 − 2,000,000원 + 200,000원 + 1,000,000원 − 200,000원)

= 6,400,000원

---

15 ㈜대구의 20X1.01.01. 총자산은 3,000,000원, 총부채는 1,600,000원이고, 20X1.12.31. 총자산은 5,400,000원, 총부채는 2,400,000원이다. 회사는 20X1.07.01.에 1,000,000원의 유상증자를 실시하고 현금배당 200,000원과 주식배당 140,000원을 실시하였다. 회사의 20X1년 기타포괄손익이 200,000원인 경우 20X1년 당기순이익은 얼마인가?

① 600,000원   ② 740,000원

③ 800,000원   ④ 940,000원

⑤ 960,000원

정답 | ①

해설 | 자본증가액 1,600,000원 = 유상증자 1,000,000원 − 현금배당 200,000 + 당기순이익 + 기포누 200,000

따라서 당기순이익은 600,000원이다. 주식배당은 자본총계에 영향이 없으므로 무시한다.

Certified Credit Analyst PART 01

출제 포인트 ■ ■
- 거래 유형별 재화 판매거래의 수익인식시기 구분
- 거래 유형별 용역 제공거래의 수익인식시기 구분

1. 수익의 정의 및 측정

(1) 수익의 정의

① 수익은 재화의 판매, 용역의 제공이나 자산의 사용에 대하여 받았거나 받을 대가(이하 '판매대가')의 공정가치로 측정한다.

② 매출에누리와 할인 및 환입은 수익에서 차감한다.

③ 수익은 기업에 귀속되는 경제적 효익의 유입만을 포함하므로 부가가치세와 같이 제3자를 대신하여 받는 금액이나, 대리 관계에서 위임자를 대신하여 받는 금액 등은 수익으로 보지 않는다.

(2) '수익' 관련 회계기준의 적용범위

① 재화의 판매

② 용역의 제공

③ 이자수익 : 현금이나 현금성자산 또는 받을 채권의 사용대가

④ 로열티수익 : 산업재산권이나 컴퓨터 소프트웨어 등과 같은 무형자산의 사용대가

⑤ 배당수익 : 지분투자에 대하여 받는 이익의 분배금액

(3) 수익의 측정

구분		측정방법
수익의 측정		판매대가의 공정가치
공정가치	단기	명목금액
	장기	명목금액의 현재가치
교환거래	동종자산교환	원칙적으로 수익을 인식하지 않음
	이종자산교환	취득한 재화나 용역의 공정가치로 측정

2. 거래의 식별

(1) 일반기준

① 원칙 : 수익인식기준은 일반적으로 각 거래별로 적용한다.

② 예외

　㉠ 하나의 거래를 2개 이상 부분으로 구분하여 각각 다른 수익인식기준을 적용하는 경우
　　• 제품판매가격에 판매 후 제공할 용역에 대한 대가가 포함되어 있고 그 대가를 식별할 수 있는 경우에는 제품판매와 용역제공을 분리하여 각각 다른 수익인식기준을 적용한다.

　㉡ 둘 이상의 거래를 하나로 보아 하나의 수익인식기준을 적용하는 경우
　　• 피아노 판매 후 피아노를 조율해주는 용역을 제공하는 경우에는 하나의 거래로 보아 제품판매수익을 인식한다.

(2) 재화와 용역의 동시제공

하나의 거래에서 판매자가 재화와 용역을 함께 제공하는 경우에는 먼저 거래의 주목적을 식별해야 한다.

① 용역제공이 부수적인 경우에는 재화판매거래로 본다.

　예 냉장고 판매 후 설치용역을 제공하는 경우에는 거래의 주목적이 냉장고 판매이므로 재화의 판매로 수익인식을 한다.

② 재화판매가 부수적인 경우에는 용역제공거래로 본다.

　예 부품공급을 포함한 설비유지보수계약의 경우 설비유지보수 서비스가 주목적이므로 용역제공거래로 보아 수익을 인식한다.

③ 재화판매와 용역제공이 별개로 취급되어 총거래가격에 영향을 미치는 경우에는 각각 구분하여 수익을 인식한다.

3. 재화 판매거래

(1) 수익인식기준

① 수익은 가득기준과 실현기준이 충족되었을 때 인식한다. 일반적으로 가득기준과 실현기준을 동시에 충족시키는 시점은 인도시점이다.

> **Key Point!**
> ※ 가득기준은 경제적 이익을 청구하기에 충분한 활동인 수익창출과정이 완료된 것을 의미한다. 예를 들어 재화를 판매하여 인도하는 시점에 수익창출과정이 완료되었다고 할 수 있다.
> ※ 실현기준은 수익금액을 신뢰성 있게 측정할 수 있고 경제적 이익의 유입 가능성이 높은 것을 의미한다. 예를 들어 재화를 판매하고 인도한 후 현금 또는 현금청구권을 가질 때 실현기준이 충족되었다고 본다.

② 재화판매로 인한 수익은 다음 조건이 모두 충족되었을 때 인식한다.

구분	내용
공통 수익인식조건	• 수익금액을 신뢰성 있게 측정할 수 있다. • 경제적 효익의 유입가능성이 매우 높다. • 거래와 관련하여 발생했거나 발생할 원가를 신뢰성 있게 측정할 수 있다.
재화 관련 인식조건	• 재화의 소유에 따른 유의적 위험과 보상이 대부분 구매자에게 이전된다. • 판매자는 판매한 재화에 대하여 소유권이 있을 때 통상적으로 행사하는 정도의 관리나 효과적 통제를 할 수 없다.

(2) 비용의 인식

비용은 수익과 대응하여 인식한다. 즉 특정 거래와 관련하여 발생한 수익과 비용은 동일한 회계기간에 인식한다.

(3) 재화 판매거래의 수익인식 사례

구분	수익인식기준
재화의 인도 지연	소유권이 구매자에게 이전되는 시점에 수익인식
설치·검사 조건부 판매	• 설치와 검사가 완료되는 시점에 수익을 인식하는 것이 원칙 • 예외적으로 설치과정이 단순한 경우 등은 재화 인도시점에 수익인식
반품 가능 판매	판매가격이 사실상 확정되고, 구매자의 지급의무가 재판매여부에 영향을 받지 않으며, 판매자가 재판매에 대한 사실상의 책임을 지지 않고, 미래의 반품금액을 신뢰성 있게 추정할 수 있을 때 수익인식
판매자가 위험 일부 부담	판매자가 소유에 따른 위험을 일부 부담하더라도 그 위험이 중요하지 않은 경우에는 해당 거래를 판매로 보아 수익인식
구매자가 제한적 반품권한을 가지는 경우	구매자가 재화의 인수를 공식적으로 수락한 시점 또는 반품기간이 종료된 시점에 수익인식
위탁판매	• 수탁자가 해당 재화를 제3자에게 판매한 시점에 수익인식 • 이 경우 수익은 판매총액이 아니라 판매수수료만 인식
상품권	상품권을 회수한 시점에 수익인식
할부판매	• 단기할부판매의 경우 수익은 받았거나 받을 대가의 공정가치로 측정 • 장기할부판매의 경우 미래 받을 금액(명목금액)의 현재가치로 측정 • 공정가치와 현재가치의 차이는 현금회수기간에 걸쳐 이자수익으로 인식
부동산판매	법적 소유권이 구매자에게 이전되는 시점에 수익인식
중간상에 대한 판매	• 소유에 따른 위험과 보상이 구매자에게 이전되는 시점에 수익인식 • 구매자가 대리인 역할만 한다면 위탁판매로 처리
판매 인센티브	• 현금할인 등 현금판매 인센티브는 판매자의 매출에서 직접 차감 • 무료현물, 무료서비스 등 현물판매 인센티브는 판매거래의 일부로 보아 비용처리
완납인도 예약 판매	재화의 인도시점에 수익인식(재고가 없는 재화의 판매도 동일)
미인도청구판매	일정요건을 충족하는 경우 구매자가 소유권을 가지는 시점에 수익인식
출판물 구독	• 품목가액이 매기 비슷한 경우 : 발송기간에 걸쳐 정액기준으로 인식 • 품목가액이 기간별로 다른 경우 : 발송된 품목의 가액이 총판매금액에서 차지하는 비율에 따라 수익인식

4, 용역 제공거래

(1) 수익인식기준

① 용역 제공으로 인한 수익인식은 용역제공거래의 성과를 신뢰성 있게 추정할 수 있을 때 진행기준에 따라 인식한다.
② 진행기준은 경제적 실질이 왜곡되지 않도록 법적 형식보다 경제적 실질을 반영하여 수익을 인식하는 방법이다.
③ 진행기준은 적시성 있는 목적적합한 정보를 제공하게 한다.

(2) 측정가능성

① 거래 당사자 모두에게 법적 구속력이 있는 권리, 용역제공의 대가 및 정산방법과 조건에 대하여 거래 상대방과 합의한 경우에는 일반적으로 거래 전체 수익금액을 신뢰성 있게 추정할 수 있고 경제적 효익의 유입 가능성이 매우 높은 것으로 본다.

② 용역제공이 진행됨에 따라 해당기간에 인식할 수익금액의 추정치를 재검토하고 필요한 경우 수정해야 한다.

(3) 진행률

진행률은 용역제공거래의 특성에 따라 작업진행정도를 가장 신뢰성 있게 측정할 수 있는 방법을 선택해야 한다. 진행률은 다음 세 가지 방법으로 측정할 수 있다. 그러나 고객으로부터 받은 중도금이나 선수금에 기초하여 계산한 진행률은 작업진행정도를 반영하지 않을 수 있으므로 적절한 진행률로 보지 않는다.

① 진행률＝실제작업량(또는 작업시간)÷총 예상작업량(또는 작업시간)

② 진행률＝현재까지 제공한 누적 용역량÷총 예상용역량

③ 진행률＝현재까지 발생한 누적원가÷총 추정원가

(4) 손실의 인식

용역제공거래에서 이미 발생한 원가와 그 거래를 완료하기 위하여 추가로 발생할 것으로 예상되는 원가의 합계액이 당해 용역거래의 총수익을 초과하는 경우에는 그 초과액과 이미 인식한 이익의 합계액 전액을 당기손실로 인식한다.

(5) 성과측정의 불가능성

용역제공거래의 성과를 신뢰성 있게 추정할 수 없는 경우에는 발생한 비용의 범위 내에서 회수가능한 금액을 수익으로 인식한다.

(6) 용역제공거래의 수익인식 사례

구분	수익인식기준
설치용역 수수료	• 설치용역이 주목적 : 진행기준 • 설치용역이 부수적 : 재화판매시점에 수익인식
A/S(재화판매가격에 추후 제공될 용역 포함)	용역에 대한 식별 가능한 금액이 포함되어 있는 경우에는 그 금액을 이연시켜 용역이 제공되는 기간 동안 수익인식
광고수익	• 광고매체 수수료 : 광고를 송출하여 대중에게 전달될 때 수익인식 • 광고제작 수수료 : 진행기준
입장료 수익	행사가 개최되는 시점에 수익인식
수강료	강의기간 동안 발생기준에 따라 수익인식
입회비 및 연회비	• 회원가입과 자격유지 : 회비회수가 가능한 시점에 수익인식 • 재화 등 염가구매 : 가입기간 동안 제공되는 효익에 따라 인식
프랜차이즈 수수료	부과목적에 따라 수익인식 • 유형자산의 제공 : 인도일 또는 소유권이전일 • 운영지원용역 : 용역제공시점 • 창업지원용역 　－설비 등 염가판매 : 가맹점에 판매하는 기간에 수익인식 　－기타 의무사항 : 용역이 수행된 시점에 수익인식
주문개발 S/W 수수료	진행기준

(7) 이자수익 등

① **이자수익** : 유효이자율을 적용하여 발생기준에 따라 인식한다. 즉 이자를 수령하지 않더라도 발생기준에 따라 결산일에 이자수익을 인식해야 한다.

② **배당금수익** : 배당금수익은 사전에 그 금액을 결정하기 어렵기 때문에 배당금을 받을 권리와 금액이 확정되는 시점에 인식한다. 즉 정기배당은 주주총회에서 결정된 시점에 인식한다.

③ **로열티수익** : 관련된 계약의 경제적 실질을 반영하여 발생기준에 따라 인식한다. 일반적으로 로열티계약서를 어떻게 체결하느냐에 따라 수익인식시점 및 금액이 달라진다.

5. 수익관련 보조금의 표시

(1) 수익관련 보조금 수령 시

① 수익관련 보조금[34]을 받는 경우에는 당기손익에 반영한다. 다만 수익관련 보조금을 사용하기 위하여 특정조건을 충족해야 한다면 그 조건을 충족하기 전에 받은 수익관련 보조금은 선수수익으로 회계처리한다.

② 수익관련 보조금은 대응되는 비용이 없는 경우 회사의 주된 영업활동과 관련성이 있다면 영업수익으로, 관련성이 없다면 영업외수익으로 회계처리한다.

③ 반면 수익관련 보조금이 특정 비용을 보전하기 위한 목적으로 지급되는 경우에는 당기손익으로 인식하지 않고 특정 비용과 상계 처리한다. 즉 대응되는 비용이 있을 때에는 그 비용과 수익관련 보조금을 상계 처리한다.

[사례 15-1]

정부가 매출원가에 미치지 못하는 매출액을 보전할 목적으로 무연탄 제조회사에 톤(ton)당 생산량에 100원의 보조금을 지급하기로 하였다. 당기 무연탄 생산량이 20,000톤(ton)일 때 보조금 수령과 관련 회계처리를 제시하시오.

해설 | 손실보전을 목적으로 한 정부보조금은 매출액으로 인식한다.

현　　금 2,000,000 ｜ 매　　출 2,000,000

---

33) 본사가 원재료 등을 적정이윤이 보장되는 가격보다 저렴하게 가맹점에 판매한다는 의미이다. 이 경우 판매가격은 추정원가보다 낮기 때문에 본사가 판매한 원재료 등의 추정원가를 회수하고 적정이윤을 보장하기 위하여 창업지원용역 수수료의 일부를 이연하여 인식한다.

34) 자산관련 보조금 이외의 보조금을 수익관련 보조금이라 한다.

(2) 정부보조금의 상환

① 상환의무가 발생된 정부보조금은 회계추정의 변경으로 회계처리한다.

② 수익관련 보조금을 상환하는 경우에는 즉시 당기손익에 인식한다. 다만 이전에 수익관련 보조금을 선수수익으로 인식한 계정이 있는 경우 먼저 적용한다.

③ 자산관련 보조금을 상환하는 경우 상환금액만큼 자산의 장부금액을 증가시킨다. 이 경우 보조금이 없었더라면 현재까지 당기손익으로 인식했어야 하는 추가 감가상각누계액은 즉시 당기손익으로 인식한다.

01 동종자산을 교환하는 거래는 수익을 인식하지 않는다. ☐O☐X

○

02 사용에 특정 조건이 있는 수익관련 보조금을 그 조건을 충족하기 전에 수령한 경우에는 영업외수익으로 인식한다. ☐O☐X

×
이 경우에는 선수수익으로
처리한다.

03 매출액은 업종 또는 사업부분별로 구분하여 표시할 수 있다. ☐O☐X

○

04 상품권과 관련하여 발생한 수익은 상품권 판매시점에 인식한다. ☐O☐X

×
상품권을 회수하는 시점에
수익을 인식한다.

05 장기할부판매의 수익은 미래에 받을 명목금액 합계액의 현재가치로 측정하여 인식하고, 명목금액과 현재가치의 차액은 현금회수기간 동안 이자수익으로 인식한다. ☐O☐X

○

06 제조기업 ㈜홍성의 당기 매출액이 0이면 매출원가도 0이다. ☐O☐X

○
수익−비용 대응원칙에 의
하여 맞는 설명이다.

07 주문개발하는 소프트웨어 수수료는 개발을 완료하는 시점에 수익을 인식한다. ☐O☐X

×
진행기준에 따라 수익을 인
식한다.

08 수익관련 보조금은 대응되는 비용이 없는 경우 회사의 주된 영업활동과 관련이 있다면 영업외수익으로 인식한다. ☐O☐X

×
영업수익으로 회계처리한다.

01 다음 거래 유형별 수익인식방법에 대한 설명으로 바르지 못한 것은?

① 인도가 지연된 재화의 경우에는 소유권이 구매자에게 이전되는 시점에 수익을 인식한다.

② 판매자가 소유에 따른 위험을 일부 부담하는 경우 그 위험이 중요하지 않은 경우라 하더라도 소유에 따른 위험과 보상이 구매자에게 이전되는 시점에 수익을 인식한다.

③ 위탁판매의 경우 수탁자가 제3자에게 판매한 시점에 수익을 인식한다.

④ 반품조건부 판매의 경우 판매가격이 확정되고, 구매자의 지급의무가 재판매여부에 영향을 받지 않으며, 판매자가 재판매에 대한 사실상의 책임을 지지 않더라도 미래 반품금액을 신뢰성 있게 추정할 수 없다면 수익을 인식할 수 없다.

⑤ 상품권은 회수한 시점, 즉 재화의 판매 또는 인도시점에 수익을 인식한다.

정답 | ②

해설 | 판매자가 소유에 따른 위험의 일부를 부담하더라도 그 위험이 중요하지 않은 경우에는 해당 거래를 판매로 보아 수익을 인식한다. 즉 판매시점에 수익을 인식한다.

02 다음 용역제공거래의 수익인식방법에 대한 설명 중 바르지 못한 것은?

① 기계장치를 판매하면서 설치까지 해주기로 한 계약에서 설치의무가 부수적인 경우라면 기계장치를 판매한 시점에 수익을 인식한다.

② 3D 프린터를 판매하면서 향후 2년간 A/S를 무상으로 해주기로 한 경우, 3D 프린터 판매가격에 추후 제공될 A/S 용역의 식별 가능한 가격이 포함되어 있다면 그 금액을 이연시켜 용역이 제공되는 기간 동안 수익을 인식한다.

③ 광고매체 수수료는 광고가 대중에게 전달될 때 수익을 인식한다.

④ 전시회를 개최하면서 발생되는 입장료 수익은 행사를 완료하는 시점에 수익을 인식한다.

⑤ 주문개발 소프트웨어 수수료는 진행기준에 따라 수익을 인식한다.

정답 | ④

해설 | 입장료 수익은 행사가 개최되는 시점에 인식한다.

03 수익인식에 관한 설명 중 옳은 설명은?

① 수익은 통상적 경영활동에서 발생하는 재화나 용역의 제공에 대한 총유출을 말한다. 다만, 주주의 지분참여로 인한 자본의 증가는 수익에 포함하지 않는다.

② 다른 수익인식 조건들이 충족된 경우라 하더라도 반품가능성이 불확실하여 추정이 어려운 경우에는 구매자가 재화의 인수를 공식적으로 수락한 시점 또는 인도 후 반품기간 종료시점에 수익을 인식한다.

③ 특별 주문을 받아 소프트웨어를 개발하는 경우 소프트웨어의 대가로 수취하는 수수료는 개발완료시점에 계약금액의 전액을 수익으로 인식한다.

④ 장기할부판매의 수익은 현금 수취시점마다 인식한다.

⑤ 다른 수익인식 조건들이 충족된 경우라 하더라도 위탁자는 수탁자로부터 해당 재화에 대한 판매대금을 수령한 시점에 수익을 인식한다.

정답 | ②
해설 | ① 수익은 경제적 효익의 총유입이다.
　　　③ 진행기준으로 인식한다.
　　　④ 인도기준으로 수익을 인식한다.
　　　⑤ 제3자에게 판매한 시점에 수익을 인식한다.

04 다음은 ㈜울산의 당기 중 거래 내역이다. 20X1년에 인식될 수익금액은 얼마인가?

> Ⅰ. 20X1.01.01. 상품A를 거래처에 판매하고 대금은 20X1.12.31.에 200,000원, 20X2.12.31.에 400,000원을 수령하기로 하였다. 명목금액과 현재가치 차이는 중요한 금액이고 현가계수는 다음과 같다.
> 　　　　현가계수$_{(1년, 4\%)}$ = 0.9615　　　　　　현가계수$_{(2년, 4\%)}$ = 0.9245
> Ⅱ. 20X1.08.01.에 거래처에서 상품B의 물량확보를 위하여 20X2.01.31. 인도조건으로 계약금 300,000원을 ㈜울산에 지급하였다.
> Ⅲ. 20X1.10.01. 상품C를 200,000원에 판매하고 소비자는 3개월 무이자 할부로 카드결제를 하였다.

① 562,100원
② 600,000원
③ 762,100원
④ 800,000원
⑤ 1,062,100원

정답 | ③
해설 | 총수익 = 200,000원×0.9615 + 400,000원×0.9245 + 200,000원 = 762,100원
　　　선수금은 상품 인도시점에 수익을 인식한다.

05 다음은 ㈜부산의 당기 중 거래 내역이다. 20X1년에 인식될 수익금액은 얼마인가?

> Ⅰ. 20X1.12.10. ㈜부산은 원가 500,000원의 A제품을 600,000원에 소비자에게 판매하였고, 소비자의 요청으로 20X2.01.10.에 인도되었다.
>
> Ⅱ. ㈜부산은 ㈜서울로부터 위탁받은 B제품을 20X1.10.01.에 수령하여 20X1.12.25.에 모두 현금 판매를 완료하였다. 판매금액은 4,000,000원이고, 원가는 3,000,000원이다. ㈜부산은 이 사실을 20X2.01.10. ㈜서울에 통보하였다. 계약에 의하면 판매 수수료는 판매금액의 10%이다.
>
> Ⅲ. 20X1.10.01. 상품C를 2,000,000원에 ㈜충북에 판매하고 대금의 60%만 현금으로 수령하였고 나머지는 20X1.12.31.에 확실히 수령할 예정이다.

① 2,000,000원
② 2,400,000원
③ 3,000,000원
④ 5,800,000원
⑤ 6,600,000원

정답 | ③
해설 | Ⅰ. 인도지연은 소유권 이전 시점에 수익을 인식하므로 X1년 수익으로 600,000원 인식한다.
　　　Ⅱ. 위탁판매는 수탁자가 제3자에게 판매한 시점에 수익을 인식하므로 X1년 수익으로 400,000원을 인식한다.
　　　Ⅲ. 단기 외상판매이므로 제품판매시점에 2,000,000원 전액 수익으로 인식한다.

06 다음 중 ㈜탐라의 수익인식과 관련된 회계처리가 적절한 것은?

> Ⅰ. 회사는 당기에 개발기간 2년, 인도 후 지원용역기간 3년인 소프트웨어 개발용역 대가로 3,000,000원을 수령하였고, 이 중 50%를 매출로 인식하였다.
>
> Ⅱ. 회사는 상품권 1,000,000원을 발행하고 소비자에게 모두 판매하였고, 동 금액을 매출로 인식하였다.
>
> Ⅲ. 회사는 당기에 제품을 1,500,000원에 판매하면서 판매 인센티브로 100,000원을 지급하여 매출로 1,400,000원을 인식하였다.

① Ⅰ
② Ⅱ
③ Ⅲ
④ Ⅰ, Ⅱ
⑤ Ⅱ, Ⅲ

정답 | ③
해설 | Ⅰ. 진행률은 용역지원기간을 포함하여 산출한다. 따라서 진행률은 20%, 600,000원을 인식한다.
　　　Ⅱ. 상품권은 회수되어 재화를 판매 또는 인도한 시점에 수익을 인식한다.

07 다음 수익인식 회계처리에 대한 설명 중 옳은 것을 모두 고르면?

> I. 재화의 판매자는 다른 조건이 충족되었더라도 판매한 재화에 대하여 통상적으로 행사하는 정도의 관리나 효과적 통제를 할 수 없어야 수익을 인식할 수 있다.
> II. 용역제공거래에서 이미 발생한 원가와 그 거래를 완료하기 위하여 추가로 발생할 것으로 예상되는 원가의 합계액이 당해 용역거래의 총수익을 초과하는 경우에는 그 초과액은 당기손실로 인식한다.
> III. 유효이자율을 적용하여 산출한 이자를 아직 수령하지 않았다면 이자수익을 인식할 수 없다.
> IV. 자산관련 보조금을 상환하는 경우에는 그 금액만큼 자산의 장부금액을 증가시킨다.

① I, II
② II, III
③ II, IV
④ I, IV
⑤ III, IV

정답 | ④
해설 | II. 초과액뿐만 아니라 이미 인식한 이익의 합계액 전액을 당기손실로 인식한다.
　　　 III. 이자수익은 발생기준에 따라 인식하므로 아직 수령하지 않더라도 결산일에 이자수익을 인식한다.

08 다음은 20X1년 ㈜광주의 거래내역이다. 20X1년에 인식할 수익은 얼마인가? (회계기간은 1.1. ~12.31.이다.)

> I. 20X1.10.01. 거래처로부터 소프트웨어 개발용역을 의뢰 받고 960,000원을 수령하였다. 개발기간은 1년이고, 소프트웨어 인도 후 지원용역기간은 1년이다.
> II. 20X1.11.01. 소프트웨어를 2,000,000원에 판매하고 지원용역은 매월 균등하게 지원하고 있다. 소프트웨어 판매가격에는 12개월 지원용역대가 480,000원이 포함되어 있다.
> III. 20X1.12.01.에 20X2.01.20. 개최되는 구매상담회 입장권 1,000,000원을 모두 판매하였다.

① 1,720,000원
② 1,800,000원
③ 2,080,000원
④ 2,700,000원
⑤ 3,080,000원

정답 | ①
해설 | (960,000원×3/24)+(1,520,000원+480,000원×2/12)=1,720,000원
　　　 III. 입장료수익은 행사가 개최되는 시점에 인식하므로 당기에 인식하지 않는다.

09 다음 수익인식 회계처리 중 바르지 못한 것은?

① 수익은 판매대가의 공정가로 측정하되 무료로 제공되는 현물상품은 그 가액만큼 매출에서 직접 차감한다.

② 이자수익은 계약의 경제적 실질을 반영하여 발생기준에 따라 수익을 인식한다.

③ 수강료는 강의기간 동안 발생기준에 따라 수익을 인식한다.

④ 설치용역이 주목적인 재화의 판매는 진행기준에 따라 수익을 인식한다.

⑤ 광고제작 수수료는 진행기준에 따라 수익을 인식한다.

정답 | ①

해설 | 무료로 제공되는 현물 또는 무료서비스는 판매거래의 일부로 보아 비용으로 처리한다. 즉 매출에서 직접차감하지 않고 판매비용으로 판관비의 과목으로 인식한다.

10 ㈜SH마켓은 온라인쇼핑몰을 운영하고 있다. 쇼핑몰에는 10개 회사가 입점해 있다. 당기에 쇼핑몰 전체 매출액은 100억원이고 판매된 상품의 취득원가는 총 70억원이다. 판매에 따른 수수료가 5%일 때 ㈜SH마켓이 당기에 인식할 수익은 얼마인가?

① 없음

② 1.5억원

③ 5억원

④ 30억원

⑤ 100억원

정답 | ③

해설 | 온라인쇼핑몰 사업자의 매출은 수수료 수입이다. 따라서 100억원의 5%인 5억원이 매출이 된다.

16 주당이익

출제 포인트 ■ ■ ■ ■ 주당이익의 계산 로직에 대한 이해
■ 주당이익 계산을 위한 가중평균유통주식수의 계산

1. 주당이익의 의의

(1) 주당이익(EPS ; Earning Per Share)의 개념

① 주당이익은 일반적으로 보통주 1주가 창출한 이익을 말한다.

② 주당이익은 '기본주당계속사업이익'과 '기본주당순이익'으로 구분한다. 기본주당이익은 특정 회계기간의 경영성과에 대한 보통주 1주당 지분의 측정치를 제공하는 것으로 기업 규모가 다른 경우 기업 간 경영성과를 비교할 때 유용하다.

③ 희석주당이익은 '희석주당계속사업이익'과 '희석주당이익'으로 구분한다.

(2) 주당이익의 산식

① 기본주당계속사업이익 $= \dfrac{\text{보통주 귀속 세후계속사업이익} - \text{우선주 배당금 등}}{\text{가중평균유통보통주식수}}$

② 기본주당순이익 $= \dfrac{\text{보통주 귀속 당기순이익} - \text{우선주 배당금 등}}{\text{가중평균유통보통주식수}}$

2. 주당이익의 계산방법

(1) 가중평균유통주식수의 계산

① 「유통」이란 주식이 발행되어 재취득되지 않은 상태를 나타낸다.

② 가중평균유통보통주식수는 특정 회계기간의 유통주식수 변동에 따른 자본의 변동을 반영하므로 유통기간에 따른 가중치는 $\dfrac{\text{유통일수}}{\text{회계 기간 총일수}}$ 로 계산한다.

(2) 보통주 유통일수의 기산일

보통주 유통일수의 기산일은 일반적으로 주식발행의 대가를 받은 시점(주식 발행일)으로 주식발행과 관련된 특정 조건에 따라 결정된다.

① **현금납입** : 현금을 받을 권리가 발생하는 날(=납입기일의 다음날)을 기산일로 한다.

② **전환사채·전환우선주 전환권행사** : 발행조건 상 전환간주일에 전환된 것으로 본다.

③ **채무변제를 위한 보통주 발행** : 채무변제일을 기산일로 한다.

④ **현금이외 자산취득 목적 보통주 발행** : 그 자산의 취득을 인식한 날을 기산일로 한다.

(3) 무상증자 · 주식배당 · 주식분할 · 주식병합('무상증자 등')

① 자본의 실질적 변동을 유발하지 않으면서 유통보통주식수의 변동을 가져오는 '무상증자 등'은 재무제표에 보고되는 회계기간 중 최초 회계기간의 기초에 그러한 사건이 발생한 것으로 보아 유통보통주식수를 계산한다.

② 기중 유상증자로 발행된 신주에 대해 무상증자 등이 실시된 경우에 유상증자 납입기일 익일에 무상증자 등이 실시된 것으로 본다.

> **Key Point!**
> ※ 전환사채 또는 전환우선주가 당기에 보통주로 전환된 경우 발행조건상 전환간주일에 전환된 것으로 보아 보통주 유통일수를 계산한다.
> ※ 그러나 당기에 발행된 전환사채 또는 전환우선주가 당기에 전환된 경우 발행조건상 전환간주일이 기초라 하더라도 전환사채 또는 전환우선주의 발행일을 전환간주일로 하여 보통주 유통일수를 계산한다.
> ※ 또한 당기에 보통주로 전환된 전환우선주의 전환간주일이 기말인 경우에 그 전환우선주에 대한 배당금이 있다면 해당 배당금을 당기순이익에서 차감할 우선주배당금에 포함한다.

[사례 16-1]

다음 자료를 참조하여 ㈜대한의 20X1년 기본주당이익(EPS)을 계산하면 얼마인가? (전환사채의 전환간주일은 전환권 행사일로 한다.)

일자	변동내용	발행주식수	유통주식수
20X1.01.01.	기초	2,000	2,000
20X1.04.01.	유상증자(납입기일 익일)	2,000	4,000
20X1.07.01.	전환권 행사	1,000	5,000
20X1.10.01.	무상증자(10%)	500	5,500
20X1.12.31.	기말	5,500	5,500

당기순이익은 2,000,000원이고 우선주배당금은 600,000원이다.

해설 | 가중평균유통보통주식수

$$= (2,000주 + 200주) \times \frac{12}{12} + (2,000주 + 200주) \times \frac{9}{12} + (1,000주 + 100주) \times \frac{6}{12}$$

$$= 4,400주$$

여기서, 무상증자 500주 중 유상증자 발행물량 2,000주에 대한 200주(2,000주×10%)는 4.1.이 기산일이 되고 전환권 행사로 발행된 1,000주에 대한 100주(1,000주×10%)는 7.1.이 기산일이 된다. 그리고 나머지 200주는 기초에 발행된 것으로 간주한다. 따라서 주당순이익은 다음과 같다.

$$EPS = \frac{2,000,000 - 680,000}{4,400주} = 300원$$

3. 주당이익의 활용

(1) 주가수익비율(PER)의 산정

$$PER = \frac{1주당시가}{EPS}$$

PER가 낮은 기업에 추가적인 여신을 제공할 경우 원리금 상환위험이 상대적으로 낮을 수 있다.

(2) 기업가치평가

① 비상장기업 추정 주당가치

$$= 동종업종\ PER \times 비상장기업\ EPS = \frac{동종업종\ 주당가치}{동종업종\ EPS} \times 비상장기업\ EPS$$

② 비상장기업 추정 기업가치

$$= 비상장기업\ 추정\ 주당가치 \times 발행보통주식수$$

4. 주당이익의 유용성과 한계점

(1) 주당이익의 유용성

① 주당순이익은 보통주 1주당 기업이 창출한 수익을 나타내고 있어 미래 수익력을 예측할 수 있다.
② 1주당 이익을 계산함으로 기업규모가 다른 기업 간 비교가능성이 커지고, 동일 기업의 기간 간 비교가 용이하다.
③ 주당순이익은 기업의 수익력에 관한 정보를 제공하므로 주식투자지표로 유용하게 사용된다.
④ EPS는 순이익에 대하여 주식 1주당 지분을 나타낸다.

(2) 주당이익의 한계

① 주당순이익은 기본적으로 과거자료로 미래정보를 요구하는 이용자들에게 한계를 가진다.
② 기업의 수익력은 기업규모에 따라 달라질 수 있어 주당이익만으로 기업 간 수익력을 비교하는 것은 비교가능성을 저해할 수 있다.
③ 주당순이익은 질적 정보를 제공하지 못하고 물가변동의 영향도 반영하지 못한다. 즉 회계정보의 한계점이 그대로 계승되는 것이다.

※ 참고
K-IFRS에서는 지배회사의 보통주에 대하여 주당계속영업손익과 주당순손익을 포괄손익계산서에 표시하고 그 산출근거를 주석으로 기재하도록 규정하고 있다.

01 기본주당계속사업이익을 계산할 때 계속사업이익은 상응하는 법인세를 차감하기 전의 금액이다. ☐O ☐X

×
법인세 차감 후 금액이다.

02 기중 전환사채의 전환권 행사로 발행된 신주에 대해 무상증자가 실시되었다면 가중평균유통보통주식수 계산 시 기산일은 전환조건상 전환간주일에 전환된 것으로 본다. ☐O ☐X

O

03 주당순이익(EPS)은 기업의 규모를 반영하지 못한다. ☐O ☐X

O

04 기중 취득한 자기주식은 가중평균유통보통주식수를 감소시킨다. ☐O ☐X

O
자기주식은 보유기간만큼 가중하여 차감한다.

05 우선주에 대한 배당금이 증가하면 주당순이익은 감소한다. ☐O ☐X

O

06 채무변제를 위하여 보통주를 발행한 경우 유통일수 계산의 기산일은 신주 발행일이다. ☐O ☐X

×
채무변제일이 기산일이다.

07 주식분할로 분할된 주식에 대한 유통일수 계산은 분할일을 기산일로 한다. ☐O ☐X

×
회계기간 초에 분할된 것으로 본다.

01 다음 자료를 참조하여 ㈜서울의 기본주당순이익(EPS)을 계산하면 얼마인가?

일자	변동내용	발행주식수
20X1.01.01.	기초	5,000
20X1.04.01.	유상증자(납입기일 익일)	2,000
20X1.07.01.	신주인수권 행사	1,000
20X1.10.01.	무상증자(10%)	800
20X1.11.01.	자기주식취득	600

(당기순이익은 10,000,000원이고 우선주(액면 5,000원) 1,000주에 대한 배당금은 10%이다.)

① 1,234원
② 1,250원
③ 1,338원
④ 1,360원
⑤ 1,400원

정답 | ②
해설 | $(5,000+500) \times 12/12 + (2,000+200) \times 9/12 + (1,000+100) \times 6/12 - 600 \times 1/12 = 7,600$주
　　　EPS $= (10,000,000원 - 500,000원)/7,600$주 $= 1,250$원

02 다음 자료를 참조하여 ㈜대구의 기본주당계속사업이익을 계산하면 얼마인가?

일자	변동내용	발행주식수
20X1.01.01.	기초	7,000
20X1.07.01.	유상증자(납입기일 익일)	2,000
20X1.09.01.	전환권 행사	1,000
20X1.10.01.	무상증자(20%)	2,000

계속사업이익은 10,000,000원이고 계속사업이익에 대한 법인세비용은 200,000원이며, 우선주배당금은 500,000원이다. (전환권 행사일이 전환간주일이라 가정한다.)

① 930원
② 970원
③ 1,000원
④ 1,020원
⑤ 1,050원

정답 | ①

해설 | (7,000＋1,400)×12/12＋(2,000＋400)×6/12＋(1,000＋200)×4/12＝10,000주

기본주당계속사업이익＝(10,000,000원－200,000원－500,000원)/10,000주＝930원

03 다음 중 기본주당순이익(EPS)에 대한 설명으로 바르지 못한 것은?

① 가중평균유통보통주식수 산정에 있어 무상신주는 구주에 따른다.

② 보통주 당기순이익 계산 시 우선주배당금은 차감한다.

③ 기중 취득한 자기주식은 가중평균유통보통주식수 산정 시 차감한다.

④ 기중 보통주로 전환된 전환우선주의 전환간주일이 기말인 경우, 그 전환우선주에 대한 배당금이 있다면 해당 배당금은 당기순이익에서 차감할 우선주배당금에 포함한다.

⑤ 가중평균유통보통주식수 산정 시 당기 중 발행된 전환사채가 기중 보통주로 전환된 경우 전환사채의 전환간주일이 기초인 경우에 전환간주일을 기산일로 한다.

정답 | ⑤

해설 | 당기 중 발행된 전환사채가 기중 보통주로 전환된 경우 전환사채의 전환간주일이 기초인 경우에는 전환사채의 발행일을 전환간주일로 하여 유통일수를 계산한다. 전환우선주의 경우도 동일하다.

04 ㈜시흥의 자료를 참조하여 추정한 20X1.07.01. 유상증자한 보통주식수는 얼마인가?

항목	내용
20X1.01.01. 보통주	4,000주
20X1년 당기순이익	4,000,000원
20X1년 우선주배당금	1,000,000원
20X1년 보통주배당금	400,000원
20X1년 기본주당순이익	600원
가중평균보통주식수	월할계산

① 1,000주
② 1,600주
③ 2,000주
④ 2,400주
⑤ 3,000주

정답 | ③

해설 | $600원 = \dfrac{4,000,000원 - 1,000,000원}{A}$ 이므로 중평균유통보통주식수 A＝5,000주이다.

A＝5000주＝4,000주＋유상신주×6/12이므로 유상신주는 2,000주이다.

05 다음 자료를 참조하여 ㈜광명의 기본주당순이익(EPS)을 계산하면 얼마인가?

일자	변동내용	발행주식수
20X1.01.01.	기초	3,000
20X1.07.01.	유상증자(납입기일 익일)	2,000
20X1.07.01.	전환사채 발행	–
20X1.09.01.	전환권 행사	1,000
20X1.10.01.	무상증자(10%)	600

당기순이익은 6,000,000원이고 우선주배당금은 60,000원이다. (전환사채의 전환간주일은 01.01.
이다.)

① 1,080원   ② 1,200원

③ 1,270원   ④ 1,300원

⑤ 1,350원

정답 | ②

해설 | 전환사채의 전환간주일이 기초지만 기중 발행되었으므로 발행일을 전환간주일로 한다.
　　　따라서 기본주당순이익은

$$\frac{6{,}000{,}000원 - 60{,}000원}{[(3{,}000+300) \times \frac{12}{12} + (2{,}000+200) \times \frac{6}{12} + (1{,}000+100) \times \frac{6}{12}]} = 1{,}200원이다.$$

CHAPTER 17

회계정책, 회계추정의 변경 및 오류

출제 포인트 ■ ■
- ■ 회계정책, 회계추정의 변경 및 오류수정에 다른 재무제표 작성 방법의 이해
- ■ 오류수정에 따른 당기손익효과의 계산

1. 회계정책변경

(1) 의의

① 회계정책은 기업이 재무보고의 목적으로 선택한 기업회계기준과 그 적용방법을 말한다.

② 거래, 기타 사건 또는 상황에 적용되는 회계정책은 일반기업회계기준을 적용한다.

③ 만일 적용할 수 있는 구체적 일반기업회계기준이 없는 경우, 경영진은 판단에 따라 회계정책을 개발 및 적용할 수 있다.

④ 적절한 회계기준을 정하지 못하는 경우 유사한 개념체계를 사용하여 회계기준제정기구가 가장 최근에 발표한 회계기준, 기타 회계문헌과 인정된 산업관행을 고려할 수 있다.

> **Key Point!**
> ※ 회계변경은 회계정책변경과 회계추정의 변경을 말한다. 회계변경은 회계정보의 비교가능성을 훼손할 수 있기 때문에 기업은 반드시 회계변경의 정당성을 입증해야 한다.
> ※ 그러나 회계기준제정기구가 새로운 회계기준을 제정하거나 개정하는 경우에는 이익조정을 위한 자의적 회계변경이 아니므로 정당성에 대한 입증은 필요하지 않다.

(2) 회계정책변경

① 회계정책의 변경은 재무제표 작성과 보고에 적용하던 회계정책을 다른 회계정책으로 바꾸는 것을 말한다. 예를 들어, 재고자산평가방법을 선입선출법에서 총평균법으로 바꾸는 것은 회계정책의 변경에 해당한다.

② 회계정책을 변경할 수 있는 경우

　㉠ 일반기업회계기준에서 회계정책의 변경을 요구하는 경우

　㉡ 회계정책의 변경을 반영한 재무제표가 거래, 기타사건 등이 재무상태, 재무성과 또는 현금흐름에 미치는 영향에 대하여 신뢰성 있고 더 목적적합한 정보를 제공하는 경우

(3) 회계정책변경의 회계처리

구분	회계처리	재무제표 반영 방법	
원칙	소급법	전기분	전기재무제표 재작성
		전기 이전분	전기 재무제표상 전기이월미처분이익잉여금에 반영함
예외	전진법	그 변경 효과를 당해 회계연도 개시일부터 적용함	

2. 회계추정의 변경

(1) 의의

① 회계추정은 기업의 환경변화, 새로운 정보의 획득 또는 경험의 축적 등으로 지금까지 사용해 오던 회계추정치의 근거와 방법을 바꾸는 것을 말한다.

② 예를 들어, 상각대상 자산의 잔존가치가 취득시점 이후 변경된 경우 또는 내용연수의 수정 등은 회계추정의 변경에 해당한다.

> **Key Point!**
> ※ 매기 동일한 회계정책 또는 회계추정을 사용하면 비교가능성이 증대되어 재무제표의 유용성이 향상된다. 따라서 일단 채택한 회계정책이나 회계추정은 유사한 종류의 사건이나 거래의 회계처리에 그대로 적용하여야 한다.
> ※ 그리고 회계변경의 속성상 그 효과를 회계정책의 변경효과와 회계추정의 변경효과로 구분하기 불가능한 경우 회계추정의 변경으로 본다. 예 비용으로 처리하던 특정지출의 미래 경제적 효익을 인정하여 자본화한 경우

(2) 회계추정의 변경 회계처리

회계처리	재무제표 반영 방법
전진법	회계추정의 변경효과를 당해 회계연도 개시일부터 그 이후 기간에 적용함

> **Key Point!**
> ※ 회계처리방법의 장·단점
>
> | 회계처리 | 장점 | 단점 |
> |---|---|---|
> | 전진법 | 재무제표의 신뢰성 향상 | 비교가능성 저해 |
> | 소급법 | 기간 간 비교가능성 향상 | 신뢰성 저하, 계속성 위배 |

(3) 회계추정의 변경 사례

대손충당금 설정 시 손실예상율, 재고자산의 진부화, 금융자산이나 금융부채의 공정가치, 감가상각자산의 내용연수, 감가상각방법의 변경, 제품보증충당부채의 추정치 변경 등은 회계추정의 변경 대상이다.

[사례 17 – 1] [35)

㈜대한은 20X1.01.01. 1,000,000원에 컴퓨터를 취득하여 정률법으로 상각하고 있다. 상각률은 0.451이고 내용연수는 5년, 잔존가치는 취득원가의 5%로 추정하고 있다. 다음 각 물음은 독립적이다.

① 20X3년도부터 정률법에서 정액법으로 상각방법을 변경할 경우 20X3년 말 회계처리를 제시하시오.

② 20X3.01.01. 새로운 정보에 의하면 컴퓨터의 내용연수는 20X4.12.31.까지만 사용이 가능한 것으로 판단되었고 잔존가치는 20X3.01.01. 현재 장부금액 301,401원의 5%로 추정되었다. 내용연수는 2년, 상각률은 0.7764이다. 20X3년 말과 20X4년 말 감가상각비는 얼마인가?

---

35) 이용호·심충진, 「일반기업회계기준」, 제12판, 서울 : 한국금융연수원, 2022년, 556~557p

해설 | ① 감가상각방법의 변경은 회계추정의 변경에 해당하므로 전진적으로 적용한다.

(단위 : 원)

일자	감가상각누계액	감가상각비	기말장부금액
20X1.12.31.	451,000	451,000	549,000
20X2.12.31.	698,599	247,599	301,401

(20X1년 말)	감가상각비	451,000	감가상각누계액	451,000
(20X2년 말)	감가상각비	247,599	감가상각누계액	247,599

20X3년부터는 정액법을 적용하므로 감가상각대상금액은 301,401원－50,000원＝251,401원이다.

일자	감가상각누계액	감가상각비	기말장부금액
20X3.12.31.	782,399	83,800	217,601
20X4.12.31.	866,199	83,800	133,801
20X5.12.31.	950,000	83,801*	50,000

* 단수조정

(20X3년 말)　감가상각비　83,800 ｜ 감가상각누계액　83,800

② 내용연수 변경은 회계추정의 변경이므로 전진적으로 적용한다.

20X3년 말 감가상각비는 301,401×0.7764＝234,007원*

20X4년 말 감가상각비는 (301,401－234,007)×0.7764＝52,324원

20X4년 말 장부금액은 301,401－234,007－52,324＝15,070원

* 단수조정

3. 오류수정

(1) 의의

① 오류수정은 전기 또는 그 이전의 재무제표에 포함된 회계적 오류를 당기에 발견하여 재무제표의 발행·승인일 전에 수정하는 것을 말한다.

② 즉 오류수정은 일반적으로 인정되지 않은 회계원칙에서 일반적으로 인정된 회계원칙으로 수정하는 것이다(Non－GAAP → GAAP).

③ 중대한 오류는 재무제표의 신뢰성을 심각하게 훼손할 수 있는 매우 중요한 오류를 말한다. 오류는 계산상의 실수, 기업회계기준의 잘못된 적용, 사실판단의 오류, 과실 또는 사실의 누락 등으로 인하여 발생한다.

(2) 오류수정의 회계처리

구분	회계처리	재무제표 반영 방법	
중대한 오류	소급법	전기분	전기재무제표 재작성
		전기 이전분	전기재무제표상 전기이월미처분이익잉여금에 전기오류수정손익 계정으로 가감됨
중요하지 않은 오류	당기일괄처리법	전기오류수정손익의 과목으로 영업외손익에 계산됨.	

> **Key Point!**
> ※ 회계정책 및 회계추정의 변경, 오류수정의 회계처리는 K－IFRS와 일반기업회계기준의 차이가 없다. 원칙적으로 회계정책의 변경은 소급법, 회계추정의 변경은 전진법, 오류수정의 경우 중요성 정도에 따라 소급법 또는 당기일괄처리법을 적용한다.

[사례 17-2]

㈜영수물산은 20X1.07.01. 비품을 2,000,000원에 구입하고 수선비로 회계처리하였다. 회사는 유사한 비품에 대해 잔존가치는 없는 것으로 추정하고 내용연수 5년, 정액법으로 상각하고 있다.

① 20X1년 감사 중 발견한 경우 수정분개를 제시하시오.

② 20X2년 감사 중 발견한 경우 수정분개를 제시하시오.

해설 | ①

20X1년	(최초분개)	수선비	2,000,000	현 금	2,000,000
	(수정분개)	비 품	2,000,000	현 금	2,000,000
		감가상각비	200,000	감가상각누계액	200,000

감가상각비 = 2,000,000 ÷ 5년 × 6/12 = 200,000원

②

20X2년	(최초분개)	수선비	2,000,000	현 금	2,000,000
	(수정분개)	비 품	2,000,000	현 금	2,000,000
		감가상각비	200,000	감가상각누계액	200,000*
		감가상각비	400,000	감가상각누계액	400,000**

* 20X1년 분
** 20X2년 분

01 거래나 기타 사건 또는 상황에 적용할 구체적인 일반기업회계기준이 없는 경우에는 경영진이 판단에 따라 회계정책을 개발하여 적용할 수 있다. ☐O☐X

○

02 회계기준제정기구의 새로운 회계기준 제정에 따라 회사가 기존에 적용하던 회계정책을 변경하려는 경우 반드시 회계변경의 정당성을 입증해야 한다. ☐O☐X

×
이러한 경우에는 입증할 필요가 없다.

03 유형자산의 잔존가치가 취득시점 이후 추정치 변경으로 수정하는 것은 회계추정의 변경에 해당한다. ☐O☐X

○

04 재고자산평가방법을 선입선출법에서 총평균법으로 변경하는 것은 회계정책의 변경이다. ☐O☐X

○

05 회계추정의 변경은 소급하여 적용하는 것이 원칙이다. ☐O☐X

×
회계추정의 변경은 전진법을 적용하는 것이 원칙이다.

06 회계정책을 변경한 재무제표가 신뢰성 있고 더 목적적합하다면 회계정책을 변경할 수 있다. ☐O☐X

○

07 회계정책변경에 의한 회계변경누적효과는 미처분이익잉여금에 반영된다. ☐O☐X

○
손익계산서에 반영되지 않는다는 것에 주의한다.

08 오류수정 금액이 중대한 오류가 아니라면 당기손익에 일괄 반영한다. ☐O☐X

○

01 회계변경에 대한 설명으로 바르지 못한 것은?

① 회계정책변경은 소급하여 적용하는 것이 원칙이다.

② 회계정책변경의 회계변경누적효과는 당기손익에 영향을 미치지 않는다.

③ 회계정책변경에 대한 회계처리는 재무제표의 신뢰성을 향상시킨다.

④ 회계추정의 변경에 대한 회계처리는 기간 간 비교가능성을 저해한다.

⑤ 매출채권에 대한 대손추정율 변경은 회계추정의 변경이다.

정답 | ③
해설 | 회계정책변경의 회계처리는 소급법을 적용하므로 재무제표의 신뢰성을 저하시킨다.

02 회계변경 및 오류수정에 대한 설명으로 바르지 못한 것은?

① 오류수정은 일반적으로 인정되지 않은 회계원칙을 일반적으로 인정된 회계원칙으로 수정하는 것이다.

② 회계정책변경은 일반적으로 인정된 회계원칙 내에서 다른 회계정책으로 변경하는 것이다.

③ 회계추정의 변경은 일반적으로 인정된 회계원칙 내에서 미래의 재무적 결과의 사전적 예측 방법을 변경하는 것이다.

④ 전기재무제표에서 중대한 오류가 발견된 경우 미처분이익잉여금에 전기오류수정손익을 가감하는 방법으로 수정한다.

⑤ 중요하지 않은 오류는 전기오류수정손익의 과목으로 영업외손익에 일괄처리한다.

정답 | ④
해설 | 전기재무제표에 중대한 오류가 발견된 경우에는 전기재무제표를 재작성한다.

03 다음 중 회계변경 및 오류수정에 대한 설명으로 바르지 못한 것은?

① 회계정책변경과 회계추정의 변경이 동시에 이루어져 각각의 효과를 구분할 수 없는 경우에는 회계정책변경으로 본다.

② 회계추정의 변경으로 인한 효과가 매우 중요한 경우에도 전진법으로 회계처리한다.

③ 유형자산의 감가상각방법의 변경은 회계추정의 변경에 해당한다.

④ 당기에 발견한 전기 또는 그 이전 기간의 중대한 오류는 당기의 자산, 부채 및 자본의 기초금액에 반영한다.

⑤ 회계변경이나 오류수정에 따른 소급법 회계처리는 재무제표 표시의 계속성을 위배한다.

정답 | ①

해설 | 회계정책변경과 회계추정의 변경이 동시에 이루어져 각각의 효과를 구분할 수 없는 경우에는 회계추정의 변경으로 본다.

04 ㈜영수물산은 20X1.01.01. 기계장치(내용연수 5년, 잔존가치 100,000원)를 2,000,000원에 취득하고 정액법으로 상각하고 있다. 20X3.01.01. 새로운 정보에 의하면 내용연수가 4년밖에 되지 못하고, 잔존가치도 40,000원으로 새롭게 추정되었다. 20X3년 말 감가상각비는 얼마인가?

① 300,000원
② 380,000원
③ 475,000원
④ 490,000원
⑤ 600,000원

정답 | ⑤

해설 | (20X2년 말) 장부금액 = 2,000,000원 − (2,000,000원 − 100,000원) × 2/5년 = 1,240,000원
(20X3년 말) 감가상각비 = (1,240,000원 − 40,000원) ÷ 2년 = 600,000원

05 회사는 구축물에 대하여 그 동안 내용연수 5년으로 정액 상각하여 왔다. 20X2년도 감사 기간 중 구축물의 적정 내용연수가 20년으로 파악되었다. 관련된 오류수정손익이 중대한 오류가 아닐 경우에 다음 자료를 이용하여 당기손익에 미치는 영향을 계산하면 얼마인가?

> • 취득일자 : 20X1.01.01.
> • 잔존가치 : 0원
> • 취득원가 : 3,000,000원
> • 상각방법 : 정액법

① 전기오류수정손실 200,000원
② 전기오류수정이익 200,000원
③ 전기오류수정손실 450,000원
④ 전기오류수정이익 450,000원
⑤ 전기오류수정이익 600,000원

정답 | ④

해설 | (최초인식) 20X1년 말 감가상각비 = 3,000,000원 ÷ 5년 = 600,000원

(수정사항) 20X1년 말 감가상각비 = 3,000,000원 ÷ 20년 = 150,000원

20X1년 말 비용을 과다인식 했으므로 전기오류수정이익 450,000원을 영업외이익으로 인식한다.

06 다음은 ㈜대한의 당기(20X1.01.01.~12.31.) 회계변경과 오류수정에 관한 사항이다. 회계변경과 오류수정에 따른 당기손익에 미치는 영향은 얼마인가?

Ⅰ. 회사는 당기에 유형자산의 감가상각방법을 정액법에서 정률법으로 변경하였다.

구분	정액법	정률법
당기 이전 감가상각누계액	400,000원	360,000원
당기 감가상각비	200,000원	96,000원

Ⅱ. 전기에 발생한 미지급급료 50,000원을 기록하지 않고 당기에 이를 비용으로 처리하였다. 이는 중대한 오류에 해당한다.

① 당기순이익 46,000원 감소
② 당기순이익 104,000원 증가
③ 당기순이익 104,000원 감소
④ 당기순이익 154,000원 증가
⑤ 당기순이익 154,000원 감소

정답 | ④

해설 | 회계추정의 변경이므로 기초장부금액은 수정하지 않고, 당기 감가상각비 차이를 당기손익에 반영한다(정액법 감가상각비를 먼저 인식하고 변경된 상각방법을 적용).

감가상각비　　　200,000　|　감가상각누계액　200,000
감가상각누계액　104,000　　감가상각비　　　104,000

전기 미지급급료를 당기에 비용 처리한 것은 취소한다.

이익잉여금　　　50,000　|　급　　　여　　　　50,000

CHAPTER 18

감사보고서

출제 포인트 ■ ■   ■ 감사보고서상 회계감사 의견별 차이점 구분

1. 회계감사의 이해

(1) 회계감사의 의의

① 회계감사는 자질을 갖춘 독립적적인 제3자(공인회계사)가 실시한다.

② 감사대상은 수량적 정보로서 주로 화폐적 정보를 의미한다.

③ 미리 설정된 기준(회계기준)과 일치정도에 대하여 검토하는 과정이다.

④ 회계감사는 증거를 수집하고 평가하는 과정이다.

(2) 회계감사의 목적

① 회계감사는 회계처리가 기업회계기준과 합치되는지 여부에 관하여 의견을 표명하는 것이다.

② 즉 회계감사는 감사대상 재무제표가 회사의 재무상태와 재무성과 및 현금흐름 그리고 자본변동 등의 내용이 일반적으로 인정된 회계기준에 따라 중요성의 관점에서 공정하게 표시하고 있는지에 대하여 감사인이 독립적으로 의견을 표명함으로서 재무제표의 신뢰성을 제고하고 재무제표 이용자가 회사에 대하여 올바른 판단을 할 수 있도록 함을 목적으로 한다.

> **Key Point!**
>
> ※ 회계감사는 회사가 제시하는 재무제표가 기업회계기준에 따라 '정확하게 작성되었는지 여부를 판단하는 것'이 아니라 재무제표가 기업회계기준에 따라 '적정하게 작성되었는지에 대한 의견을 제시하는 것'이다.

2. 감사보고서의 내용

(1) 감사보고서 본문

① 감사의견 및 감사의견의 근거

  ㉠ 재무제표가 중요성의 관점에서 공정하게 표시하고 있는지 여부에 대해 기술하고 있다.

② 핵심사항

③ 재무제표에 대한 경영진과 지배기구의 책임

  ㉠ 경영진이 재무제표를 작성하고 공정하게 표시할 책임과 내부통제에 대한 책임, 계속기업의 존속능력 여부, 지배기구의 책임범위 등을 기술하고 있다.

④ 재무제표감사에 대한 감사인의 책임

  ㉠ 감사를 통하여 항상 재무제표의 중대한 왜곡표시를 발견한다는 보장이 없다는 내용과 감사인의 목적이 감사보고서를 발행하는데 있다는 내용 등을 기술하고 있다.

3. 감사의견과 감사보고서

(1) 감사의견의 비교

감사의견을 변형시키는 사항	감사의견 변형사유가 재무제표에 미치거나 미칠 수 있는 영향의 전반성에 대한 감사인의 판단		
	중요하지 않은 경우	중요하지만 전반적이지 않은 경우	중요하고 전반적인 경우
재무제표가 중요하게 왜곡 표시된 경우 (기업회계기준의 위배)	적정의견	한정의견	부적정의견
충분하고 적합한 감사증거를 입수할 수 없는 경우(감사범위제한)	적정의견	한정의견	의견거절

(2) 감사의견의 기술

구분	감사의견
적정의견	~ 공정하게 표시하고 있습니다.
한정의견	~ 기술된 사항이 미치는 영향을 제외하고는 ~ 공정하게 표시하고 있습니다.
부적정의견	~ 공정하게 표시하고 있지 않습니다.
의견거절	~ 충분하고 적합한 감사증거를 입수할 수 없습니다.

01 회계감사는 재무제표가 기업회계기준에 따라 정확하게 작성되었는지에 대하여 감사인이 판단하는 것이다. ☐○☐×

× 재무제표 작성의 정확성을 판단하는 것이 아니라 적정성에 대한 의견을 표명하는 것이다.

02 재무제표의 왜곡표시가 개별적 또는 집합적으로 중요하지만 전반적이지 않은 경우 한정의견을 표명하여야 한다. ☐○☐×

○

03 감사대상은 주로 수량적 정보로서 화폐적 정보를 대상으로 한다. ☐○☐×

○

04 감사인이 다수의 불확실성을 수반하는 극히 드문 상황에서 각각의 불확실성에 대하여 충분하고 적합한 감사증거를 입수했음에도 불구하고 이들 개별 불확실성 사이의 잠재적 상호작용과 재무제표에 미치는 누적적 효과 때문에 의견을 형성할 수 없는 경우에는 의견거절을 하여야 한다. ☐○☐×

○

01 다음 중 감사보고서에 대한 설명으로 바르지 못한 것은?

① 감사의견이 한정의견이더라도 감사본문 중 한정의견이라는 용어를 직접적으로 사용하지는 않는다.

② 회계감사보고서의 수신인은 회사의 대표이사이다.

③ 회계감사는 회사가 제시한 재무제표가 기업회계기준에 따라 정확하게 작성되었는지 여부를 판단하는 것이 아니다.

④ 계속기업의 존속능력에 중요한 불확실성이 있을 경우 강조사항에 기술된다.

⑤ 강조사항이 있을 경우 감사의견 다음 문단에 기술된다.

정답 | ②
해설 | 회계감사보고서의 수신인은 주주 및 이사회이다.

02 다음 감사보고서의 감사의견으로 옳은 것은?

> 우리의 의견으로는 주식회사 대한의 재무제표는 ○○○ 근거문단에 기술된 사항이 미치는 영향을 제외하고는 주식회사 대한의 20X1년 12월 31일 현재의 재무상태와 동일로 종료되는 보고기간의 재무성과 및 현금흐름을 일반기업회계기준에 따라 중요성의 관점에서 공정하게 표시하고 있습니다.

① 적정의견
② 한정의견
③ 부적정의견
④ 의견거절
⑤ 감사범위제한

정답 | ②

03 ㈜서울은 당기말 재무제표를 검토하면서 10,000원으로 계산되어야 할 감가상각비가 9,000원으로 잘못 기재되어 당기순이익이 1,000원 더 인식되었다. 회사에서는 중요성 기준금액을 1,100원으로 설정하고 있다. 당기순이익을 어떻게 수정하여야 하는가?

① 당기순이익 1,000원 차감
② 당기순이익 1,000원 가산
③ 당기순이익 1,100원 차감
④ 당기순이익 100원 차감
⑤ 수정할 필요 없음

정답 | ⑤
해설 | 오류금액이 중요성 기준보다 적으므로 재무제표를 수정하지 않아도 된다.

04 상기 03번에서 감사의견으로 적절한 것은?

① 적정의견
② 회계기준 위반에 따른 한정의견
③ 감사범위 제한에 다른 한정의견
④ 회계기준 위반에 따른 부적정의견
⑤ 감사범위 제한에 다른 부적정의견

정답 | ①
해설 | 기업회계기준을 위배했지만 위배된 금액이 중요성 기준보다 적기 때문에 적정의견이 표명된다. 만일 중요성 기준보다 큰 금액이 오류가 발생되었다면 한정의견이 표명되고, 오류금액이 특히 중요할 경우에는 부적정의견이 표명된다.

05 감사보고서에 대한 설명으로 바르지 못한 것은?

① 재무제표 작성을 위하여 경영진이 적용한 회계정책의 적합성과 경영진이 도출한 회계추정의 합리성에 대한 평가를 포함한다.
② 감사인의 책임은 재무제표 표시의 적정성에 대한 의견을 표명하는데 있다.
③ 절차의 선택은 부정이나 오류로 인한 재무제표의 중요한 왜곡표시위험에 대한 평가 등 감사인의 판단에 따라 달라진다.
④ 경영진의 책임에 대해서 감사보고서 본문에 명확히 기술되어 있다.
⑤ 감사는 재무제표의 금액과 공시에 대한 감사증거를 수집하는 절차의 수행은 포함되지 않는다.

정답 | ⑤
해설 | 감사는 재무제표의 금액과 공시에 대한 감사증거를 수집하는 절차의 수행은 포함된다.

01 다음 중 우리나라 회계제도에 관한 설명 중 옳은 것을 모두 고르면?

> Ⅰ. 우리나라의 일반적으로 인정된 회계원칙(GAAP)은 한국채택국제회계기준(K-IFRS), 일반기업회
> 계기준, 중소기업회계기준 삼원체제이다.
> Ⅱ. 기업내부의 정보이용자에게 제공되는 회계정보도 일반적으로 인정된 회계원칙(GAAP)을 준수해
> 야 한다.
> Ⅲ. 우리나라는 규제접근법으로 공공부문인 한국회계기준원에서 회계원칙을 제정한다.
> Ⅳ. 외부감사대상이 아닌 기업도 한국채택국제회계기준(K-IFRS)을 적용할 수 있다.
> Ⅴ. 상장기업의 연결자회사인 중소기업은 한국채택국제회계기준(K-IFRS)을 적용해야 한다.

① Ⅰ, Ⅱ, Ⅲ   ② Ⅰ, Ⅳ, Ⅴ

③ Ⅱ, Ⅲ, Ⅳ   ④ Ⅱ, Ⅲ, Ⅴ

⑤ Ⅲ, Ⅳ, Ⅴ

02 우리나라의 재무회계의 개념체계에 대한 설명 중 바르지 못한 것은?

① 경제적 자원의 실체가 없어도 기업이 지배하고 있고 미래 경제적 효익을 창출할 것으로 기대된다
면 자산으로 인식할 수 있다.

② 부채는 미래 경제적 효익이 내재된 자원이 유출됨으로써 이행될 것으로 기대되는 현재의 의무를
말하는데, 여기서 의무는 법적 강제력이 있는 의무를 말하고 상관습이나 관행에 의한 의무는 포
함되지 않는다.

③ 자산취득과 현금의 유출은 반드시 일치하는 것은 아니다. 현금의 유출이 없어도 자산으로 인식할
수 있다.

④ 자산 또는 부채의 현재가액을 결정하기 위한 측정속성 중 상각후원가에 사용되는 유효이자율은
자산 또는 부채의 취득 또는 발행당시 시장이자율이다.

⑤ 재무제표의 기본요소를 인식하는 기준은 비용과 효익, 중요성 두 가지 제약조건하에서 적용된다.

03 다음 중 재무정보의 질적특성에 관한 설명 중 바르지 못한 것은?

① 목적적합한 재무정보는 이용자의 의사결정에 차이가 나도록 할 수 있다.

② 재무정보가 예측가치 또는 확인가치를 가지거나 이 둘 모두를 가진다면 그 재무정보는 목적적합하다.

③ 유형자산을 역사적원가로 평가하면 신뢰성은 높지만 목적적합성은 저하될 수 있다.

④ 표현의 충실성을 확보하기 위해서는 거래나 사건의 법적 형식보다 경제적 실질에 따라 회계처리를 하여야 한다.

⑤ 거래나 사건의 불확실성으로 인한 회계추정을 하는 경우에 중립성 확보를 위해서는 보수적 추정이 되어야 한다.

04 다음 재무제표에 관한 설명 중 바르지 못한 것은 몇 개인가?

> Ⅰ. 재무제표가 일반기업회계기준에 따라 작성된 경우 그 사실을 주석에 공시해야 한다.
> Ⅱ. 재무제표 본문에 통합 표시한 항목을 주석에 구분하여 표시할 수 있다.
> Ⅲ. 재무상태표는 역사적원가로 평가하므로 현행 시장가치를 반영하지 못한다.
> Ⅳ. 정상 영업주기 내에 사용되는 매입채무가 12개월 후에 결제일이 도래하는 경우에는 비유동부채로 분류한다.
> Ⅴ. 단기성채무 중 만기 연장이 가능하고, 그러한 권리를 가지고 있다고 하더라도 보고기간 후 12개월 이내에 만기가 도래한다면 유동부채로 분류한다.
> Ⅵ. 자본조정 항목의 자기주식은 반드시 구분하여 표시한다.

① 2개   ② 3개
③ 4개   ④ 5개
⑤ 6개

05 다음 중 중소기업회계처리특례에 해당하지 않는 것은 몇 개인가?

> Ⅰ. 유·무형자산의 감가상각을 하지 않을 수 있다.
> Ⅱ. 정형화된 시장이 없어 시가가 없는 파생상품은 평가를 하지 않을 수 있다.
> Ⅲ. 장기연불조건의 매매거래에서 발생하는 채권채무를 현재가치로 평가할 수 있다.
> Ⅳ. 1년 이내 완성되는 단기 건설형 공사계약을 완료된 날 수익을 인식할 수 있다.
> Ⅴ. 유의적 영향력을 행사하는 관계기업에 대하여 지분법을 적용하지 않을 수 있다.
> Ⅵ. 중단된 사업부문의 정보는 주석 공시를 하지 않을 수 있다.
> Ⅶ. 시장성 없는 지분증권은 취득원가로 평가하고 손상차손을 인식하지 않을 수 있다.

① 2개   ② 3개
③ 4개   ④ 5개
⑤ 6개

06 다음 자료를 참조하여 ㈜서울의 영업이익을 계산하면 얼마인가?

매출액	2,500,000	감가상각비	75,000
급여	1,000,000	대손상각비	20,000
퇴직급여	250,000	임차료	15,000
접대비	50,000	이자비용	40,000
사채상환손실	150,000	해외사업환산손실	200,000
배당금수익	25,000	매도가능증권평가이익	10,000

① 1,090,000원   ② 1,105,000원

③ 1,140,000원   ④ 1,155,000원

⑤ 1,190,000원

07 다음 자료를 참조할 때 A기업이 현금및현금성자산으로 보고할 금액은 얼마인가?

20X1.12.31.	
가. 사용제한 있는 보통예금	30,000원
나. 당좌예금(A은행)	20,000원
다. 당좌차월(A은행)	35,000원
라. 정기예금(만기 20X3.12.31.)	45,000원
마. 91일물 양도성 예금증서(CD)(만기일 20X2.02.10.)	60,000원
바. 회사채(취득일 20X0.03.20., 만기일 20X2.03.20.)	70,000원
사. 선일자수표	10,000원
아. 수입인지	5,000원
자. 배당금지급통지표	15,000원
차. 우편환증서	7,000원
카. 지점전도금	13,000원

① 150,000원   ② 155,000원

③ 165,000원   ④ 185,000원

⑤ 220,000원

08 ㈜KFO의 재무자료는 아래와 같다. 당기 중 회수한 매출채권이 860,000원일 때 당기말 재무상태표에 보고될 대손충당금은 얼마인가?

〈부분재무상태표〉

(단위 : 원)

구분	당기	전기
매출채권	3,000,000	1,800,000
대손충당금	(?)	(300,000)

〈부분손익계산서〉

구분	당기
외상매출액	2,100,000
대손상각비	(100,000)

① 200,000원 ② 320,000원
③ 360,000원 ④ 380,000원
⑤ 400,000원

09 다음은 ㈜성영의 부분재무제표이다. 오류사항을 바로잡을 경우 당기의 매출총이익은?

	부분 재무상태표		당기 부분손익계산서	
	당기	전기	매출액	3,000,000원
재고자산	500,000원	600,000원	매출원가	1,000,000원

〈오류사항〉
㉮ 전기 재고자산에는 선적지 인도조건으로 매입한 미착상품 100,000원이 누락되었다.
㉯ 당기 재고자산에는 장기연불조건으로 판매한 상품 70,000원이 포함되어 있다.
㉰ 당기 재고자산에 위탁판매를 위하여 적송중인 상품 40,000원이 누락되었다.
㉱ 당기 재고자산에 재구매조건부 판매한 상품 30,000원이 누락되었다.

① 1,100,000원 ② 1,300,000원
③ 1,600,000원 ④ 1,900,000원
⑤ 2,000,000원

10 인플레이션 환경에서 재고자산 원가흐름의 가정에 대한 설명으로 바르지 못한 것은?

① 기말재고액은 선입선출법이 후입선출법보다 크다.

② 당기순이익은 선입선출법이 후입선출법보다 크다.

③ 법인세비용은 선입선출법이 후입선출법보다 크다.

④ 법인세를 고려하지 않을 경우 선입선출법과 후입선출법의 현금흐름은 동일하다.

⑤ 후입선출법에 의하면 매출원가는 계속기록법이 실지재고조사법보다 크다.

11 다음은 ㈜경기의 재고자산 관련 자료이다. 손익계산서에 인식될 매출원가는 얼마인가? (기말재고 금액은 평가손실과 감모손실을 차감한 후의 금액이다.)

항목	금액(원)
기초재고금액	3,000,000
당기매입액	4,000,000
기말재고 단위당 취득원가	1,000
기말재고 단위당 순실현가능가치	800
정상적 재고자산감모손실	60%
비정상적 재고자산감모손실	40%
기말재고 장부수량	2,750
기말재고 실제수량	2,250

① 4,250,000원 ② 4,700,000원

③ 5,000,000원 ④ 5,040,000원

⑤ 5,200,000원

12 ㈜한라의 재고관련 자료이다. 각 연도별 회계처리에 관한 설명으로 바르지 못한 것은? (20X1년 말 의 재고는 계속해서 보유하는 것으로 가정한다.)

구분	20X1년 말	20X2년 말	20X3년 말	20X4년 말
원가	8,800원	10,000원	9,600원	9,200원
시가	7,600원	9,600원	9,800원	8,400원

① 20X1년 말 재고자산평가충당금은 1,200원이다.

② 20X2년 말 재고자산평가충당금환입액은 800원이다.

③ 20X3년 말 재고자산평가충당금환입액은 600원이다.

④ 20X4년 말 재고자산평가충당금은 800원이다.

⑤ 재고자산평가충당금은 자산의 차감계정으로 표시하고 재고자산평가손실은 매출원가에 가산한다.

13 ㈜서울은 20X1.07.01. 화재로 인하여 재고상품 300,000원과 아래의 자료 이외 모든 장부와 증빙 자료가 소실되었다. 동사의 매출총이익률이 40%라 추정할 때 재고자산의 재해손실은 얼마로 추정되는가?

항목	금액	항목	금액
기초상품	1,000,000원	당기 매출액	18,000,000원
당기매입	15,000,000원	매출에누리 · 환입	500,000원
매입할인	1,200,000원	매출채권회수액	5,000,000원

① 2,000,000원   ② 2,500,000원

③ 4,000,000원   ④ 7,000,000원

⑤ 7,500,000원

14 ㈜대한은 20X1.07.01. 만기 3년, 표면이율 5% 연단위 후급, 액면 1,000,000원의 사채를 시장이자율 8%에 취득하였다. 사채의 발행일은 20X1.01.01.이다. 회사는 사채를 매도가능증권으로 분류하고 있다. 회계처리에 대한 설명 중 바르지 못한 것은?

구분	유효이자	표시이자	상각액	장부금액
20X1.07.01.				㉠
20X1.12.31.	㉡	50,000	㉢	㉣
20X2.12.31.	㉤	50,000	㉥	㉦
20X3.12.31.	㉧	50,000	㉨	1,000,000
소 계	㉮	150,000	㉯	

※ 현가계수(3년, 8%) : 0.793822, 연금현가계수(3년, 8%) : 2.5771

① 사채의 발행가격은 922,687원이다.

② 취득시점 사채의 장부가액은 939,594원이다.

③ 사채취득을 위하여 지급한 현금은 964,594원이다.

④ 유효이자의 크기는 ㉡ < ㉤ < ㉧이다.

⑤ ㉠과 ㉯의 합계금액은 사채의 액면금액과 일치한다.

15 ㈜시흥은 20X1.01.01.에 ㈜백두의 회사채(액면 10,000원 만기 5년, 액면이자율 4%)를 9,158원에 매입하였다. 매입당시 시장이자율은 6%이고 20X1년 말 현재 시장가격은 8,700원이다. 20X2년 말 ㈜백두의 채무불이행 위험 증가로 만기에 6,000원의 원금과 20X3년 말, 20X4년 말, 20X5년 말 각각 200원의 이자가 회수될 것으로 예상된다. 20X3년 말에는 예상대로 200원의 이자를 회수하였다. 그러나 20X3년 말 ㈜백두의 신용위험 감소로 만기에 8,000원의 원금과 20X4년 말, 20X5년 말 각각 300원의 이자가 회수될 것으로 예상된다. 20X2년 말과 20X3년 말 시장이자율은 8%이다. 회사는 ㈜백두의 회사채를 매도가능증권으로 분류하고 있다. 다음 설명 중 바르지 못한 것은?

① 20X1.12.31. 매도가능증권평가손실액은 607원이다.

② 20X2.12.31. 손상차손 인식으로 제거해야 할 매도가능증권은 4,187원이다.

③ 20X3.12.31. 이자수익 인식액은 317원이다.

④ 20X3.12.31. 손상차손환입액은 1,894원이다.

⑤ 20X3.12.31. 회수가능액은 7,394원이다.

16 ㈜한라는 20X1.01.01.에 2,100,000원 상당의 기계장치를 이자율 5%, 3년 장기연불조건으로 1,814,059원에 취득하였다. 내용연수는 5년이고 정액법으로 상각한다. 잔존가치는 14,059원이다. 다음 설명 중 바르지 못한 것은?

① 기계장치의 취득원가는 2,100,000원이다.

② 기계장치의 연간 감가상각비는 360,000원이다.

③ 20X1년 말에 인식할 이자비용은 90,703원이다.

④ 20X2년 말 지급한 현금 중 원금은 604,762원이다.

⑤ 20X3년 말 인식할 이자비용은 100,000원이다.

17 ㈜백두는 20X1.01.01.에 내용연수 5년의 기계장치를 1,000,000원에 현금 구입하였다. 기계장치의 순공정가치와 사용가치는 아래와 같다. 회사는 기계장치를 정액법으로 상각하고 잔존가치는 200,000원이다. 다음 중 바르지 못한 설명은? (20X2년 말은 회수가능액의 현저한 감소로 손상차손을 인식하고 20X4년 말은 회수가능액이 회복되었다.)

구분	20X1년 말	20X2년 말	20X3년 말	20X4년 말	20X5년 말
순공정가치	840,000	540,000	300,000	400,000	200,000
사용가치	800,000	520,000	360,000	380,000	180,000

① 20X1년 말 인식할 감가상각비는 160,000원이다.

② 20X2년 말 인식할 손상차손은 160,000원이다.

③ 20X3년 말 인식할 감가상각비는 180,000원이다.

④ 20X4년 말 인식할 손상차손환입액은 180,000원이다.

⑤ 20X4년 말 기계장치 장부금액은 360,000원이다.

18 무형자산의 회계처리에 관한 설명 중 옳은 것을 모두 고르면?

> 가. 사업결합으로 취득한 영업권을 무형자산으로 인식한다.
>
> 나. 내부창출 무형자산은 발생 즉시 비용으로 처리한다.
>
> 다. 임차권리금과 광업권은 무형자산으로 분류된다.
>
> 라. 무형자산은 기업으로부터 분리가능하고 계약상의 권리로부터 발생하는데 그 권리는 이전가능해야 한다.
>
> 마. 정부보조 등으로 무형자산을 무상으로 취득하는 경우 취득원가는 취득일 장부가치로 한다.
>
> 바. 무형자산의 회수가능액이 증가하는 경우 회수가능액을 기준으로 상각한다.

① 가, 나, 다   ② 가, 나, 라

③ 나, 라, 바   ④ 나, 마, 바

⑤ 라, 마, 바

19 제조기업 ㈜성영의 다음 거래 중 금융부채로 분류할 수 있는 금액은 얼마인가?

> 가. 20X1.01.01. 1년 단기공사계약을 체결하고 받은 계약금 500,000원을 선수금으로 인식하였다.
>
> 나. 20X1.03.01. 100,000원 상당의 원재료를 외상매입하고 매입채무를 인식하였다.
>
> 다. 20X1.07.01. 제품을 판매하고 제품보증충당부채 200,000원을 인식하였다.
>
> 라. 20X1.07.01. A은행으로부터 만기 3년, 이자율 연 4%로 300,000원을 차입하였다.
>
> 마. 20X1.10.01. 비품을 구입하고 대금 50,000원을 지급하지 않아 미지급금으로 인식하였다.

① 150,000원   ② 350,000원

③ 450,000원   ④ 650,000원

⑤ 1,150,000원

20 ㈜서울은 20X1.01.01.에 액면 100,000원, 액면이자 4%, 만기 3년인 사채를 시장이자율 5%에 발행하였다. 회사는 20X3.01.01.에 사채를 98,000원에 조기상환하였다. 다음 중 바르지 못한 설명은? (소수점 발생 시 첫째 자리에서 반올림한다.)

① 20X1년 말 장부금액에 포함될 사채할인발행차금 상각액은 864원이다.

② 20X2년 말 인식할 현금이자는 4,000원이다.

③ 조기상환하지 않았다면 20X3년 말 인식할 이자비용 4,952원이다.

④ 사채상환손실액은 1,048원이다.

⑤ 만기가 다가올수록 사채할인발행차금 상각액은 증가한다.

21 ㈜시흥은 액면 1,000,000원, 만기 3년, 표면이자율 5%, 연말후급인 전환사채를 시장이자율 8%에 액면발행하였다. 만기 보장수익률은 6%이고 상환할증금은 64,928원이다. 전환사채 중 자본으로 인식할 금액은 얼마인가? (소수점은 첫째 자리에서 반올림하고, 현가요소(3년, 6%)는 0.8396, 현가요소(3년, 8%)는 0.7938, 연금현가요소(3년, 8%)는 2.5771)

① 12,417원
② 22,831원
③ 25,805원
④ 51,540원
⑤ 77,345원

22 ㈜영수물산은 A은행에 대한 차입금 100,000원을 채무면제 받는 대신 보유하고 있는 토지(공정가치 70,000원, 장부금액 60,000원)를 A은행에 이전하기로 채권·채무조정을 하였다. A은행은 부실채권에 대해서 10%의 대손충당금을 이미 설정하고 있다. 채무자의 채무조정이익과 채권자의 대손상각비 인식액은 각각 얼마인가?

	채무자 채무조정이익	채권자 대손상각비
①	10,000원	10,000원
②	20,000원	10,000원
③	20,000원	30,000원
④	30,000원	10,000원
⑤	30,000원	20,000원

23 ㈜울산(결산일 12.31.)은 20X1년 초에 제품 100개를 개당 2,000원에 판매하였다. 제품보증기간은 2년이고 과거 경험에 의하면 제품 한 개당 300원의 보증비용이 발생할 것으로 예상된다. 20X1.07.01.에 제품보증비가 20,000원이 발생하였고, 20X1년 말 제품보증충당부채에 대한 최선의 추정치는 25,000원으로 판단되었다. 그리고 20X2.10.01. 제품보증비가 22,000원 발생하였고 20X2년 말 현재 추가적인 제품보증비 발생이 없다. 다음 설명 중 틀린 것은?

① 20X1.01.01. 설정할 제품보증충당부채는 30,000원이다.
② 20X1.07.01. 발생한 제품보증비 20,000원은 충당부채와 상계한다.
③ 20X1.12.31. 설정할 제품보증충당부채는 25,000원이다.
④ 20X2.10.01. 발생한 제품보증비 22,000원은 충당부채와 상계한다.
⑤ 20X2.12.31. 제품보증충당부채 3,000원을 환입한다.

24 ㈜경남은 확정급여형 퇴직연금제도를 채택하고 있다. 20X1.01.01. 현재 퇴직일시금 추계액은 1,200,000원이고 20X1.12.31. 현재 퇴직일시금 추계액은 3,000,000원이다. 회사는 20X1년 말 추가로 퇴직급여충당부채를 2,100,000원 설정하였다. 다음 설명 중 틀린 것은?

① 사외적립자산에서 발생하는 퇴직급여의 운영손익은 회사에 귀속된다.

② 사외적립자산에서 운영되는 퇴직급여 자산은 기업이 직접 보유하고 있는 것으로 보아 회계처리한다.

③ 회사는 보고기간말 현재 퇴직일시금 추계액을 보험수리적 가정을 사용하여 퇴직급여충당부채로 인식한다.

④ 20X1년 중 지급한 퇴직급여는 300,000원이다.

⑤ 임금인상률, 퇴직률 등 연금액 산정의 기초가 되는 요인에 변화가 발생하면 그로 인한 위험은 회사가 부담한다.

25 다음은 ㈜탐라의 자본거래 내역이다. 옳은 것을 모두 고르면? (주식의 액면가는 5,000원이고 20X0.12.31. 현재 총 발행주식수는 1,000주이다.)

> 가. 회사는 20X1.01.01. 신주를 7,400원에 500주를 발행(신주발행비는 200,000원)하는 유상증자를 실시하고 자본금 2,500,000원과 주식발행초과금 1,000,000원을 인식하였다.
> 나. 회사는 20X2.02.01. 결손금을 보전하기 위하여 주식 1,500주를 750주로 유상감자하면서 현금을 1,500,000원을 지급하고 감자차손 1,500,000원을 인식하였다.
> 다. 회사는 20X2.07.01. 추가로 주식 750주에 대하여 40% 무상감자를 실시하고 감자차익 1,500,000원을 인식하였다.
> 라. 회사는 20X2.10.01. 자기주식을 액면에 50주 취득한 후 20X2.11.01. 5,500원에 30주를 매각하고 20X2.12.01. 3,600원에 20주를 매각하였다. 이 과정에서 회사는 20X2.12.01.에 자기주식처분손실 28,000원을 인식하였다.

① 가, 다
② 나, 라
③ 나, 다
④ 가, 다, 라
⑤ 가, 나, 다, 라

26 다음 중 수익인식 방법 중 옳은 것은 몇 개인가?

가. 제품판매 후 제품의 인도가 지연되는 경우에는 소유권이 구매자에게 이전되는 시점에 인식한다.

나. 제품설치를 조건으로 하는 판매의 경우 설치과정이 단순하더라도 설치가 완료되는 시점에 인식한다.

다. 판매자가 소유에 따른 위험을 부담하더라도 그 위험이 중요하지 않은 경우에는 판매시점에 인식한다.

라. 위탁판매의 경우에는 수탁자가 제품을 제3자에게 판매한 시점에 인식한다.

마. 장기할부판매의 경우 미래 받을 금액의 명목금액의 총액을 인식한다.

바. 설치용역이 주목적인 제품 판매는 판매시점에 인식한다.

사. 재화의 판매가격에 추후 제공될 용역(A/S)의 식별 가능한 금액이 포함되어 있는 경우에는 그 금액을 이연시켜 용역이 제공되는 기간 동안 인식한다.

아. 입장료 수익은 행사가 완료되는 시점에 인식한다.

자. 주문 개발 소프트웨어의 수수료는 개발이 완료된 시점에 인식한다.

① 3개   ② 4개

③ 5개   ④ 6개

⑤ 7개

27 다음은 ㈜APOLO의 자료이다. 전환사채의 전환간주일이 발행연도의 01.01.인 경우 20X1년 기본주당이익(EPS) 계산을 위한 가중평균유통보통주식수는 얼마인가?

일자	변동내용	발행주식수
20X1.01.01.	기초	6,000
20X1.04.01.	유상증자(납입기일 익일)	4,000
20X1.07.01.	전환사채 발행	–
20X1.10.01.	전환권 행사	2,000
20X1.11.01.	무상증자(10%)	1200

① 10,450주   ② 11,000주

③ 11,300주   ④ 11,550주

⑤ 11,900주

28 다음은 ㈜한국의 유형자산 관련 자료이다. 회사는 20X1년 말 재평가모형을 적용하기로 하였다. 재평가가 20X1년 말 손익계산서에 미치는 영향으로 옳은 것은?

구분	재평가 전 장부금액	재평가 후 장부금액
토 지	2,000,000원	2,300,000원
기계장치	1,500,000원	1,400,000원

① 당기순이익 200,000원 증가

② 기타포괄손익 200,000원 증가

③ 당기순이익 100,000원 감소

④ 기타포괄손익 100,000원 감소

⑤ 당기순이익 300,000원 증가

29 ㈜영수물산의 당기(20X1.01.01.~12.31.) 회계변경과 오류수정에 관한 아래의 자료를 참조하여 당기손익에 미치는 영향을 계산하면 얼마인가?

Ⅰ. 회사는 당기에 유형자산의 감가상각방법을 정액법에서 정률법으로 변경하였다.

구분	정액법	정률법
당기 이전 감가상각누계액	800,000원	720,000원
당기 감가상각비	400,000원	192,000원

Ⅱ. 전기에 발생한 미지급급료 100,000원을 기록하지 않고 당기에 이를 비용으로 처리하였다. 이는 중대한 오류에 해당한다.

① 당기순이익 92,000원 감소

② 당기순이익 208,000원 증가

③ 당기순이익 208,000원 감소

④ 당기순이익 308,000원 증가

⑤ 당기순이익 308,000원 감소

01	02	03	04	05	06	07	08	09	10
②	②	⑤	①	②	①	①	③	④	⑤
11	12	13	14	15	16	17	18	19	20
③	③	③	⑤	③	①	②	①	③	④
21	22	23	24	25	26	27	28	29	
②	⑤	③	③	①	②	②	③	④	

01 Ⅱ. 기업내부의 정보이용자에게 제공되는 회계정보는 일반적으로 인정된 회계원칙(GAAP)을 준수할 필요가 없다.
Ⅲ. 한국회계기준원은 민간기관이다.
Ⅳ. 비외감법인은 K-IFRS, 일반기업회계기준, 중소기업회계기준을 선택하여 적용할 수 있다.

02 의무는 법적 강제력이 있는 의무뿐만 아니라 상관습이나 관행에 의한 의무도 포함한다.

03 거래나 사건의 불확실성으로 인한 회계추정을 하는 경우에 중립성 확보를 위해서는 '추정의 신중성'이 확보되어야 한다. 이는 보수주의와 구별되는 개념이다.

> **Key Point!**
> ※ 추정의 신중성 : 불확실한 상황에서 자산·수익이 과대 계상되지 않고 부채·비용이 과소 계상되지 않는 것을 의미한다.
> ※ 보수주의 : 불확실한 상황에서 자산·수익은 과소 계상하고 부채·비용은 과대 계상하는 것을 말한다.

04 Ⅱ. '중요성'에 대한 판단기준은 다를 수 있기 때문에 본문에 통합 표시한 항목을 주석에 구분하여 표시할 수 있다.
Ⅳ. 매입채무가 12개월 후에 결제일이 도래하더라도 정상 영업주기 내에 사용되는 운전자본이므로 유동부채로 분류한다.
Ⅴ. 단기성채무 중 만기 연장이 가능하고, 그러한 권리를 가지고 있다면 보고기간 후 12개월 이내에 만기가 도래하더라도 비유동부채로 분류한다.

05 Ⅰ. 유·무형자산은 감가상각을 해야 한다. 다만 내용연수와 잔존가치 결정을 법인세법을 따를 수 있을 뿐이다.
Ⅲ. 장기연불조건의 매매거래에서 발생하는 채권채무를 명목가치로 평가할 수 있다.
Ⅶ. 시장성 없는 지분증권은 취득원가로 평가하되 손상차손은 일반기업회계기준에 따라 인식해야 한다.

06 판매 및 일반관리비＝급여＋퇴직급여＋접대비＋감가상각비＋대손상각비＋임차료

매출액	2,500,000
판관비	1,000,000＋250,000＋50,000＋75,000＋20,000＋15,000＝(1,410,000)
영업이익	1,090,000

07 당좌차월은 당좌예금잔고 이상의 수표를 발행하여 잔고를 초과하여 지불된 부분이므로 차감해준다.

당좌예금	20,000
당좌차월	(35,000)
91일물 양도성 예금증서	60,000
회사채	70,000
배당금지급통지표	15,000
우편환증서	7,000
지점전도금	13,000
소 계	150,000

08

매출채권			
기초	1,800,000	회수	860,000
		대손확정	40,000
외상매출	2,100,000	기말	3,000,000

대손충당금			
대손확정	40,000	기초	300,000
		회수	–
기말	360,000	설정	100,000

09 수정 후 전기말 재고＝600,000＋100,000＝700,000원

수정 후 당기말 재고＝500,000－70,000＋40,000＋30,000＝500,000원

수정 전 재고자산			
기초재고	600,000	매출원가	1,000,000
당기매입	900,000	기말재고	500,000

수정 후 재고자산			
기초재고	700,000	매출원가	1,100,000
당기매입	900,000	기말재고	500,000

따라서 매출총이익＝3,000,000－1,100,000＝1,900,000원

10 인플레이션 환경이므로 후입선출법의 경우 현행원가를 반영하여 판매된 것으로 추정되는 실지재고조사법이 계속기록법보다 매출원가가 크게 계상된다.

11 평가손실과 정상감모는 매출원가에 포함되므로 5,000,000원이다.

재고자산			
기초재고	3,000,000	매출원가	4,250,000원
		평가손실	2,250개×200원＝450,000원
		정상감모	(500개×1,000원)×60%＝300,000원
		비정상감모	(500개×1,000원)×40%＝200,000원
당기매입	4,000,000	기말재고	2,250개×800원＝1,800,000원

Key Point!
※ 평가손실이 매출원가 포함되는 이유는 판매가능재고액(기초재고액＋당기매입액)에서 저가평가한 기말재고액을 차감하여 역산하기 때문에 평가손실로 줄어든 금액만큼 매출원가가 증가하기 때문이다.
※ 감모손실의 경우 정상감모손실은 매출원가로 처리하고 비정상감모손실은 영업외비용으로 처리한다.

12 20X1년 말 설정할 재고자산평가충당금은 1200원이고, 20X2년 말은 충당금 잔액이 400원이 되어야 하므로 800원을 환입한다. 그리고 20X3년 말 충당금 잔액이 0원이 되어야 하므로 충당금 잔액 400원을 환입한다. 20X4년 말은 충당금 800원을 설정한다.

20X1년 말		20X2년 말	
평가손실 1200	충당금 1200	충당금 800	환입 800

20X3년 말		20X4년 말	
충당금 400	환입 400	평가손실 800	충당금 800

13 재해손실 = 4,300,000원 − 300,000원 = 4,000,000원

재고자산			
기초재고	1,000,000	추정매출원가	17,500,000×(1−0.4)=10,500,000원
당기매입	15,000,000−1,200,000=13,800,000	추정기말재고	14,800,000−10,500,000=4,300,000원

14 사채발행가격과 상각액 합계액(현재가치할인차금)을 더한 금액이 액면금액과 일치한다.

20X1.01.01. 발행가격 = 1,000,000×0.793822+50,000×2.5771 = 922,687원

20X1.07.01. 매매가격 = 발행가격+가치증가분 = 922,687+16,907 = 939,594원

취득가액 = 매매가액+발생이자 = 939,594+25,000 = 964,594원

(취득 시 회계처리) 매도가능증권 939,594원 | 현 금 964,594원
미수이자   25,000원

구분	유효이자	표시이자	상각액	장부금액
20X1.01.01.				㉠ 922,687
20X1.07.01.	36,907	25,000	16,907	939,594
20X1.12.31.	㉡ 73,815	50,000	㉢ 23,815	㉣ 946,502
20X2.12.31.	㉤ 75,720	50,000	㉥ 25,720	㉦ 972,222
20X3.12.31.	㉧ 77,778	50,000	㉨ 27,778	1,000,000
소 계	㉮ 227,313	150,000	㉯ 77,313	

15 20X3.12.31. 이자수익 인식액은 422원이다. 손상차손인식 후 이자수익은 현행시장이자율을 사용한다.

구분	유효이자	표시이자	상각액	장부금액
20X1.01.01.				9,158
20X1.12.31.	549	400	149	9,307
20X2.12.31.	558	400	158	9,465
20X3.12.31.	568	400	168	9,633
20X4.12.31.	578	400	178	9,811
20X5.12.31.	589	400	189	10,000

(취득 시)　　　　매도가능증권 9,158 | 현　　　금 9,158

(20X1.12.31.)　현　　　금　400 | 이 자 수 익　549
　　　　　　　매도가능증권　149　　　　　　　　　BV = 9,307
　　　　　　　평 가 손 실　607 | 매도가능증권　607

(20X2.12.31.)　현　　　금　400 | 이 자 수 익　558
　　　　　　　매도가능증권　158　　　　　　　　　BV = 9,465
　　　　　　　손 상 차 손 4,187 | 매도가능증권 3,580
　　　　　　　　　　　　　　　　평 가 손 실　607 BV = 5,307

$$회수가능액 = \frac{200}{1.08} + \frac{200}{1.08^2} + \frac{200}{1.08^3} + \frac{6,000}{1.08^3} = 5,278원, \quad 손상차손 = 9,465원 - 5,278원 = 4,187원$$

★ 주의 : 회수가능액 계산 및 이자수익 인식을 위한 유효이자율로 현행시장이자율 사용

(20X3.12.31.)　현　　　금　200 | 이 자 수 익　422
　　　　　　　매도가능증권　222　　　　　　　　　BV = 5,500
　　　　　　　매도가능증권 1,894 | 손상차손환입 1,894　BV = 7,394
　　　　　　　　　　　　　　　　평 가 손 실　607

$$회수가능액 = \frac{300}{1.08} + \frac{300}{1.08^2} + \frac{8,000}{1.08^2} = 7,394원, \quad 손상차손환입 = 7,394원 - 5,500원 = 1,894원$$

(20X4.12.31.)　현　　　금　300 | 이 자 수 익　592
　　　　　　　매도가능증권　292　　　　　　　　　BV = 7,686

(20X5.12.31.)　현　　　금　300 | 이 자 수 익　614*
　　　　　　　매도가능증권　314　　　　　　　　　BV = 8,000
　　　　　　　* 단수조정

16 유형자산을 장기연불조건으로 구입한 경우 취득원가는 지불한 현금가격상당액으로 한다. 총지급급액과 차액은 현재가치할인차금으로 하여 이자비용으로 인식한다.

구분	현·할·차	상각후잔액	현금지급	미지급잔액
20X1.01.01.		1,814,059		
20X1.12.31.	90,703	1,904,762	(700,000)	1,204,762
20X2.12.31.	95,238	1,300,000	(700,000)	600,000
20X3.12.31.	100,000	700,000	(700,000)	0
	285,941		(2,100,000)	

17

구분	20X1년 말	20X2년 말	20X3년 말	20X4년 말	20X5년 말
순공정가치	840,000	540,000	300,000	400,000	200,000
사용가치	800,000	520,000	360,000	380,000	180,000
회수가능액	840,000	540,000	360,000	400,000	200,000
장부가치	840,000	680,000	360,000	360,000	200,000

회수가능액 = Max[순공정가치, 사용가치]

20X1년 말　감가상각비 160,000 | 감가상각누계액 160,000
20X2년 말　감가상각비 160,000 | 감가상각누계액 160,000
　　　　　손상차손　140,000　손상차손누계액 140,000 BV = 540,000원
20X3년 말　감가상각비 180,000 | 감가상각누계액 180,000 BV = 360,000원
　　　　　※ 감가상각비 = 540,000 ÷ 3년 = 180,000원
20X4년 말　감가상각비　180,000 | 감가상각누계액 180,000
　　　　　손상차손누계액 180,000　손상차손환입　180,000 BV = 360,000원

손상이 없었을 경우의 장부가치를 초과하지 않는 범위 내에서 환입한다.

20X5년 말   감가상각비 160,000 | 감가상각누계액 160,000 BV = 200,000원
        ※ 잔존가치를 제외한 잔액을 상각한다.

18 라. 무형자산의 식별가능성은 자산이 계약상 권리 또는 기타 법적 권리로부터 발생해야 하지만 그 권리의 이전 가능성은 고려하지 않는다.

   마. 정부보조 등에 의한 무상취득 또는 저가취득 시 취득원가는 취득일 공정가치로 한다.

   바. 무형자산의 회수가능액이 증가하더라도 상각은 원가에 기초한다.

19 금융부채는 매입채무, 미지급금, 비지급비용, 사채, 차입금 등이다. 선수금, 선수수익, 제품보증충당부채는 비금융부채이다.

20 20X2.12.31. 장부금액이 99,048원이므로 상환액 98,000원과의 차액 1,048원은 사채상환이익이다.

구분	유효이자(5%)	액면이자(4%)	차금상각	장부금액
20X1.01.01.				97,277
20X1.12.31.	4,864	4,000	864	98,141
20X2.12.31.	4,907	4,000	907	99,048
20X3.12.31.	4,952	4,000	952	100,000

21 일반사채가격 = 1,000,000 × 0.7938 + 50,000 × 2.5771 = 922,655원

   상환할증금 현재가치 = 64,928 × 0.8396 = 54,514원

   부채가치 = 922,655 + 54,514 = 977,169원

   전환권대가 = 1,000,000 − 977,169 = 22,831원

> **Key Point!**
> ※ 여기서 상환할증금을 부채가치에 포함시킬 때 현재가치를 사용해야 한다는 것과 현재가치 계산 시 보장수익률을 사용해야 한다는 것에 주의한다.

22 (채무자 회계처리)   차입금   100,000 | 토   지   60,000 ← 이전하는 자산의 BV
                                            토지처분이익   10,000 ← 처분이익 = 토지FV − 토지BV
                                            채무조정이익   30,000 ← 조정이익 = 채무BV − 토지FV

   (채권자 회계처리)   토   지   70,000 | 대 출 채 권 100,000
                    대 손 충 당 금   10,000
                    대 손 상 각 비   20,000

23 20X1년 초에 설정한 충당부채 10,000원이 남아 있으므로 15,000원을 추가로 설정한다.

   ① (20X1.01.01.) 현   금   200,000 | 매   출   200,000
                    제품보증비   30,000   제품보증충당부채   30,000
   ② (20X1.07.01.) 충 당 부 채   20,000 | 현   금   20,000
   ③ (20X1.12.31.) 제품보증비   15,000 | 제품보증충당부채   15,000
   ④ (20X2.10.01.) 제품보증충당부채 22,000 | 현   금   22,000
   ⑤ (20X2.12.31.) 제품보증충당부채   3,000 | 제품보증충당부채환입   3,000

24 일반기업회계기준에서는 보험수리적 가정을 사용하지 않는다.

25 가. 신주발행비는 주식발행가격에서 차감한다.

현 금 3,500,000 | 자 본 금 2,500,000
　　　　　　　　　주식발행초과금 1,000,000

나. 지급한 현금보다 감소한 자본금이 더 크기 때문에 감자차익을 인식한다.

자본금 3,750,000 | 현 금 1,500,000
　　　　　　　　　감자차익 2,250,000

다. 무상감자이므로 감소한 자본금만큼 감자차익을 인식한다.

자본금 1,500,000 | 감자차익 1,500,000

라. 자기주식과 관련한 회계처리는 다음과 같다.

(20X2.10.01.) 자기주식　　 250,000 | 현 금　　　　　250,000
(20X2.11.01.) 현 금　　　 165,000 | 자 본 금　　　　150,000
　　　　　　　　　　　　　　　 자기주식처분이익　15,000
(20X2.12.01.) 현 금　　　　72,000 | 자 본 금　　　　100,000
　　　　　　자기주식처분이익　15,000
　　　　　　자기주식처분손실　13,000

> **Key Point!**
> ※ 기 인식한 자기주식처분이익이 있는 경우에는 우선상계하고 잔액을 자기주식처분손실로 인식한다.

26 '가, 다, 라, 사'가 옳은 설명이다.

나. 제품설치 조건 판매의 경우 설치과정이 단순하다면 제품 인도시점에 수익을 인식한다.
마. 장기할부판매의 경우 미래 받을 명목금액의 현재가치를 수익으로 인식한다.
바. 설치용역이 주목적인 제품판매는 진행기준으로 수익을 인식한다.
아. 입장료 수익은 행사가 개최되는 시점에 수익을 인식한다.
자. 주문 개발 소프트웨어의 수수료는 진행기준으로 수익을 인식한다.

27 전환사채의 전환간주일이 기초지만 기중 발행되었으므로 발행일을 전환간주일로 한다.

$$(6,000+600)\times\frac{12}{12}+(4,000+400)\times\frac{9}{12}+(2,000+200)\times\frac{6}{12}=11,000주$$

28 유형자산 재평가잉여금은 기타포괄손익으로 인식하지만 재평가손실을 보수주의 원칙에 의하여 당기손익으로 인식한다. 따라서 토지 재평가잉여금 300,000원은 기타포괄손익으로 인식하고 기계장치 재평가손실 100,000원은 당기손익으로 인식한다.

29 회계추정의 변경이므로 기초장부금액은 수정하지 않고 감가상각비 차이를 당기손익에 반영한다. 이때 변경 전 정액법 감가상각비를 먼저 인식한 후에 변경된 상각방법에 의한 감가상각비로 맞추어 준다.

감가상각비　　　400,000 | 감가상각누계액 400,000
감가상각누계액 208,000 | 감가상각비　　　208,000

전기에 발생한 미지급급료를 당기에 비용처리하였으므로 이를 취소한다. 이때 대응하는 계정은 이익잉여금계정이다. 전기에 비용처리를 하지 않았으므로 기말 미처분이익잉여금이 그만큼 증가했기 때문에 이를 제거하기 위하여 당기의 기초 미처분이익잉여금을 감소시킨다. 따라서 당기순이익은 308,000원 증가한다.

이익잉여금 100,000 | 미지급급료 100,000

MEMO

PART 02
회계학 Ⅱ

KFO

CHAPTER 01

연결회계

C e r t i f i e d   C r e d i t   A n a l y s t   PART 02

출제 포인트 ■ ■
- 연결회계의 의의와 용어에 대한 이해
- 지배지분과 비지배지분의 계산
- 연결당기순이익의 계산

1. 연결재무제표의 의의

(1) 연결회계

① 연결회계는 법적으로 다른 회계실체들이 하나의 경제적 실체를 형성할 경우 이를 하나의 회계실체로 간주하여 단일의 재무제표를 작성 · 보고하는 것을 목적으로 하는 회계를 말한다. 이때 작성하는 재무제표를 연결재무제표라 한다.

② **연결재무제표의 유용성과 한계점**

㉠ 연결재무제표의 유용성

- 지배종속관계에 있는 연결실체의 재무상태와 경영성과를 한 눈에 파악할 수 있다.
- 연결실체 내의 기업 간 내부거래가 제거[36]되므로 개별재무제표에 비하여 이익조정의 왜곡정도가 낮다고 볼 수 있다.
- 지배기업 경영자에게 연결실체 전체를 관리 · 통제할 수 있는 유용한 정보를 제공한다.

㉡ 연결재무제표의 한계점

- 연결재무제표만으로는 개별 기업에 대한 정보를 파악하기 어렵다.
- 연결대상 종속기업의 범위를 적절하게 정의하지 못할 경우 연결실체의 회계정보의 유용성은 낮아질 수 있다.
- 연결재무제표는 개별재무제표에 비하여 복잡하므로 이해 가능성이 낮다.

(2) 사업결합(Business Combination)

① 사업결합이란 하나 이상의 사업에 대한 지배력을 획득하는 거래나 사건을 말한다.

② 합병(merger)을 통한 사업결합

| A회사(합병회사) | + | B회사(피합병회사) | → | A회사(합병 후 회사) |

㉠ A회사가 B회사를 합병하면 B회사로부터 취득한 자산과 인수한 부채를 인식하므로 총자산과 총부채가 증가한다.

㉡ 인수대가로 소멸하는 B회사의 주주에게 A회사의 주식을 발행하여 교부하면 A회사의 자본도 증가한다. 이때 B회사의 주주는 A회사 주주로 그 지위가 바뀐다.

---

36) 연결재무제표 작성 시 연결실체 내의 기업 간 내부거래 및 상호채권 · 채무가 상계 제거될 뿐만 아니라 내부거래로 발생하는 가공 손익도 제거된다.

③ 의결권 취득을 통한 사업결합

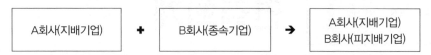

ㄱ A회사가 B회사의 의결권 있는 주식(보통주) 과반수를 취득할 경우 A회사는 B회사를 지배하게 된다.
이때 법적으로 독립된 실체인 A회사와 B회사는 경제적 단일실체로 간주한다.

ㄴ A회사와 B회사는 법적으로 별개의 실체이므로 각각 개별재무제표를 작성·공시한다.

ㄷ 그러나 A회사와 B회사는 경제적 단일실체이므로 A회사는 연결재무제표를 작성·공시해야 한다.

④ 사업결합 회계처리의 결정

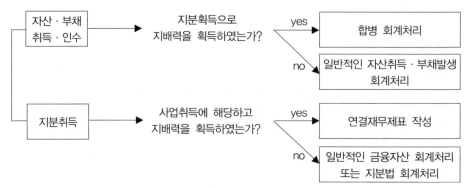

ㄱ 다른 기업의 의결권 있는 주식을 취득하였더라도 지배력을 취득하지 않았다면 취득기업은 개별재무
제표만 작성한다.

ㄴ 다만 의결권 있는 주식을 취득하여 유의적 영향력을 행사할 수 있게 되었다면 개별재무제표에서 지분
법을 적용하여 당해 주식을 평가한다.

2. 연결재무제표의 작성과 지배력

(1) 연결재무제표 작성기업

① 지배기업은 모든 종속기업을 포함하여 연결재무제표를 작성한다.

② 지배기업이 다음 조건을 모두 충족하는 경우에는 연결재무제표를 작성하지 않을 수 있다.

ㄱ 지배기업 자체가 종속기업(아래 '乙회사')이다.

ㄴ 지배기업의 최상위 지배기업(또는 중간 지배기업)이 한국채택국제회계기준이나 일반기업회계기준의
제4장(연결재무제표)을 적용하여 일반목적으로 이용 가능한 연결재무제표를 작성한다.

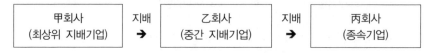

> **Key Point!**
> ※ 甲회사는 乙회사를 지배하고 乙회사는 丙회사를 지배하는 경우 甲회사는 乙회사와 丙회사를 모두 포함하여 연결재무제표를 작성해야 한다.
> ※ 그런데 乙회사의 경우 甲회사가 이미 丙회사를 포함하여 연결재무제표를 작성하였으므로 연결재무제표를 작성하지 않을 수 있다. 단, 乙회사가 금융·보험회사인 경우에는 작성해야 한다.

(2) 지배력

일반기업회계기준에서는 지배력을 경제활동에서 효익을 얻기 위하여 재무정책과 영업정책을 결정할 수 있는 능력으로 정의한다. 여기에는 지분율 기준과 실질지배력 기준 두 가지를 규정하고 있다.

① 지분율 기준

지배기업이 직접적으로 또는 종속기업을 통하여 간접적으로 기업 의결권의 과반수를 소유하는 경우 지배기업이 그 기업을 지배한다. 다만 그 소유권이 지배력을 의미하지 않는다는 것을 명확하게 제시할 수 있는 경우에는 예외로 한다.

(상황 1)

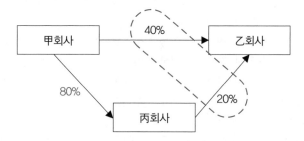

이 경우는 甲회사가 乙회사의 지분 40%를 직접 소유하고 있고 丙회사를 통하여 간접적으로 20%를 소유하고 있으므로 의결권 과반수 60%를 소유하는 것이 되어 乙회사를 지배하는 것이 된다.

(상황 2)

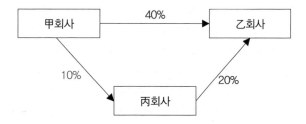

이 경우는 甲회사가 乙회사의 지분 40%를 직접 소유하고 있지만 甲회사가 丙회사를 지배하는지 여부는 실질지배력에 따라 판단해야 한다. 만일 甲회사가 丙회사를 실질적으로 지배하는 것이 아니라면 乙회사에 대한 丙회사의 지분 20%는 甲회사에 합산하지 않는다. 따라서 甲회사가 乙회사를 지배하는지는 후술하는 실질지배력 기준에 따라 판단한다.

② 실질지배력 기준

다음의 경우에는 지배기업이 다른 기업의 의결권 있는 주식의 절반 또는 그 미만을 소유하더라도 그 기업을 지배하는 것으로 본다.

㉠ 다른 투자자와의 약정으로 과반수의 의결권을 행사할 수 있는 능력이 있는 경우

㉡ 법규나 약정에 따라 기업의 재무정책과 영업정책을 결정할 수 있는 능력이 있는 경우

ⓒ 이사회나 이에 준하는 의사결정기구가 기업을 지배한다면, 그 이사회나 이에 준하는 의사결정기구 구성원 과반수를 임명하거나 해임할 수 있는 능력이 있는 경우

ⓓ 이사회나 이에 준하는 의사결정기구가 기업을 지배한다면, 그 이사회나 이에 준하는 의사결정기구의 의사결정에서 과반수의 의결권을 행사할 수 있는 능력이 있는 경우

(3) 지배력 판단에 대한 추가적 고려

① 잠재적 의결권(주식매입권, 주식콜옵션, 기타 보통주로 전환할 수 있는 상품 등)

지배력을 평가할 때는 현재 행사할 수 있는 잠재적 의결권의 존재와 영향을 고려하여야 한다. 예를 들어 A기업이 B기업의 지분 30%를 소유하면서 B기업이 발행한 주식콜옵션을 보유하고 있고 현재 행사가 가능한 경우, 주식콜옵션 행사로 지분율이 51%로 증가한다면 A기업은 B기업에 대하여 지배력을 가지고 있다고 본다.

② 특수목적기업(SPE ; Special Purpose Entities)

리스, 연구개발활동, 금융자산의 유동화, 신탁 등 특수목적기업에 대한 지배력을 판단할 때는 4가지 지표(활동, 의사결정, 효익, 위험)를 고려한다. 기업이 특수목적기업을 지배하는 경우는 다음과 같다.

ⓐ 실질적으로 기업의 특정 사업의 필요에 따라 그 기업을 위하여 특수목적기업의 활동이 수행되고 그 기업은 특수목적기업의 운영에서 효익을 얻을 경우

ⓑ 실질적으로 기업이 특수목적기업의 활동에서 발생하는 효익의 과반을 얻을 수 있는 의사결정 능력을 가지고 있거나 '자동조정' 절차를 수립하여 이러한 의사결정능력을 위임하여 온 경우

ⓒ 실질적으로 기업이 특수목적기업의 효익의 과반을 얻을 수 있는 권리를 가지고 있어 그 특수목적기업의 활동에 흔히 있는 위험에 노출될 수 있는 경우

ⓓ 실질적으로 기업이 특수목적기업의 활동에서 효익을 얻기 위하여 기업이 특수목적기업이나 특수목적기업의 자산과 관련된 잔여위험이나 소유위험의 과반을 가지고 있는 경우

③ 지배력 판단 시 유의사항

ⓐ 일반적 신탁계정의 수탁자는 지배력을 가지고 있지 않다. 왜냐하면 수탁자는 신탁계약에 의한 의사결정 권한을 갖더라도 그것은 신탁자를 위한 것이지 수탁자 자신을 위한 것이 아니기 때문이다.

ⓑ 지배력 유무는 다른 기업의 재무정책과 영업정책을 결정할 수 있는 능력 여부에 따라 결정되는 것이며, 그러한 능력을 사용할 의도가 있었는지 또는 행사하였는지 여부는 고려대상이 아니다.

ⓒ 한 개인이 여러 기업을 지배하는 경우 동일인이 지배한다는 이유만으로 하나의 연결실체에 포함한다고 할 수 없다. 왜냐하면 개인은 연결재무제표를 작성하지 않기 때문이다.

ⓓ 하나의 연결실체 내에 지배기업은 단 하나뿐이며 여러 개의 지배기업이 존재할 수 없다. 따라서 조인트벤처와 같이 하나의 기업에 공동지배력을 갖는 경우에는 어느 기업도 지배기업이 될 수 없으므로 조인트벤처는 종속기업이 될 수 없다.

ⓔ 종속기업은 회사의 형태가 다양할 수 있다. 따라서 투자자는 벤처캐피탈, 뮤추얼펀드, 단위신탁 또는 이와 유사한 기업이라는 이유만으로 종속기업을 연결대상에서 제외하지 않는다.

ⓕ 연결실체 내의 다른 기업들과 사업의 종류가 다르다는 이유로 종속기업을 연결대상에서 제외하지 않는다.

ⓖ 또한 종속기업이 현금이나 다른 자산을 종속기업의 소재국가 밖으로 이전하는 데 제한을 둘 수 있는 국가에 소재한다는 이유만으로 종속기업을 연결대상에서 제외할 수 없다.

(4) 연결재무제표 작성대상에서 제외되는 경우

① 1년 이상 휴업 중이거나 청산 중인 회사 또는 당좌거래가 정지 중인 회사

② 지방자치단체가 자본금의 1/2 이상을 출자한 회사

③ 계약 등에 의하여 다음 사업연도 말까지 처분이 예정된 종속회사

④ 직전 사업연도 말 자산총액, 부채총액 및 종업원 수가 외부감사 대상기준에 미달하는 비상장법인

3. 연결재무제표 작성을 위한 사전 준비

(1) 보고일의 일치

① 연결재무제표는 동일한 보고기간종료일에 작성된 지배기업의 재무제표와 종속기업의 재무제표를 사용하여 작성한다.

② 만일 지배기업과 종속기업의 보고기간종료일이 다르다면 종속기업은 지배기업의 보고기간종료일을 기준으로 재무제표를 추가로 작성한다.

③ 다만 보고기간종료일 차이가 3개월을 초과하지 않는다면 종속기업의 보고기간종료일에 작성된 재무제표를 이용하여 연결재무제표를 작성한다. 단 보고기간종료일 사이에 발생한 유의적 거래나 사건의 영향을 반영하여야 한다.

④ 보고기간의 길이 및 보고기간종료일의 차이는 매 기간 동일해야 한다.

(2) 회계정책의 일치

① 유사한 상황에 대해 지배기업과 종속기업의 회계정책이 다를 경우에는 종속기업의 회계정책을 지배기업의 회계정책과 일치하도록 수정하여 연결재무제표를 작성한다.

② 단 종속기업이 「중소기업 회계처리 특례」 적용대상이거나 「한국채택국제회계기준」을 적용함에 따라 회계정책이 일치하지 않는 경우에는 회계정책을 일치시키는 수정을 하지 않는다. 왜냐하면 회계처리 부담을 가중시키기 때문이다.

③ 해외에 있는 종속기업이 소재국의 회계기준에 따라 재무제표를 작성하는 경우 그 재무제표가 일반기업회계기준에 따라 작성된 재무제표와 유의적 차이가 없다면 이를 이용하여 연결재무제표를 작성할 수 있다(유의적 차이가 있는지 여부는 일반기업회계기준에 따라 재무제표를 다시 작성해 보아야 하므로 이 규정은 실익이 없다고 볼 수 있다).

④ 개별재무제표에 일반기업회계기준을 위배한 사항이 있다면 이를 수정하여 연결재무제표를 작성해야 한다.

4. 연결재무제표의 종류

(1) 연결재무상태표

① 연결실체의 자본

지배기업이 종속기업의 의결권을 100% 소유하고 있지 않는 경우에는 연결실체의 자본은 지배기업지분과 비지배지분으로 표시된다.

㉠ 지배기업지분

㉡ 비지배지분＝종속기업의 순산공정가치 × 비지배지분율

② 영업권＝종속기업 주식 취득 시 지급대가－종속기업 순산공정가치 × 지배기업지분율

(2) 연결손익계산서

① **연결당기순이익**

연결손익계산서의 당기순이익 바로 아래 지배기업지분순손익과 비지배지분순손익을 추가로 표시한다 (지배기업지분이 100%라면 연결당기순이익이 모두 지배기업지분순이익이 된다).

② **지배기업 개별재무제표의 지분법손익**

지배기업은 개별재무제표에 종속기업 투자주식을 지분법으로 평가해야 한다. 이때 지분법손익(영업외손익)이 반영된 지배기업의 개별당기순이익은 연결손익계산서의 지배기업순손익과 동일한 금액이다.

③ **내부거래의 제거**

연결실체 내의 기업 간 내부거래로 인하여 발생한 수익, 비용 및 미실현손익은 연결재무제표 작성과정에서 모두 상계 제거되므로 연결손익계산서에는 표시되지 않는다.

(3) 연결자본변동표

① 연결자본변동표는 기본적으로 개별자본변동표와 동일하다.

② 다만 연결자본변동표에는 비지배지분의 당기변동 내역이 별도로 표시된다.

(4) 연결현금흐름표

① 연결현금흐름표도 개별현금흐름표와 유사하게 연결실체의 영업활동현금흐름, 재무활동현금흐름, 투자활동현금흐름으로 구분 표시한다.

② 종속기업을 취득하는 과정에서 유출되는 현금과 종속기업을 매각하는 과정에서 유입되는 현금은 투자활동현금흐름에 표시한다.

③ 지배기업이 종속기업의 지분을 추가로 취득하거나, 일부를 처분하는 거래는 재무활동현금흐름으로 분류한다.

5. 연결재무제표의 작성

(1) 지배력 취득시점에서 연결재무제표의 작성[37]

① **사업부 신설과 종속기업 취득의 동질성**

기업 내부에 사업부를 신설하는 것과 종속기업 취득하는 것은 경제적 실질이 동일하다.

> **Key Point!**
> ※ 연결재무제표 작성 순서 : 재무제표합산 → 투자와 자본의 상계제거 → 내부거래제거 → 비지배지분표시

---

37) 실무적으로 지배기업은 지배력 취득시점에 연결재무제표를 작성하는 것이 아니라 보고기간 말일을 기준으로 연결재무제표를 작성한다.

[사례 1-1]

A회사는 20X1.01.01. 사업확장을 위하여 내부에 사업부서를 신설하였다. 회사는 5,000원의 현금을 지급하고 새로운 사업부서의 설비자산을 취득하였다. 이와 관련한 A회사의 재무상태표는 다음과 같이 총자산금액에는 변동이 없이 구성내역에 변동만 있다.

(단위 : 원)

과목	사업부 신설 전	±	사업부 신설의 영향	=	사업부 신설 후
유동자산	25,000		−5,000		20,000
비유동자산	75,000		+5,000		80,000
자산총계	100,000		0		100,000
부채	50,000		0		50,000
자본금	30,000		0		30,000
이익잉여금	20,000		0		20,000
부채 · 자본총계	100,000		0		100,000

이와 달리 A회사가 20X1.01.01. 사업확장을 위하여 내부에 사업부서를 신설하는 대신 B회사를 설립하고 지분 100%를 현금 5,000원에 취득한 경우를 보자. B회사는 출자받은 현금으로 설비자산을 취득하였다고 가정한다.

(단위 : 원)

과목	A회사		B회사
	B회사 설립 전	B회사 설립 후	
유동자산	25,000	20,000	−
투자주식		5,000	−
비유동자산	75,000	75,000	5,000
자산총계	100,000	100,000	5,000
부채	50,000	50,000	−
자본금	30,000	30,000	5,000
이익잉여금	20,000	20,000	−
부채 · 자본총계	100,000	100,000	5,000

A회사와 B회사는 법적으로 별개의 실체이지만 경제적 실질은 하나이므로 연결재무제표를 작성해야 한다. 이를 위하여 개별재무제표를 합산해 보자.

과목	A회사	B회사	(A+B)단순합산
유동자산	20,000		20,000
투자주식	5,000		5,000
비유동자산	75,000	5,000	80,000
자산총계	100,000	5,000	105,000
부채	50,000	–	50,000
자본금	30,000	5,000	35,000
이익잉여금	20,000	–	20,000
부채 · 자본총계	100,000	5,000	105,000

단순합산 재무상태표에는 투자주식 5,000원과 자본금 5,000원이 이중으로 계산되어 있으므로 이를 상계제거하는 연결조정분개를 실시해야 한다.

자본금　5,000　｜　투자주식　5,000

그러면 연결정산표는 다음과 같이 작성된다.

과목	A회사	B회사	연결조정분개 차변	연결조정분개 대변	연결재무제표
유동자산	20,000				20,000
투자주식	5,000			5,000	–
비유동자산	75,000	5,000			80,000
자산총계	100,000	5,000			100,000
부채	50,000	–			50,000
자본금	30,000	5,000	5,000		30,000
이익잉여금	20,000	–			20,000
부채 · 자본총계	100,000	5,000			100,000

결과적으로 사업부 신설과 종속기업 취득은 경제적 실질이 동일하다는 것을 알 수 있다.

② 투자주식과 종속기업 자본의 상계제거 시 고려사항
　　㉠ 지배기업이 취득한 종속기업의 주식의 지분율
　　㉡ 지배력 취득시점 종속기업의 순자산장부금액이 공정가치와 일치여부
　　㉢ 종속기업 투자주식의 취득원가
③ 100% 지분 취득 시 연결재무제표 작성
　　㉠ 종속기업 순자산 장부금액과 공정가치가 일치하는 경우

[사례 1-2]

㈜성영은 20X1.01.01. ㈜백두의 발행주식 100%를 취득하여 지배기업이 되었다. 취득시점 ㈜백두의 순자산장
부금액과 공정가치는 일치한다. ㈜성영이 ㈜백두의 지분을 취득할 때 투자주식의 취득원가가 ① 5,000원인 경우
② 6,000원인 경우 ③ 4,500원인 경우 연결조정을 위한 회계처리를 제시하시오. 취득시점 ㈜성영과 ㈜백두의
재무상태표는 다음과 같다.

과목	㈜성영	㈜백두
유동자산	25,000	3,000
비유동자산	75,000	4,500
자산총계	100,000	7,500
부채	50,000	2,500
자본금	30,000	3,500
이익잉여금	20,000	1,500
부채 · 자본총계	100,000	7,500

해설 |

과목	㈜성영			㈜백두
	①의 경우	②의 경우	③의 경우	
유동자산	20,000	19,000	20,500	3,000
투자주식	5,000	6,000	4,500	–
비유동자산	75,000	75,000	75,000	4,500
자산총계	100,000	100,000	100,000	7,500
부채	50,000	50,000	50,000	2,500
자본금	30,000	30,000	30,000	3,500
이익잉여금	20,000	20,000	20,000	1,500
부채 · 자본총계	100,000	100,000	100,000	7,500

투자주식 취득금액이 종속기업의 순자산공정가치와 일치하는 경우에는 투자와 자본의 상계제거로 연결조정분개가
마무리되지만 다른 경우에는 영업권 또는 염가매수차익을 인식하게 된다. 각각의 경우 연결조정분개를 살펴보자.

① 투자주식 취득원가가 5,000원인 경우

자본금	3,500	투자주식	5,000
이익잉여금	1,500		

② 투자주식 취득원가가 6,000원인 경우

자본금	3,500	투자주식	6,000
이익잉여금	1,500		
영업권	1,000		

③ 투자주식 취득원가가 4,500원인 경우

자본금	3,500	투자주식	4,500
이익잉여금	1,500	염가매수차익	500

그러면 각각의 경우 연결재무제표는 다음과 같이 표시된다.

과목	연결재무제표		
	①의 경우	②의 경우	③의 경우
유동자산	20,000 + 3,000 = 23,000	19,000 + 3,000 = 22,000	20,500 + 3,000 = 23,500
투자주식	–	–	–
영업권	–	1,000	–
비유동자산	75,000 + 4,500 = 79,500	75,000 + 4,500 = 79,500	75,000 + 4,500 = 79,500
자산총계	102,500	102,500	103,000
부채	50,000 + 2,500 = 52,500	50,000 + 2,500 = 52,500	50,000 + 2,500 = 52,500
자본금	30,000	30,000	30,000
이익잉여금	20,000	20,000	20,000
염가매수차익	–	–	500
부채 · 자본총계	102,500	102,500	103,000

여기서 주의할 점은 연결재무제표의 자본금과 이익잉여금은 지배기업[㈜성영]의 자본금과 이익잉여금과 같다. 왜냐하면 투자주식과 종속기업의 자본을 제거했기 때문이다. ③의 경우 염가매수차익이 연결당기손익에 포함되어 당기 말 이익잉여금에 반영되기 때문에 ①, ②와 달리 총자본이 그만큼 증가하여 나타난다.

> **Key Point!**
> ※ 연결조정분개는 연결정산표상에서만 이루어지고 개별 장부에 별도로 표시되지 않는다.

ⓛ 종속기업 순자산장부금액과 공정가치가 일치하지 않는 경우
  • 연결재무상태표에서는 지배기업의 자산 · 부채의 장부금액과 종속기업 자산 · 부채의 공정가치가 합산되어 표시되어야 한다.
  • 지배력 취득시점 종속기업의 자산부채의 장부금액과 공정가치가 다르다면 연결재무제표 작성과정에서 그 차이만큼을 조정해야 한다.

[사례 1-3]

㈜성영은 20X1.01.01. ㈜백두의 발행주식 100%를 취득하여 지배기업이 되었다. 취득시점 ㈜백두의 토지의 공정가치가 장부금액을 1,000원 초과하는 것 이외에 자산·부채의 장부금액과 공정가치는 일치한다. ㈜성영이 ㈜백두의 지분을 취득할 때 투자주식의 취득원가가 ① 6,000원인 경우 ② 7,000원인 경우 ③ 5,500원인 경우 연결조정을 위한 회계처리를 제시하시오. 취득시점 ㈜성영과 ㈜백두의 재무상태표는 다음과 같다.

과목	㈜성영	㈜백두
유동자산	25,000	3,000
비유동자산	75,000	4,500
자산총계	100,000	7,500
부채	50,000	2,500
자본금	30,000	3,500
이익잉여금	20,000	1,500
부채·자본총계	100,000	7,500

해설 | 토지는 비유동자산에 포함되어 있으므로 투자주식과 상계제거할 자본의 금액은 순자산장부금액인 5,000원이 아니라 토지의 공정가치가 반영된 6,000원이다.

① 투자주식 취득원가가 6,000원인 경우

자본금	3,500	|	투자주식	6,000
이익잉여금	1,500			
비유동자산	1,000			

② 투자주식 취득원가가 7,000원인 경우

자본금	3,500	|	투자주식	7,000
이익잉여금	1,500			
비유동자산	1,000			
영업권	1,000			

③ 투자주식 취득원가가 5,500원인 경우

자본금	3,500	|	투자주식	5,500
이익잉여금	1,500		염가매수차익	500
비유동자산	1,000			

그러면 각각의 경우 연결재무제표는 다음과 같이 표시된다.

과목	연결재무제표		
	①의 경우	②의 경우	③의 경우
유동자산	19,000 + 3,000 = 22,000	18,000 + 3,000 = 21,000	19,500 + 3,000 = 22,500
투자주식	−	−	−
영업권	−	1,000	−
비유동자산	75,000 + 5,500 = 80,500	75,000 + 5,500 = 80,500	75,000 + 5,500 = 80,500
자산총계	102,500	102,500	103,000
부채	50,000 + 2,500 = 52,500	50,000 + 2,500 = 52,500	50,000 + 2,500 = 52,500
자본금	30,000	30,000	30,000
이익잉여금	20,000	20,000	20,000
염가매수차익	−	−	500
부채·자본총계	102,500	102,500	103,000

④ 100% 미만의 지분 취득 시 연결재무제표 작성(비지배지분이 있는 경우)

    ㉠ 지배기업이 종속기업의 주식을 100% 미만으로 취득한 경우 투자주식을 취득한 종속기업의 지분의 공정가치만큼만 상계 제거하여야 한다.

    ㉡ 이때 상계제거 되지 않는 부분을 비지배지분 계정으로 대체한다.

$$\text{비지배지분} = \text{종속기업 순자산공정가치} \times \text{비지배지분율}$$

    ㉢ 이 경우에도 종속기업의 자본은 투자주식과 비지배지분으로 대체되기 때문에 연결재무상태표의 자본금과 이익잉여금은 지배기업과 동일하다.

$$\text{연결재무상태표 자본총액} = \text{지배기업 개별재무상태표 자본총액} + \text{비지배지분}$$

[사례 1-4]

㈜성영은 20X1.01.01. ㈜백두의 발행주식 80%를 4,500원에 취득하여 지배기업이 되었다. 지배력 취득시점 ㈜성영과 ㈜백두의 재무상태표는 다음과 같다.

과목	㈜성영	㈜백두
유동자산	20,500	3,000
투자주식	4,500	
비유동자산	75,000	4,500
자산총계	100,000	7,500
부채	50,000	2,500
자본금	30,000	3,500
이익잉여금	20,000	1,500
부채·자본총계	100,000	7,500

① ㈜백두의 순자산장부금액과 공정가치가 동일한 경우 연결조정을 위한 회계처리를 제시하시오.

② ㈜백두의 토지의 공정가치가 장부금액을 1,000원 초과하는 경우 연결조정을 위한 회계처리를 제시하시오.

해설 | ① ㈜백두의 순자산장부금액과 공정가치가 동일한 경우 회계처리

(투자주식 자본의 상계제거) 자본금   2,800 | 투자주식   4,500
　　　　　　　　　　　　　　이익잉여금 1,200
　　　　　　　　　　　　　　영업권   500

(잔여지분 비지배지분 대체) 자본금   700 | 비지배지분 1,000
　　　　　　　　　　　　　　이익잉여금 300

두 분개를 합친 연결조정분개는 다음과 같다.

　　　　　　　　　　　자본금   3,500 | 투자주식   4,500
　　　　　　　　　　　이익잉여금 1,500   비지배지분 1,000
　　　　　　　　　　　영업권   500

> **Key Point!**
> ※ 영업권 = 4,500 − (3,500 + 1,500) × 80% = 500원
> ※ 비지배지분 = (3,500 + 1,500) × 20% = 1,000원

② ㈜백두의 토지의 공정가치가 장부금액을 1,000원 초과하는 경우 회계처리

　　　　　　　　　　　자본금   3,500 | 투자주식   4,500
　　　　　　　　　　　이익잉여금 1,500   비지배지분   1,200
　　　　　　　　　　　비유동자산 1,000   염가매수차익 300

※ 염가매수차익 = 6,000 × 80% − 4,500 = 300원
※ 비지배지분 = 6,000 × 20% = 1,200원

각각의 경우 연결재무제표는 다음과 같이 표시된다.

과목	연결재무제표	
	①의 경우	②의 경우
유동자산	20,500 + 3,000 = 23,500	20,500 + 3,000 = 23,500
투자주식	−	−
영업권	500	−
비유동자산	75,000 + 4,500 = 79,500	75,000 + 5,500 = 80,500
자산총계	103,500	104,000
부채	50,000 + 2,500 = 52,500	50,000 + 2,500 = 52,500
자본금	30,000	30,000
이익잉여금	20,000	20,000
염가매수차익	−	300
비지배지분	1,000	1,200
부채 · 자본총계	103,500	104,000

(2) 연결재무제표 요약

① 지배력을 취득하는 시점에 연결재무제표를 작성할 경우 연결재무상태표만 작성될 것이다. 연결손익계산서, 연결자본변동표, 연결현금흐름표는 일정기간을 대상으로 작성하기 때문이다. 이에 실무적으로 보고기간 말을 기준으로 작성한다.

② 지배력 취득시점 연결재무제표에는 종속기업의 자산 · 부채의 공정가치가 반영되어야 한다.

③ 연결재무상태표 자본항목은 지배기업의 금액과 동일하다. 그 이유는 투자주식과 종속기업의 자본이 상계제거되거나 비지배지분으로 대체되기 때문이다.

④ 비지배지분은 종속기업 순자산공정가치에 비지배지분율을 곱한 금액으로 결정된다.

⑤ 비지배지분이 있고 영업권이 발생하는 상황(지급대가가 취득하는 종속기업 순자산공정가치보다 더 큰 경우)에서 연결재무상태표에 표시되는 금액은 다음과 같다.

자산	지배기업 총자산＋종속기업 총자산±종속기업 자산의 BV와 FV 차이－투자주식＋영업권
부채	지배기업 총부채＋종속기업 총부채±종속기업 부채의 BV와 FV 차이
자본금 및 이익잉여금	지배기업 자본금 및 이익잉여금과 동일
비지배지분	종속기업 순자산공정가치×비지배지분율

⑥ 종속기업 투자주식의 취득원가가 종속기업 순자산공정가치보다 큰 경우 영업권을 인식한다. 반대로 종속기업 투자주식의 취득원가가 종속기업 순자산공정가치보다 작은 경우 염가매수차익을 인식한다.

Key Point!
※ 사업결합과정에서 인식한 영업권은 '재무회계개념체계'에서 정의한 자산의 관점에서 볼 때, 종속기업의 순자산공정가치를 초과하여 지급한 대가가 미래의 현금으로 유입될 가능성이 매우 높다고 보기 어렵다. 왜냐하면 사업결합 후 종속회사의 성과가 기대했던 것만큼 오르지 않거나, 오히려 부실화되는 경우도 있기 때문이다. 따라서 연결재무제표에 표시된 영업권을 제거한 후의 수치를 분석하는 것도 고려할 필요가 있다.
※ 또한 일반기업회계기준에서 영업권은 무형자산으로 합리적인 기간에 상각하도록 규정하고 있다. K－IFRS에서는 영업권을 내용연수가 비한정인 무형자산으로 보아 상각하지 않는다.

01 한 회사가 다른 회사의 지분을 취득하고 지배력을 획득하였다면 연결재무제표를 작성해야 한다. ☐ ☒

○

02 한 회사가 다른 회사의 지분을 취득하고 유의적 영향력을 행사할 수 있게 되었다면 연결재무제표를 작성해야 한다. ☐ ☒

×
이 경우에는 개별재무제표에 지분법을 적용한다.

03 지배기업이면서 종속기업의 지위에 있는 금융회사는 최상위 지배기업이 연결재무제표를 작성한다면 연결재무제표를 작성하지 않을 수 있다. ☐ ☒

×
금융회사는 이러한 경우에도 연결재무제표를 작성한다.

04 직·간접적으로 종속기업의 의결권을 과반수 소유하는 경우 지배력을 획득한다. ☐ ☒

○

05 한 회사가 다른 회사의 의결권을 50% 미만으로 소유하더라도 다른 투자자와의 약정으로 과반수 의결권을 행사할 수 있는 능력이 있다면 지배력을 획득한 것으로 본다. ☐ ☒

○

06 지배기업이 종속기업의 의결권을 100% 소유하고 있지 않은 경우 연결손익계산서에는 지배기업지분순손익과 비지배지분순손익이 구분 표시된다. ☐ ☒

○

07 연결재무상태표에서는 지배기업의 자산·부채의 장부금액과 종속기업 자산·부채의 장부금액이 합산되어 표시된다. ☐ ☒

×
종속기업 자산·부채의 공정가치가 합산된다.

[01~03]

㈜대한은 20X1.01.01.에 ㈜민국의 발행주식 100%를 취득하여 지배기업이 되었다. 지배력 취득일 현재
두 회사의 자본은 다음과 같다.

과목	㈜대한	㈜민국
자본금	₩300,000	₩90,000
자본잉여금	60,000	30,000
이익잉여금	120,000	45,000
합계	₩480,000	₩165,000

01 ㈜대한이 취득한 ㈜민국의 발행주식 취득원가는 180,000원이고, ㈜민국의 순자산장부금액과 공
정가치가 일치할 때 20X1.01.01. 연결재무상태표에 표시될 영업권은 얼마인가?

① 없음   ② 3,000원

③ 6,000원   ④ 9,000원

⑤ 15,000원

정답 | ⑤
해설 | 영업권 = 취득원가 - 종속기업 순자산공정가치 = 180,000 - 165,000 = 15,000원

02 ㈜대한이 취득한 ㈜민국의 발행주식 취득원가는 180,000원이고, ㈜민국의 순자산공정가치가
171,000원일 때 20X1.01.01. 연결재무상태표에 표시될 영업권은 얼마인가?

① 없음   ② 3,000원

③ 6,000원   ④ 9,000원

⑤ 15,000원

정답 | ④
해설 | 영업권 = 취득원가 - 종속기업 순자산공정가치 = 180,000 - 171,000 = 9,000원

03 ㈜대한의 20X1.01.01. 연결재무상태표에 표시될 자본항목은 각각 얼마인가?

	자본금	자본잉여금	이익잉여금
①	90,000원	30,000원	45,000원
②	300,000원	60,000원	120,000원
③	390,000원	90,000원	165,000원
④	300,000원	60,000원	165,000원
⑤	390,000원	30,000원	45,000원

정답 | ②
해설 | 연결재무상태표에 표시되는 자본항목은 지배기업 개별재무상태표와 자본항목과 동일하다.

04 다음 연결재무제표에 대한 설명 중 바르지 못한 것은?

① 지배기업과 종속기업의 보고기간종료일이 다르다면 종속기업은 지배기업 보고기간종료일을 기준으로 재무제표를 추가로 작성해야 한다.

② 지배기업과 종속기업의 보고기간종료일 차이가 3개월 이내라면 종속기업은 지배기업 보고기간종료일을 기준으로 재무제표를 추가로 작성하지 않아도 된다.

③ 유사한 상황에 대한 지배기업과 종속기업의 회계정책이 다른 경우에는 종속기업의 회계정책을 지배기업의 회계정책과 일치하도록 수정하여 연결재무제표를 작성한다.

④ 종속기업이 한국채택국제회계기준을 적용함에 따라 회계정책이 일치하지 않는 경우에는 지배기업의 일반기업회계기준에 맞도록 수정하여 연결재무제표를 작성한다.

⑤ 지배기업이 다음 사업연도 중 종속회사를 매각하기로 계약한 경우에는 당기의 연결재무제표를 작성하지 않을 수 있다.

정답 | ④
해설 | 종속기업이 한국채택국제회계기준을 적용함에 따라 회계정책이 일치하지 않더라도 회계정책을 일치시키는 수정을 하지 않는다. 그 이유는 회계처리 부담을 가중시키기 때문이다.

[05~06]

㈜서울은 20X1.01.01.에 ㈜북경의 발행주식 100%를 취득하여 지배기업이 되었다. 지배력 취득일 현재 두 회사의 자본은 다음과 같다.

과목	㈜서울	㈜북경
자본금	₩600,000	₩150,000
자본잉여금	90,000	30,000
이익잉여금	210,000	60,000
합계	₩900,000	₩240,000

05 ㈜서울이 취득한 ㈜북경의 발행주식 취득원가는 225,000원이고, ㈜북경의 순자산장부금액과 공정가치가 일치할 때 20X1.01.01. 연결재무상태표에 표시될 이익잉여금은 얼마인가?

① 60,000원   ② 210,000원

③ 225,000원   ④ 240,000원

⑤ 270,000원

정답 | ③

해설 | 염가매수차익(240,000 – 225,000 = 15,000원)은 이익잉여금에 포함되므로 연결재무상태표에 표시될 이익잉여금은 210,000 + 15,000 = 225,000원이다.

06 ㈜서울이 취득한 ㈜북경의 발행주식 취득원가는 225,000원이고, ㈜북경의 순자산공정가치가 255,000원일 때 20X1.01.01. 연결재무상태표에 표시될 이익잉여금은 얼마인가?

① 60,000원   ② 210,000원

③ 225,000원   ④ 240,000원

⑤ 270,000원

정답 | ④

해설 | 염가매수차익은 255,000 – 225,000 = 30,000원이므로 연결재무제표 이익잉여금은 240,000원이다.

07 다음 중 연결재무제표 작성 시 지배력 판단에 관한 설명 중 바르지 못한 것은?

① 기업이 다른 기업의 주식콜옵션을 행사할 경우 지분율이 50%를 초과한다면 주식콜옵션을 현재 행사하지 않더라도 그 기업에 대하여 지배력을 가지고 있다고 본다.

② 일반 신탁계약에서 수탁자가 신탁계약에 의한 의사결정 권한을 가지고 있다면 수탁자는 신탁자에 대하여 지배력을 가지고 있다고 본다.

③ 지배력 유무는 다른 기업의 재무정책과 영업정책을 결정할 수 있는 능력 여부에 따라 결정되는 것이며, 그러한 능력을 사용할 의도가 있었는지는 고려대상이 아니다.

④ 종속기업의 회생절차 개시가 결정되었더라도 연결대상에서 제외하지 않는다.

⑤ 하나의 기업에 공동지배력을 갖는 조인트벤처는 종속기업이 될 수 없다.

정답 | ②

해설 | 수탁자는 신탁계약에 의한 의사결정 권한을 갖더라도 그것은 신탁자를 위한 것이지 수탁자 자신을 위한 것이 아니기 때문 지배력을 가지고 있다고 보지 않는다.

08 ㈜경기는 20X1.01.01. ㈜서울의 지분 100%를 취득(주식발행)하고 지배기업이 되었다. 지배력 취득시점 종속기업의 자산·부채의 장부금액과 공정가치는 일치하였고, 영업권을 인식하였다. ㈜경기가 연결재무제표를 작성할 때 관련된 설명으로 옳은 것은?

① 연결재무상태표의 자산총계는 지배기업과 종속기업의 자산총계를 합산한 금액보다 크다.

② 연결재무상태표의 부채총계는 지배기업과 종속기업의 부채총계를 합산한 금액보다 크다.

③ 연결재무상태표의 자본은 지배기업의 자본보다 크다.

④ 연결재무상태표에 비지배지분이 표시된다.

⑤ 재무제표 연결을 위한 연결조정분개 시 투자주식금액과 종속기업 순자산공정가치는 일치하여 완벽히 상계제거된다.

정답 | ①

해설 | 인식된 영업권만큼 연결재무상태표의 자산총계가 크다.
　　② 연결재무상태표의 부채총계는 지배기업과 종속기업 부채총계를 합산한 금액과 같다.
　　③ 연결재무상태표의 자본은 지배기업의 자본과 같다.
　　④ 지분 100% 취득이므로 비지배지분이 존재하지 않는다.
　　⑤ 영업권이 인식되었으므로 투자주식금액이 종속기업 순자산공정가치보다 크다.

[09~10]

㈜시흥은 20X1.01.01.에 ㈜광명의 발행주식 90%를 90,000원에 취득하여 지배기업이 되었다. 지배력 취득일 현재 두 회사의 재무상태표는 다음과 같다.

과목	㈜시흥	㈜광명
자산	₩800,000	₩200,000
부채	300,000	120,000
자본	500,000	80,000

09 ㈜광명의 자산 및 부채의 공정가치가 장부금액과 일치할 때 20X1.01.01. 연결재무상태표의 자산총 계는 얼마인가?

① 728,000원

② 910,000원

③ 920,000원

④ 928,000원

⑤ 1,018,000원

정답 | ④

해설 | 연결자산총계 = 800,000 + 200,000 − 90,000(투자주식) + 18,000(영업권) = 928,000원

10 ㈜광명의 자산 중 토지의 공정가치가 장부금액을 8,000원 초과하는 것 이외에 다른 자산과 부채의 공정가치는 장부금액과 일치한다. 20X1.01.01. 연결재무상태표의 자산총계는 얼마인가?

① 918,000원

② 920,800원

③ 928,800원

④ 1,079,200원

⑤ 1,090,000원

정답 | ③

해설 | 연결자산총계 = 800,000 + 200,000 + 8,000(FV − BV) − 90,000(투자주식) + 10,800(영업권) = 928,800원

11 ㈜대구는 20X1.01.01. ㈜울산의 의결권 있는 주식의 90%를 취득하여 지배기업이 되었다. 다음 자료를 참조하여 20X1.12.31. 연결당기순이익을 계산하면 얼마인가?

• ㈜대구의 당기순이익	399,000원
• 당기 영업권 상각금액	15,000원
• ㈜울산의 당기순이익	240,000원

① 594,000원   ② 600,000원
③ 606,000원   ④ 618,000원
⑤ 624,000원

정답 | ⑤
해설 | 연결당기순이익 = 지배기업 당기순이익 + 종속기업 당기순이익 - 영업권 상각액
= 399,000 + 240,000 - 15,000 = 624,000원

> **Key Point!**
> ※ 연결당기순이익에는 종속기업의 비지배지분도 포함되어 있다. 이를 분해하면 다음과 같이 계산할 수도 있다.
> 연결당기순이익
> = (지배)당기순이익 + (종속)당기순이익 × 지분율 - 영업권 상각액 + (종속)당기순이익 × 비지배지분율
> = 399,000 + 240,000 × 90% - 15,000 + 240,000 × 10% = 624,000원

12 ㈜경북은 20X1.01.01. ㈜경남의 의결권 있는 주식의 80%를 취득하여 지배기업이 되었다. 다음 자료를 참조하여 20X1.12.31. 연결당기순이익을 계산하면 얼마인가?

• 지분법 적용 후 ㈜경북의 당기순이익	300,000원
• 지분법손익에 반영된 영업권 상각금액	7,500원
• ㈜경남의 당기순이익	120,000원

① 292,500원   ② 316,500원
③ 324,000원   ④ 484,500원
⑤ 492,000원

정답 | ③
해설 | 연결당기순이익 = 지분법적용 후 지배기업 당기순이익 + 비지배지분 당기순이익
= 300,000 + 120,000 × 20% = 324,000원

[13~14]

㈜백두는 20X1.01.01.에 ㈜한라의 발행주식 80%를 560,000원에 취득하여 지배기업이 되었다. 지배력 취득일 현재 두 회사의 자본은 다음과 같다.

과목	㈜백두	㈜한라
자본금	₩1,600,000	₩400,000
자본잉여금	400,000	80,000
이익잉여금	800,000	120,000
합계	₩2,800,000	₩600,000

13 ㈜한라의 순자산공정가치가 장부금액과 일치할 때 20X1.01.01. 연결재무상태표에 표시될 비지배지분과 자본총계는 얼마인가?

	비지배지분	자본총계
①	120,000원	2,800,000원
②	120,000원	2,880,000원
③	120,000원	3,360,000원
④	480,000원	2,800,000원
⑤	480,000원	2,880,000원

정답 | ②
해설 | 영업권＝560,000－600,000×80%＝80,000원, 비지배지분＝600,000×20%＝120,000원

종속기업 자본 600,000	투자주식	560,000
영업권 80,000	비지배지분	120,000

자본총계는 지배기업 자본총계에 영업권이 가산되므로 2,800,000＋80,000＝2,880,000원이다.

14 ㈜한라의 순자산공정가치가 640,000원일 때 20X1.01.01. 연결재무상태표에 표시될 영업권과 비지배지분은 얼마인가?

	영업권	비지배지분
①	48,000원	120,000원
②	48,000원	128,000원
③	80,000원	120,000원
④	80,000원	128,000원
⑤	0원	120,000원

정답 | ②
해설 | 영업권＝560,000－640,000×80%＝48,000원, 비지배지분＝640,000×20%＝128,000원

[15~16]

㈜영수물산은 20X1.01.01.에 ㈜한라의 발행주식을 취득하여 지배기업이 되었다. 지배력 취득일 현재 두 회사의 자산 및 부채의 장부금액과 공정가치는 동일하고 그 자료는 다음과 같다.

과목	㈜영수물산	㈜한라
자산	₩300,000	₩330,000
부채	180,000	192,000

15 ㈜영수물산이 ㈜한라의 발행주식 100%를 150,000원에 취득한 경우 20X1.01.01. 연결재무상태표에 표시될 영업권은 얼마인가?

① 0원
② 12,000원
③ 18,000원
④ 24,000원
⑤ 30,000원

정답 | ②
해설 | 영업권 = 150,000원 − (330,000 − 192,000) = 12,000원

16 ㈜영수물산이 ㈜한라의 발행주식 70%를 105,000원에 취득한 경우 20X1.01.01. 연결재무상태표에 표시될 영업권과 비지배지분은 얼마인가?

	영업권	비지배지분
①	0원	36,000원
②	8,400원	41,400원
③	8,400원	96,600원
④	21,000원	41,400원
⑤	21,000원	96,600원

정답 | ②
해설 | 영업권 = 105,000원 − (330,000 − 192,000) × 70% = 8,400원, 비지배지분 = (330,000 − 192,000) × 30% = 41,400원

17 ㈜충남은 20X1년 초에 ㈜마산의 지분을 80%를 취득하고 지배기업이 되었다. 20X1년 말 ㈜충남의 지분법적용 후의 개별당기순이익은 100,000원이고, 연결당기순이익은 112,000원이다. ㈜마산의 개별당기순이익은 얼마인가? 지배력 취득 당시 순자산공정가치와 장부금액은 동일하다고 가정한다.

① 12,000원   ② 15,000원

③ 48,000원   ④ 52,000원

⑤ 60,000원

정답 | ⑤

해설 | 지배기업의 지분법적용 후의 개별 당기순이익은 지배기업지분순이익과 같다. 연결당기순이익은 지배기업지분순이익과 비지배지분순이익의 합과 같으므로 다음과 같이 나타낼 수 있다.

112,000원 = 100,000원 + 비지배지분순이익, 비지배지분이 20%가 12,000원이므로 ㈜마산의 개별 당기순이익은 60,000원이 되어야 한다.

18 다음 중 연결재무제표 작성대상에서 제외는 경우가 아닌 것은?

① 청산이 진행 중인 종속기업

② 당좌거래의 정지 처분을 받은 종속기업

③ 지방자치단체가 자본의 60%를 출자한 종속기업

④ 매각계약에 의하여 다음 사업연도에 처분이 예정된 종속기업

⑤ 법원으로부터 회생절차 개시 결정을 받은 종속기업

정답 | ⑤

해설 | 회생절차 개시 결정을 받은 종속기업이라고 하더라도 연결재무제표를 작성해야 한다.

19 다음 연결재무제표 작성에 관한 설명 중 바르지 못한 것은?

① 종속기업에 대한 지분율이 100%인 경우 비지배지분은 표시되지 않는다.

② 연결당기순이익에는 지배기업지분순이익이 표시되고 비지배지분순이익은 표시되지 않는다.

③ 연결조정사항은 지배기업이나 종속기업의 개별재무제표에 직접 표시되지 않는다.

④ 지배기업의 투자주식보다 종속기업의 순자산공정가치가 클 경우 염가매수차익이 인식되고 이는 연결손익계산서의 당기이익으로 처리된다.

⑤ 연결손익계산서에 인식된 영업권은 합리적인 기간 동안 상각한다.

정답 | ②

해설 | 연결당기순이익 = 지배기업지분순이익 + 비지배지분순이익

20 ㈜백두는 20X1.01.01.에 ㈜송악의 발행주식 80%를 취득하여 지배기업이 되었다. 다음 연결조정 분개를 참고할 때 20X1.12.31. 비지배지분으로 계상할 금액은 얼마인가?

<table>
<tr><td colspan="4" style="text-align:center">연결조정분개(20X1.01.01.)</td></tr>
<tr><td>자본금</td><td>400,000</td><td>투자주식</td><td>540,000</td></tr>
<tr><td>재고자산</td><td>40,000</td><td>비지배지분</td><td>120,000</td></tr>
<tr><td>유형자산</td><td>160,000</td><td></td><td></td></tr>
<tr><td>영업권</td><td>60,000</td><td></td><td></td></tr>
</table>

- 재고자산은 당기에 모두 처분되었다.
- 유형자산의 내용연수는 5년이고 정액상각한다.
- 20X1년 말, ㈜백두의 당기순이익은 160,000원이고, ㈜송악의 당기순이익은 100,000원이다.

① 120,000원 ② 125,600원
③ 132,000원 ④ 140,000원
⑤ 148,000원

정답 | ②
해설 | 비지배기업 조정 당기순이익 = 100,000 − (재고자산)40,000 − (유형자산 감가상각비)32,000 = 28,000원
비지배지분 = 120,000 + 28,000 × 20% = 125,600원

> **Key Point!**
> ※ 비지배기업 당기순이익은 재고자산 평가차액 40,000원과 유형자산 평가차액 160,000원에 대한 감가상 각비가 포함되어 있지 않아 과대계상되어 있으므로 이를 차감해줘야 한다.

출제 포인트 ■ ■ ■ 지분법 적용에 따른 개별재무제표의 지분법손익과 지분법적용투자주식의 장부금액의 계산
  ■ 내부미실현손익이 있는 경우 개별재무제표의 지분법손익의 계산

1. 지분법의 의의

지분법은 취득시점 이후 발생한 피투자기업의 순자산 변동액 중 투자한 지분율만큼 투자자산에 가감하여 보고하는 방법을 말한다.

2. 유의적 영향력

(1) 유의적 영향력 행사의 판단

① 유의적 영향력은 투자기업이 피투자기업의 재무정책과 영업정책에 관한 의사결정에 참여할 수 있는 능력을 말한다.

② 투자기업이 직접 또는 종속기업을 통하여 간접적으로 피투자기업의 의결권 있는 주식 20% 이상을 보유하고 있다면 명백한 반증이 없는 한 유의적 영향력이 있는 것으로 본다.

③ 만일 투자기업이 잠재적 의결권을 가지고 있는 경우에는 이를 고려해야 한다.

(상황 1)

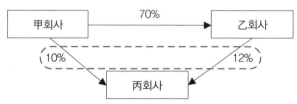

이 경우 甲회사는 종속기업인 乙회사를 통하여 12%를 보유하고 있으므로 총 22%의 지분을 보유하는 것이 되어 유의적 영향력이 있다고 본다.

(상황 2)

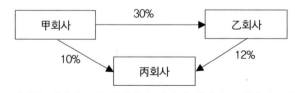

이 경우는 甲회사가 乙회사를 지배하고 있지 않아 丙회사에 대하여 甲회사의 지분 10%만 고려한다. 즉 甲회사는 丙회사에 대하여 유의적 영향력이 없다.

(2) 유의적 영향력이 있다고 보는 경우

보유 지분율이 20% 미만이더라도 다음 어느 하나에 해당하는 경우에는 일반적으로 피투자기업에 대하여 유의적 영향력이 있다고 본다.

① 투자기업이 피투자기업의 이사회 또는 이에 준하는 의사결정기구에서 의결권을 행사할 수 있는 경우
② 투자기업이 피투자기업의 재무정책과 영업정책에 관한 의사결정과정에 참여할 수 있는 경우
③ 투자기업이 피투자기업의 재무정책과 영업정책에 관한 의사결정과정에 참여할 수 있는 임원 선임에 상당한 영향력을 행사할 수 있는 경우
④ 피투자기업의 유의적인 거래가 주로 투자기업과 이루어지는 경우
⑤ 피투자기업에게 필수적인 기술정보를 투자기업이 당해 피투자기업에게 제공하는 경우

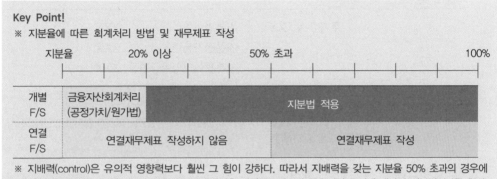

> **Key Point!**
> ※ 지분율에 따른 회계처리 방법 및 재무제표 작성
>
> ※ 지배력(control)은 유의적 영향력보다 훨씬 그 힘이 강하다. 따라서 지배력을 갖는 지분율 50% 초과의 경우에 연결재무제표를 작성한다. 이 경우에도 지배기업은 개별재무제표에 종속기업 주식에 대하여 지분법평가를 한다.

(3) 지분법 회계처리

① 투자주식에 대한 회계처리 비교

구분	원가법	공정가치법	지분법
투자주식 취득 시	취득원가로 인식	취득원가로 인식	취득원가로 인식
피투자기업 현금배당금 지급 결의시점	배당금수익 인식	배당금수익 인식	투자주식 감소로 처리*
피투자기업 주식배당 지급 결의시점	회계처리 없음	회계처리 없음	회계처리 없음
투자주식 가치변동	인식하지 않음	평가손익 인식	인식하지 않음
피투자기업의 순자산 변동액	회계처리 없음	회계처리 없음	지분율 해당 금액을 투자주식 장부금액에 가감

> **Key Point!**
> ※ 지분법을 적용할 경우 피투자기업이 현금배당 지급을 결의하면 피투자기업의 이익잉여금이 감소하므로 순자산도 감소한다. 따라서 투자기업은 해당 시점에 미수배당금을 인식하면서 투자주식을 감소시킨다.
>
> | (피투자기업) | 이익잉여금 | XXX | 미지급배당금 | XXX |
> |---|---|---|---|---|
> | (투자기업) | 미수배당금 | XXX | 투자주식 | XXX |

② 지분법 적용 시 피투자기업 순자산 변동의 원천에 따른 투자기업의 회계처리

구분	투자기업 회계처리
당기순손익	지분법손익의 과목으로 영업외손익으로 인식
중대한 오류수정에 따른 전기이월이익잉여금 변동	투자기업 재무제표에 미치는 영향이 중요하지 않은 경우 : 당기손익 처리 투자기업 재무제표에 미치는 영향이 중요한 경우 : 지분법이익잉여금변동으로 처리
회계변경누적효과에 따른 전기이월이익잉여금 변동	지분법이익잉여금변동으로 처리
당기순손익과 전기이월이익잉여금을 제외한 자본의 증감	지분법자본변동(기타포괄손익)으로 처리

투자주식　XXX　|　지분법이익　　　　　　XXX
　　　　　　　　　　　지분법자본변동　　　　XXX
　　　　　　　　　　　지분법이익잉여금변동　XXX

> **Key Point!**
> ※ 지분법손익은 투자기업의 영업외손익으로 인식되므로 영업이익에는 영향을 미치지 않지만 법인세비용차감전순이익 또는 당기순이익에 영향을 미친다.

③ 지분법과 연결재무제표의 논리 일치

(상황)

甲회사는 乙회사의 지분 70%를 소유하는 지배기업이다. 甲회사는 乙회사의 투자주식을 원가법으로 평가한다. 甲회사의 당기순이익은 10,000원이고 乙회사의 당기순이익은 1,000원이다. 두 회사 간 내부거래는 없다고 가정한다.

이 경우 연결당기순이익 중 지배기업지분순이익은 10,700원이다. 만일 甲회사가 乙회사의 지분 100%를 소유한다면 연결당기순이익은 11,000원이 될 것이다. 즉 연결당기순이익은 두 회사의 재무제표를 단순합산한 후 비지배지분에 귀속될 당기순이익을 차감하여 결정한다.

연결당기순이익 = (지배기업 당기순이익 + 종속기업 당기순이익) − 종속기업 비지배지분 귀속 당기순이익

그러면 甲회사가 연결재무제표를 작성하기 전에 개별재무제표에서 투자주식을 지분법으로 평가하면 甲회사의 개별당기순이익은 다음과 같다.

지분법 적용 후 당기순이익 = 지분법 적용 전 당기순이익 + 지분법이익

따라서 지분법 적용 후 당기순이익은 10,000 + 1,000 × 70% = 10,700원이다.

이와 같이 지배기업이 종속기업 투자주식에 대하여 지분법을 적용하면 개별당기순이익과 연결당기순이익 중 지배기업지분순이익은 일치(one-line consolidation)함을 알 수 있다.

(4) 지분법손익의 계산

① 종속기업 순자산장부금액과 공정가치가 일치하는 경우

ㄱ 지분법손익 = 종속기업 당기순이익 × 지배기업 지분율

ㄴ 투자차액 = 투자주식 취득원가 − 종속기업 순자산공정가치 × 지배기업 지분율

- 투자차액 > 0이면 영업권(차변)을 인식하고
- 투자차액 < 0이면 염가매수차익(대변)을 인식한다.

※ 만일 20X1.01.01. 종속기업의 순자산장부금액과 공정가치가 일치할 때 순자산장부금액이 9,000원인 종속기업 주식 90%를 10,000원에 매입하여 지배력을 취득했다고 가정하면 투자차액은 다음과 같다.

$$투자차액 = 10,000 - 9,000 \times 90\% = 1,900원$$

그리고 이 금액은 영업권으로 인식된다.

종속기업 순자산	9,000	투자주식	10,000
영업권	1,900	비지배지분	900

※ 그러면 20X1.12.31. 종속기업의 당기순이익이 1,000원일 때 지배기업은 900원의 지분법이익을 인식할 것이다. 그 결과 20X1.12.31. 투자주식의 장부금액은 10,900원이 될 것이다. 그런데 이 금액에는 기초에 인식한 1,900원의 영업권이 포함되어 있다. 일반기업회계기준에서는 영업권을 20년 이내 합리적인 기간 동안 정액법으로 상각할 것을 요구하고 있다.

※ 20X1.12.31. 투자주식 장부금액은 영업권 상각액만큼 과대 계상된다. 따라서 지분법이익을 인식할 때에는 영업권상각비를 차감한 금액으로 한다.

※ 만일 영업권을 5년 동안 상각하기로 했다면 지배기업의 20X1년 말 투자주식 장부금액은 10,900원에서 영업권 상각비 1,900원/5년 = 380원을 차감한 10,520원이 된다.

[사례 2-1]

甲회사는 20X1.01.01. 乙회사의 발행주식 중 80%를 취득하여 지배기업이 되었다. 20X1년 초 乙회사의 순자산 장부금액은 1,000,000원이고 공정가치와 일치한다. 乙회사의 당기순이익은 50,000원이고, 두 회사 간 내부거래는 없다. 이 경우 다음 세 가지 상황에서 지분법손익을 계산하시오. 회사는 영업권을 10년간 상각하기로 하였다.

① 투자주식의 취득원가가 800,000원인 경우

② 투자주식의 취득원가가 900,000원인 경우

③ 투자주식의 취득원가가 750,000원인 경우

해설ㅣ① 투자주식의 취득원가가 800,000원인 경우

이 경우에는 지분 80%에 대한 적정 취득가격이 1,000,000×80% = 800,000원으로 취득원가와 동일하므로 투자차액이 인식되지 않는다. 따라서 20X1년 말 인식할 지분법이익은 다음과 같다.

$$지분법이익 = 50,000 \times 80\% = 40,000원$$

따라서 20X1년 말 투자주식의 장부금액은 840,000원이다.

② 투자주식의 취득원가가 900,000원인 경우

이 경우에는 지분 80%에 대한 적정 취득가격이 1,000,000×80% = 800,000원보다 취득원가가 100,000원 더 많으므로 투자차액(영업권)이 인식된다.

$$투자차액 = 900,000 - 800,000 = 100,000원$$

종속기업 순자산 1,000,000		투자주식	900,000
영업권	100,000	비지배지분	200,000

20X1년 말 인식할 지분법이익은 영업권 상각액 100,000원/10년 = 10,000원을 차감하여 인식한다.

$$지분법이익 = 50,000 \times 80\% - 10,000 = 30,000원$$

따라서 20X1년 말 투자주식의 장부금액은 930,000원이다.

③ 투자주식의 취득원가가 750,000원인 경우

이 경우에는 지분 80%에 대한 적정 취득가격이 1,000,000×80% = 800,000원보다 취득원가가 50,000원 더 적으므로 투자차액(염가매수차익)이 인식된다.

$$투자차액 = 750,000 - 800,000 = (50,000원)$$

$$\text{종속기업 순자산 } 1{,}000{,}000 \quad | \quad \text{투자주식} \quad 750{,}000$$
$$\text{비지배지분} \quad 200{,}000$$
$$\text{염가매수차익} \quad 50{,}000$$

염가매수차익은 당기순이익으로 인식하고 전액 지분법손익에 가산한다.

$$\text{지분법이익} = 50{,}000 \times 80\% + 50{,}000 = 90{,}000\text{원}$$

따라서 20X1년 말 투자주식의 장부금액은 750,000 + 90,000 = 840,000원이다.

[사례 2-2]

甲회사는 20X1.01.01. 乙회사의 발행주식 중 80%를 취득원가 900,000원에 취득하여 지배기업이 되었다. 20X1.01.01. 乙회사의 순자산장부금액은 1,000,000원이고 공정가치와 일치한다. 당해 乙회사는 당기순이익 50,000원과 기타포괄이익(매도가능증권평가이익) 15,000원을 인식하였다. 또한 乙회사는 20X1년 3월에 현금배당 20,000원과 주식배당 10,000원을 지급결의하고 1개월 후 지급하였다. 두 회사 간 내부거래는 없다. 회사는 영업권을 10년간 상각하기로 하였다. 이 경우 甲회사의 20X1년도 지분법 회계처리를 제시하시오.

해설 |
(취득 시)   투자주식   900,000 | 현   금   900,000
(배당결의 시)   미수배당금   16,000 | 투자주식   16,000
(배당수령 시)   현   금   16,000 | 미수배당금   16,000

(주식배당은 회계처리 없음)

(결산 시)   투자주식   30,000 | 지분법이익   30,000*
              투자주식   12,000   지분법자본변동   12,000**

* 지분법이익 = 50,000 × 80% − 100,000/10년 = 30,000원

** 지분법자본변동 = 15,000 × 80% = 12,000원

> **Key Point!**
> ※ 종속기업으로부터 현금배당결의가 있는 시점에 투자주식을 해당 금액만큼 차감한다는 것에 주의한다.
> ※ 주식배당은 이익잉여금을 자본금으로 전입하는 것에 불과하므로 별도 회계처리를 하지 않는다.

20X1년 말 지배기업의 개별재무상태표에 표시될 투자주식의 금액은 다음과 같다.

$$\text{투자주식} = 900{,}000 - 16{,}000 + 30{,}000 + 12{,}000 = 926{,}000\text{원}$$

② 종속기업 순자산장부금액과 공정가치가 일치하지 않는 경우

종속기업 순자산장부금액과 공정가치가 일치하지 않는 경우 지분법손익은 다음과 같이 인식한다.
- 투자주식의 취득원가 − − − − − − − − − − − ㉮
- 종속기업 순자산공정가치 − − − − − − − − − ㉯
- 종속기업 순자산장부금액 − − − − − − − − − ㉰
- 투자차액 = ㉮ − ㉰
- 투자차액 중 영업권 = ㉮ − ㉯
- 투자차액 중 순자산공정가치와 장부금액 차이 = ㉯ − ㉰

		투자차액
㉰ 종속기업 순자산장부금액	FV − BV	영업권
㉯ 종속기업 순자산공정가치		영업권
㉮ 취득원가		

$$지분법손익 = (종속)당기순손익 \times (지배)지분율 - 두 \ 가지 \ 차액 \ 상각$$
$$= (종속)당기순손익 \times (지배)지분율 - 순자산 \ FV와 \ BV \ 차이조정 - 영업권상각$$

> **Key Point!**
> ※ 투자차액 중 순자산공정가치와 장부금액 차이가 토지에서 발생했다면 당해 토지를 매각한 연도에 그 차이를 모두 조정하고, 건물 등 다른 상각자산에서 발생했다면 당기 상각비만큼 조정한다.
> ※ 투자차액 총액 중 염가매수차익이 인식되었다면 발생연도 지분법손익에 모두 반영한다.

[사례 2-3]

甲회사는 20X1.01.01. 乙회사의 발행주식 중 80%를 1,100,000원에 취득하여 지배기업이 되었다. 20X1년 초 乙회사의 순자산장부금액은 1,000,000원이고 공정가치는 1,200,000원이다. 乙회사의 당기순이익은 300,000원이고, 두 회사 간 내부거래는 없다. 이 경우 다음 세 가지 상황에서 지분법손익을 계산하시오. 회사는 영업권을 10년간 상각하기로 하였다.

① 토지의 공정가치가 장부금액을 200,000원 초과하고, 20X1년 말 현재 계속 사용 중인 경우

② 건물(내용연수 20년, 잔존가치 없음, 정액법 상각)의 공정가치가 장부금액을 200,000원 초과하고, 20X1년 말 현재 계속 사용 중인 경우

③ 재고자산의 공정가치가 장부금액을 200,000원 초과하고, 20X1년 중 70%를 판매한 경우

해설 | ① 토지의 공정가치가 장부금액을 200,000원 초과하고, 20X1년 말 현재 계속 사용 중인 경우

투자차액 = 1,100,000 - 1,000,000 × 80% = 300,000원
투자차액 중 영업권 = 1,100,000 - 1,200,000 × 80% = 140,000원 → 연간 상각액 14,000원
투자차액 중 순자산(FV - BV) = (1,200,000 - 1,100,000) × 80% = 80,000원

종속기업 순자산공정가치와 장부금액 차이가 토지로부터 발생되었고 20X1년 말 현재 계속 사용 중에 있으므로 별도 조정할 사항은 없다. 따라서 지분법손익은 다음과 같다.

$$지분법손익 = 300,000 \times 80\% - 14,000 = 226,000원$$

> **Key Point!**
> ※ 만일 20X1년 중 당해 토지를 모두 매각하였다면 토지로부터 비롯된 투자차액을 모두 조정한다.

$$지분법손익 = 300,000 \times 80\% - 200,000 \times 80\% - 14,000 = 66,000원$$

② 건물(내용연수 20년, 잔존가치 없음, 정액법 상각)의 공정가치가 장부금액을 200,000원 초과하고, 20X1년 말 현재 계속 사용 중인 경우

이 경우에는 건물에서 발생한 당해 감가상각비만큼 투자차액을 조정한다. 그러면 지분법손익은 다음과 같다.

$$지분법손익 = 300,000 \times 80\% - (200,000 \times 80\%)/20년 - 14,000 = 218,000원$$

> **Key Point!**
> ※ 만일 당해 건물을 모두 매각하였다면 매각한 연도에 미상각한 투자차액을 모두 조정한다.
> $$지분법손익 = 300,000 \times 80\% - (미상각 \ 투자차액) - 14,000$$

③ 재고자산의 공정가치가 장부금액을 200,000원 초과하고, 20X1년 중 70%를 판매한 경우

이 경우에는 판매된 재고자산만큼 지분법손익 계산 시 차감해준다. 왜냐하면 판매된 재고는 매출과 매출원가로 인식되어 종속기업의 당기순이익에 반영되었기 때문이다.

$$지분법손익 = 300,000 \times 80\% - 200,000 \times 80\% \times 70\% - 14,000 = 114,000원$$

3. 내부미실현손익이 있는 경우 지분법손익의 계산

(1) 내부미실현손익의 의의

지배기업과 종속기업 간 거래는 해당 거래대상 재고자산이 외부의 제3자에게 판매되기 전에는 하나의 연결실체 내에 있는 사업부 간 거래와 다름이 없으므로 내부거래라 한다. 이 내부거래의 판매자가 인식한 개별재무제표의 매출총이익을 미실현손익(unrealized gain or loss)이라 한다.

지배기업이 종속기업에게 장부금액 2,000원의 재고자산을 2,500원에 판매한 경우를 보자.

과목	지배기업	종속기업	단순합산	연결재무제표
재고자산	– ➜	2,500	2,500	2,000
매 출	2,500		2,500	–
매출원가	(2,000)		(2,000)	–
매출총이익	500		500	–

이 경우 지배기업과 중소기업의 개별재무제표와 단순합산 재무제표에는 매출, 매출원가 그리고 매출총이익이 반영되고 재고자산도 500원 많은 금액으로 표시된다. 연결실체의 관점에서는 재고자산이 외부에 판매되지 않았으므로 내부거래로 인한 매출, 매출원가 및 매출총이익은 인식되어서는 안 된다. 재고자산도 거래이전 장부금액으로 수정되어야 한다. 지배기업의 개별재무제표에 인식한 매출총이익 500원을 미실현손익이라 한다. 미실현손익은 판매하는 기업이 장부금액과 다른 금액으로 자산을 이전하고, 이를 매입한 기업이 동일한 회계기간 내에 외부에 판매하지 않았을 경우에만 발생한다.

(2) 미실현손익이 있는 경우 지분법손익의 계산

① 상향거래 : 종속기업이 지배기업에 재고자산을 판매하는 거래로 미실현손익은 종속기업에 존재한다. 따라서 지분법손익은 다음과 같이 계산한다.

지분법손익 = (종속기업 당기순이익 − 상향거래 미실현손익) × 지배기업 지분율 − 투자차액 상각

② 하향거래 : 지배기업이 종속기업에 재고자산을 판매하는 거래로 미실현손익은 지배기업에 존재한다. 따라서 지분법손익은 다음과 같이 계산한다.

지분법손익 = 종속기업 당기순이익 × 지배기업 지분율 − 하향거래 미실현손익 − 투자차액 상각

> **Key Point!**
> ※ 특정 연도 말 현재 내부거래 미실현손익은 다음 연도 이후 연결실체 외부와의 거래가 발생하면 실현된다. 그러면 실현된 연도의 지분법손익은 다음과 같이 조정된다.
> 지분법손익 = (종속기업 당기순이익 + 상향거래 미실현손익) × 지배기업 지분율 − 투자차액 상각
> 지분법손익 = 종속기업 당기순이익 × 지배기업 지분율 + 하향거래 미실현손익 − 투자차액 상각

[사례 2-4]

甲회사는 20X1.01.01. 乙회사의 발행주식 중 80%를 270,000원에 취득하여 지배력을 획득하였다. 20X1년 초 乙회사의 순자산장부금액은 300,000원으로 공정가치와 동일하다. 乙회사의 20X1년과 20X2년의 당기순이익은 각각 60,000원과 63,000원이다. 영업권은 10년 동안 정액법으로 상각한다. 다음 두 가지 내부거래가 있을 경우 각각 20X1년과 20X2년 지분법손익을 계산하시오.

① 乙회사가 甲회사에게 상품을 30,000원에 판매하였고, 乙회사의 매출총이익률은 40%이다. 甲회사는 乙회사로부터 매입한 재고자산 중 30%를 20X1년 말 현재 보유하다가 20X2년 외부에 모두 판매하였다.

② 甲회사가 乙회사에게 상품을 30,000원에 판매하였고, 甲회사의 매출총이익률은 40%이다. 乙회사 甲회사로부터 매입한 재고자산 중 30%를 20X1년 말 현재 보유하다가 20X2년 외부에 모두 판매하였다.

해설 | ① 상향거래 지분법손익 계산

20X1년　(취득 시 연결)　종속기업 자본 300,000　|　투자주식　270,000
　　　　　　　　　　　영업권　　　 30,000　비지배지분　60,000

> **Key Point!**
> ※ 연결분개를 제시한 것은 영업권상각비 계산을 위하여 영업권을 계산하기 위함이다. 분개를 하지 않고 투자주식 취득금액과 순자산공정가치와의 차액으로 계산해도 무방하다.
> 영업권 = 270,000 − 300,000 × 80% = 30,000원

연간 영업권 상각액 = 30,000원/10년 = 3,000원
20X1년 말 乙회사 내부거래 미실현손익 = 30,000 × 40% × 30% = 3,600원
20X1년 말 지분법손익 = (60,000 − 3,600) × 80% − 3,000 = 42,120원
20X2년 말 지분법손익 = (63,000 + 3,600) × 80% − 3,000 = 50,280원

② 하향거래 지분법손익 계산

연간 영업권 상각액 = 30,000원/10년 = 3,000원
20X1년 말 甲회사 내부거래 미실현손익 = 30,000 × 40% × 30% = 3,600원
20X1년 말 지분법손익 = 60,000 × 80% − 3,600 − 3,000 = 41,400원
20X2년 말 지분법손익 = 63,000 × 80% + 3,600 − 3,000 = 51,000원

> **Key Point!**
> ※ 상향거래와 하향거래 지분법이익 비교
>
> | 구분 | 20X1년 | 20X2년 | 합계 |
> |------|--------|--------|------|
> | 상향거래 | 42,120원 | 50,280원 | 92,400 |
> | 하향거래 | 41,400원 | 51,000원 | 92,400 |
>
> 상향거래와 하향거래의 미실현이익이 있는 경우 두 회계기간의 지분법이익의 합계는 일치한다. 그 이유는 20X1년 미실현이익이 20X2년 모두 실현되어 더 이상 미실현이익이 존재하지 않기 때문이다.
> ※ 20X1년 상향거래와 하향거래 지분법이익이 차이가 나는 이유는 상향거래는 미실현이익이 80%만 제거되고 하향거래는 미실현이익이 전부 제거되기 때문이다. 이에 따라 20%에 해당하는 720원만큼 차이가 난다.
> ※ 종속기업이 여러 개 있는 경우 종속기업 간 거래를 수평거래라 한다. 수평거래의 미실현손익은 상향거래와 동일하게 지분법손익을 계산한다.

4. 지분법 적용 시 추가 고려 사항

(1) 지분법 적용 시 사용할 종속기업 재무제표

① 지분법 회계처리 시 사용하는 종속기업 재무제표는 원칙적으로 외부감사인의 감사 · 검토 절차를 거쳐 신뢰성이 검증된 것이어야 한다.

② 그러나 외부감사인의 감사 · 검토 절차를 거친 재무제표를 결산 전까지 입수하기 어려운 경우에는 가결산 재무제표를 이용하여 지분법을 적용할 수 있다. 이 경우 지배기업이 그 신뢰성을 검증하여야 한다.

(2) 투자주식 장부금액이 영(0) 이하가 되는 경우

① 종속기업의 손실 등이 반영되어 투자주식 장부금액이 영(0) 이하가 되는 경우 지분법변동액에 대한 인식을 중지하고 투자주식 잔액을 0으로 처리한다.

② 투자주식 장부금액이 0 또는 0에 가까운 상태에서 종속기업이 현금배당을 결의한 경우 지배기업이 수령할 현금배당금에 투자주식 장부금액이 미달할 수 있다. 이 경우 그 미달액을 당기이익으로 인식한다.

> **Key Point!**
> ※ 현금배당금으로 수령할 금액이 10,000원인데, 투자주식 장부금액이 9,000원이라면 1,000원을 배당금수익으로 처리한다.
>
> 현　　　금 10,000　｜　투자주식　9,000
> 　　　　　　　　　　　　배당금수익　1,000

③ 기타포괄손익누계액에 지분법자본변동이 계상되어 있는 경우 투자주식 장부금액이 0으로 되더라도 계속 기타포괄손익누계액으로 표시한다. 당해 지분법자본변동은 투자주식을 처분하거나 손상차손을 인식할 때 당기손익으로 처리한다.

④ 지분법 적용을 중지한 후 종속기업의 당기이익으로 인하여 지분변동액이 발생하는 경우 지분법 적용 중지기간 동안 인식하지 않은 손실누적분을 상계한 후 지분법을 적용한다.

> **Key Point!**
> ※ 지난 연도 투자주식 장부금액이 0이 되어 지분법손실 1,000원을 인식하지 않았는데, 당기 말 3,000원의 지분법이익을 인식하려는 경우, 지난 연도에 인식하지 않은 지분법손실 1,000원을 상계한 2,000원을 지분법이익으로 인식한다.
>
> 투자주식　2,000　｜　지분법이익　2,000

(3) 손상차손

① 투자주식에 대해 지분법손실을 인식했더라도 투자주식의 회수 가능액이 장부금액보다 작다는 객관적 증거가 있다면 손상차손을 인식해야 한다.

회수가능액 ＝ Max[투자주식 매각 시 예상 순현금유입액, 사용가치]

② 손상차손 인식 시 투자주식 장부금액에 포함되어 있는 미상각투자차액(영업권 해당액)을 우선 차감한다.

③ 손상차손 인식 후 회수 가능액이 회복된 경우 이전에 인식했던 손상차손금액을 한도로 손상차손을 환입한다. 단 투자차액(영업권)에 해당하는 손상차손의 환입은 인정하지 않는다.

01 투자기업이 종속기업을 통하여 간접적으로 피투자기업의 의결권 있는 주식 20% 이상을 보유하고 있는 경우에도 명백한 반증이 없다면 유의적 영향력이 있는 것으로 본다. ☐O☐X

○

02 투자기업이 당해 피투자기업에게 필수적인 기술정보를 제공한다면 보유 지분율이 20% 미만이더라도 유의적 영향력이 있다고 본다. ☐O☐X

○

03 지분법을 적용하는 피투자기업의 중대한 오류수정에 따라 전기이월 이익잉여금이 변동하는 경우 그 금액이 투자기업의 재무제표에 미치는 영향이 크지 않다면 당기손익으로 인식한다. ☐O☐X

○

04 지분법을 적용하는 피투자기업이 현금배당지급을 결의하면 투자기업은 미수배당금을 인식하면서 투자주식을 증가시킨다. ☐O☐X

×
이 경우 투자주식을 감소시킨다.

05 지배력 있는 종속기업의 지분을 취득하면서 영업권을 인식한 경우에는 20년 이내의 합리적 기간 동안 정액법으로만 상각할 수 있다. ☐O☐X

○
일반기업회계기준에서는 정액법 상각을 규정하고 있다.

06 종속기업의 손실 등이 반영되어 투자주식 장부금액이 영(0) 이하가 되는 경우에는 지변동액에 대한 인식을 중지하고 투자주식 잔액을 0으로 처리한다. ☐O☐X

○

01 지분법에 대한 설명으로 바르지 못한 것은?

① 투자기업이 피투자기업의 의결권 있는 주식을 20% 미만으로 보유하더라도 피투자기업의 재무정책과 영업정책에 관한 의사결정과정에 참여할 수 있는 임원 선임에 상당한 영향력을 행사할 수 있는 경우에는 유의적 영향력이 있다고 본다.

② 지분법을 적용하는 피투자기업이 현금배당을 지급하는 경우 투자기업은 수령한 현금배당금을 당기손익으로 인식하지 않는다.

③ 지분법을 적용하는 피투자기업이 당기순손실을 보고하면 투자기업은 투자주식 장부금액을 감소시킨다.

④ 지분율이 50%를 초과하여 지배력을 갖는 경우에는 연결재무제표를 작성하므로 지배기업은 개별재무제표에 별도의 종속기업 주식에 대하여 지분법평가를 하지 않는다.

⑤ 지분법을 적용하는 피투자기업의 당기순손익은 지분법손익의 과목으로 영업외손익으로 인식한다.

정답 | ④
해설 | 연결재무제표를 작성하더라도 지배기업의 개별재무제표에 지분법평가를 한다.

02 지분법에 대한 설명으로 바르지 못한 것은?

① 투자기업이 피투자기업의 의결권 있는 주식을 20% 이상 보유하고 있더라도 법적 소송이나 청구의 제기에 의하여 투자기업이 피투자기업의 재무정책과 영업정책에 관한 의사결정에 참여할 수 없는 경우에는 유의적 영향력이 없다고 본다.

② 투자기업의 지분율이 피투자기업에 대한 잠재적 의결권(주식콜옵션)을 포함해야만 20%를 초과하는 경우에는 지분법을 적용하지 않는다.

③ 보유 지분율이 20% 미만이더라도 피투자기업의 유의적인 거래가 주로 투자기업과 이루어지는 경우에는 유의적 영향력이 있다고 본다.

④ 지분법을 적용하는 피투자기업의 주식가치가 변동하더라도 별도의 평가손익을 인식하지 않는다.

⑤ 지분법을 적용하는 피투자기업이 주식배당을 결의하는 경우에는 별도의 회계처리를 하지 않는다.

정답 | ②
해설 | 유의적 영향력을 평가할 때 잠재적 의결권도 고려해야 하므로 지분법을 적용한다.

03 甲회사는 乙회사의 지분 30%를 취득하여 유의적 영향력을 행사하게 되었다. 지분법 회계처리에 대한 설명으로 바르지 못한 것은?

① 甲회사는 乙회사의 주식이 시장성이 없는 경우에는 지분법을 적용하지 않는다.

② 甲회사는 乙회사에 대한 투자주식을 공정가치로 인식하지 않는다.

③ 甲회사는 乙회사의 당기순이익 중 30%에 해당하는 금액을 지분법이익으로 인식한다.

④ 甲회사는 乙회사의 주식을 취득한 이후 공정가치가 변동하더라도 평가손익을 인식하지 않는다.

⑤ 甲회사는 乙회사가 주식배당을 결의한 경우 별도의 회계처리를 하지 않는다.

정답 | ①
해설 | 피투자기업 주식의 시장성 여부는 지분법 적용과 관계가 없다. 즉 시장성이 없더라도 지분법을 적용해야 한다.

> **Key Point!**
> ※ ⑤ 주식배당은 이익잉여금을 자본금으로 전입하는 것이어서 자본총액에 변동이 없으므로 별도의 회계처리를 하지 않는다. 예를 들어, 甲회사가 자본금 50,000원과 이익잉여금 10,000원, 총 60,000원의 자본으로 주당가치가 600원인 주식 100주를 발행한 乙회사의 주식 40%를 취득하고 유의적 영향력을 행사한다고 가정해 보자. 乙회사가 이익잉여금 10,000원을 자본으로 전입하기 위하여 주식 20주를 지급하는 주식배당을 실시할 경우 乙회사의 자본총액은 아무런 변화 없이 이익잉여금 10,000원이 자본금으로 단순히 계정만 대체된 효과가 나타난다. 그러면 주식배당 이후에도 주식가치는 변동이 없어야 하므로 주당 주식가치는 500원으로 하락한다(600원×100주 = 500원×120주). 투자기업 입장에서도 투자주식 24,000원(600원×100주×40%)은 주식가격이 500원으로 하락하고 주식수가 48주로 늘어나는 효과만 있기 때문에 별도의 회계처리를 하지 않는다.

04 ㈜한국은 20X1년 초에 ㈜광명의 주식 80%를 180,000원에 취득하였다. 20X1년 초 ㈜광명의 순자산장부금액은 200,000원이고 공정가치와 동일하다. 20X1년 말 ㈜광명의 당기순이익은 124,000원이고, 영업권은 10년간 정액법으로 상각한다. 20X1년 말 ㈜한국이 인식할 지분법이익은 얼마인가?

① 97,200원   ② 99,200원
③ 101,200원   ④ 122,000원
⑤ 124,000원

정답 | ①
해설 | 지분법이익 = 당기순이익 × 지분율 − 영업권 상각액 = 124,000×80% − (180,000 − 200,000×80%)/10년
= 97,200원

[05~06]

㈜백두는 20X1년 초에 ㈜한라의 의결권 있는 주식 70%를 240,000원에 취득하였다. 20X1년 초 ㈜한라의 순자산장부금액은 300,000원이고 공정가치와 동일하다. ㈜한라는 20X1년 중 15,000원의 현금배당을 지급하였다. 20X1년 말 ㈜한라의 당기순이익은 60,000원이다. 두 기업 간 내부거래는 없으며 영업권은 10년 간 정액법으로 상각한다.

05 20X1년 말 ㈜백두가 인식할 지분법이익은 얼마인가?

① 36,000원   ② 39,000원

③ 42,000원   ④ 45,000원

⑤ 57,000원

정답 | ②

해설 | 지분법이익 = 당기순이익 × 지분율 − 영업권 상각액 = 60,000 × 70% − (240,000 − 300,000 × 70%)/10년
           = 39,000원

06 20X1년 말 ㈜백두의 재무상태표에 표시될 투자주식장부금액은 얼마인가?

① 257,500원   ② 264,000원

③ 268,500원   ④ 270,000원

⑤ 274,500원

정답 | ③

해설 | 20X1년 말 투자주식장부금액 = 취득원가 − 현금배당 + 지분법이익 = 240,000 − 15,000 × 70% + 390,000
           = 268,500원

[07~08]

㈜성영은 20X1년 초에 ㈜영수물산의 의결권 있는 주식 60%를 160,000원에 취득하였다. 20X1년 초 ㈜영수물산의 순자산장부금액은 220,000원이고 공정가치는 250,000원이다. 공정가치와의 차이는 토지의 공정가치가 장부금액을 30,000원 초과하는 데 기인한다. 20X1년 말 ㈜영수물산의 당기순이익은 50,000원이다. 두 기업 간 내부거래는 없으며 영업권은 10년간 정액법으로 상각한다.

07 20X1년 말 현재 ㈜성영은 토지를 계속보유하고 있다. 20X1년 말 ㈜성영이 인식할 지분법이익은 얼마인가?

① 14,000원 ② 29,000원
③ 30,000원 ④ 31,000원
⑤ 43,000원

정답 | ②
해설 | 지분법이익 = 50,000×60% - (160,000 - 250,000×60%)/10년 = 29,000원. 토지의 공정가치와 장부금액 차이인 투자차액 18,000원[(250,000 - 220,000)×60%]은 토지를 처분할 때 조정한다.

08 20X1년 중 현재 ㈜성영이 토지를 모두 처분한 경우 20X1년 말 ㈜성영이 인식해야 할 지분법이익은 얼마인가?

① 11,000원 ② 15,000원
③ 27,200원 ④ 34,700원
⑤ 47,000원

정답 | ①
해설 | 지분법이익 = 50,000×60% - (160,000 - 250,000×60%)/10년 - 18,000 = 11,000원

[09~10]

㈜태백은 20X1년 초에 ㈜COPEX의 의결권 있는 주식 80%를 150,000원에 취득하였다. 20X1년 초 ㈜ COPEX의 순자산장부금액은 150,000원이고 공정가치는 170,000원이다. 공정가치와의 차이는 건물의 공정가치가 장부금액을 20,000원 초과하는 데 기인한다. 20X1년 중 ㈜COPEX는 10,000원의 주식배당을 하였다. 20X1년 말 ㈜COPEX의 당기순이익은 30,000원이다. 두 기업 간 내부거래는 없으며 영업권과 건물은 각각 10년간 정액법으로 상각한다.

09 20X1년 말 ㈜태백이 인식할 지분법이익은 얼마인가?

① 20,600원   ② 21,000원

③ 22,600원   ④ 24,200원

⑤ 27,000원

정답 | ②

해설 | 지분법이익 = 30,000 × 80% − (150,000 − 170,000 × 80%)/10년 − (20,000 × 80%)/10년 = 21,000원
       지분법이익 계산 시 건물의 공정가치와 장부금액의 차이 중 지분율 해당액을 상각하여 차감한다.

10 20X1년 말 ㈜태백의 재무상태표에 표시될 투자주식장부금액은 얼마인가?

① 170,000원   ② 170,600원

③ 171,000원   ④ 174,200원

⑤ 177,000원

정답 | ③

해설 | 기말 투자주식장부금액 = 취득원가 + 지분법이익 = 150,000 + 21,000 = 171,000원
       주식배당은 아무런 회계처리를 하지 않으므로 투자주식장부금액에 영향을 미치지 않는다.

11 ㈜경북은 20X1년 초 ㈜부산의 주식 30%를 40,000원에 취득하고 유의적 영향력을 행사하게 되었다. ㈜부산의 순자산장부금액은 90,000원이고 공정가치는 100,000원이다. 이 차이는 건물의 공정가치가 장부금액을 10,000원 초과하는 데 기인한다. 20X1년 말 ㈜부산은 당기순이익 50,000원과 기타포괄손실 20,000원을 보고하였다. 20X1년 말 ㈜경북의 투자주식장부금액은 얼마인가? (건물은 10년, 영업권은 5년의 기간 동안 정액법으로 상각한다.)

① 46,000원   ② 46,700원

③ 47,700원   ④ 53,700원

⑤ 54,400원

정답 | ②

해설 | 영업권상각비 = (40,000 − 100,000 × 30%)/5년 = 2,000원, 건물 투자차액 상각비 = (10,000 × 30%)/10년
= 300원

지분법이익 = (50,000 − 20,000) × 30% − 2,000 − 300 = 6,700원, 기말 투자주식장부금액 = 40,000 + 6,700
= 46,700원

12 ㈜경주는 20X1년 초에 ㈜부산의 의결권 있는 주식 80%를 90,000원에 취득하였다. 20X1년 초 ㈜
부산의 순자산장부금액은 100,000원이고 공정가치와 동일하다. 당기 중 ㈜부산은 ㈜경주에 장부
금액 15,000원의 상품을 20,000원에 매출하였다. ㈜경주는 매입한 상품 중 40%를 20X1년 말 현
재 보유 중이다. 20X1년 말 ㈜부산의 당기순이익은 10,000원이다. 영업권은 5년간 정액법으로 상
각한다. 20X1년 말 ㈜경주가 인식할 지분법손익은 얼마인가?

① 지분법손실 400원

② 지분법이익 400원

③ 지분법손실 4,400원

④ 지분법이익 4,400원

⑤ 인식할 지분법손익 없음

정답 | ④

해설 | 지분법이익 = 종속기업 당기순이익 × 지분율 − 영업권 상각액 − 상향거래 미실현손익
= 10,000 × 80% − (90,000 − 100,000 × 80%)/5년 − (20,000 − 15,000) × 40% × 80%
= 4,400원

13 ㈜백두는 20X1년 초에 ㈜한라의 의결권 있는 주식 70%를 90,000원에 취득하였다. 20X1년 초 ㈜
한라의 순자산장부금액은 100,000원이고 공정가치와 동일하다. 당기 중 ㈜백두는 ㈜한라에 장부
금액 50,000원의 상품을 매출하였다. ㈜백두의 매출총이익률은 60%이다. ㈜한라는 매입한 상품
중 10%를 20X1년 말 현재 재고자산으로 보유 중이다. 20X1년 말 ㈜한라의 당기순이익은 20,000
원이다. 20X1년 말 ㈜백두가 인식할 지분법손익은 얼마인가? (영업권은 10년의 기간 동안 정액법
으로 상각한다.)

① 9,000원 ② 9,900원

③ 11,000원 ④ 12,000원

⑤ 14,100원

정답 | ①

해설 | 지분법이익 = 종속기업 당기순이익 × 지분율 − 영업권 상각액 − 하향거래 미실현손익
= 20,000 × 70% − (90,000 − 100,000 × 70%)/10년 − 50,000 × 60% × 10% = 9,000원

14 ㈜서울은 20X1년 초에 ㈜부산의 의결권 있는 주식 90%를 취득하고 지배력을 획득하였다. 20X1년 초 ㈜서울은 사용하던 기계장치(장부금액 100,000, 잔존내용연수 4년)를 ㈜부산에 140,000원에 처분하였다. ㈜부산은 20X1년 말 현재 당해 기계장치를 보유 중이다. 20X1년 말 ㈜부산의 당기순이익이 200,000원일 때 ㈜서울이 인식할 지분법손익은 얼마인가? (미상각영업권은 없다.)

① 140,000원 ② 144,000원
③ 150,000원 ④ 165,000원
⑤ 180,000원

정답 | ③

해설 | 유형자산을 하향거래로 처분한 경우 종속기업이 추가로 인식한 감가상각비만큼은 실현이익으로 간주한다. 즉
  미실현이익 = 처분이익 − 종속기업이 추가로 인식한 감가상각비 = 40,000 − 40,000/4년 = 30,000원
  따라서 지분법손익 = 200,000 × 90% − 30,000 = 150,000원

15 ㈜한국은 20X1년 초 ㈜미국의 주식 40%를 100,000원에 취득하고 유의적 영향력을 행사하게 되었다. ㈜미국의 순자산장부금액은 150,000원이고 공정가치는 200,000원이다. 이 차이는 재고자산과 건물의 공정가치가 장부금액을 각각 30,000원, 20,000원 초과하는 데 기인한다. 20X1년 초 ㈜미국의 건물의 잔존내용연수는 5년이고 잔존가치는 없으며 정액법으로 상각한다. 그리고 재고자산은 20X1년 중 모두 외부에 판매되었다. ㈜한국은 20X1년 중 장부금액 20,000원의 상품을 25,000원에 ㈜미국에 판매하였고, ㈜미국은 동 상품의 30%를 보유 중에 있다. ㈜미국은 20X1년 말 당기순이익 85,000원과 기타포괄이익 10,000원을 보고하였다. 또한 ㈜미국은 당기 중 현금배당으로 10,000원을 지급하였다. 20X1년 말 ㈜한국의 투자주식장부금액과 지분법이익은 얼마인가? (영업권은 5년 동안 정액법으로 상각한다.)

	투자주식장부금액	지분법이익
①	111,800원	14,400원
②	114,800원	14,900원
③	115,800원	15,800원
④	119,800원	19,800원
⑤	123,800원	19,800원

정답 | ②

해설 | 영업권상각비 = (100,000 − 200,000 × 40%)/5년 = 4,000원
  투자차액 중 재고자산 제거금액 = 30,000원 × 40%
  투자차액 중 건물 감가상각비 = 20,000원/5년 × 40%
  하향거래 미실현이익 = (25,000 − 20,000) × 30%
  지분법이익 = (85,000 − 30,000 − 4,000) × 40% − 4,000원 − 1,500원 = 14,900원
  투자주식장부금액 = 100,000 + 14,900 + 10,000(기포손) × 40% − 10,000(현금배당) × 40% = 114,900원

Certified Credit Analyst **PART** 02

출제 포인트 ■ ■ ■ ■ 연결재무상태표 및 연결손익계산서 작성원리 이해
■ 지배력 취득 이후 종속기업 당기순이익 중 비지배지분에 귀속될 금액의 계산

1. 지배력 취득 이후의 연결

지배력 취득시점과 달리 지배력 취득 이후에는 연결재무상태표뿐만 아니라 연결손익계산서도 작성해야 한다. 작성원리는 지배력 취득시점과 동일하지만 다음과 같은 연결조정을 추가해야 한다.
① 영업권의 상각
② 종속기업 당기순이익 중 비지배지분에 귀속될 금액의 조정
③ 내부거래 및 내부미실현손익의 제거

(1) 비지배지분이 없는 경우

① 지배력 취득시점과 마찬가지로 투자주식과 종속기업 자본을 상계제거하는 연결조정은 반드시 필요하다. 여기서 주의할 점은, 상계제거할 투자주식과 종속기업의 자본은 당해연도 말 현재의 금액이 아니라 당해연도의 기초시점(단, 지배력 취득연도에는 지배력 취득일)의 금액이라는 점이다. 즉, 보고기간 말이 12월 31일인 지배기업이 20X1년 초에 종속기업을 취득하였다면 20X1년도 연결재무제표를 작성할 때는 20X1년 초의 금액을 기준으로, 20X2년도 연결재무제표를 작성할 때는 20X2년 초의 금액을 기준으로 투자주식과 종속기업의 자본을 상계제거한다.

> **Key Point!**
> ※ 당해연도 말의 금액을 기준으로 투자주식과 종속기업의 자본을 상계제거하지 않는 이유는, 지배기업은 연결재무제표를 작성하기 전 개별재무제표에 지분법손익을 인식하여 지배기업의 당기순이익을 연결당기순손익과 동일하게 보고하기 때문이다. 지분법손익에는 내부거래미실현손익도 반영되어 있기 때문에 당기말 금액을 기준으로 투자주식과 종속기업의 자본을 상계제거한다면 내부거래미실현손익의 조정이나 영업권상각 등이 당기 연결손익계산서에 표시되지 못한다.

② 연결조정 방법(내부거래는 없고 영업권은 발생한다고 가정)
ㄱ 투자주식의 기말장부금액을 기초금액으로 환원

지분법이익 XXX | 투자주식 XXX

ㄴ 기초금액을 기준으로 투자주식과 종속기업 자본의 상계제거

자본금　　XXX | 투자주식 XXX
이익잉여금 XXX
영업권　　XXX

ㄷ 당기분 영업권상각의 인식

영업권상각 XXX | 영업권　　XXX

[사례 3-1] [38)

甲회사는 20X1년 초에 乙회사의 주식 100%를 1,100원에 취득하여 지배기업이 되었다. 지배력 취득시점 현재 乙회사의 순자산장부금액은 1,000원(자본금 700원, 이익잉여금 300원)이며 공정가치와 일치한다. 다음은 甲회사와 乙회사의 20X1년 말과 20X2년 말 재무상태표와 20X1년, 20X2년 손익계산서이다. 甲회사는 영업권을 10년 동안 정액법으로 상각하여 지분법손익에 반영하였으며, 두 회사 간 내부 거래는 없다.

(단위 : 원)

과목	20X1년		20X2년	
	甲회사	乙회사	甲회사	乙회사
〈재무상태표〉				
유동자산	5,000	700	5,800	800
투자주식	1,190	–	1,330	–
비유동자산	16,810	1,200	16,870	1,300
자산총계	23,000	1,900	24,000	2,100
부 채	12,000	800	11,800	850
자본금	6,000	700	6,000	700
이익잉여금	5,000	400	6,200	550
부채 · 자본총계	23,000	1,900	24,000	2,100
〈손익계산서〉				
수 익	7,910	500	8,560	600
지분법이익	90	–	140	–
비 용	(7,000)	(400)	(7,500)	(450)
당기순이익	1,000	100	1,200	150

해설 | 연결재무제표 작성 전 甲회사가 개별재무제표에 인식한 지분법이익과 투자주식 기말장부금액을 확인해 보자.

20X1년 초 취득원가 1,100원에는 영업권 100원이 포함되어 있다. 따라서

① 20X1년 말 연결재무제표의 작성

20X1년 말 지분법이익과 투자주식장부금액은 다음과 같다.

$$지분법이익 = 100 \times 100\% - 100/10년 = 90원$$
$$투자주식\ 장부금액 = 1,100 + 90 = 1,190원$$

① 투자주식의 20X1년 기말장부금액을 기초금액으로 환원

지분법이익 90 | 투자주식 90

② 20X1년 기초금액을 기준으로 투자주식과 종속기업 자본의 상계제거

자본금 700 | 투자주식 1,100
이익잉여금 300
영업권 100

③ 20X1년 당기분 영업권상각의 인식

영업권상각 10 | 영업권 10

38) 신현걸, 「연결재무제표의 이해와 활용」, 제4판, 서울 : 한국금융연수원, 2022년, 109~114p

과목	20X1년		연결조정분개		연결재무제표
	甲회사	乙회사	차변	대변	
〈재무상태표〉					
유동자산	5,000 +	700			5,700
투자주식	1,190	–		①90	–
				②1,100	
비유동자산	16,810 +	1,200			18,010
영업권	–	–	②100	③10	90
자산총계	23,000	1,900			23,800
부 채	12,000 +	800			12,800
자본금	6,000	700	②700		6,000
이익잉여금	5,000	400	②300		5,000
			100*		
부채 · 자본총계	23,000	1,900	1,200	1,200	23,800
〈손익계산서〉					
수 익	7,910 +	500			8,410
지분법이익	90 +	–	①90		–
비 용	(7,000) +	(400)	③10		(7,410)
당기순이익	1,000	100	100*		1,000

투자주식이 기초금액으로 환원되면서 지분법이익 제거금액과 당기 인식한 영업권상각비로 인하여 당기순이익이 100원만큼 조정되었으므로 이익잉여금도 같이 100원을 조정해 준다. 영업권은 미상각잔액 90원이 연결재무제표에 인식된다. 결과적으로 연결재무제표의 자본금 및 이익잉여금은 지배기업 개별재무제표의 자본금 및 이익잉여금과 동일하다. 또한 지분법을 적용한 지배기업 당기순이익은 연결당기순이익과 일치한다. 이는 20X2년도에도 동일하다.

② 20X2년 말 연결재무제표의 작성

20X2년 말 지분법이익과 투자주식장부금액은 다음과 같다.

$$지분법이익 = 150 \times 100\% - 100/10년 = 140원$$
$$투자주식 \ 장부금액 = 1,190 + 140 = 1,330원$$

① 투자주식의 20X2년 기말장부금액을 기초금액으로 환원

지분법이익 140 | 투자주식 140

② 20X2년 기초금액을 기준으로 투자주식과 종속기업 자본의 상계제거

자본금 700 | 투자주식 1,190
이익잉여금 400
영업권 90

③ 20X2년 당기분 영업권상각의 인식

영업권상각 10 | 영업권 10

과목	20X2년		연결조정분개		연결재무제표
	甲회사	乙회사	차변	대변	
〈재무상태표〉					
유동자산	5,800	800			6,600
투자주식	1,330	–		①140	–
				②1,190	
비유동자산	16,870	1,300			18,170
영업권			②90	③10	80
자산총계	24,000	2,100			24,850
부 채	11,800	850			12,650
자본금	6,000	700	②700		6,000
이익잉여금	6,200	550	②400		6,200
			150		
부채·자본총계	24,000	2,100	1,340	1,340	24,850
〈손익계산서〉					
수 익	8,560	600			9,160
지분법이익	140	–	①140		–
비 용	(7,500)	(450)	③10		(7,960)
당기순이익	1,200	150	150		1,200

이와 같이 비지배지분이 없는 경우 연결당기순이익은 지분법이 반영된 지배기업의 개별당기순이익과 일치한다.

(2) 비지배지분이 있는 경우

비지배지분이 있는 경우 연결조정분개는 다음과 같다.

① 투자주식의 기말장부금액을 기초금액으로 환원

지분법이익 XXX ｜ 투자주식 XXX

② 기초금액을 기준으로 투자주식과 종속기업 자본의 상계제거

자본금　　 XXX ｜ 투자주식 XXX
이익잉여금
영업권

③ 당기분 영업권상각의 인식

영업권상각 XXX ｜ 영업권 XXX

④ 종속기업 당기순이익 중 비지배지분 대체

이익잉여금 XXX ｜ 비지배지분 XXX

이와 같이 연결조정분개를 하면 연결당기순이익은 다음과 같이 결정된다.

연결당기순이익＝지배기업 개별당기순이익＋종속기업 당기순이익 중 비지배지분 귀속 금액

여기서, 지배기업 개별당기순이익은 당연히 지분법이 적용된 후의 금액이다. 또한 비지배지분도 연결실체의 자본에 해당하므로 당기순이익 중 비지배지분에 귀속되는 금액도 연결당기순이익을 구성한다.

[사례 3 - 2] [39)]

甲회사는 20X1년 초에 乙회사의 주식 80%를 900원에 취득하여 지배기업이 되었다. 지배력 취득시점 현재 乙회사의 순자산장부금액은 1,000원(자본금 700원, 이익잉여금 300원)이며 공정가치와 일치한다. 다음은 甲회사와 乙회사의 20X1년 말과 20X2년 말 재무상태표와 20X1년, 20X2년 손익계산서이다. 甲회사는 영업권을 10년 동안 정액법으로 상각하여 지분법손익에 반영하였으며, 두 회사 간 내부거래는 없다.

(단위 : 원)

과목	20X1년		20X2년	
	甲회사	乙회사	甲회사	乙회사
〈재무상태표〉				
유동자산	5,200	700	6,000	800
투자주식	970	–	1,080	–
비유동자산	16,810	1,200	16,870	1,300
자산총계	22,980	1,900	23,950	2,100
부 채	12,000	800	11,800	850
자본금	6,000	700	6,000	700
이익잉여금	4,980	400	6,150	550
부채 · 자본총계	22,980	1,900	23,950	2,100
〈손익계산서〉				
수 익	7,910	500	8,560	600
지분법이익	70	–	110	–
비 용	(7,000)	(400)	(7,500)	(450)
당기순이익	980	100	1,170	150

해설 | 영업권 = 900 - 1,000 × 80% = 100원, 연간 영업권상각비 10원

　　20X1년 말 지분법이익 = 100 × 80% - 100/10년 = 70원

　　20X1년 말 투자주식 장부금액 = 900 + 70 = 970원

　　① 20X1년 말 연결재무제표의 작성

　　　① 투자주식의 20X1년 기말장부금액을 기초금액으로 환원

　　　　　　　지분법이익 70 ｜ 투자주식 　70

　　　② 20X1년 기초금액을 기준으로 투자주식과 종속기업 자본의 상계제거

　　　　　　　자본금 　　700 ｜ 투자주식 　900
　　　　　　　이익잉여금 300 ｜ 비지배지분 200
　　　　　　　영업권 　　100

　　　③ 20X1년 당기분 영업권상각의 인식

　　　　　　　영업권상각 10 ｜ 영업권 10

　　　④ 종속기업 당기순이익 중 비지배지분 대체

　　　　　　　이익잉여금 20 ｜ 비지배지분 20

---

39) 신현걸, 「연결재무제표의 이해와 활용」, 제4판, 서울 : 한국금융연수원, 2022년, 116~122p

과목	20X1년		연결조정분개		연결재무제표
	甲회사	乙회사	차변	대변	
〈재무상태표〉					
유동자산	5,200	700			5,900
투자주식	970	–		①70	–
				②900	
비유동자산	16,810	1,200			18,010
영업권			②100	③10	90
자산총계	22,980	1,900			24,000
부 채	12,000	800			12,800
자본금	6,000	700	②700		6,000
이익잉여금	4,980	400	②300		4,980
			④20		
			80		
비지배지분				②200	220
				④20	
부채 · 자본총계	22,980	1,900			24,000
〈손익계산서〉					
수 익	7,910	500			8,410
지분법이익	70	–	①70		–
비 용	(7,000)	(400)	③10		(7,410)
당기순이익	980	100	80		1,000

비지배지분이 존재하는 경우에는 지분법이 적용된 지배기업 개별당기순이익에 종속기업 당기순이익 중 비지배지분 귀속금액을 가산하여 연결당기순이익이 구성된다.

2 20X2년 말 연결재무제표의 작성

20X2년 말 지분법이익 = 150×80% − 100/10년 = 110원

20X2년 말 투자주식 장부금액 = 970 + 110 = 1,080원

① 투자주식의 20X1년 기말장부금액을 기초금액으로 환원

지분법이익 110 | 투자주식 110

② 20X1년 기초금액을 기준으로 투자주식과 종속기업 자본의 상계제거

자본금 700 | 투자주식 970
이익잉여금 400 | 비지배지분 220
영업권 90

③ 20X1년 당기분 영업권상각의 인식

영업권상각 10 | 영업권 10

④ 종속기업 당기순이익 중 비지배지분 대체

이익잉여금 30 | 비지배지분 30

과목	20X2년		연결조정분개		연결재무제표
	甲회사	乙회사	차변	대변	
〈재무상태표〉					
유동자산	6,000	800			6,800
투자주식	1,080	–		①110	–
				②970	
비유동자산	16,870	1,300			18,170
영업권			②90	③10	80
자산총계	23,950	2,100			25,050
부 채	11,800	850			12,650
자본금	6,000	700	②700		6,000
이익잉여금	6,150	550	②400		6,150
			④30		
			120		
비지배지분				②220	250
				④30	
부채 · 자본총계	23,950	2,100	1,340	1,340	25,050
〈손익계산서〉					
수 익	8,560	600			9,160
지분법이익	110	–	①110		
비 용	(7,500)	(450)	③10		(7,960)
당기순이익	1,170	150	120		1,200

20X2년 말 비지배지분 잔액은 1,250(종속기업 자본잔액)×20%＝250원이다.
20X1년과 20X2년 연결손익계산서에는 연결당기순이익이 하단에 지배기업지분순이익과 비지배지분순이익이 추가로 표시된다.

과목	20X2년	20X1년
… …		
당기순이익	1,200	1,000
지배기업지분순이익	1,170	980
비지배지분순이익	30	20

Key Point!

※ 종속기업의 결산이 지연될 경우 가결산 재무제표에 기초하여 연결재무제표를 작성할 수 있다. 이 경우 가결산 재무제표에 기초하여 계산한 지분법이 반영된 지배기업 개별당기순이익은 이후 정상적 결산을 마친 재무제표를 이용한 지배기업지분순이익과 다를 수 있다. 지배기업이 이익조정 유인으로 의도적으로 가결산 재무제표를 이용했을 수도 있으므로 개별재무제표 공시 이후 공표되는 연결손익계산서의 지배기업지분순이익을 주의 깊게 살펴볼 필요가 있다.

2. 지배력 취득 이후 연결 시 기타 고려사항

(1) 회계연도 중 종속기업의 취득

① 일반기업회계기준에서는 취득일 이후부터 발생한 종속기업의 수익과 비용만을 종속기업 취득연도의 연결손익계산서에 포함하도록 규정하고 있다.

② 회계연도 중에 종속기업을 취득하는 경우 투자주식과 취득일 현재 종속기업의 자본을 상계제거해야 하므로 종속기업은 취득 직전일을 기준으로 결산을 하여야 한다. 그래야만 취득 직전일 현재 이익잉여금이 확정되어 종속기업의 자본이 얼마인지 알 수 있다.

(2) 종속기업 투자주식 일부처분 후 지배력 유지

이 경우에는 지배력이 상실되는 것이 아니므로 주식처분거래를 자산처분으로 보지 않고 자본거래로 본다. 따라서 투자주식 처분금액과 처분시점 종속기업 순자산장부금액 중 처분비율에 해당하는 금액(영업권 잔액 중 처분비율에 해당하는 금액도 포함)의 차이를 연결자본잉여금에 반영한다.

(3) 종속기업의 손실 누적

① 종속기업이 당기순이익을 보고하면 비지배지분 해당액만큼 이익잉여금을 감소시키고 이를 비지배지분에 귀속시키는 연결조정분개를 한다.

② 만일 종속기업이 당기순손실을 보고하면 비지배지분 해당액만큼 이익잉여금을 증가시키고 비지배지분을 감소시키는 연결조정분개를 해야 한다.

③ 종속기업의 당기순손실이 지속된다면 비지배지분 잔액은 매년 감소하여 결국 0보다 작아질 수도 있다. 즉 결손 누적으로 인하여 종속기업의 순자산이 음수가 되면, 연결재무상태표상 비지배지분도 음의 값을 가지게 된다.

④ 연결재무상태표상 비지배지분이 음수가 된다는 것은 종속기업이 완전자본잠식 상태임을 의미한다(완전자본잠식 상태가 되기 전 종속기업을 매각하는 것이 바람직함).

01 ㈜대한은 20X1.01.01.에 ㈜백두의 주식 100%를 취득하여 지배기업이 되었다. 20X1.01.01. 현재 ㈜백두의 순자산장부금액과 공정가치는 동일하다. 두 기업의 20X1년 말 자본은 다음과 같다. 20X1 년 말 ㈜대한의 연결재무상태표에 표시될 자본금, 자본잉여금, 이익잉여금은 얼마인가? (이익잉여 금 변동은 모두 당기순이익이다.)

과 목	㈜대한	㈜백두
자 본 금	60,000원	20,000원
자본잉여금	12,000원	4,000원
이익잉여금	16,000원	8,000원
합 계	88,000원	32,000원

	자본금	자본잉여금	이익잉여금
①	60,000원	12,000원	16,000원
②	60,000원	12,000원	24,000원
③	60,000원	16,000원	24,000원
④	80,000원	12,000원	16,000원
⑤	80,000원	16,000원	24,000원

정답 | ①

해설 | 비지배지분이 없으므로 투자주식과 종속기업자본은 연결조정과정에서 모두 제거됨에 따라 연결재무상태표는 지배기업과 동일하다.

02 ㈜울산은 20X1년 초에 ㈜성영의 주식 80%를 84,000원에 취득하여 지배기업이 되었다. 지배력 취득일 현재 ㈜성영의 순자산장부금액은 100,000원이고 공정가치와 일치한다. 20X1년 말 ㈜울산이 지분법손익을 반영하기 전 당기순이익은 40,000원이고, ㈜성영의 당기순이익은 20,000원이다. 두 기업 간 내부거래가 없을 때 20X1년 말 연결손익계산서에 표시되는 지배기업지분순이익과 비지배지분순이익은 각각 얼마인가? (영업권은 5년 상각한다.)

	지배기업지분순이익	비지배지분순이익
①	44,000원	8,000원
②	55,200원	4,000원
③	55,200원	8,000원
④	56,000원	4,000원
⑤	56,000원	8,000원

정답 | ②
해설 | 영업권 = 84,000 - (100,000 × 80%) = 4,000원, 영업권상각비 = 4,000/5년 = 800원
지분법이익 = 20,000 × 80% - 800원 = 15,200원
지분법 적용 후 지배기업 개별당기순이익 = 40,000 + 15,200 = 55,200원(지배기업지분순이익)
비지배지분순이익 = 20,000 × 20% = 4,000원, 연결당기순이익 = 55,200 + 4,000 = 59,200원

03 ㈜제주는 20X1년 초 ㈜울릉의 주식 90%를 50,000원에 취득하여 지배기업이 되었다. 지배력 취득일 현재 ㈜울릉의 순자산장부금액은 50,000원(자본금 25,000원, 자본잉여금 15,000원, 이익잉여금 10,000원)이고 공정가치와 동일하다. 20X1년 말 지분법 적용 전 ㈜제주의 당기순이익은 8,000원이고, ㈜울릉의 당기순이익은 5,000원이다. 내부거래는 없으며 영업권은 5년간 정액법으로 상각한다. 20X1년 말 연결당기순이익과 비지배지분은 얼마인가?

	연결당기순이익	비지배지분순이익
①	11,500원	500원
②	11,500원	1,000원
③	12,000원	500원
④	12,000원	1,000원
⑤	12,500원	500원

정답 | ③
해설 | 영업권 = 50,000 - (50,000 × 90%) = 5,000원, 영업권상각비 = 5,000/5년 = 1,000원
지분법이익 = 5,000 × 90% - 1,000원 = 3,500원, 비지배지분순이익 = 5,000 × 10% = 500원
지분법 적용 후 지배기업 개별당기순이익 = 8,000 + 3,500 = 11,500원, 연결당기순이익 = 11,500 + 500 = 12,000원

내부거래가 있는 경우의 연결 재무제표의 작성

출제 포인트 ■ ■
■ 재고자산 및 유형자산 내부거래미실현손익의 계산
■ 연결재무제표 작성 방법에 대한 이해

1. 내부미실현손익 개요

(1) 의의

① 내부거래에 대해서는 Chapter 02 지분법회계에서 설명한 바가 있으나 본 장에서는 연결재무제표를 작성하는 관점에서 설명한다. 내부거래로 인한 자산이 모두 외부로 판매가 된 경우에는 내부거래에서 발생한 수익과 비용만 제거하면 된다.

② 반면 일부 자산이 매입한 회계기간 내에 외부로 판매되지 않고 연결실체 내에 남아있다면 연결실체 내부에 미실현손익이 남게 된다. 이 경우에는 내부거래에서 발생한 수익과 비용뿐만 아니라 미실현손익도 제거를 해야 한다.

(2) 지분법회계와 연결회계의 내부미실현손익의 차이점

① 지분법회계에서는 종속기업의 당기순손익에 기초하여 지분법손익만 인식하였을 뿐 내부거래금액(총수익과 총비용)은 고려하지 않는다. 왜냐하면 내부거래의 총수익과 총비용은 동일하여 종속기업의 당기순이익에 영향을 주지 않기 때문이다.

② 반면 연결회계에서는 내부거래로 인하여 영향을 받는 금액이 조정된 후의 총수익과 총비용이 표시되어야 하므로 실현손익과 내부미실현손익의 조정을 포함하여 내부거래 수익과 비용을 모두 제거하여야 한다.

> **Key Point!**
> ※ 유형자산 내부거래에서 매입자가 동 유형자산을 계속 보유하고 있다면 미실현손익은 다음과 같다.
> 유형자산 내부미실현손익 = 처분금액 − 장부금액
> ※ 재고자산 내부거래에서 미실현손익은 다음과 같이 계산한다.
> 재고자산 내부미실현손익 = 매출액 × 매출총이익률 × 매입자 기말보유율

(3) 내부거래 조정 방법

① 연결재무제표는 내부거래가 없었다면 표시되었을 금액으로 작성되어야 한다.

② 회계연도 중 지배력을 취득한 경우 취득일 전에 있었던 내부거래는 조정하지 않는다.

③ 내부거래에서 미실현손실이 발생하는 경우에는 미실현이익과 동일한 방법으로 제거한다. 다만 내부미실현손실이 손상차손에서 비롯되었다면 당해 손상차손은 내부거래와 관계없이 연결재무제표에 반영되어야 하므로 미실현손실을 제거하지 않는다.

> **Key Point!**
> ※ 내부미실현이익은 반드시 제거하지만, 내부미실현손실은 손상차손과 관계없는 경우에만 제거한다.

2. 재고자산 내부거래 및 내부미실현이익의 제거

(1) 재고자산 내부거래

지배기업과 종속기업 간의 내부거래가 발생하면 연결실체 내에서 재고자산의 매출과 매입이 인식되므로 이를 제거하는 연결조정분개를 한다.

(재고자산 내부거래 상계제거)　매　출 XXX　|　매출원가 XXX

[사례 4 - 1]

지배기업인 甲회사와 종속기업인 乙회사 간 내부거래가 20X1년 중 발생하였다. 甲회사는 외부로부터 10,000에 매입한 재고자산을 乙회사에 12,000원에 판매하였다. 乙회사는 20X1년 중 동 재고자산을 모두 외부에 15,000원에 판매하였다. 이 경우 연결조정분개를 제시하시오.

해설 | 乙회사는 20X1년 중 동 재고자산을 모두 외부에 15,000원에 판매한 경우

과목	甲회사	乙회사	단순합산
매　출	12,000	15,000	27,000
매출원가	(10,000)	(12,000)	(22,000)
매출총이익	2,000	3,000	5,000

이 경우는 내부거래로 인하여 22,000원의 재고자산을 27,000원에 판매하여 5,000원의 매출총이익을 실현한 것으로 보고된다. 연결실체의 관점에서 원가 10,000원의 재고자산이 15,000원에 판매되어 매출총이익 5,000원이 실현된 것으로 연결손익계산서에 보고되어야 한다. 따라서 甲회사가 인식한 매출 12,000원과 乙회사가 인식한 매출원가 12,000원을 제거해야 한다.

		甲회사						乙회사		
①	매　입	10,000	현　금	10,000		③	매~~입~~	~~12,000~~	현　금	12,000
②	현　금	12,000	매~~출~~	~~12,000~~		④	현　금	15,000	매　출	15,000

연결조정분개는 다음과 같다.

(甲)매　출 12,000　|　(乙)매출원가 12,000

과목	甲회사	乙회사	연결조정 차변	연결조정 대변	연결재무제표
매　출	12,000	15,000	12,000		15,000
매출원가	(10,000)	(12,000)		12,000	(10,000)
매출총이익	2,000	3,000			5,000

(2) 재고자산 내부미실현이익의 제거

[사례 4 – 2]

[사례 4 – 1]에서 乙회사가 20X1년 말 동 재고자산을 모두 보유 중인 경우 연결조정분개를 제시하시오.

해설 Ⅰ 乙회사는 당해 재고자산을 모두 기말재고로 보유하고 있으므로 단순합산 결과는 다음과 같다.

과목	甲회사	乙회사	단순합산
재고자산	–	12,000	12,000
매 출	12,000	–	12,000
매출원가	(10,000)	–	(10,000)
매출총이익	2,000	–	2,000

연결실체의 관점에서 재고자산은 아직 판매되지 않았으므로 수익비용이 인식되어서는 안 된다. 또한 재고자산도 12,000원이 아닌 10,000원으로 조정되어야 한다. 따라서 다음과 같이 甲회사의 매출과 매출원가, 그리고 乙회사의 재고자산을 제거하는 연결조정분개가 되어야 한다.

매 출 12,000 | 매출원가 10,000
재고자산 2,000

과목	甲회사	乙회사	연결조정 차변	연결조정 대변	연결재무제표
재고자산	–	12,000		2,000	10,000
매 출	12,000	–	12,000		–
매출원가	(10,000)	–		10,000	–
매출총이익	2,000	–			–

3. 연결재무제표의 작성

(1) 하향거래(지배기업 → 종속기업)

하향거래에서 내부미실현이익은 지배기업의 개별재무제표에 포함되지만, 지배기업이 지분법이익을 인식할 때 하향거래 미실현이익을 모두 제거하므로 지배기업의 개별당기순이익은 정확한 금액으로 표시된다.

(2) 상향거래(종속기업 → 지배기업)

상향거래에서 내부미실현이익은 종속기업의 개별재무제표에 포함되므로 그만큼 종속기업 당기순이익이 왜곡된다. 따라서 상향거래에서는 이를 제거한 후의 당기순이익과 이익잉여금 잔액에 기초하여 비지배지분순이익과 비지배지분 기말잔액을 계산하여야 한다.

[사례 4-3]

20X1년 초 甲회사는 乙회사의 주식 80%를 8,000원에 취득하여 지배기업이 되었다. 지배력 취득시점 乙회사의 순자산장부금액은 10,000원(자본금 7,000원, 이익잉여금 3,000원)이고 공정가치와 동일하다. 20X1년 말 두 기업의 재무제표는 다음과 같다.

과목	20X1년	
	甲회사	乙회사
〈재무상태표〉		
재고자산	5,000	3,000
투자주식	8,200	–
기타자산	67,000	16,000
자산총계	80,200	19,000
부 채	30,000	8,000
자본금	30,000	7,000
이익잉여금	20,200	4,000
부채 · 자본총계	80,200	19,000
〈손익계산서〉		
매 출	40,000	10,000
매출원가	(24,000)	(6,000)
지분법이익	200	–
기타손익(순액)	(1,140)	(3,000)
당기순이익	4,800	1,000

(하향거래 미실현이익) 20X1년 중 甲회사는 乙회사에 상품 5,000원을 매출하였다. 甲회사의 매출총이익률은 40%이다. 乙회사는 甲회사로부터 매입한 상품 중 30%를 20X1년 말 재고자산으로 보유하다 20X2년 중 외부에 모두 판매하였다. 20X1년 말 甲회사의 연결재무제표작성을 위한 연결조정분개를 제시하시오.

해설 | 먼저 연결재무제표 작성 전 甲회사의 지분법 적용 방법을 살펴보자.

　　　20X1년 말 하향거래 미실현이익 = 5,000 × 40% × 30% = 600원

　　　20X1년 말 지분법이익 = 1,000 × 80% − 600 = 200원

　　　20X1년 말 투자주식 장부금액 = 8,000 + 200 = 8,200원이다. 연결조정분개는 다음과 같다.

　　① 20X1년 말 투자주식 장부금액을 20X1년 초의 금액으로 환원(기말 인식한 지분법이익 제거)

　　　　　　　지분법이익 200　|　투자주식 200

　　② 20X1년 초의 금액을 기준으로 종속기업 자본과 투자주식 상계제거

　　　　　　　종속기업 자본 10,000　|　투자주식　　8,000
　　　　　　　　　　　　　　　　　　비지배지분 2,000

　　③ 내부거래 및 하향거래 미실현이익 제거

　　　　　　　매　　출 5,000　|　매출원가　4,400
　　　　　　　　　　　　　　　　　재고자산　　600

　　④ 종속기업 당기순이익 중 비지배지분 대체

　　　　　　　이익잉여금 200　|　비지배지분 200

〈연결정산표〉

과목	20X1년		연결조정분개		연결재무제표
	甲회사	乙회사	차변	대변	
〈재무상태표〉					
재고자산	5,000	3,000		③600	7,400
투자주식	8,200	–		①200	–
				②8,000	
기타자산	67,000	16,000			83,000
영업권			–	–	–
자산총계	80,200	19,000			90,400
부채	30,000	8,000			38,000
자본금	30,000	7,000	②7,000		30,000
이익잉여금	20,200	4,000	②3,000		20,200
			④200		–
			5,200*	4,400*	
비지배지분				②2,000	2,200
				④200	
부채 · 자본총계	80,200	19,000	15,400	15,400	90,400
〈손익계산서〉					
매출	40,000	10,000	③5,000		45,000
매출원가	(24,000)	(6,000)		③4,400	(25,600)
지분법이익	200	–	①200		–
기타손익(순액)	(11,400)	(3,000)			(14,400)
당기순이익	4,800	1,000	5,200	4,400	5,000

※ 당기순손익 조정금액만큼 이익잉여금도 조정해 준다.
20X1년 말 연결당기순이익 = 4,800 + 1,000 × 20% = 5,000원
20X1년 말 비지배지분 장부금액 = 11,000(乙회사 기말자본) × 20% = 2,200원

[사례 4-4]

20X1년 초 甲회사는 乙회사의 주식 80%를 8,000원에 취득하여 지배기업이 되었다. 지배력 취득시점 乙회사의 순자산장부금액은 10,000원(자본금 7,000원, 이익잉여금 3,000원)이고 공정가치와 동일하다. 20X1년 말 두 기업의 재무제표는 다음과 같다.

과목	20X1년	
	甲회사	乙회사
〈재무상태표〉		
재고자산	5,000	3,000
투자주식	8,320	–
기타자산	67,000	16,000
자산총계	80,320	19,000
부 채	30,000	8,000
자본금	30,000	7,000
이익잉여금	20,320	4,000
부채·자본총계	80,320	19,000
〈손익계산서〉		
매 출	40,000	10,000
매출원가	(24,000)	(6,000)
지분법이익	320	–
기타손익(순액)	(1,140)	(3,000)
당기순이익	4,800	1,000

(상향거래 미실현이익)20X1년 중 乙회사는 甲회사에 상품 5,000원을 매출하였다. 乙회사의 매출총이익률은 40%이다. 甲회사는 乙회사로부터 매입한 상품 중 30%를 20X1년 말 재고자산으로 보유하다 20X2년 중 외부에 모두 판매하였다. 20X1년 말 甲회사의 연결재무제표작성을 위한 연결조정분개를 제시하시오.

해설 | 연결재무제표 작성 전 甲회사의 지분법 적용 방법은 다음과 같다.

　　　20X1년 말 상향거래 미실현이익=5,000×40%×30%=600원

　　　20X1년 말 지분법이익=(1,000−600)×80%=320원

　　　20X1년 말 투자주식 장부금액=8,000+320=8,320원이다. 연결조정분개는 다음과 같다.

　① 20X1년 말 투자주식 장부금액을 20X1년 초의 금액으로 환원(기말 인식한 지분법이익 제거)

　　　　　　　지분법이익 320　|　투자주식 320

　② 20X1년 초의 금액을 기준으로 종속기업 자본과 투자주식 상계제거

　　　　　　종속기업 자본 10,000　|　투자주식　8,000
　　　　　　　　　　　　　　　　　　비지배지분 2,000

　③ 내부거래 및 상향거래 미실현이익 제거

　　　　　　　매　출 5,000　|　매출원가 4,400
　　　　　　　　　　　　　　　　재고자산　600

　④ 종속기업 당기순이익 중 비지배지분 대체

　　　　　　　　이익잉여금 80　|　비지배지분 80

〈연결정산표〉

과목	20X1년		연결조정분개		연결재무제표
	甲회사	乙회사	차변	대변	
〈재무상태표〉					
재고자산	5,000	3,000		③600	7,400
투자주식	8,320	–		①320	–
				②8,000	
기타자산	67,000	16,000			83,000
영업권	–	–			–
자산총계	80,320	19,000			90,400
부 채	30,000	8,000			38,000
자본금	30,000	7,000	②7,000		30,000
이익잉여금	20,320	4,000	③3,000		20,320
			④80		
			5,320	4,400	
비지배지분				②2,000	2,080
				④80	
부채 · 자본총계	80,320	19,000	15,400	15,400	90,400
〈손익계산서〉					
매 출	40,000	10,000	③5,000		45,000
매출원가	(24,000)	(6,000)		③4,400	(25,600)
지분법이익	320	–	①320		–
기타손익(순액)	(11,400)	(3,000)			(14,400)
당기순이익	4,920	1,000	5,320	4,400	5,000

비지배지분 장부금액 = (7,000 + 4,000 − 600)(乙회사 기말자본) × 20% = 2,080

(3) 하향거래 미실현이익과 상향거래 미실현손익의 연결재무제표 금액 비교

구분	하향거래 미실현이익	상향거래 미실현이익
연결당기순이익	5,000	5,000
자산총계	90,400	90,400
자본금	30,000	30,000
이익잉여금	20,200	20,320
비지배지분	2,200	2,080

4. 유형자산의 내부거래 및 내부미실현이익의 제거

(1) 비상각자산의 내부미실현이익

(상황) 지배기업 甲회사가 보유하고 있던 장부금액 10,000원의 토지를 종속기업 乙회사에게 12,000원에 처분하였다. 이 경우 지배기업 개별재무제표에는 2,000원의 유형자산처분이익이 표시되고, 종속기업의 개별재무제표에는 토지가 12,000원으로 표시된다.

① 만일 종속기업이 당해 토지를 외부로 처분하였다면 내부거래이익은 모두 실현되었으므로 연결조정할 금액은 없다.

② 그러나, 종속기업이 당해 토지를 계속 보유하고 있다면 내부미실현이익이 발생하였으므로 다음과 같은 연결조정을 해야 한다.

(내부거래 발생연도)　　유형자산처분이익 2,000 ｜　토　　　지 2,000

토지의 경우 취득한 연도에 다시 매각되는 경우가 흔하지 않기 때문에 토지를 취득한 기업이 이를 ㉠ 연결실체의 외부로 판매하는 연도의 직전연도까지 연결재무제표 작성 시 계속해서 제거하는 연결조정을 해야 한다. 그리고 ㉡ 외부로 매각되는 연도의 연결재무제표 작성시 과년도 미실현이익을 실현시키는 연결조정분개를 한다.

㉠ 이익잉여금 2,000 ｜ 토　　　지　　　　 2,000
㉡ 이익잉여금 2,000 ｜ 유형자산처분이익 2,000

(2) 상각자산의 내부미실현이익

토지와 같은 비상각자산은 내부거래에서 취득한 기업이 외부로 처분하지 않는 이상 미실현이익은 실현되지 않는다. 반면 상각자산은 취득한 기업이 외부로 처분하지 않더라도 매년 미실현이익이 실현되는 특징이 있다. 예를 들어 20X1년 초에 지배기업이 보유하고 있던 장부금액 900원의 기계장치(잔존내용연수 3년, 잔존가치 없이 정액법 상각)를 종속기업에게 1,200원에 매각한 경우, 지배기업에는 300원의 유형자산처분이익이 인식되고 종속기업은 기계장치의 취득원가를 1,200원으로 인식하기 때문에 감가상각비 총액이 미실현이익 300원만큼 더 인식된다. 연결실체 입장에서 종속기업이 기계장치를 계속 보유하더라도 미실현이익 300원은 감가상각비를 통하여 3년 동안 매년 실현된다. 따라서 20X1년 제거해야 할 미실현이익은 지배기업의 유형자산처분이익과 종속기업의 추가감가상각비의 차액 200원이다.

〈감가상각자산 미실현이익 실현과정〉

연도	개별재무제표 영향		단순합산 결과 당기순손익의 영향
	지배기업 유형자산처분이익	종속기업 추가감가상각비	
20X1년	300	(100)	200
20X2년	-	(100)	(100)
20X3년	-	(100)	(100)
합　계	300	(300)	0

[사례 4-5]

20X1년 초 甲회사는 乙회사의 주식 80%를 8,000원에 취득하여 지배기업이 되었다. 지배력 취득시점 乙회사의 순자산장부금액은 10,000원(자본금 7,000원, 이익잉여금 3,000원)이고 공정가치와 동일하다. 20X1년 말 두 기업의 재무제표는 다음과 같고 감가상각누계액은 유형자산에 순액으로 표시되어 있다.

과목	20X1년	
	甲회사	乙회사
〈재무상태표〉		
유형자산	20,000	9,000
투자주식	8,350	–
기타자산	50,000	11,000
자산총계	78,350	20,000
부 채	35,000	9,000
자본금	30,000	7,000
이익잉여금	13,350	4,000
부채 · 자본총계	78,350	20,000
〈손익계산서〉		
매 출	40,000	9,000
매출원가	(28,000)	(7,000)
감가상각비	(6,000)	(1,200)
지분법이익	350	–
유형자산처분이익	1,000	600
기타손익(순액)	(2,000)	(400)
당기순이익	5,350	1,000

(상각자산 하향거래 미실현이익) 20X1년 초 甲회사는 乙회사에 장부금액 5,000원의 건물(잔존내용연수 10년, 잔존가치 없음, 정액법 상각)을 5,500원에 처분하고, 유형자산처분이익 500원을 인식하였다. 20X1년 말 현재 乙회사는 당해 건물을 계속 사용 중이다. 20X1년 말 甲회사의 연결재무제표작성을 위한 연결조정분개를 제시하시오.

해설 | 20X1년 하향거래 미실현이익 = 유형자산처분이익 − 추가감가상각비(실현이익 간주) = 500 − 50 = 450원
　　　20X1년 말 지분법이익 = 1,000×80% − 450 = 350원
　　　20X1년 말 투자주식 장부금액 = 8,000 + 350 = 8,350원
　　　연결조정분개는 다음과 같다.
　　　① 20X1년 말 투자주식 장부금액을 20X1년 초의 금액으로 환원(기말 인식한 지분법이익 제거)
　　　　　　　　　　지분법이익　350　|　투자주식　350
　　　② 20X1년 초의 금액을 기준으로 종속기업 자본과 투자주식 상계제거
　　　　　　　　　　종속기업 자본　10,000　|　투자주식　8,000
　　　　　　　　　　　　　　　　　　　　　　비지배지분　2,000
　　　③ 내부거래 및 하향거래 미실현이익 제거
　　　　　　　　　　유형자산처분이익　500　|　유형자산　　　500
　　　　　　　　　　감가상각누계액　　50　　감가상각비　　50

④ 종속기업 당기순이익 중 비지배지분 대체

이익잉여금 200 | 비지배지분 200

〈연결정산표〉

과목	20X1년		연결조정분개		연결재무제표
	甲회사	乙회사	차변	대변	
〈재무상태표〉					
유형자산	20,000	9,000	③50	③500	28,550
투자주식	8,350			①350	–
				②8,000	
기타자산	50,000	11,000			61,000
영업권					
자산총계	78,350	20,000			89,550
부 채	35,000	9,000			44,000
자본금	30,000	7,000	②7,000		30,000
이익잉여금	13,350	4,000	②3,000		13,350
			④200		
			850	50	
비지배지분				②2,000	2,200
				④200	
부채 · 자본총계	78,350	20,000	11,100	11,100	89,550
〈손익계산서〉					
매 출	40,000	9,000			49,000
매출원가	(28,000)	(7,000)			(35,000)
감가상각비	(6,000)	(1,200)		③50	(7,150)
지분법이익	350	–	①350		–
유형자산처분이익	1,000	600	③500		1,100
기타손익(순액)	(2,000)	(400)			(2,400)
당기순이익	5,350	1,000	850	50	5,550

연결재무상태표상 유형자산의 장부금액은 단순합산 금액에서 하향거래 미실현이익을 차감한 금액이다. 연결손익계산서의 감가상각비는 당해 추가된 감가상각비 50원을 차감한 금액이다.

[사례 4-6]

20X1년 초 甲회사는 乙회사의 주식 80%를 8,000원에 취득하여 지배기업이 되었다. 지배력 취득시점 乙회사의 순자산장부금액은 10,000원(자본금 7,000원, 이익잉여금 3,000원)이고 공정가치와 동일하다. 20X1년 말 두 기업의 재무제표는 다음과 같고 감가상각누계액은 유형자산에 순액으로 표시되어 있다.

과목	20X1년	
	甲회사	乙회사
〈재무상태표〉		
유형자산	20,000	9,000
투자주식	8,440	–
기타자산	50,000	11,000
자산총계	78,440	20,000
부 채	35,000	9,000
자본금	30,000	7,000
이익잉여금	13,440	4,000
부채 · 자본총계	78,440	20,000
〈손익계산서〉		
매 출	40,000	9,000
매출원가	(28,000)	(7,000)
감가상각비	(6,000)	(1,200)
지분법이익	350	–
유형자산처분이익	1,000	600
기타손익(순액)	(2,000)	(400)
당기순이익	5,350	1,000

(상각자산 상향거래 미실현이익) 20X1년 초 乙회사는 甲회사에 장부금액 5,000원의 건물(잔존내용연수 10년, 잔존가치 없음, 정액법 상각)을 5,500원에 처분하고, 유형자산처분이익 500원을 인식하였다. 20X1년 말 현재 甲회사는 당해 건물을 계속 사용 중이다. 20X1년 말 甲회사의 연결재무제표작성을 위한 연결조정분개를 제시하시오.

해설 | 20X1년 상향거래 미실현이익 = 유형자산처분이익 − 추가감가상각비(실현이익 간주) = 500 − 50 = 450원

20X1년 말 지분법이익 = (1,000 − 450) × 80% = 440원

20X1년 말 투자주식 장부금액 = 8,000 + 350 = 8,440원

연결조정분개는 다음과 같다.

① 20X1년 말 투자주식 장부금액을 20X1년 초의 금액으로 환원(기말 인식한 지분법이익 제거)

지분법이익 440 | 투자주식 440

② 20X1년 초의 금액을 기준으로 종속기업 자본과 투자주식 상계제거

종속기업 자본 10,000 | 투자주식 8,000
비지배지분 2,000

③ 내부거래 및 상향거래 미실현이익 제거

유형자산처분이익 500 | 유형자산 500
감가상각누계액 50 | 감가상각비 50

④ 종속기업 당기순이익 중 비지배지분 대체

이익잉여금 110 | 비지배지분 110

〈연결정산표〉

과목	20X1년		연결조정분개		연결재무제표
	甲회사	乙회사	차변	대변	
〈재무상태표〉					
유형자산	20,000	9,000	③50	③500	28,550
투자주식	8,440			①440	–
				②8,000	
기타자산	50,000	11,000			61,000
영업권					
자산총계	78,440	20,000			89,550
부 채	35,000	9,000			44,000
자본금	30,000	7,000	②7,000		30,000
이익잉여금	13,440	4,000	②3,000		13,440
			④110		
			940	50	
비지배지분				②2,000	2,110
				④110	
부채 · 자본총계	78,440	20,000	11,100	11,100	89,550
〈손익계산서〉					
매 출	40,000	9,000			49,000
매출원가	(28,000)	(7,000)			(35,000)
감가상각비	(6,000)	(1,200)		③50	(7,150)
지분법이익	350	–	①440		–
유형자산처분이익	1,000	600	③500		1,100
기타손익(순액)	(2,000)	(400)			(2,400)
당기순이익	5,350	1,000	940	50	5,550

[01~02]

㈜시흥은 20X1년 초에 ㈜광명의 주식 100%를 취득하여 지배기업이 되었다. 20X1년 중 두 회사 간에 내부거래가 발생하였고 관련 자료와 20X1년 말 두 기업 개별재무제표는 다음과 같다.

내부거래자료		
구분	㈜시흥	㈜광명
매출액	200,000원	60,000원
매출총이익률	40%	45%

개별재무제표		
과목	㈜시흥	㈜광명
매출액	1,200,000원	400,000원
매출원가	720,000원	220,000원
기말상품	160,000원	40,000원

01 매입기업이 당해 내부거래에서 매입한 상품을 모두 외부로 판매한 경우 20X1년도 연결재무제표에 표시될 매출액, 매출원가 및 기말재고는 각각 얼마인가?

	매출액	매출원가	기말재고
①	1,600,000원	940,000원	200,000원
②	1,600,000원	787,000원	200,000원
③	1,340,000원	680,000원	200,000원
④	1,340,000원	680,000원	160,000원
⑤	1,340,000원	787,000원	160,000원

정답 | ③
해설 | 내부거래미실현이익이 모두 실현되었으므로 내부거래 수익(매출)과 비용(매출원가)의 상계제거만 연결조정한다.
매출액 = 1,200,000 + 400,000 − (시흥)200,000 − (광명)60,000 = 1,340,000원
매출원가 = 720,000 + 220,000 − (시흥)60,000 − (광명)200,000 = 680,000원
기말재고 = 160,000 + 40,000 = 200,000원

02 매입기업이 당해 내부거래에서 매입한 상품 중 30%를 20X1년 기말상품으로 보유하고 있는 경우 20X1년도 연결재무제표에 표시될 매출액, 매출원가 및 기말재고는 각각 얼마인가?

	매출액	매출원가	기말재고
①	1,340,000원	712,100원	167,900원
②	1,600,000원	647,900원	167,900원
③	1,340,000원	751,900원	167,900원
④	1,600,000원	790,000원	200,000원
⑤	1,340,000원	822,100원	200,000원

정답 | ①

해설 | 내부미실현이익 = 200,000 × 40% × 30% + 60,000 × 45% × 30% = 32,100원, 내부미실현이익만큼 판매되지 않았으므로 증가된 당기순이익을 감소시키기 위하여 매출원가를 증가시키고, 기말상품을 차감조정한다.

매출액 = 1,200,000 + 400,000 − (시흥)200,000 − (광명)60,000 = 1,340,000원

매출원가 = 720,000 + 220,000 − (시흥)60,000 − (광명)200,000 + 32,100 = 712,100원

기말재고 = 160,000 + 40,000 − 32,100 = 167,900원

[03~04]

㈜서울은 20X1년 초에 ㈜대한의 주식 80%를 취득하여 지배기업이 되었다. 20X1년 중 두 회사 간에 내부 거래가 발생하였고 관련 자료와 20X1년 말 두 기업 개별재무제표는 다음과 같다. 두 회사는 당해 내부거래 에서 매입한 상품 중 20%를 20X1년 기말상품으로 보유하고 있다.

내부거래자료		
구분	㈜서울	㈜대한
매출액	200,000원	50,000원
매출총이익률	30%	40%

개별재무제표		
과목	㈜서울	㈜대한
매출액	800,000원	100,000원
매출원가	520,000원	60,000원
기말상품	90,000원	20,000원

03 20X1년도 연결재무제표에 표시될 매출액, 매출원가 및 기말재고는 각각 얼마인가?

	매출액	매출원가	기말재고
①	650,000원	314,000원	94,000원
②	650,000원	346,000원	94,000원
③	900,000원	314,000원	126,000원
④	650,000원	426,000원	94,000원
⑤	900,000원	426,000원	126,000원

정답 | ②
해설 | 내부미실현이익 = 200,000 × 30% × 20% + 50,000 × 40% × 20% = 16,000원
　　　매출액 = 800,000 + 100,000 − (서울)200,000 − (대한)50,000 = 650,000원
　　　매출원가 = 520,000 + 60,000 − (서울)50,000 − (대한)200,000 + 16,000 = 346,000원
　　　기말재고 = 90,000 + 20,000 − 16,000 = 94,000원

04 20X1년 말 ㈜대한의 개별재무상태상 순자산장부금액(공정가치와 동일)이 300,000원일 경우 20X1년 말 연결재무상표에 표시될 비지배지분은 얼마인가?

① 56,400원　　　　　　　　　　② 57,200원
③ 59,200원　　　　　　　　　　④ 60,000원
⑤ 60,800원

정답 | ③
해설 | 비지배지분 = (종속기업 순자산장부금액 − 상향거래 미실현이익) × 비지배지분율
　　　　　　 = (300,000 − 50,000 × 40% × 20%) × 20% = 59,200원

[05~06]

㈜백두는 20X1년 초에 ㈜한라의 주식 80%를 165,000원에 취득하여 지배기업이 되었다. 지배력 취득시점 ㈜한라의 순자산장부금액은 200,000원이고 공정가치와 동일하다. 20X1년 중 두 회사 간의 내부거래 자료는 다음과 같다. ㈜한라의 20X1년 당기순이익은 15,000원이고, ㈜백두는 영업권을 5년 동안 정액법으로 상각한다.

내부거래자료		
구분	㈜백두	㈜한라
매출액	10,000원	50,000원
매출총이익률	30%	30%
기말재고 보유율	20%	10%

05 20X1년 연결당기순이익 하단에 표시될 비지배지분순이익은 얼마인가?

① 1,600원
② 2,100원
③ 2,200원
④ 2,580원
⑤ 2,700원

정답 | ⑤
해설 | 상향거래 미실현이익 = 50,000 × 30% × 10% = 1,500원
비지배지분순이익 = (종속기업 당기순이익 − 상향거래 미실현이익) × 비지배지분 지분율
= (15,000 − 1,500) × 20% = 2,700원

06 20X1년 말 연결재무상태표에 표시될 비지배지분은 얼마인가??

① 39,700원
② 42,100원
③ 42,580원
④ 42,700원
⑤ 43,000원

정답 | ④
해설 | 20X1년 말 종속기업순자산 = 기초순자산 + 당기순이익 − 상향거래 미실현이익
= 200,000 + 15,000 − 1,500 = 213,500원
20X1년 말 연결재무상태표상 비지배지분 = 20X1년 말 종속기업순자산 × 비지배지분율
= 213,500 × 20% = 42,700원

07 ㈜한국은 20X1년 초에 ㈜대한의 주식 80%를 취득하고 지배력을 획득하면서 동사가 보유 중인 장부금액 100,000원(잔존내용연수 5년, 잔존가치 0, 정액법 상각)의 기계장치를 ㈜대한에게 120,000원에 처분하였다. ㈜대한은 20X1년 말 현재 당해 기계장치를 사용하고 있다. 20X1년 두 기업의 개별재무제표상 기계장치 관련 사항은 다음과 같다. 20X1년 말 연결재무제표에 표시될 기계장치 장부금액, 감가상각비, 그리고 유형자산처분이익은 얼마인가?

구분	㈜한국	㈜대한
기계장치 장부금액	450,000원	200,000원
감가상각비	58,000원	40,000원
유형자산처분이익	30,000원	–

	기계장치 장부금액	감가상각비	유형자산처분이익
①	630,000원	94,000원	10,000원
②	634,000원	98,000원	10,000원
③	630,000원	98,000원	26,000원
④	634,000원	94,000원	10,000원
⑤	650,000원	94,000원	26,000원

정답 | ④

해설 | 연결조정분개는 다음과 같다.

유형자산처분이익 20,000 | 유형자산 20,000
감가상각누계액 4,000 | 감가상각비 4,000 ← 20,000원/5년

따라서 기계장치 장부금액은 제거한 유형자산만큼 차감하고, 내부거래로 증가한 감가상각비를 제거했으므로 대응하는 감가상각누계액이 감소하고 기계장치 장부금액은 그만큼 증가한다.

기계장치 장부금액 = (450,000 + 200,000) − 20,000 + 4,000 = 634,000원
감가상각비 = (58,000 + 40,000) − 4,000 = 94,000원
유형자산처분이익 = 30,000 − 20,000 = 10,000원

05 합병회계

출제 포인트 ■ ■
- 합병의 회계처리 방법의 이해
- 영업권과 염가매수차익의 계산
- 합병과 연결의 동질성에 대한 이해

1. 합병형태의 사업결합

(1) 합병의 의의

① 합병은 취득기업이 피취득기업의 지분을 취득하는 것이 아니라 자산과 부채를 취득·인수하는 것을 말한다. 따라서 피취득기업의 법적실체가 소멸한다는 점에서 연결형태의 사업결합과 다르다.

② 합병의 형태

합병의 형태는 흡수합병과 신설합병이 있는데, 두 경우 모두 피합병회사(乙는 회사)의 법적실체가 소멸한다. 신설합병의 경우에는 합병회사(甲회사)의 법적실체도 소멸한다.

㉠ 흡수합병 : 합병회사로 존속하는 경우

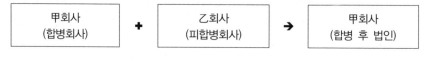

㉡ 신설합병 : 합병 후 새로운 회사로 존속하는 경우

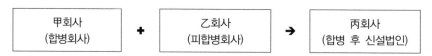

(2) 일반기업회계기준에서 '사업결합'

일반기업회계기준에서 사업결합으로 회계처리를 하기 위해서는 취득자산과 부채가 사업결합의 정의를 충족해야 한다. 즉 취득자산과 부채가 '사업(business)'을 구성해야 한다.

① 사업이란 투입물과 그러한 투입물에 적용되어 산출물을 창출할 수 있는 과정으로 구성된다.

② 따라서 취득한 자산집단이 사업이라면 사업결합 회계처리를 하고, 사업이 아니라면 당해 자산들의 상대적 공정가치에 비례하여 일괄취득금액을 배분하는 회계처리를 하게 된다.

2. 합병의 회계처리

(1) 회계처리 방법

합병의 회계처리 방법에는 한 기업이 다른 기업을 취득하는 거래로 보는 취득법과 대상기업들의 소유주 지분이 통합되는 거래로 보는 지분통합법이 있다. 일반기업회계기준과 한국채택국제회계기준에서는 취득법으로 회계처리한다. 이 방법을 적용하면 앞서 연결회계에서 설명했던 영업권과 염가매수차익이 인식된다.

① 이전대가가 인수한 자산·부채의 순액보다 큰 경우 그 초과지급액을 영업권으로 인식

$$\begin{array}{ll} \text{자 산 XXX} & \text{| 부 채 XXX} \\ \text{영업권 XXX} & \text{자본금등 XXX} \end{array}$$

② 이전대가가 인수한 자산·부채의 순액보다 작은 경우 그 차액을 염가매수차익으로 인식

$$\begin{array}{ll} \text{자 산 XXX} & \text{| 부 채 XXX} \\ & \text{자본금등 XXX} \\ & \text{염가매수차익 XXX} \end{array}$$

③ 합병회계처리와 연결회계처리의 차이점
- ㉠ 합병의 경우 취득자가 피취득자로부터 자산·부채를 취득·인수하면서 이전대가를 지급하는 거래를 취득자의 개별재무제표에 반영한다.
- ㉡ 그러나 연결회계의 경우 취득자(지배기업)가 피취득자(종속기업)의 발행주식을 취득하는 거래만 취득자의 개별재무제표에 반영하고, 추가로 연결재무제표를 작성한다.

④ 취득법 적용절차
- ㉠ 취득자의 식별 및 취득일의 결정
- ㉡ 취득자산과 인수부채의 인식과 측정
- ㉢ 이전대가의 측정
- ㉣ 영업권 또는 염가매수차익의 측정

(2) 취득자의 식별과 취득일의 결정

① 실무상 합병 후 존속법인이 좀 더 유리한 재무구조를 갖도록 하거나 우회상장을 위해서 역합병을 시도하기도 한다. 이 경우 법적 취득자가 합병기업임에도 회계적으로는 피합병기업을 취득자로 보고 회계처리한다.

② 피취득자의 소유주에게 취득자가 신주를 발행하여 교부하면서 피취득자의 소유주가 갖고 있던 피취득자의 주식을 반환받는 형태인 지분교환에 의한 사업결합의 경우 합병이 이루어지면 피취득자는 법적으로 소멸하므로 피취득자로부터 반환받은 주식도 소멸한다.

③ 취득일은 피취득자에 대한 지배력을 획득한 날로 통상 다음에 해당하는 날을 말한다.
- ㉠ 취득자가 이전대가를 지급하고 자산·부채를 취득·인수한 날의 종료일
- ㉡ 만일 그 종료일보다 이르거나 늦은 날 지배력을 획득한다면 지배력을 획득한 날

〈취득자의 식별〉

사업결합유형 또는 참여기업특성	취득자
주로 현금이나 그 밖의 자산을 이전하거나 부채를 부담하여 이루어지는 사업결합	현금이나 그 밖의 자산을 이전하는 기업 또는 부채를 부담하는 기업
자산, 수익 또는 이익 등 상대적 크기	상대적으로 크기가 유의적으로 큰 결합참여기업
기업이 셋 이상 포함된 사업결합	결합참여기업의 상대적 크기뿐만 아니라 결합참여기업 중 어느 기업이 결합을 제안하였는지도 고려하여 결정
사업결합을 추진하기 위하여 새로운 기업이 지분을 발행하여 설립된 경우	사업결합 전에 존재하였던 결합참여기업 중 한 기업을 '지침'을 활용하여 취득자를 식별. 만일 새로운 기업이 현금이나 그 밖의 자산을 이전하거나 부채를 부담할 경우 취득자가 될 수 있음

〈지분교환의 사업결합 시 취득자의 식별〉

고려요소	취득자
사업결합 후 결합기업에 대한 상대적 의결권	통상 결합참여기업 소유주 중 결합기업에 대한 의결권이 가장 큰 부분을 보유하거나 수취하는 소유주가 속한 결합참여기업
특정 소유주 또는 조직화된 소유주집단이 주요한 의결지분을 갖지 않는 경우 결합기업에 대하여 상대적으로 큰 소수의결지분의 존재	취득자는 보통 결합기업에 대하여 가장 큰 소수의결지분을 보유하고 있는 단일 소유주 또는 소유주의 조직화된 집단이 속한 결합참여기업
결합기업의 의사결정기구의 구성	취득자는 보통 결합기업 의사결정기구의 구성원 과반수를 지명 또는 임명하거나 해임할 수 있는 능력을 보유하고 있는 소유주가 속한 결합참여기업
결합기업 경영진의 구성	결합기업 경영진 대부분이 결합참여기업의 이전 경영진으로 구성되는 경우 취득자는 보통 그 경영진이 속한 결합참여기업
지분교환의 조건	취득자는 보통 다른 결합참여기업이나 기업들의 지분에 대하여 결합 전 공정가치를 초과하는 할증금을 지급해야 하는 결합참여기업

(3) 식별 가능 자산·부채의 인식과 측정

취득법을 적용하기 위해서는 식별 가능한 취득자산과 인수부채가 취득일에 자산과 부채의 정의를 충족해야 한다.

① 인식원칙

    ㉠ 미래에 발생할 것으로 예상되지만 의무가 아닌 원가는 취득일의 부채가 아니다.

        • 피취득자의 영업활동 종료, 고용관계 종료 또는 재배치 등에 관한 계획의 실행에 의하여 발생할 것으로 예상은 되지만 의무는 아니므로 부채가 아니다.

    ㉡ 피취득자가 재무제표에 인식하지 않은 자산·부채도 취득자 입장에서 식별 가능하다면 취득자산과 인수부채가 될 수 있다.

        • 피취득자가 보유하는 기계장치의 장부금액이 0이라도 취득자가 이를 식별하고 공정가치를 측정할 수 있다면 취득자산에 포함할 수 있다.

        • 피취득자가 비용으로 인식한 연구비 지출액이 취득자의 관점에서 식별 가능하다면 취득자산(무형자산)에 포함할 수 있다.

    ㉢ 운용리스 계약에 따라 자산을 이용하고 있던 피취득자를 합병하려는 경우 취득자는 운용리스 조건이 시장조건에 비하여 유리하다면 무형자산을 인식하고, 불리하다면 부채를 인식한다.

② 취득일 현재 식별 가능하지 않은 피취득자의 무형자산을 취득했다면 이는 분리하여 표시할 수 없으므로 영업권에 포함하여 인식한다. 또한 취득일에 자산의 요건을 충족하지 못한 항목에 귀속될 만한 가치가 있는 경우에도 그 가치를 분리하여 표시할 수 없으므로 영업권에 포함하여 인식한다.

② 인식원칙의 예외

취득자산과 인수부채에 대해서 식별 가능해야 한다는 인식원칙을 항상 적용해야 하는 것은 아니다.

③ 취득자는 피취득자가 부채로 인식하지 않은 우발부채에 대해서 그것이 과거사건에서 발생한 현재의 의무이고 공정가치를 신뢰성 있게 측정할 수 있다면 취득일에 식별 가능한 부채로 인식한다.

④ 즉 의무이행을 위한 경제적 효익의 유출 가능성이 매우 높지 않더라도 취득자는 사업결합과정에서 우발부채를 부채로 인식할 수 있다.

③ 측정원칙

③ 취득자는 식별 가능한 취득자산과 인수부채를 취득일 공정가치로 인식한다.

④ 취득일 현재 사업결합에서 취득일의 공정가치로 측정된 취득자산에 대하여 별도의 평가충당금을 인식하지는 않는다(미래현금흐름의 불확실성을 공정가치 측정에 포함하였기 때문).

© 식별 가능한 자산·부채 모두를 공정가치로 측정하는 것은 아니다. 사업결합과정에서 발생하는 법인세 및 종업원 급여와 관련된 자산·부채는 일반기업회계기준에 따라 측정한다.

(4) 이전대가의 측정

이전대가는 취득자의 지분상품이나 현금 등 자산 또는 부담하는 부채의 공정가치로 측정한다.

① 취득일에 장부금액과 공정가치가 다른 자산·부채가 이전대가에 포함되는 경우 취득자는 이전된 자산부채를 취득일 현재의 공정가치로 재측정하고 차손익이 있다면 당기손익으로 인식한다.

② 그러나 이전된 자산·부채가 사업결합 후 여전히 결합기업에 남아 있고, 취득자가 그에 대한 통제를 계속 보유한다면 그 자산·부채는 취득일 직전의 장부금액으로 측정하고 차손익을 인식하지 않는다.

(5) 영업권 및 염가매수차익의 인식과 측정

① 영업권

③ 이전대가가 취득자산 및 인수부채보다 많다면 그 차액을 영업권(무형자산)으로 인식하고 20년 이내의 기간 동안 정액법으로 상각한다.

④ 영업권은 매 결산기에 회수 가능액으로 평가하고 회수 가능액이 장부금액에 중요하게 미달하는 경우에는 영업권손상차손을 인식한다. 손상된 영업권은 추후 환입할 수 없다.

② 염가매수차익

③ 이전대가가 취득자산 및 인수부채보다 적다면 그 차액을 염가매수차익으로 하여 취득일에 당기손익으로 인식한다.

④ 취득자는 염가매수차익을 인식하기 전에 모든 취득자산과 인수부채가 정확하게 식별되었는지 재검토하고, 재검토에서 식별된 추가자산이나 부채가 있다면 이를 인식해야 한다.

(6) 취득관련원가의 회계처리

① 취득자가 사업결합을 위하여 발생시킨 취득관련원가(중개수수료, 자문·법률·회계·가치평가·컨설팅 등 수수료와 일반관리원가 등)는 해당 기간 비용으로 처리한다.

② 다만 채무증권과 지분증권의 발생원가는 발행가액에서 차감(자본잉여금에서 조정)한다.

> **Key Point!**
> ※ 취득관련원가가 있더라도 영업권이나 염가매수차익에는 영향을 미치지 않는다.

(7) 잠정금액

① 사업결합에 대한 최초의 회계처리가 사업결합이 발생한 보고기간 말까지 완료되지 못한다면, 취득자는 회계처리가 완료되지 못한 항목의 잠정금액을 재무제표에 보고한다.

② 잠정금액으로 인식한 항목의 공정가치를 이후에 조정할 수 있는 측정기간은 취득일부터 1년을 초과할 수 없다.

[사례 5 - 1]

20X1년 초 甲회사는 乙회사를 합병하였다. 취득일 현재 두 회사의 재무상태표는 다음과 같다. 甲회사는 이전대가로 甲회사의 주식(액면 100원, 공정가치 150원) 20주를 발행·교부하였다.

구분	甲회사	乙회사	
		장부금액	공정가치
자 산	25,000원	5,000원	6,000원
부 채	15,000원	3,000원	3,250원
자본금	7,500원	1,000원	
자본잉여금	1,000원	250원	
이익잉여금	1,500원	750원	

① 취득관련원가가 없는 경우 합병분개와 사업결합 후 재무상태표를 제시하시오.

해설 |

(합병분개)	자 산 6,000	부 채	3,250
	영업권 250	자본금	2,000
		자본잉여금	1,000

영업권 = 이전대가(150원×20주) − 취득자산·부채 공정가치 순액(6,000원 − 3,250원) = 250원

이전대가 3,000원은 액면 상당액 2,000원은 자본금으로 인식되고, 액면 초과금 1,000원은 자본잉여금으로 인식된다. 乙회사의 순자산을 인식하여 투자주식과 상계제거하는 연결회계와 다른 것처럼 보이나 자산과 부채를 공정가치 순액으로 인식하고 이전대가와 차액을 영업권으로 인식하므로 결국 같은 논리이다. 여기서는 취득자가 지분증권을 발행했기 때문에 그에 해당하는 자본금과 자본잉여금이 인식되었을 뿐이다.

〈사업결합 후 재무상태표〉

과목	사업결합 전 甲회사	합병분개 차변	합병분개 대변	사업결합 후
자 산	25,000	6,000		31,000
영업권	–	250		250
자산총계	25,000			31,250
부 채	15,000		3,250	18,250
자본금	7,500		2,000	9,500
자본잉여금	1,000		1,000	2,000
이익잉여금	1,500			1,500
부채 · 자본총계	25,000	6,250	6,250	31,250

② 취득관련 중개수수료 100원과 주식발행비용 50원이 발생한 경우 합병분개와 사업결합 후 재무상태표를 제시하시오.

해설ㅣ 취득관련원가는 영업권에 영향이 없으므로 합병분개는 동일하다.

```
(합병분개)    자 산 6,000  |  부 채      3,250
             영업권  250     자본금      2,000
                             자본잉여금 1,000

(취득관련원가)  수수료비용 100  |  현 금 150
             자본잉여금  50*
```

* 주식발행원가는 발행가액에서 차감하므로 자본잉여금(주식발행초과금)을 차감한다.

〈사업결합 후 재무상태표〉

과목	사업결합 전 甲회사	합병분개 차변	합병분개 대변	사업결합 후
자 산	25,000	6,000	150	30,850
영업권	–	250		250
자산총계	25,000			31,100
부 채	15,000		3,250	18,250
자본금	7,500		2,000	9,500
자본잉여금	1,000	50	1,000	1,950
이익잉여금	1,500	100*		1,400
부채 · 자본총계	25,000	6,400	6,400	31,100

* 수수료비용은 당기손익을 감소시켜 이익잉여금에 영향을 미치므로 이익잉여금에서 차감조정한다.

[사례 5-2]

20X1년 초 甲회사는 乙회사를 합병하였다. 취득일 현재 두 회사의 재무상태표는 다음과 같다. 甲회사는 이전대가로 甲회사의 주식(액면 100원, 공정가치 125원) 20주를 발행·교부하였다.

구분	甲회사	乙회사	
		장부금액	공정가치
자 산	25,000원	5,000원	6,000원
부 채	15,000원	3,000원	3,250원
자본금	7,500원	1,000원	
자본잉여금	1,000원	250원	
이익잉여금	1,500원	750원	

① 취득관련원가가 없는 경우 합병분개와 사업결합 후 재무상태표를 제시하시오.

해설ㅣ

(합병분개) 자 산 6,000 ㅣ 부 채 3,250
  자본금 2,000
  자본잉여금 500
(6,000원 - 3,250원) - (125원 × 20주) → 염가매수차익 250

〈사업결합 후 재무상태표〉

과목	사업결합 전	합병분개		사업결합 후
	甲회사	차변	대변	
자 산	25,000	6,000		31,000
영업권	–	–	–	–
자산총계	25,000			31,000
부 채	15,000		3,250	18,250
자본금	7,500		2,000	9,500
자본잉여금	1,000		500	1,500
이익잉여금	1,500		250*	1,750
부채·자본총계	25,000	6,000	6,000	31,000

* 염가매수차익은 당기손익을 증가시켜 이익잉여금에 영향을 미치므로 이익잉여금에서 가산조정한다.

② 재검토 결과 추가로 인식할 부채 100원이 확인된 경우 합병분개와 사업결합 후 재무상태표를 제시하시오.

해설ㅣ

(합병분개) 자 산 6,000 ㅣ 부 채 3,350
  자본금 2,000
  자본잉여금 500
(6,000원 - 3,350원) - (125원 × 20주) → 염가매수차익 150

<사업결합 후 재무상태표>

과목	사업결합 전 甲회사	합병분개 차변	합병분개 대변	사업결합 후
자 산	25,000	6,000		31,000
영업권	–	–	–	–
자산총계	25,000			31,000
부 채	15,000		3,350	18,350
자본금	7,500		2,000	9,500
자본잉여금	1,000		500	1,500
이익잉여금	1,500		150	1,650
부채·자본총계	25,000	6,000	6,000	31,000

Key Point!
※ 합병은 취득법에 따라 피취득자의 자산·부채를 취득·인수하는 거래이므로 피취득자의 자본잉여금이나 이익잉여금은 취득자에게 이전되지 않는다.
※ 사업결합 전후 자본잉여금 변동은 이전대가로 발행한 주식의 공정가치가 액면금액을 초과하는 경우에 발생한다.
※ 사업결합 전후 이익잉여금 변동은 당기비용으로 인식하는 취득관련원가가 발생하거나 염가매수차익이 발생하는 경우에만 변동한다.

3. 합병과 연결의 동질성

합병과 연결은 모두 사업결합에 해당하므로 본질적으로 차이가 없다. 다음 사례를 보자.

[사례 5-3]

사업결합 직전 취득자인 甲회사와 피취득자인 乙회사의 재무상태는 아래와 같다.

구분	甲회사	乙회사 장부금액	乙회사 공정가치
자 산	10,000원	750원	800원
부 채	5,000원	250원	250원
자본금	3,000원	350원	
이익잉여금	2,000원	150원	

甲회사가 乙회사를 합병하면서 이전대가로 650원을 지급한 경우와 甲회사가 乙회사의 지분 100%를 650원에 취득하여 지배력을 획득한 경우 ① 취득일의 회계처리와 ② 취득 직후 재무상태표를 제시하시오.

① 취득일의 회계처리

해설 |

```
(합병)      자 산  800 | 부 채  250
            영업권  100   현 금  650
(지분취득)  자 본  500 | 투자주식  650
            자 산   50*
            영업권  100
```

* 순자산(자본)의 장부금액보다 공정가치(자산 공정가치 – 부채 공정가치)가 50원 더 많기 때문에 자산의 장부금액을 공정가치로 조정한다.

② **취득 직후 재무상태표**

해설 |

〈합병 후 재무상태표〉

과목	사업결합 전 甲회사	합병분개 차변	합병분개 대변	사업결합 후
자 산	10,000	800	650	10,150
영업권		100		100
자산총계	10,000			10,250
부 채	5,000		250	5,250
자본금	3,000			3,000
이익잉여금	2,000			2,000
부채 · 자본총계	10,000	900	900	10,250

〈연결재무상태표〉

과목	甲회사	乙회사	연결조정분개 차변	연결조정분개 대변	사업결합 후
자 산	9,350**	750	50		10,150
투자주식	650	–		650	–
영업권		–	100		100
자산총계	10,000	750			10,250
부 채	5,000	250			5,250
자본금	3,000	350	350		3,000
이익잉여금	2,000	150	150		2,000
부채 · 자본총계	10,000	750	650	650	10,250

** 투자주식 취득 시 현금 등의 자산이 유출되었으므로 투자주식 취득금액만큼 자산을 차감조정한다.
결과적으로 합병 직후 재무상태표와 연결재무제표의 결과는 동일하다.

> **Key Point!**
> ※ 연결재무제표를 분석할 때 연결종속기업의 범위가 변동되더라도 사업부의 신설이나 매각으로 간주하고 기간별 분석을 한다.
> ※ 따라서 합병거래가 발생한 회계기간의 재무제표도 사업부를 신설한 것으로 보아 전기재무제표와 비교분석하면 된다.

01 합병으로 인한 사업결합 시 취득관련원가는 영업권이나 염가매수차 익에 반영한다. ☐○☐×

×
취득관련원가는 당기손익 으로 한다.

02 합병거래에서 이전대가는 취득자가 지급한 자산·부채 또는 지분상 품의 공정가치로 측정한다. ☐○☐×

○

03 합병거래에서 피취득자의 재무상태표에 계상되어 있지 않은 자산· 부채는 식별 가능한 자산 또는 부채에 포함될 수 없다. ☐○☐×

×
포함될 수 있다.

04 합병거래에서 피취득자의 운용리스계약에 대해서서 시장조건보다 유 리하면 무형자산을 인식할 수 있다. ☐○☐×

○

05 피취득자의 우발부채에 대해서 미래 자원의 유출 가능성이 높지 않더 라도 금액을 신뢰성 있게 측정할 수 있다면 취득자는 우발부채를 식별 가능한 부채로 인식할 수 있다. ☐○☐×

○

06 합병거래에서 사업결합을 추진하기 위하여 새로운 기업이 지분을 발 행하여 설립된 경우에는 그 지분을 발행한 기업을 취득자로 본다. ☐○☐×

×
식별지침을 활용하여 결합 참여기업 중 하나를 취득자 로 한다.

07 합병거래에서 지분교환을 통하여 이루어지는 사업결합에서는 사업결 합 후 결합기업에 대한 상대적 의결권을 가장 많이 보유하는 기업을 취득자로 한다. ☐○☐×

○

[01~02]

㈜진주는 20X1년 중 ㈜설악의 식별 가능한 자산·부채를 취득·인수하는 사업결합을 하였다. ㈜진주는 사업결합의 이전대가로 ㈜진주의 주식(액면 1,000원, 공정가치 1,625원) 16주를 발행·교부하였다. 취득일 현재 두 기업의 재무상태표는 다음과 같다.

(단위 : 원)

구분	㈜진주	㈜설악	
		장부금액	공정가치
자　　산	100,000	40,000	46,000
부　　채	52,000	22,000	24,000
자　본　금	30,000	10,000	
자본잉여금	4,000	2,000	
이익잉여금	14,000	6,000	

01 취득일에 ㈜진주가 인식해야 할 영업권 또는 염가매수차익은 얼마인가?

① 영업권 2,000원
② 영업권 4,000원
③ 영업권 8,000원
④ 염가매수차익 2,000원
⑤ 염가매수차익 6,000원

정답 | ②
해설 | 영업권 = 이전대가의 공정가치 − 피취득자 순자산공정가치 = 26,000 − 22,000 = 4,000원

02 사업결합 직후 ㈜진주의 자본잉여금과 이익잉여금은 각각 얼마인가?

① 자본잉여금 4,000원, 이익잉여금 14,000원
② 자본잉여금 4,000원, 이익잉여금 20,000원
③ 자본잉여금 6,000원, 이익잉여금 14,000원
④ 자본잉여금 14,000원, 이익잉여금 14,000원
⑤ 자본잉여금 14,000원, 이익잉여금 20,000원

정답 | ④

해설 |

피취득자 순자산 공정가치	22,000	자본금	16,000
영업권	4,000	자본잉여금	10,000

자산·부채를 인수했으므로 자본은 승계되지 않는다. 따라서 자본잉여금 = 4,000 + 10,000 = 14,000원이고 이익잉여금은 14,000원이다.

03 ㈜甲회사는 20X1년 중 ㈜乙회사를 합병하였다. ㈜乙회사의 순자산장부금액은 60,000원, 공정가 치는 80,000원이고, ㈜甲회사는 이전대가로 ㈜甲회사의 주식(액면총액 64,000원, 공정가치 90,000원)을 발행하여 교부하였다. ㈜甲회사가 취득일에 인식할 영업권은 얼마인가?

① 10,000원   ② 16,000원

③ 20,000원   ④ 26,000원

⑤ 30,000원

정답 | ①

해설 | 영업권 = 이전대가의 공정가치 – 피취득자 순자산공정가치 = 90,000 – 80,000 = 10,000원

피취득자 순자산 공정가치	80,000	자본금	64,000
영업권	10,000	자본잉여금	26,000

04 ㈜바다는 20X1년 중 순자산장부금액이 100,000원이고 공정가치가 130,000원인 ㈜평야를 합병 하였다. ㈜바다는 이전대가로 ㈜바다의 주식(액면 1,000원, 공정가치 1,600원) 100주를 발행·교 부하였다. 합병과정에서 전문가 컨설팅 비용 1,000원과 주식발행 비용 200원이 발생하였다. ㈜바 다가 취득일에 인식할 영업권은 얼마인가?

① 28,800원   ② 29,800원

③ 30,000원   ④ 30,200원

⑤ 31,200원

정답 | ③

해설 | 사업결합원가는 영업권이나 염가매수차익에 영향을 미치지 않는다.

05 ㈜진주는 20X1년 중 ㈜설악의 식별 가능한 자산·부채를 취득·인수하는 사업결합을 하였다. ㈜진주는 사업결합의 이전대가로 ㈜진주의 주식(액면총액 16,000원, 공정가치 26,000원)을 발행·교부하였다. 사업결합 과정에서 전문가 컨설팅 비용 2,000원과 주식발행비용 1,000원이 발생하였다. 취득일 현재 두 기업의 재무상태표가 다음과 같을 때 ㈜진주가 취득일에 인식할 자본잉여금 얼마인가?

(단위 : 원)

구분	㈜진주	㈜설악	
		장부금액	공정가치
자　산	100,000	40,000	46,000
부　　채	52,000	22,000	24,000
자　본　금	30,000	10,000	
자본잉여금	4,000	2,000	
이익잉여금	14,000	6,000	

① 4,000원
② 6,000원
③ 11,000원
④ 13,000원
⑤ 14,000원

정답 | ④
해설 |

(합병분개)	자　산	46,000	부　채	24,000
	영업권	4,000	자본금	16,000
			자본잉여금	10,000
(취득관련원가)	수수료비용	2,000	현　금	3,000
	자본잉여금	1,000		

따라서, 자본잉여금 = 4,000 + 10,000 − 1,000 = 13,000원

06 ㈜서울은 20X1년 중 ㈜부산의 식별 가능한 자산·부채를 취득·인수하는 사업결합을 하였다. ㈜부산의 순자산장부금액은 200,000원이고 공정가치는 260,000원이다. ㈜서울은 이전대가로 ㈜서울의 주식(액면총액 160,000원, 공정가치 240,000원)을 발행·교부하였다. 사업결합과정에서 ㈜부산의 순자산을 재검토한 결과 부채 4,000원을 추가로 식별하였다. ㈜서울이 취득일에 인식할 영업권 또는 염가매수차익은 얼마인가?

① 영업권 20,000원
② 영업권 24,000원
③ 염가매수차익 16,000원
④ 염가매수차익 20,000원
⑤ 염가매수차익 24,000원

정답 | ③
해설 | 추가로 식별한 부채를 인식해야 하므로 ㈜부산의 순자산공정가치는 260,000 − 4,000 = 256,000원이다. 따라서 취득일 합병분개는 다음과 같다.

(합병분개)	피취득자 순자산	256,000	자본금	160,000
			자본잉여금	80,000
			염가매수차익	16,000

07 ㈜甲회사는 20X1년 현재 ㈜乙회사의 주식 30%를 보유하고 있는데, 당기 중 ㈜乙회사의 자산·부채를 취득·인수하는 합병을 하였다. ㈜乙회사의 순자산장부금액은 1,750,000원이고 공정가치는 1,900,000원이다. ㈜甲회사는 ㈜乙회사의 지분 70%를 보유하고 있는 주주에게 이전대가로 ㈜甲회사의 주식(액면총액 900,000원, 공정가치 1,050,000원)을 발행·교부하였다. 취득일 현재 ㈜甲회사가 보유 중인 ㈜乙회사 주식의 장부금액은 525,000원이고 공정가치는 570,000원이다. 취득일에 ㈜甲회사가 인식해야 할 영업권 또는 염가매수차익은 얼마인가?

① 영업권 70,000원   ② 영업권 280,000원

③ 영업권 375,000원   ④ 염가매수차익 70,000원

⑤ 염가매수차익 280,000원

정답 | ⑤

해설 | 이전대가 = 보유 중인 피취득기업 주식 공정가치 + 취득일 지급한 이전대가
이전대가(1,050,000 + 570,000) − 乙순회사 순자산(1,900,000) = (280,000원)(염가매수차익)

2장
특수회계
Certified Credit Analyst

C e r t i f i e d   C r e d i t   A n a l y s t **PART** 02

출제 포인트 ■■■
- 운용리스와 금융리스 분류기준의 이해
- 운용리스 제공자와 금융리스 이용자의 회계처리 및 감가상각비 계산
- 최소리스료, 금융리스부채금액 및 금융리스자산금액의 계산

1. 리스의 기초개념

(1) 리스(lease)의 의의

리스란 리스제공자(lessor)가 기계설비, 공장, 건물 등 특정자산의 사용권을 합의된 기간 동안 리스이용자(lessee)에게 이전하고, 리스이용자는 그 대가로 사용료를 리스제공자에게 지급하는 계약을 말한다.

(2) 리스의 분류

① 운용리스

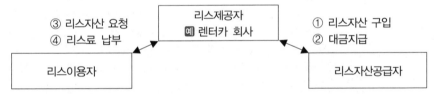

㉠ 리스자산의 소유권 : 리스제공자
㉡ 경제적 실질 : 리스제공자
㉢ 감가상각 주체 : 리스제공자

> **Key Point!**
> ※ 운용리스는 단순한 계약 그 자체이므로 리스이용자가 리스자산을 자산으로 인식하지 않고 리스료 지급에 대해서만 회계처리(임대차계약)한다.

② 금융리스

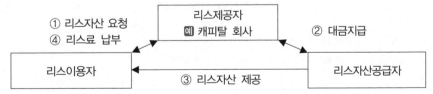

㉠ 리스자산의 소유권 : 리스제공자
㉡ 경제적 실질 : 리스이용자
㉢ 감가상각 주체 : 리스이용자

Key Point!

※ 금융리스는 리스계약시점 리스자산에 대한 대부분의 위험과 보상(효익)이 리스이용자에게 이전되므로 리스이용자에게 법적소유권이 없음에도 불구하고 리스이용자가 감가상각의 주체가 된다.
- 위험 : 자산의 운휴, 기술적 진부화로 인한 손실 및 경제여건 변화에 따른 이익 변동 가능성을 포함
- 보상 : 자산을 내용연수 동안 운용하여 발생하는 수익이나 가치증대 또는 잔존가치의 실현에서 발생하는 이익 등에 대한 기대치

※ 금융리스는 자산의 할부구입과 유사하며 리스계약대상을 자산으로 기록하고 향후 지급할 리스료를 부채로 기록하여 자본화하여야 한다. 리스제공자는 리스계약을 금전대차계약으로 회계처리한다.

(3) 주요 리스용어의 정의

용어	정의
리스실행일	리스계약에 따라 리스료가 최초로 발생되는 날
리스기간	• 리스이용자가 특정자산을 리스하기로 약정을 맺은 해지 불가능한 기간 • 리스기간에는 추가적인 대가의 지급여부에 관계없이 리스이용자가 그 자산에 대하여 리스를 계속할 수 있는 선택권을 가지고 있으며, 리스실행일 현재 리스이용자가 이 선택권을 행사할 것이 확실시되는 경우 당해 추가기간을 포함함
최소리스료	• 리스기간에 리스이용자가 리스제공자에게 지급해야 할 금액을 말하며 추가적으로 다음의 금액을 포함함. 단, 조정리스료와 리스제공자가 지급하고 리스이용자에게 청구할 수 있는 용역에 대한 비용 및 세금 등은 제외함 　- 리스이용자의 경우 리스이용자 또는 그 특수관계인이 보증한 잔존가치 　- 리스제공자의 경우 재무적 이행능력이 있는 제3자가 보증한 잔존가치 • 그러나 리스실행일 현재 행사될 것이 확실시되는 염가매수선택권을 리스이용자가 가지고 있는 경우, 최소리스료는 염가매수선택권 기대행사일까지 리스기간 동안 지급될 최소한의 지급액과 그 염가매수선택권의 행사가격으로 구성됨
조정리스료	금액이 확정되지는 않았지만 기간경과 이외의 요소(사용량, 물가지수, 지장이자율 등)의 미래 발생분을 기초로 결정되는 리스료 부분
염가매수 선택(갱신)권	리스이용자의 선택에 따라 리스이용자가 당해 자산을 매수(갱신)선택권 행사 가능일 현재의 공정가치보다 현저하게 낮은 가격으로 매수(갱신)할 수 있는 권리
내용연수	리스실행일 현재 자산을 경제적으로 사용할 수 있는 예상기간 또는 자산에서 획득할 수 있는 생산량이나 이와 유사한 단위
보증잔존가치	• 리스이용자의 경우, 리스이용자 또는 그 특수관계인이 보증한 잔존가치(보증금액은 어떤 경우에나 지급될 수 있는 최대금액을 말함) • 리스제공자의 경우 재무적 이행능력이 있는 제3자가 보증한 잔존가치
무보증잔존가치	리스제공자가 실현할 수 있을지 확실하지 않거나 리스제공자의 특수관계자만이 보증하는 리스 자산의 잔존가치 부분
리스개설 직접원가	리스의 협상 및 계약에 직접 관련하여 발생하는 증분원가로 금융리스인 경우 제조자 또는 판매자인 리스제공자에 의하여 발생하는 원가는 제외함
리스총투자	금융리스에서 리스제공자가 수령하는 최소리스료와 무보증잔존가치의 합계
리스순투자	리스총투자를 내재이자율로 할인한 금액
내재이자율	리스실행일 현재 리스총투자를 리스자산의 공정가치 및 리스개설직접원가 합계액과 일치시키는 할인율
리스이용자의 증분차입이자율	• 리스이용자가 유사한 리스에 대해 부담해야 할 이자율 • 이러한 이자율을 확정할 수 없는 경우 리스실행일에 리스이용자가 유사한 조건과 유사한 담보로 리스자산 구입에 필요한 자금을 차입할 경우의 이자율

(4) 리스의 적용범위

① 일반기업회계기준에서는 리스의 적용대상을 자산의 사용권이 이전된 모든 계약으로 확대하여 적용하고 있다. 즉 자산사용권이 이전되지 않는 계약은 리스 적용대상이 아니다.

② 자산사용권이란 특정 이용자에게 해당 자산의 사용권을 독립적이고 배타적으로 부여하는 것을 말한다. 따라서 불특정 다수의 회사가 동일자산을 동시에 사용할 수 있는 경우는 리스에서의 자산사용권의 이전 이라고 할 수 없다.

2. 리스의 분류기준

리스는 계약의 형식보다 거래의 실질에 따라 운용리스와 금융리스로 분류한다. 다음 기준 중 어느 하나를 충족하는 경우에는 금융리스로 분류한다.

① 소유권이전 약정 기준	• 리스기간 종료 시 또는 그 이전에 리스자산의 소유권이 리스이용자에게 이전되는 경우 − 이전은 유상이든 무상이든 불문한다. − 리스기간은 소유권이전 약정일까지이다.
② 염가매수선택권 기준	• 리스실행일 현재 리스이용자가 염가매수선택권을 가지고 있고, 이를 행사할 것이 확실시되는 경우 − 리스기간은 염가매수선택권 행사 가능일까지이다.
③ 리스기간 기준	• 리스자산의 소유권이 이전되지 않을지라도 리스기간이 리스자산 내용연수의 상당부분을 차지하는 경우 − 실무지침상 리스기간이 내용연수의 75% 이상인 경우를 말한다.
④ 공정가치 회수 기준	• 리스실행일 현재 최소리스료를 내재이자율로 할인한 현재가치가 리스자산 공정가치의 대부분을 차지하는 경우 − 실무지침상 최소리스료를 내재이자율로 할인한 현재가치가 공정가치의 90% 이상인 경우를 말한다.
⑤ 리스자산 용도 기준	• 리스이용자만이 중요한 변경 없이 사용할 수 있는 특수한 용도의 리스자산인 경우 − 물리적으로 전용이 불가능하거나 전용에 과다한 비용이 발생하여 사실상 전용할 수 없는 자산으로 범용성이 없는 경우를 말한다.

Key Point!

※ 상기 5가지 기준에 해당하지 않더라도 리스자산 소유에 따른 위험과 보상이 리스이용자에게 이전되었는지를 검토할 필요가 있다. 아래 세 가지 경우 중 어느 하나에 해당하면 리스자산 소유에 따른 위험과 보상이 리스이용자에게 이전되지 않았다는 명백한 증거가 없는 한 금융리스로 분류하고 회계처리한다.
− 리스이용자가 리스를 해지할 경우 해지로 인한 리스제공자의 손실을 리스이용자가 부담하는 경우
− 리스이용자가 잔존가치의 공정가치 변동에 따른 이익과 손실을 부담하는 경우 ㈜ 리스종료시점 리스자산을 매각할 경우 얻을 수 있는 수익을 보장하도록 리스료가 조정되는 경우
− 리스이용자가 염가갱신선택권을 가지고 있는 경우

3. 리스의 회계처리

(1) 운용리스 이용자의 회계처리

운용리스는 리스자산의 소유에 따른 위험과 보상을 리스제공자가 가지고 있으므로 리스자산과 이와 관련된 감가상각비는 리스제공자가 회계처리한다.

① 최소리스료

  ㉠ 운용리스에서 최소리스료는 보증잔존가치(보험 및 유지 보수 등 용역에 대한 원가)를 제외한 것으로 다른 체계적 인식기준이 없다면 리스기간에 걸쳐 균등하게 배분된 금액을 손익계산서 비용으로 인식한다.

  ㉡ 따라서 리스료가 매기 정액으로 지급되지 않더라도 손익계산서에는 균등하게 배분된 금액을 비용으로 인식한다.

[사례 1 – 1]

㈜백두는 ㈜한라와 20X0.12.31. 전자장비(취득원가 1,000,000원, 내용연수 10년, 잔존가치 0, 정액상각)에 대하여 운용리스계약을 체결하였다. 리스기간은 20X1.01.01.부터 20X4.12.31.까지 4년이다. 리스료 지급은 매년 초에 선급하고, 처음 2년간은 매년 100,000원씩 지급하고, 나머지 2년은 매년 50,000원씩 지급하기로 약정하였다. 20X1.01.01.부터 20X4.01.01.까지 ㈜백두와 ㈜한라의 회계처리를 제시하시오.

해설 | ① 리스이용자[㈜백두]가 매기 인식할 리스료는 총지급액을 균등 배분한 금액이므로 매기 인식할 리스료는 75,000원이다.

$$리스료 = (100,000 + 100,000 + 50,000 + 50,000)/4년 = 75,000원$$

(20X1.01.01.)	운용리스료	75,000	현　금	100,000	
	장기선급비용	25,000			
(20X2.01.01.)	운용리스료	75,000	현　금	100,000	
	장기선급비용	25,000			
(20X2.12.31.)	선급비용	25,000	장기선급비용	25,000 [40]	
(20X3.01.01.)	운용리스료	75,000	현　금	50,000	
			선급비용	25,000	
(20X3.12.31.)	선급비용	25,000	장기선급비용	25,000	
(20X4.01.01.)	운용리스료	75,000	현　금	50,000	

② 리스제공자[㈜한라]가 매기 인식할 리스료수익은 총수익액을 균등 배분한 금액이므로 매기 인식할 리스료수익은 75,000원이다.

(20X0.12.31.)	선급리스자산	1,000,000	현　금	1,000,000	
(20X1.01.01.)	운용리스자산	1,000,000	선급리스자산	1,000,000	
	현　금	100,000	운용리스료수익	75,000	
			선수수익	25,000	
(20X1.12.31.)	감가상각비	100,000	감가상각누계액	100,000	
(20X2.01.01.)	현　금	100,000	운용리스료수익	75,000	
			선수수익	25,000	
(20X2.12.31.)	감가상각비	100,000	감가상각누계액	100,000	
(20X3.01.01.)	현　금	50,000	운용리스료수익	75,000	
	선수수익	25,000			
(20X3.12.31.)	감가상각비	100,000	감가상각누계액	100,000	
(20X4.01.01.)	현　금	50,000	운용리스료수익	75,000	
	선수수익	25,000			
(20X4.12.31.)	감가상각비	100,000	감가상각누계액	100,000	

Key Point!

※ 운용리스 제공자는 리스자산을 판매한 것이 아니므로 운용리스계약으로 인한 매출을 인식하지 않는다.

---

40) 20X2년 말부터는 장기선급비용 중 1년 이내 도래하는 부분을 유동자산인 선급비용으로 재분류한다.

② 리스개설직접원가

    ㉠ 운용리스에서 리스이용자(제공자)는 리스개설직접원가를 별도의 자산(리스개설직접원가)으로 인식하고 리스료(리스료수익)와 동일한 방법으로 매기 균등 배분한 금액을 리스기간 동안 비용으로 인식한다.

    ㉡ 리스개설직접원가 : 당해 리스계약 체결과정에서 발생한 담보평가수수료, 신용평가수수료, 중개수수료 등의 증분원가

> **Key Point!**
> ※ 광고, 잠재적 리스이용자와의 접촉 및 기존 리스계약의 유지, 신용정책 수립 및 유지활동과 관련된 내부발생 원가, 감독 및 일반관리원가, 체결되지 않은 리스계약 및 유휴시간과 관련된 원가, 임차료, 감가상각비 등은 리스개설직접원가에 포함되지 않는다.

③ 조정리스료

    ㉠ 운용리스 관련 조정리스료는 발생한 기간의 손익으로 처리한다.

    ㉡ 조정리스료는 리스실행일 이후 예기치 못한 상황의 발생으로 리스료가 가감되는 것으로, 이는 발생된 기간의 수익 또는 비용으로 인식한다.

④ 운용리스자산에 대한 자본적 지출

    운용리스자산은 리스이용자의 재무상태표에 자산으로 계상되지는 않지만 동 리스자산에 대하여 많은 금액의 지출이 발생하는 경우 회계처리는 다음과 같다.

    ㉠ 리스자산의 부대시설 관련 비용 또는 리스실행일 이후 리스자산과 직접 관련된 수선비 중 리스이용자의 부담분 중 자산으로 인식되는 금액은 '리스개량자산'으로 인식하고 리스기간과 리스개량자산의 내용연수 중 짧은 기간에 걸쳐 감가상각한다.

    ㉡ 리스이용자가 리스자산 취득원가의 일부를 부담하고 그 일부 부담분만큼 공유지분이 인정될 경우에는 리스이용자의 부담분은 유형자산 등으로 인식하여 내용연수에 걸쳐 감가상각한다.

> **Key Point!**
> ※ 만일 일부 부담분만큼 공유지분이 인정되지 않는다면 운용리스는 선급리스료로 회계처리한다. 금융리스의 경우에는 리스부채의 상환으로 처리한다.

    ㉢ 리스기간이 종료되어 반환되는 운용리스자산의 공정가치가 보증잔존가치에 미달하는 경우에 리스이용자가 보상한 현금은 리스보증손실로 당기손익에 반영한다.

    ㉣ 리스제공자가 리스이용자에게 신규 또는 갱신되는 운용리스에서 인센티브(초기 리스료 면제 또는 감액)를 제공한 경우 리스이용자는 인센티브 총액을 부채로 인식하고, 다른 체계적 인식 기준이 없다면 리스기간 정액으로 리스비용에서 차감하는 형식으로 인식한다.

⑤ 주석사항

    ㉠ 리스이용자는 1년 이내, 1년 초과 5년 이내, 5년 초과로 구분하여 각 기간별 미래 최소리스료의 합계액을 공시해야 한다.

    ㉡ 이 밖에 리스계약서상 제약사항, 리스료 인상조건 등 상세한 내용을 주석으로 공시해야 한다.

(2) 금융리스 이용자의 회계처리
① 금융리스의 구조

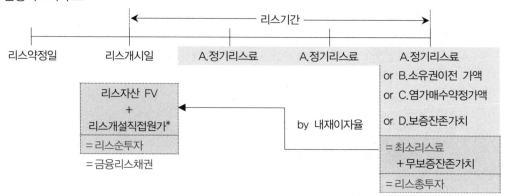

* 리스개설직접원가는 리스제공자의 원가(리스자산)이다.

② 금융리스자산과 금융리스부채의 최초 인식

리스이용자는 리스실행일에 최소리스료의 현재가치와 리스자산 공정가치 중 작은 금액을 금융리스자산
과 금융리스부채로 각각 인식한다.

ⓖ 최소리스료

- 소유권이전이나 염가매수선택권이 있는 경우에는 소유권이전대가 또는 염가매수선택권의 행사가
  격을 포함한 금액이 최소리스료가 된다.
- 소유권이전이나 염가매수선택권이 없는 경우에는 계약 종료 시 지급해야 하는 제반 금액, 즉 보증잔
  존가치를 포함한 금액이 최소리스료가 된다.

$$최소리스료\ PV = [연도별\ 리스료 + 보증잔존가치\ 등)]PV$$

> **Key Point!**
> ※ 무보증잔존가치는 최소리스료에 포함되지 않는다는 것에 주의한다.

ⓛ 내재이자율(r)

(최소리스료 + 무보증잔존가치)PV

$$= \frac{정기리스료}{(1+r)^1} + \frac{정기리스료}{(1+r)^2} + \cdots + \frac{정기리스료 + 보증\ 잔존가치\ 등}{(1+r)^n}$$

= 리스자산 공정가치 + 리스제공자 리스개설직접원가

- 내재이자율은 최소리스료와 무보증잔존가치의 합계액의 현재가치와 리스자산 공정가치와 리스제
  공자의 리스개설직접원가의 합계액을 일치시키는 할인율을 의미한다.
- 내재이자율을 알 수 없는 경우에는 리스이용자가 유사한 리스에 대해 부담해야 할 이자율인 증분차
  입이자율을 사용한다.

ⓒ 조정리스료

조정리스료는 운용리스와 동일하게 최소리스료에 포함하지 않고 발생한 기간에 비용으로 처리한다.

ⓔ 관리유지비용

리스자산의 운영유지와 관련하여 리스제공자가 책임지는 수선유지비, 세금과공과, 보험료 등이 포함
된 경우에는 적정한 방법으로 추산하여 최소리스료에서 제외시킨다.

     ⑩ 리스개설직접원가

        리스이용자의 리스개설직접원가는 금융리스자산에 포함한다.

③ 금융리스자산과 금융리스부채의 후속 측정

    금융리스자산은 소유권이전 유무에 따라 리스자산의 내용연수나 리스기간 동안 유사한 자산에 적용하는 감가상각방법을 이용하여 상각한다. 금융리스부채는 리스기간 중에는 유효이자율법을 적용하여 배분된 금액으로 상각하고, 리스기간 종료 시에는 최소리스료에 소유권이전 대가 등이 포함되어 있다면 이를 지급하여 최종잔액을 0으로 만든다.

    따라서 리스실행일 이후 리스기간 중에는 금융리스자산의 장부금액과 금융리스부채의 장부금액은 일치하지 않을 것이다.

    ㉠ 금융리스자산의 감가상각

- 리스이용자가 리스기간 종료 시 또는 그 이전에 자산의 소유권을 획득할 것이 확실하다면 리스자산의 내용연수에 걸쳐 감가상각한다.
- 리스기간이 내용연수의 상당부분에 해당하거나 최소리스료의 현재가치가 리스자산의 공정가치의 대부분에 해당하는 경우에는 소유권이 이전되지 않으므로 리스기간과 내용연수 중 짧은 기간에 걸쳐 감가상각한다.
- 금융리스자산의 감가상각대상금액은 최초 인식된 금융리스자산에서 추정잔존가치(소유권이 이전되는 경우) 또는 보증잔존가치(소유권이 이전되지 않는 경우)를 차감한 금액으로 한다.

> **Key Point!**
> ※ 금융리스자산의 감가상각대상금액과 감가상각기간은 리스자산의 소유권이전 유무에 따라 차이가 난다.

[사례 1 - 2] [41)]

㈜甲회사가 ㈜乙회사와 금융리스계약을 체결하였고 관련 내용이 다음과 같을 때 ① 리스이용자(甲)에게 염가매수선택권 8,000원이 부여되어 있고 행사가 확실시되는 경우 ② 리스이용자(甲)가 리스기간 종료 시 잔존가치 8,000원을 보증한 경우 각각의 감가상각 회계처리를 제시하시오.

> - 리스기간 : 20X1.01.01.~20X3.12.31.(3년)
> - 리스자산 : 공정가치 1,000,000원, 내용연수 5년, 추정잔존가치 10,000원
> - 리스료 : 매년 말 지급
> - 최소리스료의 현재가치 : 950,000원
> - 리스이용자의 유사한 감가상각방법 : 정액법

---

41) 김창수 · 이현주, 「일반기업회계기준에 따른 특수회계」, 전정 2판, 서울 : 한국금융연수원, 2022년, 80p

해설 | (소유권이전 有) 상황 ① 감가상각비 = (950,000 − 10,000) ÷ 5년 = 188,000원

(소유권이전 無) 상황 ② 감가상각비 = (950,000 − 8,000) ÷ 3년 = 314,000원

일자	① 소유권이전 有	② 소유권이전 無
20X1.12.31.	Dep. 188,000 ∣ Acc.Dep. 188,000	Dep. 314,000 ∣ Acc.Dep. 314,000
20X2.12.31.	Dep. 188,000 ∣ Acc.Dep. 188,000	Dep. 314,000 ∣ Acc.Dep. 314,000
20X3.12.31.	Dep. 188,000 ∣ Acc.Dep. 188,000 금융리스부채 8,000 ∣ 현 금 8,000	Dep. 314,000 ∣ Acc.Dep. 314,000 금융리스부채 8,000 ∣ 금융리스자산 950,000 Acc.Dep. 942,000
20X4.12.31.	Dep. 188,000 ∣ Acc.Dep. 188,000	−

※ Dep.는 Depreciation(감가상각비)의 약자이고, Acc.Dep.는 Accumulated Depreciation(감가상각누계액)의 약자이다.

ⓒ 금융리스부채의 상환
- 금융리스부채에 현재가치로 계상된 매기의 리스료는 금융리스부채 상환액과 이자비용으로 배분하여 회계처리한다(이자비용 = 금융리스부채 기초잔액 × 유효이자율).
- 리스기간이 경과될수록 이자비용이 감소하므로 금융리스부채 상각액은 증가한다.
- 유효이자율은 리스제공자의 내재이자율 또는 리스이용자의 증분차입이자율을 적용한다.
- 다만 리스자산의 공정가치가 최소리스료의 현재가치보다 낮은 경우에는 낮은 공정가치로 금융리스자산과 금융리스부채를 계상하므로 리스자산의 공정가치와 최소리스료의 현재가치를 일치시키는 할인율을 다시 산출해야 한다. 이 경우 다시 계산된 이자율은 당초 이자율보다 높아지므로 유효이자율은 당초에 적용한 내재이자율이나 증분차입이자율보다 높다.

④ 주석사항
ⓐ 리스이용자는 현재 최소리스료의 총합계와 현재가치 조정내역뿐만 아니라 1년 이내, 1년 초과 5년 이내, 5년 초과로 구분하여 각 기간별 최소리스료의 총합계액 및 현재가치를 공시해야 한다.
ⓑ 이 밖에 리스계약서상 제약사항, 리스료 인상조건 등 상세한 내용을 주석으로 공시해야 한다.

(3) 금융리스 제공자의 회계처리
① 리스제공자의 리스자산에 대한 순투자와 동일한 금액을 금융리스채권으로 인식한다.
② 제조자도 판매자도 아닌 리스제공자의 리스개설직접원가는 리스투자금액을 구성한 것으로 보아 금융리스채권의 최초인식액에 포함하고 내재이자율 계산에 반영한다.
③ 매기 리스료는 금융리스채권액의 원금회수액과 이자수익을 구분하여 회계처리한다.
④ 제조자 또는 판매자인 리스제공자의 경우 일반판매에 적용하는 회계정책에 따라 매출손익을 인식하고, 리스개설직접원가는 매출손익이 인식되는 리스실행일에 당기 비용으로 인식한다.
⑤ 주석 기재 사항
ⓐ 보고기간 말 현재 리스총투자와 최소리스료의 현재가치 조정내역, 그리고 다음 각 기간별 리스총투자와 최소리스료의 현재가치
- 1년 이내
- 1년 초과 5년 이내
- 5년 초과
ⓑ 리스총투자와 리스순투자의 차이
ⓒ 무보증잔존가치
ⓓ 회수불확실한 최소리스료채권에 대한 대손충당금

ⓜ 수익으로 인식된 조정리스료

ⓗ 리스계약의 유의적인 사항에 대한 일반적인 설명

4. 금융리스 종합사례

(1) 보증잔존가치를 약정한 금융리스계약

[사례 1 - 3] [42]

- ㈜백두는 ㈜한라와 20X1.01.01.에 기계장치(내용연수 4년, 추정잔존가치 7,000원)에 대하여 금융리스계약을 체결하였다. 리스기간은 20X1.01.01.부터 20X3.12.31.까지 3년이고, 리스기간 종료 후 기계장치는 리스제공회사에 반납한다.
- 기계장치의 공정가치는 142,046원이다.
- 리스료는 51,000원이고 매년 말 지급한다. 이 리스료에는 매년 리스회사가 리스자산에 대하여 보험회사에 지급하는 1,000원의 화재보험료가 포함되어 있다.
- 리스이용자는 리스회사에 리스기간 종료 시 리스자산의 잔존가치 10,000원을 전액 보증하였으며, 20X3.12.31. 현재 리스자산의 실제 잔존가치는 1,000원이다.
- 리스이용자의 증분차입이자율은 8%이고, 본 리스계약에 대하여 리스회사가 적용한 내재이자율은 6%이지만 리스이용자는 이를 알지 못한다.
- 리스이용자가 보유 중인 유사한 자산의 감가상각은 정액법을 적용하고 있다.
- 연금현가계수(3년, 8%) = 2.5771, 현가계수(3년, 8%) = 0.7938

리스기간 동안 ㈜백두와 ㈜한라의 회계처리를 제시하시오.

해설 | ① 금융리스이용자[㈜백두]의 회계처리
　　　① 금융리스자산 및 금융리스부채의 계상
　　　　㉠ 리스료에 포함된 화재보험료 1,000원은 리스료에서 제외한다.

$$최소리스료(PV) = \frac{50,000}{1.08^1} + \frac{50,000}{1.08^2} + \frac{50,000 + 10,000}{1.08^3} = 136,793원$$

정기리스료(PV)	= 50,000 × 2.5771 = 128,855원
보증잔존가치(PV)	= 10,000 × 0.7938 = 7,938원
합계	136,793원

　　　　㉡ 금융리스자산(부채) = Min[최소리스료 현재가치, 공정가치]
　　　　　　　　　　　　　　　 = Min[136,793원, 142,046원] = 136,793원(공정가치의 96.3%)
　　　금융리스자산과 금융리스부채로 계상될 금액은 136,793원이다.

---

42) 김창수 · 이현주, 「일반기업회계기준에 따른 특수회계」, 전정 2판, 서울 : 한국금융연수원, 2022년, 85~89p

② 금융리스부채의 상환

〈상각표〉

(단위 : 원)

일자	현금지급액	화재보험료	이자비용	리스부채상환액	리스부채잔액
20X1.01.01.					136,793
20X1.12.31.	51,000	1,000	10,943	39,057	97,736
20X2.12.31.	51,000	1,000	7,819	42,181	55,555
20X3.12.31.	51,000	1,000	4,445*	45,555	10,000

* 단수조정을 위하여 전년도 리스부채잔액에서 잔존가치를 차감하여 리스부채상환액을 인식한 후 리스료 지급액과 이 상환액의 차액을 이자비용으로 인식한다.

③ 금융리스자산의 감가상각

　㉠ 소유권이 이전되지 않는 리스계약이므로 감가상각기간은 리스기간 3년과 내용연수 4년 중 짧은 기간으로 한다.

　㉡ 감가상각비 = (136,793 − 10,000) ÷ 3년 = 42,264원

④ 리스계약의 종료

　㉠ 리스계약이 종료되는 20X3년 말에는 리스대상자산을 리스회사에 반환하고 리스관련 장부금액을 모두 제거한다.

　㉡ 이 경우 실제잔존가치(1,000원)가 보증잔존가치(10,000원)보다 낮다면 차액(9,000원)을 현금으로 리스회사에 지급하고 리스보증손실을 인식한다. 리스보증손실은 사실상 이자비용으로 신용분석 시 이자비용금액에 합산하여 이자보상비율이나 원리금상환능력비율을 재계산할 필요가 있다.

② 금융리스제공자[㈜한라]의 회계처리

① 리스자산의 공정가치와 연간 리스료 및 추정잔존가치의 현재가치를 일치시키는 할인율인 내재이자율을 계산하여 이자수익을 인식한다.

$$142,046 = \frac{50,000}{(1+r)^1} + \frac{50,000}{(1+r)^2} + \frac{50,000 + 10,000}{(1+r)^3}, \ r = 6\%$$

〈상각표〉

(단위 : 원)

일자	현금지급액	화재보험료	이자수익	리스채권회수액	리스채권잔액
20X1.01.01.					142,046
20X1.12.31.	51,000	1,000	8,523	41,477	100,569
20X2.12.31.	51,000	1,000	6,034	43,966	56,603
20X3.12.31.	51,000	1,000	3,397	46,603	10,000

② 리스계약 종료 시 리스자산을 회수하면서 리스자산을 공정가치 1,000원으로 계상하고, 예상잔존가치 10,000원과의 차액 9,000원을 리스회수손실로 인식한다. 리스이용자에게 수령한 현금 9,000원은 리스보증이익으로 계상한다.

<h3 align="center">〈금융리스 회계처리〉</h3>

일자	금융리스이용자			금융리스제공자		
20X1.01.01.	금융리스자산	136,793		선급리스자산	142,046	
		금융리스부채	136,793		현　　　금	142,046
				금융리스채권	142,046	
					선급리스자산	142,046
20X1.12.31.	금융리스부채	39,057		현　　　금	51,000	
	이자비용	10,943			금융리스채권	41,477
	보험료	1,000			이자수익	8,523
		현　　　금	51,000		예수금	1,000
	Dep. 42,264 ｜ Acc.Dep. 42,264			–		
20X2.12.31.	금융리스부채	42,181		현　　　금	51,000	
	이자비용	7,819			금융리스채권	43,966
	보험료	1,000			이자수익	6,034
		현　　　금	51,000		예수금	1,000
	Dep. 42,264 ｜ Acc.Dep. 42,264			–		
20X3.12.31.	금융리스부채	45,555		현　　　금	51,000	
	이자비용	4,445			금융리스채권	46,603
	보험료	1,000			이자수익	3,397
		현　　　금	51,000		예수금	1,000
	Dep. 42,264 ｜ Acc.Dep. 42,264			–		
리스자산 반환	금융리스부채	10,000		금융리스자산	1,000	
	Acc.Dep.	126,793		리스회수손실	9,000	
		금융리스자산	136,793		금융리스채권	10,000
	리스보증손실	9,000		현　　　금	9,000	
		현　　　금	9,000		리스보증이익	9,000

(2) 염가매수선택권이 있는 리스계약

[사례 1 – 4] [43)]

> - ㈜백두는 ㈜한라와 2X00.01.01.에 기계장치(내용연수 12년, 추정잔존가치 50,000원)에 대하여 해지불능금융리스계약을 체결하였다. 리스기간은 2X00.01.01.부터 2X09.12.31.까지 10년이다.
> - 리스료는 310,000원이고 매년 말 지급한다.
> - 리스제공자의 내재이자율은 6%이고 리스이용자도 이를 알고 있다. 한편 리스이용자의 증분차입이자율은 7%이다.
> - 기계장치의 공정가치는 2,287,215원이다.
> - 리스이용자는 유사한 자산에 대하여 정액법으로 감가상각한다.
> - 리스기간 만료 후 리스이용자는 동 기계장치를 10,000원에 구입할 수 있는 권한이 있다. 이 가격은 추정중고시장가격에 비하여 상당히 싼 가격으로 판정되고, 이 선택권은 행사될 것이 확실시된다.
> - 리스료 회수 가능성은 거의 확실하며 임차인이 부담할 추가발생비용에 대한 불확실성도 거의 없다.
> - 연금현가계수(10년, 6%) = 7.3601, 현가계수(10년, 6%) = 0.5584

해설 | **1** 금융리스이용재[㈜백두]의 회계처리

① 금융리스자산 및 금융리스부채의 계상

정기리스료(PV)	= 310,000 × 7.3601 =	2,281,631원
염가매수 행사가격(PV)	= 10,000 × 0.5584 =	5,584원
최소리스료(PV)		2,287,215원

최소리스료의 현재가치와 공정가치가 동일하므로 2,287,215원을 금융리스자산과 금융리스부채로 계상한다.

② 금융리스부채의 상환

〈상각표〉

(단위 : 원)

일자	현금지급액	이자비용	리스부채상환액	리스부채잔액
2X00.01.01.				2,287,215
2X00.12.31.	310,000	137,233	172,767	2,114,448
2X01.12.31.	310,000	126,867	183,133	1,931,315
2X02.12.31.	310,000	115,879	194,121	1,737,194
2X03.12.31.	310,000	104,232	205,768	1,531,426
2X04.12.31.	310,000	91,886	218,114	1,313,312

일자	현금지급액	이자비용	리스부채상환액	리스부채잔액
2X05.12.31.	310,000	78,799	231,201	1,082,111
2X06.12.31.	310,000	64,927	245,073	837,038
2X07.12.31.	310,000	50,222	259,778	577,260
2X08.12.31.	310,000	34,636	275,364	301,896
2X09.12.31.	310,000	18,104	291,896	10,000

※ 2X09.12.31.은 단수조정을 위하여 전년도 리스부채잔액에서 잔존가치를 차감하여 리스부채상환액을 인식한 후 리스료지급액과 이 상환액의 차액을 이자비용으로 인식한다.

---

43) 김창수 · 이현주, 「일반기업회계기준에 따른 특수회계」, 전정 2판, 서울 : 한국금융연수원, 2022년, 90~93p

③ 금융리스자산의 감가상각

　　㉠ 소유권이 이전되는 리스계약이므로 감가상각기간은 리스자산의 내용연수 12년이다.

　　㉡ 감가상각비 = (2,287,215 - 50,000) ÷ 12년 = 186,435원

④ 리스계약의 종료

　　㉠ 리스계약이 종료되어도 소유권이 이전되어 리스자산을 반환하지 않으므로 잔존내용연수 동안 동일하게 감가상각비를 인식한다.

　　㉡ 리스계약 종료 시 금융리스부채잔액은 염가매수 행사가격과 동일하므로 선택권을 행사하면 현금과 대체하여 제거한다.

② 금융리스제공자[㈜한라]의 회계처리

① 리스제공자 내재이자율이 6%로 리스이용자가 사용한 이자율과 동일하므로 리스이용자가 인식한 이자비용과 리스부채상환액을 그대로 이자수익과 리스채권회수액으로 인식하게 된다.

일자	현금지급액	이자수익	리스채권회수액	리스채권잔액
2X00.01.01.				2,287,215
2X00.12.31.	310,000	137,233	172,767	2,114,448
2X01.12.31.	310,000	126,867	183,133	1,931,315
2X02.12.31.	310,000	115,879	194,121	1,737,194
2X03.12.31.	310,000	104,232	205,768	1,531,426
2X04.12.31.	310,000	91,886	218,114	1,313,312
2X05.12.31.	310,000	78,799	231,201	1,082,111
2X06.12.31.	310,000	64,927	245,073	837,038
2X07.12.31.	310,000	50,222	259,778	577,260
2X08.12.31.	310,000	34,636	275,364	301,896
2X09.12.31.	310,000	18,104	291,896	10,000

〈금융리스 회계처리〉

일자	금융리스이용자	금융리스제공자
2X00.01.01.	금융리스자산 2,287,215 　　　금융리스부채 2,287,215	선급리스자산 2,287,215 　　　현　　　금 2,287,215 금융리스채권 2,287,215 　　　선급리스자산 2,287,215
2X00.12.31.	금융리스부채 172,767 이자비용 137,233 　　　현　　　금 310,000 Dep. 186,435 │ Acc.Dep. 186,435	현　　　금 310,000 　　　금융리스채권 172,767 　　　이자수익 137,233 –
2X01.12.31.	금융리스부채 183,133 이자비용 126,867 　　　현　　　금 310,000 Dep. 186,435 │ Acc.Dep. 186,435	현　　　금 310,000 　　　금융리스채권 183,133 　　　이자수익 126,867 –
2X02.12.31. ~ 2X08.12.31.	생략	생략
2X09.12.31.	금융리스부채 291,896 이자비용 18,104 　　　현　　　금 310,000 Dep. 186,435 │ Acc.Dep. 186,435	현　　　금 310,000 　　　금융리스채권 291,896 　　　이자수익 18,104 –
염가매수선택권 행사	금융리스부채 10,000 　　　현　　　금 10,000	현　　　금 10,000 　　　금융리스부채 10,000
2X10.12.31.	Dep. 186,435 │ Acc.Dep. 186,435	–

01 리스기간 종료 시 또는 그 이전에 리스자산의 소유권이 리스이용자에게 무상으로 이전된다면 금융리스로 분류할 수 없다. ☐○☒

× 유 · 무상을 불문하고 금융리스로 분류한다.

02 리스실행일 현재 리스이용자가 염가매수선택권을 가지고 있으나 이를 행사할 가능성이 높지 않은 경우에는 금융리스로 분류할 수 없다. ☐○☒

○ 이 경우 운용리스로 분류한다.

03 리스실행일 현재 리스총투자를 리스자산의 공정가치와 리스개설직접원가 합계액과 일치시키는 할인율을 내재이자율이라 한다. ☐○☒

○ 이 금액을 리스순투자라 한다.

04 실무지침상 리스기간이 리스자산의 내용연수의 75% 이상이면 금융리스로 분류한다. ☐○☒

○

05 운용리스에서 최소리스료는 다른 체계적 기준이 없다면 리스기간에 걸쳐 균등 배분된 금액을 비용으로 인식한다. ☐○☒

○

06 운용리스에서 리스개설직접원가는 별도의 자산으로 인식하고 매기 균증 배분한 금액을 리스기간 동안 비용으로 인식한다. ☐○☒

○

01 甲회사는 운용리스계약을 통하여 자산을 사용하고 있고, 乙회사는 해당 자산을 할부 구입하여 사용하고 있다. 바르지 못한 설명은?

① 甲회사는 재무상태표에 리스자산과 리스부채를 인식하지 않는다.

② 甲회사는 리스기간 동안 리스료 등 비용만 인식한다.

③ 甲회사는 리스자산에 대한 감가상각비를 인식한다.

④ 乙회사는 재무상태표에 자산과 부채를 모두 인식한다.

⑤ 乙회사는 자산에 대한 감가상각비와 이자비용을 인식한다.

정답 | ③
해설 | 운용리스이용자는 감가상각비를 인식하지 않는다.

02 다음 중 리스회계처리에 대한 설명으로 바르지 못한 것은?

① 리스는 법적 형식보다 거래의 실질에 따라 회계처리한다.

② 리스는 자산을 단순 임차하는 것인지 실질적으로 자금을 차입하여 자산을 구매하는 것인지 구분하여 회계처리가 이루어진다.

③ 운용리스이용자는 부외금융효과를 얻을 수 있다.

④ 운용리스제공자는 리스계약으로 인한 리스자산을 이전할 때 매출을 인식한다.

⑤ 리스이용자는 리스자산에 대한 소유권이 없으므로 리스자산의 처분이나 용도변경 등에 많은 제약이 따른다.

정답 | ④
해설 | 운용리스 제공자는 리스자산을 판매하는 것이 아니므로 매출을 인식할 수 없다.

03 다음 중 금융리스로 분류하는 경우가 아닌 것은?

① 甲회사는 乙회사와 리스계약을 체결하면서 리스기간 종료 시 무상으로 소유권을 이전받기로 하였다.

② 甲회사는 乙회사와 리스계약을 체결하면서 리스기간 종료 시 염가매수선택권을 행사할 수 있도록 하였다. 甲회사는 그 선택권을 행사할 것이 확실하다.

③ 甲회사는 乙회사와 내용연수가 5년인 기계장치에 대하여 리스기간 4년의 리스계약을 체결하면서 리스기간 종료 시 소유권은 이전하지 않기로 하였다.

④ 甲회사는 乙회사와 리스계약을 체결하였는데, 리스실행일 현재 내재이자율로 할인한 최소리스료의 현재가치가 리스자산 공정가치의 80%에 해당한다.

⑤ 甲회사는 乙회사와 리스계약을 체결하였는데, 당해 리스자산은 리스기간 종료 후 다른 회사가 사용하기 위한 물리적 변경이 불가능하다.

정답 | ④
해설 | 실무지침상 최소리스료의 현재가치가 공정가치의 90% 이상일 때 금융리스로 분류한다.

04 甲회사는 乙회사의 기계장치(취득원가 100,000원, 추정잔존가치 20,000원, 정액법 감가상각)에 대하여 리스기간 3년의 해지불능리스계약을 체결하였다. 리스제공자 乙회사의 내재이자율이 4%일 때 금융리스로 분류되는 경우는? [연금현가요소(3년, 4%) = 2.775]

① 기계장치의 내용연수가 5년이다.

② 리스기간 종료 시 보증잔존가치가 추정잔존가치와 동일한 20,000원이다.

③ 당해 리스자산은 리스기간 종료 후 중요한 변경 없이 다른 이용자도 사용할 수 있다.

④ 리스이용자가 리스계약을 해지할 경우 손실을 리스제공자가 부담한다.

⑤ 매기 연말에 지급하는 리스료가 35,000원이다.

정답 | ⑤
해설 | 최소리스료의 현재가치가 35,000×2.775 = 97,125원임에 따라 공정가치 100,000원의 97%를 상회하므로 금융리스로 분류한다. 그 외 범용성이 있거나 해지손실을 리스제공자가 부담하는 경우, 리스기간이 내용연수의 75% 미만인 경우에는 운용리스로 분류한다.

05 다음 운용리스계약에 대하여 운용리스이용자가 20X1년 말 인식할 비용은 얼마인가?

> - 리스기간 : 20X1.01.01.~20X5.12.31.
> - 리스자산 : 공정가치 600,000원, 내용연수 10년, 추정잔존가치 60,000원
> - 매년 말 리스료 지급액 : 처음 2년 120,000원, 후반 3년 80,000원
> - 보증잔존가치 : 20,000원

① 16,000원   ② 24,000원

③ 80,000원   ④ 96,000원

⑤ 120,000원

정답 | ⑤

해설 | 운용리스에서는 보증잔존가치를 제외한 최소리스료는 리스이용자의 기간적 효익을 보다 잘 나타내는 다른 체계적 인식기준이 없다면 리스기간에 걸쳐 균등 배분된 금액을 비용으로 인식한다. 따라서 매년 인식할 운용리스료는 (120,000×2년)+(80,000×3년)÷5년=96,000원이다. 또한 인식한 운용리스료 96,000원과 지급한 현금 120,000원과의 차액인 24,000원은 장기선급비용으로 인식되므로 20X1년 말 인식할 비용은 120,000원이다.

06 다음 중 리스실행일 현재 금융리스부채를 인식할 때 필요한 요소가 아닌 것은?

① 리스제공자의 내재이자율

② 리스자산의 공정가치

③ 리스개설직접원가

④ 최소리스료

⑤ 리스이용자의 증분차입이자율

정답 | ③

해설 | 금융리스부채는 최소리스료의 현재가치와 리스자산의 공정가치 중 작은 금액을 금융리스자산과 금융리스부채로 각각 인식한다. 이 경우 최소리스료의 현재가치를 계산할 때 사용되는 할인율은 리스제공자의 내재이자율이고, 만일 이를 알 수 없다면 리스이용자의 증분차입이자율을 사용한다. 리스개설직접원가는 금융리스자산으로 인식될 금액에 포함된다.

07 다음 중 금융리스 회계처리에 대한 설명으로 바르지 못한 것은?

① 금융리스자산의 감가상각은 리스이용자의 다른 유사한 자산과 동일하게 감가상각한다.

② 리스기간 종료 시 소유권이 이전되는 경우에는 리스기간과 리스자산의 내용연수 중 짧은 기간에 걸쳐 감가상각한다.

③ 리스개설직접원가는 금융리스자산에 포함되어 감가상각된다.

④ 금융리스부채 상각은 최소리스료 지급액에서 금융리스부채 기초잔액에 유효이자율은 곱하여 계산한 이자비용을 차감한 상환액으로 한다.

⑤ 정기리스료에서 배분된 금융리스부채의 상환액은 리스기간이 경과될수록 증가한다.

정답 | ②

해설 | 소유권이 이전되는 경우에는 리스자산의 내용연수에 걸쳐 감가상각하고, 이전되지 않는 경우에는 리스기간과 리스자산의 내용연수 중 짧은 기간에 걸쳐 감가상각한다.

08 乙회사는 20X1년 초에 甲회사로부터 공정가치 100,000원, 내용연수 10년, 추정잔존가치 19,000원인 기계장치를 리스기간 종료 시 행사할 것이 확실시되는 염가매수선택을 부여하여 9년간 리스하는 것으로 계약을 체결하였다. 20X3년 말 현재 리스이용자는 리스대상자산을 몇 년간 더 감가상각해야 하는가?

① 6년   ② 7년

③ 8년   ④ 9년

⑤ 10년

정답 | ②

해설 | 리스기간 종료 후 소유권이 이전될 것이 확실시되므로 리스자산의 내용연수에 걸쳐 감가상각한다. 3년간 감가상각했으므로 향후 7년간 더 감가상각을 하게 된다.

09 다음 운용리스계약이 운용리스제공자의 20X1년 말 당기손익에 미치는 영향은 얼마인가?

- 리스기간 : 20X1.01.01.~20X5.12.31.
- 리스자산 : 공정가치 1,200,000원, 내용연수 10년, 추정잔존가치 200,000원, 정액법 상각
- 매년 말 리스료 지급액 : 처음 3년 160,000원, 후반 2년 240,000원
- 보증잔존가치 : 40,000원

① 32,000원 증가   ② 32,000원 감소

③ 92,000원 증가   ④ 92,000원 감소

⑤ 100,000원 감소

정답 | ③

해설 | 운용리스제공자의 20X1년 말 회계처리는 다음과 같다.

현   금   160,000 | 운용리스료수익 192,000 ← (160,000×3년＋240,000×2년)÷5년＝192,000원
미수수익   32,000
감가상각비 100,000 | 감가상각누계액 100,000

따라서 당기손익에 미치는 영향은 운용리스료수익(192,000)－감가상각비(100,000)＝92,000원이다.

10 乙회사는 20X1년 초에 甲회사로부터 공정가치 200,000원, 내용연수 5년, 추정잔존가치 20,000원인 기계장치를 4년간 리스하였다. 리스기간 종료 후 리스자산은 반환하되 잔존가치 중 10,000원을 보증하였다. 리스료는 매년 말 51,000원씩 지급하며 이 중 1,000원은 화재보험료이다. 甲회사의 내재이자율은 6%이고 乙회사의 증분차입이자율은 8%이며 乙회사는 두 이자율을 모두 알고 있다. 리스실행일인 20X1년 초 乙회사가 계상해야 할 금융리스부채액은 얼마인가? [연금현가계수(4년, 6%)＝3.4651, 연금현가계수(4년, 8%)＝3.3121, 현가계수(4년, 6%)＝0.7921, 현가계수(4년, 8%)＝0.7350]

① 165,605원
② 172,955원
③ 173,255원
④ 181,176원
⑤ 184,641원

정답 | ④

해설 | 금융리스부채＝Min[최소리스료PV, 공정가치], 최소리스료＝50,000×3.4651＋10,000×0.7921
＝181,176원

따라서 금융리스부채액은 181,176원이다.

[11~14]

다음은 20X1년 초에 甲회사가 乙회사와 체결한 리스계약의 내용이다. 甲회사는 리스계약 종료 시 잔존가치 40,000원을 전액 보증하였다. 甲회사는 리스제공자의 내재이자율과 증분차입이자율을 모두 알고 있다.

- 리스기간 : 20X1.01.01.~20X4.12.31.
- 리스자산 : 공정가치 300,000원, 내용연수 5년, 추정잔존가치 20,000원, 정액법 상각
- 매년 말 리스료 지급액 : 71,000원(연간 보험료 1,000원 포함)
- 리스제공자 내재이자율 : 5%
- 리스이용자 증분차입이자율 : 6%
- 연금현가계수(4년, 5%)＝3.5460, 현가계수(4년, 5%)＝0.8227
- 연금현가계수(4년, 6%)＝3.4651, 현가계수(4년, 6%)＝0.7921

11 리스실행일에 리스이용자가 인식할 금융리스부채는 얼마인가?

① 274,241원　　　　　　　② 277,706원
③ 281,128원　　　　　　　④ 284,674원
⑤ 300,000원

정답 | ③
해설 | 리스이용자가 리스제공자의 내재이자율을 알고 있으므로 이를 적용해야 한다. 따라서 리스이용자가 인식해야 할 금융리스부채는 70,000×3.5460＋40,000×0.8227＝281,128원이다.

12 20X1년 말 리스이용자의 재무상태표에 표시될 금융리스부채와 감가상각비는 얼마인가?

	금융리스부채	감가상각비
①	220,695원	56,000원
②	224,368원	70,000원
③	225,184원	70,000원
④	228,908원	52,000원
⑤	245,000원	56,000원

정답 | ③
해설 |

일자	현금지급액	보험료	이자비용	리스부채상환액	리스부채잔액
20X1.01.01.					281,128
20X1.12.31.	71,000	1,000	14,056	55,944	225,184

감가상각기간은 소유권이 이전되지 않으므로 리스기간과 내용연수 중 짧은 기간 동안 감가상각한다.
감가상각비＝(300,000－20,000)÷4년＝70,000원

13 만일 리스계약 단계에서 리스계약과 관련하여 발생한 원가 20,000원을 리스제공자가 부담하였을 경우 20X1년 말 리스제공자가 인식할 금융리스채권은 얼마인가? (리스제공자는 리스자산의 제조자나 판매자가 아니다.)

① 294,241원   ② 297,706원

③ 301,128원   ④ 304,674원

⑤ 320,000원

정답 | ⑤

해설 | 리스제공자가 인식할 금융리스채권은 리스자산의 공정가치와 리스개설직접원가의 합계액이다. 다만 리스제공자가 리스자산의 제조자나 판매자인 경우에 리스개설직접원가는 매출활동과 연관되어 있으므로 리스자산에 포함하지 않고 비용으로 인식한다.

14 리스기간 종료 시 실제 리스자산의 잔존가액이 7,000원인 경우 20X4년 말 리스제공자의 회계처리로 틀린 것은?

① 실제잔존가액 7,000원을 금융리스자산으로 인식한다.

② 보증잔존가치와 실제잔존가액의 차액 33,000원을 리스회수손실로 인식한다.

③ 보증잔존가치와 실제잔존가액의 차액 33,000원을 리스보증이익으로 인식한다.

④ 실제잔존가액 7,000원과 보증잔존가치와 실제잔존가액의 차액 33,000원을 합한 금액만큼 금융리스채권을 제거한다.

⑤ 20X4년 말 인식될 감가상각비는 70,000원이다.

정답 | ⑤

해설 | 금융리스제공자는 리스기간 동안 감가상각비를 인식하지 않는다. 20X4년 말 리스자산 반환시점 회계처리는 다음과 같다.

금융리스자산 7,000 | 금융리스채권 40,000
리스회수손실 33,000
현   금 33,000 | 리스보증이익 33,000

리스자산의 실제잔존가액이 리스기간 종료 시 예상잔존가액보다 작다면 리스회수손실과 리스보증이익이 동시에 인식된다.

15 甲회사는 20X1년 초에 乙회사의 기계장치(정액법 감가상각)에 대하여 아래와 같이 리스계약을 체결하였다. 리스계약에서 甲회사의 보증잔존가치는 얼마인가? (소수점은 첫째 자리에서 반올림한다.)

- 기계장치 : 내용연수 5년, 잔존가치 100,000원
- 리스기간 : 20X1.01.01.~20X5.12.31.
- 리스제공자가 리스실행일에 인식한 금융리스채권 : 727,775원(공정가치와 동일)
- 리스이용자가 리스실행일에 인식한 금융리스부채 : 672,930원
- 리스제공자 내재이자율 : 5%(甲회사는 이를 알고 있음)
- 리스자산은 리스기간 종료 후 반환하며 甲회사는 예상잔존가치 100,000원 중 일부를 보증하기로 하였음
- 연금현가계수(5년, 5%) = 4.3295, 현가계수(5년, 5%) = 0.7835

① 30,000원
② 47,010원
③ 50,000원
④ 54,845원
⑤ 70,000원

정답 | ⑤
해설 | 리스실행일 리스제공자의 금융리스채권 = (정기리스료 + 보증잔존가치 + 무보증잔존가치)PV
　　　리스실행일 리스이용자의 금융리스부채 = (정기리스료 + 보증잔존가치)PV
　　　따라서 두 값의 차이 54,845원(= 727,775 − 672,930)은 무보증잔존가치의 현재가치가 된다.
　　　54,845원 = 무보증잔존가치×0.7835이므로 무보증잔존가치 = 54,845원/0.7835 = 70,000원
　　　보증잔존가치 = 잔존가치(100,000원) − 무보증잔존가치(70,000원) = 30,000원

16 甲회사는 20X1년 초에 乙회사의 기계장치(정액법 감가상각)에 대하여 아래와 같이 리스계약을 체결하였다. 甲회사의 회계처리에 대한 설명 중 바르지 못한 것은? (소수점은 첫째 자리에서 반올림한다.)

- 기계장치 : 내용연수 5년, 잔존가치 0원, 정액법 감가상각
- 리스기간 : 20X1.01.01.~20X3.12.31.
- 리스실행일 리스자산공정가치 : 1,900,000원
- 리스기간 종료 시 예상잔존가치 : 100,000원
- 매년 말 리스료 지급액 : 500,000원
- 甲회사의 리스개설직접원가 : 50,000원
- 리스기간 종료 시 행사가 확실시되는 염가매수선택권 : 250,000원
- 리스제공자 내재이자율 : 5%
- 연금현가계수(3년, 5%) = 2.7232, 현가계수(3년, 5%) = 0.8638
- 연금현가계수(5년, 5%) = 4.3295, 현가계수(5년, 5%) = 0.7835

① 20X1년 초에 인식될 금융리스부채는 1,577,550원이다.
② 20X1년 초에 인식될 금융리스자산은 1,627,550원이다.
③ 20X1년 말에 인식될 이자비용은 78,878원이다.
④ 20X1년 말에 인식될 감가상각비는 542,517원이다.
⑤ 20X1년 말에 인식될 금융리스부채 상환액은 421,122원이다.

정답 | ②

해설 | 금융리스자산 및 부채는 리스자산의 공정가치와 최소리스료의 현재가치 중 작은 금액으로 인식한다.

Min[1,577,550원, 1,900,000원] 금융리스부채 = 500,000 × 2.7232 + 250,000 × 0.8638 = 1,577,550원

그러나 리스이용자의 리스개설직접원가가 있는 경우에는 이를 금융리스자산에 가산한다. 따라서 금융리스자산 = 500,000 × 2.7232 + 250,000 × 0.8638 + 50,000 = 1,627,550원

소유권이 이전되는 거래이므로 내용연수 동안 감가상각한다.

20X1년 말 감가상각비 = 1,627,550 ÷ 5년 = 325,510원

20X1년 말 이자비용은 금융리스부채 기초잔액에 유효이자율을 곱한 1,577,550 × 5% = 78,878원이다.

20X1년 말 금융리스부채상환액 = 현금지급액 – 이자비용 = 500,000 – 78,878 = 421,122원

C e r t i f i e d   C r e d i t   A n a l y s t PART 01

출제 포인트 ■ ■ ■
- ■ 화폐성항목과 비화폐성항목의 구분
- ■ 외화거래의 환산과 현행환율법에 의한 재무제표 표시 통화로의 환산방법
- ■ 외화환산손익과 외환차손익의 구분 및 계산

1. 환율변동효과 개요

(1) 기능통화와 표시통화

① **기능통화와 표시통화**

ⓐ 기능통화 : 기업이 속한 국가의 통화를 의미하는 것이 아니라 영업활동이 이루어지는 주된 경제환경의 통화를 말한다.

ⓑ 표시통화 : 재무제표를 표시할 때 사용하는 통화로 어떠한 통화든 사용이 가능하다.

② **기능통화 결정 시 고려사항**

ⓐ 재화와 용역의 공급가격에 주로 영향(가격표시 또는 결제)을 미치는 통화 및 재화와 용역의 공급가격을 주로 결정하는 경쟁요인과 법규가 있는 국가의 통화

ⓑ 재화를 공급하거나 용역을 제공하는 데 드는 노무원가, 재료원가 및 그 밖의 원가에 주로 영향을 미치는 통화

ⓒ 재무활동(채무상품 또는 지분상품 발행)으로 조달되는 통화 또는 영업활동에서 유입되어 통상적으로 보유하는 통화

(2) 환율변동효과의 의의와 유형

① **환율변동효과의 의의**

환율변동효과란 기업의 외화거래 발생 당시 현물환율을 적용하여 최초 인식한 자산·부채의 장부금액이 이후 환율변동에 의하여 어떻게 처리되는지, 그리고 외화자산·부채를 회수하거나 결제할 때의 환율이 당초 장부에 기록할 때 적용했던 환율과 다른 경우 환율변동 차이를 어떻게 인식하는지 그 회계처리 방법을 말한다. 또한 장부를 기록할 때 사용하는 통화(기능통화)와 재무제표를 작성할 때 사용하는 통화(표시통화)가 다른 경우 재무제표의 환산방법에 대한 것도 포함한다.

② **환율변동효과의 유형**

ⓐ 기능통화에 의한 외화거래의 환산

- 외화거래 환산 : 완결된 거래에 대한 환산
- 외화표시잔액 환산 : 미완결된 거래에 대한 환산

ⓑ 기능통화로 표시된 재무제표의 표시통화로의 환산

일반적으로 해외지사, 해외사업소, 해외소재 지분법 적용대상회사, 해외자회사의 재무제표를 보고기업 재무제표에 포함시키기 위한 환산이 여기에 해당한다.

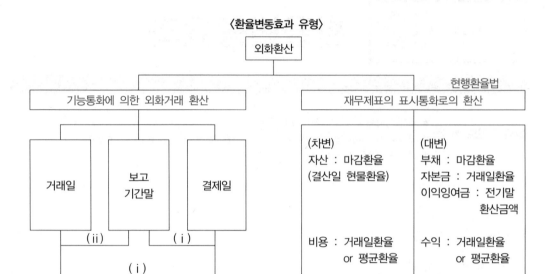

〈환율변동효과 유형〉

외화환산

기능통화에 의한 외화거래 환산 | 재무제표의 표시통화로의 환산 (현행환율법)

거래일 | 보고 기간말 | 결제일

(차변)
자산 : 마감환율
　　　(결산일 현물환율)

비용 : 거래일환율
　　　or 평균환율

(대변)
부채 : 마감환율
자본금 : 거래일환율
이익잉여금 : 전기말
　　　　　　환산금액

수익 : 거래일환율
　　　or 평균환율

(ⅰ) 외화거래 환산 : 외환차손익
(ⅱ) 외화표시잔액 환산 : 외화환산손익

(ⅲ)외환차이(대차차액) : 해외사업환산손익
　　　　　　　　　　　　(기타포괄손익)

(3) 환율변동효과의 기본문제

① 어떠한 외화항목에 거래일환율(역사적 환율)을 적용할 경우에는 해당 항목이 결제되거나 처분되지 않는 한, 시간이 경과 하거나 환율이 변동하여도 외환차이가 발생하지 않는다. 이는 측정속성 중 역사적 원가를 채택한 것과 같아 환율변동효과를 인식하지 않는다.

② 반면, 어떠한 외화항목에 마감환율(결산일 현물환율)을 적용할 경우 외화항목의 잔액을 보고기간 말 현물환율로 재환산하는 것이므로 외환차이가 발생한다. 이는 측정속성 중 현행원가(공정가치)를 적용하는 것과 같다.

[사례 2-1]

20X1년 초에 $1,000의 외화매출채권 발생하였다. 현물환율은 20X1년 초 USD/KRW = 1,000이고, 20X1년 말 USD/KRW = 950이다. 회계처리를 제시하시오.

해설 |

| (20X1년 초) | 매출채권 | ₩1,000,000 | | 매 출 | ₩1,000,000 |
| (20X1년 말) | 외화환산손실 | ₩50,000 | | 매출채권 | ₩50,000 |

③ 따라서 환율변동효과의 문제는 재무제표의 어떤 항목에 거래일환율을 적용하고, 어떤 항목에 마감환율을 적용하느냐, 그리고 외환차이가 발생하여 환율변동효과를 인식하는 경우 이를 어떻게 회계처리할 것인가이다.

Key Point!

※ 환율표시방법은 직접표시환율(자국통화표시법)과 간접표시환율(외국통화표시법)이 있는데, 직접표시환율은 기준통화 1단위에 대한 자국통화의 교환대가(**예** USD/KRW = 1,000.00)를 의미하고, 간접표시환율은 자국통화 1단위에 대한 외국통화의 교환대가(**예** KRW/USD = 0.0010)를 의미한다.

※ 환율표시의 국제표준은 기준통화를 앞에 쓰고 표시통화를 뒤에 쓴다. 즉 1달러에 대한 원화가치를 표현할 때는 USD/KRW로 쓰는 것이 옳다. 흔히 '/'를 나누기의 의미로 이해하여 KRW/USD로 생각하기 쉬운데 이는 변칙된 것이다.

※ 또한 환율을 달러로 표시할 때에는 소수점 넷째 자리까지 표기(**예** GBP/USD = 1.2826)하고, 원화나 엔화로 표시할 때에는 소수점 둘째 자리까지 표시(**예** USD/KRW = 1,134.15, USD/JPY = 141.84)하는 것이 일반적이다.

2. 기능통화에 의한 외화거래의 환산

(1) 결제시점 외화거래

① 완결거래

　㉠ 완결거래는 외화거래가 발생한 이후 대금결제가 모두 완료되어 장부상에 외화표시 자산이나 부채가 남아 있지 않는 경우를 말한다. 완결거래 유형은 3가지이다.

- 외화거래가 발생된 시점에 대금결제도 동시에 발생한 경우
- 외화거래가 발생되고 당해 연도 중 일정기간 경과 후 대금이 결제된 경우
- 전년도에 외화거래가 발생되고 당해 연도에 대금이 결제된 경우

　㉡ 완결거래의 회계처리 유형

　완결된 부분은 결제시점에 실현된 환율변동손익을 인식하고, 나머지 미완결된 부분은 항목에 따라 보고기간 말에 미실현된 환율변동손익을 인식할 수도 있고 인식하지 않을 수도 있다.

② 외환차이의 인식

당해 연도 외화거래 발생일에 기능통화로 최초 인식한 외화항목은 당기나 차기 결제시점 환율이 최초 인식시점 환율 또는 전기 말 환율과 다른 경우에는 외환차이가 발생한다.

외환차이로 발생한 외환차익과 외환차손은 서로 상계하지 않고 별도 계정과목으로 처리하여 손익계산서 작성 시 각각 영업외수익과 영업외비용에 포함하여 당기손익에 반영한다.

　㉠ 결제시점 실제 거래액 > 장부금액

- 외화자산 : 외환차익 인식
- 외화부채 : 외환차손 인식

　㉡ 결제시점 실제 거래액 < 장부금액

- 외화자산 : 외환차손 인식
- 외화부채 : 외환차익 인식

[사례 2-2] 결제시점 외화환산

20X1.03.31. 한국무역은 sight L/C에 의하여 미국 제조회사 ABC로부터 $2,000의 상품을 수입하고 은행에서 선적서류 도착통지를 받아 이를 결제하고 당일 선박회사로부터 상품을 인도받았다. 이날 은행의 매도율은 USD/KRW = 1,050.00이었다. 동사의 기능통화와 표시통화는 원화이다.

① 20X1.03.31. 필요한 회계처리를 제시하시오.

② sight L/C가 아닌 usance L/C로 도착일인 20X1.03.31.에 30일물 기한부어음을 인수하고 30일 후인 2021.04.30.에 결제하였을 경우 20X1.03.31.과 2021.04.30.의 필요한 회계처리를 제시하시오. 2021.04.30. 은행의 대고객 매도율[44]은 USD/KRW = 1,060.00이다.

③ ②에서 은행의 대고객 매도율이 USD/KRW = 1,030.00인 경우 2021.04.30.의 필요한 회계처리를 제시하시오.

해설 | ① 20X1.03.31. 회계처리

상　품 ₩2,100,000 | 현　금 ₩2,100,000

② 회계처리

(2021.03.31.)　상　품 ₩2,100,000 | 매입채무 ₩2,100,000
(2021.04.30.)　매입채무 2,100,000 | 현　금 2,120,000
　　　　　　　외환차손 20,000

※ 수입자는 어음기간 동안 환율상승분($2,000×₩10 = ₩20,000)만큼 손실이 발생한다.

③ 회계처리

(2021.03.31.)　상　품 ₩2,100,000 | 매입채무 ₩2,100,000
(2021.04.30.)　매입채무 2,100,000 | 현　금 2,060,000
　　　　　　　　　　　　　　　 외환차익 40,000

※ 수입자는 어음기간 동안 환율하락분($2,000×₩20 = ₩40,000)만큼 이익이 발생한다.

(2) 보고기간 말의 외화잔액

보고기간 말까지 외화거래가 완결되지 않아 기말에 외화자산 또는 외화부채 잔액이 남아 있는 경우를 미완결거래라 하고 외화거래 최초 발생시점에 따라 다음 두 가지 유형이 있다.

- 외화거래가 당해 연도 이전에 발생한 경우
- 외화거래가 당해 연도에 발생한 경우

미완결된 외화자산이나 외화부채는 항목에 따라 보고기간 말에 미실현된 환율변동손익을 인식할 수도 있고 인식하지 않을 수도 있다.

---

44) 외환거래에는 매수호가(bid price)와 매도호가(offer price or ask price)가 있다. 주의할 점은 호가의 주체가 딜러(은행)라는 점이다. USD/KRW ₩1,000/₩1,020이라면 은행은 1달러를 1,000원에 매입하고 고객에게 1,020원에 판매한다는 의미이다. 이 차이를 bid-offer spread라 하고 은행의 수입이 된다. 따라서 수입업체는 결제를 위하여 달러를 매입해야 하므로 은행의 매도호가인 offer price(대고객 매도율)를 적용해야 한다.

① 화폐성항목과 비화폐성항목의 구분

구분	자산	부채	적용환율
화폐성항목	확정되었거나 결정 가능한 화폐단위의 수량으로 받을 권리나 지급할 의무를 말한다.		현행환율로 환산
	현금, 요구불예금, 정기예금, 매출채권 등	매입채무, 사채 등 장기부채, 각종 보증금, 충당부채 등	
비화폐성항목	확정되었거나 결정 가능한 화폐단위의 수량으로 받을 권리나 지급할 의무가 없는 것을 말한다.		역사적환율로 인식 (현행환율 환산×)
	영업권, 선급금, 유형자산, 재고자산, 무형자산 등	선수금, 선수수익, 품질보증서에 의한 채무 등	

② 외환차이의 인식

　　㉠ 화폐성항목 : 미실현된 환율변동손익인 외화환산이익 또는 외화환산손실을 인식하여 당기손익에 보고한다. 단, 외화표시 매도가능채무증권의 경우에는 평가손익으로 하여 기타포괄손익에 인식한다.

[사례 2-3] 화폐성 단기외화부채의 환산

20X1.03.21. 한국무역은 usance L/C에 의하여 미국 제조회사 ABC로부터 $2,000의 상품을 수입하고 은행에서 선적서류 도착통지를 받아 30일물 기한부어음을 인수하고 당일 선박회사로부터 상품을 인도받았다. 어음은 30일 후인 2021.04.20.에 결제하였다. 한국무역의 결산일이 03.31.이고 일자별 은행의 매도율이 아래와 같을 때 일자별 회계처리를 제시하시오. 동사의 기능통화와 표시통화는 원화이다.

일자	USD/KRW 매도율
20X1.03.21.	1,050.00
20X1.03.31.	1,030.00
20X1.04.20.	1,080.00

해설 |

(2021.03.21.)	상　품	₩2,100,000	매입채무	₩2,100,000
(2021.03.31.)	매입채무	40,000	외화환산이익	40,000
(2021.04.20.)	매입채무	2,060,000	현　금	2,160,000
	외환차손	100,000		

[사례 2-4] 화폐성 장기외화부채의 환산

20X1.03.21. 한국무역은 미국 제조회사 ABC로부터 $2,000 상당의 기계장치를 장기 물자차관으로 도입하였다. 차관은 20X4.03.21.에 무이자로 일시상환하기로 하였다. 한국무역의 결산일은 03.31.이고 동사의 기능통화와 표시통화는 원화이다. 일자별 대고객 매도율이 아래와 같을 때 회계처리를 제시하시오.

일자	USD/KRW 매도율
20X1.03.21.	1,050.00
20X1.03.31.	1,080.00
20X2.03.31.	1,060.00
20X3.03.31.	1,110.00
20X4.03.21.	1,120.00

해설 |

(2021.03.21.)	기계장치	₩2,100,000	|	장기외화차입금	₩2,100,000	
(2021.03.31.)	외화환산손실	60,000	|	장기외화차입금	60,000	
(2022.03.31.)	장기외화차입금	40,000	|	외화환산이익	40,000	
(2023.03.31.)	장기외화차입금	2,120,000	|	유동성장기부채	2,120,000	
	외화환산손실	100,000	|	유동성장기부채	100,000	
(2024.03.21.)	유동성장기부채	2,220,000	|	현 금	2,240,000	
	외환차손	20,000				

ⓒ 비화폐성항목

- 유형자산 : 재평가모형을 선택하여 외화표시 유형자산을 공정가치로 평가하는 경우에는 공정가치가 결정된 날의 환율(마감환율)을 적용하여 외환차이를 재평가손익에 포함하여야 한다. 결국 외환차이는 재평가손익에 포함되어 기타포괄손익 또는 당기손익으로 보고된다.
- 손상징후가 있는 자산 : 손상징후가 있는 자산의 장부금액은 손상을 고려하기 전의 장부금액과 회수가능액 중 적은 금액으로 한다. 따라서 손상징후가 있는 비화폐성 외화자산의 장부금액은 거래일환율로 환산한 장부금액과 회수 가능액이 결정된 날의 환율로 환산한 금액 중 적은 금액으로 한다. 따라서 손상차손을 인식하는 경우에 한하여 외환차이는 손상차손에 반영되어 당기손익으로 보고된다.
- 재고자산 : 재고자산은 보고기간 말 저가법을 적용하여 취득원가와 순실현가능가치 중 적은 금액으로 장부금액이 결정되므로 보고기간 말 회화표시 재고자산이 거래일환율로 환산한 취득원가로 결정되면 외환차이는 인식하지 않고, 순실현가능가치가 결정되는 날의 환율로 환산한 순실현가능가치로 결정되면 외환차이는 평가손실에 반영되어 당기손익으로 보고된다.

[사례 2-5] 비화폐성 외화자산인 유형자산의 환산

20X1.03.01. 한국무역은 미국 보스턴 소재 토지를 $20,000에 취득하였다. 그러나 사업계획 변경으로 20X2.03.01. 당해 토지를 $24,000에 매각하였다. 결산일인 20X1.12.31. 현재 당해 토지의 공정가치는 $22,000 이다. 한국무역의 기능통화와 표시통화는 원화이고 일자별 환율은 다음과 같다.

일자	환율(USD/KRW)
20X1.03.01.	1,050.00
20X1.12.31.	1,020.00
20X2.03.01.	1,030.00

① 당해 토지에 대하여 원가모형을 적용하는 경우 회계처리를 제시하시오.

② 당해 토지에 대하여 재평가모형을 적용하는 경우 회계처리를 제시하시오.

해설 | ① 원가모형의 경우

(2021.03.01.)	토 지	₩21,000,000	|	현 금	₩21,000,000	
(2021.12.31.)			회계처리없음			
(2021.03.01.)	현 금	24,720,000	|	토 지	21,000,000	
				유형자산처분이익	3,720,000	

② 재평가모형의 경우

(2021.03.01.)	토 지	₩21,000,000	|	현 금	₩21,000,000	
(2021.12.31.)	토 지	1,440,000	|	재평가잉여금	1,440,000	

※ $22,000×₩1,020 − ₩21,000,000 = 1,440,000

(2021.03.01.) 현　금　24,720,000 | 토　　지　22,440,000
　　　　　　　재평가잉여금　1,440,000 | 유형자산처분이익　3,720,000

(3) 단일거래관과 이개거래관

① 이개거래관(two transaction perspective)

　㉠ [사례 2−2]는 회계처리의 대상이 되는 상품거래와 금융거래를 별개의 거래로 보는 이개거래관에 입각하여 외환차손익을 인식한 것이다.

　㉡ 이개거래관은 상품거래인 재고자산이나 매출원가 금액은 금융거래와 무관하게 동일해야 한다는 입장이다. 따라서 금융거래인 외상거래에 기인한 외환차손은 근거거래인 재고자산이나 매출원가의 증감요인으로 보지 않고 별도로 회계처리한다. 일반적으로 모든 외화거래에 대한 회계처리는 이개거래관을 적용한다.

② 단일거래관(one transaction perspective)

　㉠ 단일거래관은 근거거래와 금융거래가 분리할 수 없는 하나의 거래로 보고 외환차손익은 근거거래의 증감요인으로 회계처리한다.

[사례 2−6]

한국무역은 usance L/C에 의하여 미국 제조회사 ABC로부터 $2,000의 상품을 수입하였다. 도착일인 20X1.03.31.에 30일물 기한부어음을 인수하고 당일 선박회사로부터 상품을 인도받았다. 당해 상품은 재고자산으로 20X1.04.10.에 80%가 현금 매출되었으며 당사는 계속기록법을 사용한다. 도착일 30일 후인 20X1.04.30.에 당해 거래를 결제하였을 경우 단일거래관에 입각하여 2021.03.31.부터 2021.04.30.까지 회계처리를 제시하시오. 2021.03.31. 은행의 대고객 매도율은 USD/KRW = 1,050.00이고 2021.04.30.은 USD/KRW = 1,060.00이다. 동사의 기능통화와 표시통화는 원화이다.

해설 |

(2021.03.31.) 상　품 ₩2,100,000 | 매입채무 ₩2,100,000
(2021.04.10.) 현　금　1,680,000 | 매　출　1,680,000
(2021.04.30.) 매입채무　2,100,000 | 현　금　2,120,000
　　　　　　　상　품　　4,000*
　　　　　　　매출원가　16,000**

　　* 20,000×20% = 4,000원
　　** 20,000×80% = 16,000원

이개거래관에서 외환차손으로 인식되었던 20,000원이 상품과 매출원가로 각각 배분되었다.
만일 회사가 실지재고조사법을 사용한다면 20,000원은 모두 매입계정으로 인식한다.

3. 재무제표의 표시통화로의 환산

(1) 환산방법

일반기업회계기준에서는 현행환율법을 적용하도록 규정하고 있다.

① 재무상태표의 자산과 부채 : 해당 보고기간 말 마감환율 적용(단, 자본금은 거래일 환율)

② 손익계산서 수익과 비용 : 해당 거래일 환율 또는 평균환율 적용

③ ①과 ②의 환산에서 생기는 대차차액 : 해외사업환산손익 과목으로 기타포괄손익으로 인식[45]

───────────────

45) 계속이연법 : 기타포괄손익으로 인식한 해외사업장 관련 외환차이누계액은 해외사업장 처분에 의한 처분손익을 인식하는 시점에 당기손익으로 재분류한다.

[사례 2 – 7] 재무제표의 환산 사례

㈜대한은 국내기업으로 기능통화와 표시통화가 원화이다. 동사는 미국에 소재하는 해외사업장 ㈜ABC로부터 20X1년도 재무제표를 아래와 같이 보고받았다. ㈜ABC는 달러화가 기능통화이다. 추가정보를 반영하여 현행환율법에 의한 ㈜ABC의 재무제표를 표시통화인 원화로 환산하시오. 수익과 비용에 대해서는 평균환율을 적용한다.

〈추가정보〉
(i) ㈜ABC는 20X1.01.01.에 설립됨과 동시에 ㈜한국이 지배력을 취득하였다.
(ii) 기계와 토지는 설립일에 취득하였고, 자본금도 설립 시에 출자된 후 변동이 없다.
(iii) 장기차입금은 20X1.04.01.에 조달하였고, 당시 환율은 USD/KRW = ₩1,020이다.
(iv) 매출과 판매 및 일반관리비는 연중 고르게 발생하였다.
(v) 재고자산은 선입선출법으로 평가하며, 현재 재고는 10~12월까지 매입된 것이다. 재고매입기간 평균환율은 ₩1,025이다.
(vi) 매출원가에 적용될 평균환율(1~9월)은 ₩1,030이다.
(vii) 기계의 기초장부금액은 $220,000, 내용연수 10년, 정액법 감가상각, 잔존가치는 $20,000이다.
(viii) 연초환율 : ₩1,010, 연말환율 : ₩1,050, 연평균환율 : ₩1,015

재무상태표

㈜ABC   20X1.12.31. 현재

현 금	$15,000	유 동 부 채	$135,000
매출채권	250,000	장기차입금	200,000
재고자산	140,000	자 본 금	260,000
기 계	200,000	당기순이익	60,000
토 지	50,000		
자산합계	$655,000	부채 · 자본합계	$655,000

손익계산서

㈜ABC   20X1.01.01.~20X1.12.31.

매 출	$515,000
매 출 원 가	375,000
매출총이익	140,000
판 · 관 · 비	50,000
감가상각비	30,000
당기순이익	$60,000

해설 | 현행환율법에 의하여 환산하므로 다른 환율정보는 필요없고 (viii)의 환율정보만 있으면 된다.

	기능통화($)		적용환율	표시통화	
	차변	대변		차변	대변
현　　금	$15,000			₩15,750,000	
매 출 채 권	250,000			262,500,000	
재 고 자 산	140,000			147,000,000	
기　　계	200,000		₩1,050	210,000,000	
토　　지	50,000			52,500,000	
유 동 부 채		$135,000			₩141,750,000
장기차입금		200,000			210,000,000
자 본 금		260,000	₩1,010		262,600,000
매　　출		$515,000			₩522,725,000
매 출 원 가	$375,000			380,625,000	
판·관·비	50,000		₩1,015	50,750,000	
감가상각비	30,000			30,450,000	
외 환 차 이 (기타포괄손익)					₩12,500,000
소　계	1,110,000	1,110,000		1,149,575,000	1,137,075,000

※ 외환차이는 해외사업장환산손익의 과목으로 기타포괄손익으로 인식한다.

4. 환율변동위험에 대한 평가

(1) 회계익스포저

마감환율에 의하여 재평가되는 외화자산과 외화부채의 환위험 노출 포지션(position)을 익스포저(exposure)라 하고 포지션에 따른 손익은 다음과 같다.

포지션＝위험노출 외화자산금액－위험노출 외화부채금액

① long positin(포지션＞0)
　㉠ 환율상승 : 이익
　㉡ 환율하락 : 손실
② short position(포지션＜0)
　㉠ 환율상승 : 손실
　㉡ 환율하락 : 이익

따라서 환위험 노출 금액은 회계익스포저에 예상 환율변동폭을 곱하여 산출한다. 이것이 예상 환율변동손익이 된다.

환위험 노출 금액＝회계익스포저×예상 환율변동폭

(2) 거래익스포저

회계익스포저보다 더 넓은 의미로 사용되는 것으로 회계익스포저와 공식은 동일하지만 장부상 자산·부채뿐만 아니라 장부에 기록되지 않은 향후에 거래될 항목도 포함한다.

(3) 경제익스포저

경제익스포저는 향후 환율변동으로 야기될 기업의 전반적 미래 현금흐름의 증감 가능성을 의미한다. 즉 환율변동에 의한 경제환경의 변화로 야기되는 원자재가격 변동, 판매량 변동 등 기업의 전반적인 수익과 비용의 구조적 변화 가능성을 의미한다.

01 기능통화인 달러화로 기록된 외화거래를 표시통화인 원화로 환산하는 과정에서 발생하는 외환차이는 외환차익과 외환차손을 상계한 순액으로 회계처리한다. ⃞O⃞X

×
외환차익과 외환차손은 상계하지 않는다.

02 기능통화($)로 작성된 재무제표를 표시통화(₩) 재무제표로 환산할 때 해외사업장의 모든 자산과 부채는 거래일환율을 적용하여 환산한다. ⃞O⃞X

×
자산과 부채는 마감환율을 적용한다.

03 해외사업장의 기능통화($)로 작성된 재무제표를 표시통화(₩) 재무제표로 환산할 때 발생하는 외환차이는 영업외손익의 과목으로 당기손익에 반영한다. ⃞O⃞X

×
해외사업장환산손익의 과목으로 기타포괄손익으로 보고한다.

04 A기업의 외화자산·부채의 환위험 노출 포지션이 short position인 경우 환율이 하락하면 이익이 발생한다. ⃞O⃞X

○
short position인 경우는 외화부채가 많은 상태이므로 환율이 하락하면 외화부채가 줄어들어 그만큼 상대적 이익이 발생한다.

01 다음 중 외화거래 환산 시 화폐성항목과 비화폐성항목이 바르게 분류된 것은?

	화폐성항목	비화폐성항목
①	현금, 정기예금, 매출채권	선급금, 유형자산, 사채
②	요구불예금, 매입채무	선수수익, 선급금, 무형자산
③	현금, 재고자산, 매입채무	영업권, 선급금, 무형자산
④	정기예금, 요구불예금	매출채권, 재고자산, 유형자산
⑤	현금, 매출채권, 매입채무	사채, 영업권, 무형자산

정답 | ②

해설 |

구분	자산	부채	적용환율
화폐성항목	현금, 요구불예금, 정기예금, 매출채권 등	매입채무, 사채 등 장기부채, 각종 보증금, 충당부채 등	현행환율로 환산
비화폐성항목	영업권, 선급금, 유형자산, 재고자산, 무형자산 등	선수금, 선수수익, 품질보증서에 의한 채무 등	역사적환율로 인식 (현행환율 환산×)

02 다음 중 외화환산과 관련하여 신용분석 시 고려사항으로 바르지 못한 것은?

① 보고기간 말 화폐성 외화자산 또는 부채의 잔액을 환산하는 경우에 인식하는 외화환산손익은 영업외손익으로 당기손익에 영향을 미친다. 향후 환율이 반전되는 경우 기인식한 외화환산손익은 가공손익이 될 수 있으므로 환율변동손익의 해석 시 보고시점 이후 환율 전망은 필수적이다.

② 환율변동위험에 관한 지표는 경제익스포저가 회계익스포저보다 더 중요하다.

③ 장기 외화자산·부채에서 발생하는 외환환산손익과 인플레이션 이득이 상쇄될 가능성이 있는지 검토해야 한다.

④ 기능통화로 표시된 재무제표로 비율분석을 하는 것보다 표시통화 재무제표로 비율분석을 하는 것이 합리적이다.

⑤ 국제피셔이론을 고려하면 외환차손은 이자비용으로 외환차익은 이자비용 차감요소로 보는 것이 타당하다.

03 甲회사는 20X1.03.01.에 미국의 ABC회사로부터 장기차관으로 $10,000를 조달하여 기계장치를
도입하였다. 차관은 20X3.03.01.에 상환할 예정이다. 이자는 없으며 회사의 결산일은 12.31.이다.
일자별 USD/KRW 대고객 매도율이 다음과 같을 때 20X1.12.31. 인식할 환율변동손익은 얼마인가?

일자	USD/KRW 매도율
20X1.03.01.	1,150.00
20X1.12.31.	1,120.00
20X2.03.01.	1,100.00
20X2.12.31.	1,070.00
20X3.03.01.	1,010.00

① 외화환산이익 300,000원 ② 외화환산손실 300,000원

③ 외환차익 300,000원 ④ 외환차손 300,000원

⑤ 회계처리 없음

정답 | ①

해설 | 장기부채는 환율하락으로 외화환산이익이 발생한다. $10,000×(1,150−1,120)=300,000원

04 甲회사는 20X1.11.01.에 미국의 ABC회사에 $30,000의 상품을 판매하고 대금은 20X2.03.31.에
회수하였다. 이 기간 환율변동이 아래와 같을 때 20X1년 말과 20X2.03.31.에 인식할 금액으로 옳
은 것은?

일자	환율(USD/KRW)
20X1.11.01.	1,200.00
20X1.12.31.	1,140.00
20X2.03.31.	1,160.00

① 외화환산손실 1,800,000원, 외환차익 600,000원

② 외화환산이익 1,800,000원, 외환차손 600,000원

③ 외환차손 1,800,000원, 외화환산이익 600,000원

④ 외환차익 1,800,000원, 외화환산손실 600,000원

⑤ 회계처리 없음, 외화환산이익 1,200,000원

해설 |

(20X1.11.01)	매출채권	36,000,000	|	매 출	36,000,000
(20X1.12.31)	외화환산손실	1,800,000	|	매출채권	1,800,000
(20X2.03.31)	현 금	34,800,000	|	매출채권	34,200,000
				외환차익	600,000

05 미국에 소재한 XYZ회사의 20X1년 재고자산 및 환율(USD/KRW) 관련 자료는 다음과 같으며 이를 원화 재무제표로 환산하고자 한다. 현행환율법으로 환산할 때 매출원가는 얼마인가?

재고자산 관련		환율변동내역	
• 기초재고자산	$1,000	• 기초재고자산 매입시점	₩1,016.00
• 당기매입	$10,000	• 기말재고자산 매입시점	₩1,100.00
• 기말재고	$2,000	• 연평균환율	₩1,034.00
• 매출원가	$9,000	• 회계연도 말	₩1,040.00

① 9,144,000원 ② 9,306,000원
③ 9,360,000원 ④ 9,522,000원
⑤ 9,900,000원

정답 | ②
해설 | 현행환율법에서 손익계산서 항목은 평균환율을 적용한다. $9,000×₩1,034=9,306,000원

06 20X1.01.01.에 자본금 $50,000로 설립된 미국 현지법인 XYZ회사는 20X1년 당기순이익(이익잉여금) $15,000를 보고하였다. 환율(USD/KRW)이 다음과 같을 때 원화표시 재무제표에 나타나는 해외사업환산손익은 얼마인가? (괄호는 차변금액을 의미한다.)

일자	환율(USD/KRW)
20X1.01.01.	1,100.00
20X1년 평균	1,040.00
20X1.12.31.	1,060.00

① (1,700,000원) ② 1,700,000원
③ (2,600,000원) ④ 17,600,000원
⑤ (17,600,000원)

정답 | ①
해설 | 자본금 환산액=$50,000×₩1,100=55,000,000원, 당기순이익 환산액=$1,500×₩1,040
　　　=15,600,000원
　　 총자산 환산액=(50,000+15,000)×₩1,060=68,900,000원 따라서 해외사업환산손실 1,700,000원

07 20X1.07.01. ㈜대한은 미국에 있는 영업용 토지를 $5,000에 취득하고, 대금은 20X2.03.31.에 지급하기로 하였다. 동사는 토지에 재평가 모형을 적용하고 있다. 일자별 환율과 토지의 공정가치는 아래와 같다. 20X1년 말 인식할 재평가손익과 외화환산손익은 얼마인가?

일자	환율(USD/KRW)	토지 공정가치
20X1.07.01.	₩1,000.00	$5,000
20X1.12.31.	₩1,100.00	$5,500

	재평가손익		외화환산손익	
①	재평가잉여금	₩1,000,000	외화환산이익	₩500,000
②	재평가손실	1,000,000	외화환산손실	500,000
③	재평가잉여금	1,050,000	외화환산손실	500,000
④	재평가손실	1,050,000	외화환산이익	500,000
⑤	재평가잉여금	1,050,000	외화환산이익	500,000

정답 | ③

해설 |

(20X1.07.01.) 토　지	5,000,000	외화미지급금 5,000,000
(20X1.12.31.) 토　지	1,050,000	재평가잉여금 1,050,000
외화환산손실	500,000	외화미지급금　500,000

※ 재평가잉여금 = ($5,500 × ₩1,100) − ($5,000 × ₩1,000) = 1,050,000원

※ 외화환산손익 = $5,000 × (₩1,000 − ₩1,100) = (500,000원)

08 다음 중 미국의 이자율이 6%이고 한국의 이자율이 4%인 경우 균형상태에서 원화가 달러화 대비 약 2% 평가절상될 것이라는 이론은 무엇인가?

① 구매력등가이론　　　　　　　　② 오버슈팅이론
③ 외환수요공급이론　　　　　　　④ 이자율등가이론
⑤ 국제피셔이론

정답 | ⑤

해설 | 현물환율의 변동폭이 두 국가의 이자율 차이와 같아진다는 이론은 국제피셔이론이다.

법인세회계

출제 포인트 ■ ■
- 법인세 재무제표 표시방법에 대한 이해
- 법인세 기간 간 배분에서 이연법인세 계산
- 법인세 비용의 법인세 기간 내 배분

1. 법인세회계 기초

(1) 법인세회계의 의의

① 법인세 과세대상은 회계기준에 따라 산출된 회계이익이 아니라 법인세법에 따라 산출된 과세소득이다. 과세소득은 현금주의와 유사한 권리·의무 확정주의에 따라 인식된 익금과 손금의 차액으로 산정한다.

② 법인세회계의 주요내용

ㄱ 여러 회계기간에 대한 법인세 기간 간 배분에서 이연법인세 회계처리

ㄴ 동일한 회계기간 내에서 최종 계산된 법인세비용을 발생원인별로 대응시키는 법인세 기간 내 배분

> **Key Point!**
> ※ 회계기준은 발생주의에 따라 인식한 수익과 비용의 차액으로 회계이익을 계산하므로 과세소득을 기초로 산출된 법인세부담액을 그대로 회계이익에 대응하는 법인세비용으로 할 경우 발생주의 기준에 어긋나게 된다. 즉 회계이익과 관계없는 법인세비용이 인식되어 수익비용대응의 원칙과 맞지 않게 된다. 그래서 회계이익에 대한 법인세비용을 재계산하게 되는데 이를 위한 것이 법인세회계이다.

(2) 회계이익과 과세소득

① 과세소득

회계장부에 기록된 수익과 비용으로부터 익금과 손금을 도출하여 회계이익과 과세소득 간 차이를 조정한다. 이를 세무조정이라 한다.

회계기준	세무조정		세법
수익	+익금산입 −익금불산입	=	익금
(비용)	+손금산입 −손금불산입	=	(손금)
‖	+(익금산입+손금불산입)		‖
회계이익	−(손금산입+익금불산입)	=	과세소득

> **Key Point!**
> ※ 익금산입 : 회계기준상 수익은 아니지만 세법상 익금에 해당하는 경우
> ※ 익금불산입 : 회계기준상 수익이지만 세법상 익금에 해당하지 않는 경우
> ※ 손금산입 : 회계기준상 비용은 아니지만 세법상 손금에 해당하는 경우
> ※ 손금불산입 : 회계기준상 비용이지만 세법상 손금에 해당하지 않는 경우

② 세무조정의 구분

세무조정의 종류	소득처분 유형		자산·부채 차이 유무
익금산입 및 손금불산입	유보		일시적 차이
	사외유출	배당	일시적 차이 이외의 차이
		상여	
		기타소득	
		기타사외유출	
	기타		
손금산입 및 익금불산입	△유보		일시적 차이
	기타		일시적 차이 이외의 차이

㉠ 일시적 차이(temporary difference)란 자산·부채의 장부금액과 세무기준액의 차이를 말하는 것으로 미래 회계기간에 걸쳐 과세소득에 반대의 영향을 미친다. 이러한 항목들 아래 두 가지로 구분된다.
- 차감할 일시적 차이 : 당기 회계이익에 가산된 세무조정항목으로 차기 이후 회계이익에서 차감할 금액의 일시적 차이를 말하고 소득처분은 유보가 된다.
- 가산할 일시적 차이 : 당기 회계이익에 차감된 세무조정항목으로 차기 이후 회계이익에 가산할 금액의 일시적 차이를 말하고 소득처분은 △유보가 된다.

> **Key Point!**
> ※ 특정 일시적 차이의 세무조정은 그 이후 상반된 세무조정을 통하여 일정기간 배분되면서 모두 소멸하는 기간 간 배분의 성격을 갖는다.
> ※ '일시적 차이 이외의 차이'를 과거에는 '영구적 차이'라 하였으나 현재 회계기준에서는 이러한 용어를 사용하지 않고 있다.
> ※ 세무조정으로 당기 자본이 늘어나는 경우는 '유보', 감소하는 경우는 '△유보' 처분한다.

㉡ 일시적 차이 이외의 차이란 당기의 과세소득에만 영향을 미치고 차기 이후 과세소득에는 영향을 미치지 않는 차이를 말한다.
- 이 경우는 회계기준과 법인세법 간에 자산·부채 가액의 차이가 없다.
- 그러나 당기 회계기준에서는 수익이나 비용으로 인정되지만 법인세법에서는 익금이나 손금으로 인정되지 않거나, 당기 회계기준에서는 수익이나 비용으로 인정되지 않지만 법인세법에서는 익금이나 손금으로 인정되는 경우를 말한다. 예를 들면, 접대비한도초과액에 대한 손금불산입항목이 여기에 해당한다.

(3) 법인세 계산구조

① 당기법인세부담액은 과세소득에서 법인세율을 곱한 금액으로 산출되는 것이 아니다. 이월결손금이나 비과세소득 또는 소득공제가 있는 경우 해당 금액을 과세소득에서 차감한 금액으로 과세표준을 계산하고, 여기에 당기법정세율을 곱한 금액으로 산출세액을 계산한다. 산출세액에서 세액공제 등을 차감한 금액이 당기법인세부담액이 된다.

② 법인세 계산구조

법인세차감전순이익	XXX
+ 익금산입 · 손금불산입	XX
− 손금산입 · 익금불산입	(XX)
+ 기부금한도초과액	XX
− 기부금한도초과이월액	(XX)
각 사업연도소득금액	XXX
− 이월결손금	(XX)
− 비과세소득 · 소득공제	(XX)
과세소득	XX
×법인세율	%
산출세액	XX
− 세액공제 · 세액감면	(XX)
결정세액	XX
− 기납부세액	(XX)
차감납부세액(당기법인세부담액)	XX

(4) 법인세배분의 종류

법인세배분의 개념은 회계이익의 세전과 세후 간의 비례관계를 유지하기 위하여 등장하였다. 즉 회계이익에 대응되는 것은 세법에 따라 계산된 법인세부담액이 아니라 발생주의에 근거하여 재계산된 법인세비용이다.

① 법인세 기간 간 배분은 과세소득과 회계이익 간 발생하는 차이로 차기 이후 배분되어 소멸하는 일시적 차이만 대상이 된다. 당기세전이익에 대응되는 법인세비용은 법인세부담액(당기법인세부채로 인식)에 이연법인세부채(가산할 일시적 차이)를 가산하거나 이연법인세자산(차감할 일시적 차이)을 차감하여 결정한다. 각각의 회계처리는 다음과 같다.

법인세비용	XXX	당기법인세부채	XXX
		이연법인세부채	XXX
법인세비용	XXX	당기법인세부채	XXX
이연법인세자산	XXX		

② ①에서 계산된 법인세비용을 일괄하여 계상하지 않고, 계속사업손익과 중단사업손익으로 구분하여 각 항목에 대응시키는데 이를 법인세 기간 내 배분이라 한다.

> **Key Point!**
> ※ 이연법인세부채는 가산할 일시적 차이로 인하여 미래에 부담하게 될 법인세부담액을 말한다.
> ※ 이연법인세자산은 차감할 일시적 차이, 이월공제가 가능한 세무상 결손금, 이월공제가 가능한 세액공제 및 소득공제 등으로 인하여 미래에 경감될 법인세부담액을 말한다.

2. 법인세 기간 간 배분

(1) 이연법인세 인식의 필요성

① 첫째, 손익계산서의 세전순이익과 세후순이익(당기순이익)이 비례관계를 갖도록 한다. 즉 일시적 차이로 인한 법인세효과를 이연법인세를 활용하여 회계처리함으로써 장기간에 걸친 법인세비용과 법인세부담액이 동일하다는 것을 나타낼 수 있다.

② 둘째, 법인세부담액과 관련된 자산·부채를 재무상태표에 올바르게 계상할 수 있게 한다. 결국 이연법인세는 자산·부채 및 당기순이익을 적정하게 표시하여 재무제표의 유용성을 높이는 데 그 목적이 있다.

(2) 법인세비용과 일시적 차이

① 이연법인세의 필요성

甲회사의 20X1년과 20X2년의 회계이익이 모두 10,000원이고, 20X1년 세무조정 시 일시적 차이로 인하여 1,000원을 회계이익에서 차감하였다. 이 일시적 차이는 20X2년 세무조정에서 회계이익에 모두 가산할 예정이며 甲회사의 세율은 각 연도 모두 20%라 가정해 보자.

	20X1년		20X2년
법인세비용차감전순이익	10,000	=	10,000
세 무 조 정	(1,000)		1,000
과 세 소 득	9,000	≠	11,000
세 율	20%		20%
법인세비용(법인세부담액)	1,800	≠	2,200
당 기 순 이 익	8,200	≠	7,800

이 경우 甲회사는 동일한 회계이익에도 불구하고 당기순이익이 다른데, 이는 과세소득에 기초하여 계산한 법인세부담액을 법인세비용을 인식했기 때문이다. 즉 20X1년의 회계이익 1,000원에 대해 세법에서 20X1년이 아닌 20X2년의 과세소득으로 인정했기 때문에 20X1년에는 법인세를 200원 덜 납부한 반면, 20X2년에는 200원을 더 납부였다.

이와 같은 재무보고는 문제점이 있다. 甲회사는 20X1년 말 현재 1,800원의 법인세를 납부할 의무와 덜 납부한 200원의 법인세를 20X2년에 납부해야 할 의무, 두 가지 부채를 가지고 있는 셈이다. 그러나 20X1년 재무제표에는 당기에 납부해야 할 1,800원의 법인세 납부의무만 보고되므로 일시적 차이에 의한 200원의 납부의무는 보고되지 않는다.

정리하자면 법인세부담액을 법인세비용으로 인식하면 재무상태표와 손익계산서가 왜곡되어 표시될 수 있다. 이로 인한 문제를 해결하기 위하여 이연법인세가 필요하다. 본 사례에서 차기에 납부해야 할 200원을 이연법인세부채로 하여 법인세비용에 가산해야 한다.

(20X1년)	법인세비용	2,000	|	당기법인세부채	1,800
			|	이연법인세부채	200
(20X2년)	법인세비용	2,000	|	당기법인세부채	2,200
	이연법인세부채	200	|		

법인세비용을 계산하는 과정은 다음과 같다.

> 1단계. 당기법인세부채＝과세소득×당해 연도 세율
> 2단계. 이연법인세자산(부채)＝차감할(가산할) 일시적 차이×미래 연도 세율
> 3단계. 법인세비용＝당기법인세부채－△이연법인세자산＋△이연법인세부채
> ※ △이연법인세자산＝기말 이연법인세자산－기초 이연법인세자산
>   △이연법인세부채＝기말 이연법인세부채－기초 이연법인세부채

Key Point!
※ 이연법인세자산(부채)를 측정할 때에는 K－IFRS와 동일하게 일시적 차이가 소멸될 것으로 예상되는 기간의 과세소득에 적용될 것으로 예상되는 평균세율을 적용한다. 즉 최저한계세율을 적용받는 기업이라도 일시적 차이에 대한 법인세효과를 계산할 때에는 일반세율을 적용하여 측정해야 한다.
※ 또한 법인세비용 계산 시 이연법인세자산(부채)은 현재가치로 할인하지 않는다. 그 이유는 일시적 차이의 소멸시기, 소멸금액 및 적정 할인율을 정확히 예측하기 어렵기 때문이다.

② 이연법인세자산의 실현 가능성
 ㉠ 차감할 일시적 차이는 미래 과세소득을 감소시킨다. 그러나 차감할 일시적 차이를 활용할 수 있을 만큼 미래기간의 과세소득이 충분하지 않다면 차감할 일시적 차이의 법인세효과는 실현될 수 없다. 따라서 차감할 일시적 차이가 활용될 가능성이 매우 높은 경우에만 이연법인세자산을 인식한다.
 ㉡ 이연법인세자산의 실현 가능성은 보고기간 말에 매번 검토되어야 한다.
 ㉢ 이연법인세자산의 실현 가능성에 대한 판단근거와 실현 가능성 변경에 따른 이연법인세자산·부채의 변동액도 주석으로 공시해야 한다. 즉 이연법인세자산·부채의 변동이 세율변경에 의한 것인지 아니면 회수 가능성 변동에 의한 것인지를 공시해야 한다.

② 재무상태표 표시
 ㉠ 이연법인세자산과 이연법인세부채는 당기법인세자산과 당기법인세부채와 구분되어야 한다. 당기법인세자산(부채)은 유동자산이지만 이연법인세자산(부채)은 관련된 자산(부채)항목에 따라 유동자산(유동부채) 또는 기타비유동자산(기타비유동부채)으로 분류한다.
 ㉡ 당기법인세자산과 당기법인세부채, 동일한 유동·비유동 구분 내의 이연법인세자산과 이연법인세부채가 각각 동일한 과세당국과 관련된 경우에는 각각 상계하여 표시한다.

[사례 3－1] 자산·부채 인식기준의 차이에 의한 일시적 차이

20X1년 초에 설립한 甲회사의 당기법인세비용차감전순이익은 10,000원이고 법인세율은 30%이다. 그러나 법인세법의 개정으로 20X2년 이후 적용되는 법인세율은 25%이다. 甲회사의 당기법인세부담액을 계산하기 위한 세무조정사항은 만기일이 20X2.06.30.인 정기예금에 대한 20X1년 귀속분 미수수익 800원뿐이다. 이 경우 20X1년에 인식할 법인세비용은 얼마인가?

해설 | 미수수익 800원은 익금불산입하므로 과세소득은 10,000－800＝9,200원이다. 따라서 당기법인세부채는 9,200×30%＝2,760원이다. 800원은 20X2년에 실현되므로 가산할 일시적 차이로 이연법인세부채 800×25%＝200원을 인식한다. 따라서 법인세비용은 2,760＋200＝2,960원이다.

법인세비용 2,960 | 당기법인세부채 2,760
　　　　　　　　　 이연법인세부채 　200

[사례 3-2] 자산·부채 평가방법 차이에 의한 일시적 차이

20X1년 초에 설립한 甲회사의 당기법인세비용차감전순이익은 10,000원이고 법인세율은 30%이다. 그러나 법인 세법의 개정으로 20X2년 이후 적용되는 법인세율은 25%이다. 甲회사의 당기법인세부담액을 계산하기 위한 세무조정사항은 다음과 같다.

> 보유하고 있는 재고자산 중 장부금액 30,000원인 상품의 순실현가능가치가 20,000원으로 하락하여 저가법 으로 평가하였다. 세법상 甲회사는 재고자산평가방법을 원가법 중 총평균법으로 신고하였다. 세법상 재고자 산평가손실은 손상이 있는 평가손실에 해당하지 않는다. 당해 재고자산은 20X2년에 모두 판매되었다.

해설 | 회계이익 계산 시 비용으로 처리한 재고자산평가손실 10,000원이 세법상 손금으로 인정되지 않으므로 손금불산 입으로 처리되어 과세소득은 10,000원이 증가된 20,000원이다. 따라서 당기법인세부채는 20,000×30%= 6,000원이다. 그리고 손금불산입된 10,000원은 20X2년에 모두 실현되므로 차감할 일시적 차이로 이연법인세자 산 10,000×25%=2,500원을 인식한다. 결국 20X1년 법인세비용은 6,000-2,500=3,500원이다.

법인세비용   3,500 | 당기법인세부채 6,000
이연법인세자산   2,500

[사례 3-3] 법인세 기간 간 배분 종합사례

20X1년 초에 설립한 甲회사의 20X1년 말과 20X2년 말의 법인세부담액 계산 자료이다.

20X1년 법인세부담액 계산		
법인세비용차감전순이익		20,000
가산조정		
감가상각비한도초과액		1,400
접대비한도초과액		1,000
차감조정		
이자수익(미수분)		(3,400)
비과세이자소득		(800)
과세소득		18,200
세율		30%
법인세부담액		5,460

20X2년 법인세부담액 계산		
법인세비용차감전순이익		50,000
일시적 차이 증감액		2,000
20X1년 감가상각비한도초과액소멸	(1,400)	
20X1년 이자수익(미수분)소멸	3,400	
접대비한도초과액(신규)	2,000	2,000
과세소득		54,000
세율		20%
법인세부담액		10,800

회사는 감가상각비를 법인세법에서 정한 한도를 초과하여 상각하였고, 접대비도 한도를 초과한 금액이 1,000원 발생하여 20X1년 손금불산입 금액이 2,400원이다. 감가상각비한도초과액은 20X2년 소멸될 예정이다. 이자수 익에 대한 실제지급일은 20X2.03.31.이어서 법인세법상 익금산입은 20X2년에 이루어진다. 비과세이자소득은 800원이 발생하여 익금불산입 금액은 4,200원이다. 20X2년도 회계이익은 50,000원이고, 신규로 접대비한도초 과액이 2,000원 발생하였다. 이외 일시적 차이는 없다. 세율은 30%로 모두 동일하다. 20X1년과 20X2년 당기법 인세부채, 이연법인세자산·부채 및 법인세비용을 계산하고 회계처리를 제시하시오.

해설 | (20X1년) 당기법인세부채=18,200×30%=5,460원
         이연법인세자산=1,400×20%=280원, 이연법인세부채=3,400×20%=680원
         (순액)이연법인세부채=680-280=400원
         따라서 법인세비용=5,460+400=5,860원

법인세비용 5,860 | 당기법인세부채   5,460
                  이연법인세부채   400

$$\text{(20X2년) 당기법인세부채} = 54,000 \times 20\% = 10,800원$$

$$\text{이연법인세자산 소멸액} = 1,400 \times 20\% = 280원, \text{이연법인세부채 소멸액} = 3,400 \times 20\% = 680원$$

$$\text{(순액)이연법인세부채 감소액} = 680 - 280 = 400원$$

$$\text{따라서 법인세비용} = 10,800 - 400 = 10,400원$$

법인세비용	10,400	당기법인세부채	10,800
이연법인세부채	400		

3. 이월결손금과 법인세 기간 간 배분

(1) 결손금이월공제제도의 의의

① 우리나라는 「조세특례제한법」상 중소기업의 결손금을 직전연도에 납부한 법인세에서 환급받을 수 있는 결손금 소급공제제도를 제외하고는 원칙적으로 결손금 이월공제제도만을 허용하고 있다.

② 이월공제시한은 2009.01.01. 이후 발생하는 결손금부터 10년으로 연장(그 이전 발생분은 5년)되었고 공제한도는 100%이다. 다만 중소기업이 아닌 일반기업의 경우 공제한도는 80%이다. 다만 법원에 의하여 회생계획을 이행 중인 기업 또는 구조조정촉진법상 경영정상화계획을 이행 중인 기업은 한도 적용에서 제외된다.

(2) 결손금 이월공제제도의 필요성

20X1년 초에 설립한 甲회사의 20X1년, 20X2년 및 20X3년 과세소득이 다음과 같고 세율은 30%라 가정하자.

연도	20X1년	20X2년	20X3년
과세소득	20,000원	(25,000원)	30,000원

먼저 결손금 이월공제제도가 없을 경우 연간 법인세부담액과 합계액은 다음과 같다.

연도	20X1년	20X2년	20X3년	합계
과세소득	20,000원	(25,000원)	30,000원	25,000원
법인세부담액	6,000원	0원	9,000원	15,000원
세부담율	30%	0%	30%	60%

3년간 이익은 25,000원이지만 세금부담은 15,000원으로 이익의 60%에 이른다. 이는 기업의 세부담 형평성에 매우 어긋나는 것이다. 결손금 이월공제제도를 가정하고 법인세부담액을 다시 계산하면 다음과 같다.

연도	20X1년	20X2년	20X3년	합계
과세소득	20,000원	(25,000원)	30,000원	25,000원
법인세부담액	6,000원	0원	1,500원	7,500원
세부담율	30%	0%	5%	30%

※ 20X3년 법인세부담액은 당기과세소득에서 전기결손금을 이월공제한 $(30,000 - 25,000) \times 30\% = 1,500원$이다.

이월공제를 적용할 경우 3년간 법인세부담액은 7,500원으로 세율에 적정하게 납부되고 있다. 이처럼 결손금 이월공제제도는 세부담의 형평성을 높이는 데 기여한다.

기간별 회계처리는 ① 20X2년 이후 과세소득이 실현될 가능성이 불확실한 상황에서 실제 20X3년 과세소득이 30,000원 발생한 경우와 ② 20X2년 이후 과세소득이 실현될 가능성이 확실한 경우로 구분해 볼 필요가 있다. 다른 일시적 차이는 없다고 가정한다.

① 20X2년 이후 과세소득이 실현될 가능성이 불확실한 상황에서 실제 20X3년 과세소득이 30,000원 발생한 경우의 회계처리

(20X1.12.31.)   법인세비용 6,000 | 당기법인세부채 6,000

(20X2.12.31.)   20X3년 과세소득이 실현될 가능성이 불확실하므로 20X2년 결손금 이월공제와 관련된 법인세효과를 이연법인세자산으로 인식할 수 없다.*

(20X3.12.31.)   법인세비용 1,500 | 당기법인세부채   1,500**

* 20X2년 당기순이익 = (25,000)

** 20X3년 당기순이익 = 30,000 − 1,500 = 28,500원

② 20X2년 이후 과세소득이 실현될 가능성이 확실한 경우 회계처리

(20X1.12.31.)   법인세비용   6,000 | 당기법인세부채 6,000
(20X2.12.31.)   이연법인세자산 7,500 | 법인세수익   7,500*
(20X3.12.31.)   법인세비용   9,000 | 당기법인세부채 1,500**
                                        이연법인세자산 7,500

* 20X2년 당기순이익 = (25,000) + 7,500 = (17,500원)

** 20X3년 당기순이익 = 30,000 − 9,000 = 21,000원

4. 법인세 기간 내 배분

(1) 의의

법인세 기간 내 배분은 법인세비용을 일괄하여 계산하지 않고 법인세비용차감전계속사업손익, 중단사업손익, 기타포괄손익 그리고 자본에 기인한 법인세효과를 분할하여 각각의 항목과 직접 대응시키는 회계제도를 의미한다.

〈법인세 기간 내 배분과 손익계산서〉

손익계산서	매출액	xxx
	(−) 매출원가	xxx
	매출총이익	xxx
	(−) 판매비와관리비	xxx
	영업이익	xxx
	(+) 영업외수익	xxx
	(−) 영업외비용	xxx
	법인세비용차감전계속사업손익	xxx
	(−) 계속사업손익법인세비용	xxx
	계속사업손익	xxx
	중단사업손익(법인세효과 : xxx)	xxx
	당기순이익(손실)	xxx
주석	기타포괄손익	xxx
	매도가능증권평가손익(법인세효과 : xxx)	xxx
	해외사업환산손익(법인세효과 : xxx)	xxx
	현금흐름위험회피파생상품평가손익(법인세효과 : xxx)	xxx
	·····	xxx
	포괄손익	xxx

기간 내 배분

(2) 법인세 기간 내 배분의 필요성

① 법인세는 계속사업, 중단사업 및 자본항목에서도 발생할 수 있고, 이들 각 항목은 세율이 다르기 때문에 단순히 금액에 비례하여 법인세를 배분하면 재무제표의 유용성이 저하된다.

② 따라서 항목별로 법인세효과를 별도로 대응시켜 공시하는 기간 내 배분이 필요하다.

(3) 법인세 기간 내 배분의 사례

① 자기주식처분손익에 대한 기간 내 배분

[사례 3-4]

20X1.03.01. 甲회사는 지난해 2,000원에 취득한 자기주식을 3,000원에 처분하였다. 20X1년 계속사업이익은 2,000원이고 자기주식처분이익 1,000원을 제외한 다른 세무조정사항은 없다고 가정한다. 결산일이 12.31.이고 법인세율이 20%일 때, 자기주식 처분 관련 회계처리와 기말 법인세 관련 회계처리를 제시하시오.

해설 |

(자기주식 처분)	현　　금	3,000	|	자기주식	2,000
				자기주식처분이익	1,000
(20X1.12.31.)	법인세비용	600	|	당기법인세부채	600
(기간 내 배분)	자기주식처분이익	200	|	법인세비용	200

자기주식처분이익은 '일시적 차이 이외의 차이'이므로 기간 간 배분의 대상은 아니다. 그러나 자기주식처분이익을 익금산입하여 법인세부담액을 증가시킨 200원은 자본거래에서 발생한 것이므로 기간 내 배분 대상이다. 따라서 법인세비용 200원은 자기주식처분이익항목에서 차감하고 해당항목은 순액보고한다. 그러면 손익계산서에 보고되는 법인세비용은 200원을 차감한 400원이 된다. 각 항목에 법인세비용 대응 후 요약 재무제표는 아래와 같다.

재무상태표		손익계산서	
...		...	
자본잉여금		계속사업이익	2,000
자기주식처분이익	800*	법인세비용	400
		당기순이익	1,600

* 자본에 직접 가감한 법인세효과 내역은 주석으로 기재한다.

② 매도가능증권 주식의 평가손익에 대한 기간 내 배분

[사례 3-5]

20X1.03.01. 甲회사는 매도가능증권을 2,000원에 취득하였다. 결산일인 12.31. 매도가능증권의 시가는 2,200원이다. 법인세율이 20%일 경우 매도가능증권 관련 회계처리와 기말 평가와 법인세 관련 회계처리를 제시하시오.

해설 |

(취득 시)	매도가능증권	2,000	현 금	2,000
(20X1.12.31.)	매도가능증권	200	매도가능증권평가이익	200
(기간 간 배분)	법인세비용	40	이연법인세부채	40*
(기간 내 배분)	매도가능증권평가이익	40	법인세비용	40

매도가능증권의 장부금액은 회계기준에서는 공정가치이지만 세무기준액은 원가이므로 차액 200원은 당기에 차감조정하고 차기에 가산하는 가산할 일시적 차이가 된다. 따라서 이연법인세부채를 인식하여 기간 간 배분을 한다. 그러나 매도가능증권평가손익은 기타포괄손익항목이므로 법인세효과를 해당 항목에 직접 차감하여 순액으로 보고해야 한다. 따라서 매도가능증권평가이익 40원과 법인세비용 40원을 상계하는 기간 내 배분을 한다.

재무상태표		손익계산서	
...		...	
	이연법인세부채 40	당기순손익	
		기타포괄손익	
... 매도가능증권 2,200 ...	... 기타포괄손익누계액 매도가능증권평가이익 160 ...	매도가능증권평가이익(법인세효과 40) 160	

01 법인세부담액은 세무조정을 통한 과세소득에 법인세율을 곱하여 산출한다. ☐○☐✕

✕
법인세부담액은 이월결손금, 비과세소득 등을 과세소득에서 차감한 후의 산출세액에서 세액공제를 차감한 값이다.

02 당해 연도에 차감조정하는 가산할 일시적 차이에 대해서 이연법인세부채를 인식한다. ☐○☐✕

○

03 이연법인세자산(부채)은 당해 법인세율을 적용하여 측정한다. ☐○☐✕

✕
일시적 차이가 소멸될 것으로 예상되는 기간의 과세소득에 적용될 것으로 예상되는 평균세율을 적용한다.

04 법인세비용 계산 시 이연법인세자산(부채)은 현재가치로 평가하지 않는다. ☐○☐✕

○

05 당해 발생한 차감할 일시적 차이에 대해서 미래기간 과세소득이 충분하지 않아 실현될 가능성이 낮다면 이연법인세자산을 인식할 수 없다. ☐○☐✕

○

06 당기법인세자산과 당기법인세부채가 동일한 과세당국과 관련되어 있는 경우 상계하여 표시할 수 있다. ☐○☐✕

○
이연법인세자산 · 부채도 동일한 유동 · 비유동 구분을 갖고 과세당국이 동일하다면 상계할 수 있다.

07 이연법인세자산 · 부채의 측정은 수익 · 비용대응의 원칙에 근거한다. ☐○☐✕

✕
이연법인세항목의 측정은 자산부채의 적절한 평가에 이론적 근거를 둔다.

01 다음 중 법인세회계에 대한 설명으로 바르지 못한 것은?

① 이연법인세자산과 이연법인세부채는 유동과 비유동으로 구분하여 표시하되 상계한 후 순액으로 재무상태표에 표시한다.

② 과세소득에 기초한 법인세부담액과 세무조정에 의한 이연법인세항목은 재무제표에 구분하여 표시한다.

③ 법인세비용은 당기법인세부담액에 이연법인세자산 · 부채를 가감하여 산출한다.

④ 이연법인세자산 · 부채는 당해 일시적 차이가 소멸하는 연도에 적용될 세율로 측정한다.

⑤ 이연법인세자산의 실현 가능성은 매년 보고기간 말에 검토해야 한다.

정답 | ①
해설 | 이연법인세자산 · 부채는 동일한 유동 · 비유동 구분을 갖고 과세당국이 동일한 경우에 상계할 수 있다.

02 다음 중 20X1년에 설립된 甲회사의 20X1년 세무조정항목 중 이연법인세부채로 인식될 항목은 모두 몇 개인가?

• 접대비한도초과액	• 재고자산평가손실
• 선수수익	• 감가상각비한도초과액
• 미수수익	

① 0개   ② 1개

③ 2개   ④ 3개

⑤ 4개

정답 | ②
해설 | 당기에 차감조정하고 차기에 가산조정하는 것은 미수수익뿐이다.

03 다음 중 법인세회계에 대한 설명으로 바르지 못한 것은?

① 접대비한도초과액은 법인세 기간 간 배분의 대상이 되는 일시적 차이가 아니다.

② 재고자산평가손실은 차감할 일시적 차이이다.

③ 법인세 기간 간 배분은 자산부채법에 따라 미래세율을 적용하여 측정한다.

④ 감가상각비한도초과액은 이연법인세부채를 인식한다.

⑤ 이월결손금에 기인하는 이연법인세자산은 결손금이 발생한 연도 이후의 과세소득이 충분하여 감세효과 실현 가능성이 매우 높은 경우에 한하여 결손금 발생시점에 인식한다.

정답 | ④
해설 | 감가상각비한도초과액은 손금불산입항목으로 당기에 가산하고 차기 이후에 차감하는 이연법인세자산으로 인식한다.

04 다음 중 일시적 차이에 대한 법인세효과가 나머지와 다른 항목은?

① 매도가능증권평가손실

② 품질보증비

③ 재고자산평가손실

④ 감가상각비한도초과액

⑤ 미수수익

정답 | ⑤
해설 | 미수수익은 가산할 일시적 차이로 이연법인세부채를 인식한다. 나머지는 차감할 일시적 차이로 이연법인세자산을 인식한다.

05 20X1년에 설립된 甲회사의 20X1년 세무조정항목은 선수수익 200,000원뿐이다. 당기 법인세율은 20%이고, 이후에는 세법개정으로 25%가 적용될 예정이다. 甲회사는 차기 과세소득이 충분히 발생할 것으로 예상된다. 甲회사의 20X1년 말 재무상태표에 표시될 이연법인세항목은 무엇인가?

① 이연법인세자산 40,000원

② 이연법인세부채 40,000원

③ 이연법인세자산 50,000원

④ 이연법인세부채 50,000원

⑤ 이연법인세 인식하지 않음

정답 | ③
해설 | 선수수익은 당기에 가산조정하고 차기 이후에 차감조정하는 이연법인세자산을 인식한다.

06 다음 중 법인세차감전순이익과 법인세차감후순이익의 비례관계를 깨트리는 요인은?

① 미수수익
② 접대비한도초과액
③ 감가상각비한도초과액
④ 재고자산평가손실
⑤ 이월결손금

정답 | ②
해설 | 세전이익과 세후이익이 비례관계를 갖도록 법인세비용을 계상하는 것이 법인세배분회계의 목적이다. 일시적 차이는 이연법인세항목으로 인식되어 법인세비용이 비례적으로 배분되도록 한다. 아울러 이월결손금 또한 공제제도를 통하여 세부담의 형평성을 높이는 역할을 하고 있다. 하지만 '일시적 차이 이외의 차이'는 발생기준으로 법인세비용에 반영되지 못하므로 세전 – 세후 비례관계를 유지하기 어렵다. 접대비한도초과액은 손금불산입이지만 '일시적 차이 이외의 차이'에 해당한다.

07 乙회사의 20X1년과 20X2년의 법인세차감전순이익과 과세표준액은 다음과 같다. 세전이익과 과세표준액과의 차이는 모두 일시적 차이라 가정한다. 법인세율이 30%일 때 20X2년 당기순이익은 얼마인가?

	법인세차감전순이익	과세표준
20X1년	660,000	540,000
20X2년	760,000	960,000

① 372,000원
② 472,000원
③ 532,000원
④ 592,000원
⑤ 598,000원

정답 | ③
해설 | 20X2년은 가산조정이므로 차감할 일시적 차이로 이연법인세자산을 인식하게 된다.
　　　이연법인세자산 = (960,000 – 760,000) × 30% = 60,000원, 당기법인세부채 = 960,000 × 30% = 288,000원
　　　법인세비용 = 288,000 – 60,000 = 228,000원

　　　　　　　　법인세비용　　228,000　|　당기법인세부채 288,000
　　　　　　　　이연법인세자산　60,000

　　　당기순이익 = 760,000 – 228,000 = 532,000원

08 乙회사는 20X1년 초에 설립되었고 당해 법인세차감전순이익은 300,000원이다. 세무조정 시 일시적 차이로 인한 차감항목 금액은 (−)12,000원이고, 일시적 차이 이외의 차이로 인한 가산항목 금액은 (+)3,000원이다. 당기 법인세율은 20%이고, 차기 이후 법인세율은 25%가 적용될 예정이다. 乙회사가 당기에 인식할 당기순이익은 얼마인가?

① 224,250원
② 238,800원
③ 239,400원
④ 241,200원
⑤ 250,000원

정답 | ②
해설 | 과세표준 = 300,000 − 12,000 + 3,000 = 291,000원, 당기법인세부채 = 291,000 × 20% = 58,200원
이연법인세부채 = 12,000 × 25% = 3,000원, 법인세비용 = 58,200 + 3,000 = 61,200원,
당기순이익 = 300,000 − 61,200 = 238,800원

[09~11]

09 다음은 ㈜한라의 6년간 회계이익 자료이다. 회계이익과 이월결손금 공제 전 과세표준은 동일하며 법인세율도 모두 30%로 동일하다. 결손금 발생연도 이후 회계연도는 충분한 과세소득으로 이연법인세의 실현이 확실할 것으로 예상된다. 20X5년 당기순손익은 얼마인가?

연도	20X1년	20X2년	20X3년	20X4년	20X5년	20X6년
회계이익	50,000	30,000	15,000	(25,000)	(50,000)	30,000

① 0원
② (35,000원)
③ (40,000원)
④ (50,000원)
⑤ (75,000원)

정답 | ②
해설 | 20X5년은 과세표준이 0이므로 법인세부담액은 없다. 그러나 차기 연도에 이익실현이 예상되므로 이연법인세자산과 법인세수익을 인식한다.

이연법인세자산 15,000 | 법인이세수익 15,000

따라서 당기순손실 = (50,000) + 15,000 = (35,000원)

10 ㈜한라의 20X6년 당기순이익은 얼마인가?

① 3,500원

② 5,000원

③ 15,000원

④ 21,000원

⑤ 30,000원

정답 | ④

해설 | 20X6년은 이월결손금 75,000원 중 30,000원이 공제되어 과세표준은 0이므로 법인세부담액은 없다. 그러나 이연법인세자산 9,000원이 소멸되면서 법인세비용 9,000원이 인식된다.

법인세비용 9,000 | 이연법인세자산 9,000

따라서 당기순이익은 30,000 − 9,000 = 21,000원이다.

11 ㈜한라의 20X6년 말 재무상태표에 표시될 이연법인세자산은 얼마인가?

① 0원

② 13,500원

③ 15,000원

④ 17,500원

⑤ 22,500원

정답 | ②

해설 | 20X6년 말 이연법인세자산은 (20X4년)7,500 + (20X5년)15,000 − (20X6년)9,000 = 13,500원이다.

12 다음 중 법인세 기간 내 배분에 대한 설명으로 바르지 못한 것은?

① 신용분석 시 미래 현금흐름을 예측하는 경우 필요성이 크다.

② 법인세 기간 내 배분은 세전이익과 세후이익 간 비례관계를 잘 유지하도록 한다.

③ 기타포괄손익항목에서 발생한 법인세효과는 해당 항목에서 직접 차감하고 주석 공시한다.

④ 수익비용대응의 원칙에 따라 관련 항목에 대응하여 법인세효과를 보고하는 방법이다.

⑤ 자본거래에서 발생한 법인세효과는 해당 항목에서 직접 차감하여 표시한다.

정답 | ②

해설 | 법인세 기간 내 배분은 법인세효과를 각 항목별로 대응시켜 재무제표의 유용성을 제고하는 방법으로 세전 − 세후 비례관계 유지와 관계가 없다.

13 甲회사는 20X1년 초에 설립되었고 당해 세무조정자료는 다음과 같다. 당기 세율은 20%이고, 차기부터 세법 개정으로 세율은 30%가 적용된다. 이 경우 당기 손익계산서에 인식될 법인세비용은 얼마인가? (감가상각비한도초과액은 차기에 소멸된다.)

회계이익		550,000
세무조정	감가상각비한도초과액	100,000
	접대비한도초과액	35,000
	비과세이자수익	10,000

① 105,000원   ② 109,000원

③ 165,000원   ④ 172,500원

⑤ 178,500원

정답 | ①
해설 | 과세표준 = 550,000 + 100,000 + 35,000 − 10,000 = 675,000원,
     법인세부담액 = 675,000 × 20% = 135,000원
     이연법인자산 = 100,000 × 30% = 30,000원, 법인세비용 = 135,000 − 30,000 = 105,000원

14 甲회사는 20X1년 초에 자기주식을 300,000원 취득하고 20X1년 말에 공정가치 400,000원에 처분하였다. 법인세율이 30%일 때 다음 설명 중 바르지 못한 것은?

① 자기주식처분이익은 70,000원이다.
② 자기주식처분이익에 대한 법인세효과 30,000원은 자기주식처분이익에서 직접 차감한다.
③ 자기주식처분으로 인한 포괄손익계산서의 포괄손익효과는 70,000원이다.
④ 자기주식처분으로 기말자본은 기초자본과 비교하여 370,000원 증가한다.
⑤ 상기 거래는 법인세 기간 내 배분과 관련된 것이다.

정답 | ③
해설 | 자기주식거래는 자본거래로 포괄손익효과는 없다. 자기주식처분이익에 대한 법인세비용은 자기주식처분이익에서 직접 차감하여 순액으로 재무상태표 자본항목에 표시된다.

15 甲회사는 20X1년 초에 토지를 1,000,000원에 취득하고 재평가모형을 적용한다. 회사의 법인세율은 당기에 30%, 차기부터는 20%로 예상된다. 20X1년 말 토지의 공정가치는 900,000원이다. 토지의 재평가손익에 대한 법인세효과를 고려할 때 당기 법인세비용 증감액은 얼마인가?

① 10,000원 증가   ② 10,000원 감소

③ 30,000원 증가   ④ 30,000원 감소

⑤ 변동 없음

정답 | ①

해설 | 재평가손실은 세무조정에서 당기에 가산되고 차기에 차감되므로 이연법인세자산이 인식된다.

먼저 재평가손실 100,000원이 손금불산입되면서 당기법인세부채 30,000원이 인식된다.

그리고 이연법인세자산 20,000원이 인식되므로 결국 법인세비용은 10,000원이 증가한다.

법인세비용	10,000	당기법인세부채	30,000
이연법인세자산	20,000		

16 甲회사는 20X1년 초에 토지를 1,000,000원에 취득하고 재평가모형을 적용한다. 회사의 법인세율은 당기와 차기에 30%로 동일하다. 20X1년 말 토지의 공정가치는 1,100,000원이다. 토지의 재평가손익에 대한 법인세효과를 고려할 때 틀린 설명은?

① 당기에 납부할 법인세부담액은 30,000원이다.

② 법인세 기간 간 배분으로 총법인세비용은 30,000원이 증가한다.

③ 법인세 기간 간 배분으로 이연법인세부채 30,000원이 인식된다.

④ 재평가잉여금은 이연법인세와 상계되어 30,000원이 감소한다.

⑤ 법인세 기간 내 배분 이후 재평가잉여금은 이연법인세가 차감된 순액으로 보고된다.

정답 | ①

해설 | 재평가잉여금은 기타포괄손익으로 분류되어 세전이익에는 포함되어 있지 않으므로 당기법인세 효과는 없다.

그러나 당기에 차감 조정되고 차기에 가산되므로 이연법인세부채가 인식된다.

법인세비용	30,000	이연법인세부채	30,000

그리고 인식된 법인세비용(이연법인세)은 기타포괄손익에 배분(기간 내 배분)해야 하므로 재평가잉여금에서 차감한다.

재평가잉여금	30,000	법인세비용	30,000

출제 포인트 ■ ■ ■ 건설계약의 계약원가에 포함되는 항목의 구분
■ 진행기준에 의한 건설공의 당기계약이익의 계산

1. 건설형 공사계약의 기초개념

(1) 의의

① 건설계약은 대부분 도급계약의 형태로 유형자산을 건설하거나 개량하는 제반의 작업을 회계기간에 걸쳐 수행하므로 회계기간별 경영성과 측정이 어려운 경우가 많다. 이를 해결하기 위하여 도입된 것이 진행기준을 적용하는 건설형 공사계약 회계기준이다.

② 건설형 공사계약은 일반제조업처럼 동일한 제품을 반복적으로 생산하는 것이 아니라 특정자산을 장기간에 걸쳐 건설하는 과정을 통해 수익을 창출한다.

(2) 건설형 공사계약의 적용범위

적용하는 계약	적용하지 않는 계약
• 건물, 교량, 댐, 파이프 라인, 도로, 터널 등 건설공사계약 • 선박, 항공기, 레이더, 무기 등 특별한 주문형 건설공사계약 • 설계, 기술 또는 그 최종 목적이나 용도에 있어 밀접하게 상호 관련된 복수자산의 건설공사계약 • 공사감리, 설계용역과 같이 건설공사와 직접적으로 관련된 용역제공계약 • 자산의 철거나 원상회복, 그리고 자산의 철거에 따르는 환경복구에 관한 계약 • 청약을 받아 분양하는 아파트 등 예약매출에 의한 건설공사계약	• 구매자가 규격을 정하여 주문한 제품이지만 표준화된 제조공정에서 생산한 후 통상적인 영업망을 통해 판매하고, 수익을 판매기준에 따라 인식할 수 있으며 매출원가가 재고자산 평가를 통하여 산출될 수 있는 제품공급계약 • 규격화된 제품을 일정기간 동안의 반복생산을 통하여 공급하거나 보유재고를 공급하는 계약

(3) 공사계약의 병합과 분할

건설형 공사계약의 회계처리는 공사계약별로 하는 것이 원칙이지만 경우에 따라서는 공사계약을 분할하거나 병합하여 적용해야 한다.

① 하나의 건설공사계약을 복수계약으로 분할하여 회계처리하는 경우

   ㄱ 각 자산에 대하여 별개의 공사제안서가 제출되고,

   ㄴ 각 자산에 대해 독립된 협상이 이루어졌으며, 발주자와 건설사업자는 각 자산별로 계약조건의 수락 또는 거부가 가능하며,

   ㄷ 각 자산별로 원가와 수익의 인식이 가능한 경우

② 복수계약 전체를 하나의 단일 건설형 공사계약으로 보아 회계처리하는 경우

    ㉠ 복수의 계약이 일괄적으로 협상이 되고,

    ㉡ 설계, 기술, 기능 또는 최종 용도에서 복수의 계약이 상호 밀접하게 연관되어 사실상 단일목표이윤을 추구하는 하나의 프로젝트이며,

    ㉢ 복수의 계약이 동시에 진행되거나 연쇄적으로 이행된 경우

③ 발주자의 요구나 계약의 수정에 따라 추가되는 건설공사를 독립된 건설공사로 보는 경우

    ㉠ 추가되는 자산이 설계, 기술, 기능에 있어 원래의 계약에 포함된 자산과 유의적으로 차이가 있는 경우

    ㉡ 추가공사의 공사계약금액이 원래 계약상의 공사계약금액과 별도로 협상된 경우

(4) 회계기준상 공사계약의 분류

① 정액공사계약

계약금액을 정액으로 하거나 산출물단위당 가격을 정액으로 하는 건설형 공사계약으로 경우에 따라서는 물가연동 조항이 포함되는 경우가 있다.

② 원가보상계약

원가의 일정비율이나 정액의 수수료를 원가에 가산하여 보상받는 건설형 공사계약으로 원가는 당사자 간에 인정되거나 계약서에 원가의 범위를 정한다.

2. 건설형 공사계약의 수익과 비용

(1) 공사수익의 구성요소

① 건설형 공사계약의 공사수익은 다음 두 가지 항목으로 구성된다.

    ㉠ 최초에 합의된 금액

    ㉡ 건설공사 내용의 변경으로 인한 조정액, 보상금 또는 장려금의 지급에 따라 추가될 수익 중 발생 가능성이 매우 높고 신뢰성 있게 측정할 수 있는 금액

② 공사수익의 측정치가 변동되는 경우

공사수익은 수취하였거나 수취할 대가의 공정가치로 측정하는데 미래 사건의 결과와 관련된 다양한 불확실성에 영향을 받는다. 따라서 측정 당시 불확실성이 해소되면서 공사수익 측정치가 변동될 수 있다. 이러한 사건으로 다음과 같은 것들이 있다.

    ㉠ 원래 계약이 합의된 회계연도 후에 발생한 공사내용의 변경이나 보상 합의

    ㉡ 물가연동조항에 따른 공사계약금액의 변경

    ㉢ 건설사업자의 귀책사유로 완공시기가 지연되어 위약금을 부담함으로써 계약수익금액이 감소된 경우

    ㉣ 정액계약이 산출물단위당 고정가격에 기초하여 정해진 경우, 산출량이 증가함에 따라 계약수익이 증가하는 경우

③ 공사수익의 측정치가 변동되는 경우의 인식조건

    ㉠ 설계변경, 공사기간 변경 등 공사내용 변경에 따른 수익은 발주자가 공사변경을 승인하고 그 변경에 따른 추가공사금액을 승인할 가능성이 매우 높으며, 금액을 신뢰성 있게 측정할 수 있을 때 인식한다.

    ㉡ 보상금은 건설사업자가 공사계약금액에 포함되어 있지 않은 비용을 발주자나 다른 당사자로부터 보전받는 금액이다. 보상금은 발주자가 지급 요청을 수락하였거나 수락할 가능성이 매우 높고, 그 금액을 신뢰성 있게 측정할 수 있는 경우에 한하여 공사수익에 포함한다.

ⓒ 장려금은 특정수행기준을 충족하거나 초과할 때 건설사업자가 발주자로부터 수취하는 추가금액이다. 장려금은 특정수행기준이 충족되거나 초과될 가능성이 매우 높은 정도로 공사가 충분히 진행되었으며, 그 금액을 신뢰성 있게 측정할 수 있는 경우에 한하여 공사수익에 포함한다.

(2) 공사원가 구성요소와 진행률

① 건설형 공사계약 공사원가 구성항목
  ㉠ 특정공사에 관련된 공사직접원가
    • 직접 재료원가, 현장인력 노무원가, 생산·건설장비 감가상각비, 장비·재료의 운반비, 생산·건설장비 임차료, 공사와 직접 관련된 설계와 기술지원비, 외주비 등
    • 공사종료시점에 추정한 하자보수와 보증비용, 제3자에 대한 보상, 이주대여비 관련 순이자비용[46], 창고료·보험료 등 특정공사 진행과정에서 직접 발생한 기타 비용
  ㉡ 특정공사에 개별적으로 관련되지는 않으나 여러 공사활동에 배분될 수 있는 공사공통원가
    • 보험료, 공사와 무관한 설계·기술지원비, 기타 공사간접원가, 자본화될 금융비용 등
    • 공통원가는 체계적이고 합리적인 방법에 따라 손익계산단위[47]에 배분하되 비슷한 성격의 원가는 동일한 배분방법을 적용한다.
  ㉢ 계약조건에 따라 발주자에게 청구할 수 있는 기타 특정공사원가
    • 계약에 규정되어 있는 일반관리원가와 연구개발비 등이 있다.
    • 계약상 청구할 수 없는 일반관리원가·연구개발원가, 공사계약 체결 전 지출한 판매원가, 장기적인 유휴설비나 장비의 감가상각비 등은 공사원가에서 제외한다.

② 공사계약 체결 전 지출(수주비 등)
  ㉠ 수주비 등 공사계약 체결 전 지출은 계약체결 가능성이 매우 높고, 그 금액이 회수 가능하며, 신뢰성 있게 측정할 수 있는 경우에 선급공사원가의 과목으로 자산을 인식한 후 공사개시 이후 공사원가로 대체할 수 있다.
  ㉡ 예약매출계약에 해당하는 아파트분양계약도 건설형 공사계약에 포함되므로 분양계약 전 모델하우스 건립 관련비용도 동일하게 선급공사원가로 인식한 후 공사원가로 대체한다.
  ㉢ 단, 계약을 체결하는 과정에서 발생한 원가를 발생한 기간 비용으로 이미 인식한 경우에는 후속기간에 건설계약이 체결되더라도 공사원가에 포함시키지 않는다.

③ 진행률

원가기준법	$진행률 = \dfrac{실제\ 누적공사원가\ 발생액}{총공사예정원가}$
투하노력법	$진행률 = \dfrac{실제\ 투하노력량}{추정\ 총투하노력량}$
완성단위법	$진행률 = \dfrac{실제\ 완성작업량}{총계약작업량}$

---

46) 이주대여비는 재개발·재건축 등으로 철거·정비대상이 되는 기존 거주지의 조합원(주민)들이 다른 곳으로 임시 이주할 수 있도록 건설사업자가 자금을 대여하는 것을 말한다. 건설사업자가 이주대여비 마련을 위하여 금융기관으로부터 자금을 차입할 때 발생하는 순이자비용은 공사원가에 포함된다. 그러나 진행률 산정에서는 제외된다.
47) 일반적으로 각각의 공사계약을 의미하지만 계약의 분할 또는 병합의 경우 그 분할·병합된 여러 개 또는 하나의 계약이 손익계산단위가 될 수도 있다.

○ 공사진행률을 발생원가 기준으로 결정할 경우에는 실제 수행된 작업에 대한 공사원가만 발생원가에 포함한다.

○ 공사원가에는 포함되나 진행률 계산 시 발생원가에서 제외되는 공사원가

- 공사현장에 투입되었으나 아직 공사수행을 위하여 이용 또는 설치되지 않은 재료 또는 부품의 원가 (단, 당해 공사를 위하여 특별히 제작되거나 조립된 경우에는 발생원가에 포함)
- 아직 수행되지 않은 하도급공사에 대하여 하도급자에게 선급한 금액
- 토지의 취득원가
- 자본화대상 금융비용
- 재개발 등 이주대여비 관련 순이자비용
- 공사손실충당부채전입액(추정공사손실)

> **Key Point!**
> ※ 공사계약에서 하자보수가 예상되는 경우에는 추정하자보수비용을 총공사예정원가에 포함시켜 진행률을 계산하고, 공사가 종료되는 회계기간에 추정하자보수비용을 누적발생원가에 포함한다.
> ※ 토지는 건설공사기간 동안 계속적으로 사용되기 때문에 취득원가 전액을 공사원가로 산입하는 것은 타당하지 않고 공사진행률에 따라 공사원가에 안분하여 산입한다.
> ※ 이주대여비 목적 차입금의 이자비용과 이주대여비에서 발생하는 이자수익의 차액 중 공사개시 전까지 발생하는 부분은 선급공사원가로 인식 후 진행률에 따라 공사원가로 대체한다.
> ※ 공사손실충당부채는 당기발생원가는 아니지만 총공사예정원가에는 포함된다.

(3) 공사수익과 공사원가의 인식

진행기준은 공사진행 정도에 따라 총계약금액을 공사기간별로 배분하여 공사기간 중에 수익을 인식하고 이에 따라 공사원가를 대응시키므로 수익인식에 발생주의를 적용하는 대표적 사례라고 할 수 있다.

① 공사수익의 인식

○ 공사계약별 진행기준 적용조건

정액공사계약	원가보상공사계약
• 총공사수익금액을 신뢰성 있게 추정할 수 있다. • 계약과 관련된 경제적 효익이 건설사업자에게 유입될 가능성이 매우 높다. • 계약을 완료하는 데 필요한 공사원가와 공사진행률을 모두 신뢰성 있게 측정할 수 있다. • 공사원가를 명확히 식별할 수 있고 신뢰성 있게 측정할 수 있어서 실제 발생된 공사원가를 총공사예정원가의 예상치와 비교할 수 있다.	• 계약과 관련된 경제적 효익이 건설사업자에게 유입될 가능성이 매우 높다. • 계약에 귀속될 수 있는 공사원가를 명확히 식별할 수 있고 신뢰성 있게 측정할 수 있다.

상기 조건을 충족하지 못하여 진행기준을 적용할 수 없는 경우에 공사수익은 회수 가능성이 매우 높은 발생원가의 범위 내에서만 인식한다.

ⓛ 당기공사수익, 당기공사원가 및 당기공사이익의 인식
- 당기공사수익＝공사계약금액×진행률−전기 말 누적공사수익
- 당기공사원가＝당기에 실제 발생한 공사원가
- 당기공사이익＝당기공사수익−당기공사원가

건설사업자는 공사진행에 따라 공사수익과 공사원가의 추정치를 재검토하고 필요한 경우 추정치를 수정한다. 공사진행 중 추정치를 수정한다고 해서 그것이 계약의 결과를 신뢰성 있게 추정할 수 없다는 것을 의미하는 것은 아니다.

ⓒ 공사원가의 회수 가능성이 낮은 계약

다음과 같이 계약과 관련된 경제적 효익이 기업에 유입될 가능성이 낮은 경우에는 현금수입이 있을 때까지 공사수익은 인식하지 않는다.
- 충분한 구속력이 없어서 그 이행 가능성이 상당히 의심되는 공사계약
- 공사의 완료가 계류 중인 소송이나 입법결과에 좌우되는 공사계약
- 수용되거나 몰수당하기 쉬운 자산에 대한 공사계약
- 발주자가 그 의무를 이행할 수 없는 공사계약
- 건설사업자가 공사를 완료할 수 없거나 계약상 의무를 이행할 수 없는 공사계약

② 공사원가의 인식
ⓐ 진행기준하에서 공사원가도 일반적으로 공사가 수행된 회계기간의 비용으로 인식한다.
ⓛ 또한 계약상 미래 활동과 관련된 공사원가가 미리 발생하고 그 금액의 회수 가능성이 높은 경우에는 자산으로 인식한 후 공사개시 이후에 공사원가에 산입한다.
ⓒ 그러나 잔여공사기간 중 발생이 예상되는 공사원가 합계액이 동 기간 공사수익 합계액을 초과할 경우 그 초과액을 공사손실충당부채전입액이라는 과목의 추가비용으로 인식한다.
ⓔ 진행기준을 적용할 수 없는 경우에 공사원가는 발생된 회계기간의 비용으로 인식한다.

(4) 진행기준에 의한 건설형 공사계약 회계처리

진행기준에 의한 건설형 공사계약의 회계처리는 다음과 같다.

적 요	회계처리
(매 회계기간 중) 공사원가 발생 시	미성공사 XXX ｜ 현　금 XXX
공사원가 청구 시	공사미수금 XXX ｜ 공사수익　XXX
공사대금 회수 시	현　금 XXX ｜ 공사선수금　XXX (공사미수금)
기말결산 시	공사선수금 XXX ｜ 공사수익 XXX 공사미수금 XXX 공사원가　XXX ｜ 미성공사 XXX*
공사완료 시	하자보수비 XXX ｜ 하자보수충당부채 XXX**

* 회계연도 말 미성공사계정 잔액은 공사원가로 대체되므로 차기이월금액은 없음
** 충당부채로 인식된 예상하자보수원가는 전액 공사원가에 포함됨

[사례 4-1]

20X1년 초 甲건설은 乙상사로부터 건물 신축공사를 수주하였다. 총공사계약금액은 2,000,000원이고 공사는 20X3년 말까지 완료될 예정이다. 건설 활동과 관련된 자료는 다음과 같다.

(단위 : 원)

	20X1년	20X2년	20X3년
발생한 누적공사원가	400,000	990,000	1,750,000
추가로 소요될 원가추정액	1,200,000	660,000	–
총공사원가추정액	1,600,000	1,650,000	1,750,000
당기 공사대금청구액	375,000	886,500	738,500
당기 공사대금수취액	330,000	724,000	936,000

① 진행기준에 따라 매년 인식해야 할 공사수익, 공사원가, 공사이익을 계산하시오.

해설 I

(단위 : 원)

		20X1년	20X2년	20X3년
ⓐ	총공사계약금액	2,000,000	2,000,000	2,000,000
ⓑ	당기누적공사원가	400,000	990,000	1,750,000
ⓒ	총공사원가추정액	1,600,000	1,650,000	1,750,000
ⓓ	진행률(ⓑ/ⓒ)	25%	60%	100%
ⓔ	당기누적공사수익(ⓐ×ⓓ)	500,000	1,200,000	2,000,000
ⓕ	전기누적공사수익	–	500,000	1,200,000
ⓖ	당기공사수익	500,000	700,000	800,000
ⓘ	전기누적공사원가	–	400,000	990,000
ⓙ	당기공사원가(ⓑ-ⓘ)	400,000	590,000	760,000
ⓚ	당기공사이익(ⓖ-ⓙ)	100,000	110,000	40,000

② 진행기준을 적용하여 각 연도별 회계처리를 제시하시오.

해설 |

〈계약손익〉

(단위 : 원)

적요	20X1년	20X2년	20X3년
공사원가 발생 시	미성공사 400,000 　　현　금 400,000	미성공사 590,000 　　현　금 590,000	미성공사 760,000 　　현　금 760,000
공사원가 청구 시	공사미수금 375,000 　　공사수익 375,000	공사미수금 886,500 　　공사수익 886,500	공사미수금 738,500 　　공사수익 738,500
공사대금 회수 시	현　금 330,000 　　공사선수금 330,000	현　금 724,000 　　공사선수금 554,000 　　공사미수금 170,000	현　금 936,000 　　공사선수금 790,000 　　공사미수금 146,000
기말결산 시	공사선수금 330,000 공사미수금 170,000* 　　공사수익 500,000 공사원가 400,000 　　미성공사 400,000	공사선수금 554,000 공사미수금 146,000** 　　공사수익 700,000 공사원가 590,000 　　미성공사 590,000	공사선수금 790,000 공사미수금 10,000** 　　공사수익 800,000 공사원가 760,000 　　미성공사 760,000

* 공사미수금＝공사수익(500,000)－대금회수액(330,000)＝170,000원

** 공사미수금＝공사수익(700,000)－대금회수액(724,000)＋전기 말 공사미수금잔액(170,000)＝146,000원

*** 공사미수금＝공사수익(800,000)－대금회수액(936,000)＋전기 말 공사미수금잔액(146,000)＝10,000원

공사대금 회수에 대한 회계처리는 받은 현금에서 전기 말 공사미수금을 제거(대변)한 차액을 공사선수금(부채)으로 처리한다. 이후 결산시점에 당기공사수익에서 당기공사선수금(부채)을 제거하고 차액을 당기공사미수금(자산)으로 인식한다. 그리고 원가 발생시점에 미성공사로 인식했던 금액을 결산시점에 공사원가로 대체한다.

③ 각 연도별 부분 재무상태표와 부분 손익계산서를 작성하시오.

해설 |

〈부분재무상태표〉

(단위 : 원)

	20X1년	20X2년	20X3년
유동자산 　공사미수금	170,000	146,000	10,000

〈부분손익계산서〉

(단위 : 원)

	20X1년	20X2년	20X3년
공사수익	500,000	700,000	800,000
공사원가	400,000	590,000	760,000
공사이익	100,000	110,000	40,000

3. 공사손실충당부채 및 하자보수충당부채

(1) 공사손실충당부채

① 특정연도의 공사손실

ㄱ 특정연도의 공사손실이란 건설공사 전체적으로는 이익이 발생하지만 특정연도에는 손실이 발생하는 경우를 말한다.

ㄴ 이러한 경우는 엄밀하게 말하여 공사손실로 볼 수 없다.

② 전체적 공사손실

ㄱ 전체적 공사손실은 총공사예정원가가 공사계약금액을 초과하여 전체적으로 공사손실이 발생하는 경우를 말한다.

ㄴ 이러한 경우에는 보수주의에 입각하여 향후 예상되는 공사손실을 당기에 공사손실충당부채로 인식하고 관련 내용을 주석으로 기재해야 한다.

공사손실충당부채전입액 XXX | 공사손실충당부채 XXX

추정공사손실(공사손실충당부채전입액) = (총계약수익 − 총공사예정원가) × (1 − 진행률)

ㄷ 공사손실충당부채전입액은 당기 비용으로 실제 발생한 공사원가에 가산하여 공사원가로 보고한다.

ㄹ 차기 이후 공사에서 실제로 손실이 발생한 경우에는 동 손실에 상당하는 금액을 공사손실충당부채 잔액 범위 내에서 환입하고, 해당 회계연도의 공사원가에서 차감하여 보고한다.

공사손실충당부채 XXX | 공사손실충당부채환입액 XXX

[사례 4 – 2]

20X1년 초 甲건설은 건물 신축공사를 1,000,000원에 수주하였다. 공사 관련 원가자료는 다음과 같고, 공사대금 청구 및 수취는 없다고 가정한다.

	20X1년	20X2년	20X3년
누적공사원가	300,000	735,000	1,000,000
총공사예정원가	750,000	1,050,000	1,000,000

① 연도별 인식할 공사손익을 계산하시오.

해설 |

	20X1년	20X2년	20X3년
총공사계약금액	1,000,000	1,000,000	1,000,000
당기누적공사원가	300,000	735,000	1,000,000
총공사예정원가	750,000	1,050,000	1,000,000
진행률	40%	70%	100%
당기누적공사수익	400,000	700,000	1,000,000
전기누적공사수익	–	400,000	700,000
당기공사수익	400,000	300,000	300,000
당기발생공사원가	300,000	435,000	265,000
공사손실충당부채전입액(전입액)	–	15,000*	(15,000)
당기총공사원가	300,000	450,000	250,000
당기공사이익	100,000	(150,000)	50,000

* 공사손실충당부채전입액 = (1,000,000 – 1,050,000) × (1 – 0.7) = 15,000원

② 연도별 회계처리를 제시하시오.

해설 |

20X1년	20X2년	20X3년
공사미수금 400,000 　　　공사수익 400,000	공사미수금 300,000 　　　공사수익 300,000	공사미수금 300,000 　　　공사수익 300,000
공사원가 300,000 　　　미성공사 300,000	공사원가 435,000 　　　미성공사 435,000	공사원가 265,000 　　　미성공사 265,000
–	공사손실충당부채전입액 15,000 　　　공사손실충당부채 15,000	공사손실충당부채 15,000 　　　공사손실충당부채환입액 15,000

> **Key Point!**
> ※ 총공사예정원가가 총계약금액을 초과한 연도에 공사손실충당부채전입액을 인식하고 이후 연도에 손실이 발생하지 않는 경우에는 기 인식한 공사손실충당부채 범위 내에서 환입한다.

[사례 4-3]

20X1년 초 甲건설은 건물 신축공사를 900,000원에 수주하였다. 공사 관련 원가자료는 다음과 같고, 공사대금청구 및 수취는 없다고 가정한다.

	20X1년	20X2년	20X3년
누적공사원가	300,000	700,000	1,000,000
총공사예정원가	750,000	1,000,000	1,000,000

① 연도별 인식할 공사손익을 계산하시오.

해설 |

	20X1년	20X2년	20X3년
총공사계약금액	1,000,000	1,000,000	1,000,000
당기누적공사원가	300,000	700,000	1,000,000
총공사예정원가	750,000	1,000,000	1,000,000
진행률	40%	70%	100%
당기누적공사수익	360,000	630,000	900,000
전기누적공사수익	–	360,000	630,000
당기공사수익	360,000	270,000	270,000
당기발생공사원가	300,000	400,000	300,000
공사손실충당부채전입액(전입액)	–	30,000*	(30,000)
당기총공사원가	300,000	430,000	270,000
당기공사이익	60,000	(160,000)	0

* 공사손실충당부채전입액 = (900,000 − 1,000,000) × (1 − 0.7) = 30,000원

② 연도별 회계처리를 제시하시오.

해설 |

20X1년	20X2년	20X3년
공사미수금 360,000 　　　공사수익 360,000	공사미수금 270,000 　　　공사수익 270,000	공사미수금 270,000 　　　공사수익 270,000
공사원가 300,000 　　　미성공사 300,000	공사원가 400,000 　　　미성공사 400,000	공사원가 300,000 　　　미성공사 300,000
–	공사손실충당부채전입액 30,000 　　　공사손실충당부채 30,000	공사손실충당부채 30,000 　　　공사손실충당부채환입액 30,000

> **Key Point!**
> ※ 차기에 예상되는 손실을 당기에 공사손실충당부채전입액, 즉시 비용으로 인식하고 이후 연도에 손실이 확정된 경우 기 인식한 공사손실충당부채 범위 내에서 환입한다. [4-2]와 [4-3] 차이점에 유의한다.

(2) 하자보수충당부채

공사종료 후 하자보수 의무가 있는 경우에는 합리적이고 객관적인 기준에 따라 추정된 금액을 하자보수비로 하여 그 전액을 공사가 종료되는 회계연도의 공사원가에 포함하고 하자보수충당부채로 인식한다. 즉 공사 진행률 계산의 기준이 되는 총공사예정원가에 포함하고 공사가 종료되는 회계기간에 추정하자보수비(하자 보수충당부채전입액)를 누적발생원가에 포함한다. 하자보수비가 하자보수충당부채를 초과하여 발생한 경 우에는 그 초과액을 당기비용으로 처리한다. 다른 사항은 공사손실충당부채 회계처리와 동일하다.

[사례 4 – 4]

20X1년 초 甲건설은 선물 신축공사를 1,000,000원에 수주하여 20X3년 말 완공하여 인도하였다. 완공 시 향후 2년간 발생하는 하자에 대하여 보수책임을 부담하기로 하였다. 회사는 공사계약금액의 2%를 하자보수원가로 추 정하고 있다. 20X4년 중 하자가 발생하여 7,500원을 지출하였고, 20X5년 중에는 10,000원의 하자보수비가 지 출되었다. 관련된 회계처리를 제시하시오.

해설 ㅣ	(20X3년 말 건물 완공시)	하자보수비	20,000	ㅣ	하자보수충당부채	20,000
	(20X4년 중 하자발생 시)	하자보수충당부채	7,500	ㅣ	현　　금	7,500
	(20X5년 중 하자발생 시)	하자보수충당부채	10,000	ㅣ	현　　금	10,000
	(하자보수의무 종료 시)	하자보수충당부채	2,500	ㅣ	하자보수충당부채환입액	2,500

01 건설형 공사계약을 진행기준에 따라 수익을 인식하면 회계정보의 목적적합성은 향상될 수 있으나 신뢰성은 저하될 수 있다. ☐○☒

○

02 규격화된 제품을 일정기간 동안 반복하여 생산·공급하거나 보유재고를 공급하는 계약에도 건설형 공사계약 회계기준을 적용할 수 있다. ☐○☒

☒
이러한 경우에는 건설형 공사계약 회계기준을 적용할 수 없다.

03 건설형 공사계약의 공사원가에는 공사계약 체결 전 판매원가 또는 장기유휴설비의 감가상각비 등은 포함되지 않는다. ☐○☒

○

04 공사계약을 수주하기 위하여 지출된 비용은 계약체결 가능성이 매우 높고, 그 금액이 회수 가능하며, 신뢰성 있게 측정할 수 있는 경우에 선급공사원가로 인식한 후 공시개시 이후 공사원가로 대체한다. ☐○☒

○

05 건설형 공사계약에서 토지의 취득원가는 공사원가에 포함된다. ☐○☒

○
토지의 취득원가는 공사원가에 포함되나 진행률 계산 시 발생원가에는 포함되지 않는다.

06 건설형 공사계약에서 공사손실충당부채는 당기발생원가에 포함된다. ☐○☒

☒
공사손실충당부채는 총공사예정원가에는 포함되나 당기발생원가에는 포함되지 않는다.

01 다음 중 건설형 공사계약에 대한 설명으로 바르지 못한 것은?

① 일정한 제품을 반복적으로 생산하는 것이 아니라 특정자산을 건설하는 것에 국한된다.

② 공사기간 중에는 수익금액의 합리적인 측정이 어려워 수익 · 비용대응이 불가능하다.

③ 건설업뿐만 아니라 공사계약의 형태가 유사한 다른 산업에도 적용 가능하다.

④ 청약을 받아 분양하는 아파트 등 예약매출에 의한 건설공사도 진행기준을 적용할 수 있다.

⑤ 일정한 요건을 갖추면 단일공사를 여러 공사계약으로 분할하거나, 여러 공사계약을 단일계약으로 병합하여 진행기준을 적용할 수 있다.

정답 | ②

해설 | 구체적 작업범위와 도급가격 또는 그 결정기준 및 지급방법이 계약서에 명시되어 있으므로 공사기간 중에도 수익금액의 합리적 측정이 가능하다.

02 다음 중 정액공사계약에서 진행기준을 적용하여 공사수익을 인식하기 위한 조건으로 바르지 못한 것은?

① 계약과 관련된 경제적 효익이 건설사업자에게 유입될 가능성이 있어야 한다.

② 총공사수익금액을 신뢰성 있게 측정할 수 있어야 한다.

③ 계약을 완료하는 데 필요한 공사원가와 공사진행률을 모두 신뢰성 있게 측정할 수 있어야 한다.

④ 공사원가는 명확히 식별할 수 있고 신뢰성 있게 측정할 수 있어야 한다.

⑤ 실제 발생된 공사원가를 총공사예정원가의 예상치와 비교할 수 있어야 한다.

정답 | ①

해설 | 경제적 효익이 건설사업자에게 유입될 가능성이 있는 정도를 넘어 그 가능성이 매우 높아야 한다.

03 다음 중 건설형 공사계약에 대한 설명으로 바르지 못한 것은?

① 공사수익에 포함되는 모든 금액은 발생 가능성이 매우 높고, 신뢰성 있게 측정할 수 있어야 한다.

② 공사수익은 최초에 합의된 금액에 보상금 및 장려금을 합한 금액이다.

③ 공사수익은 수취하였거나 수취할 대가의 공정가치로 측정한다.

④ 공사계약 체결 전에 발생한 원가는 그 금액을 회수할 수 있고 신뢰성 있게 측정할 수 있으며 계약의 체결 가능성이 매우 높은 경우에만 공사개시 후 공사원가로 대체한다.

⑤ 계약을 체결하는 과정에서 발생한 원가를 발생한 기간의 비용으로 인식한 경우라도 공사계약이 후속기간에 체결되면 공사원가로 대체한다.

정답 | ⑤

해설 | 계약을 체결하는 과정에서 발생한 원가를 발생한 기간의 비용으로 인식한 경우에는 공사계약이 후속기간에 체결되더라도 공사원가로 대체할 수 없다.

04 다음 중 건설형 공사계약의 공사원가 구성항목으로 옳지 않은 것은?

① 건설장비 및 재료의 운반비

② 공사종료시점 추정한 하자보수비와 보증비용

③ 이주대여비 관련 순이자비용

④ 공사계약 체결 전 지출한 판매원가

⑤ 아파트분양계약 전 모델하우스 건립비용

정답 | ④

해설 | 공사계약 체결 전 지출한 판매원가, 계약상 청구할 수 없는 일반원가 또는 연구개발원가, 그리고 장기유휴 설비나 장비의 감가상각비는 공사원가에서 제외한다. 아파트분양계약은 예약매출계약에 해당하므로 분양계약 전 모델하우스 건립비용은 공사원가에 포함된다.

05 건설형 공사계약의 공사원가 중 성격이 다른 것은?

① 이주대여비 관련 순이자비용

② 자본화될 금융비용

③ 공사종료시점에 추정한 하자보수와 보증비용

④ 공사와 직접 관련된 설계와 기술지원비

⑤ 외주비용

정답 | ②

해설 | 자본화될 금융비용은 특정공사에 개별적으로 관련되지는 않으나 여러 공사에 공통적으로 배분될 수 있는 공사공통원가이다. 나머지는 공사직접원가에 해당하는 항목이다.

06 건설형 공사계약의 공사원가 중 진행률 계산 시 발생원가에서 제외되는 것이 아닌 것은?

① 당해 공사를 위하여 특별히 제작된 재료 또는 부품원가

② 토지의 취득원가

③ 자본화대상 금융비용

④ 이주대여비 관련 순이자비용

⑤ 공사손실충당부채전입액

정답 | ①

해설 | 당해 공사를 위하여 특별히 제작된 재료나 부품의 경우 공사에 투입이 되면 이용 또는 설치되기 전이라도 발생원가에 포함한다. 나머지 항목은 발생원가에 포함되지 않는다.

07 다음 중 건설형 공사계약의 회계처리에 대한 설명으로 바르지 못한 것은?

① 계약과 관련된 경제적 효익의 유입 가능성이 낮은 경우 공사수익은 현금기준으로 인식한다.

② 이미 인식된 공사수익의 대금 회수가 불가능하게 되면 대손비용으로 처리한다.

③ 공사결과를 신뢰성 있게 추정할 수 없는 경우에는 회수 가능성이 높은 발생원가의 범위 내에서만 공사수익을 인식한다.

④ 전체적 공사손실이 예상되는 경우에는 예상되는 손실액을 손실이 예상되는 해당 연도의 당기비용으로 인식한다.

⑤ 공사계약 체결 전에 지출한 수주비 등의 선급공사원가는 공사개시 이후 공사원가에 포함한다.

정답 | ④

해설 | 전체적 공사손실이 예상되는 경우 예상손실액을 즉시 당기비용으로 인식한다.

08 20X1년 甲건설은 2,000,000원의 신축공사를 수주하였고 기간별 공사원가 자료는 다음과 같다. 20X2년에 발생한 원가에는 당해 공사에 별도로 사용할 목적으로 특별히 제작된 방열자재 100,000원이 포함되어 있으나 이 재료는 실제 20X3년에 사용되었다. 甲건설이 20X2년에 인식할 공사이익은 얼마인가?

(단위 : 원)

구분	20X1년	20X2년	20X3년
실제누적발생원가	500,000	800,000	1,100,000
총공사원가추정액	1,000,000	1,000,000	1,100,000

① 100,000원

② 200,000원

③ 300,000원

④ 400,000원

⑤ 500,000원

정답 | ③

해설 | 당해 공사를 위하여 특별히 제작된 재료나 부품의 경우 공사에 투입이 되면 이용 또는 설치되기 전이라도 발생원가에 포함하므로 진행률은 80%이다.
따라서 당기공사이익 = 당기공사수익(1,600,000 - 1,000,000) - 당기발생원가(800,000 - 500,000)
= 300,000원

09 건설형 공사계약에서 추정공사손실에 대한 설명으로 바르지 못한 것은?

① 추정공사손실의 조기인식은 공사손실충당부채의 인식을 의미한다.

② 추정공사손실을 즉시 비용으로 인식하는 것은 공사수익과 공사원가를 즉시 인식하는 것을 의미한다.

③ 공사손실충당부채전입액은 향후 공사수익에서 공사원가를 차감한 금액이다.

④ 공사손실충당부채환입액은 실제 발생원가에서 차감하는 형식으로 기재하여 건설계약원가를 감소시킨다.

⑤ 추정공사손실은 총계약수익에서 총공사예정원가를 차감한 금액에 (1 - 진행률)을 곱하여 산출한다.

정답 | ②

해설 | 추정공사손실을 즉시 비용으로 인식하더라도 공사수익은 진행률 기준으로 인식한다.

10 20X1년 甲건설은 1,000,000원의 신축공사를 수주하였고 기간별 공사원가 자료는 다음과 같다. 甲건설이 20X2년에 진행기준으로 인식할 당기공사이익은 얼마인가?

(단위 : 원)

구분	20X1년	20X2년	20X3년
실제누적발생원가	150,000	450,000	600,000
추가공사원가	450,000	150,000	-

① 100,000원   ② 200,000원

③ 300,000원   ④ 400,000원

⑤ 500,000원

정답 | ②

해설 |

(단위 : 원)

구분	20X1년	20X2년	20X3년
진행률	25%	75%	100%
누적공사수익	250,000	750,000	1,000,000
누적발생원가	150,000	450,000	600,000
누적공사이익	100,000	300,000	400,000
당기공사이익	100,000	200,000	100,000

11 20X1년 乙건설은 170,000원의 신축공사를 수주하였고 기간별 공사원가 자료는 다음과 같다. 乙건설이 20X2년에 보고할 공사손실은 얼마인가?

(단위 : 원)

구분	20X1년	20X2년	20X3년
실제누적발생원가	20,000	110,000	200,000
추가공사원가	140,000	90,000	−

① 11,250원   ② 12,289원

③ 17,750원   ④ 21,250원

⑤ 31,250원

정답 | ⑤

해설 | 공사손실충당부채전입액 = (200,000 − 170,000) × (1 − 55%) = 13,500원

구분	20X1년	20X2년	20X3년
진행률	12.5%	55%	100%
누적공사수익	21,250	93,500	170,000
당기공사수익	21,250	72,250	76,500
누적발생원가	20,000	110,000	200,000
당기발생원가	20,000	90,000	90,000
공사손실충당부채전입액(환입액)		13,500	(13,500)
당기총공사원가	20,000	103,500	76,500
당기공사이익(손실)	1,250	(31,250)	0

손익계산서에 보고될 공사손실액(31,250원)은 예상되는 총공사손실액(30,000원)에 기 인식한 공사이익 (1,250원)을 합산한 금액과 같다.

12 20X1년 丙건설은 10,000,000원의 신축공사를 수주하여 20X3년 말 완공할 예정이다. 회사는 공사 완공 후 2년간 하자보수이행의무를 부담하기로 하였으며, 하자보수비용은 1,000,000원이 소요될 것으로 추정하였다. 하자보수비용을 제외한 공사원가 자료가 다음과 같을 때 20X3년도에 인식할 당기공사이익은 얼마인가?

(단위 : 원)

구분	20X1년	20X2년	20X3년
실제누적발생원가	2,400,000	4,200,000	7,000,000
총예정공사원가	6,000,000	7,000,000	−

① 200,000원   ② 600,000원

③ 800,000원   ④ 1,000,000원

⑤ 1,200,000원

해설 | 하자보수비용은 공사종료시점 회계연도의 발생원가와 총예정원가에 가산한다. 20X2년도 진행률이 60%이므로 누적공사수익은 6,000,000원이다. 20X3년도 당기공사수익은 4,000,000원, 당기발생원가는 3,800,000원($=2,800,000+1,000,000$)이므로 당기공사이익은 200,000원이다.

13 丁건설은 20X1년 1,000,000원의 신축공사를 수주하여 20X3년 말 완공할 예정이다. 공사원가 자료가 다음과 같을 때 20X2년도에 인식할 당기공사손익은 얼마인가?

(단위 : 원)

구분	20X1년	20X2년	20X3년
실제누적발생원가	270,000	686,000	980,000
추가공사원가	630,000	294,000	−

① 당기공사손실 10,000원 ② 당기공사이익 14,000원
③ 당기공사손실 16,000원 ④ 당기공사이익 284,000원
⑤ 당기공사이익 314,000원

정답 | ③
해설 | 20X1년 진행률 30% 20X2년 진행률 70%, 당기공사수익 $= 1,000,000 \times 70\% - 1,000,000 \times 30\% = 400,000$원
당기발생원가 $= 686,000 - 270,000 = 416,000$원, 당기공사손실 $= 400,000 - 416,000 = (16,000$원$)$

14 甲건설은 20X1년 총계약금 850,000원의 신축공사를 수주하였다. 연도별 원가정보가 다음과 같을 때 20X2년도에 인식할 공사손익은 얼마인가?

(단위 : 원)

구분	20X1년	20X2년	20X3년
당기발생원가	100,000	450,000	450,000
추가공사원가	400,000	450,000	−

① 당기공사이익 70,000원
② 당기공사손실 95,000원
③ 당기공사손실 152,500원
④ 당기공사손실 220,000원
⑤ 당기공사이익 325,000원

해설 | 손익계산서 인식 공사손실액 = 총손실액(150,000원) + 기 인식 공사이익(70,000) = (220,000원)

구분	20X1년	20X2년	20X3년
당기발생원가	100,000	450,000	450,000
누적발생원가	100,000	550,000	1,000,000
총공사예정원가	500,000	1,000,000	1,000,000
누적진행률	20%	55%	100%
누적공사수익	170,000	467,500	850,000
당기공사수익	170,000	297,500	382,500
당기발생원가	100,000	450,000	450,000
공사손실충당부채전입액(환입액)	–	67,500	(67,500)
당기총공사원가	100,000	517,500	382,500
당기공사손익	70,000	(220,000)	0

15 乙건설은 20X1년에 ㈜영수물산과 총계약금 1,000,000원의 신축공사 건설계약을 체결하였다. 회사는 20X2년에 추가원가 발생에 따라 계약금액을 200,000원 증가시키는 변경계약을 체결하였다. 연도별 원가정보가 다음과 같을 때 20X2년도에 인식할 공사수익은 얼마인가?

(단위 : 원)

구분	20X1년	20X2년	20X3년
당기발생원가	200,000	300,000	500,000
추가공사원가	300,000	300,000	–

① 50,000원 ② 125,000원
③ 200,000원 ④ 270,000원
⑤ 350,000원

해설 | 20X2년 당기공사수익 = 1,200,000 × 62.5% − 400,000 = 350,000원

구분	20X1년	20X2년	20X3년
당기발생원가	200,000	300,000	500,000
누적발생원가	200,000	500,000	1,000,000
총공사예정원가	500,000	800,000	1,000,000
누적진행률	40%	62.5%	100%
누적공사수익	400,000	750,000	1,200,000
당기공사수익	400,000	350,000	450,000

16 甲건설은 20X1년 총계약금 1,000,000원의 신축공사를 수주하여 20X3년에 완공하였다. 연도별 원가정보가 다음과 같을 때 20X2년과 20X3년에 인식할 공사손익은 얼마인가?

(단위 : 원)

구분	20X1년	20X2년	20X3년
당기발생원가	180,000	590,000	130,000
총예정공사원가	600,000	1,100,000	900,000

	20X2년	20X2년
①	공사손실 160,000원	공사이익 140,000원
②	공사손실 190,000원	공사이익 170,000원
③	공사손실 190,000원	공사이익 200,000원
④	공사손실 220,000원	공사이익 170,000원
⑤	공사손실 220,000원	공사이익 200,000원

정답 | ⑤

해설 | 20X2년 공사손실충당부채전입액＝(1,100,000 − 1,000,000)×(1 − 70%)＝30,000원

구분	20X1년	20X2년	20X3년
당기발생원가	180,000	590,000	130,000
누적발생원가	180,000	770,000	900,000
총공사예정원가	600,000	1,100,000	900,000
누적진행률	30%	70%	100%
누적공사수익	300,000	700,000	1,000,000
당기공사수익	300,000	400,000	300,000
당기발생원가	180,000	590,000	130,000
공사손실충당부채전입액(환입액)	–	30,000	(30,000)
당기총공사원가	180,000	620,000	100,000
당기공사손익	120,000	(220,000)	200,000

01 다음 중 연결재무제표에 대한 설명으로 바르지 못한 것을 모두 고르면?

> Ⅰ. 한 회사가 다른 회사의 지분을 취득하여 유의적 영향력을 행사할 수 있게 되었다면 연결재무제표를 작성해야 한다.
> Ⅱ. 지배기업이면서 종속기업의 지위에 있는 금융회사는 최상위 지배기업이 연결재무제표를 작성하더라도 연결재무제표를 작성해야 한다.
> Ⅲ. 연결재무제표에는 지배기업과 종속기업의 자산·부채의 공정가치가 합산되어 표시된다.
> Ⅳ. 한 회사가 다른 회사의 의결권 있는 주식을 50% 미만으로 보유하더라도 다른 투자자와의 약정으로 과반수 의결권을 행사할 수 있는 능력이 있다면 지배력을 획득한 것으로 본다.
> Ⅴ. 비지배지분은 종속기업의 순자산장부금액에 비지배지분율을 곱하여 산출한다.

① Ⅰ, Ⅱ   ② Ⅱ, Ⅲ
③ Ⅲ, Ⅴ   ④ Ⅰ, Ⅴ
⑤ Ⅱ, Ⅳ

02 다음 중 연결재무제표에 대한 설명으로 바르지 못한 것은?

① 연결재무제표는 연결실체 내의 기업 간 내부거래가 제거되므로 개별재무제표에 비하여 이익조정의 왜곡 정도가 낮다고 볼 수 있다.
② 연결재무제표만으로는 개별 기업에 대한 정보를 파악하기가 어렵다.
③ 연결재무제표는 개별재무제표에 비하여 복잡하므로 이해 가능성이 낮다.
④ 甲회사가 乙회사를 지배하고, 乙회사는 丙회사를 지배하는 경우 甲회사는 乙회사에 대해서만 연결재무제표를 작성한다.
⑤ 지배력 판단 시 주식매입권이나 주식콜옵션 등 현재 행사할 수 있는 잠재적 의결권의 존재와 영향을 고려해야 한다.

03 甲회사는 20X1.01.01. 乙회사의 발행주식 100%를 취득하여 지배기업이 되었다. 취득시점 乙회사의 순자산장부금액과 공정가치는 일치하고 관련 재무자료는 아래와 같다. 甲회사가 乙회사의 지분을 취득할 때 투자주식의 취득원가가 9,000원인 경우 바르지 못한 설명은?

과목	甲회사	乙회사
유동자산	₩50,000	₩6,000
비유동자산	150,000	9,000
자산총계	₩200,000	₩15,000
부채	100,000	5,000
자본금	60,000	7,000
이익잉여금	40,000	3,000
부채 · 자본총계	₩200,000	₩15,000

① 연결재무상태표에 표시될 유동자산은 47,000원이다.

② 연결재무상태표에 표시될 비유동자산은 159,000원이다.

③ 연결재무상태표에 표시될 부채는 105,000원이다.

④ 연결재무상태표에 표시될 자본은 100,000원이다.

⑤ 연결재무상태표에 표시될 염가매수차익은 1,000원이다.

04 ㈜서울은 20X1.01.01. ㈜부산의 발행주식 100%를 취득하여 지배기업이 되었다. 취득시점 ㈜부산의 토지의 공정가치가 장부금액을 3,000원 초과하는 것 이외에 자산 · 부채장부금액과 공정가치는 일치한다. ㈜서울의 투자주식 취득원가가 21,000원일 때 연결재무제표에 인식될 영업권 또는 염가매수차익은 얼마인가? 취득시점 재무자료는 다음과 같다.

과목	㈜서울	㈜부산
유동자산	₩75,000	₩9,000
비유동자산	225,000	13,500
자산총계	₩300,000	₩22,500
부채	150,000	7,500
자본	150,000	15,000
부채 · 자본총계	₩100,000	₩22,500

① 염가매수차익 1,500원   ② 영업권 3,000원

③ 염가매수차익 3,000원   ④ 영업권 6,000원

⑤ 염가매수차익 6,000원

05 ㈜대한은 20X1.01.01. ㈜일본의 발행주식 80%를 36,000원에 취득하여 지배기업이 되었다. 지배력 취득시점 ㈜일본의 자산 중 토지의 공정가치가 장부금액을 10,000원 초과하였다. ㈜대한과 ㈜일본의 재무상태표는 다음과 같다. 연결재무상태표에 인식될 비지배지분과 염가매수차익 또는 영업권은 얼마인가?

과목	㈜대한	㈜일본
자산	₩800,000	₩60,000
부채	300,000	20,000
자본	500,000	40,000

	비지배지분	염가매수차익	영업권
①	8,000원	–	4,000원
②	8,000원	6,000원	–
③	10,000원	4,000원	–
④	10,000원	–	4,000원
⑤	10,000원	–	6,000원

06 ㈜한라는 20X1년 초에 ㈜백두의 발행주식 70%를 60,000원에 취득하여 지배기업이 되었다. 지배력 취득일 현재 ㈜백두의 순자산공정가치는 장부금액을 10,000원 초과한다. 두 회사의 자본과 관련한 자료는 다음과 같다. 20X1년 초 연결재무상태표에 표시될 이익잉여금은 얼마인가?

과목	㈜한라	㈜백두
자본금	₩200,000	₩50,000
자본잉여금	30,000	10,000
이익잉여금	70,000	20,000
합계	₩300,000	₩80,000

① 70,000원 ② 73,000원

③ 74,000원 ④ 80,000원

⑤ 90,000원

07 다음 중 연결재무제표 작성 시 지배력 판단에 관한 설명으로 바르지 못한 것은?

① 법규나 약정에 따라 기업의 재무정책과 영업정책을 결정할 수 있는 능력을 가지고 있더라도 그러한 능력을 사용할 의도가 없다면 지배력을 가지고 있다고 보지 않는다.

② 기업이 특수목적기업(SPE)을 지배하는지 여부는 특수목적기업에 대한 활동, 의사결정과정에 참여여부, 경제적 효익의 분배, 위험부담 여부 등을 고려하여 판단한다.

③ 일반적으로 신탁계약에서 수탁자는 의사결정 권한을 가지고 있더라도 그것은 수탁자 본인을 위한 것이 아니므로 지배력을 가지고 있다고 보지 않는다.

④ 하나의 연결실체에 지배기업은 오직 하나만 존재할 수 있기 때문에 공동지배력을 갖는 조인트벤처는 종속기업이 될 수 없다.

⑤ 한 종속기업이 연결실체 내의 다른 기업들과 사업의 종류가 다르더라도 연결대상에서 제외해서는 안 된다.

08 ㈜ABC는 20X1년 초에 ㈜XYZ의 발행주식 80%를 18,000원에 취득하여 지배기업이 되었다. 지배력 취득일 현재 ㈜XYZ의 순자산공정가치는 20,000원이고, 두 회사의 재무상태표는 다음과 같다. 20X1년 초 연결재무상태표에 표시될 자산총계는 얼마인가?

과목	㈜ABC	㈜XYZ
자산	₩160,000	₩40,000
부채	60,000	24,000
자본	100,000	16,000

① 182,000원
② 184,000원
③ 186,000원
④ 200,000원
⑤ 202,000원

09 20X1년 초에 甲회사는 乙회사의 주식 80%를 540,000원에 취득하고 지배기업이 되었다. 지배력 취득 당시 乙회사의 순자산공정가치가 장부금액을 200,000원 초과하는 것 이외에는 장부금액과 동일하다. 초과한 원인은 재고자산 평가차액 40,000원과 유형자산 평가차액 160,000원에 의한 것이다. 두 회사의 재무상태표 장부금액은 아래와 같고, 20X1년 말 乙회사의 당기순이익이 100,000원일 때, 20X1년 말 연결재무제표에 인식할 비지배지분은 얼마인가? (재고자산은 당기에 모두 처분되었고, 유형자산의 내용연수는 5년이고 정액상각한다.)

과목	甲회사	乙회사
자산	₩1,000,000	₩700,000
부채	400,000	300,000
자본	600,000	400,000

① 125,600원   ② 138,400원

③ 140,000원   ④ 141,600원

⑤ 148,000원

10 ㈜시흥은 20X1년 초에 ㈜광명의 발행주식 70%를 140,000원 취득하고 지배기업이 되었다. 지배력 취득일 현재 두 회사의 자산·부채의 장부금액과 공정가치는 일치하고 관련 자료는 아래와 같다. 20X1년 ㈜광명의 당기순이익이 20,000원일 때 20X1년 말 연결재무상태표에 인식될 비지배지분은 얼마인가?

과목	㈜시흥	㈜광명
자산	₩500,000	₩300,000
부채	260,000	125,000

① 52,500원   ② 56,500원

③ 58,500원   ④ 60,500원

⑤ 66,500원

11 甲회사는 20X1년 초에 乙회사의 발행주식 80%를 450,000원에 취득하여 지배기업이 되었다. 20X1년 초 乙회사의 순자산장부금액은 500,000원이고 공정가치와 일치한다. 당해 乙회사는 당기순이익 25,000원과 기타포괄이익(매도가능증권평가이익) 15,000원을 인식하였다. 또한 乙회사는 20X1년 3월에 현금배당 10,000원과 주식배당 5,000원을 지급결의하고 1개월 후 지급하였다. 두 회사 간 내부거래는 없다. 회사는 영업권을 5년간 상각하기로 하였다. 이 경우 甲회사의 20X1년 말 투자주식 장부금액은 얼마인가?

① 438,000원   ② 460,000원

③ 464,000원   ④ 482,000원

⑤ 492,000원

12 ㈜삼성은 20X1년 초에 ㈜애플의 발행주식 80%를 550,000원에 취득하여 지배기업이 되었다. 20X1년 초 ㈜애플의 순자산장부금액은 500,000원이고 공정가치는 600,000원인데, 그 차이는 토지의 장부금액과 공정가치 차이에 기인한다. 두 회사 간 내부거래는 없고 ㈜삼성은 당해 토지를 20X1년 12월 중 매각하였다. 20X1년 말 ㈜애플의 당기순이익이 150,000원일 때 ㈜삼성의 지분법 손익은 얼마인가? (영업권은 5년간 정액으로 상각한다.)

① 26,000원　　　　　　　　　　② 56,000원

③ 80,000원　　　　　　　　　　④ 106,000원

⑤ 120,000원

13 甲회사는 20X1년 초에 乙회사의 주식 80%를 취득하여 지배기업이 되었다. 20X1년 중 두 회사는 다음과 같이 내부거래를 하였다.

판매기업	甲회사	乙회사
매출액	₩25,000	₩5,000
매출총이익률	40%	20%

20X1년도 두 회사의 개별재무제표에 표시된 금액은 다음과 같다.

구분	매출액	매출원가	기말재고
甲회사	₩50,000	₩35,000	₩10,000
乙회사	25,000	15,000	2,500

20X1년 말 매입기업 모두 내부거래에서 매입한 상품 중 20%를 기말재고로 보유하고 있을 경우 20X1년 말 연결재무제표에 표시될 매출액, 매출원가, 기말재고는 각각 얼마인가?

	매출액	매출원가	기말재고
①	45,000	20,000	12,500
②	45,000	22,200	10,300
③	45,000	22,200	12,500
④	75,000	20,000	10,300
⑤	75,000	20,000	12,500

14 ㈜대한은 20X1년 초에 ㈜민국의 의결권 있는 주식 80%를 취득하고 지배력을 획득하였다. 20X1년 초 ㈜대한은 사용하던 기계장치(장부금액 200,000원, 잔존내용연수 4년)를 ㈜민국에 280,000원에 처분하였다. ㈜민국은 20X1년 말 현재 당해 기계장치를 보유 중이다. 20X1년 말 ㈜민국의 당기순이익이 100,000원일 때 ㈜대한이 인식할 지분법손익은 얼마인가? (미상각영업권은 없다.)

① 20,000원
② 30,000원
③ 40,000원
④ 50,000원
⑤ 60,000원

15 甲회사는 20X1년 초 乙회사의 주식 40%를 300,000원에 취득하고 유의적 영향력을 행사하게 되었다. 乙회사의 순자산장부금액은 450,000원이고 공정가치는 600,000원이다. 이 차이는 재고자산과 건물의 공정가치가 장부금액을 각각 90,000원, 60,000원 초과하는 데 기인한다. 20X1년 초 乙회사 건물의 잔존내용연수는 5년이고 잔존가치는 없으며 정액법으로 상각한다. 그리고 재고자산은 20X1년 중 모두 외부에 판매되었다. 甲회사는 20X1년 중 장부금액 60,000원의 상품을 75,000원에 乙회사에 판매하였고, 乙회사는 동 상품의 30%를 보유 중에 있다. 乙회사는 20X1년 말 당기순이익 200,000원과 기타포괄이익 30,000원을 보고하였다. 또한 乙회사는 당기 중 현금배당으로 20,000원을 지급하였다. 20X1년 말 甲회사의 투자주식장부금액과 지분법이익은 얼마인가? (영업권은 5년 동안 정액법으로 상각한다.)

	투자주식장부금액	지분법이익
①	326,700원	22,700원
②	329,400원	37,400원
③	341,400원	25,400원
④	341,400원	37,400원
⑤	349,400원	37,400원

16 다음 중 보수주의 회계처리에 대한 설명으로 바르지 못한 것은?

① 보수주의 회계처리는 수익이 확실한 것만 계상하고 비용을 빠짐없이 계상하는 방법을 의미한다.
② 보수주의는 개념체계에서 제약요인의 역할을 한다.
③ 보수주의 회계처리를 적용하면 신뢰성, 특히 표현의 충실성에 어긋나는 부정적인 결과를 초래할 수 있다.
④ 보수주의 회계처리는 지급능력의 확실성을 높이거나 이익 과대계상에 따른 과다배당 가능성을 줄여 채권자를 보호하는 역할을 한다.
⑤ 보수주의 회계처리는 합리적 추정이 가능한 경우까지 의도적으로 기업의 성과나 자산을 과소 계상하라는 의미는 아니다.

17 다음 중 리스계약에 대한 설명으로 바르지 못한 것은?

① 금융리스 이용자는 법적 소유권이 없음에도 불구하고 리스자산의 대부분의 위험과 보상을 이전 받으므로 감가상각의 주체가 된다.

② 리스계약일 현재 리스총투자를 리스순투자와 일치시키는 할인율을 내재이자율이라 한다.

③ 리스기간 종료 시 또는 그 이전에 리스자산의 소유권이 리스이용자에게 무상으로 이전되더라도 금융리스로 분류한다.

④ 리스자산의 소유권이 이전되지 않더라도 리스기간이 리스자산 내용연수의 75% 이상인 경우 금융리스로 분류한다.

⑤ 리스이용자만이 중요한 변경 없이 사용할 수 있는 특수한 용도의 리스자산은 금융리스로 분류한다.

18 甲회사는 20X1년 초에 리스제공자 乙회사의 기계장치(취득원가 1,500,000원, 내용연수 10년, 잔존가치 300,000원, 정액상각)에 대하여 운용리스계약을 체결하였다. 리스기간은 20X1.01.01. 부터 20X3.12.31.까지 3년이다. 리스료는 20X1년 말에 165,000원, 20X2년 말에 148,000원, 20X3년 말에 107,000원을 지급하기로 약정하였다. 甲회사가 20X2년 말에 비용으로 인식할 금액은 얼마인가?

① 33,000원
② 140,000원
③ 148,000원
④ 153,000원
⑤ 260,000원

19 ㈜한라는 보유한 공정가치 450,000원의 기계장치에 대하여 다음과 같이 ㈜대한과 금융리스계약을 체결하고 20X1년 초에 리스를 실행하였다. ㈜한라는 연간 리스료를 얼마로 책정해야 하는가? (소수점 오차는 가장 근사치를 선택한다.)

- 리스기간은 20X1.01.01.~20X3.12.31.(3년간)이다.
- 리스료는 리스실행일에 최초 리스료를 지급하고 이후 매년 말에 정기리스료를 지급한다.
- 리스기간 종료 후 ㈜한라는 70,000원에 기계장치 소유권을 이전한다.
- 리스계약과 관련하여 ㈜한라가 지출한 리스개설직접원가는 10,000원이다.
- ㈜한라의 내재이자율은 8%이다.

① 113,061원
② 128,596원
③ 148,165원
④ 156,933원
⑤ 178,496원

20 다음 중 외화환산회계 및 환율변동효과에 대한 설명으로 바르지 못한 것은?

① 어떠한 외화항목에 거래일환율을 적용할 경우에는 해당 항목이 결제되거나 처분되지 않는 한 환율이 변동하여도 외환차이가 발생하지 않는다.

② 어떠한 외화항목에 마감환율을 적용할 경우에는 해당 항목을 보고기간 말 환율로 재환산하므로 외환차이가 발생한다.

③ 외환차이로 발생한 외환차익과 외환차손은 상계 후 순액을 보고한다.

④ 외화거래의 결제시점 실제거래금액이 장부금액보다 큰 경우 외화자산은 외환차익을 인식하게 된다.

⑤ 외화거래의 결제시점 실제거래금액이 장부금액보다 작은 경우 외화부채는 외환차익을 인식하게 된다.

21 다음 중 외화환산회계 및 환율변동효과에 대한 설명으로 바르지 못한 것은?

① 매출채권, 정기예금, 매입채무, 사채 등 화폐성항목은 현행환율을 적용한다.

② 영업권, 유형자산, 품질보증채무 등 비화폐성항목은 역사적환율을 적용한다.

③ 화폐성항목의 미실현된 환율변동손익은 외화환산이익 또는 외화환산손실의 과목으로 당기손익에 보고한다.

④ 외화표시 매도가능채무증권은 외화환산이익 또는 외화환산손실을 매도가능채무증권평가손익의 과목으로 당기손익에 보고한다.

⑤ 회계익스포저(exposure)가 long position인 경우 환율이 하락하면 손실이 발생한다.

22 甲회사는 20X1.10.01.에 미국의 乙회사에 $50,000의 상품을 수입하고 대금은 20X2.05.31.에 지급하였다. 이 기간 환율변동이 아래와 같을 때 20X1년 말과 20X2.05.31.에 인식할 금액으로 옳은 것은?

일자	환율(USD/KRW)
20X1.10.01.	1,100.00
20X1.12.31.	1,180.00
20X2.05.31.	1,120.00

	20X1.12.31.		20X2.05.31.	
①	외환차익	4,000,000원	외화외환손실	3,000,000원
②	외화환산이익	4,000,000원	외환차손	3,000,000원
③	외환차손	4,000,000원	외화환산이익	3,000,000원
④	외환환산손실	4,000,000원	외환차익	3,000,000원
⑤	회계처리 없음		외환차익	3,000,000원

23 미국에 소재한 ㈜ABC의 20X1년 재고자산 및 환율(USD/KRW) 관련 자료는 다음과 같으며 이를 원화 재무제표로 환산하고자 한다. 현행환율법으로 환산할 때 매출원가는 얼마인가?

재고자산 관련		환율변동내역	
• 기초재고자산	$2,000	• 기초재고자산 매입시점	₩1,050.00
• 당기매입	$8,000	• 기말재고자산 매입시점	₩1,020.00
• 기말재고	$3,000	• 연평균환율	₩1,030.00
		• 회계연도 말	₩1,040.00

① 7,140,000원 ② 7,210,000원
③ 7,280,000원 ④ 7,350,000원
⑤ 7,440,000원

24 ㈜XYZ는 20X1.10.01. 미국에 있는 영업용 토지를 $10,000에 취득하고, 대금은 20X2.03.31.에 지급하기로 하였다. 동사는 토지에 재평가 모형을 적용하고 있다. 일자별 환율과 토지의 공정가치가 아래와 같을 때 20X1년 말 인식할 재평가손익과 외화환산손익은 얼마인가?

일자	환율(USD/KRW)	토지 공정가치
20X1.10.01.	₩1,000.00	$10,000
20X1.12.31.	₩1,100.00	$10,200
20X2.03.31.	₩1,080.00	$10,200

	재평가손익	외화환산손익
①	재평가잉여금 1,000,000	외화환산손실 220,000
②	재평가잉여금 220,000	외화환산손실 1,000,000
③	재평가잉여금 1,220,000	외화환산손실 220,000
④	재평가잉여금 220,000	외화환산손실 1,220,000
⑤	재평가잉여금 1,220,000	외화환산손실 1,000,000

25 ㈜백두는 20X1년 초에 설립되었고 20X1년 법인세비용차감전순이익은 20,000원이다. 당해 법인세율은 25%이고 차기부터는 세율이 30%로 인상될 예정이다. 회사는 당기 세무조정사항으로 재고자산의 순실현가능가치 하락으로 인식한 재고자산평가손실 10,000원을 손금불산입하였다. 회사의 당기법인세비용은 얼마인가?

① 3,000원 ② 4,500원
③ 5,000원 ④ 7,500원
⑤ 10,500원

26 ㈜대한은 20X1년 초에 건물을 임대하고 3년간 임대료 900,000원을 선불로 수령하였다. 세법상 임대소득을 현금주의에 따라 인식한다고 할 때 20X1년 말 인식할 이연법인세자산 또는 이연법인세부채는 얼마인가? (법인세율은 20X1년은 20%, 20X2년 25%, 20X3년 30%이다.)

① 이연법인세자산 150,000원

② 이연법인세자산 165,000원

③ 이연법인세자산 180,000원

④ 이연법인세부채 150,000원

⑤ 이연법인세부채 165,000원

27 20X1년 초에 설립한 甲회사의 20X1년, 20X2년 및 20X3년 과세소득이 다음과 같고 세율은 30%이다. 20X2년 이후 과세소득은 실현될 가능성이 매우 높다. 20X3년 인식할 법인세비용은 얼마인가?

연도	20X1년	20X2년	20X3년
과세소득	50,000원	(65,000원)	75,000원

① 3,000원   ② 15,000원

③ 19,500원   ④ 22,500원

⑤ 25,500원

28 건설형 공사계약의 회계처리에 관한 설명으로 바르지 못한 것은?

① 장기적으로 유휴상태인 건설장비의 감가상각비는 공사원가 포함되지 않는다.

② 공사계약 전 지출한 수주비 등을 발생한 기간 비용으로 처리한 경우 후속기간 건설계약이 체결된 이후 공사원가에 포함한다.

③ 토지의 취득원가는 공사원가에는 포함되지만 진행률 계산에는 포함되지 않는다.

④ 공사손실충당부채는 방기발생원가는 아니지만 총공사예정원가에는 포함한다.

⑤ 공사계약에서 하자보수가 예상되는 경우 추정하자보수비용을 총공사예정원가와 누적발생원가에 포함한다.

29 20X1년 甲건설은 200,000원의 신축공사를 수주하였고 기간별 공사원가 자료는 다음과 같다. 甲건설이 20X2년에 보고될 공사손실은 얼마인가?

(단위 : 원)

구분	20X1년	20X2년	20X3년
실제누적발생원가	50,000	160,000	250,000
추가공사원가	150,000	40,000	–

① 0원   ② 10,000원
③ 30,000원   ④ 40,000원
⑤ 50,000원

30 20X1년 甲건설은 2,000,000원의 신축공사를 수주하여 20X3년 말 완공할 예정이다. 회사는 공사 완공 후 2년간 하자보수이행의무를 부담하기로 하였다, 하자보수비용은 100,000원이 소요될 것으로 추정하였다. 하자보수비용을 제외한 공사원가 자료가 다음과 같을 때 20X3년도에 인식할 당기 공사이익은 얼마인가?

(단위 : 원)

구분	20X1년	20X2년	20X3년
실제누적발생원가	480,000	840,000	1,500,000
총예정공사원가	1,200,000	1,500,000	–

① 40,000원   ② 120,000원
③ 160,000원   ④ 200,000원
⑤ 220,000원

01	02	03	04	05	06	07	08	09	10
④	④	④	②	③	②	①	②	①	③

11	12	13	14	15	16	17	18	19	20
③	①	②	①	①	②	②	②	①	③

21	22	23	24	25	26	27	28	29	30
④	④	②	⑤	②	②	④	②	②	②

01 ㅣ. 한 회사가 다른 회사의 지분을 취득하여 유의적 영향력을 행사할 수 있게 되었다면 지분법을 적용해야 한다.
ㅤㅤ Ⅴ. 비지배지분은 종속기업의 순자산공정가치에 비지배지분율을 곱하여 산출한다.

02 甲회사가 乙회사를 지배하고, 乙회사는 丙회사를 지배하는 경우 甲회사는 乙회사와 丙회사를 모두 포함하여 연결재무제표를 작성해야 한다. 다만 乙회사의 경우에는 甲회사가 이미 丙회사를 포함하여 연결재무제표를 작성하였으므로 연결재무제표를 작성하지 않을 수 있다. 그러나 乙회사가 금융·보험회사인 경우에는 작성해야 한다.

03 甲회사는 연결재무제표 작성을 위하여 甲투회사의 투자주식과 乙 회사의 자본을 상계제거하고 염가매수차익 1,000원을 인식한다.

乙자본금	7,000	투자주식	9,000
乙이익잉여금	3,000	염가매수차익	1,000

염가매수차익은 이익잉여금에 반영되므로 연결재무상태표의 자본은 101,000원이다.

과목	甲회사	乙회사	연결재무상태표
유동자산*	41,000	6,000	47,000
투자주식	9,000	−	−
비유동자산	150,000	9,000	159,000
자산총계	200,000	15,000	206,000
부채	100,000	5,000	105,000
자본금	60,000	7,000	60,000
이익잉여금	40,000	3,000	40,000
ㅤ염가매수차익	−	−	1,000
부채·자본총계	200,000	15,000	206,000

* 甲투회사의 개별재무상태표에는 투자주식 취득을 위하여 현금을 사용했으므로 유동자산은 그만큼 감소하고 투자주식이 인식된다.

04 투자주식과 상계제거할 ㈜부산의 자본은 금액은 순자산장부금액 15,000원이 아니라 토지의 공정가치가 반영된 18,000원이다. 따라서 연결조정은 다음과 같다.

자 본 15,000	투자주식 21,000
토 지 3,000	
영업권 3,000	

05

자 본 40,000	투자주식 36,000
토 지 10,000	비지배지분 10,000*
	염가매수차익 4,000

* 비지배지분 = (40,000 + 10,000) × 20% = 10,000원

06

자 본 90,000	투자주식 60,000
	비지배지분 27,000*
	염가매수차익 3,000**

* 비지배지분 = (80,000 + 10,000) × 30% = 27,000원

** 염가매수차익 = (80,000 + 10,000) × 70% − 60,000 = 3,000원

염가매수차익은 이익잉여금에 포함되므로 이익잉여금은 70,000 + 3,000 = 73,000원이다.

07 지배력 유무는 다른 기업의 재무정책과 영업정책을 결정할 수 있는 능력 여부에 따라 결정되는 것이고 그러한 능력을 사용할 의도가 있었는지 또는 행사하였는지 여부는 고려대상이 아니다.

08 연결자산총액 = ABC자산(160,000원) − 투자주식(18,000원) + XYZ자산(40,000원) + 영업권(2,000원) = 184,000원

자 본 20,000	투자주식 18,000
영업권 2,000	비지배지분 4,000

> **Key Point!**
> ※ 지배기업의 경우 투자주식을 취득하면 지배기업의 개별재무제표 자산항목 중에 유동자산(현금)이 감소하고 투자주식이 새롭게 인식된다. 투자주식은 연결조정과정에서 종속기업의 자본과 상계제거되므로 연결재무상태표 자산총계에는 포함되지 않는다.

09 비지배기업 당기순이익은 재고자산 평가차액 40,000원과 유형자산 평가차액 160,000원에 대한 감가상각비가 포함되어 있지 않아 과대계상되어 있으므로 이를 차감해줘야 한다.

비지배기업 조정 당기순이익 = 100,000 − (재고자산)40,000 − (유형자산 감가상각비)32,000 = 28,000원

비지배지분 = 120,000 + 28,000 × 20% = 125,600원

10 20X1년 초 비지배지분 = 175,000 × 30% = 52,500원

20X1년 말 비지배지분 = 52,500 + 20,000 × 30% = 58,500원

11

(취득 시)	투자주식 450,000	현 금 450,000
(배당결의 시)	미수배당금 8,000	투자주식 8,000
(배당수령 시)	현 금 8,000	미수배당금 8,000
	(주식배당은 회계처리 없음)	
(결산 시)	투자주식 10,000	지분법이익 10,000*
	투자주식 12,000	지분법자본변동 12,000**

* 지분법이익 = 25,000×80% − 50,000/5년 = 10,000원

** 지분법자본변동 = 15,000×80% = 12,000원

20X1년 말 지배기업의 개별재무상태표에 표시될 투자주식의 금액은 다음과 같다.

$$투자주식 = 450,000 − 8,000 + 10,000 + 12,000 = 464,000원$$

12 토지를 회계기간 중 매각하였으므로 토지에 기인한 투자차액은 모두 제거한다.

영업권은 550,000 − 600,000×80% = 70,000원이므로 연간 상각비는 14,000원이다.

따라서 지분법손익 = 150,000×80% − 100,000×80% − 14,000 = 26,000원

13
$$하향거래 미실현이익 = 25,000×40%×20% = 2,000원$$
$$상향거래 미실현이익 = 5,000×20%×20% = 200원$$

연결매출액은 두 회사의 매출액 합계에서 내부거래를 제거한 금액이므로 다음과 같다.

$$연결매출액 = 50,000 + 25,000 − 25,000 − 5,000 = 45,000원$$

그리고 내부거래에서 지배기업의 매출액은 종속기업의 매출원가이고, 종속기업의 매출액은 지배기업의 매출원가이므로 연결매출원가도 두 회사의 매출원가합계액에서 내부거래 매출원가를 차감한 값이다. 그러나 내부거래에서 미실현이익만큼 매출총이익이 감소되어야 하므로 미실현이익을 매출원가에 가산해 준다.

$$연결매출원가 = 35,000 + 15,000 − 25,000 − 5,000 + 2,000 + 200 = 22,200원$$

그러면 연결기말재고는 당연히 미실현이익만큼 감소되어야 히므로 두 회사의 기말재고합계액에서 미실현이익을 차감해 준다.

$$연결기말재고 = 10,000 + 2,500 − 2,000 − 200 = 10,300원$$

14 20X1년 초에 지배기업이 기계장치를 매각하면서 유형자산처분이익 80,000원을 인식하고, 종속기업은 기계장치의 취득원가를 280,000으로 인식하고 4년 동안 감가상각할 것이다. 즉 20X1년 말 연결재무제표에는 지배기업이 인식한 유형자산처분이익 80,000원과 종속기업이 추가로 인식한 감가상각비 20,000원[(280,000 − 200,000)/4년]이 더해져 당기순이익이 60,000원 과대 표시된다. 바로 이 금액이 제거해야 할 하향거래 미실현이익이다. 이때 지분법손익은 다음과 같다.

$$지분법손익 = 100,000×80% − (80,000 − 80,000/4년) = 20,000원$$

15 영업권상각비 = (300,000 − 600,000×40%)/5년 = 12,000원

투자차액 중 재고자산 제거금액 = 90,000×40% = 36,000원

투자차액 중 건물 감가상각비 = 60,000/5년×40% = 4,800원

하향거래 미실현이익 = (75,000 − 60,000)×30% = 4,500원

지분법이익 = (200,000×40%) − 12,000 − 36,000 − 4,800 − 4,500 = 22,700원

투자주식장부금액 = 300,000 + 22,700 + 30,000(기포손)×40% − 20,000(현금배당)×40% = 326,700원

16 과거에는 보수주의가 개념체계에서 제약요인으로 제시되었으나 현행 개념체계에서는 제약요인에서 제외되었다.

17 리스계약일이 아니라 리스실행일을 기준으로 내재이자율을 계산한다.

18 운용리스료는 리스료 총액을 리스기간 동안 균등하게 배분된 금액을 비용으로 인식한다.

(165,000 + 148,000 + 107,000)/3년 = 140,000원

> **Key Point!**
> ※ 참고로 분개 과정에서 인식되는 장기선급비용은 당기비용이 아니라 자산으로 분류된다.
>
> | | | | | | |
> |---|---|---|---|---|---|
> | (20X1년 말) | 운용리스료 | 140,000 | 현　금 | 165,000 | |
> | | 장기선급비용 | 25,000 | | | |
> | (20X2년 말) | 운용리스료 | 140,000 | 현　금 | 148,000 | |
> | | 선급비용 | 8,000 | | | |
> | | 선급비용 | 25,000 | 장기선급비용 | 25,000 | |
> | (20X3년 말) | 운용리스료 | 140,000 | 현　금 | 107,000 | |
> | | 선급비용 | 33,000 | | | |

19 금융리스채권(리스순투자) = 리스자산 FV + 리스개설직접원가

= PV(최소리스료 + 무보증잔존가치)

$$(450,000 + 10,000) = 리스료 + \frac{리스료}{1.08} + \frac{리스료}{1.08^2} + \frac{리스료 + 70,000}{1.08^3}$$

리스료 = 113,061원

20 외환차익과 외환차손은 서로 상계하지 않고 별도의 계정과목으로 처리하고 손익계산서의 영업외수익과 영업외비용에 포함하여 당기손익에 반영한다.

21 외화표시 매도가능채무증권은 외화환산이익 또는 외화환산손실을 매도가능채무증권평가손익의 과목으로 기타포괄손익에 보고한다.

22 甲회사는 수출기업이 아니라 수입기업이라는 사실에 유의한다. 수입기업의 경우 환율상승은 손실을, 환율하락은 이익을 발생시킨다.

(20X1.10.01.)	상　품	55,000,000	매입채무	55,000,000	
(20X1.12.31.)	외화환산손실	4,000,000	매입채무	4,000,000	
(20X2.05.31.)	매입채무	59,000,000	현　금	56,000,000	
			외환차익	3,000,000	

23 손익계산서항목은 연평균환율을 적용한다.

매출원가 = [($2,000 + $8,000) − $3,000] × ₩1,030 = ₩7,210,000

24

(20X1.10.01.)	토　지	10,000,000	외화미지급금	10,000,000	
(20X1.12.31.)	토　지	1,220,000	재평가잉여금	1,220,000	
	외화환산손실	1,000,000	외화미지급금	1,000,000	

※ 재평가잉여금 = ($10,200 × ₩1,100) − ($10,000 × ₩1,000) = ₩1,220,000

외화환산손익 = $10,000 × (₩1,000 − ₩1,100) = (₩1,000,000)

25

법인세비용	4,500	당기법인세부채	7,500
이연법인세자산	3,000		

※ 당기법인세부채 = (20,000 + 10,000) × 25% = 7,500원, 이연법인세자산 = 10,000 × 30% = 3,000원

26 20X1년 말 인식할 이연법인세자산＝75,000＋90,000＝165,000원

당기법인세부채＝900,000×20%＝180,000원

구분	20X1년 말	20X2년 말	20X3년 말
회계상 수익	₩300,000	₩300,000	₩300,000
세무상 수익	900,000	–	–
차감할 일시적 차이	600,000	(300,000)	(300,000)
세율	20%	25%	30%
이연법인세자산	–	₩75,000	₩90,000

(20X1년 말) 법인세비용　15,000 ｜ 당기법인세부채　180,000
이연법인세자산　165,000

27

연도	20X1년	20X2년	20X3년
과세소득	₩50,000	₩(65,000)	₩75,000
결손금이월공제	–	–	(65,000)
세율	30%	30%	30%
법인세부담액	15,000	–	3,000
이연법인세자산		19,500	

(20X1.12.31.) 법인세비용　15,000 ｜ 당기법인세부채　15,000
(20X2.12.31.) 이연법인세자산　19,500 ｜ 법인세수익　19,500*
(20X3.12.31.) 법인세비용　22,500 ｜ 당기법인세부채　3,000**
이연법인세자산　19,500

* 20X2년 당기순이익＝(65,000)＋19,500＝(45,500원)
** 20X3년 당기순이익＝75,000－22,500＝52,500원

28 공사계약 전 지출한 수주비 등을 발생한 기간 비용으로 처리한 경우에는 후속기간 건설계약이 체결되더라도 이후 공사원
가에 포함할 수 없다.

29

구분	20X1년	20X2년	20X3년
진행률	25%	80%	100%
당기공사수익	50,000	110,000	40,000
당기발생원가	50,000	110,000	90,000
공사손실충당부채전입액(환입액)		10,000	(10,000)
당기총공사원가	50,000	120,000	80,000
당기공사이익(손실)	0	(10,000)	(40,000)

30 하자보수비용은 공사종료시점 회계연도의 발생원가와 총공사예정원가에 가산한다.

구분	20X1년	20X2년	20X3년
진행률	40%	56%	100%
당기공사수익	800,000	320,000	880,000
당기발생원가	480,000	360,000	660,000
하자보수비용	–	–	100,000
당기총공사원가	480,000	360,000	760,000
당기공사이익(손실)	320,000	(40,000)	120,000

PART 03
실전모의고사

KFO

제1회 실전모의고사

01 기업의 경영자는 외부 정보이용자보다 기업과 관련된 정보를 더 많이 가지고 있다. 이로 인하여 외부 투자자보다 먼저 주식을 매수·매도함으로써 차익을 얻거나 손실위험을 회피하는 기회주의적 행동을 할 수 있다. 외부투자자가 경영자의 기회주의적 행동을 의심할 경우 경영자는 원하는 가격에 자본을 조달하기 힘들어진다. 이를 '역선택의 문제'라고 한다. 다음 중 역선택 문제를 해결하기 위한 재무정보의 질적특성으로 바르게 묶은 것은?

① 신뢰성, 적시성
② 목적적합성, 적시성
③ 신뢰성, 중립성
④ 목적적합성, 검증가능성
⑤ 신뢰성, 비교가능성

02 다음 중 우리나라 회계기준에 대한 설명으로 바르지 못한 것은?

① 상장기업이 비상장중소기업을 종속기업으로 편입한 경우에 종속기업은 일반기업회계기준과 한국채택국제회계기준(K-IFRS)을 선택적으로 적용할 수 있다.
② 비상장중소기업은 한국채택국제회계기준(K-IFRS)을 적용할 수 있다.
③ 비상장외감법인은 일반기업회계기준을 적용한다.
④ 비외감법인은 중소기업회계기준을 적용할 수 있다.
⑤ 기업공개(IPO)가 예정되어 있는 기업은 한국채택국제회계기준(K-IFRS)을 적용해야 한다.

03 다음 중 재무제표에 대한 설명 중 바르지 못한 것은?

① 재무제표의 기본가정은 계속기업(going concern)의 가정이다.
② 발생주의(accrual basis) 회계는 현금의 유출입과 관계가 없다.
③ 발생주의(accrual basis) 회계에는 이연(deferral)의 개념을 포함한다.
④ 경제적 효익에 대한 지배력은 법적 권리에 근거하므로 자산은 법적 소유권이 존재할 때 자산의 정의가 충족될 수 있다.
⑤ 부채를 정의하는 현재의 의무에는 상관습이나 관행에 의한 의무도 포함된다.

04 다음 20X1년 甲회사의 자료를 참조하여 영업이익과 당기순이익을 계산하면 얼마인가?

• 매출액	157,000,000	• 매출원가	85,000,000
• 기부금	3,000,000	• 감가상각비	9,500,000
• 이자비용	12,800,000	• 연구개발비	15,800,000
• 대손상각비	7,300,000	• 접대비	3,300,000

① 20,300,000
② 33,100,000
③ 36,100,000
④ 39,400,000
⑤ 55,200,000

05 甲회사의 20X1년 말 매출채권 잔액과 대손율은 다음과 같다. 당기 말 현재 대손충당금 잔액은 150,000원이다. 甲회사는 매출채권 총액에서 4%가 회수 불가능할 것으로 추정하고 있다. 회사가 매출채권에 대한 대손상각비를 보충법과 연령분석법으로 추산한다고 가정할 때 각각 인식할 대손상각비 또는 대손상각비환입 금액은 얼마인가?

경과일수	매출채권	대손율
60일 이내	₩2,000,000	1%
90일 이내	1,500,000	2%
120일 이내	1,000,000	3%
120일 초과	500,000	4%
	₩5,000,000	

	보충법		연령분석법	
①	대손상각비환입	50,000	대손상각비	50,000
②	대손상각비	50,000	대손상각비환입	50,000
③	대손상각비	150,000	대손상각비환입	100,000
④	대손상각비	200,000	대손상각비	150,000
⑤	대손상각비	350,000	대손상각비	250,000

06 甲회사의 20X1년 말 매출채권잔액은 180,000원이고 대손충당금은 50,000원이다, 20X2년 말 매출채권 잔액은 200,000원이고 대손충당금은 80,000원이다. 20X2년 당기에 발생한 외상매출금은 180,000원이고 매출채권 중 150,000원이 회수되었다면 손익계산서에 인식할 대손상각비는?

① 10,000원
② 30,000원
③ 40,000원
④ 50,000원
⑤ 80,000원

07 재고자산 회계처리에 대한 설명 중 바르지 못한 것은?

① 기말재고자산이 과다 계상되면 운전자본과 당기순이익은 증가한다.

② 당기에 기말재고자산을 과다 계상하더라도 차기에 그 효과가 자동 상쇄된다.

③ 재고자산 수량결정방법 중 실사법의 경우 감모손실은 모두 매출원가에 포함된다.

④ 재고자산 수량결정방법 중 계속기록법의 경우 기말 재고실사를 하지 않을 경우 감모손실은 기말 재고에 포함된다.

⑤ 재고자산 취득원가 결정 시 고정제조간접원가는 실제조업도가 정상조업도보다 높은 경우 정상조 업도를 기준으로 배부한다.

08 재고자산의 금액을 결정하는 원가흐름의 가정을 인플레이션 상황에서 비교할 때 법인세비용이 가장 크게 계상되는 방법은? (이연법인세는 없다고 가정한다.)

① 실지재고조사법에 의한 후입선출법

② 계속기록법에 의한 후입선출법

③ 총평균법

④ 이동평균법

⑤ 선입선출법

09 다음은 甲회사의 당기 재고자산 A(상품)와 관련 자료이다. 재고자산의 원가흐름은 선입선출법을 가 정한다. 기말재고금액은 얼마인가? (재고자산 감모손실은 없고 다른 조건은 일정하다고 가정한다.)

구분	수량(개)	금액	판매수량(개)	
기초재고(01.01)	5,000	500,000	판매(02.15)	1,000
당기매입(04.01)	3,000	450,000	판매(06.15)	1,500
당기매입(10.01)	2,000	360,000	판매(11.15)	2,000
소 계	10,000	1,310,000	판매수량	4,500

① 450,000원　　　　　　　　　② 852,500원

③ 860,000원　　　　　　　　　④ 885,000원

⑤ 990,000원

10 다음은 ㈜대한의 재고자산 관련 자료이다. 회사는 원가흐름의 가정으로 선입선출법을 채택하고 있으며, 기말재고실사를 통하여 수량을 결정한다. 기말재고 실사수량은 800개이고, 장부수량과의 차이 200개 중 50개는 정상적이고 나머지는 비정상적이다. 또한 기말재고자산의 순실현가능가치가 140원으로 하락하였다. 회사의 당기 매출원가는 얼마인가? (기초 재고자산평가충당금잔액은 없다고 가정한다.)

구분	장부수량(개)	단가(원)	금액(원)
기초재고	4,000	130	520,000
당기매입	2,000	160	320,000
매 출	5,000		
기말재고	1,000		

① 680,000원 ② 688,000원
③ 704,000원 ④ 712,000원
⑤ 728,000원

11 다음 중 유가증권의 분류변경에 관한 설명으로 바르지 못한 것은?

① 만기보유증권을 매도가능증권으로 재분류하는 경우 평가에서 발생하는 공정가치와 장부금액의 차이는 기타포괄손익누계액으로 처리한다.

② 단기매매증권을 더 이상 단기간 내에 매각할 목적이 없어 매도가능증권으로 재분류하는 경우 평가에서 발생하는 공정가치와 장부금액의 차이는 당기손익으로 인식한다.

③ 매도가능증권이나 만기보유증권은 단기매매증권으로 재분류할 수 없다.

④ 시장성을 상실한 단기매매증권을 매도가능증권으로 재분류할 경우 분류변경일 현재의 공정가치를 새로운 취득원가로 하되, 분류변경일까지 미실현보유손익은 기타포괄손익누계액으로 처리한다.

⑤ 매도가능증권을 만기보유증권으로 재분류하는 경우 평가시점까지 발생한 매도가능증권의 미실현보유손익잔액은 계속 기타포괄손익누계액으로 분류하되, 만기까지 잔여기간 동안 유효이자율법으로 상각하고 각 기간 이자수익에 가감한다.

12 ㈜제주는 20X1년 초에 ㈜백두의 주식을 취득하였고 관련 자료는 다음과 같다. 회사는 당해 주식을 매도가능증권으로 분류하고 20X3년 5월 10,500원에 처분하였다. 다음 설명 중 바르지 못한 것은?

구분	취득원가	20X1년 말 FV	20X2년 말 FV	20X3년 5월 FV
㈜백두 주식	₩10,000	9,600	10,200	10,500

※ FV : 공정가치(Fair Value)

① 20X1년 말 매도가능증권평가손실은 ₩400이고 자본항목으로 인식한다.

② 20X1년 말 매도가능증권장부금액은 공정가치와 동일하다.

③ 20X2년 말 매도가능증권평가이익은 ₩200이다.

④ 20X2년 말 매도가능증권장부금액은 ₩600이 증가한다.

⑤ 20X3년 처분으로 인식할 매도가능증권처분이익은 ₩300이다.

13 유형자산과 관련한 설명 중 옳은 것을 모두 고르면?

> Ⅰ. 유형자산 매입을 위하여 차입한 자금의 이자비용은 취득원가에 가산한다.
> Ⅱ. 건물신축을 위하여 토지를 취득한 후 건물을 철거하는 데 발생한 순철거비용은 토지의 취득원가에 포함하지 아니한다.
> Ⅲ. 유형자산의 취득, 건설 등에 따른 복구원가에 대한 충당부채는 유형자산을 취득하는 시점에 취득원가에 가산한다.
> Ⅳ. 유형자산의 잔존가치를 변경하는 경우 회계정책의 변경으로 회계처리한다.
> Ⅴ. 유형자산의 감가상각방법 중 절세효과가 가장 큰 방법은 정률법이다.

① Ⅰ, Ⅱ
② Ⅱ, Ⅳ
③ Ⅰ, Ⅲ, Ⅴ
④ Ⅱ, Ⅲ, Ⅴ
⑤ Ⅲ, Ⅳ, Ⅴ

14 다음 중 유형자산의 재평가에 관한 설명으로 바르지 못한 것은?

① 유형자산의 재평가는 매년 할 수도 있고 3년 또는 5년마다 할 수도 있다.

② 토지는 원가모형, 건물은 재평가모형으로 다르게 적용할 수 있다.

③ 이전에 당기손실로 인식한 재평가손실에 상당하는 재평가이익은 당기이익으로 인식한다.

④ 이전에 당기손실로 인식한 재평가손실을 초과하는 재평가이익은 기타포괄이익으로 인식한다.

⑤ 이전에 기타포괄이익으로 인식한 재평가잉여금(또는 재평가이익)에 상당하는 재평가손실은 기타포괄손실로 인식한다.

15 ㈜한라는 20X1.01.01에 토지를 100,000원에 취득한 후 재평가모형을 적용하였다. 기간별 공정가치가 다음과 같을 때 20X1년 말과 20X2년 말 이익잉여금 잔액을 바르게 나타낸 것은? [20X1년 초 이익잉여금 잔액은 ₩10,000원이고, ( )는 마이너스를 나타낸다.]

20X1.12.31	20X2.12.31
85,000원	110,000원

	20X1년 말	20X2년 말
①	변동 없음	변동 없음
②	5,000	0
③	(5,000)	10,000
④	5,000	10,000
⑤	(5,000)	25,000

16 ㈜서울은 20X1.01.01.에 기계장치를 300,000원에 취득하였다. 내용연수는 5년이고, 잔존가치는 50,000원으로 추정하였다. 20X1.12.31. 기계장치는 진부화로 인하여 공정가치가 220,000원으로 하락했으며, 사용가치는 210,000원으로 추정되었다. 20X1.12.31.에 인식할 손상차손은 얼마인가?

① 30,000원 ② 40,000원

③ 80,000원 ④ 90,000원

⑤ 100,000원

17 다음 중 일반기업회계기준에서 무형자산에 대한 설명으로 바르지 못한 것은?

① 무형자산은 경제적 효익과 내용연수가 있지만 그 금액과 기간을 객관적으로 측정하기 어렵고 불확실하다.

② 연구비, 경상개발비, 광고비 등은 내부창출 무형자산으로 식별 가능하지만 자산인식요건을 갖추지 못하였으므로 발생 즉시 비용으로 처리한다.

③ 임차권리금과 광업권을 무형자산으로 인정한다.

④ 무형자산의 식별 가능성은 계약상 권리 또는 법적 권리로써 기업으로부터 분리 가능하고 이전할 수 있어야 한다.

⑤ 무형자산의 미래 경제적 효익에 대한 통제는 일반적으로 법적 권리로부터 나온다. 법적 권리가 없는 경우에는 통제를 입증하기 어렵다.

18 다음 중 금융부채로 분류할 수 없는 것을 모두 고르면?

Ⅰ. 미지급금	Ⅱ. 매입채무
Ⅲ. 장기차입금	Ⅳ. 선수금
Ⅴ. 미지급법인세	Ⅵ. 제품보증충당부채

① Ⅰ, Ⅳ, Ⅵ   ② Ⅱ, Ⅲ, Ⅳ

③ Ⅲ, Ⅴ, Ⅵ   ④ Ⅰ, Ⅳ, Ⅴ

⑤ Ⅳ, Ⅴ, Ⅵ

19 甲회사(회계기간 01.01.~12.31.)는 20X1.07.01.에 서울은행으로부터 2,000,000원을 차입하였다. 이자율은 연 10%이고 6개월 후급, 만기는 20X2.06.30.이다. 甲 20X1년 말 현재 1회차 이자를 납입하지 못하고 있다. 20X2.01.01. 재무상태표에 미치는 영향으로 옳은 것은?

① 미지급금 100,000원   ② 미지급비용 100,000원

③ 선급이자 100,000원   ④ 미지급금 200,000원

⑤ 미지급비용 200,000원

20 다음 중 사채의 회계처리에 관한 설명으로 바르지 못한 것은?

① 사채의 표시이자율보다 시장이자율이 높을 경우 사채는 할인발행되고 이자비용은 현금지급액에서 할인차금상각액을 차감한 값을 인식하게 된다.

② 사채의 발행가격 계산에 사용하는 할인율은 사채발행 당시 현재의 시장이자율을 사용한다.

③ 사채의 이자비용은 유효이자율법을 사용하여 유효이자를 이자비용으로 인식한다.

④ 사채 할인발행의 경우 기간이 경과할수록 유효이자와 할인차금상각액은 증가한다.

⑤ 사채 할인발행의 경우 장부금액은 기간이 경과할수록 할인차금상각액만큼 증가한다.

21 甲회사는 20X1.01.01.에 액면 10,000원, 액면이자 4%, 연 단위 후급, 만기 3년인 사채를 시장이자율 6%에 발행하였다. 甲회사는 20X3.01.01. 현행 시장이자율이 8%일 때 사채를 조기상환하였다. 다음 설명 중 바르지 못한 것은? (소수점은 반올림한다.)

① 20X1년 초 사채의 발행가격은 9,465원이다.

② 20X2년 말 인식할 이자비용은 578원이다.

③ 20X3년 초 사채의 장부금액은 9,630원이다.

④ 사채조기상환으로 사채상환이익이 발생한다.

⑤ 사채조기상환 시점 할인차금상각액 잔액은 189원이다.

22 甲회사는 A은행에 대한 차입금 50,000원을 채무면제받는 대신 보유하고 있는 토지(공정가치 46,000원, 장부금액 44,000원)를 A은행에 이전하기로 채권·채무조정을 하였다. A은행은 부실채권에 대해서 10%의 대손충당금을 이미 설정하고 있다. 甲회사의 채무조정이익과 A은행의 대손상각비는 각각 얼마인가?

	甲회사 재무조정이익	A은행 대손상각비
①	4,000원	없음
②	4,000원	1,000원
③	6,000원	없음
④	6,000원	1,000원
⑤	6,000원	6,000원

23 다음은 ㈜서울의 제2기(20X1.01.01~12.31.) 재무제표와 관련한 충당부채 및 보고기간 후 사건이다. 재무제표가 사실상 확정된 날은 20X2.02.20.이다. 상황은 모두 독립적이고 회사는 아무런 회계처리를 하지 않았다. 일반기업회계기준에 의하여 회계처리를 할 경우 제2기 손익계산서에 미치는 영향은 얼마인가?

> Ⅰ. 회사는 보고기간 말 현재 환경오염 문제로 인하여 환경정화비용 1,000,000원을 부과받았다.
> Ⅱ. 보고기간 말 현재 계류 중이던 소송사건이 20X2.02.10.에 확정되어 손해배상금 300,000원을 지급하라는 판결이 선고되었다.
> Ⅲ. 2022.02.15.에 설치한 집진설비의 2022년 수선유지비는 500,000원으로 추정하였다.
> Ⅳ. 보고기간 말 현재 매출채권의 순실현가능가치는 200,000원으로 평가하였으나, 20X2.02.10.에 예상치 못한 거래처 파산으로 50,000원의 추가적인 대손이 예상된다. 보고기간 말 현재 대손충당금 잔액은 없다.
> Ⅴ. 보고기간 말 현재 단기매매증권의 공정가치는 300,000원이다. 이후 가치가 지속적으로 하락하여 20X2.02.28.에 190,000원이 되었다.

① 1,350,000원　　　　　　　　② 1,550,000원
③ 1,800,000원　　　　　　　　④ 1,850,000원
⑤ 1,960,000원

24 ㈜백두는 확정급여형퇴직연금제도를 선택하고 있다. 당기 초 퇴직급여충당부채 잔액은 500,000원이고, 당기 말 퇴직급여충당부채 잔액은 800,000원이다. 당기 중 퇴직자에게 지급한 퇴직금을 퇴직급여 충당부채와 상계한 금액은 400,000원이다. 당기 설정한 퇴직급여 추계액 중 60%는 제조원가에 포함되고 40%가 판매 및 일반관리비에 포함된다. 당기 설정한 퇴직급여 중 제조원가에 포함되는 금액은 얼마인가?

① 60,000원　　　　　　　　② 280,000원
③ 420,000원　　　　　　　　④ 540,000원
⑤ 800,000원

25 다음 중 자본거래에 관한 설명으로 바르지 못한 것은?

① 자본거래의 결과는 손익계산서에 표시되지 않고 재무상태표에 순액이 표시된다.

② 자본거래 결과 이익이 발생하여 증가하는 자본은 주주에 대한 배당의 재원으로 활용할 수 있다.

③ 자본잉여금을 재원으로 무상증자를 하더라도 자본은 변동이 없다.

④ 무상감자로 자본금을 줄이더라도 자본은 변동이 없다.

⑤ 자기주식 거래는 다른 항목과 통합하여 표시할 수 없고 반드시 별도 항목으로 구분하여 표시하여야 한다.

26 다음 중 일반기업회계기준에 따른 수익인식에 대한 설명으로 바르지 못한 것은?

① 설치용역이 주목적인 경우 당해 용역의 수수료는 진행기준으로 인식한다.

② 입장료 수익은 행사가 개최되는 시점에 수익을 인식한다.

③ 주문개발형 소프트웨어의 수수료는 진행기준으로 인식한다.

④ 상품권은 상품권을 판매한 시점에 수익을 인식한다.

⑤ 위탁판매의 경우 수탁자가 재화를 제3자에게 판매한 시점에 수익을 인식한다.

27 다음 자료를 참조하여 ㈜대구의 기본주당계속사업이익을 계산하면 얼마인가?

일자	변동내용	발행주식수
20X1.01.01.	기초	10,000
20X1.07.01.	유상증자(납입기일 익일)	3,000
20X1.09.01.	전환사채 전환권 행사	2,000
20X1.10.01.	무상증자(40%)	6,000

계속사업이익은 17,000,000원이고 계속사업이익에 대한 법인세비용은 280,000원이며, 우선주배당금은 400,000원이다. (전환사채의 발행일은 20X1.07.01.이고 발행조건상 전환간주일은 20X1.01.01.이다. 소수점은 반올림한다.)

① 863원   ② 878원

③ 933원   ④ 949원

⑤ 958원

28 ㈜대한은 20X1.01.01. 2,000,000원에 컴퓨터를 취득하여 정률법으로 상각하고 있다. 상각률은 0.451이고 내용연수는 5년, 잔존가치는 100,000원이다. 20X3년도부터 상각방법을 정액법으로 변경할 경우 20X3년 말 인식할 감가상각비는 얼마인가? (소수점은 반올림한다.)

① 157,554원　　　　　　　　　　② 167,601원

③ 190,887원　　　　　　　　　　④ 200,934원

⑤ 210,356원

29 ㈜대한은 당기 말 재무제표를 검토하면서 매출원가가 10,000원 작게 계상되어 당기순이익이 10,000원 과대 인식되었다. 회사는 중요성 기준을 7,000원으로 설정하고 있다. 그러나 당기의 오류는 특히 중요한 오류는 아니다. 이 경우 감사의견으로 적절한 것은?

① 적정의견

② 회계기준 위반에 따른 한정의견

③ 감사범위 제한에 다른 한정의견

④ 회계기준 위반에 따른 부적정의견

⑤ 감사범위 제한에 다른 부적정의견

30 20X1년 초 甲회사는 乙회사를 합병하였다. 취득일 현재 두 회사의 재무상태표는 다음과 같다. 甲회사는 이전대가로 甲회사의 주식(액면 100원, 공정가치 150원) 40주를 발행·교부하였다. 다음 설명 중 바르지 못한 것은?

구분	甲회사	乙회사	
		장부금액	공정가치
자　　산	25,000원	10,000원	12,000원
부　　채	15,000원	6,000원	6,500원
자 본 금	7,500원	2,000원	
자본잉여금	1,000원	500원	
이익잉여금	1,500원	1,500원	

① 합병 후 甲회사의 자본금은 4,000원 증가한다.

② 합병 후 甲회사는 영업권을 500원 인식한다.

③ 합병 후 甲회사의 자본잉여금은 2,000원 증가한다.

④ 합병 후 甲회사의 부채는 6,500원 증가한다.

⑤ 합병 후 甲회사의 순자산은 5,500원 증가한다.

31 20X1년 초 乙회사는 丙회사를 합병하였다. 취득일 현재 두 회사의 재무상태표는 다음과 같다. 乙회사는 이전대가로 乙회사의 주식(액면 1,000원, 공정가치 1,200원) 50주를 발행·교부하였다. 합병 직후 乙회사의 자본잉여금과 이익잉여금은 얼마인가?

(단위 : 원)

구분	乙회사	丙회사	
		장부금액	공정가치
자 산	100,000	90,000	96,000
부 채	52,000	22,000	24,000
자 본 금	30,000	48,000	
자본잉여금	4,000	14,000	
이익잉여금	14,000	6,000	

① 자본잉여금 4,000원, 이익잉여금 14,000원
② 자본잉여금 4,000원, 이익잉여금 20,000원
③ 자본잉여금 14,000원, 이익잉여금 20,000원
④ 자본잉여금 14,000원, 이익잉여금 26,000원
⑤ 자본잉여금 18,000원, 이익잉여금 26,000원

32 사업결합(business combination)에 대한 다음의 설명 중 바르지 못한 것은?

① 사업결합은 하나 이상의 사업에 대한 지배력을 획득하는 거래나 사건을 말한다.
② 취득한 자산집단이 사업이 아닌 경우 자산들의 상대적 공정가치에 비례하여 일괄취득금액을 배분하는 회계처리를 한다.
③ 사업결합은 취득법을 적용하여 회계처리한다.
④ 취득자는 피취득자가 재무제표에 인식하지 않은 자산·부채를 취득자산과 인수부채로 인식할 수 없다.
⑤ 피취득자가 비용으로 인식한 연구비 지출액이 취득자의 관점에서 식별 가능하다면 취득자산(무형자산)에 포함될 수 있다.

33 다음 중 연결재무제표에 관한 설명으로 바르지 못한 것은?

① 지배기업 자체가 종속기업인 중간 지배기업의 경우 연결재무제표를 작성하지 않을 수 있지만, 중간 지배기업이 금융회사인 경우에는 연결재무제표를 작성해야 한다.

② 지배력은 지분율 기준에서 기업의 의결권 있는 지분을 50% 이상 소유하는 경우 지배력이 있다고 본다. 이 경우 지분소유는 직접 소유와 종속기업을 통한 간접 소유를 포함한다.

③ 지배력을 판단할 때 주식매입권이나 주식콜옵션, 기타 보통주로 전환할 수 있는 상품 등 현재 행사할 수 있는 잠재적 의결권의 존재와 영향을 고려해야 한다.

④ 일반적으로 신탁계약에서 수탁자는 신탁계약에 의한 의사결정 권한을 갖고 있더라도 위탁자에 대하여 지배력을 획득한 것으로 보지 않는다.

⑤ 상호 약정에 의하여 재무정책과 영업정책을 결정할 수 있는 능력이 있더라도 그러한 능력을 사용할 의도가 없다면 지배력을 획득한 것으로 보지 않는다.

34 ㈜한국은 20X1.01.01. ㈜일본의 발행주식 100%를 취득하여 지배기업이 되었다. 취득시점 ㈜일본의 토지의 공정가치가 장부금액을 500원 초과하는 것 이외에 자산·부채의 장부금액과 공정가치는 일치한다. ㈜한국이 취득한 지분의 취득원가는 3,000원이고, 취득시점 두 회사의 재무상태표가 다음과 같을 때 틀린 설명은?

과목	㈜한국	㈜일본
유동자산	12,500	1,500
비유동자산	37,500	2,250
자산총계	50,000	3,750
부채	25,000	1,250
자본금	15,000	1,750
이익잉여금	10,000	750
부채·자본총계	50,000	3,750

① 투자주식과 ㈜일본의 순자산장부금액을 상계제거하면 영업권이 500원 인식된다.

② 연결 후 유동자산은 11,000원이다.

③ 연결 후 비유동자산은 40,250원이다.

④ 연결 후 자본은 ㈜한국의 자본과 일치한다.

⑤ 연결 후 부채는 26,250원이다.

35 甲회사는 20X1.01.01. 乙회사의 발행주식 80%를 9,000원에 취득하여 지배기업이 되었다. 취득시점 乙회사의 토지의 공정가치가 장부금액을 2,000원 초과하는 것 이외에 자산 · 부채의 장부금액과 공정가치는 일치한다. 지배력 취득시점 두 회사의 재무상태표는 다음과 같다. 지배력 취득시점 인식될 영업권(또는 염가매수차익)과 비지배지분은 얼마인가?

과목	甲회사	乙회사
유동자산	41,000	6,000
투자주식	9,000	
비유동자산	150,000	9,000
자산총계	200,000	15,000
부채	100,000	5,000
자본금	60,000	7,000
이익잉여금	40,000	3,000
부채 · 자본총계	200,000	15,000

① 영업권 1,000원, 비지배지분 2,000원
② 영업권 1,400원, 비지배지분 2,400원
③ 영업권 1,400원, 비지배지분 2,000원
④ 염가매수차익 600원, 비지배지분 2,400원
⑤ 염가매수차익 1,000원, 비지배지분 2,000원

36 ㈜서울은 20X1.01.01.에 ㈜부산의 발행주식 100%를 450,000원에 취득하여 지배기업이 되었다. 지배력 취득일 현재 ㈜부산의 순자산공정가치는 500,000원이다. 또한 동 시점 두 회사의 자본은 다음과 같다. 취득일 연결재무상태표에 표시될 이익잉여금은 얼마인가?

과목	㈜서울	㈜부산
자본금	₩1,200,000	₩300,000
자본잉여금	180,000	60,000
이익잉여금	420,000	120,000
합계	₩1,800,000	₩480,000

① 420,000원   ② 450,000원
③ 470,000원   ④ 500,000원
⑤ 540,000원

37 ㈜한국은 20X1.01.01. ㈜대한의 지분 90%를 취득하고 지배기업이 되었다. 지배력 취득시점 종속기업의 자산·부채의 장부금액과 공정가치는 일치하였고, 염가매수차익을 인식하였다. ㈜한국이 연결재무제표를 작성할 때 이와 관련된 설명으로 틀린 것은?

① 연재재무상태표에 비지배지분이 표시된다.
② 연결재무상태표의 자산총계는 지배기업과 종속기업의 자산총계를 합산한 금액과 같다.
③ 연결재무상태표의 부채총계는 지배기업과 종속기업의 부채총계를 합산한 금액과 같다.
④ 연결재무상태표의 자본은 지배기업 자본에 염가매수차익을 합산한 금액과 같다.
⑤ 연결재무상태표의 자본금은 지배기업의 자본금과 같다.

38 ㈜고려는 20X1.01.01.에 ㈜신라의 발행주식 90%를 45,000원에 취득하여 지배기업이 되었다. 지배력 취득일 현재 ㈜신라의 자산 중 토지의 공정가치가 장부금액을 4,000원 초과하는 것 이외에 다른 자산과 부채의 공정가치는 장부금액과 일치한다. 두 회사의 재무상태표는 다음과 같다. 취득일 현재 연결재무상태표의 자산총계는 얼마인가?

과목	㈜고려	㈜신라
자산	₩400,000	₩100,000
부채	150,000	60,000
자본	250,000	40,000

① 360,400원 　　　　　　　② 460,400원
③ 464,400원 　　　　　　　④ 500,000원
⑤ 505,400원

39 ㈜서울은 20X1년 초에 ㈜대구의 주식 80%를 42,000원에 취득하여 지배기업이 되었다. 지배력 취득일 현재 ㈜대구의 순자산장부금액은 50,000원이고 공정가치와 일치한다. 20X1년 말 ㈜서울이 지분법손익을 반영하기 전 당기순이익은 20,000원이고, ㈜대구의 당기순이익은 10,000원이다. 두 기업 간 내부거래가 없을 때 20X1년 말 연결손익계산서에 표시되는 지배기업지분순이익과 비지배지분순이익은 각각 얼마인가? (영업권은 5년 상각한다.)

	지배기업지분순이익	비지배지분순이익
①	22,000원	4,000원
②	27,600원	2,000원
③	27,600원	4,000원
④	28,000원	2,000원
⑤	28,000원	4,000원

40 ㈜대한은 20X1년 초에 ㈜조선의 주식 100%를 취득하여 지배기업이 되었다. 20X1년 중 두 회사 간에 내부거래가 발생하였고 관련 자료와 20X1년 말 두 기업 개별재무제표는 다음과 같다. 매입기업이 당해 내부거래에서 매입한 상품 중 30%를 20X1년 기말상품으로 보유하고 있는 경우 20X1년도 연결재무제표에 표시될 매출액, 매출원가 및 기말재고는 각각 얼마인가?

내부거래자료		
구분	㈜대한	㈜조선
매출액	600,000원	180,000원
매출총이익률	40%	45%

개별재무제표		
과목	㈜대한	㈜조선
매출액	3,600,000원	1,200,000원
매출원가	2,160,000원	660,000원
기말상품	480,000원	120,000원

	매출액	매출원가	기말재고
①	4,020,000원	2,136,300원	503,700원
②	4,800,000원	2,820,000원	696,300원
③	4,020,000원	2,723,700원	696,300원
④	4,800,000원	2,820,000원	600,000원
⑤	4,020,000원	2,916,300원	503,700원

41 ㈜서울은 20X1년 초에 ㈜제주의 주식 80%를 170,000원에 취득하여 지배기업이 되었다. 지배력 취득시점 ㈜제주의 순자산장부금액은 200,000원이고 공정가치와 동일하다. 20X1년 중 두 회사 간의 내부거래 자료는 다음과 같다. 20X1년 ㈜제주의 당기순이익은 20,000원이고, ㈜서울은 영업권을 5년 동안 정액법으로 상각한다. 20X1년 연결당기순이익 하단에 표시될 비지배지분순이익은 얼마인가?

내부거래자료		
구분	㈜서울	㈜제주
매출액	70,000원	40,000원
매출총이익률	30%	20%
기말재고 보유율	30%	30%

① 2,000원   ② 2,400원

③ 3,120원   ④ 3,520원

⑤ 4,000원

42 20X1년 초 甲회사는 乙회사를 합병하였다. 취득일 현재 두 회사의 재무상태표는 다음과 같다. 甲회사는 이전대가로 甲회사의 주식(액면 1,000원, 공정가치 1,250원) 48주를 발행·교부하였다. 다음 설명 중 바르지 못한 것은?

구분	甲회사	乙회사	
		장부금액	공정가치
자산	500,000원	100,000원	120,000원
부채	300,000원	60,000원	65,000원
자본금	150,000원	20,000원	
자본잉여금	20,000원	5,000원	
이익잉여금	30,000원	15,000원	

① 합병은 취득법에 따라 피취득자의 자산·부채를 취득·인수하는 거래이므로 피취득자의 자본잉여금이나 이익잉여금은 취득자에게 이전되지 않는다.

② 합병 직후 이익잉여금은 변동이 없다.

③ 합병 직후 자본금은 198,000원으로 증가한다.

④ 합병 직후 자본잉여금은 32,000원으로 증가한다.

⑤ 합병으로 염가매수차익 5,000원이 인식된다.

43 甲회사는 20X1년 초 乙회사의 주식 30%를 500,000원에 취득하고 유의적 영향력을 행사하게 되었다. 乙회사의 순자산장부금액은 1,400,000원이고 공정가치는 1,500,000원이다. 이 차이는 기계장치의 공정가치가 장부금액을 100,000원 초과하는 데 기인한다. 20X1년 말 乙회사는 당기순이익 210,000원과 기타포괄손실 30,000원을 보고하였다. 20X1년 말 甲회사의 투자주식장부금액은 얼마인가? (기계장치와 영업권은 각각 5년의 기간 동안 정액법으로 상각한다.)

① 474,000원 ② 494,000원

③ 524,000원 ④ 538,000원

⑤ 544,000원

44 ㈜백제는 20X1년 초에 ㈜가야의 의결권 있는 주식 80%를 190,000원에 취득하였다. 20X1년 초 ㈜가야의 순자산장부금액은 200,000원이고 공정가치와 동일하다. 당기 중 ㈜가야는 ㈜백제에 장부금액 30,000원의 상품을 40,000원에 매출하였다. ㈜백제는 매입한 상품 중 40%를 20X1년 말 현재 보유 중이다. 20X1년 말 ㈜가야의 당기순이익은 20,000원이다. 영업권은 5년간 정액법으로 상각한다. 20X1년 말 ㈜백제가 인식할 지분법이익은 얼마인가?

① 5,800원 ② 6,000원

③ 6,800원 ④ 8,000원

⑤ 10,000원

45 다음 중 재무회계의 개념체계에 대한 설명으로 바르지 못한 것은?

① 개념체계는 일반적으로 인정된 회계원칙(GAAP)이 아니다.

② 개념체계는 어떠한 경우에도 회계기준보다 우선할 수 없다.

③ 개념체계는 영리기업 재무제표 작성과 공시에 한정하지는 않았지만 개념체계 제정 당시 비영리 조직의 특수성은 고려되지 않았다.

④ 개념체계는 재무회계의 개념과 그 적용에 관한 일관성 있는 지침을 제공한다.

⑤ 개념체계는 일반목적 재무보고와 특수목적 보고에 포괄적으로 적용된다.

46 다음 중 재무정보의 질적특성에 관한 설명으로 부적절한 것은?

① 재무정보 이용자의 의사결정에 차이를 가져올 수 있는 특성은 목적적합성이다.

② 적시성 있는 정보라 하여 반드시 목적적합한 것은 아니다.

③ 적시성을 상실한 정보는 목적적합성이 없다.

④ 거래나 사건의 형식보다 경제적 실질에 따라 회계처리하는 것은 목적적합성을 확보하기 위함이다.

⑤ 유형자산을 역사적원가로 평가하면 측정의 신뢰성은 높지만 목적적합성은 저하될 수 있다.

47 다음 중 금융리스에 대한 설명으로 바르지 못한 것은?

① 리스기간 종료 시 리스자산의 소유권이 리스이용자에게 무상으로 이전되더라도 금융리스로 분류한다.

② 리스실행일 현재 리스이용자가 염가매수선택권을 가진다면 이를 행사할 것이 불확실하더라도 금융리스로 분류한다.

③ 리스계약을 해지할 경우 해지로 인한 리스제공자의 손실을 리스이용자가 부담하는 경우에는 금융리스로 분류한다.

④ 리스이용자가 염가갱신선택권을 가지고 있는 경우에는 금융리스로 분류한다.

⑤ 리스이용자가 리스자산의 잔존가치의 공정가치 변동에 따른 이익과 손실을 부담하는 경우 금융리스로 분류한다.

48 다음 운용리스계약에 대하여 운용리스이용자가 20X1년 말 인식할 비용은 얼마인가?

> • 리스기간 : 20X1.01.01.~20X3.12.31.
> • 리스자산 : 공정가치 500,000원, 내용연수 10년, 추정잔존가치 80,000원
> • 매년 말 리스료 지급액 : 처음 1년 160,000원, 후반 2년 130,000원
> • 보증잔존가치 : 60,000원

① 100,000원   ② 110,000원

③ 120,000원   ④ 140,000원

⑤ 160,000원

49 다음은 20X1년 초에 甲회사가 乙회사와 체결한 리스계약의 내용이다. 甲회사는 리스계약 종료 시 잔존 가치 50,000원을 전액 보증하였다. 甲회사는 리스제공자의 내재이자율과 증분차입이자율을 모두 알고 있다. 20X1년 말 리스이용자의 재무상태표에 표시될 금융리스부채와 감가상각비는 얼마인가?

> • 리스기간 : 20X1.01.01.~20X5.12.31.
> • 리스자산 : 공정가치 500,000원, 내용연수 6년, 추정잔존가치 20,000원, 정액법 상각
> • 매년 말 리스료 지급액 : 51,000원(연간 보험료 1,000원 포함)
> • 리스제공자 내재이자율 : 4%
> • 리스이용자 증분차입이자율 : 6%
> • 연금현가계수(5년, 4%)＝4.4518, 현가계수(5년, 4%)＝0.8219
> • 연금현가계수(5년, 6%)＝4.2124, 현가계수(5년, 6%)＝0.7473

	금융리스부채	감가상각비		금융리스부채	감가상각비
①	212,864원	96,000원	②	224,232원	96,000원
③	247,985원	80,000원	④	263,685원	80,000원
⑤	300,000원	100,000원			

50 다음 중 외화환산회계에 대한 설명으로 바르지 못한 것은?

① 외화환산은 현행환율법을 적용하므로 자산과 부채는 보고기간말 마감환율을 적용한다.

② 해외사업환산손익은 기타포괄손익으로 인식한다.

③ 환위험에 노출된 정도를 나타내는 회계익스포저보다 환율변동에 의한 기업의 미래 현금흐름 증감 가능성을 나타내는 경제익스포저가 더 중요하다.

④ 외화환산 시 손익계산서의 수익과 비용은 해당 거래일 환율이나 평균환율을 적용한다.

⑤ 외환차이로 발생한 외환차익과 외환차손은 상계 후 순액으로 당기손익에 반영한다.

51 다음 중 외화거래 환산 시 화폐성 항목은 모두 몇 개인가?

> - 현금
> - 재고자산
> - 선급금
> - 매입채무
>
> - 정기예금
> - 요구불예금
> - 무형자산
> - 영업권
>
> - 매출채권
> - 선수수익
> - 사채
> - 충당부채

① 6개   ② 7개

③ 8개   ④ 9개

⑤ 10개

52 甲회사는 20X1.07.01.에 미국의 ABC회사로부터 $20,000의 기계장치를 수입하였다. 대금은 20X2.06.30.에 일시상환할 예정이다. 이자는 없으며 회사의 결산일은 12.31.이다. 일자별 USD/KRW 대고객 매도율이 다음과 같을 때 20X2.06.30. 인식할 금액은 얼마인가?

일자	환율(USD/KRW)
20X1.07.01.	1,100.00
20X1.12.31.	1,080.00
20X2.06.30.	1,140.00

① 외환차익 800,000원   ② 외화환산이익 800,000원

③ 외환차손 800,000원   ④ 외환차손 1,200,000원

⑤ 외화환산손실 1,200,000원

53 미국 현지법인 A회사는 20X1.01.01.에 자본금 $10,000로 설립하였고, 20X1년 당기순이익(이익잉여금) $1,000를 보고하였다. 환율(USD/KRW)이 다음과 같을 때 원화표시 재무제표에 나타나는 해외사업환산손익은 얼마인가?

일자	환율(USD/KRW)
20X1.01.01.	1,200.00
20X1년 평균	1,100.00
20X1.12.31.	1,130.00

① 손실 670,000원   ② 이익 670,000원

③ 손실 1,100,000원   ④ 이익 1,100,000원

⑤ 0원

54 다음 중 법인세회계에 대한 설명으로 바르지 못한 것은?

① 법인세비용이 당기법인세부담액보다 큰 경우에는 이연법인세부채가 인식된다.
② 이연법인세자산·부채는 당해 일시적 차이가 소멸하는 연도에 적용될 미래의 세율로 측정한다.
③ 감가상각비한도초과액은 차감할 일시적 차이이다.
④ 재고자산평가손실은 차감할 일시적 차이이다.
⑤ 접대비한도초과액은 차감할 일시적 차이이다.

55 20X1년에 설립된 甲회사의 20X1년 세무조정항목은 감가상각비한도초과액 50,000원뿐이다. 당기 법인세율은 30%이고, 이후에는 세법개정으로 20%가 적용될 예정이다. 甲회사는 차기 과세소득이 충분히 발생할 것으로 예상된다. 甲회사의 20X1년 말 재무상태표에 표시될 이연법인세항목은 무엇인가?

① 이연법인세자산 10,000원　　　② 이연법인세부채 10,000원
③ 이연법인세자산 15,000원　　　④ 이연법인세부채 15,000원
⑤ 이연법인세 인식하지 않음

56 甲회사는 20X1년 초에 설립되었고 당해 법인세차감전순이익은 100,000원이다. 세무조정 시 일시적 차이로 인한 차감항목 금액은 (−)20,000원이고, 일시적 차이 이외의 차이로 인한 가산항목 금액은 (+)30,000원이다. 당기 법인세율은 30%이고, 차기 이후 법인세율은 20%가 적용될 예정이다. 甲회사가 당기에 인식할 당기순이익은 얼마인가?

① 63,000원　　　　　② 67,000원
③ 71,000원　　　　　④ 72,000원
⑤ 80,000원

57 건설형 공사계약의 회계처리에 관한 설명으로 바르지 못한 것은?

① 청약을 받아 분양하는 아파트 등 예약매출에 의한 건설공사도 진행기준을 적용할 수 있다.

② 진행기준을 적용하기 위해서는 계약과 관련된 경제적 효익이 건설사업자에게 유입될 가능성이 있어야 한다.

③ 공사수익에 포함되는 모든 금액은 발생가능성이 매우 높고, 신뢰성 있게 측정할 수 있어야 한다.

④ 계약을 체결하는 과정에서 발생한 원가를 발생한 기간의 비용으로 인식한 경우에는 공사계약이 후속기간에 체결되더라도 공사원가로 대체할 수 없다.

⑤ 공사결과를 신뢰성 있게 추정할 수 없는 경우에는 회수 가능성이 높은 발생원가의 범위 내에서만 공사수익을 인식한다.

58 ㈜한국토건은 20X1년에 1,000,000원의 신축공사를 수주하였고 기간별 공사원가 자료는 다음과 같다. 20X2년에 발생한 원가에는 당해 공사만 사용할 목적으로 제작된 특수자재 50,000원이 포함되어 있으나, 이 재료는 실제로 20X3년에 사용되었다. ㈜한국토건이 20X2년에 인식할 공사이익은 얼마인가?

(단위 : 원)

구분	20X1년	20X2년	20X3년
실제누적발생원가	250,000	400,000	550,000
총공사원가추정액	500,000	500,000	550,000

① 50,000원
② 100,000원
③ 150,000원
④ 200,000원
⑤ 250,000원

59 ㈜대한건설은 20X1년 초에 350,000원의 신축공사를 수주하였다. 공사와 관련된 기간별 공사원가 자료는 다음과 같다. ㈜대한건설이 20X2년에 보고할 공사손실은 얼마인가?

(단위 : 원)

구분	20X1년	20X2년	20X3년
실제누적발생원가	40,000	210,000	400,000
추가공사원가	60,000	52,500	–

① 30,000원
② 40,000원
③ 70,000원
④ 100,000원
⑤ 240,000원

01 다음 중 우리나라 회계기준에 대한 설명으로 바르지 못한 것은?

① 재무정보는 많은 집단에서 다양한 정보를 요구하기 때문에 이에 대한 통일성을 부여하고 비교 가능성을 높이기 위하여 일반적으로 인정된 회계원칙(GAAP)을 도입하였다.

② 우리나라의 일반적으로 인정된 회계원칙(GAAP)은 한국채택국제회계기준과 일반기업회계기준의 이원체제이다.

③ 우리나라의 회계원칙은 민간부분에서 규제접근법으로 제정하고 있다.

④ 비상장기업 중 외부감사대상기업은 한국채택국제회계기준을 선택하여 적용할 수 있다.

⑤ 비상장기업이 상장기업의 연결자회사인 경우에는 반드시 한국채택국제회계기준을 적용해야 한다.

02 다음 중 회계기준의 적용이 틀린 것은?

① 비상장중소기업인 A사는 한국채택국제회계기준(K-IFRS)을 적용하고 있다.

② 상장기업인 甲회사는 종속기업인 금융회사 B사를 통하여 C사를 간접적으로 지배하고 있다. C사는 일반기업회계기준을 적용하고 있다.

③ 비상장외감법인인 D사는 한국채택국제회계기준을 적용하고 있다.

④ 일반기업회계기준을 적용하는 E사의 종속기업인 중소기업 F사는 일반기업회계기준을 적용하고 있다.

⑤ 비외감법인인 G사는 한국채택국제회계기준을 적용하고 있다.

03 다음 중 재무회계 개념체계에 대한 설명으로 바르지 못한 것은?

① 개념체계의 근본적 질적특성은 목적적합성과 신뢰성이다.

② 재무정보의 표현이 충실하고 중립적이라면 신뢰성 있는 정보이다.

③ 중립성은 재무정보의 선택과 표시에 편의(bias)가 없는 것으로 회계추정 시 보수주의 원칙을 적용할 때 확보된다.

④ 목적적합성과 신뢰성을 높일 수 있다면 비교가능성이 저하되더라도 회계정책을 변경하여야 한다.

⑤ 재무정보를 적시에 제공하기 위하여 거래의 모든 내용이 확정되기 전에 보고한다면 목적적합성은 향상될 수 있으나 신뢰성은 저하될 수 있다.

04 다음 중 중소기업 회계처리특례에 관한 설명으로 바르지 못한 것은?

① 시장성 없는 지분증권은 취득원가로 평가할 수 있지만 손상차손은 일반기업회계기준에 따라 인식한다.

② 관계기업이나 공동지배기업에 대하여 지분법을 적용하지 않고 투자자산의 장부금액을 취득원가로 할 수 있다.

③ 장기연불조건 매매거래에서 발생하는 채권·채무를 현재가치로 평가하지 않고 명목가액으로 평가할 수 있다.

④ 무형자산의 감가상각을 하지 않을 수 있다.

⑤ 1년 이내 완료되는 건설형 공사계약은 공사가 완료되는 날 수익을 인식할 수 있다.

05 ㈜한국의 재무자료이다. 동사의 당기 손익계산서의 대손상각비가 50,000원이고 당기에 발생한 외상매출금은 600,000원이다. 이 경우 당기에 회수한 매출채권은 얼마인가?

(단위 : 원)

과목	당기 말	전기 말
매출채권	670,000	500,000
대손충당금	(280,000)	(300,000)

① 360,000원
② 380,000원
③ 480,000원
④ 500,000원
⑤ 520,000원

06 ㈜백두의 20X1년 대손충당금 기초잔액은 150,000원이고, 20X1년 말 매출채권 연령분석표는 다음과 같다. 20X2.03.10.에 거래처 부도로 매출채권 600,000원이 대손 확정되었다. ㈜백두가 20X2.03.10.에 인식할 대손상각비는 얼마인가?

경과일수	매출채권	대손율
30일 이내	3,500,000	1%
60일 이내	7,300,000	2%
90일 이내	3,300,000	5%
91일 이상	2,200,000	6%

① 122,000원
② 328,000원
③ 450,000원
④ 623,000원
⑤ 928,000원

07 다음 중 재고자산 회계처리에 대한 설명으로 바르지 못한 것은?

① 재고자산 원가흐름의 가정은 재고금액을 매출원가와 기말재고금액으로 배분하는 차이만 있고 현금흐름과는 무관하다.
② 후입선출법에 의하면 기말재고가 매입원가로 평가되어 현행원가를 반영하지 못한다.
③ 물가상승이 심화될 때 선입선출법을 적용하면 매출원가가 과다 계상되어 당기순이익이 감소한다.
④ 재고자산은 취득원가와 순실현가능가치 중 작은 금액으로 평가한다.
⑤ 실지재고조사법은 매입계정을 이용하므로 장부상 재고수량 파악에 용이하다.

08 다음은 ㈜한국의 부분재무제표로 오류사항이 포함되어 있다. 오류사항을 바르게 정정할 경우 당기 매출총이익은 얼마인가?

	부분 재무상태표			당기 부분손익계산서	
	당기	전기		매출액	1,000,000원
재고자산	350,000원	150,000원		매출원가	550,000원

〈오류사항〉
㉮ 전기 재고자산에는 도착지 인도조건으로 매입한 미착상품 40,000원이 포함되었다.
㉯ 당기 재고자산에는 할부판매한 상품 70,000원이 포함되어 있다.
㉰ 당기 재고자산에 재구매조건부로 판매한 상품 30,000원이 누락되었다.

① 410,000원
② 450,000원
③ 580,000원
④ 590,000원
⑤ 610,000원

09 다음은 ㈜서울의 재고자산 관련 자료이다. 회사는 재고자산 원가흐름의 가정으로 선입선출법을 적용하고 있다. 손익계산서에 인식될 매출원가는 얼마인가? (기말재고의 순실현가능가치는 350원이다.)

항목	수량	단가
기초재고수량	₩1,000	₩500
당기매입수량	2,000	400
정상적 재고자산감모손실	300	–
비정상적 재고자산감모손실	200	–
기말재고수량	1,000	–

① 700,000원   ② 770,000원
③ 820,000원   ④ 870,000원
⑤ 900,000원

10 다음 자료는 ㈜한라의 재고관련 자료이다. 원재료 투입 후 완성품의 시가가 원가보다 낮다고 가정할 때 재고자산평가손실을 계산하면 얼마인가?

항목	장부금액	순실현가능가치	현행대체원가
기말상품	500,000원	400,000원	550,000원
기말재공품	400,000원	380,000원	410,000원
기말원재료	200,000원	160,000원	170,000원

① 30,000원   ② 100,000원
③ 120,000원   ④ 150,000원
⑤ 160,000원

11 다음 중 일반기업회계기준상 유가증권의 회계처리에 대한 설명으로 바르지 못한 것은?

① 단기매매증권을 취득하면서 발생된 거래원가는 당기비용으로 인식한다.
② 매도가능증권을 취득하면서 발생된 거래원가는 취득원가에 가산한다.
③ 지분법적용투자주식을 보유하는 경우 피투자회사가 현금배당을 결의하면 투자주식을 차감한다.
④ 변동이자율 조건부로 발행된 채무증권도 만기보유증권으로 분류할 수 있다.
⑤ 만기보유증권의 손상차손은 유사한 증권의 현행시장이자율을 이용하여 측정한다.

12 ㈜한국은 ㈜한라가 20X1년 초에 발행한 만기 3년, 표면이율 5%, 액면 1,000,000원의 사채를 만기 보유 목적으로 20X1.10.01.에 취득하고 매도가능증권으로 분류하였다. 취득 당시 당해 사채에 대한 유효이자율은 7%이다. 사채의 취득원가와 취득 당시 발생이자는 얼마인가? (소수점 첫째 자리에서 반올림한다.)

	취득원가	발생이자
①	947,514원	37,500원
②	947,514원	49,745원
③	959,759원	37,500원
④	959,759원	49,745원
⑤	963,840원	66,326원

13 甲회사는 20X1.01.01.에 乙회사의 보통주 지분 40%를 700,000원에 취득하고 유의적 영향력을 행사하고 있다. 취득 당시 乙회사의 순자산가액은 1,500,000원이다. 20X1년 말 乙회사는 당기순이익 300,000원을 보고하였고, 현금배당 50,000원, 주식배당 40,000원을 선언·지급하였다. 20X1년 말 甲회사의 지분법적용투자주식은 얼마인가? (투자차액은 5년 정액상각한다.)

① 764,000원   ② 780,000원

③ 800,000원   ④ 820,000원

⑤ 860,000원

14 다음 중 유형자산의 회계처리에 대한 설명으로 바르지 못한 것은?

① 유형자산 취득과 관련하여 불가피하게 매입한 국공채의 매입가액은 취득원가에 가산한다.

② 새 건물을 신축하기 위하여 기존 건물이 있는 토지를 취득한 후 그 건물을 철거하는 데 발생한 순 철거비용은 취득원가에 가산한다.

③ 안전 또는 환경 규제로 인하여 취득해야 하는 유형자산은 그 자체로 미래 경제적 효용을 기대할 수 없어 비용으로 처리하는 것이 원칙이다.

④ 유형자산의 취득에 따른 복구원가에 대한 충당부채는 취득시점에 취득원가에 가산한다.

⑤ 건물이 있는 토지를 당해 건물과 동시에 취득하더라도 이들은 분리된 자산이므로 토지의 가치가 증가하더라도 건물의 내용연수에 영향을 미치지 않는다.

15 다음 자료를 참고할 때 기계장치의 취득원가는 얼마인가?

Ⅰ. 기계장치의 공정가치	700,000
Ⅱ. 기계장치 취득을 위한 차입금의 이자비용	5,000
Ⅲ. 기계장치 취득을 위하여 지출한 화물차 운송비	10,000
Ⅳ. 기계장치 관련 산출물의 수요 형성 과정에서 발생하는 초기 가동손실	12,000
Ⅴ. 기계장치를 관리하기 위한 직원 교육훈련비	8,000
Ⅵ. 기계장치의 원상회복을 위한 복구원가	30,000

① 710,000원
② 715,000원
③ 722,000원
④ 745,000원
⑤ 752,000원

16 ㈜백두는 보유하고 있는 유형자산 A를 ㈜한라가 보유하고 있는 유형자산 B와 이종자산 교환거래를 하였다. 이 과정에서 ㈜백두는 공정가치 차액인 현금 50,000원을 ㈜한라에 지급하였다. 이 거래에서 ㈜백두의 유형자산 처분손익은 얼마인가?

구분	유형자산 A	유형자산 B
취득원가	500,000원	650,000원
감가상각누계액	100,000원	200,000원
장부금액	400,000원	450,000원
공정가치	430,000원	480,000원

① 처분이익 30,000원
② 처분손실 30,000원
③ 처분이익 50,000원
④ 처분손실 50,000원
⑤ 처분이익 150,000원

17 ㈜서울은 20X1.01.01.에 기계장치를 250,000원에 취득하였다. 내용연수는 5년이고, 잔존가치는 없는 것으로 추정하였으며 정액법으로 감가상각한다. 20X2.12.31. 기계장치는 진부화로 인하여 공정가치가 105,000원으로 하락했으며, 사용가치는 112,500원으로 추정되었다. 20X4.12.31. 기계장치의 회수 가능액이 62,500원으로 회복되었다. 다음 설명 중 틀린 것은?

① 20X2년 말 회수 가능액은 112,500원이다.
② 20X2년 말 인식할 손상차손은 37,500원이다.
③ 20X2년 말 감가상각비는 37,500원이다.
④ 20X3년 말 장부금액은 75,000원이다.
⑤ 20X3년 말 손상차손환입액은 25,000원이다.

18 다음 중 무형자산에 관한 설명으로 바르지 못한 것은?

① 연구비나 경상개발비 등은 무형자산으로 인식할 수 없고 비용으로 처리한다.

② 내부창출 영업권은 무형자산으로 인식할 수 없다.

③ 무형자산의 상각기간은 20년을 초과할 수 없다.

④ 무형자산의 회수 가능액이 증가하는 경우 상각은 회수 가능액을 기준으로 한다.

⑤ 무형자산의 상각은 정액법만 가능한 것은 아니다.

19 다음 중 금융부채에 대한 설명으로 바르지 못한 것은?

① 미래에 용역을 제공해야 하는 의무를 부담하는 선수금이나 선수수익은 금융부채가 아니다.

② 금융부채는 현금 또는 금융자산으로 결제하는 계약상의 의무이다.

③ 금융부채를 인식하면 상대방은 금융자산을 인식한다.

④ 장기차입금은 유동성장기부채로 재분류되는지와 관계없이 금융부채이다.

⑤ 상각후원가로 측정하는 금융부채의 발행과 직접 관련된 거래원가는 발행가격에 가산한다.

20 ㈜백두는 액면 1,000,000원, 만기 3년, 액면이자율 5%, 연말후급인 전환사채를 시장이자율 8%에 액면발행하였다. 만일 만기까지 전환권을 행사하지 않을 경우에 상환할증금은 보장수익률 6% 수준에서 63,672원(현재가치)을 지급한다. 전환사채에 포함된 전환권대가는 얼마인가? [연금현가요소 (8%, 3년) 2.5771, 현가요소(8%, 3년) 0.7938]

① 13,673원   ② 30,455원

③ 77,345원   ④ 92,742원

⑤ 141,017원

21 ㈜대한은 20X1.01.01.에 만기 3년, 액면 1,000,000원, 액면이자율 4%, 연단위후급 조건의 사채를 946,540원에 발행하였다. 발행 당시 시장이자율은 6%이다. 20X3.06.30.에 경과이자를 포함하여 현금 1,000,000원을 지급하고 사채를 조기상환하였다. 상환손익은 얼마인가? (상환 시 미상각잔액은 9,434원이다.)

① 상환손실 9,434원   ② 상환이익 9,434원

③ 상환손실 10,566원   ④ 상환이익 10,566원

⑤ 상환손실 18,868원

22 ㈜대한은 A은행에 대한 차입금 1,000,000원을 변제하는 대신 회사가 보유하고 있는 토지(장부금액 700,000원, 공정가치 800,000원)를 이전하는 채권·채무조정에 합의하였다. A은행은 부실채권에 대해서 10%의 대손충당금을 이미 설정하고 있다. 본 채권·채무조정으로 ㈜대한과 A은행의 당기손익에 미치는 영향은 각각 얼마인가?

	㈜대한	A은행
①	100,000원	200,000원
②	200,000원	100,000원
③	300,000원	100,000원
④	300,000원	200,000원
⑤	없음	없음

23 ㈜대한은 제품을 판매하고 1년간 품질보증을 제공하고 있다. 회사는 매출액의 5%를 보증비용으로 추정하였다. 20X1년과 20X2년에 발생한 매출액은 각각 800,000원과 1,000,000원이고 실제 발생한 보증비용은 다음과 같다. 20X2년 당기손익에 미치는 영향은 얼마인가? (20X1년 기초 충당부채 잔액은 없다.)

회계연도	20X1년분	20X2년분
20X1년	15,000원	
20X2년	25,000원	30,000원

① 25,000원   ② 30,000원

③ 50,000원   ④ 55,000원

⑤ 60,000원

24 ㈜서울은 확정급여형퇴직연금제도를 채택하고 있다. 회사의 당기 초 퇴직급여충당부채 잔액은 1,000,000원이고, 당기 말 퇴직급여충당부채 잔액은 5,000,000원이다. 당기 중 퇴직자에게 지급한 퇴직금을 퇴직급여충당부채와 상계한 금액은 3,000,000원이다. 당기 설정한 퇴직급여 추계액 중 70%는 제조원가에 포함되고, 30%는 판매 및 일반관리비에 포함된다. 이 경우 당기에 설정한 퇴직급여는 얼마인가?

① 2,400,000원   ② 4,900,000원

③ 5,600,000원   ④ 6,000,000원

⑤ 7,000,000원

25 다음 중 자본에 대한 설명으로 바르지 못한 것은?

① 자본잉여금을 재원으로 무상증자를 하는 경우 자본총계는 변화가 없다.

② 기존주식 2주를 1주로 유상감자를 하는 경우 지출된 현금은 주주에게 지분비율대로 배분된다.

③ 기존주식 2주를 1주로 무상감자를 하는 경우 자본총계에는 변화가 없다.

④ 자기주식을 처분하여 처분손실이 발생하면 기인식한 자기주식처분이익과 우선상계하고 잔액을 자기주식처분손실로 인식한다.

⑤ 결산기 주식배당을 하는 경우 주식배당액의 1/10 이상을 이익준비금으로 적립해야 한다.

26 다음은 20X1년의 甲회사의 당기 거래 내역이다. 수익으로 인식될 금액은 얼마인가?

Ⅰ. 20X1.10.01. 상품A를 300,000원에 판매하고 소비자는 3개월 무이자 할부로 카드결제를 하였다. 당시 시장이자율은 8%이다.

Ⅱ. 20X1.11.01. 500,000원의 상품B를 거래처에 반품조건부로 판매하였다. 반품기간은 20X2.3.31. 까지이고 반품 시 100% 환불조건이다.

Ⅲ. 20X1.12.01. 乙회사에 200,000원 상당의 상품C의 판매를 위탁하고 20X1.12.05. 적송을 완료하였으며 乙회사는 해당 상품을 보유 중이다.

① 294,118원   ② 300,000원

③ 494,118원   ④ 500,000원

⑤ 994,118원

27 다음은 ㈜한국의 수익인식 회계처리 내용이다. 옳은 것을 모두 고르면?

Ⅰ. 20X1.01.01. 회사는 당기에 개발기간 1년의 소프트웨어 개발용역을 수주하고 대가로 1,000,000원을 수령하였다. 개발완료 후 지원용역기간은 1년이다. 회사는 수령한 금액의 50%를 매출로 인식하였다.

Ⅱ. 20X1.11.01.에 20X2.01.10. 개최되는 기계장비 전시회 입장권 1,000,000원을 모두 판매하고 이를 수익으로 인식하였다.

Ⅲ. 회사가 운영 중인 온라인쇼핑몰 전체 매출액은 10,000,000원이고 판매된 제품의 취득원가는 8,000,000원, 판매수수료는 8%이다. 회사는 10,000,000원을 수익으로 인식하였다.

Ⅳ. 20X1.12.01. 제품을 1,000,000원에 판매하면서 판매 인센티브로 100,000원을 지급하여 매출로 1,000,000원을 인식하였다.

① Ⅰ   ② Ⅰ, Ⅳ

③ Ⅱ   ④ Ⅱ, Ⅲ

⑤ Ⅰ, Ⅲ, Ⅳ

28 주당이익과 관련한 설명 중 바르지 못한 것은?

① 보통주 유통일수 계산 시 유상증자한 경우에는 현금을 받을 권리가 생기는 납입기일 익일을 기산일로 한다.

② 전환우선주의 전환권이 행사된 경우에는 발행조건상 전환간주일에 전환된 것으로 본다.

③ 채무변제를 위하여 보통주를 발행한 경우에는 채무변제일을 기산일로 한다.

④ 무상증자로 발행된 보통주는 그 발행일을 기산일로 한다.

⑤ 당기에 발행된 전환사채는 발행조건상 전환간주일이 기초라 하더라도 전환사채의 발행일을 기산일로 한다.

29 회사는 20X1년 초에 축조한 구축물에 대하여 내용연수 20년으로 정액 상각하였다. 20X2년도 감사기간 중 구축물의 적정 내용연수가 10년으로 파악되었다. 관련된 오류수정손익은 중대한 오류는 아니다. 올바른 설명은?

> • 취득일자 : 20X1.01.01. • 취득원가 : 5,000,000원
> • 잔존가치 : 1,000,000원 • 상각방법 : 정액법

① 전기에 감가상각비가 과소 계상되어 당기순이익이 과대 계상되었으므로 재무제표를 재작성한다.

② 전기에 당기순이익이 과대 계상되었으므로 전기오류수정이익 200,000원을 인식한다.

③ 전기에 당기순이익이 과대 계상되었으므로 전기오류수정이익 400,000원을 인식한다.

④ 전기에 감가상각비가 과소 계상되었으므로 전기오류수정손실 200,000원을 인식한다.

⑤ 전기에 감가상각비가 과소 계상되었으므로 전기오류수정손실 400,000원을 인식한다.

30 다음 중 합병에 대한 설명으로 바르지 못한 것은?

① 합병은 피취득기업의 지분을 취득하는 것이 아니라 자산과 부채를 취득 · 인수한다.

② 합병 이후 피취득기업의 법적실체는 소멸한다.

③ 합병의 회계처리는 취득법으로 한다.

④ 합병은 피취득기업의 자산과 부채를 취득 · 인수하면서 이전대가를 지급한 거래를 연결재무제표에 반영한다.

⑤ 합병 시 피취득자가 재무제표에 인식하지 않은 자산 · 부채도 취득자 입장에서 식별 가능하다면 취득자의 취득자산과 인수부채가 될 수 있다.

31 甲회사는 20X1년 중 순자산장부금액이 500,000원이고 공정가치가 650,000원인 乙회사를 합병하였다. 甲회사는 이전대가로 甲회사의 주식(액면 5,000원, 공정가치 8,000원) 100주를 발행 · 교부하였다. 합병과정에서 전문가 컨설팅 비용 10,000원과 주식발행비용 20,000원이 발생하였다. 甲회사가 취득일에 인식할 영업권은 얼마인가?

① 120,000원
② 130,000원
③ 150,000원
④ 170,000원
⑤ 180,000원

32 다음 중 연결회계에 대한 설명으로 바르지 못한 것은?

① 지배기업의 지배력 판단 시에는 현재 행사할 수 있는 잠재적 의결권의 존재를 고려해야 한다.
② 지배력 존재의 유무는 다른 기업의 재무정책과 영업정책을 결정할 수 있는 능력 유무에 따라 결정되는 것이지 그러한 능력을 행사하였는지 여부는 고려대상이 아니다.
③ 계약에 의하여 다음 사업연도 말에 처분이 예정된 회사는 당기 연결재무제표를 작성하지 않아도 된다.
④ 하나의 기업에 여러 개의 기업이 공동지배력을 갖는 조인트벤처는 종속기업이 될 수 없다.
⑤ 종속기업이 중소기업 회계처리 특례를 적용하고 있어 지배기업과 회계정책이 다르다면 연결재무제표 작성 시 회계정책을 지배기업과 일치시키는 수정을 해야 한다.

33 다음 중 연결재무제표를 작성하는 순서로 올바른 것은?

① 재무제표합산 → 투자와 자본의 상계제거 → 내부거래제거 → 비지배지분표시
② 재무제표합산 → 내부거래제거 → 투자와 자본의 상계제거 → 비지배지분표시
③ 투자와 자본의 상계제거 → 내부거래제거 → 비지배지분표시 → 재무제표합산
④ 투자와 자본의 상계제거 → 비지배지분표시 → 내부거래제거 → 재무제표합산
⑤ 내부거래제거 → 투자와 자본의 상계제거 → 재무제표합산 → 비지배지분표시

[34~36]

㈜대한은 20X1.01.01.에 ㈜서울의 발행주식 100%를 취득하여 지배기업이 되었다. 지배력 취득일 현재 두 회사의 자본은 다음과 같다.

과목	㈜대한	㈜서울
자본금	₩450,000	₩135,000
자본잉여금	90,000	45,000
이익잉여금	180,000	67,500
합계	₩720,000	₩247,500

34 ㈜대한은 ㈜서울의 발행주식을 200,000원에 취득하였다. ㈜서울의 순자산장부금액과 공정가치는 일치한다. 취득일 현재 연결재무상태표에 표시될 영업권 또는 염가매수차익은 얼마인가?

① 영업권 20,000원   ② 영업권 47,500원

③ 염가매수차익 47,500원   ④ 영업권 67,500원

⑤ 염가매수차익 67,500원

35 ㈜대한이 취득한 ㈜서울의 발행주식 취득원가는 247,500원이고, ㈜서울의 순자산공정가치가 200,000원일 때, 취득일 현재 연결재무상태표에 표시될 영업권 또는 염가매수차익은 얼마인가?

① 없음

② 영업권 47,500원

③ 염가매수차익 47,500원

④ 영업권 107,500원

⑤ 염가매수차익 107,500원

36 ㈜대한이 취득한 ㈜서울의 발행주식 취득원가는 200,000원이고, ㈜서울의 순자산장부금액과 공정가치가 일치할 때, 취득일 현재 연결재무상태표에 표시될 자본은 얼마인가?

① 672,500원   ② 720,000원

③ 767,500원   ④ 967,500원

⑤ 1,015,000원

甲회사는 20X1.01.01.에 乙회사의 발행주식 70%를 90,000원에 취득하여 지배기업이 되었다. 지배력 취득일 현재 두 회사의 재무상태표는 다음과 같다.

과목	甲회사	乙회사
자산	₩500,000	₩300,000
부채	200,000	200,000
자본	300,000	100,000

37 乙회사의 자산부채의 공정가치가 장부금액과 일치할 때, 취득일 현재 연결재무상태표의 자산총계는 얼마인가?

① 520,000원
② 710,000원
③ 730,000원
④ 800,000원
⑤ 820,000원

38 乙회사의 자산 중 토지의 공정가치가 장부금액을 10,000원 초과하는 것 이외에 다른 자산과 부채의 공정가치는 장부금액과 일치한다. 20X1.01.01. 연결재무상태표의 자산총계는 얼마인가?

① 707,000원
② 733,000원
③ 887,000원
④ 900,000원
⑤ 913,000원

39 ㈜한국은 20X1.01.01. ㈜미국의 의결권 있는 주식의 80%를 취득하여 지배기업이 되었다. 다음 자료를 참조하여 20X1.12.31. 지분법 적용 후 지배기업 당기순이익을 구하면?

• ㈜한국의 당기순이익	400,000원
• 당기 영업권 상각금액	20,000원
• ㈜미국의 당기순이익	200,000원

① 380,000원
② 400,000원
③ 540,000원
④ 560,000원
⑤ 600,000원

40 ㈜제주는 20X1.01.01.에 ㈜한라의 발행주식 80%를 210,000원에 취득하여 지배기업이 되었다. ㈜한라의 순자산공정가치가 장부금액과 일치할 때, 취득일 연결재무상태표에 표시될 자본은 얼마인가? 지배력 취득일 현재 두 회사의 자본은 다음과 같다.

과목	㈜백두	㈜한라
자본금	₩800,000	₩200,000
자본잉여금	200,000	40,000
이익잉여금	600,000	60,000
합계	₩1,600,000	₩300,000

① 1,600,000원
② 1,630,000원
③ 1,660,000원
④ 1,690,000원
⑤ 1,900,000원

41 다음 연결재무제표 작성에 관한 설명 중 바르지 못한 것은?

① 연결당기순이익에는 지배기업지분순이익이 표시되고 비지배지분순이익은 표시되지 않는다.
② 지방자치단체가 자본의 50% 이상을 출자한 기업은 연결재무제표를 작성하지 않아도 된다.
③ 종속기업이 법원으로부터 회생절차 개시결정을 받았더라도 연결재무제표를 작성해야 한다.
④ 연결조정사항은 지배기업이나 종속기업의 개별재무제표에 직접 표시되지 않는다.
⑤ 지배기업과 종속기업의 보고기간종료일 차이가 3개월 이내라면 종속기업은 지배기업 보고기간 종료일을 기준으로 재무제표를 추가로 작성하지 않아도 된다.

42 ㈜백두는 20X1.01.01.에 ㈜한라의 발행주식 60%를 25,000원에 취득하여 지배기업이 되었다. ㈜한라의 순자산공정가치가 장부금액과 일치한다. 20X1년 말 ㈜백두의 당기순이익은 20,000원이고 ㈜한라의 당기순이익은 10,000원이다. 지배력 취득일 현재 두 회사의 자본은 다음과 같다. 20X1년 말 연결재무상태표에 표시될 이익잉여금은 얼마인가? (영업권은 5년 정액 상각한다.)

과목	㈜백두	㈜한라
자본금	₩125,000	₩30,000
이익잉여금	75,000	5,000
합계	₩200,000	₩35,000

① 75,000원
② 79,000원
③ 95,000원
④ 98,200원
⑤ 99,000원

43 다음 중 내부거래가 있는 경우 연결재무제표에 대한 설명으로 바르지 못한 것은?

① 내부거래로 인한 자산이 모두 외부로 판매된 경우에는 내부거래에서 발생한 수익과 비용만 제거하면 된다.

② 내부거래로 인한 자산이 모두 외부로 판매되지 않고 일부 연결실체 내에 남아 있는 경우에는 미실현손익을 제거해야 한다.

③ 회계연도 중에 지배력을 취득한 경우 취득일 전에 있었던 내부거래도 제거해야 한다.

④ 내부거래로 인한 미실현손실이 손상차손에서 비롯된 경우에는 당해 미실현손실은 제거하지 않는다.

⑤ 내부거래로 인한 미실현이익은 반드시 제거해야 한다.

44 ㈜부산은 20X1년 초에 ㈜울산의 주식 80%를 10,000,000원에 취득하고 지배력을 획득하면서 동사가 보유 중인 장부금액 200,000원(잔존내용연수 5년, 잔존가치 0, 정액법 상각)의 기계장치를 ㈜울산에게 240,000원에 처분하였다. ㈜울산은 20X1년 말 현재 당해 기계장치를 사용하고 있다. 20X1년 말 두 기업의 개별재무제표상 기계장치 관련 사항은 다음과 같다. 20X1년 말 연결재무제표에 표시될 기계장치 장부금액은 얼마인가?

구분	㈜부산	㈜울산
기계장치 장부금액	900,000원	400,000원

① 1,200,000원　　　　　　　　　② 1,260,000원

③ 1,268,000원　　　　　　　　　④ 1,300,000원

⑤ 1,360,000원

45 리스에 대한 설명으로 바르지 못한 것은?

① 리스기간 종료 시 또는 그 이전에 리스자산의 소유권이 무상으로 리스이용자에게 이전되더라도 금융리스로 분류한다.

② 운용리스에서 최소리스료는 보증잔존가치를 제외한 것으로 다른 체계적 인식기준이 없다면 리스기간에 걸쳐 균등하게 배분된 금액을 비용으로 인식한다.

③ 운용리스 제공자는 리스자산을 판매한 것이 아니므로 운용리스계약으로 인한 매출을 인식하지 않는다.

④ 금융리스에서 리스이용자의 최소리스료와 무보증잔존가치의 합계액을 내재이자율로 할인한 금액은 리스자산 공정가치와 리스개설직접원가의 합계액과 같고, 이 금액이 리스제공자의 금융리스채권이 된다.

⑤ 리스이용자는 최소리스료의 현재가치와 리스자산 공정가치 중 큰 금액을 금융리스자산과 금융리스부채로 각각 인식한다.

[46~48]

甲회사는 20X1년 초에 乙회사로부터 공정가치 1,000,000원, 내용연수 5년, 추정잔존가치 200,000원인 기계장치를 4년간 리스하였다. 리스기간 종료 후 리스자산은 반환하되 잔존가치 50,000원을 전액 보증하였다. 리스료는 매년 말 230,000원씩 지급하며 이 중 10,000원은 화재보험료이다. 乙회사의 내재이자율은 4%이고 甲회사의 증분차입이자율은 6%이며 甲회사는 두 이자율을 모두 알고 있다. [연금현가계수(4년, 4%) = 3.6299, 연금현가계수(4년, 6%) = 3.4651, 현가계수(4년, 4%) = 0.8548, 현가계수(4년, 6%) = 0.7921]

46 리스실행일인 20X1년 초 甲회사가 계상해야 할 금융리스부채액은 얼마인가?

① 800,000원
② 801,927원
③ 836,578원
④ 841,318원
⑤ 877,617원

47 리스이용자인 甲회사가 20X1년 말 인식해야 할 금융리스부채상환액은 얼마인가?

① 186,347원
② 193,801원
③ 196,347원
④ 220,000원
⑤ 230,000원

48 리스이용자인 甲회사가 20X1년 말 인식해야 할 감가상각비는 얼마인가? (근사치 선택)

① 158,264원
② 160,000원
③ 160,330원
④ 197,830원
⑤ 200,000원

49 한국의 甲회사는 20X1.10.01.에 미국 회사 USA로부터 A상품을 수입하고 대금 $10,000는 20X2.01.31.에 지급하기로 하였다. 또한 甲회사는 20X1.10.01.에 싱가포르에 있는 SGP에 B상품을 수출하고 대금 $15,000는 20X2.03.31.에 수령하기로 하였다. 대금결제는 모두 US Dollar이다. 회사는 20X1년 초 보유하고 있는 외화가 없으며 차입에 따른 이자비용은 없다고 가정한다. 일자별 USD/KRW 대고객 매수율(BID)과 매도율(ASK)은 다음과 같다. 甲회사의 외화환산 회계처리에 대한 설명 중 바르지 못한 것은?

일자	매수율(bid)	매도율(ask)
20X1.10.01.	1,140.00	1,150.00
20X1.12.31.	1,110.00	1,120.00
20X2.01.31.	1,120.00	1,130.00
20X2.03.01.	1,090.00	1,100.00

① 상품A에 대하여 20X1년 말 외화환산이익 300,000원이 인식된다.

② 상품B에 대하여 20X1년 말 외화환산손실 450,000원이 인식된다.

③ 상품A에 대하여 20X2.01.31. 외환차손 100,000원이 인식된다.

④ 상품B에 대하여 20X2.03.31. 외환차손 300,000원이 인식된다.

⑤ 상품B에 대하여 20X1.10.01. 매출채권 17,250,000원이 인식된다.

50 20X1.10.01.에 한국의 甲회사는 미국에 소재하는 토지를 $10,000에 현금 취득하였다. 그러나 회사 사정으로 인하여 당해 토지를 20X2.03.31.에 $13,000에 매각하였다. 결산일인 20X1.12.31. 현재 토지의 공정가치는 $12,000이다. 일자별 환율이 다음과 같을 때 토지 매각으로 인한 처분이익은 얼마인가? (회사는 토지에 대하여 재평가모형을 적용하고 있다.)

일자	환율(USD/KRW)
20X1.10.01.	1,140.00
20X1.12.31.	1,110.00
20X2.03.31.	1,120.00

① 1,240,000원   ② 1,920,000원

③ 2,040,000원   ④ 3,160,000원

⑤ 3,240,000원

51 다음 중 회화거래 환산 시 '역사적환율'이 적용되는 비화폐성항목에 해당하는 것은?

① 매출채권 ② 영업권
③ 장기부채 ④ 충당부채
⑤ 사채

52 미국에 소재한 ABC회사의 20X1년 재고자산 및 환율(USD/KRW) 관련 자료는 다음과 같으며 이를 원화 재무제표로 환산하고자 한다. 현행환율법으로 환산할 때 매출총이익은 얼마인가? (매출액은 $20,000이다.)

재고자산 관련		환율변동내역	
• 기초재고자산	$2,000	• 기초재고자산 매입시점	₩1,100.00
• 당기매입	$5,000	• 기말재고자산 매입시점	₩1,120.00
• 기말재고	$1,000	• 연평균환율	₩1,080.00
		• 회계연도 말	₩1,110.00

① 14,910,000원 ② 14,940,000원
③ 15,120,000원 ④ 15,350,000원
⑤ 15,500,000원

53 다음 중 법인세회계에 대한 설명으로 바르지 못한 것은?

① 법인세비용계산 시 이연법인세자산·부채는 현재가치로 할인하지 않는다.
② 이연법인세자산·부채를 측정할 때에는 일시적 차이가 소멸할 것으로 예상되는 기간의 과세소득에 적용될 예상 평균세율을 적용한다.
③ 이연법인세자산은 차감할 일시적 차이를 활용할 만큼 미래기간 과세소득이 충분하여 이를 활용할 가능성이 있을 때 인식한다.
④ 이연법인세자산의 실현 가능성은 보고기간 말 매번 검토해야 한다.
⑤ 이연법인세자산의 실현 가능성에 대한 판단근거는 주석으로 공시해야 한다.

54 甲회사는 20X1년 초에 토지를 200,000원에 취득하고 재평가모형을 적용한다. 회사의 법인세율은 당기에 30%, 차기부터는 20%로 예상된다. 20X1년 말 토지의 공정가치는 150,000원이다. 토지의 재평가손익에 대한 법인세효과를 고려할 때 당기에 납부해야 할 법인세는 얼마인가?

① 30,000원   ② 45,000원

③ 50,000원   ④ 60,000원

⑤ 70,000원

55 甲회사는 20X1년 초에 설립되었고 당해 세무조정자료는 다음과 같다. 당기 세율은 30%이고, 차기부터 세법 개정으로 세율은 20%가 적용된다. 이 경우 당기 손익계산서에 인식될 법인세비용은 얼마인가? (세법상 감가상각비 500,000원, 접대비는 200,000원이 한도이다.)

회계이익		1,000,000
세무조정	감가상각비	750,000
	접대비한도	300,000
	비과세이자수익	50,000

① 340,000원   ② 370,000원

③ 390,000원   ④ 420,000원

⑤ 450,000원

56 甲회사는 20X1.03.01.에 자기주식을 100,000원 취득하고 20X1년 말에 공정가치 120,000원에 처분하였다. 법인세율이 20%일 때 바르지 못한 설명은?

① 자본잉여금에 표시될 자기주식처분이익은 20,000원이다.

② 자기주식처분에 따른 법인세효과는 4,000원이다.

③ 자기주식처분으로 인한 포괄손익에 변화는 없다.

④ 자기주식처분거래로 인한 법인세효과는 기간 내 배분에 해당한다.

⑤ 자기주식처분으로 인하여 기말자본은 기초대비 16,000원 증가한다.

57 건설형 공사계약의 진행률 산정 시 발생원가에서 제외되는 항목이 아닌 것은?

① 토지의 취득원가

② 이주대여비 관련 순이자비용

③ 추정공사손실

④ 당해 공사를 위하여 특별히 제작되어 공사에 투입되었으나 아직 설치되지 않은 재료원가

⑤ 자본화대상 금융비용

58 甲건설은 20X1년 총계약금 700,000원의 신축공사를 수주하여 20X3년에 완공하였다. 연도별 원가정보가 다음과 같을 때 20X2년에 인식할 공사손익은 얼마인가?

(단위 : 원)

구분	20X1년	20X2년	20X3년
당기발생원가	280,000	350,000	140,000
총예정공사원가	700,000	900,000	770,000

① 0원

② 공사이익 70,000원

③ 공사손실 70,000원

④ 공사이익 200,000원

⑤ 공사손실 200,000원

59 20X1년 甲건설은 5,000,000원의 공사를 수주하여 20X3년 말 완공할 예정이다. 회사는 공사완공 후 3년간 하자보수이행의무를 부담하기로 하였으며, 하자보수비용은 200,000원이 소요될 것으로 추정하였다. 하자보수비용을 제외한 공사원가 자료가 다음과 같을 때 20X3년도에 인식할 당기공사이익은 얼마인가?

(단위 : 원)

구분	20X1년	20X2년	20X3년
실제누적발생원가	800,000	1,000,000	2,000,000
총예정공사원가	2,000,000	2,000,000	–

① 0원   ② 300,000원

③ 1,200,000원   ④ 1,300,000원

⑤ 1,500,000원

01	02	03	04	05	06	07	08	09	10
①	①	④	③	②	③	⑤	⑤	③	③
11	12	13	14	15	16	17	18	19	20
④	⑤	③	②	③	①	④	⑤	①	①
21	22	23	24	25	26	27	28	29	30
③	①	①	③	②	④	③	②	②	⑤
31	32	33	34	35	36	37	38	39	40
④	④	⑤	①	④	③	④	③	②	①
41	42	43	44	45	46	47	48	49	50
④	⑤	④	③	⑤	④	②	④	②	⑤
51	52	53	54	55	56	57	58	59	
②	④	①	⑤	①	①	②	③	②	

01 역선택 문제의 근본원인은 내부정보이용자와 외부정보이용자 간의 정보불균형이다. 이를 해소하기 위해서는 외부 정보이용자에게 신뢰성 있는 정보를 적시에 제공해야 한다.

02 상장기업이 비상장중소기업을 종속기업으로 편입한 경우에 종속기업은 의무적으로 K-IFRS를 적용해야 한다.

03 경제적 효익에 대한 지배력은 법적 권리에 근거하지만 법적 권리의 존재 유무가 자산성을 결정짓는 절대적 기준은 아니다. 법적 권리가 없어도 자산의 정의를 충족할 수 있다. 예를 들어 금융리스자산의 경우 해당 자산 소유권은 리스회사에 있지만 리스이용자는 이를 자산으로 처리한다.

04

매출액	₩157,000,000
매출원가	85,000,000
판매및일반관리비	35,900,000
대손상각비	7,300,000
감가상각비	9,500,000
연구개발비	15,800,000
접대비	3,300,000
영업이익	36,100,000
영업외비용	15,800,000
이자비용	12,800,000
기부금	3,000,000
당기순이익	20,300,000

05 • 보충법 : 매출채권 잔액의 4%를 회수 불가능한 것으로 추정하므로 200,000원의 대손이 예상된다. 그러나 대손충당금 잔액이 150,000원 있으므로 50,000원을 추가로 대손상각비 과목으로 대손충당금을 설정한다.

- 연령분석법 : 각 연령별 매출채권의 대손율을 따로 적용하여 대손 추산액을 산정한다.

$$2,000,000 \times 1\% + 1,500,000 \times 2\% + 1,000,000 \times 3\% + 1,000,000 \times 4\% = 100,000원$$

대손충당금잔액이 대손 추산액보다 크므로 추가로 인식할 대손상각비는 없고 잔액 50,000원을 환입한다.

06

매출채권			
기초	180,000	회수	150,000
		대손확정	10,000
외상매출	180,000	기말	200,000

대손충당금			
대손확정	10,000	기초	50,000
		회수	–
기말	80,000	설정	40,000

20X2년 당해 신규로 인식할 대손상각비는 40,000원이다.

07 재고자산 취득원가 결정 시 제조원가 중 고정제조간접원가는 실제조업도가 정상조업도보다 높은 경우 실제조업도를 기준으로 배부해야 재고자산이 실제원가를 잘 반영한다.

08 법인세비용이 크게 계상되기 위해서는 법인세차감전순이익의 규모가 커야 하므로 매출원가가 가장 작게 계상되는 방법을 찾으면 된다. 인플레이션 상황이므로 기간의 초기에 매입한 재고의 단가가 가장 낮아 매출원가가 작게 계상될 것이다. 따라서 선입선출법을 적용할 때 법인세비용이 가장 크게 계상될 것이다.

09 판매된 재고는 모두 기초재고이므로 기초재고자산의 단가를 적용하여 매출원가를 결정한다.

기초재고단가 = 500,000원 ÷ 5,000개 = 100원

매출원가 = 4,500개 × 100원 = 450,000원

따라서 기말재고금액 = 1,310,000 − 450,000 = 860,000원

10 매출원가 포함되는 항목은 정상감모손실과 재고자산평가손실이다.

재고자산			
기초재고	4,000개 × 130원 = 520,000원	매출원가	4,000개 × 130원 = 520,000원
			1,000개 × 160원 = 160,000원
		정상감모손실	50개 × 160원 = 8,000원
		비정상감모	150개 × 160원 = 24,000원
		재고자산평가손실	800개 × 20원 = 16,000원
당기매입	2,000개 × 160원 = 320,000	기말재고	800개 × 140원 = 112,000원

비정상감모는 영업외비용으로 처리하고, 재고자산평가손실 16,000원은 매출원가에 반영하고 재고자산평가충당금을 설정하여 재고자산 차감계정으로 표시한다.

부분재무상태표	
재고자산	128,000
재고자산평가충당금	(16,000)
	112,000

만일 순실현가능가치 회복으로 재고자산평가충당금을 환입하는 경우에는 해당 금액만큼 매출원가를 감소시킨다.

11 시장성을 상실한 단기매매증권을 매도가능증권으로 재분류할 경우 분류변경일 현재의 공정가치를 새로운 취득원가로 한다. 이때 분류변경일까지 미실현보유손익(단기매매증권평가이익 또는 단기매매증권평가손실)은 단기매매증권으로 분류한 때의 손익이므로 당기손익(영업외손익)으로 인식한다. 그 이유는 본래 단기매매증권을 취득한 이후 후속측정을 공정가치로 함으로써 평가손익이 발생하는데, 비록 평가손익이 미실현손익이지만 단기매매증권은 단기에 처분되어 실현될 것이므로 당기손익으로 인식한다.

12 매도가능증권과 관련한 문제의 핵심은 평가손익이 모두 기타포괄손익누계액으로 분류되어 미실현손익으로 존재한다는 점이다. 즉 누계액으로 존재하므로 평가이익과 평가손실은 매도가능증권처분 전까지는 상계처리가 된다. 그리고 평가손익 잔액은 처분 시 처분이익에 가감하여 기타포괄손익에 남아 있는 금액을 제거하게 된다. 따라서 매도가능증권처분이익은 ₩300이 아니라 ₩500이다. ※ 간단히 처분가액에서 취득원가를 차감해서 계산해도 된다.

(20X1년 초)	매도가능증권	10,000	현 금		10,000
(20X1년 말)	매도가능증권평가손실	400	매도가능증권		400
(20X2년 말)	매도가능증권	600	매도가능증권평가손실		400
			매도가능증권평가이익		200
(처분시점)	현 금	10,500	매도가능증권		10,200
	매도가능증권평가이익	200	매도가능증권처분이익		500

13 Ⅰ. 유형자산 매입을 위하여 차입한 자금의 이자비용은 취득원가에 가산한다.
Ⅱ. 건물신축을 위하여 토지를 취득한 후 건물을 철거하는 데 발생한 순철거비용은 토지의 취득원가에 포함한다.
Ⅲ. 유형자산의 취득, 건설 등에 따른 복구원가에 대한 충당부채는 유형자산을 취득하는 시점에 취득원가에 가산한다.
Ⅳ. 유형자산의 잔존가치를 변경하는 경우 회계추정의 변경으로 회계처리한다.
Ⅴ. 유형자산의 감가상각방법 중 절세효과가 가장 큰 방법은 정률법이다.

14 토지는 원가모형, 건물은 재평가모형으로 다르게 적용할 수는 없고 동일한 기준을 적용해야 한다.

15

재무상태표(20X1년 말)

자산		자본	
토 지	85,000	이익잉여금	△5,000

유형자산재평가손실로 당기순이익이 감소하여 자본(이익잉여금)이 ₩15,000 감소하였으므로 잔액은 (₩5,000)이다.

재무상태표(20X2년 말)

자산		자본	
토 지	110,000	이익잉여금	10,000
		기타포괄손익누계액	10,000

유형자산재평가이익이 ₩25,000 발생했으므로 기인식했던 재평가손실 ₩15,000만큼 당기손익으로 인식하고 초과금액 ₩10,000은 기타포괄손익으로 인식한다. 따라서 이익잉여금은 ₩10,000으로 회복되고 기타포괄손익누계액이 ₩10,000 증가한다.

16 감가상각비 = (300,000 − 50,000)/5년 = 50,000원,
20X1.12.31. 회수 가능액 = Max[220,000원, 210,000원] = 220,000원
손상차손 = 장부금액 − 회수 가능액 = (300,000원 − 50,000원) − 220,000원 = 30,000원

17 무형자산의 식별 가능성은 계약상 권리 또는 법적 권리로써 기업으로부터 분리 가능해야 하지만 그러한 권리가 이전 가능한지 여부는 고려대상이 아니다.

18 Ⅳ. 선수금은 향후 '현금 또는 금융자산'이 아닌 용역 또는 재화를 제공해야 할 의무를 부담하므로 금융부채가 아니다.
Ⅴ. 미지급법인세는 '계약상 의무'가 아니라 법률에 의하여 발생하는 의무이다.
Ⅵ. 제품보증충당부채도 향후 '현금 또는 금융자산'이 아닌 용역 또는 재화를 제공해야 할 의무를 부담하므로 금융부채가 아니다.

19 20X1년 말 미지급된 이자비용은 미지급비용으로 존재하다가 회계기간 종료와 동시에 확정된 채무로써 미지급금으로 대체된다.

(20X1.12.31) 이자비용 100,000 | 미지급비용 100,000
(20X2.01.01) 미지급비용 100,000 | 미지급금 100,000

20 사채를 할인발행하는 경우는 표시이자율보다 시장이자율이 높은 상태이므로 유효이자가 현금지급이자보다 크다. 그 차이가 할인발행차금이다. 다시 말하면, 이자비용으로 인식되는 유효이자는 현금지급이자와 할인발행차금상각액의 합계액과 같다.

21

$$발행가격 = \frac{400}{1.06} + \frac{400}{1.06^2} + \frac{10,400}{1.06^3} = 9,465원$$

구분	유효이자(6%)	액면이자(5%)	할인차금상각	장부금액
20X1.01.01.				9,465
20X1.12.31.	568	400	168	9,633
20X2.12.31.	578	400	178	9,811
20X3.12.31.	589	400	189	10,000

사채상환가격은 사채 미래현금흐름을 상환 당시 현행 시장이자율로 할인한 현재가치이다.
발행당시 시장이자율보다 상환시점 시장이자율이 더 높기 때문에 사채상환이익이 발생한다.

$$상환가격 = \frac{10,400}{1.08} = 9,630원$$

따라서 장부금액 9,811원의 사채를 9,630원에 상환했으므로 사채상환이익 181원이 인식된다.

$$사채상환이익 = 9,811원 - 9,630원 = 181원$$

사채상환에 따라 사채를 제거하는 분개를 할 때 차금상각액 잔액도 같이 제거해야 한다.

사 채 10,000 | 현 금 9,630
사채할인차금상각 189
사채상환이익 181

22 甲회사는 토지의 장부금액 44,000원을 제거하고 공정가치 46,000원과의 차액 2,000원은 처분이익으로 인식한다. 또한 채무금액 50,000원과 토지공정가치 차액 4,000원은 채무조정이익으로 인식한다.

甲회사의 회계처리 차입금 50,000 | 토 지 44,000
토지저분이익 2,000
채무조정이익 4,000

A은행은 대출채권에 대해 10%의 대손충당금을 설정하고 있으므로 대손충당금은 5,000원이 있다. 따라서 토지의 공정가치와 대출채권의 차액 4,000원은 대손충당금과 우선상계하고 부족한 경우 대손상각비를 추가로 인식한다. 본 문제에서는 대손충당금이 충분하므로 인식할 대손상각비는 없다.

A은행의 회계처리 토 지 46,000 | 대출채권 50,000
대손충당금 4,000

23 Ⅲ. 수선유지비는 충당부채가 아니다. 따라서 발생 즉시 비용으로 인식한다.
Ⅴ. 별도의 회계처리가 필요없다.

24

퇴직급여충당부채			
지급금액	400,000원	기초잔액	500,000원
기말잔액	800,000원	당기설정액	700,000원

제조원가 포함금액 = 700,000원 × 60% = 420,000원

25 자본거래의 결과로 증가하는 자본은 주주에게 배당할 수 없고 자본전입이나 결손보전의 목적으로만 활용할 수 있다. 그리고 무상감자를 하면 그 금액만큼 감자차익이 인식되므로 자본 총계에는 변동이 없다.

26 상품권은 판매한 시점이 아닌 상품권을 회수하고 재화를 인도하는 시점에 수익을 인식한다.

27 이 문제의 핵심은 전환사채의 전환권행사에 따른 전환간주일을 언제로 판단하느냐이다.
첫째. 당기 중 발행된 전환사채의 경우 발행조건상 전환간주일이 기초라 하더라도 발행일을 전환간주일로 본다.
둘째. 당기 이전에 발행된 전환사채의 경우 발행조건상 전환간주일에 전환된 것으로 본다.
따라서, 본 문제의 전환사채는 당기 중 발행되었으므로 발행을 전환간주일로 하여야 한다. 즉 전환권 행사일이 아닌 07.01.에 전환된 것으로 본다.

$$가중평균유통보통주식수 = (10,000 + 4,000) \times \frac{12}{12} + (3,000 + 1,200 + 2,000 + 800) \times \frac{6}{12} = 17,500주$$

$$기본주당계속사업이익 = \frac{17,000,000 - 280,000 - 400,000}{17,500주} = 933원$$

28 〈정률법〉

일자	감가상각누계액	감가상각비	장부금액
20X1.01.01.			2,000,000
20X1.12.31.	902,000	902,000	1,098,000
20X2.12.31.	1,397,198	495,198	602,802

〈정액법〉 감가상각대상금액 = 602,802 - 100,000 = 502,802원

일자	감가상각누계액	감가상각비	장부금액
20X3.12.31.	1,564,799	167,601	435,201
20X4.12.31.	1,732,400	167,601	267,600
20X5.12.31.	1,900,000	167,600	100,000

※ 20X5년 말은 잔존가치를 맞추기 위하여 감가상각비 단수를 조정함

29 회계기준을 위반했고 그 금액이 중요성 기준보다 크므로 한정의견이 표명된다. 만일 해당 금액이 매우 중요하다면 부적정의견이 표명될 것이다.

30 합병 후 甲회사의 순자산(자본)은 6,000원 증가한다.

(합병분개)　자　산　12,000　｜　부　채　　　　6,500
　　　　　　　영업권　　500　　　자본금　　　4,000
　　　　　　　　　　　　　　　　자본잉여금　2,000

자본금은 발행한 지분증권의 액면가로 인식하므로 40주 × 100원 = 4,000원이고, 자본잉여금은 주식발행초과금에 해당하는 금액으로 지분증권의 공정가치 6,000원(= 40주 × 150원)과 액면가치 4,000원(= 40주 × 100원)의 차액인 2,000원이다. 그리고 이전대가의 공정가치와 피합병기업의 순자산공정가치(자산과 부채의 공정가치 순액)와의 차액은 영업권으로 인식한다.

31
$$\text{(합병분개)} \quad \text{자 산} \quad 96,000 \mid \text{부 채} \quad 24,000$$
$$\text{자본금} \quad 50,000$$
$$\text{자본잉여금} \quad 10,000$$
$$\text{염가매수차익} \quad 12,000$$

자본금 = 50주 × 1,000원 = 50,000원
자본잉여금 = 50주(1,200원 − 1,000원) = 10,000원
염가매수차익 = 순자산공정가치 − 이전대가의 공정가치 = 72,000원 − 60,000원 = 12,000원
염가매수차익은 이익잉여금에 표시되므로 이익잉여금 = 14,000 + 12,000 = 26,000원이다.
자본잉여금은 4,000원 + 10,000원 = 14,000원이다.

32 취득자는 피취득자가 재무제표에 인식하지 않은 자산·부채라 하더라도 취득자 입장에서 식별 가능하다면 취득자산과 인수부채로 인식할 수 있다.

33 법규나 약정에 의하여 재무정책과 영업정책을 결정할 수 있는 능력이 있으면 그 자체로 지배력을 획득한 것으로 본다. 그러한 능력을 사용할 의도가 있었는지 또는 행사하였는지 여부는 고려 대상이 아니다.

34 ① 투자주식과 상계제거 되는 것은 ㈜일본의 순자산공정가치이다. 투자주식이 3,000원이고 ㈜일본의 순자산공정가치는 토지의 장부금액을 초과하는 공정가치 500원이 포함된 3,000원 이므로 영업권은 인식되지 않는다. 취득일 합병분개는 다음과 같다.

$$\text{자본금} \quad 1,750 \mid \text{투자주식} \quad 3,000$$
$$\text{이익잉여금} \quad 750$$
$$\text{비유동자산} \quad 500$$

② ㈜한국의 유동자산은 지분취득으로 3,000원이 감소하므로 9,500원이다. 따라서 연결 후 유동자산은 9,500원 + 1,500원 = 11,000원이다.
③ 연결 후 비유동자산은 공정가치를 반영하여 합산하면 37,500원 + 2,750원 = 40,250원이다.

35 乙회사의 순자산공정가치가 12,000원이므로 80%는 9,600원이다. 지분 80%의 취득원가는 9,000원이므로 차액 600원은 염가매수차익이 된다. 비지배지분은 12,000 × 20% = 2,4000원이다.
연결조정분개를 나타내면 다음과 같다.

$$\text{자본금} \quad 7,000 \mid \text{투자주식} \quad 9,000$$
$$\text{이익잉여금} \quad 3,000 \mid \text{비지배지분} \quad 2,400$$
$$\text{비유동자산} \quad 2,000 \mid \text{염가매수차익} \quad 600$$

36 공정가치가 500,000원인 순자산을 450,000원에 취득하였으므로 염가매수차익 50,000원이 인식된다. 염가매수차익은 연결재무상태표의 이익잉여금에 반영되므로 연결이익잉여금은 420,000원 + 50,000원 = 470,000원이다.

37 비지배지분이 존재하고 염가매수차익을 인식한 경우 연결재무상태표의 자본은 지배기업 자본에 염가매수차익과 비지배지분을 합산한 금액과 같다.

38 연결자산총액은 지배기업 자산에서 투자주식 취득으로 유출된 금액을 차감하고, 인식된 영업권금액을 더한다. 그리고 종속기업의 자산을 공정가치로 합산한다. 그러면 다음과 같다.
연결자산총액 = (400,000 − 45,000 + 5,400) + (100,000 + 4,000) = 464,400원

39 영업권 = 42,000 − (50,000 × 80%) = 2,000원, 영업권상각비 = 2,000/5년 = 400원
지배기업의 지분법이익 = 10,000 × 80% − 400원 = 7,600원
지분법 적용 후 지배기업 개별당기순이익 = 20,000 + 7,600 = 27,600원(지배기업지분순이익)

비지배지분순이익 = 10,000×20% = 2,000원, 연결당기순이익 = 27,600 + 2,000 = 29,600원
연결당기순이익은 영업권상각액을 차감한 지배기업의 당기순이익과 종속기업당기순이익을 합산한 값과 같다. 연결당기순이익 = 20,000 − 400 + 10,000 = 29,600원

40 내부거래미실현이익이 존재하므로 수익(매출)과 비용(매출원가)의 상계제거뿐만 아니라 미실현이익을 제거한다. 매출원가를 증가시켜 매출총이익을 감소시키고 기말재고는 감소시킨다.
내부미실현이익 = 600,000×40%×30% + 180,000×45%×30% = 96,300원
매출액 = 3,600,000 + 1,200,000 − 600,000 − 180,000 = 4,020,000원
매출원가 = 2,160,000 + 660,000 − 180,000 − 600,000 + 96,300 = 2,136,300원
기말재고 = 480,000 + 120,000 − 96,300 = 503,700원

41 비지배순이익은 종속기업에 존재하므로 종속기업순이익에서 내부거래미실현이익을 제거한 후 비지배지분율을 곱하여 산출한다.
상향거래 내부미실현이익 = 40,000원×20%×30% = 2,400원
비지배지분순이익 = (20,000 − 2,400)×20% = 3,520원

42 이전대가의 공정가치가 60,000원(= 1,250원×48주)이고 취득·인수한 자산·부채의 순액이 55,000원(= 120,000원 − 65,000원)이므로 염가매수차익이 아니라 영업권 5,000원이 인식된다.

자 산	120,000	부 채	65,000
영업권	5,000	자본금	48,000
		자본잉여금	12,000

발행·교부한 주식의 액면총액은 자본금으로 인식하고 액면을 초과한 금액은 주식발행초과금의 과목으로 자본잉여금에 계상된다.

43 영업권상각비 = (500,000 − 1,500,000×30%)/5년 = 10,000원
기계 투자차액 상각비 = (100,000×30%)/5년 = 6,000원
지분법이익 = 210,000×30% − 10,000 − 6,000 = 47,000원
지분법자본변동 = (30,000)×30% = (9,000)원
기말 투자주식장부금액 = 500,000 + 47,000 − 9,000 = 538,000원

44 영업권상각액 = (190,000 − 200,000×80%)/5년 = 6,000원
지분법이익 = (종속기업 당기순이익 − 상향거래 미실현이익)×지분율 − 영업권상각액
= [20,000 − (40,000 − 30,000)×40%]×80% − 6,000 = 6,800원

45 개념체계는 일반목적 재무보고에 포괄적으로 적용되고 특수목적 보고(세무보고, 사업설명서 등)에는 적용되지 않는다.

46 거래나 사건의 형식보다 경제적 실질에 따라 회계처리를 하면 '표현의 충실성'이 확보되고 이는 신뢰성을 높이는 역할을 한다.

47 리스실행일 현재 리스이용자가 염가매수선택권을 가지더라도 이를 행사할 것이 불확실하다면 금융리스로 분류할 수 없다.

48 운용리스는 정기리스료를 균등하게 납부하므로 정기리스료는 (160,000 + 130,000×2년)/3년 = 140,000원이다. 인식한 운용리스료와 실제 지급한 현금과의 차이는 장기선급비용으로 인식된다. 따라서 20X1년 말 리스이용자가 인식할 비용은 140,000원이다. 연도별 회계처리는 다음과 같다.

(20X1년 말)	운용리스료	140,000	현 금	160,000
	장기선급비용	20,000		
	선급비용	10,000	장기선급비용	10,000
(20X2년 말)	운용리스료	140,000	현 금	130,000
			선급비용	10,000
	선급비용	10,000	장기선급비용	10,000
(20X3년 말)	운용리스료	140,000	현 금	130,000
			선급비용	10,000

※ (선급비용 XXX | 장기선급비용 XXX)은 1년 이내 실현될 장기선급비용을 유동성 항목으로 대체하는 분개이다.

49 리스이용자가 리스제공자의 내재이자율을 알고 있으므로 4%를 이용하여 금융리스부채를 계산한다. 금융리스부채는 정기리스료의 현재가치와 보증잔존가치의 현재가치 합계이다.

금융리스부채 = 50,000 × 4.4518 + 50,000 × 0.8219 = 263,685

20X1년 말 금융리스부채의 장부금액은 원금상환액을 차감한 값이므로 다음과 같다.

원금상환액 = 현금지급액 - 보험료 - 이자비용 = 51,000 - 1,000 - 263,685 × 4% = 39,453원

20X1년 말 금융리스부채의 장부금액 = 263,685 - 39,453 = 224,232원

일자	현금지급액	보험료	이자비용	리스부채상환액	리스부채잔액
20X1.01.01.					263,685
20X1.12.31.	51,000	1,000	10,547	39,453	224,232

감가상각비는 리스기간과 내용연수 중 짧은 기간으로 한다.

감가상각비 = (500,000 - 20,000)/5년 = 96,000원

50 외환차이로 발생한 외환차익과 외환차손은 서로 상계하지 않고 별도 계정과목으로 하여 당기손익에 반영한다.

51

구분	자산	부채	적용환율
화폐성항목	현금, 요구불예금, 정기예금, 매출채권 등	매입채무, 사채 등 장기부채, 각종 보증금, 충당부채 등	현행환율
비화폐성항목	영업권, 선급금, 유형자산, 재고자산, 무형자산 등	선수금, 선수수익, 품질보증서에 의한 채무 등	역사적환율 (현행환율×)

52 거래일보다 환율이 상승했으므로 수입업자는 채무가 증가한다. 일자별 회계처리는 다음과 같다.

(20X1.01.01.)	기계장치	22,000,000	매입채무	22,000,000
(20X1.12.31.)	매입채무	400,000	외화환산이익	400,000
(20X2.06.30.)	매입채무	21,600,000	현 금	22,800,000
	외환차손	1,200,000		

※ 외환차손 = (1,140원 - 1,080원) × $20,000 = 1,200,000원

53

($10,000 + $1,000) × ₩1,130 = ₩12,430,000	$10,000 × ₩1,200 = ₩12,000,000
	$1,000 × ₩1,100 = ₩1,100,000
	₩13,100,000

차변금액이 670,000원 작으므로 환산손실 670,000원이 인식된다.

54 접대비한도초과액은 법인세 기간 간 배분의 대상이 되는 일시적 차이가 아니다.

55 감가상각비한도초과액은 차감할 일시적 차이로 이연법인세자산이 인식된다. 이때 적용할 세율은 일시적 차이가 소멸되는 차기의 20%를 적용해야 한다.

$$이연법인세자산 = 50,000 \times 20\% = 10,000원$$

56 과세표준 = 100,000 − 20,000 + 30,000 = 110,000원

당기법인세부담액(당기법인세부채) = 110,000 × 30% = 33,000원, 일시적 차이로 당기에 차감한 항목은 가산할 일시적 차이로 이연법인세부채를 인식한다. 20,000 × 20% = 4,000원

따라서 법인세비용 = 33,000 + 4,000 = 37,000원이므로 당기순이익은 100,000 − 37,000 = 63,000원이다.

57 진행기준을 적용하기 위해서는 계약과 관련된 경제적 효익이 건설사업자에게 유입될 가능성이 존재하는 정도를 넘어서 그 가능성이 매우 높아야 한다.

58 당해 공사를 위하여 특별히 제작된 재료나 부품의 경우 공사에 투입이 되면 이용 또는 설치되기 전이라도 발생원가에 포함하므로 진행률은 80%이다.

구분	20X1년 말	20X2년 말	20X3년 말
누적발생원가	250,000	400,000	550,000
총공사원가추정액	500,000	500,000	550,000
진행률	50%	80%	100%
누적공사수익	500,000	800,000	1,000,000
당기공사수익	500,000	300,000	200,000
당기발생원가	250,000	150,000	150,000
당기공사이익	250,000	150,000	50,000

59

구분	20X1년 말	20X2년 말	20X3년 말
누적발생원가	40,000	210,000	400,000
총공사원가추정액	100,000	262,500	400,000
진행률	40%	80%	100%
누적공사수익	140,000	280,000	350,000
당기공사수익	140,000	140,000	70,000
당기발생원가	40,000	170,000	190,000
공사손실충당부채(환입액)	−	10,000	(10,000)
당기공사이익(손실)	100,000	(40,000)	(110,000)

제2회 실전모의고사 정답 및 해설

01	02	03	04	05	06	07	08	09	10
②	②	③	④	①	①	⑤	②	④	④
11	12	13	14	15	16	17	18	19	20
⑤	③	②	①	④	①	⑤	④	⑤	①
21	22	23	24	25	26	27	28	29	30
④	③	③	⑤	⑤	②	①	④	④	④
31	32	33	34	35	36	37	38	39	40
③	⑤	①	③	②	③	③	②	③	④
41	42	43	44	45	46	47	48	49	50
①	①	③	③	⑤	④	①	④	⑤	④
51	52	53	54	55	56	57	58	59	
②	③	③	④	①	①	④	⑤	④	

01 우리나라의 일반적으로 인정된 회계원칙(GAAP)은 한국채택국제회계기준과 일반기업회계기준, 그리고 중소기업회계기준 삼원체제이다.

02 중간지배기업은 최상위 지배기업이 연결재무제표를 작성하므로 연결재무제표를 작성하지 않아도 되지만 금융회사인 중간지배기업은 연결재무제표를 작성해야 한다. 따라서 상장기업 A사는 국제회계기준을 적용해야 하고 연결자회사인 B사도 국제회계기준을 적용해야 한다.
결국 B사의 연결대상인 C사도 국제회계기준을 적용해야 한다.

03 중립성은 재무정보의 선택과 표시에 편의(bias)가 없는 것으로 회계추정 시 '추정의 신중성'이 확보되어야 한다.
※ 추정의 신중성 : 불확실한 상황에서 자산·수익이 과대 계상되지 않고 부채·비용이 과소 계상되지 않는 것을 의미한다.
※ 보수주의 : 불확실한 상황에서 자산·수익은 과소 계상하고 부채·비용은 과대 계상하는 것을 말한다.

04 중소기업 회계처리에 의하면 유형자산과 무형자산의 '내용연수 및 잔존가치의 결정'은 법인세법을 따를 수 있다. 즉 감가상각은 일반회계기준에 따라 실시해야 한다.

05

대손충당금				매출채권			
대손확정	70,000	기초	300,000	기초	500,000	회수	360,000
		회수	–			대손확정	70,000
기말	280,000	설정	50,000	외상매출	600,000	기말	670,000

당기 대손확정액 = (기초)300,000 + (당기설정)50,000 - (기말)280,000 = 70,000원
당기 매출채권회수액 = (기초)500,000 + (당기발생)600,000 - (기말)670,000 - (대손)70,000
　　　　　　　　　 = 360,000원

06 연령분석표로 계산된 대손추산액은 478,000원은 20X2년의 기초 대손충당금이 된다. 기말은 도래하지 않았으므로 미확정이다. 따라서 대손충당금 설정금액은 300,000원이다.

20X2.01.20. 현재 대손충당금			
대손확정	600,000	기초	478,000
		회수	–
기말	–	설정	122,000

07 실지재고조사법은 장부상 재고수량을 알 수 없다. 장부상 재고수량을 계속기록법에 의하여 파악된다.

08

재고자산					
	수정 전	수정 후		수정 전	수정 후
기초재고	150,000	110,000	매출원가	550,000	550,000
당기매입	750,000	750,000	기말재고	350,000	310,000

수정 후 매출원가 = (150,000 − 40,000) + 750,000 − (350,000 − 70,000 + 30,000) = 550,000원
매출총이익 = 1,000,000 − 550,000 = 450,000원

09

재고자산		
기초재고	1,000개 × ₩500 = ₩500,000	매출원가 1,000개 × ₩500 = 500,000
		500개 × ₩400 = 200,000
		정상감모 300개 × ₩400 = 120,000
		비정상감모 200개 × ₩400 = 80,000
당기매입	2,000개 × ₩400 = ₩800,000	재고평가손실 1,000개 × ₩ 50 = 50,000
		기말재고 1,000개 × ₩350 = 350,000

매출원가에는 정상감모와 재고자산평가손실이 포함되므로 870,000원이다.

10 기말상품과 재공품은 취득원가와 순실현가능가치 중 작은 금액으로 재고자산을 평가하지만, 원재료의 경우 투입하여 완성할 제품의 시가가 원가보다 높을 때에는 원재료에 대하여 저가법을 적용하지 않는 것이 원칙이다. 그러나 완성할 제품의 시가가 원가보다 낮을 때에는 저가법을 적용하는데, 이때 원재료의 순실현가능가치로 현행대체원가를 사용한다.
재고자산평가손실 = (500,000 − 400,000) + (400,000 − 380,000) + (200,000 − 170,000) = 150,000원

11 만기보유증권의 손상차손 인식을 위한 회수 가능액의 측정은 취득 당시 유효이자율을 사용하여 측정하고, 매도가능증권의 손상차손 인식을 위한 회수 가능액의 측정은 유사한 증권의 현행시장이자율을 사용한다.

12 이자지급일 사이에 취득하였으므로 발행가격에 경과기간만큼의 가치증가분을 더해 주어야 한다. 경과기간은 9개월 이므로 가치증가분은 12,245원이다.

$$기초발행가격 = \frac{50,000}{(1+0.07)^1} + \frac{50,000}{(1+0.07)^2} + \frac{50,000+1,000,000}{(1+0.07)^3} = 947,514원$$

구분	유효이자	표시이자	차금상각액	장부금액
20X1.01.01.				947,514
20X1.10.01.	49,745	37,500	12,245	959,759
20X1.12.31.	66,326	50,000	16,326	963,849
20X2.12.31.	67,469	50,000	17,469	981,309
20X3.12.31.	68,692	50,000	18,691	1,000,000

발생이자 = 50,000 × 9/12 = 37,500원
차금상각액 = 16,326 × 9/12 = 12,245원
취득원가 = 기초발행가격 + 가치증가분(차금상각액) = 947,514 + 12,245 = 959,759원

13 투자차액 = 700,000 − 1,500,000 × 40% = 100,000원, 투자차액 상각액 = 100,000/5년 = 20,000원
투자차액 상각액은 지분법손실의 과목으로 지분법투자주식을 감소시킨다.
당기순이익은 지분율만큼 지분법이익으로 인식하여 지분법투자주식을 증가시킨다.
$$지분법이익 = 300,000 × 40\% = 120,000원$$
현금배당은 지분율만큼 지분법투자주식을 감소시킨다.
$$지분법손실 = 50,000 × 40\% = 20,000원$$
따라서 지분법투자주식 = 700,000 + 120,000 − 20,000 − 20,000 = 780,000원

14 유형자산 취득과 관련하여 불가피하게 국공채를 매입했다면, 그 국공채의 매입가액과 현재가치와의 차액을 취득원가에 가산한다.

15 기계장치의 초기 가동손실과 관리를 위한 직원 교육훈련비는 취득원가에 포함되지 않는다.
$$따라서 취득원가 = 700,000 + 5,000 + 10,000 + 30,000 = 745,000원$$

16 취득원가는 제공한 자산의 공정가치에 현금지급액을 가산한 금액이다.
유형자산 B의 취득원가 = 430,000 + 50,000 = 480,000원이다.

(회계처리) 감가상각누계액	100,000	유형자산 A	500,000
유형자산 B	480,000	현 금	50,000
		처분이익	30,000

17 기계장치 취득원가 250,000원, 감가상각비 = 250,000원/5년 = 50,000원
각 기간 상황별 장부금액은 다음과 같다.

구분	20X1년 말	20X2년 말	20X3년 말	20X4년 말	20X4년 말
손상이 없는 경우	200,000	150,000	100,000	50,000	0
손상이 있는 경우					
장부금액		112,500	75,000	37,500	0
손상을 회복한 경우					
회수 가능액				62,500	0
환입액				12,500	

20X2년 말 회수 가능액은 112,500원으로 하락했으므로 손상차손을 인식한다.
$$손상차손 = 150,000 − 112,500 = 37,500원$$

손상차손인식 후 감가상각비는 112,500÷3년＝37,500원이므로 20X4년 말 장부금액은 37,500원이다. 그런데, 동시점 회수 가능액이 62,500원으로 회복되었으므로 손상차손을 환입해야 한다. 이때 주의할 점은 손상차손을 환입하더라도 손상이 없었을 경우의 장부금액 50,000원을 초과하지 못한다는 것이다. 결국 손상차손환입액은 50,000 − 37,500 ＝ 12,500원이다.

18 무형자산의 공정가치나 회수 가능액이 증가하더라도 상각은 원가에 기초한다.

19 상각후원가로 측정하는 금융부채의 발행과 직접 관련된 거래원가는 공정가치(발행가액)에서 차감한다. 금융부채는 활성시장에서 거래되는 공정가치가 시장이자율을 반영하므로 발행가액이 공정가치가 된다.

20 다른 조건은 동일하고, 전환권이 없는 일반사채의 발행가격(부채요소)은 채권의 현금흐름을 시장이자율로 할인한 금액의 합계와 같다. 이때 상환할증금을 더해주는 것에 주의한다.

부채요소금액 ＝ 50,000×2.5771 + 1,000,000×0.7938 + 63,672 ＝ 986,327

전환권대가(자본요소)는 발행금액에서 부채요소금액을 차감한 값과 같다.

전환권대가 ＝ 1,000,000 − 986,327 ＝ 13,673원

21 상환 시 미상각잔액이 9,434원이므로 상환시점 장부금액은 990,566원이다. 이자지급일로부터 6개월이 경과하였으므로 경과이자는 20,000원이다. 따라서 정상적 상환금액은 990,566원 + 20,000원 ＝ 1,010,566원이다. 1,000,000원에 조기상환하였으므로 10,566원 이익이다.

사 채	1,000,000	|	현 금	1,000,000	
이자비용	20,000	|	할인차금	9,434	
			상환이익	10,566	

22

㈜대한의 채무조정분개	차입금	1,000,000	|	토 지	700,000
				토지처분이익	100,000
				채무조정이익	200,000

A은행의 채권조정분개	토 지	800,000	|	대출채권	1,000,000
	대손충당금	100,000			
	대손상각비	100,000			

23

(20X1년)	제품보증비용	40,000	|	제품보증충당부채	40,000		
	제품보증비용	15,000	|	현 금	15,000	기말충당부채 :	25,000원
(20X2년)	제품보증충당부채	25,000	|	현 금	25,000	'21년 충당부채BV :	0원
	제품보증비용	50,000	|	제품보증충당부채	50,000	충당부채설정 :	50,000원
	제품보증비용	30,000	|	현 금	30,000	기말충당부채 :	20,000원

20X2년 당기손익 영향 ＝ 현금지출액 55,000원 − 기말충당부채감소액 5,000원 ＝ 50,000원(감소)
당기에 손익계산서에 인식할 비용은 매출액으로 추정한 충당부채금액(100만원×5%)과 같다.

24

퇴직급여충당부채			
지급	3,000,000원	기초	1,000,000원
기말	5,000,000원	당기설정액	7,000,000원

25 상법에서 결산기 이익배당액의 1/10 이상을 이익준비금으로 적립하도록 강제하고 있는데, 이때의 이익배당은 현금배당을 의미하고 주식배당은 적립이 강제되지 않는다.

26 Ⅰ. 단기할부거래는 공정가치로 수익을 인식하므로 300,000원을 수익으로 인식한다.

　　Ⅱ. 반품조건부 판매는 반품기간이 종료된 이후 수익을 인식하므로 당기에 수익을 인식할 수 없다.

　　Ⅲ. 위탁상품의 경우 제3자에게 판매된 시점에 수익을 인식하므로 당기에 수익을 인식할 수 없다.

　　따라서 당기에 인식할 수익은 300,000원이다.

27 Ⅰ. 주문형 소프트웨어 개발용역은 지원용역 기간까지 포함하여 진행기준으로 인식하므로 50%를 수익으로 인식한다.

　　Ⅱ. 입장권 판매수익은 행사가 개최되는 시점에 수익을 인식하므로 당기에 수익을 인식할 수 없다.

　　Ⅲ. 온라인쇼핑몰의 매출은 총판매대금에 대한 수수료수입이므로 800,000원을 수익으로 인식한다.

　　Ⅳ. 제품 판매에 따른 판매 인센티브는 제외하고 수익을 인식한다.

28 무상증자로 발행된 보통주는 회계기간의 기초에 발행된 것으로 보므로 기초가 기산일이다.

29 중대한 오류가 아니면 재무제표를 재작성하지 않는다. 전기에 인식한 감가상각비가 200,000원이고, 당기에 정상적으로 계산한 감가상각비가 400,000원임에 따라 전기에 감가상각비를 과소 계상했으므로 전기오류수정손실 200,000원을 영업외손실로 인식한다.

30 합병은 피취득기업의 자산과 부채를 취득·인수하면서 이전대가를 지급한 거래를 취득자의 개별재무제표에 반영한다.

합병은 피취득자의 법적실체가 소멸하므로 연결할 대상이 없다.

합병회계는 연결회계와 다른 것처럼 보이지만 지분을 100% 취득한 경우의 연결회계와 동일하다.

31 합병에 있어 취득관련원가는 영업권이나 염가매수차익에 영향을 미치지 않는다. 다만 지분증권이나 채무증권의 발행비용은 발행가액(자본잉여금)에서 차감해준다.

(합병분개)	순자산	650,000	|	자본금	500,000
	영업권	150,000		자본잉여금	300,000
(취득관련원가)	수수료비용	10,000	|	현　금	30,000
	자본잉여금	20,000*			

* 자본잉여금은 주식발행초과금이다.

32 종속기업이 중소기업 회계처리 특례를 적용하고 있는 경우에는 지배기업의 회계정책과 일치시키는 수정을 하지 않아도 된다. 그 이유는 특례의 취지와 다르게 중소기업의 회계부담을 가중시키기 때문이다.

33 연결재무제표를 작성하는 순서는 재무제표합산 → 투자와 자본의 상계제거 → 내부거래제거 → 비지배지분표시 순이다.

34 순자산공정가치 247,500원을 200,000원에 취득하였으므로 염가매수차익 47,500원이 인식된다.

35 순자산공정가치 200,000원을 247,500원에 취득하였으므로 영업권 47,500원이 인식된다.

36 자본은 지배기업의 자본에 인식된 염가매수차익(47,500원)만큼 증가하므로 767,500원이다.

37 연결자산총액 = 지배기업자산 − 투자주식 + 종속기업자산 + 영업권 = 500,000 − 90,000 + 300,000 + 20,000

　　　 = 730,000원

38 연결자산총액 = 지배기업자산 − 투자주식 + 장부금액 초과액 + 종속기업자산 + 영업권

　　　　 = 500,000 − 90,000 + 10,000 + 300,000 + 13,000

　　　　 = 733,000원

　　영업권 = 90,000 − (100,000 + 10,000) × 70% = 13,000원

39 지분법적용 후 지배기업 당기순이익 = 400,000 + 200,000 × 80% − 20,000 = 540,000원

40 연결재무상태표 자본에는 비지배지분과 염가매수차익이 같이 표시된다.
비지배지분 = 300,000 × 20% = 60,000원
염가매수차익 = 300,000 × 80% − 210,000 = 30,000원
연결자본 = 1,600,000 + 60,000 + 30,000 = 1,690,000원

41 연결당기순이익에는 지배기업지분순이익과 비지배지분순이익이 같이 표시된다.

42 연결재무상태의 자본은 비지배지분을 제외하고는 지배기업의 자본과 동일하다.
① 투자주식의 20X1년 기말장부금액을 기초금액으로 환원

| 지분법이익 5,200 | 투자주식 5,200 |

② 20X1년 기초금액을 기준으로 투자주식과 종속기업 자본의 상계제거

자본금	30,000	투자주식	25,000
이익잉여금	5,000	비지배지분	14,000
영업권	4,000		

③ 20X1년 당기분 영업권상각의 인식

| 영업권상각 800 | 영업권 800 |

④ 종속기업 당기순이익 중 비지배지분 대체

| 이익잉여금 4,000 | 비지배지분 4,000 |

종속기업의 기초이익잉여금은 투자주식과 상계제거되었고, 당기순이익에서 발생된 이익잉여금은 기말투자주식장부금액을 기초금액으로 환원하면서 5,200원을 제거하고 영업권상각 800원과 비지배지분 4,000원으로 대체되면서 모두 제거되었다.

43 회계연도 중에 지배력을 취득한 경우 취득일 전에 있었던 내부거래는 조정하지 않는다.
왜냐하면 지배력 취득일 전에는 연결실체가 아니므로 내부거래에 해당하지 않기 때문이다.

44 내부거래로 인한 미실현손익과 증가한 감가상각비를 환원시켜주면 된다.
기계장치 = 900,000 + 400,000 − 40,000 + 8,000 = 1,268,000원

유형자산처분이익	40,000	유형자산	40,000	
감가상각누계액	8,000	감가상각비	8,000	← 40,000원/5년

45 리스이용자는 최소리스료의 현재가치와 리스자산 공정가치 중 작은 금액을 금융리스자산과 금융리스부채로 각각 인식한다.

46 금융리스부채 = Min[최소리스료 PV, 공정가치], 여기서 최소리스료 계산 시 보증잔존가치는 포함하지만 보험료는 포함되지 않는다. 따라서 최소리스료의 현재가치는 다음과 같다.
최소리스료 PV = 220,000 × 306299 + 50,000 × 0.8548 = 841,318
리스자산의 공정가치보다 최소리스료의 현재가치가 더 작으므로 금융리스부채는 841,318원이다.

47

일자	현금지급액	화재보험료	이자비용	리스부채상환액	리스부채잔액
20X1.01.01.					841,318
20X1.12.31.	230,000	10,000	33,653	186,347	654,971
20X2.12.31.	230,000	10,000	26,199	193,801	461,170
20X3.12.31.	230,000	10,000	18,447	201,553	259,617
20X4.12.31.	230,000	10,000	10,383*	209,617	50,000

* 20X4년 말 이자비용은 단수 조정함

48 감가상각비 = (841,318 − 50,000) ÷ 4년 = 197,830원

감가상각비는 소유권이전 유무에 따라 달라지는데, 소유권이 이전될 경우에는 최초 인식된 금융리스자산에서 추정잔존가치(200,000원)를 차감한 금액을 금융리스자산의 내용연수로 나누어 산출하고, 소유권이 이전되지 않을 경우에는 최초 인식된 금융리스자산에서 보증잔존가치(50,000원)를 차감한 금액을 대상으로 금융리스자산의 내용연수와 리스기간 중 짧은 기간으로 나누어 산출한다. 여기서는 리스기간 4년을 적용한다.

49 수입제품은 대금을 달러로 결제대금을 지급해야 하므로 은행으로부터 차입을 해야 한다. 따라서 은행의 대고객 매도율(ask)을 적용하고, 수출제품은 대금을 지급받아 원화로 환전해야 하므로 대고객 매수율(bid)을 적용한다.

일자	제품A		제품B	
20X1.10.01.	상 품 11,500,000		매출채권 17,100,000	
	매입채무	11,500,000	상 품	17,100,000
20X1.12.31.	매입채무 300,000		외화환산손실 450,000	
	외화환산이익	300,000	매출채권	450,000
20X2.01.31.	매입채무 11,200,000 외환차손 100,000		–	
	현 금	11,300,000		
20X2.03.31.	–		현 금 16,350,000 외환차손 300,000	
			매출채권	16,650,000

50

```
(2021.10.01.) 토    지    11,400,000 | 현    금        11,400,000
(2021.12.31.) 토    지     1,920,000 | 재평가잉여금     1,920,000
          ※ $12,000 × ₩1,110 − ₩11,400,000 = 1,920,000
(2021.03.31.) 현    금    14,560,000 | 토    지        13,320,000
          재평가잉여금     1,920,000    유형자산처분이익   3,160,000
```

51 영업권은 비화폐성자산이다.

52 판매재고 = 기초재고 + 당기매입 − 기말재고 = $2,000 + $5,000 − $1,000 = $6,000

매출원가 = $6,000

매출총이익 = 매출액 − 매출원가 = $20,000 − $6,000 = $14,000

손익계산서 항목은 평균환율이 적용되므로 매출총이익은 $14,000 × ₩1,080 = 15,120,000원이다.

53 이연법인세자산은 차감할 일시적 차이를 활용할 만큼 미래기간 과세소득이 충분하여 이를 활용할 가능성이 매우 높은 경우에만 인식한다.

54 토지재평가손실은 손금불산입되므로 과세표준은 200,000원이다. 따라서 당기에 납부해야 할 법인세부담액은 200,000×30%=60,000원이다. 재평가손실은 자기에 차감할 일시적 차이로 이연법인세자산 50,000×20%=10,000원이 인식되므로 당기법인세비용은 50,000원이다.

55 감가상각비한도초과액 250,000원과 접대비한도초과액 100,000원은 비용으로 인정되지 않으므로 과세표준에 산입된다.
과세표준=1,000,000+250,000+100,000−50,000=1,300,000원
법세부담액=1,300,000×30%=390,000원
이연법인세자산=250,000×20%=50,000원
법인세비용=390,000−50,000=340,000원

56 자본잉여금에 표시될 자기주식처분이익은 법인세효과를 차감한 순액이 표시되므로 16,000원이 표시된다. 자기주식처분이익은 16,000원(법인세효과 4,000원)이다.

57 당해 공사를 위하여 특별히 제작되어 투입된 재료 또는 부품의 원가는 설치·이용 여부에 관계없이 진행률 산정 시 발생원가에 포함한다.

58

구분	20X1년	20X2년	20X3년
누적진행률	40%	70%	100%
누적공사수익	280,000	490,000	700,000
당기공사수익	280,000	210,000	210,000
당기발생원가	280,000	350,000	140,000
공사손실충당부채전입액 (환입액)	−	60,000	(60,000)
당기공사손익	0	(200,000)	130,000

59 하자보수비용은 공사종료시점 회계연도의 발생원가와 총예정원가에 가산한다.
20X3년 당기발생원가는 200,000원을 가산한 1,200,000원이다.

구분	20X1년	20X2년	20X3년
누적진행률	40%	50%	100%
누적공사수익	2,000,000	2,500,000	5,000,000
당기공사수익	2,000,000	500,000	2,500,000
당기발생원가	800,000	200,000	1,200,000
당기공사손익	1,200,000	300,000	1,300,000

MEMO

2024 신용분석사 1부
[핵심이론＋문제집]

———

초 판 발 행	2024년 01월 30일
저 자	이 대 열
발 행 인	정 용 수
발 행 처	(주)예문아카이브
주 소	서울시 마포구 동교로 18길 10 2층
T E L	02) 2038-7597
F A X	031) 955-0660
등 록 번 호	제2016-000240호
정 가	27,000원

홈페이지 http://www.yeamoonedu.com

ISBN   979-11-6386-254-3   [13320]